요한복음 강해 V

요한복음 강해 V

제임스 몽고메리 보이스 지음
서문 강 옮김

쉴만한물가

●이 책은 The Gospel of John, AN EXPOSITIONAL COMMENTARY by James Montgomery Boice(Grand Rapids, MI : Zondervan Publishing Co., 1979) 제5권의 완역이다.

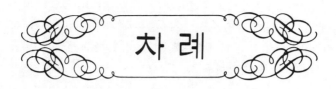

차 례

머리말

인간적인 관점에서 볼 때 요한복음은 갈수록 내리막 길입니다. 세상의 빛으로 나사렛 예수께서 처음 나타나셨을때 인기를 얻었었지만 점점 시간이 지날수록 대중들 편에서 냉담과 거부감이 가중되었으며, 종교 지도자들 측에선 깊은 혐오감과 노골적인 적대행위가 나타나게 되었읍니다. 이제 이야기는 그 최하점에까지 내려가, 백성들의 냉담과 지도자들의 혐오가 서로 어우러져 그리스도를 십자가에 못박게 됩니다. 그러나 그 낮은 지점이 가장 높은 봉우리이기도 합니다. 왜냐하면 하나님의 지혜와 의도 속에서는 십자가의 비극이 승리이기 때문입니다. 죄를 속(贖)하고 구원을 가능케 하는 것은 바로 그 십자가의 비극이기 마련입니다. 더구나 그 비극 이후에 부활이 따라옵니다.

이것이 바로 이 요한복음 강해 제5권 이자 마지막 권인 이 책의 메시지입니다. 그러나 이 책의 메시지는 그저 단순한 그리스도의 승리 메시지만은 아닙니다. 그것은 우리도 역시 어떻게 하면 승리할까를 시사해 주고 있읍니다. 하나님의 계획 안에서, 또한 하나님의 지혜에 부합하게 그리스도인들에게 떨어지는 일 가운데서 가장 악한 일마저 승리로 전환될 수 있다는 것입니다.

4권까지에서 가끔 한절 한절 강해해나가던 것을 벗어나 본문 강해를 통해서 소개되는 한 주제를 보다 더 철저하게 숙고하는것이 제방식이었읍니다. 이 제5권에서는 두 주제가 이러한 방식으로 다루어졌읍니다. 첫째는 유대 당국자들과 로마 당국자들 앞에서 예수님께서 두차례 심문받은 일입니다. 유대인의 심문 받은 일은 네차례에 걸쳐서 강론했읍니다 (본서의 5-8장). 빌라도와 헤롯 앞에서 심문 받으신 일에 대해서는 열

두 차례의 강해의 대부분을 할애하였읍니다(10-21장). 두번째 테마는 속죄 입니다. 속죄의 본질, 필연성, 완전성, 속죄의 범주를 27-30장에서 숙고하였읍니다. 4권까지에서 다루어 확정시켜 논의한 특별한 주제들은, 증거, 세례, 주일과 안식일 문제, 성경, 우리의 선한목자이신 그리스도, 죽음, 하늘, 성령, 교회의 표지들 등입니다.

4권까지 구입한 독자들의 편의를 위해서 지적할 수 있는 것은, 앞에서 이미 소개했던 그 개요가 이제 완성을 보았다는 것입니다. 제1권은 주 예수 그리스도께서 세상에 빛으로 오심을 다루었고(요한복음 1-4장), 2권은 종교 지도자들 편에서 예수님께 대하여 갈수록적대감이 커져가는 문제를 다루었읍니다(요한복음 5-8장), 3권에서는 한 백성을 이스라엘 중에서 자신에게로 불러내시기 시작하시는 예수님의 활동들을 다루었는데, 나면서부터 소경된자를 치료하시고 불러내시는 일부터 그 일이 시작됩니다(요한복음 9-12장). 4권은 그리스도의 마지막 강화의 말씀을 그 내용으로 합니다(요한복음 13-17장). 이 책 제5권은 그리스도의 잡히심, 심문받으심, 십자가에 못박혀 죽으심, 부활하심 등의기사를 중심으로 결론을 내립니다(18-21장). 이 책은 스토리가 "비극을 통한 승리" 임을 보여줍니다.

이 책에 나오는 어떤 내용들은 이미 다른 형태로 선을 보인 바 있읍니다. 부활에 대한 메시지들이 Bible Study Hour 방송프로그램과 관련되어 출간된 책자에 게재되었읍니다. 예수님의 심문 받으심과 속죄에 대한 연구가 역시 그런식으로 사용되었읍니다. 어떤 경우에서든지, 이책에 수록된 모든 메시지들은 Bible Study Hour 방송프로그램을 통해서 라디오 설교로 이미 방송되었던 것이고, Bible Studies라는 월간지에서 선을 보였던 것입니다. 그 월간지는 그 라디오 프로그램을 지원하는 사람들에게 정규적으로 우송되고 있읍니다.

이 책을 출판함으로써 상당히 장구한 계획의 결말을 맞게 되었읍니다. 두번째 요한복음강해는 사실상 스위스의 바젤에서 대학원 공부를 하던 몇 년 기간 동안에 시작이 되었었읍니다. 그 결과 그 요한복음 연구 내용이 우선적으로 "Witness and revelation in the gospel of John"(요한복음에 나타난 증거와 계시)라는 책으로 선을 보인 것입니다. 1970년

11월부터 제십장로교회의 주일 아침 예배때 마다 이 요한복음을 설교하기 시작했읍니다. 지금 저는 그 교회의 목회자로 봉사하고 있읍니다. 특별예배나 어떤 사건들이 있어서 하는 수 없을 때를 제외하고는 이 강해 시리즈를 1978년 7월까지 줄곧 계속 하였읍니다. 이 강해 시리즈가 1971년 늦은 봄부터 라디오를 통해서 방송되기 시작했고 1978년 11월까지 계속 되었읍니다. 이 강해 시리즈의 총 강해 장수는 270장입니다. 이 기간동안 저는 제십장로교회의 당회와 회중들의 지원과 격려를 통해서 많은 은혜를 입었읍니다. 또한 제 비서인 캐실리 휠스터양의 편집기술과 교정기술을 통해서 헤아릴수 없는 많은 도움을 입었읍니다. 그러나 그 모든 것 중에서 가장 큰 것은 주님의 임재와 격려였읍니다. 주님께서는 갈수록 요한복음의 의미를 제게 깨닫게 해주시고, 제가 그 전에는 꿈꾸지 못했던 차원의 의미와 적용을 보여 주셨읍니다.

하나님께서 친히 이 강해서를 읽는 모든 사람들의 마음속에 축복하시되, 이 강해서를 연구하던 그 몇 년 동안 제게 하신 것처럼 하시옵소서. 하나님께서 영광을 받으실지니이다. 하나님께서 많은 사람들을, "우리를 사랑하사 자신의 피로 우리를 죄에서 깨끗케 하신" 그분에게 이끄소서. 아멘, 아멘.

필라델피아에서
제임스 몽고메리 보이스

1

마지막 몇 날들

"예수께서 이 말씀을 하시고 제자들과 함께 기드론시내 저편
으로 나가시니 거기 동산이 있는데 제자들과 함께 들어가시다"
(요 18:1)

제가 몇년전 대학에 있을때, 세계 문학을 연구하는 과정속에 마지막
시험으로 '기독교적 비극이 가능하겠느냐?' 라는 문제가 주어지기
마련이었습니다. 그 시험문제는, 다른 모든 좋은 문제들이 다 그러하듯
이 학생의 지식뿐 아니라 학생의 이해도를 측정하기 위한 것이었습니다.
왜냐하면 그 문제(공부하는 문학에서 해답을 찾아야 하는)의 기본은 기
독교를 참되게 체험하는 것과 참된 비극이 함께 양립할 수 있느냐는 것
이었습니다. 좀 이해하는 능력이 부족한 학생일수록 그 문제가 의도하
는 것이 무엇인지를 알지조차 못했습니다. 더 나은 학생일수록 이 범주
에서 보통 고려될 저작들을 분석했습니다—Paradise Lost(실락원), Moby
Dick(모비딕), The Scarlet letter(주홍글씨)— 그러나 그 문제의 정답
은 몰랐습니다. 다만 지각있는 학생만이 모든 것을 종합분석한 다음 기
독교적 비극은 불가능하다고 답변했습니다. 왜냐하면 주권적이나 자애
로운 하나님에 대한 기독교의 본질적인 전제들은 궁극적으로 비극적 요
소를 능가하기 때문입니다.

물론 그렇다고 비극의 표지들을 없애버리지는 않았읍니다. 사실 세상의 모든 종교 가운데서 기독교만이 인간이 처한 상황의 비극을 충분히 진지하게 취급한다고 주장할수 있읍니다. 타락, 십자가, 의지의 한계, 최종심판 등의 의미가 그러하죠. 그러나 주관적인 하나님의 자비와 지혜로운 목적들이 인간 역사 속에서 이러한 것들보다 훨씬 더 크게 두드러져 나타나 있읍니다. 삶이 어두울 수도 있읍니다. 비극이 올 수도 있읍니다. 때로는 온세상이 산산조각 날 것같이 보이기도 합니다. 그러나 그것이 끝이 아닙니다. 그러므로 비극에도 불구하고 모든 것은 여전히 "하나님을 사랑하는 자 곧 그 뜻대로 부르심을 입은 자들에게는 합력하여 선을 이룹니다"(롬 8:28).

어두운 날들

이 명제를 이론적으로 뿐 아니라 그리스도인의 삶에서 뽑아온 수없이 많은 실례들을 통해서 예증할 수도 있읍니다. 그러나 이러한 모든 예증들 가운데서 기독교의 창시자인 나사렛 예수의 지상 생애의 마지막 몇날에 일어난 사건보다 비극을 통한 승리의 기독교적 원리를 보다 더 극적으로 예증하는 것은 없읍니다. 그 점은 분명합니다. 초연한 자세로 방관하는 사람들은 이날들을 극히 음침한 날들로 볼 수도 있읍니다. 명석하고 긍휼에 찬 젊은사람, 그 사람이 질시에 찬 나이든 사람들의 적대감 때문에 부당하게 잡히는 것으로 보일 것입니다. 그 질시에 찬 나이든 사람들의 권위가 그 젊은 사람으로 위협을 받았읍니다. 그는 거짓된 송사와 그 송사에 따른 처형을 받게 됩니다. 그 처형도 어떤 "인정머리"있는 처형방식으로써가 아니라, 믿기지않을 정도로 잔인하고 곤욕스러운 십자가에 못박아 죽이는 사형의 형태로써 말입니다. 그보다 더 나쁜 것이 있을 수 있읍니까? 없읍니다! 그러나 모든 사건들을 다 목격한 것은 아니지만 거의 다 목격했던 그의 친구들이 들려준 이야기는 비극적인 패배의 이야기가 아니라 승리의 이야기입니다. 실로, 그 결과는 절망과 폐허가 아니라 복음입니다—그것이 아니었더라면 사실상 하나의 비극 — 꼼짝없이 매어 있을 인간에게 주어진 "좋은 소식"입니다.

이 주장에 대한 하나의 명백하고 역사적인 이유는, 그리스도의 십자

가의 죽으심 다음에 부활이 있었다는 사실입니다. 그 부활 자체가 좋은
소식입니다. 그러나 그것이 그 증거 전체는 아니고, 심지어 그 증거의
핵심도 아닙니다. 부활은 좋은 소식이었죠. 죽음이 그리스도의 생애의
끝이 아니고, 또한 그 죽음이 우리의 끝도 아님을 보여준 일이었읍니다.
그러나 이에 떨어져서 이 증인들의 증거에 따르면 십자가에 못박히신
것 자체가 좋은 뉴스라는 것입니다. 그리스도의 죽음은 좋은 뉴스였읍
니다. "비극을 통한 승리"라는 어구의 참된 의미는, 당신의 비극 뒤에
승리가 따라왔다는것이 아니라, 그보다 훨씬 더 심오하게 하나님의 손
에서는 비극이 사실상 승리가 된다는 것입니다. 겉으로 보기에는 분명
한 패배가 승리가 됩니다.

　우리는 더 많이 말할 수 있읍니다! 왜냐하면 하나님의 손에서는 비극
이 승리가 되기 때문만이 아니라, 비극이 없이는 사실상 승리도 전혀 없
기 때문입니다. 요한복음에 나타난 예수님의 마지막 강화를 위한 약속
들은 이 18장에서 21장까지의 사건들이 무슨 의미가 있겠읍니까? 공상
에 불과하죠! 이적들이 우리에게 구원의 길을 보여주기 위해서 주어졌
다는 이 후자의 확신이 없다면 그것이 무엇이 되겠읍니까? 아무 것도
아닙니다! 그러나 사실상, 이 장(章)들은 이전에 있었던 모든 일의 절
정을 이루고, 앞에서 말했던 복락들이 어떻게 해서, 어째서 우리에게 임
하는지를 보여줍니다. 마땅한 일이지요.

　어떤 주석가는 이렇게 썼읍니다. "이 두 장(18, 19장)이 없다면… 이
전의 장들 속에서 마음을 감격하게 했던 그 귀한 것들이 아무 것도 아
니다. 아니 더 나아가서 당신이 어떠한 분이며 어떠한 일을 하실 것인가
에 대한 예수님 자신의 역설, 영생을 주시겠으며 세상의 어떤 사람을 당
신의 소유로 삼겠으며, 그들을 위해서 다시 오겠으며, 성령을 보내시겠
으며, 그들을 위해서 처소를 예비하시겠으며, 당신과 함께 영광중에 그
들을 있게 하시겠으며 그 영광을 누리게 하시겠다는 모든 역설들이 아
무 것도 아니게 된다. 또한 그렇게 된다면, 하나님의 총애도 없을 것이
고, 이스라엘의 회복도 없을 것이고, 열국들을 모으는 일이나 천년왕국
이나, 새하늘과 새땅이나 그가 처음이신 "하나님의 피조물"을 의롭게
조정하는 일도 없을 것이고 은혜를 베푸심도 없을 것이고, 구원도 없을

것이고, 아버지의 계시도 없었을 것이다 – 이 모든 것들과 그밖에 더 많은 것들은 예수님의 죽으심과 부활에 매달려 있는 것들이었다. 그의 죽으심과 부활이 없었다면 이 책에 있는 모든 것들은 다 빠져나가 빈 공간을 남겨 두었을 것이며 흑암의 어둠 뿐이었을 것이다"(A. W. Pink의 요한복음 강해에서 인용).

그처럼 우리 주님의 지상승리의 마지막 몇날들은 어두운 날들입니다. 그러나 그날들은 동시에 빛에 속한 사람들을 위해서는 빛의 날들입니다. 대체적으로 참된 어둠은 그리스도에게 나오지 않을 사람들의 것입니다. 그 말고 어느 누구도 이 세상의 빛은 아닙니다. 그리스도의 잔인한 죽으심과 부활하심 속에서보다 그 빛이 더 잘 보일 때가 없습니다.

복락의 날들

그렇다고 해서 이것이 십자가의 죽으심과 부활을 묘사하는 기사를 후에 신학적으로 계산해 본 결과는 아닙니다. 오히려 요한이 처음부터 끝까지 강조하는 점입니다. 우리가 이 장들을 함께 연구해 보면 요한의 독특한 강조점이 온전히 떠오를 것입니다. 그러나 이 대목에서마저 그것은 분명히 드러납니다.

예를 들어서 요한은 18장을 시작할때, 예수님께서 예루살렘을 떠나 겟세마네 동산으로 들어가신 것을 말합니다. 요한은 그밤에 동산에 들어갔던 무리들과 함께 있었습니다. 요한은 예수님과 함께 있었습니다 (어찌나 가까이 있었던지 예수님과 함께 하도록 따로 부른 그 세 제자 가운데 있었고, 예수님께서 기도하시는 동안 예수님과 함께 있었습니다). 그는 그 동산에서 일어나는 모든 일들을 목격했습니다. 그럼에도 불구하고 다른 복음서 기자들이 밝히고 소개하는 중요한 사실들을 많이 생략하고, 반면에 다른 복음서 기자들이 생략하는 다른 것들을 소개합니다–그것은 그리스도의 단순한 인성이나 연약해보이는 예수님의 모습을 강조하기보다는 인자의 영광과 권위를 강조하기 위한 것입니다.

다른 복음서들과 대조해보면 그 동산에서 어떤 일이 일어났는가를 상기하게 됩니다. 다른 복음서들은 다 각각, 예수님께서 베드로와 야고보와 요한을 따로 데리시고 가신 후 그들에게서 떨어지셔서 세번이나 기도하셨음을 밝히고 있읍니다. 하나님의 뜻이라면 죽음의 잔이 자기에게서 옮겨지도록 말입니다. 마태와 누가는, 이 일에 앞서 예수께서 크게 고민하시고, 슬퍼하시고, 민망해 하셨다는 사실을 기록합니다. 예수님께서는 "내 마음이 심히 고민하여 죽게 되었다"(마 26:38; 막 14:34 참조). 특히 그리스도의 인성과 고난에 관심이 깊은 누가는, 천사들이 나타나 그를 도우신 사실에도 불구하고 예수님은 "고뇌하시면서" "더 간절히 기도하시니 땀이 땅에 떨어지는 피방울같이 되더라"(눅 22:44)고 보도하고 있읍니다.

요한은 다른 복음서 저자들과 똑같이 이 사실들을 알고 있었읍니다(요 22:24-27 참조). 그럼에도 불구하고 그의 기록에서는 그 사실들을 생략하고, 다만 예수께서 "제자들과 함께 기드론 시내 저편으로 나가시니 거기 동산이 있었다"는 것과 거기서 잡히셨다는 것만을 주목합니다. 요한이 어째서 그랬을까요? 분명히 그는 그리스도의 인간성의 연약을 강조하고 싶은 것 보다는, 모든 다른 상황 뿐아니라 이 상황도 능히 정복하시는 그의 모습을 강조하고 싶었기 때문입니다.

이 점을 특히 강조한 것이 두드러지게 나타난 것은 그의 생략법 속에서 뿐 아닙니다. 그가 복음서에 기록한 것들 속에서도 그 강조점이 나타납니다. 특히 그리스도의 진술들에 있어서 그러합니다. 그앞에 쓰여진 복음서들에는 동산의 전경이 소개될 때 예수께서 당신이 잡히실 것과 죽으실 것을 예언하신 일을 먼저 말합니다. 예수님께서는 목자가 죽임을 당하고 양들이 흩어질 것을 말씀하십니다(마 26:31; 막 14:27). 그는 당신이 이사야 53장을 성취하기 위해서 많은 범죄자들과 함께 헤아림을 입는 것을 말씀하십니다(눅 22:37). 그러나 요한이 이러한 말씀들을 알고 있었지만(요한복음 10장 참조), 이 이야기에 대한 서론으로 당신이 죽으실 것과 고난 받으실 것에 대한 예언을 소개하지 않고, 오히려 요한복음 17장의 대제사장의 기도의 일부인 예수님의 위대한 약속을 놓고 있읍니다. 보다 더 정확히 말하자면, 요한복음의 이 전체의 대목의 진정한 서론은 13장1절입니다. "유월절 전에 예수께서 자기가 세상을 떠나 아버지께로 돌아가실 때가 이른줄 아시고 세상에 있는 자기 사람들을 사랑하시되 끝까지 사랑하시니라"(1절).

요한은 예수님의 주도하에 예수님이 잡히신 사실을 강조합니다. 그 한 예로 예수님께서는 실제 자기앞에 다가온 일을 지시하시면서 군인들에게 나아가시며 "너희가 누구를 찾느냐?"라고 말씀하셨습니다. 다른 복음서들이 유다의 입맞춤을 예수님이 기다리고 계신것처럼 말한것 같지만(여기서 다른 복음서들이 그렇게 말했다고 이해하면 안되고 그냥 언뜻 보기에 그렇게 말하는 것처럼 보인다는 것입니다) 요한은 병사들과 장교들이 엄위하신 하나님의 이름 여호와("나다"I am)로 자신을 소개하는 예수님의 자세때문에 땅에 엎드러진 일화를 포함시키고 있읍니다. 그렇지 않으면 그일화를 언급하지 않았을 것입니다. 결국 예수님께서 잡히시는 순간에마저 주도적인 자세를 취하시고 명령을 발하십니다 —"너희에게 내로라 하였으니 나를 찾거든 이사람들이 가는것을 용납하라"(18:8)— 그렇게 합니다.

관심이 집중된 강조점들은, 그런 일만 없었다면 전도양양한 사역을 계속했었을 터인데 그만 나사렛 예수님께 닥쳐와 그 사역을 끝내버린 사건이 의미없거나 예기치 못한 비극이 아니었음을 보여 주고자 하는 것입니다. 오히려 그사건은 하나님께서 섭리적으로 있게 하신 사건들이었읍니다. 그래서 그 사건들이 필연적으로 그리스도 자신이나 그리스도를 따르는 자들을 위해서 성취될 뿐 아니라 그들에게 커다란 복락으로 충만하도록 주관하신 것입니다.

그리스도의 날들, 우리의 날들.

어떤 의미에서 앞으로 우리가 요한복음을 통해서 연구할 모든 것은, 그리스도인에게는 비극이란 전혀 없다는 이 위대한 테마와 관련된 것입니다. 그러나 그것을 그리스도의 삶의 차원에서 살펴보고 있는 까닭에 특별히 처음에는, 멈춰서서 그것이 우리 삶과도 깊은 연관을 가지고 있음이 틀림없음을 아는 것이 필요합니다. 어두운 날들이 있을 것입니다. 그날들이 불행한 날들일까요? 우리가 그때 불만을 토로하며 불평할까요? 아니면 그날이 승리의 날들일까요? 우리가 요한복음 18장에서 21장까지의 교훈들을 얼마나 잘 배우느냐에 따라서 그 답변이 거의 달려 있습니다.

저는 이러한 질문을 던져야겠읍니다 : 그리스도인들이 자기들의 고난을 거의 자주 어떻게 생각하는가요? 어떤 사람들은 물론 그것이 하나님 편에서의 약속불이행으로 생각합니다. 그때문에 하나님을 원망합니다. 어떤 사람들은 단순히 고난을 몽롱하게 견뎌내며, 그 고난이 누구에게서 왔는지, 혹시 그 고난속에 하나님께서 목적을 가지시고 계시지는 않은지 등의 질문을 제기하지 않습니다. 그러나 저는 이런 사람들을 생각하고 있는것이 아닙니다. 주권적인 하나님을 믿기 때문에 그들의 고난과 슬픔과 좌절이 하나님의 손을 통해서 왔고, 그것들이 선을 위해서 주어진 것이라는 사상을 기꺼이 받아들이는 보다 성숙한 그리스도인들을 생각하고 있는 것입니다. 저는 그들이 그 고난을 어떻게 생각하고 있는가를 묻고 있읍니다. 그들은 그것을 어떻게 생각합니까?

제 경험으로 볼때, 성숙한 그리스도인들은 정상적으로 세가지 방식 중 한가지 방식으로 생각하든지, 아니면 그 세가지 방식을 다 합쳐서 생각합니다. 첫째로, 어떤 사람들은 고난은 참아내야 할 것인데, 하나님의 때가 이르면 개입하셔서 그 고난을 제거시킴으로 스스로 영광을 얻으려 하신다는 식으로 생각합니다. 이에 대한 한 실례가 질병, 특별히 죽음을 몰고 올지도 모르는 지독한 질병일 것입니다. 이 그리스도인들이 생각하기를, 그 목적은 하나님께서 그것을 제거하셔서 자기들을 치료하신 하나님을 찬미할수 있도록 하신 것이라고 합니다. 단 다른 실례는 유쾌하지 못한 일의 노선을 따른 것입니다. 그 일이 뭔가 새롭게 변화된 후에 하나님께 찬미를 드릴수 있다는 것이지요.

둘째로, 고난을 하나님께서 승화시킬 것이라고 생각하는 자들도 있읍니다. 아마 그들이 더 담대하다면, 그것이 온전히 제거되기를 위해 기도할 수 있을지 모릅니다. 그러나 하나님께서 이렇게 하실 것이라는 확증이 하나도 없기 때문에(아니면 다른의미로, 하나님께서 그렇게 하실 의향을 전혀 갖고 있지 않은 경우들이 자주 있음),하나님께서 상황을 다르게 만들어 주십사고 기도합니다. 그들은 그 고난이 변하여 더이상 다른 사람이 고난을 받고 고통스러워 하거나 좌절하는 것 같은 일이 없기를 기대합니다.

세째로, 고난의 어두운 날들을 넘어 영광을 보고, 그래서 고난을 무시

하기 위해서 투쟁하는 그리스도인도 있읍니다. 그들은 그속에 있는 목
적을 전혀 알지 못합니다. 그러나 그것이 지나면 누리게 될 기쁨을 위해
서 그것을 견디어 나갑니다.

   이 관점들이 바른가요? 먼저 그 관점마다 진리의 요소가 있다는 것은
먼저 인정해 둡니다(때로는 어떤 특별한 경우에는 몽땅 진리인 경우도
있음). 하나님께서 고난을 주셨다가 그 고난을 제거 하심으로써 영광을
받으시려고 고난을 주실 때도 있다는 것입니다. 요한복음 9장에 나타난
나면서 소경된 사람의 고통이 바로 그러한 경우일 것입니다. 때로, 고난
이 깊이 승화되기도 합니다. 다른 영역에서 경우가 어떠하든지 간에 고
난 너머에 깊은 영역이 있다는 것도 사실입니다. 그리스도의 경우에는
십자가 너머에 부활과 승천이 있었읍니다. 그리스도께서는 그것을 내다
보셨읍니다. 그러나 유사하게 요한계시록에 기록된 영광중에 있는 구속
받은 성도들의 장면들을 통해서 용기를 얻읍니다. 눈물도, 죽음도, 슬픔
이나, 우는것이나 고통이 없을 것임을 알고 즐거워 합니다(계 21:4).

   그러나 요한복음 18장에서 21장까지와, 다른 대목을 기초로 하여 볼
때, 그런 식으로 고난에 접근하는 것이 독특한 그리스도인의 방식인가
요? 도피나, 변환이나, 승화만이 그리스도인의 해답인가요? 저는 그렇게
생각하지 않습니다. 오히려 그리스도를 위해서 그 고난을 온전히 받아
들이는 것이 해답이라고 생각합니다. 그럼으로써 바울이 스스로 자기도
그렇게 한다고 말한대로 그리스도의 남은 고난을 채우고, 그리스도의
이름에 영광을 돌리게 되는 것입니다. 단순히 고난으로부터의 도피가
아니라 고난을 짊어지는 방식이 가진 순전한 힘으로써 말입니다.

두쌍의 사람들

   도널드 그레이 반하우스는 Bible Study Hour 프로그램의 창설자인
데 한번은 "비극이냐 승리냐"는 제목으로 설교한 적이 있었읍니다. 그
설교는 그 난제를 분석한 것입니다. 그 설교중에 이러한 예화를 들었읍
니다. 어느날 아침 목회사역을 하러 가는 길에서 어느 부인이 자기를 붙
잡고는 아들좀 만나주지 않겠느냐고 하였읍니다. 그녀의 아들은 폐결핵
을 앓고 있었고 죽을 지경이 되었읍니다. 그래서 반 하우스는 "지금 가

보지요"라고 말했습니다.

그녀는 대답했습니다. "아, 아녜요 저와 함께 가면 안돼요. 그애가 매우 성이 나 있어요. 목사님께 욕설을 퍼부을지도 몰라요. 제가 목사님께 이런 부탁을 했다는것을 그애가 몰랐으면 좋겠어요. 나중에 그냥 들르세요." 젊은 목회자는 그 말을 잘 알아 들었습니다. 그래서 30분 후에 집들이 죽 늘어서있는 필라델피아의 작은 거리의 어느집 앞에 가서 벨을 눌렀습니다. 벨을 누르면서 보니까 안방에 젊은 사람의 침대가 놓여 있고 그 침대에 그 아들이 누워있는 것이 보였습니다. 그는, 자기가 가까운 곳에 있는 목회자라고 소개한 다음에 그 여인의 병든 아들을 멀끔히 쳐다 보았습니다.

그에게로 나아갔더니 그 젊은 사람이 성이 나서 욕설을 퍼붓기 시작했습니다. "아니, 하나님은 내 폐를 이렇게 이 컵에다 쏟도록 하신 이유가 뭐예요?"라고 다구쳤습니다. "오, 하나님은 제게 너무 잔인하세요!" 자기의 고통때문에 하나님을 저주했습니다. 어찌나 격하게 되었는지 반하우스는 거길 떠나는 것이 상책이란 생각이 들었습니다. 한 주간 만에 그 젊은 사람이 죽었습니다.

몇 년이 지난후 반하우스는 웨스트 필라델피아의 한 극장에서 연속적으로 주일 밤마다 예배를 드리고 있었습니다. 어느날 밤 설교를 마치고 나서 어떤 사람이 이렇게 물었습니다. "목사님, 폐결핵으로 죽어가는 젊은 사람이 이곳에 있는데 좀 가보시지않겠어요?" 그는 즉각 그때의 일을 생각했습니다. 그러나 그는 그 젊은 사람을 만나러 가서는, 경우가 완전히 다르다는 것을 알고 놀랐습니다. 그 집은 역시 작은 연립형 집이었습니다. 그사람이 바로 앞방에 있었습니다. 그러나 반하우스가 말을 걸자 그 젊은 사람은, "오, 그리스도께서 나를 구원하신 이후 삶이 얼마나 놀라운지요!" 그는 자기 이야기를 들려 주었습니다. 자기는 지난 몇 개월 동안 너무 약해서 24시간중 1시간만 침대에서 일어날 수 있었다고 말했습니다. 그러나 매일 그 1시간 동안 그는 옷을 입고 그 주택가의 한 블럭거리를 걸었습니다.

어느날 밤 그렇게 걷고 있는데 이웃 한 극장에 등이 켜있는 것을 주목해서 쉬려고 그리로 들어갔습니다. 반하우스가 설교하고 있었고, 그는

그리스도의 사랑에 대해서 말하고 있는 동안 경청했읍니다. 그는 예수
님을 자신의 개인의 구주로 영접했읍니다. 그다음 몇 개월 동안 매일 침
대 밖에 나와 있는 1시간 동안에 그 블럭에 있는 가정들을 방문하면서,
그리스도께서 그들을 구원하시기 위해서 행하신 일과, 그리스도께서 그
들을 얼마나 사랑하시는가를 그들에게 들려주었읍니다. 그러나 그는 이
제 너무 약해서 밖으로 나갈수가 없었읍니다. 그는 이렇게 말했읍니다.
"그러나 이도시에 저의 친척들이 50명 가량 되지요 다음 주일에는 그들
을 초청하고 싶어요. 제가 그들을 초청한다면 목사님이 오셔서 말씀해
주시겠어요?" 반하우스는 그러겠다고 대답했읍니다. 다음 주일 저녁에
거기에 도착해보니 집에 사람들이 가득 차 있었읍니다. 계단, 이층 , 부
엌, 마루에까지 사람들이 꽉 차 있었읍니다. 그 젊은 사람이 자기의 회
심에 대해서 말했고, 반하우스를 초청하여 그 젊은이가 구원받았던 밤
에 극장에서 했던 이야기를 들려주게 한 것입니다. 그후 그는 이렇게 말
했읍니다. "내가 예수님을 믿은 그 밤에 들은 메세지가 그것이었읍니다.
제가 그리스도를 믿게 된 경위가 이러합니다. 다음번에 여러분이 모일
때는 내 장례식날 일 겁니다. 죽기전에 그리스도에 대해서 여러분에게
증거하고 싶었읍니다." 며칠뒤 그는 죽었읍니다―승리를 거두고 말입니
다.

그 간증이 그 친척들에게 효력을 얻지 못했다고 생각하십니까? 물론
효력이 있었읍니다. 그러나 그것이 효력이 있었던 것은, 그 사람이 덜
아팠다거나 아니면 그의 죽음이 변형되었기 때문이 아니었읍니다. 오히
려 그는 그 고통이 하나님께로부터 온 것으로 받아들였읍니다. 사실 그
랬는데 그럼으로써 그 고통속에서 하나님을 영화롭게 했던 것입니다.

반하우스는 논평은 이러합니다. "이 두 경우를 비교해 볼 때 환경은
거의 동일하나 그것을 바라보는 방식은 매우 다르다. 세상이 두 부류로
나눠져 있는 것을 우리는 새삼 인식한다. 거듭난 사람들과 거듭나지 않
은 사람들로 말이다. 사람들은 하나님의 자녀이든지 진노와 불순종의
자녀이든지 둘 중 하나이다. 하나님의 자녀가 되기 위해서 주 예수 그리
스도를 믿어야 한다. 하나님의 말씀을 탐구하고 내가 목회 사역을 해 본
결과를 보면, 하나님께서는 불신자에게 일어나는 어떤 것이라도 그리스

도인에게도 일어나도록 허용하신다고 믿는다. 불신자는 하나님을 원망하면서 울부짖는다. 그러나 그리스도인은 이렇게 말한다. '주여 뜻대로 하옵소서.' 그대의 삶의 상황이 어떠하든지 예수 그리스도를 믿지 않는다면, 하나님께서는 그대와 똑같은 처지에 있으면서 예수 그리스도를 믿고있는 사람을 어디에선가 소유하고 계시다. 만일 불치의 병으로 집에 있으면서 그리스도를 알지 못하고 자기 운명이 너무나 무섭다고 생각하고 있다면, 그대와 똑같은 불치의 병으로 집에 있으면서 하나님을 찬미하는 다른 사람이 있다. 마귀도 그 의사들을 갖고 있고, 하나님께서도 그 의사들을 갖고 있는데, 그 하나님의 의사들은 단순한 믿음으로 주를 사랑하고 신뢰한다. 마귀는 계략을 짜고 속이는 변호사를 갖고 있다. 하나님께서는 어려운 처지에 있는 자들을 도와주려고 애쓰는 존귀하고 정직한 변호사들을 갖고 계시다. 하나님께서는 당신의 부자들을 갖고 계시고, 마귀도 그러하다.

"여러분 자신은 어떠한지 말해 보라 나이가 무엇이고, 상황이 어떠하며, 환경이 어떠한지 말해 보라. 나는 어떤 그리스도인의 삶속에서 그것들과 방불한 경우를 들어 말할 것이다. 그것을 둘러서 표현하자면, 그리스도인에게 어떠한 일이 일어나든지 그일이 불신자에게도 일어나고있다. 불신자는 '하나님, 제게 이럴수가 있읍니까!'라고 울부짖는다. 그러나 그리스도인은 '오 하나님, 하나님께서 제게 원하시는대로 무엇이든지 하세요. 하나님은 저를 구속하셨어요. 저는 당신의 것이예요. 제가 당신을 사랑하니 모든 것이 합력하여 선을 이룰줄 알아요.'"

하나의 특권

여기에 한가지 마지막으로 소개할 이야기가 있읍니다. 영국의사 헬렌 로제비어(Helen Rosevear)는 아프리카의 자이레라는 나라에서 20년 이상 봉사했읍니다. 12년 반 동안 그녀는 미친듯한 그러나 보편적으로 말해서 놀라운 봉사의 시간을 가졌읍니다. 의사 혼자서 50만 이상의 인구를 가진 지역을 봉사했으니 말입니다(오늘날에는 한 150만 가량의 인구가 그지역에 살고있음). 그러나 1964년 혁명이 그나라에 덮쳐 왔읍니다. 그녀와 그녀를 도와 함께 일하던 사람이 5개월 반 동안 거의 믿겨지지 않을 정도의 잔인한 고문을 받았습니다. 여러 차례 엄청난 판결을 내리는 재판이 있었습니다. 때로는 비그리스도인마저 도저히 믿을 수 없는 정도로 그 재판결정이 너무도 이치에 맞지 아니한 경우도 있었습니다. 그러나 여전히 고문과, 구타와, 다른 사람들이 병신이 되고 파멸되어 가는 것을 보는 끔찍한 비참과, 공포—뼈가 으스러지고 위 압적인 공포를 가하는 일이 있었습니다.

한번은 그녀가 처형될 즈음에 17살 먹은 학생이 그녀를 위해서 편드는 발언을 했다가 야만스럽게 매를 맞았습니다. 축구공처럼 채였고 죽게 내버려 두었습니다. 로제비어는 병들어 있었습니다. 잠시동안 하나님께서 자기를 버렸다고 생각했습니다. 하나님의 실재를 의심하지는 않았지만 말입니다. 그러나 하나님께서 그에게 다가와 당신의 임재의 의식으로 그를 압도하였습니다—승리에 찬 그의 큰 모습을 보여 주셨습니다—그리고 이처럼 물으셨습니다. "21년전 네가 선교사가 되는 특권을 내게 구했었지. 나와 같이 되는 특권을 말이야. 이것이 바로 그것이야. 너 그거 원하지 않았느냐? 네가 바라던 것이 바로 이것이다. 이것은 네 고통이 아니라 내 고난이다. 내가 네게 바라는 것은 다만 네 목을 빌리는 것이다"

그렇게 하나님께 강하게 받은 충격이 주효하여, 그 의사는 말하기를 그 위대한 특권의식으로 압도당했다고 말했습니다. 왜냐하면 그것은 특권이었기 때문이었습니다. 그녀는 이러한 경우나, 아니면 주께서 자기에게 요구하신 다른 어떤 경우에서든지 자기 주님을 섬길수 있음을 즐거워 하였습니다. "그는 고난을 멈추지 아니 하셨다. 그는 악함과, 잔인함과, 낮아지심과 그 어느 것도 그만두게 하지 아니하셨다. 여전히 그 모든 것이 있었다. 고통은 여전히 그런 상태였고 두려움도 여전히 그러했다. 그러나 이제는 전혀 달랐다. 그 고통은 예수님 안에서, 예수님을 위해서, 예수님과 함께 하는 고통이었다." 그것이 바로 그녀의 간증입니다.

저는 이러한 질문을 던지면서 이 강론을 끝맺겠습니다. 당신은 예수 그리스도를 믿는 신자입니까? 당신이 처해 있는 바로 그곳에서, 당신의 됨됨이와, 당신이 지금 처해 있는 환경 바로 그곳에서 있는 특권을 의식합니까? 그곳이 어디든지 예수님께서 당신을 그곳에 두셨습니다. 당신이 누구든지 예수님께서 당신을 지으셨읍니다. 그 환경들이 어떠하든지 그 환경들을 지으신 분은 그분입니다. 바로 거기서 그분을 찬양해야 합니다. 가장 비극적인 처지라 할지라도 그것이 그리스도의 승리의 터전이 되도록 허락하셔야 합니다.

2

겟세마네

"예수께서 이 말씀을 하시고 제자들과 함께 기드론시내 저편
으로 나가시니 거기 동산이 있는데 제자들과 함께 들어가시다.
거기는 예수께서 제자들과 가끔 모이시는 곳이므로 예수를 파
는 유다도 그곳을 알더라"(요 18:1, 2)

지난 강론에서 지적한 바와 같이, 사도 요한이 겟세마네 동산에서 그
리스도의 고난을 강조하기 보다는 다른 상황 뿐 아니라 이 상황을
극복하신 면모를 힘주어 말하기를 작정했다는 것은 사실입니다. 그러나
그렇다고 해서 요한이 그 동산에서 일어났던 일을 전혀 알지 못하고 있
었다거나, 이야기를 펼쳐 나가면서 그것을 염두에 두지 않고 있었다는
뜻은 아닙니다. 개인적으로 이 사건을 알고 있었다는 것을 우리는 인식
합니다. 왜냐하면 그가 그곳에 있었고, 주님께서 다른 여덟제자들로부터
돌 던질만큼 거리에서 기도하고 계실 때 주님과 함께 있었던 속에까지
들어간 세 제자들 중 한사람이었기 때문입니다. 요한이 그 기도의 성질
을 알았다는 것도 우리는 이해합니다. 왜냐하면 그는 12장에서 그것을
얘기하였기 때문입니다. 그는 예수님께서 다음과 같이 하신 말씀을 인
용하고 있읍니다. "지금 내마음이 민망하니 무슨 말을 하리요 아버지여
나를 구원하여 이 때를 면하게 하여 주옵소서 그러나 내가 이를 위하여

이때에 왔나이다"(27절).

요한이 겟세마네 동산에서 일어나고 있던 사건들을 모르고 있지는 않았습니다. 그러나 우리가 지난 강론에서 지적하였듯이 그 사건들을 자기 나름의 전망을 가지고 보는데 관심이 있습니다. 그것이 무엇입니까? 그리스도의 인성적 연약보다는 신성적 능력을 보여 주고 싶어하며, 비극보다는 승리를 보여 주고 싶어하신다고 대답할 수 있습니다. 그러나 겟세마네 동산에서 예수님께서 투쟁하신 것을 요한이 어떻게 지각했느냐는 문제에 대한 답변이라기 보다는 보편적인 답변일 것입니다. 우리는 이 기사를 철저하게 숙고하고 싶어 이러한 질문을 던져봅니다. 요한은 겟세마네에서의 갈등을 보는 특별한 방식을 제시하고 있습니까? 이 본문에 우리의 생각을 기울일만한 어떤 것이 있습니까?

요한은 1절에서 "동산"이라는 말을 했는데 그 말 속에 그러한 시사가 들어 있다고 믿습니다. 우리가 볼 때 그 말이 그렇게 주목할만하게 보이지 않습니다. 왜냐면 겟세마네 동산이라고 말하는게 우리의 관례가 되어 있기 때문입니다. 그러나 요한의 시대에 있어서 그말은 분명히 보통 명사는 아니었습니다. 예를 들어서 요한은 "겟세마네"라는 말을 사용하지 않는 것을 우리가 주목합니다—이것은 더 의미있는 것인데—마태나 마가나 누가는 "동산"이라는 말을 사용하지 않고 있습니다. 우리가 이것을 볼 때 겟세마네 동산이라고 하는데 그렇게 온전한 명칭으로 나타난 곳은 한 곳도 없습니다. 더구나, 요한복음을 제외하고는 그것을 동산이라고 지칭하지도 않습니다.

겟세마네를 부를때 그런 식으로만 불러야 하는지? 아니면 다른 어떤 것이 관련되어 있는지? 그것을 알아봅시다.

에덴의 서쪽

요한은 그리스도께서 그처럼 분명하게 승리를 거둔 그 겟세마네 동산과, 인간의 조상인 아담이 그처럼 고통스럽게 실족하여 넘어졌던 에덴 동산을 은근히 대조시키고 있을 가능성이 있습니다. 확실한 것은 아닐지라도 그렇게 말하면 그 질문에 대한 답이 될 것이 아닌가 제나름으로 생각해 봅니다. 더구나, 저 혼자만이 이렇게 생각하는 것은 아님을 지적

해 드리고 싶습니다. 교회 교부들도 요한복음 18:1을 대체로 그런 식으
로 해석했고, 그후 시대에 속한 주석가들이나 강해자들의 저작 속에서
도 그러한 해석이 나타납니다.

　꽤 최근의 요한복음 주석가인 핑크는 그 두 동산사이의 관계를 자세
히 묘사합니다. "그리스도께서 동산에 들어가신 것은 대번에 우리로 하
여금 에덴을 생각나게 한다. 그 둘 사이의 대조가 정말 두드러져 보인다.
에덴에서는 모든 것이 밝았다. 겟세마네에서는 모든 것이 무시무시했다.
에덴에서 아담과 하와는 사단과 쓸데없이 대화를 나누고 있었다. 겟세
마네에서는 마지막 아담이 아버지의 얼굴을 구했다. 에덴에서는 아담이
범죄했는데, 겟세마네에서는 구주께서 고난을 받으셨다. 에덴에서는 아
담이 넘어졌는데, 겟세마네에서는 구속주께서 이기셨다. 에덴에서의 투
쟁은 낮에 일어났는데, 겟세마네에서의 투쟁은 밤에 치루어졌다. 에덴에
서는 사단 앞에 아담이 쓰러졌고, 겟세마네에서는 그리스도 앞에 병사
들이 쓰러졌다. 에덴에서는 인류가 망했고, 겟세마네에서는 그리스도께
서 '아버지께서 내게 주신 자 중에서 하나도 잃지 아니 하였사옵나이다
'라고 공언하셨다(요 18:9).

　에덴에서 아담은 하와의 손에서 과실을 건네 받았는데, 겟세마네에서
는 그리스도께서 아버지의 손에서 잔을 받으셨다. 에덴에서 아담은 자
신을 숨겼는데, 겟세마네에서는 그리스도께서 담대하게 자신을 드러내
셨다. 에덴에서는, 하나님께서 사람을 찾으셨는데, 겟세마네에서는 마지
막 아담이 하나님을 찾으셨다! 에덴으로부터 아담은 '추방'을 당했는데,
그리스도께서는 겟세마네로 '이끌려' 가셨다. 에덴에서는 '칼'이 뽑아졌
는데(창 3:24), 겟세마네에서는 '칼'이 칼집에 꽂아졌다(요 18:11)."

　우리는 이 강론에서 이 모든 대조점들을 다 구체적으로 살펴볼 수는
없습니다. 그러나 핑크의 말은 예수님의 투쟁에 접근하는 이러한 방식
이 얼마나 바람직한 것인가를 보여줍니다.

선(善) 대(對) 악(惡)

　이 대조에서 가장 먼저 시작해야 할 부분은 아담과 하와가 에덴동산
에서 시험을 받을 때 맞아 싸워야 하는 것이 무엇이었으며, 예수님께서

겟세마네 시험에 직면하셨을때 맞아 싸워야 했던 것이 무엇인가를 대조하는 것입니다. 핑크가 말했듯이 그 대조는 선과 악, 또는 "즐거운" 것과 "가증스러운 것" 사이의 대조입니다.

하나님의 창조활동의 최절정이 이루어졌을때 아담과 하와가 에덴동산에 들어갔다는 것을 기억해야 합니다. 죄와 사망을 전혀 알지 못하는 세상에 뛰어든 셈이고, 그럼으로써 모든 방면에서 그 세계는 완전하였읍니다. 이 세상이 보시기에 좋다고 하나님께서 선언하셨읍니다. 하나님께서는 남자와 여자를 이 세상의 부통치자로 만드셔서 '바다의 고기와 공중의 새와 육축과 온 땅과 땅에 기는 모든 것을 다스리는 자'(창 1:26)로 분명한 지배권을 허락하셨읍니다. 더구나 하나님께서는 그들을 축복하여 가라사대, "생육하고 번성하여 땅에 충만하라 땅을 정복하라. 바다의 고기와 공중의 새와 땅에 움직이는 모든 생물을 다스리라…… 내가 온 지면의 씨 맺는 모든 채소와 씨가진 열매 맺는 모든 나무를 너희에게 주노니 너희 식물이 되리라 또 땅의 모든 짐승과 공중의 모든 새와 생명이 있어 땅에 기는 모든 것에게는 내가 모든 푸른 풀을 식물로 주노라"(28-30절)고 하셨읍니다. 아담과 하와 앞에 있는 이 모든 것들은 어떤 위협이나, 하나님의 크신 은총을 삭감시킬 그 어느 것도 없었읍니다. 그럼에도 불구하고 그들은 이 흘러 넘치며 기쁨에 찬 전망에서 돌아서서 범죄하였읍니다.

대조적으로, 예수님께서는 아담과 하와가 생각조차 할수 없었던 것을 맞으셨읍니다. 첫째, 인간이 아는 한도 내에서 가장 오래 끌며 가장 괴로운 형태의 육체적인 죽음을 맞아야 했읍니다. 둘째로 영적인 죽음을 맞게 되었는데, 그것 때문에 극히 고차원적으로 연단받고(우리 예수님은 어떤 우리 죄인과 같은 의미에서 연단 받았다는 그런 말이 아님) 신적 동기로부터 추진력을 부여 받은 영혼마저도 깊은 공포감으로 움츠려들 정도였읍니다. 예수님의 큰 고뇌와, 땅이 핏방울로 변하는 그 모습과, 마음을 찢는 기도속에서 그리스도 앞에 있었던 것의 충만한 분량을 엿볼수 있읍니다. "내아버지여 만일 할 만 하시거든 이 잔을 내게서 지나가게 하옵소서"(마 26:39; 막 14:36; 눅 22:42 참조). 그럼에도 불구하고 예수님께서는 이것으로부터 돌아서지 않고 우리의 구원을 위해서 기꺼이 맞아 들이셨읍니다.

하나님 대 사단

에덴동산에서의 아담과 하와의 행실과, 겟세마네에서의 그리스도의 행실사이의 두번째 흥미로운 대조는, 우리 첫번째 조상들은 사단과 대화를 나누느라 시간을 보냈고, 예수님은 하나님과 대화를 나누느라 시간을 보냈다는 것입니다. 그리스도의 마음속에 가득찼던 것은 기도의 필요성이었던 것 같습니다. 왜냐하면 그의 모든 행동이 그 필요성을 채우는 것으로 조정되어 있기 때문입니다. 이를 위해서 예수님은 떠나셔서 늘상 기도하러 자주가시던 조용한 곳에 이르신 것입니다(요 18:2). 그는 제자들 대부분을 떼어놓고 혼자 계셨읍니다. 그들 더러 기도하라고 권면하십니다(눅 22:40). 그런 다음에 그는 간절히 혼자서 기도 하시고, 밤새도록 기도하는 제자들을 격려하시기 위해 두번 이상 잠깐 멈추셨읍니다. 분명히 예수님은 기도의 필요성을 느끼셨읍니다. 그러나 아담과 하와는 인류를 저주할 죄의 벼랑에 서 있었지만 기도 하지 않았읍니다. 오히려 그들은 사단과 교분을 나눔으로써 그 위험에 무방비 상태로 있었읍니다.

그리스도께서 그 기도의 필요성을 어째서 느꼈을까요? 분명히 그는 시험의 강도(強度)가 어떠한 것인지 느꼈기 때문입니다. 그리스도께서 공생애를 시작한 맨 처음에 사단으로부터 시험을 받은 이야기를 우리가 알고 있다는 이유 때문에(마 4:1-11; 막 1:12, 13; 눅 4:1-13), 예수님은 그러므로 다시는 시험받지 않으셨다고 생각해서는 안됩니다. 오히려 한번은 베드로를 보고 사단의 간교한 시험의 하나라고 책망하셨읍니다(마 16:23). 이 경우에서 마저 그는 마음속에 시험을 염두에 두고 계신 것 같습니다. 왜냐하면 제자들 더러 그들이 시험에 들지 않게 권면하고 계시니 말입니다(마 26:41; 막 14:38; 눅 22:40, 46).

예수님께서 무엇에 시험을 받으셨읍니까? 여기서 우리는 사변적으로밖에 생각할 수 없읍니다. 그것도 근심스럽게 말입니다. 왜냐하면 성경이 침묵하는 곳에서 우리도 말을 거의 하지 말아야 하기 때문입니다. 그럼에도 불구하고 예수님이 당한 시험의 중심은 속죄사역의 일을 끝마치지 말거나, 아니면 다른 방식으로 우리의 구원을 완성시킬려고 생각하는 그런 류의 시험이라고 상상할 수 있습니다. 기도 자체가 속죄사역을 끝마치지 않고 내버려 두라는 그런 시험을 암시하는 것 같습니다— "할 만 하시거든 이 잔을 내게서 지나가게 하옵소서." 광야에서 사단이 시험한 것이 어떤 다른 방식으로 우리의 구원을 성취해 보라고 하는 그런 시험을 암시합니다— "만일 내게 엎드려 경배하면 이 모든 것을 네게 주리라"(마 4:9).

다시 하나님과 사람들에게 다 버림을 받았다는 느낌이 드는 시험이 있었을지 모릅니다. 확실히 말해서 스펄전이 그리스도의 슬픔에 대한 설교를 하면서 지적했던 것처럼 마귀는 다음과 같은 논증을 사용할 수 있었을 것입니다. "보라, 네 친구가 아무데도 없다! 하늘을 쳐다보라. 네 아버지도 너에게 긍휼을 베풀어 주기를 멈추셨다. 네 아버지의 궁전에 있는 한 천사도 너를 돕기 위해서 손을 뻗치지 않을 것이다…… 땅을 보아라. 모든 사람들이 네 피를 달라고 갈급해 하지 않느냐? 유대인들은 못에 찢긴 네 살을 보려고 법석을 떨고 있고, 로마 사람도 유대인의 왕인 네가 십자가에 못박혀 있는 것을 보고 조롱하고 있지 않느냐? 열국중에서 네 친구는 하나도 없다……. 너와 사랑스러운 도모를 하던 그 동무들을 보라. 그들이 무슨 소용이 있느냐? 마리아의 아들이여, 네 형제 야고보, 사랑하는 제자 요한이 저기 있는데, 보라 너의 담대한 사도 베드로를 보라— 그들이 잠들고 있다. 자고 있어. 저쪽에 있는 여덟사람을 보라. 너는 그처럼 고통을 당하고 있는데 저 겁쟁이들은 잠들고 있구나." 만일 그리스도께서 이러한 성질의 시험을 받았다면, 그것은 천사가 나타나서 그리스도의 힘을 북돋운 이유를 설명해 줍니다. 왜냐하면 천사는, 나타난 여러가지 상황에도 불구하고 그리스도가 혼자가 아니라는 것을 뜻했을 것이기 때문입니다.

여기서 우리가 받는 교훈은 그리스도께서 당한 시험들의 성질에 있는 것이 아닙니다. 물론 그 시험은 우리들이 당하는 시험과 매우 유사하지만 말입니다. 그리스도께서 당하신 시험은, 하나님의 일을 피하고, 하나님께서 지정하신 방식외에 다른 방식으로 그것을 이루려고 시도하고, 버림 받았다는 느낌을 가지도록 시험했습니다. 그러나 우리가 받는 교훈은 그리스도께서 기도에 의존하셨다는 데에 있는 것입니다. 우리는 기도를 그처럼 가치있게 여깁니까? 우리는 간절히 기도합니까? 아니면 아담과 하와가 했던 것처럼 사단과 노니작거리고 있습니까? 아니면 제자들이 했던 것처럼 잠들고 있습니까?

둘은 넘어지고, 하나는 이기고

아담과 하와와, 주 예수 그리스도 사이의 대조의 세번째 요점은 또한 분명합니다. 그리스도께서는 이기셨는데 그들은 넘어졌습니다. 그들이 얼마나 빨리 넘어졌습니까? 아마 즉시 넘어졌을 것으로 보입니다. 사단은 자기의 논증을 늘어 놓았습니다. 그들은 재빨리 금지된 실과를 먹었읍니다. 반면에 예수님께서는 기도로 씨름하시고, 결국 승리만을 얻으셨읍니다.

마태는 그리스도께서 기도하심을 통해서 이기는 은혜를 얻은 사실을 가장 명백하게 진술해 주고 있습니다. 왜냐하면 마태는 그리스도의 생각의 진전과, 기도를 해 나갈수록 그의 태도의 변화를 보여주기 때문입니다. 그리스도께서 첫번째 드린 기도는 마태복음 26:39가 말하듯이, 하나님께서 자기를 위해서 쏟으신 잔이 할 만 하시거든 옮기게 해 주시옵소서 하는 것이었습니다. 그말을 그대로 옮긴다면, "오 내 아버지여, 만일 할 만 하시거든 이 잔을 내게서 지나가게 하옵소서 그러나 나의 원대로 마옵시고 아버지의 원대로 하옵소서"였읍니다. 돌아오셔서 제자들이 잠든 모습을 보시면서 자기와 함께 "깨어 기도하라"고 권면하신 후에 드린 두번째 기도는, 첫번째 기도의 말과 거의 방불하지만 잔을 옮겨 달라는 노골적인 요청은 없습니다 "내 아버지여 만일 내가 마시지 않고는 이 잔이 내게서 지나갈 수 없거든 아버지의 원대로 되기를 원하나이다"(4절). 그러나 기록되지는 않았지만 세번째 드린 기도는 분명히 다음과 같은 내용이었을 것입니다. "아버지께서 이 잔을 제게 주신줄 제가 아옵나이다. 제가 그 잔을 마시는 것은 아버지의 뜻입니다. 그러니 저는 그것을 다 마시겠나이다." 예수님께서 이 요점에 이르신 것이 분명함을 우리는 알고 있습니다. 왜냐하면 이 기도를 드리신 후 즉각 일어나셔서 자기를 잡으러 오는 사람들을 맞을 채비를 차리셨기 때문입니다.

이러한 일이 얼마나 걸렸을까요? 오늘 우리는 마태복음 26:39에서 26:44까지 계속되는 그 기도의 전면모를 천천히 읽어도 채 일분도 걸리지 않고 읽을 수 있습니다. 그러나 예수님께서 기도드린 시간이 세시간은 되지 않았을지 모르지만 최소한 한시간은 걸렸을 것입니다. 왜냐하면 예수님께서 첫번째 기도를 드리고 나서 베드로를 깨우러 오셨을때, "함께 한시간도 이렇게 깨어 있을 수 없더냐?"라고 말씀하셨기 때문입니다. 이것은 예수님께서 첫번째 기도를 드리는 시간이 한시간 가량은 되었다는 것을 암시해 주는 것 같고, 아마 두번째, 세번째 기도를 드린 때도 각각 그런 분량의 시간이 걸렸을 것임을 암시해 주는 것 같습니다. 예수님께서 당신의 죽음의 문제에 있어서 하나님의 뜻을 온전히 받아들이게 된 것은 이런 다음의 일이었읍니다.

제가 의심하지 않는 것은, 성경에 있는 다른 모든 사건들과 같이 이 갈등이 기록된 것도 우리의 유익을 위한 것이라는 점입니다. " 우리가 거기서 어떤 유익을 얻어야 하는가?"라는 질문을 던져 놓고 보면, 우리가 넘어지고 낙담하고 시험을 받을때 우리도 어떻게 기도로 승리할 수 있는가를 보여주기 위해서 기록된 것임을 깨닫게 됩니다. "기도로 이기다"라는 말이, 하나님께서 결국 우리가 소원하는 것을 이루어 주실 때까지 계속 기도해야 한다는 뜻으로 사용된 적이 흔합니다. 그러나 그리스도께서 그런 식으로 이기신 것이 아닙니다. 그리스도께서는 ─ 제가 그리스도의 인성에 대해서 말하고 있음 ─ 하나님의 뜻과 자기의 뜻이 일치될 때까지 기도하셨읍니다. 왜냐하면 그것이 승리였기 때문입니다.

우리도 어려움을 겪게 될 것이고, 시험도 오게 될 것이고, 우리가 짊어져야 할 십자가도 있을 것입니다. 그러나 우리 뜻을 기도로 하나님께 복종시킴으로써 하나님께서 우리를 향하여 어떤 마음을 가지고 계시든지 그 뜻을 기꺼운 마음으로 받아들일 때 승리는 우리의 것입니다. 그 경우에 있어서, 아담의 경우에서처럼 우리의 뜻과 하나님의 뜻이 서로 대치되는 일이 없을 것입니다. 오히려 하나님의 아들과 아버지의 뜻이 일치 되었던 것처럼 하나님의 뜻과 우리의 뜻이 일치가 될 것입니다.

잔의 열매

핑크가 지적하는 여러 대조점들 가운데 하나는 특히 암시적입니다. 왜냐하면 핑크는 다음과 같이 지적하기 때문입니다. "아담은 하와의 손에서 열매를 건네 받았는데", "겟세마네에서 그리스도께서는 아버지의 손에서 잔을 받으셨다." 이것은 저로 하여금 그 잔의 내용이 어떠한 것이었든지 간에 하나님의 손에서 삶의 잔을 받는것이, 아무리 바람직해 보여도 다른 류의 손에서 다른 어떤 것을 받는 것보다 언제나 낫다는 위대한 성경의 원리를 진술하게 합니다. 저는 다시 이렇게 말해야겠읍니다: 그 내용이 어떠하든지간에 하나님의 손에서 삶의 잔을 받는 것이, 아무리 바람직해도 다른 류의 손에서 어떤 다른 것을 받는 것보다 언제나 낫다.

어째서 그렇습니까? 하나님의 하나님 되심 때문입니다. 그는 지혜로우시고 모든 능력이 충만하시고 사랑하시는 우리 주 하나님이시며, 진실로 우리의 선을 원하시며, 덧붙여 그 선이 어떠한 것이고 그 선을 어떻게 이루어야 하시는지를 아시는 분이시기 때문입니다. 다른 이들도 우리가 잘되기를 바랄 수도 있읍니다. 또 그렇지 않을 수도 있지요. 그러나 만일 그들이 우리가 잘되기를 바란다 할지라도, 그들이 우리를 위해서 선택하고 추천한 것이 긴 안목으로 볼때 반드시 우리의 유익으로 드러나는 것은 아닙니다. 하와를 생각해 보십시요. 그녀가 열매를 바라볼때, "먹음직도 하고 보암직도 하고 지혜롭게 할 만큼 탐스럽기도 한 나무인지라" 그 열매를 자기 남편에게도 주었읍니다(창 3:6). 그러나 인간적인 전망으로 볼 때 그처럼 바람직하게 보이던 나무가 인류를 사망으로 몰고 갔읍니다. 반면에 그리스도께 주어진 잔은 육체적이고 영적인 죽음을 내포하며, 세상적인 눈을 볼 때 지혜라기보다 오히려 어리석은 것인데도 불구하고, 이 잔이 사실상 하나님의 백성들을 위해서는 생명과 지혜였읍니다.

저는 다시 진술하고 싶읍니다. 하나님께서 여러분의 삶속에 무엇을 보내시든지, 그것이 기쁨이든지 슬픔이든지, 건강이든지 병이든지, 그것이 무엇이든지 간에— 그것은 사실상 최선의 것입니다. 왜냐하면 그것을 보내신 이는 지혜로우시고 모든 능력이 충만하시고 사랑하시는 하나님이시기 때문입니다.

한사람도 잃어버리지 아니하고

에덴동산의 아담과 하와와, 겟세마네 동산의 그리스도 사이의 이러한 많은 대조점들 가운데 마지막 요점은 가장 의미있는 것입니다. 아담과 하와는 죄로 말미암아 인류를 비참에 빠뜨리고 말았습니다. 그들은 넘어지고 자기들의 자손들을 죄의 벼랑으로 끌고가 멸망으로 빠뜨렸습니다. 반면에 그리스도께서는 견고히 섰었습니다. 죄를 짓지 아니하셨고, 그 하실 일에서 돌아서지 아니하셨습니다. 그 결과 그는 아버지께서 당신에게 주신 모든 자들을 구원하셨습니다. 아담 안에서는 모든 사람들이 잃어버림을 당하였습니다. 그런데 그리스도께서는 "내게 주신 아버지의 이름으로 저희를 보전하와 지켰나이다. 그중에 하나도 멸망치 않고"(요 17:12)라고 하셨습니다.

그러나 어째서 "제가" 그것을 말해야 할까요? 우리는 이방인의 사도가 그것을 어떻게 말하는지 들어봅시다. 왜냐하면 이 대조는 로마서 5장 하반부에서 발견되는, 이른바 그리스도께서 아담보다 우월하시다는 그 엄청난 진술의 기초를 형성하기 때문입니다. 그 대목에서 사도 바울은 이렇게 쓰고 있습니다. "이러므로 한사람으로 말미암아 죄가 세상에 들어오고 죄로 말미암아 사망이 왔으니 이와같이 모든 사람이 죄를 지었으므로 사망이 모든 사람에게 이르렀느니라 죄가 율법 있기 전에도 세상에 있었으나 율법이 없을 때에는 죄를 죄로 여기지 아니하느니라. 그러나 아담으로부터 모세까지 아담의 범죄와 같은 죄를 짓지 아니한 자들 위에도 사망이 왕노릇 하였나니, 아담은 오실 자의 표상이라 그러나 이 은사는 그 범죄와 같지 아니하니 곧 한사람의 범죄를 인하여 많은 사람이 죽었은즉 더욱 하나님의 은혜와 또는 한사람 예수 그리스도의 은혜로 말미암은 선물이 많은 사람에게 넘쳤으리라 또 이 선물은 범죄한 한 사람으로 말미암은 것과 같지 아니하니 심판은 한 사람을 인하여 정죄에 이르렀으나 은사는 많은 범죄를 인하여 의롭다 하심에 이름이니라 한사람의 범죄를 인하여 사망이 그 한사람으로 말미암아 왕노릇 하였은즉 더욱 은혜와 의의 선물을 넘치게 받는 자들이 한 분 예수 그리스도로 말미암아 생명 안에서 왕노릇 하리로다 그런즉 한 범죄로 많은 사람이 정죄에 이른것 같이 의의 한 행동으로 말미암아 많은 사람이 의롭다 하심을 받아 생명에 이르렀느니라 한사람의 순종치 아니함으로 많은 사람이 죄인 된것 같이 한사람의 순종하심으로 많은 사람이 의인이 되리라 율법이 가입한 것은 범죄를 더하게하려 함이라 그러나 죄가 더한 곳에 은혜가 넘쳤나니 이는 죄가 사망 안에서 왕노릇 한것 같이 은혜도 또한 의로 말미암아 왕노릇하여 우리 주 예수 그리스도로 말미암아 영생에 이르게 하려 함이니라"(12-21).

　정확히 그러합니다. 그것이 바로 겟세마네의 의미입니다. 도날드 그레이 반하우스는 이렇게 선언합니다. "죄와, 사망과, 심판이 아담의 행위로부터 흘러 왔다. 의와 생명과 왕권이 그리스도의 십자가로부터 흐른다. 아담의 죄는 한 저수지 속에 던져진 돌로써 파문을 일으켜 모든 강둑에 부딪히게한다. 그리스도의 십자가는 하나님의 사랑의 대양 속에 던져진 만세반석이셨다. 그리스도 안에 있는 모든사람들의 운명은 그리스도의 위엄에 찬 사랑과 생명과 능력의 파도에 이제와 영원토록 밀려갈 운명을 가진다."

3

예수님을 배반하여 판 유다

"거기는 예수께서 제자들과 가끔 모이시는 곳이므로 예수를
파는 유다도 그곳을 알더라"(요 18:2)

요 한복음의 마지막 대목(18-21)에 대한 처음 두 강론에서 거의 대부
분 신학을 다루었습니다. 곧, 그리스도의 고난의 의미를 논의하면
서 그것이 비극이라기보다 승리임을 생각하였고, 에덴동산에서 아담과
하와가 타락했을때의 주위 환경들과 대조시켜 보았습니다. 요한 자신이
십자가에 못박히신 일을 그러한 전망으로 보기 때문에 그것이 필요하였
읍니다. 만일 이 마지막이자 가장 중요한 대목을 이해하자면 여기서부
터 시작해야 합니다.

그러나 이 요한복음의 몇 장을 들어갈 때 신학의 문제만 논의되는 것
은 아닙니다. 사실 언뜻 보면 전혀 신학이 언급되지 않아 보입니다. 그
리스도의 생애의 여러 사건들 중 많은 것들이 신학적인 방향을 지적하
고 있는 것처럼 보일 수 있습니다. 특히 요한이나 그리스도 자신이 신학
적으로 해석하였던 그 이적들은 더욱 그러합니다. 앞의 대목에서 예수
님이 하신 강화의 말씀들은 매우 다분히 신학적입니다. 하늘과, 새계명
과, 성령의 인격과 직무, 그리스도와 제자들과의 상호연합, 기도의 문제
가 다루어졌습니다. 그러나 이 마지막 장(章)들이 신학적인 의미가 전

허 없는 것은 아니면서도(예수님의 죽음 자체가 모든 기독교 신학의 중심에 놓여 있는 것만은 확실함), 일차적으로 신학적인 것만은 아닙니다. 최소한 그 문체에 있어서 그러합니다. 오히려 이 마지막 장들에 나타나는 것들은 역사적인 것입니다. 그것들은 그리스도의 지상 생애의 마지막 몇시간과 몇날 동안에 일어난 일들을 말하고 있읍니다. 누가 무엇을 어째서 이 문제를 말하고 있읍니까? 따라서 이 부분을 일차적으로 역사적으로 연구해야 합니다. 물론 그것과 관련하여 이 사건들이 기독교에 대하여 어떤 의미를 가지는지를 반드시 알아야하지만 말입니다.

이것은 참 중요합니다. 때로 우리 그리스도인의 설교와 증거에서, 그리스도 생애의 절정에 이른 이 마지막 몇날 동안의 사건들이 거의 알지도 못하는 사이에 단순한 관념의 영역으로 넘어가도록 내버려두어, 역사적 기반, 그러니까 기독교의 사실성을 증발시켜 버리게 하는 경우가 종종 있읍니다. 그러나 이 사건들은 관념에 불과한 것이 아닙니다. 사실들입니다. 그 사실들이 복음서들을 통해서 우리에게 알려지고 있는데, 복음서들은 "좋은 소식"으로 알려진 것으로 실제 일어났던 일의 기록들입니다. 죄인들에게 좋은소식으로서 합당하게 선포될 수 있는 것을 우리가 갖는 것은, 역사적으로서의 사건들의 진정한 의미를 염두에 둘 때입니다.

어째서 유다인가?

어떤 의미에서 우리는 요한복음 18장의 연구를 시작하기 전에 마저 최종적 사건들의 와중에 있었읍니다. 왜냐하면 12장으로 돌아가 보면 예수님께서 우리가 종려주일로 부르는 날에 예루살렘으로 들어가심으로써 이 사건들이 일어나도록 발동을 걸어 놓으셨기 때문입니다. 그로부터 예수님께서는 마지막으로 그의 제자들을 준비시키고 계셨으며, 백성들의 통치자들 중에 있는 그의 원수들은 예수님을 멸할 모의를 짜고 있었읍니다. 18장에 와서는 이미 이 사건들이 사실상 많이 진행되어 있었읍니다. 왜냐하면 대적들이 그리스도를 잡고, 심문하고, 정죄하고, 십자가에 못박을 일을 착수하니 말입니다.

요한은 그 이야기를 전개해 나가면서 먼저 유다부터 말합니다. 유다

는 예수님을 배반해 판 사람입니다. 복음서 기자마다 그 점을 알고 있읍
니다. 예수님이 사실상 잡히시게 된 것은 먼저 대제사장들과 모의하고,
그런 다음에 예수님을 체포하는 무리들을 끌고 겟세마네 동산에 온 유
다의 행동 때문이었읍니다. 유다는 어떠한 사람입니까? 이 모든 일에 있
어서 예수님을 배반하여 판 단순한 사실외에 정확히 어떤 일을 하였읍
니까? 그 문제를 가장 노골적인 형태로 표현하자면, 어째서 대제사장들
을 위해서 유다와 그의 배반이 전적으로 필요 하였느냐? 는 말입니다.

이 질문에 대해서 통상 두가지 해답이 주어집니다. 예수님을 잡을 무
리들을 이 마지막 몇날 동안 그리스도께서 숨어있을 장소로 이끌기 위
해서 유다가 필요했다는 식으로 대답하거나, 아니면 백성들을 두려워하
는 지도자들의 두려움 때문에 은밀하게 체포하여 일을 확실히 하기 위
하여 그가 필요했다는 식으로 말입니다. 그러나 누가 생각하듯이 이 문
제는 그렇게 분명하지 않읍니다. 프랭크 모리슨(Frank Morison)이 그
리스도를 십자가에 못박히기까지 유도하는 역사적 세력들을 연구한 그
의 인기있는 연구 논문 속에서 지적한 바와 같습니다. "유다를 단순히
정보를 제공한 보통사람으로 여겨서 자기 옛 친구이자 지도자인 예수님
이 은밀하게 숨어 있을 곳으로 당국자들을 기꺼이 이끈 것(이끌 생각을
가진것)으로 생각하는 것은 무모한 판단이다." 왜냐하면 예수님께서는
숨어 계신 것이 아니었기 때문입니다. 사실 예수님께서 이처럼 자신을
드러 내신 적이 없읍니다. 일찌기 예수님께서는 예루살렘 근처에 가시
지 않았는데 당신의 때가 이르지 않은 것을 아셨기 때문입니다(요 11:
54). 그러나 십자가에 못박히시기 한주간 전의 금요일에 여리고에서 베
다니로 오신 다음에는, 당신의 거처를 숨길 의향이 전혀 드러나 보이지
않았읍니다. 그날에 있었던 나사로의 부활 사건도 사람들이 다 보는 앞
에서 일어났읍니다. 그 다음날, 곧 토요일에 많은 사람들이 예수님과 나
사로에게 말하려고 왔읍니다. 지금 주일에 예수님은 그 자신을 드러내
면서 예루살렘으로 들어 가셨는데, 그때 자기와 함께 있던 사람들과 예
루살렘에서 나온 사람들이 "호산나 찬송하리로다 주의 이름으로 오시는
이 곧 이스라엘의 왕이시여"(요 12:13)라고 외쳐댔읍니다. 월요일과 화
요일과 수요일에 그는 사람들이 다 보는 가운데 여기저기 다니셨읍니다.

이러한 상황 속에서 백성들의 지도자들이 예수님이 계신 곳을 알기위해서 유다를 필요로 했다는 것이 어떻게 있을 법한지요? 더구나 유다에게 돈을 주려고 했다는 일은 더욱 이해가 가지 않습니다. 분명히 말해서 만일 그들이 자유로움을 느끼며 잡으려 했다면, 그들 지도자들은 거의 무방비 상태에 있는 어느 순간에든지 예루살렘에서 예수님을 잡을 수 있었을 것입니다. 아니면 그들은 사람들을 쉽게 동산으로 보내서 거기서 예수님을 체포할 수 있었을 것입니다.

이 시점에서 유다의 역할에 대해서 통상적으로 다르게 설명하는 것을 소개할 수 있습니다. 백성들을 두려워 한 까닭에 그리스도를 은밀히 체포하는 효과를 내는 역할을 하게 했다는 것입니다. 그러나 모리슨이 지적한 바와 같이 이러한 설명은 고작해야 반밖에 진실성이 없습니다. 의심할 여지없이 대제사장들과 바리새인들이 백성들이 무슨 일을 할지 모른다는 두려움이 있었던 것은 틀림 없습니다. 소동이 일어나 로마 군대를 개입시켜야하고 그래서 자기들에게는 황망한 결과를 만날 수도 있다는 두려움을 갖고 있었습니다. 심지어 더 크게는, 예루살렘에서 큰 무리들이 실제로 예수님을 믿고 있을지도 모른다는 두려움이 있었습니다. 일찍이 지도자들은 다음과 같이 말한 바 있습니다. "이에 대제사장들과 바리새인들이 공회를 모으고 가로되 이 사람이 많은 표적을 행하니 우리가 어떻게 하겠느냐 만일 저를 이대로 두면 모든 사람이 저를 믿을 것이요 그리고 로마인들이 와서 우리땅과 민족을 빼앗아 가리라"(요 11: 47, 48). 그 회의에서 예수님을 죽이자는 결안이 나왔던 것입니다. 그러나 이외에도 이 지도자들이 예수님을 은밀히 잡을 수 있었던 때가 여러 번 있었습니다ㅡ 이른 아침이나 늦은 저녁에 베다니에서 잡을 수도 있었을 것이고, 베다니와 예루살렘 사이의 길에서도 잡을 수 있었을 것이고, 그 예루살렘의 조용한 후미진 곳에서, 심지어 다락방에서 또 예수님을 잡을 수 있었을 것입니다. 그런데 그들이 그렇게 하지 아니하고 그 체포를 확실케 하기위해 필요한 정보를 유다로 하여금 제시하도록 의뢰했다는 것은, 거기에는 다른 중요한 요인들이 있었음을 암시합니다.

예수님을 두려워함

여기서 모리슨은 어째서 이 사건들이 이런 식으로 진행이 됐는지를 판가름 하는데 있어서 매우 큰 가치를 지닌 시각을 제시하고 있습니다. "나 개인적으로 볼 때 겉으로 분명하게 드러난 백성들에 대한 두려움의 저변에는 보다 더 깊고 보다 더 잠재해있는 두려움이 있었다는 확신이 든다 – 그 두려움 때문에 그들의 놀란 귀에 환영의 메시지가 들릴때까지, 그처럼 머뭇거리고 망설인 것입니다 – 그 두려움은 그리스도 자신에 대한 두려움이었다."

두가지 의미에서 이 시각이 진리임에 틀림없습니다. 첫째로 약삭빠른 백성들의 지도자들은 그리스도께서 많은 사람들에게 비상하게 호소하시는 것을 모를리 없다는 점입니다. 예수님보다 앞서 백성들에게 나타난 세례 요한과 같이, 예수님은 대단히 많은 군중들에게 말씀을 선포하셨고, 그 사람들 중에는 예수님의 말씀을 듣기위해 꽤 먼거리에서 온 자들도 있었습니다. 갈릴리에서는 적어도 한번, 또는 더 많은 기회들을 통해서 예수님의 말씀을 들은 자들이 예수님께 떡을 얻어먹고 예수님을 왕으로 삼고자 했습니다. 정치적인 메시야로 보았던 것입니다. 예수님은 그때 그들을 피하셨습니다. 그러나 만일 어떤 이유에서 예수님께서 진정으로 정치적인 메시야의 역할을 감당하시겠다고 결심하셨다면 무슨 일이 일어났을지 누가 말할 수 있읍니까? 더구나, 이 명절에 예수님께서 예루살렘에서 사람들의 인기를 끌어야겠다고 결심했다면 어떠했겠읍니까? 유대 지도자들이 볼 때, 예수가 그 시의 기대를 한 몸에 입고 새로운 흥분의 소용돌이를 일으켜 사람들을 경악시킬 수 있다는 것이 전혀 불가능해 보이지 않았을 것입니다. 특별히 이전 주일날에 나귀를 타시고 그 수도에 들어오심으로써 그러한 일을 이미 착수한 것처럼 보였으니 말입니다.

그러나 그들이 그것만을 두려워했거나, 그것을 가장 무서워한 것은 아니었읍니다. 부인할 수 없는 그리스도의 초자연적인 능력의 문제도 있었읍니다. 예수님의 공생애 중에 정말 회의론자들답게 이적들이나 다른 것들을 부인했읍니다. 소경으로 난 사람의 경우에는 하나님께서 설명할 수 없는 어떤 방식으로 개입하셔서 그러한 일이 일어났다고 생각했읍니다(요 9:24). 그러나 그들은 이런 점들을 통해서 이적들을 솔직이 인정했고 그 이적들을 무서워했던 것입니다.

더구나, 예수님을 잡으려고 그전에 여러차례 시도했다가 실패한일이 있었습니다. 요한은 그러한 일을 여러번 보도합니다. 물론 그밖에도 복음서에 보도된 것 외에도 그런 일이 여러번 있었을지도 모릅니다만 한번은 아마 성전을 지키는 수비대 일원으로 보이는 일당의 하속들이 예수님을 잡아오라는 대제사장들의 명을 받고 급파된 적이 있었습니다. 그러나 잠시후 그들은 일을 성사시키지 못한채 돌아왔습니다. "어찌하여 잡아오지 아니하였느냐?"라고 물었습니다.

그들의 대답은 군인들로서는 도저히 할 수 없는 답변이었습니다. "그 사람의 말하는 것처럼 말한 사람은 이때까지 없었나이다"(요 7:32, 45-49참조).

그외에도 요한복음 8장에 보면 예수님을 대적하는 또 다른 움직임이 있었습니다. 이때는 예수님을 돌로 치게 하였습니다 "저희가 돌로 치려 하거늘 예수께서 숨어 성전에서 나가시니라"(59절). 세번째는 "저희가 다시 예수를 잡고자 하였으나 그 손에서 벗어나 나가시니라(요 10:39).

예수님을 잡으려는 시도가 그처럼 무산된 결과로 그 지도자들은 무엇을 생각하고 있었을까요? 아마 그들은 자기들의 가장 근본적인 두려움을 잠잠케하지 못했을 것입니다. 자기 자신들도 어쩔수 없었을 것입니다. 그러나 예수님의 분명한 능력과 자기 자신들의 앞선 실패들 때문에, 아무리해도 그를 잡을수 없을 것이라는 두려움이 그들에게 있었던 것이 틀림없습니다. "잡을 수 없다!" 만일 그런 경우라면, 그들이 지난 유월절 주간의 처음의 기간 동안에 어떤 일도 하지 못한 이유를 알만 합니다. 그들이 최종적으로 낸 갑작스러운 결안이 거의 실패로 돌아갔고, 그래서 유다를 사용하게 된 경우를 그런 경우라면 이해할 만 합니다.

시간의 요소

예수님께서 잡히시고 심문을 당하시는 그 정황을 연구하는 사람이라면 어느 누구든지 즉각적으로, 그들이 모두 대단히 서둘렀다는 것을 눈여겨 보았을 것입니다. 첫번째 심문(또는 청문회)이 밤에 열렸다는 사실이 그 점을 확연히 드러냅니다. 그렇게 한 것은 사형에 처할만한 중대

한 소송사건에 대한 유대의 법률로는 불법이었읍니다. 정상적으로 한다
면 심문의 날이 아니었는데도 빌라도가 그리스도의 재판건을 그가 일찍
심리하려고 그 궁정에서 나오도록 설득당했다는 사실부터도 명백히 드
러납니다. 그러나 더 의미있는 일은, 그 심문이 불법적이었다는 것이 분
명히 준비되지 아니한 채 재판에 붙여진 그 소송사건 자체로부터 나타
납니다. 사법적으로 말하면 그 사실심리는 큰 실수였읍니다. 그 건이 분
명히 실패로 돌아가고, 줄곧 불법적이나 분명하게 직접 피고를 문초한
걸 보면 말입니다. 그 결과 예수님께서 여호와의 이름으로 맹세하는 요
청을 받았을때 예수님께서는 당신의 신성을 선언하셨고, 참람되다는 죄
목으로 선고를 받았읍니다(마 26:63-66; 막 14:60-64; 눅 22:70-71).

　간단히 말해서 지도자들이 봉착했던 난제는 자기들이 예수님을 잡되
유월절 안식일과 너무 가까운 때 예수님을 잡고 있기 때문에 두차례 심
문하는 것이 진정 어려웠으며(그자신들과 로마사람들이 심문), 유월절
이 시작되기 전에 정죄하여 처형시키는 것이 정말 어려웠다는 점이었읍
니다. 제가 생각하기로 유월절은 목요일 해질녘부터 시작되었읍니다. 그
들이 생각해 낸 해결방안은 밤에 먼저 피고의 진술을 듣고 형식적인 심
문을 거친 다음 다음날 아침 가능한 한 가장 이른 시간에 로마인의 심
리를 받게 하자는 것이었읍니다. 그러나 어째서 그들이 이때까지는 그
일을 오래 미루어 왔읍니까? 아니면 가능한 한 빨리 일을 처리하려고
사건들을 재빨리 진행시켰다는 것을 감안한다면, 예수님을 거슬리는 움
직임을 실제로 나타냈을 때 더 잘 준비하지 않은 이유가 무엇이냐는 말
입니다.

　이치에 맞게 설명할 길은, 오직 하나 뿐입니다. 그들은 유월절 전에
예수님을 체포할 것을 계획한 것은 아니었읍니다. 다만 유다가 자기들
에게 정보를 제공하자, 여러가지 어려움이 있기는 하지만 자기들이 기
다려온 기회가 바로 이때라는 생각을 하게 되었던 것입니다. 유다가 무
어라고 했을까요? 여기서 물론 우리는 추측할 뿐입니다. 성경이 유다가
한 말을 정확히 우리에게 밝히지 않고 있기 때문입니다. 그러나 유다가
보는 앞에서 앞으로 당신이 죽을 것을 말씀하셨고, 지도자가 가진 두려
움이 그리스도를 잡지 못하게 하였다는 것을 기억해 봅니다. 아마 그들

은 일찌기 유다와 함께 그것을 족히 의논했을 것입니다. 우리는 그 점을 기억한다면, 유다가 다락방을 떠나면서 다음과 같은 메시지를 마음에 품고 갔을 가능성이 너무나 큽니다. "예수가 죽음에 대해서 생각하고 말하고있다. 언젠가는 그것을 암시한 적이 있다. 그러나 자기의 죽음이 금방 임박해 있는 것처럼 말하고있다. 졌다는 기분이 그를 사로잡고 있다고 말해야지. 너희가 지체없이 행동하면 내 생각에는 그가 틀림없이 너희와 함께 갈 것이고 너희가 가장 크게 무서워하는 그 두려움도 사라질 것이다. 더구나, 그는 지금 감람산 기슭의 겟세마네로 가고 있다. 내가 올 때까지 거기서 기다리길 서둘러 조치를 취하라. 내가 너희를 그에게로 데리고 가리라."

이 시점에서 시간 내에 그 필요한 조치가 취해질 수 있었는지에 대한 문제가 야기되었을 것입니다. 그 송사가 성립되려면 일차적인 청문회가 있어야 합니다. 산헤드린 공회가 모였어야 했을 것입니다. 그 다음에 가장 중요한 것은 로마총독 빌라도가 법정이 열리는 날이 아닌 다음날 일찌기 그 중대한 제소건에 대해서 들으려고 하느냐를 생각해야 했을 것입니다. 어떤 사람이 가서 빌라도에게 요청해야 했을 것입니다. 아마 가야바 자신이 갔을 것입니다. 한편, 예수님을 잡는 무리들을 뽑아 명령을 내려야 했을 것입니다. 그 사건들은 이러한 위치에서 비추어 볼때 유다가 다락방을 떠날때부터 시작하여 그리스도께서 그 동산에서 잡히실 때까지 경과된 시간이 최소한 3시간이 되었을 것인데 어째서 그렇게 많은 시간이 흘러 갔는지 그 이유를 알 수 있습니다.

그 시간은 긴 시간이었습니다. 유다는 최후의 만찬을 드는 동안 다락방에 있었습니다. 그러나 유다가 그 자리를 떠날 때까지 예수님의 마지막 강화의 말씀이 없었습니다. 그 말씀을 하실 시간이 있어야 합니다. 그런 후에 예루살렘의 거리를 유유히 걷게 되었습니다. 그리고 요한복음 17장 대제사장적 기도가 있었습니다. 그리고 겟세마네 동산에서 보낸 시간도 있었습니다. 그 시간이 얼마나 될까요? 우리는 정확히 알지 못합니다. 그러나 예수님께서 첫번째 기도를 드리신 다음에 베드로에게 오셔서 깨우시면서 하신 말씀 속에서 한 실마리가 보입니다. "너희가 나와함께 '한시 동안도' 깨어 있을수 없더냐?"(마 26:40). 물론 거기에 소요된 시간이 정확히 한 시간이 아니었을 수도 있읍니다. 그말이 반드시 그 정한 시간을 함축할 필요는 없읍니다. 그러나 어느 정도의 시간이 지 났음을 암시해 주기는 합니다. 아마 한시간 가량되지 않았나 생각됩니 다. 더구나 예수님께서는 그 시간을 소요하는 기도를 두번 더 드리셨읍 니다. 다른 말로 해서 우리가 생각하는 그런 시간을 다 합해보고, 도저 히 뺄수 없는 시간을 더해본다면—다시 말하면 네 복음서 기자들이 다같 이 기록하지 아니한 어떤 일들에 대해 논평하고, 다른 것들을 말씀하시 는 그런 시간을 첨가한다면— 적어도 3시간 이상은 경과되어야 했을 것 입니다. 다른 말로 해서 밤8시나 9시에서부터 밤11시나 자정에까지 시 간이 필요했을 것이라는 말씀입니다.

이 시간동안 예수님은 그 동산에서 당신을 잡으러 오는 자들을 기다 리셨읍니다. 그래서 당신의 하시던 습관대로 감람산에서 베다니로 돌아 가지 아니하셨던 것입니다. 예수님께서 기다리고 계실때 유다는 메시지 를 지도자들에게 전하였고, 지도자들은 조처를 취하고, 예수님을 체포할 부대가 예루살렘성 밖을 향하여 출발하였읍니다.

누가 예수님을 죽였는가?

이 문제는 매우 중요한 두가지 일이 걸려 있읍니다. 첫째 예수님은 처 음부터 이러한 사건들을 조종하고 계셨음을 지시합니다. 그 사건들이 우연하게 예수님께 임한 것이 아니라 예수님께서 당신의 아버지 뜻을 아시고 그 뜻대로 그 사건들이 일어나게 의도하셨던 것입니다. 우리는 이미 이 진리를 안 바 있읍니다. 분명히 말해서, 예수님께서 여리고에서 베다니로 올라오셨는데, 그때가 지난 주간의 금요일이었고 그때 나사로 를 살리셨읍니다. 그때 예수님은 지도자들이 자기를 죽이려고 최종적인 결안을 내리도록 촉구하신 것입니다. 예수님은 알고 그렇게 하셨읍니다. 종려주일에 나귀를 타고 예루살렘에 들어오셨을때 그들과의 만남을 한 단계 가깝게 하셨읍니다. 공관복음서들이 기록한 바와 같이 성전을 정 결케 하실때(마 21:12-17; 막 11:15-18; 눅 19:45-47; 요 2:13-16은 공생애 초기의 성전을 정결케 하심을 참조), 그 지도자들의 분노를 더 심화시키셨읍니다. 바로 이밤에 예수님은 유다가 당신을 배반하여 팔

목적을 이루도록 급하게 몰아댔읍니다. 결국 예수님은 잡히시기 위해서 동산에서 기다리고 계셨읍니다.

역사적으로 예수님을 누가 죽였느냐에 대한 열띤 논쟁이 있었읍니다. 성경을 그렇게 잘 알지 못했던(또한 자기들의 마음의 악도 잘 알지 못했던) 이방인들은, 유대인들에게 책임을 떠넘기려 했읍니다. 유대인들과 또 다른 사람들은 이방인들에게 책임을 전가 했읍니다. 왜냐하면 로마 총독 빌라도라는 실제로 사형선고를 내린 사람은 이방인이었기 때문입니다. 때때로 이러한 관점이 반셈족주의(Anti-Semitism)를 격화시켰고 또 반기독교적 감정을 야기시키기도 했읍니다. 그러나 이러한 것들이 가장 중요한 골자들은 아닙니다. 사실 그것들은 비교적 무의미합니다. 그와 대조적으로 그리스도의 죽음에 대해서 말할 수 있는 가장 중요한 요점은 하나님 아버지께서 그 일을 뜻하셨다는 것입니다. 우리 죄를 위해서 그리스도께서 죽도록 작정하신 이가 하나님이십니다. 두번째로 중요한 사실은, 예수님께서 우리를 향한 사랑과 아버지의 계시된뜻에 복종하는 마음으로 당신의 죽음을 의도하셨다는 점입니다.

더 나아가, 예수님께서 이 마지막 유월절 주간에 일어난 사건들이 당신의 하고계신 의미를 시사하도록 조종하셨읍니다. 왜냐하면 유월절 어린양이 예루살렘성으로 이끌려 오는 그 정확한 시간을 맞추어 예루살렘으로 들어오시도록 한 것과 똑같이, 그 어린양들이 죽임을 당하는 시간과 일치되게 자기 죽음의 때를 맞추셨으니 말입니다. 그는 그 어린양들의 그림자로 나타내준 위대한 유월절 어린양이셨읍니다. 세상죄를 담당한 것은 그 어린양들의 피가 아니라 그리스도의 피였읍니다.

다시 여기에 마지막으로 얻은 교훈이 있읍니다. 그것은 유다에 관한 것인데, 그는 그리스도와 그처럼 친밀하게 있었음에도 불구하고 구원받지 못했읍니다. 그가 얼마나 친밀하게 있었던가를 생각하십시요. 적어도 3년동안 예수님과 함께 있었읍니다. 예수님의 가르침을 들었고 그 가르침을 이해하기도 했읍니다. 비록 그가 그리스도의 죽으심의 의미를 이해하지는 못했다 하더라도, 적어도 예수님께서 죽으실 것을 경고하시는 말씀을 이해하기는 했기 때문입니다. 유다는 그것을 통해서 깨우침을 받았읍니다. 유다는 그렇게 예수님께 친밀했읍니다. 예수님의 생각들을 이해했읍니다. 그럼에도 구원받지 못했읍니다. 저는 그것을 도전적으로 말씀드립니다. 그리스도께 그처럼 친밀하고, 훌륭한 설교를 듣기위해서 기독 교회에 앉아있고, 라디오를 통해서 좋은 성경교육을 듣고, 듣는 것을 이해하면서도, 하나님의 구원역사에 대해서 인간적 반응, 곧 그리스도께 자신을 의탁하지 못할 수가 있다는 것입니다.

그렇게 그리스도께 가까이 나왔으면서도 멸망을 받는다면 얼마나 어리석읍니까? 대조적으로 정말 사랑이시고 여러분의 구원을 위해서 기꺼이 죽으신 그분안에 믿음을 둔다는 것은 얼마나 큰 지혜인지요.

4

잡 히 심

"유다가 군대와 및 대제사장들과 바리새인들에게서 얻은 하속
들을 데리고 등과 홰와 병기를 가지고 그리로 오는지라 예수
께서 그 당할 일을 다 아시고 나아가 가라사대 너희가 누구를
찾느냐 대답하되 나사렛 예수라 하거늘 가라사대 내로라 하시
니라 그를 파는 유다도 저희와 함께 섰더라 예수께서 저희에게
내로라 하실 때에 저희가 물러가서 땅에 엎드러지는지라 이에
다시 누구를 찾느냐고 물으신대 저희가 말하되 나사렛 예수라
하거늘 예수께서 대답하시되 너희에게 내로라 하였으니 나를
찾거든 이 사람들의 가는 것을 용납하라 하시니 이는 아버지께
서 내게 주신 자 중에서 하나도 잃지 아니하였삽나이다 하신
말씀을 응하게 하려 함이러라 이에 시몬 베드로가 검을 가졌는
데 이것을 빼어 대제사장의 종을 쳐서 오른편 귀를 베어버리니
그 종의 이름은 말고라 예수께서 베드로더러 이르시되 검을
집에 꽂으라 아버지께서 주신 잔을 내가 마시지 아니하겠느냐
하시니라"(요 18:3-11)

만일 여러분이 예수님께서 십자가에 못박혀 죽으시기 전날밤 겟세마
네 동산에서 나사렛 예수께서 잡히시는 모습을 목격하였다면 어떻
게 그 장면을 묘사했을지 모르겠읍니다. 왜냐하면 여러분이 어떠한 시
각을 가지고 그 사건을 보았을지 알지못하기 때문입니다. 만일 여러분

이 가야바였다면 의심할 여지없이 그것을 하나의 승리로 보도했을 것입니다. "결국 우리가 그를 잡았다!" 만일 여러분이 실제로 예수님을 체포했던 그 부대의 지휘관이었다면, 아주 그 사건을 사실적으로 보도했을 것입니다. "니산월 제14일 오후 11시30분에 나사렛 예수라는 죄인을 체포하다." 그러나 만일 여러분이 복음서 기자인 요한 사도이고 성령을 통해서 그것을 기록하도록 인도를 받았다면(요한이 그렇게 한 것처럼), 처음부터 끝까지 예수님을 잡은 사람들이 아니라, 예수님이 그 상황의 전체를 책임졌다고 보고 했을 것입니다. 잡으러 오는 무리들이 오고 있을 때 겟세마네에서 지체하신 분은 예수님이셨습니다. 그들을 맞으려고 가신 분도 예수님이셨고, 그래서 자원하여 스스로 잡히셨던 것입니다. 더구나 예수께서 잡히시는 바로 그 순간에도 그 상황을 통제하고 계심을 보여 주셨습니다. 왜냐하면 그 군인들에게 권능을 나타내시고, 자기 제자들에게는 은혜를, 자기 원수들에게는 (이경우에는 부지불식간에 원수가 된 자들) 긍휼을 나타내셨기 때문이다.

하나님의 아들을 잡으려고 무기를 가지고 나온 사람들, 그 상황은 익살스러웠습니다. 요한은 우리로 하여금 아이러니를 놓치지 않게 합니다. 예를 들어서 요한은 어느 다른 복음서 기자보다도 예수님께서 이 세상의 빛이심을 강조했다는 것을 우리는 기억하고 있습니다. 요한복음 1장에서 그렇게 하였읍니다. 예수님을 가리키면서 "빛"이라는 어휘를 단 9구절의 공간 속에서 여섯번이나 사용했읍니다. 그리스도께서 친히 당신이 "세상의 빛"이라고 하신 말씀을 또한 두번 인용합니다(8:12; 9:5). 이제 어둠의 자식들이 그를 찾아내려고 "등과 횃불을" 가지고 어둠 속에서 나타납니다.

더구나 그들은 무기들을 가지고 있읍니다. 예수님을 대적하는 원수들의 관점에서 볼때 의심할 여지없이 그것이 필요하다고 생각되었겠죠. 그 원수들은 그리스도를 무서워하였고, 만일 그리스도께서 그들에게 저항하기로 마음을 먹는다면 어떤 일이 일어날지에 대해서 심히 걱정하고 있었읍니다. 걱정하는 것이 당연하죠. 만일 그리스도께서 그들에게 저항하기로 뜻을 정하신다면, 어떤 무기라도 소용이 없었을 것입니다. 예수님께서 우리의 구원을 위해서 자신을 죽음에 내어 주시기로 기꺼이 뜻

을 정하셨기 때문에 예수님께서 잡히신 것입니다. 요한은 그 점을 분명
히 시사합니다.

오늘날 그리스도의 원수들도 그와 동등하게 어리석은 빛과 무기를 의
지하고 있습니다. 물론 우리시대의 사람들은 문자그대로 등불을 가진
것이 아닙니다. 오히려 "진보"나 "이성"의 빛을 가지고 있습니다. 그러
나 인간적 차원에서 볼때 이 빛들이 가치있는 것이라 할지라도, 친히 빛
되신 그분을 대적하는데 쓰여진다면 그것은 분명히 어리석습니다. 그의
빛은 우리의 빛들로 무색해질 수가 없습니다. 왜냐하면 우리 자신의 빛
은 사실상 그분이 주시는 것을 통해서 존재하기 때문입니다. 그는 모든
빛과 이성의 원천입니다. 그래서 바울이 로마서에서 "하나님을 알되 하
나님으로 영화롭게도 아니하며 감사치도 아니하고 오히려 그 생각이 허
망하여지며 미련한 마음이 어두워졌나니 스스로 지혜있다 하나 우준하
게 되어 썩어지지 아니하는 하나님의 영광을 금수와 버러지 형상의 우
상으로 바꾸었느니라"(1:21-23)라고 말하였습니다. 거기서 바울이 시
사한 것처럼 우리가 예수님을 인정하지 못할때 우리의 생각은 미련함으
로 치달아 갑니다. 그와 유사하게 그리스도의 원수들이 이성에 실패할
때 자주 의지하는 인간적인 무기들도 소용없습니다.

하나님의 능력

어쨌든 요한은 인성적(人性的) 연약에 특별한 관심은 가지고 있지 않
습니다. 그가 진정으로 관심있어 하는 것은 예수님의 능력입니다. 요한
은 오히려 주목할만한 사건을 통해서 보여줍니다. 다른 복음서 기자들
이 전혀 진술하지 않은 사건입니다. 요한은 예수께서 접근하는 군인들
을 보시면서 당신을 위해서 예비된 모든 것을 아시고 그들에게 나가시
면서 "너희가 누구를 찾느냐?"라고 질문을 던져 잡히시는 것을 주도하
셨다고 기록하고 있습니다.

유월절 보름달에도 불구하고 그 동산은 어두웠음에 틀림없습니다(그
렇지 않다면 초자연적인 의미에서의 맹목이 그리스도의 원수들에게 씌
워져 있었던 것입니다). 왜냐하면 그들은 온전히 그를 알아보지 못했기
때문입니다. 만일 그들이 알아보았다면 "너다! 우리가 너를 찾고 있다"

라고 대답했을 것입니다. 오히려 그들은 "나사렛 예수니라"라고 대답하였습니다. 요한은 말하기를 이 시점에서 예수님은 "내로라"라는 말로 답변하셨다고 말합니다(헬라 원문에서는 "그"가 아님). 즉각적으로 그 말을 들은 그 무리들이 "물러가서 땅에 엎드러졌다"는 말씀을 듣게 됩니다. 예수님께서 다시 질문을 던지심으로써 그들을 풀어주시기까지 땅에 넘어져 있었읍니다. 이 이상한 반동이 무엇을 산출하였읍니까?

어떤 주석가가 논증하였듯이 그것은 사실상 이적이 아닐 수도 있읍니다. 악한 사람의 손은 무죄한 자를 만났을 때나 희생당한 사람의 위압적인 자세 앞에서는 순간적으로 멈칫하는 경우들이 있읍니다. 왕들이 때로는 원수의 일반 병사들에게 이러한 효과를 발하는 적이 가끔 있읍니다. 형집행자들이 무죄한 사람은 때릴 수 없는 적도 있읍니다. 이러한 노선의 생각을 가지고 주석한 알렉산더 맥클라렌은 "그 예수님을 잡으러 온 부대에 속한 사람들 중에는 달빛과 횃불의 연기가 서로 어우러져 가물거리는 빛 속에서 예수님의 육성을 들었던 사람이 많았을 것임에 틀림없다. 그러나 그들은 예수님이 말씀하시기까지 예수님을 알아보지 못했다. 또 예수님에 대해서 소문을 들은 사람들은 더 많았을 것이고, 거룩한사람, 아마 선지자일 가능성이 많은 사람에게 손을 대야 한다는 마음에 꺼림직한 느낌을 가진 사람들도 많았을 것이다. 또 계급이 낮은 사람들은 마지못해 연장을 들고 있었을 것이고, 지도자들 가운데서도 그 양심이 찔렸지만 행동으로 분기시킬만한 계기가 없었던 자들도 있었을 것임에 틀림없다. 이 모든 것에다가 정숙하심과 존엄하심이 나타나 보이고, 공포에서 자유로우시고 도망가려는 마음이 전혀 없으신 것이 분명히 드러나 보이자 마음 속에서 일어나기 시작했던 이상한 생각들이 더 강해졌을 것이다"라고 말했읍니다. 이와같은 생각들이 그리스도를 잡으려는 사람들로 하여금 족히 황당하게 뒤로 물러가거나 섬칫 놀라게 했을 수도 있읍니다.

그러나 맥클라렌 자신도 시사하는 바와 같이, 그것이 그 상황 전체를 설명해 주지는 못하는 것 같습니다. 왜냐하면 요한은 장교들과 병사들이 순간적으로 예수를 잡으려고 애쓰는 것을 멈추었다고만 말하지 않기 때문입니다. 그들은 실지로 뒤로 물러가 땅에 넘어졌었다고 말하고 있읍니다. 더구나 이것은 매우 중요한 요점인데, 그들이 단순히 그리스도 앞에 있었기 때문에 그러한 반응을 나타낸 것이 아니라 그리스도께서 하신 위엄에 찬 말씀때문에 그렇게 하였던 것입니다. "내로라", 혹은(우리 거의 모든 번역들이 그렇게 표현하듯이) "내가 그로다"하신 말씀 때문입니다.

그것이 의미있지요? 하나님께서 모세를 불러서 애굽에서 이스라엘 사람들을 인도해내라는 사명을 부여하실 때, 떨리는 불꽃 가운데서 모세에게 계시해 주시는대로 여호와라는 하나님의 위대한 이름의 의미가 "나는 스스로 있는 자다"(I am that I am)는 뜻임을 기억한다면 그것은 의미가 있읍니다. 그것은 "있다" "존재하다"는 동사의 한 형태입니다. 따라서 예수님께서 "내로라"고 그 원수들에게 대답하실때, 당신 자신의 위대한 이름이신 여호와라는 이름으로 대답하셨을 가능성이 다분합니다. 그 이름은 모든 이름 위에 뛰어난 이름입니다(빌 2:9-11). 또한 하나님이시며 사람이신 그분의 이름에서 나온 이 이름은 잡으러 온 무리들을 전적인 혼돈에 빠뜨리며, 그앞에서 일어설 수 조차 없게 하는 효과를 갖고 있었을 것입니다.

맥클라렌은 이렇게 말합니다. "거기에서처럼 (변화산상에서 예수님의 모습을 생각하고 있음) 여기서도 상황은 아주 다르고 그 양상도 그처럼 다양하지만 그 몸의 휘장을 찢고 언제나 그속에 휘장으로 감추어 두었던 밝은 광채의 섬광을 비춰주셨다고 생각하고 싶다. 그러므로 영광중에 계신 그 임금을 이사야가 뵈오면서 '화로다 나여 망하게 되었도다'라고 말하였고, 모세가 그 분의 얼굴을 감히 쳐다볼 수 없고 그 분의 뒷모습만을 보았듯이, 여기서도 그 틈을 통해서 명백한 신성(神聖)의 한 예외적인 광선이 순간적으로 쏟여졌을 때, 그것은 그 거칠고 우둔한 사람들에게마저 이상한 외경심으로 엎어지게 하기에 충분하였다. '내로라' 하실때 거기에는 그들로 하여금 '그분앞에서는 폭력도 부끄럽게 움츠려들며, 부정함은 얼굴을 가리워야 하는구나!'라고 느끼게 만드는 것이 있었다."

그것은 대단한 명암(明暗)이 아닐 수 없읍니다. 겟세마네 동산에서 잡히시는 바로 그 순간에 예수님의 영광과 능력이 나타나다니 말입니다.

그러나 그것은 하나님의 말씀 전편을 통해서 관통하여 발견되는 성육신의 역설적인 한 실례에 불과한 것입니다. 우리는 그의 탄생을 살펴봅니다. 또한 인간적 연약을 가지신 모습을 발견합니다. 구유에 누우신 아기를 말입니다. 그러나 우리는 베들레헴의 들판으로 시선을 돌리며, 천사들이 그 탄생을 공포하는 것을 발견하게 됩니다. 그는 가난하게 태어나셨습니다. 그러나 별이 동방박사들을 인도하여 황금과 유향과 몰약을 드리게 합니다. 그가 세례받으실 때 죄를 회개하는 사람들과 자신을 동등하게 놓으셨습니다. 그러나 그는 죄가 없으셨습니다. 다음과 같이 하늘로부터 음성이 들렸습니다 "이는 내 사랑하는 아들이요 내 기뻐하는 자라"(마 3:17). 그는 너무 피곤하셔서 배 고물을 베고 잠이 드셨는데, 곧 그 배는 갈릴리 풍랑을 만나 거세게 흔들렸습니다. 바다에 익숙한 어부들인 제자들이 황급하게 놀랐습니다. 그들이 그를 깨웠더니, 그는 즉시 물결을 잔잔케 하셨습니다. 예수님께서는 나사로의 무덤에 가셔서 우셨습니다. 그러나 권세있는 말씀을 하시어 죽은자가 살아서 나왔습니다. 동산에서, 그는 고뇌에 찬 기도를 드리시기를, '할만하시거든 이 잔을 지나가게 해달라'고 하십니다. 그러나 몇 순간이 지난후 그는 원수들을 맞기 위해서 나가셔서, 그의 임재의 힘만으로 그들을 압도합니다.

이처럼 서로 반대되는 것들이 이상하게 섞여 있는 것은 예수님께서 이때 행하신 일들의 첫번째 이유에 대한 실마리를 제공해 줍니다. 바로 이 중요한 순간에 사람이상됨을 보여 주신 것입니다. 사람이라구요? 그렇습니다. 그러나 그는 역시 "육체로 나타나신 하나님"이셨습니다. 그가 우리의 구원을 위해서 죽으려 하시는 것은 인간으로서 뿐 아니라 하나님으로서였음을 알게 하신 것입니다. 그가 죽기 위해서 인간이셔야 합니다. 그러나 우리의 죄를 위한 속전으로서 죽음이 합당하려면 역시 하나님도 되셔야 합니다. 바로 잡히시는 순간에 그는 그 점을 선언하신 것입니다.

둘째로 원수들을 향하여 그 능력을 발하신 이 사건은 "그의 죽음이 자의적인"것이었지 강요된 것이 아니었음을 보여줍니다. 만일 죽을 의향이 없으셨다면, 아무리 군대나 무기가 동원되었다 할지라도 그를 결코 쳐부술 수 없었을 것입니다. 이전의 여러 수많은 경우에서 그렇게 하셨듯이 얼마든지 달아나실 수가 있으셨습니다. 그러나 그는 죽기를 원하셨습니다 – 우리를 향한 그 위대한 사랑과 아버지의 뜻에 복종하는 심정에서 말입니다.

결국 예수님께서는 자기를 잡고 있는 무리들과 그일을 명함으로써 그들의 뒤에 서있는 무리들이 "더이상 구실을대지 못하도록" 명백히 하시는 행동을 취하신 것입니다. 어떤 사람들은 그전에 그리스도를 한번도 보지 못했을 수도 있습니다. 그러나 그가 누구인지 알만한 어떠한 암시도 받은 적이 없다고 구실을 대지 못할 것입니다. 그들은 그의 신적 영광을 모르지 않았습니다. 그래서 그리스도께서 그의 능력으로 그들을 그 굴레에서 벗겨 낸 후에도 계속해서 그들의 길을 간다면 그것은 그들이 진리를 인식하고 싶거나 주목하고 싶지 않아서였지, 진리가 그들에게 알려지지 않았기 때문이 아닙니다. 그리스도께서 재림하실 날에도 역시 마찬가지 입니다. 그날에도 그의 신성이 명백하게 드러날 것이고, 사람의 죄책과 죄악적인 타협의 관계가 드러날 것입니다. 그때 어떤 일이 있읍니까? 계시록에서 보면 주님께서 재림하시는 날 그를 영접치 않은 사람들은 너무나 무서워서 바위를 향하여 자기들을 덮으라고 외칠 것이라고 합니다. 그날은 은혜의 날이 아니라 심판의 날이 될 것입니다. 오늘 지금이야말로 죄에 돌아서서 그를 구주로 인정할 때입니다.

그리스도의 제자들을 위한 은혜

그리스도께서 잡히시는 사건에 있어서 다른 복음서 기자들이 간과한 두번째 특징이 있습니다. 그것은 그리스도께서 군인들과 하속들에게 명하신 일입니다. 너희가 나를 잡게 되었으니 이 다른 사람들을(제자들을 가르킴) 가게 허락하라(8절)는 명령입니다. 이 진술은 당신의 제자들에 대한 은혜의 진술입니다– 효력적인 은혜입니다. 그리스도께서 보호하신 그 사람들은 가게 허락을 받아서 요한이 말한바와 같이 "아버지께서 내게 주신 자 중에서 하나도 잃지 아니하였삽니다 하신 말씀을 응하게"되었던 것입니다(9절). 그것은 요한복음 6:39와 17:12의 진술을 가리키는 말씀입니다.

요한은 그리스도께서 앞서 하신 진술들을 주목하면서, 이 한 사건으

로부터 그리스도의 보호하는 은혜를 확장시키고 있습니다. 이 한 사건
에서는 그리스도의 모든 백성들이 구원을 얻게되는 하나님의 은혜의 보
편적인 행사에 대해 열한 제자들만이 보호를 받았습니다. 예수께서 열
한 사람을 보호하신 것은 사실입니다. 의심할 여지없이 이 군인들과 하
속들이 제자들도 잡으려 했을 것이기 때문입니다. 마가가 하는 말을 들
어보면, 홑이불로 몸을 덮고 있는 어떤 젊은 사람을 그들이 잡으려하자
벗은 몸으로 달아났다는 말씀을 들으면 그 점을 알 수 있읍니다(막 14:
51, 52). 그러나 이때 예수님이 하신 말씀을 요한이 인용하는 것으로 보
아서, 이 경우는 보호의 작은 실례에 불과하다는 것을 요한도 알아차렸
읍니다. 다시 말하면, 예수께서 아버지께 받은 바 모든 시대의 구원 받
는 자들을 끊임없이 보호하시는 더 큰 은혜에 대한 한 작은 실례에 불
과하다는 말입니다.

　예수께서는 자기를 믿는 믿음을 가지고 당신에게 나오는 사람들을 향
하여 이 보존하는 은혜를 어떻게 행사하십니까? 하나님께서 자기 백성
들을 위해서 무엇을 하실 수 있으며 또 앞으로 무엇을 하실 것인가를
말하는 여러 구절들이 있읍니다. 히브리서 7 : 25 -"그러므로 자기를
힘입어 하나님께 나아가는 자들을 온전히 구원 하실 수 있으니 이는 그
가 항상 살아서 저희를 위하여 간구하심이니라." 디모데 후서 1:52 -"
이를 인하여 내가 또 이 고난을 받되 부끄러워하지 아니함은 나의 의뢰
한 자를 내가 알고 또한 나의 의탁한 것을 그날까지 저가 능히 지키실
줄을 확신함이라." 히브리서 2:18 "자기가 시험을 받아 고난을 당하셨
은즉 시험 받는 자들을 능히 도우시니라." 빌립보서 3:21 - "그가 만물
을 자기에게 복종케 하실 수 있는 자의 역사로 우리의 낮은 몸을 자기
영광의 몸의 형체와 같이 변케 하시리라." 유다서 24, 25 - "능히 너희
를 보호하사 거침이 없게 하시고 너희로 그 영광 앞에 흠이 없이 즐거
움으로 서게 하실 자 곧 우리 구주 홀로 하나이신 하나님께 우리 주 예
수 그리스도로 말미암아 영광과 위엄과 권력과 권세가 만고 전부터 이
제와 세세에 있을지어다 아멘."

　우리가 이 구절들을 종합해보면, 그 구절들이 예수님께서 우리들을
향하여 가지고 계신 효력적이고 보존하는 은혜를 보여주고 계심을 말해

줍니다. 우리를 이 세상의 흑암에서 건져내어 그의 귀한 빛으로 들어가게 하시고, 하늘에서 우리를 위해서 간구하시고 영적으로 의탁하신것을 지키시고, 우리가 시험을 겪을때 아시고, 마지막 부활에 대해 우리의 몸도 구원하시고, 결국 우리를 인도하사 흠없이 그 자신과 아버지의 영광 앞에 서게 하심으로써 그러한 은혜를 보여 주신다는 말씀입니다. 그리스도께서는 우리와 원수 사이에 서서 그 일을 하십니다.

모든 자들에게 긍휼을

그리스도의 잡히신 모습을 기록한 요한의 기사에 마지막 한 사건이 있는데, 이것은 처음의 사건과는 달리 다른 복음서기자들도 다 소개하고 있습니다. 그것은 베드로에 관한 것인데, 예수님께서 잡히려 하신다는 것을 알고 재빨리 자기가 차고 있던 칼을 뽑아 그 대열을 이끌고 있던 젊은 사람을 내리쳤웁니다. 의심할 여지없이 베드로는 그 사람의 목을 벨 참 이었웁니다. 그러나 그 젊은 사람은 머리를 숙여—그의 이름은 말고였는데 대제사장 가야바의 종이었음—자기 귀만 잃게 되었웁니다. 누가는 그 사건의 진상을 상세히 소개하면서 예수께서 그의 귀를 만져 주셔 치료해 주셨다고 말하고 있웁니다(눅 22:51). 요한은 예수님께서 베드로를 책망하시기도 했음을 덧붙입니다. "검을 집에 꽂으라 아버지께서 주신 잔을 내가 마시지 아니하겠느냐?"(18:11).

우리가 이 사건을 살펴볼 때 많은 진리를 알게 됩니다. 그 한가지 교훈은 육신적인 그 행동의 어리석음입니다. 그 행동은 하나님의 계획과 목적을 지각하지 못한 채 하나님의 편을 들어 닥치는 대로 휘둘러 대려 했웁니다. 그리스도를 위한 베드로의 결심은 지식을 좇는 것이 아니었웁니다. 그것은 필연적으로 "기도하라"고 하신 그리스도의 명을 지키지 못한 이전의 몇시간 동안의 실태에서 나온 열매였웁니다(마 26:41). 그는 용기는 있었지만 무지했웁니다. 후에 그는 용기를 잃어 버리기 조차 했웁니다. 왜냐하면 한 동안 예수 그리스도를 부인할 참이었기 때문입니다. 베드로는 넘어졌웁니다. 그리고 우리의 열심이 그리스도께서 주신 지식을 기초로 성숙된 것이 아니거나, 그리스도의 힘의 지원을 받지 않는 것이라면 우리는 그처럼 실패할 것입니다.

　이 교훈과 다른 교훈 외에 이 사건이 가진 가장 큰 진리는 여기서 그분의 원수들에게 마저 예수님은 긍휼을 베푸시고 계시다는 점입니다. 심지어 그를 처형하려 끌고 가려고 할때도 그리하셨읍니다.

　여기 예수님 안에 있는 하나님의 긍휼이 우리에게 있읍니다. 지금이 하나님의 은혜의 날이라는 분명한 증거가 또한 그것입니다. "누구라도" 그리스도께 나올 수 있는 날입니다. 여러분, 그렇게 하시겠읍니까? 만일 지금 나오지 못하신다면, 장차 회개할 때가 다 지나고 하나님의 진노가 여러분의 머리에 쏟아질 날을 맞게 될 것입니다. 그 하나님의 진노가 여러분 대신 예수님께 쏟아졌는데 여러분이 그것을 거절하셨으니 말입니다.

　11절에서 예수님은 "아버지께서 주신 잔"을 말씀하십니다. 성경에선 자주 두 잔이 언급되는데 그중 한 잔이 그것입니다. 한 잔은 구원의 잔입니다. 시편 116:13에 그 잔이 언급되어 있읍니다. "내가 구원의 잔을 들고 여호와의 이름을 부르며." 다른 잔은 하나님의 진노와 환난의 잔입니다. 그 잔을 여기서 말하고 있읍니다. 앞에서 예수님께서는 이 잔이 당신에게서 옮겨지기를 위해서 기도하셨읍니다.(마 26:39). 다윗은 그 잔을 말하면서, "악인에게 그물을 내려 치시리니 불과 유황과 태우는 바람이 저희 잔의 소득이 되리로다"(시 11:6)라 말하였읍니다. 구원의 잔과 하나님의 진노의 잔, 두 잔이 있읍니다! 이 세상에 살았던 사람마다 다 그 두 잔 중 한 잔을 마셔야 할 것입니다. 그러나 하나님의 은혜로 말미암아 구원의 잔을 마시는 자들은, 예수님께서 자기들 대신 하나님의 진노의 잔을 마셨기 때문에 구원의 잔만 마십니다.

5

유대인의 심문

"이에 군대와 천부장과 유대인의 하속들이 예수를 잡아 결박
하여 먼저 안나스에게로 끌고 가니 안나스는 그 해의 대제사장
인 가야바의 장인이라 가야바는 유대인들에게 한 사람이 백성
을 위하여 죽는 것이 유익하다 권고하던 자러라"(요 18:12-14)

역사의 흐름을 주도하고 결정하는 재판, 특히 큰 재판에는 사람들의
마음을 이상하게 사로잡고 빼앗는 것이 있습니다. 우리는 최근의
사례들에서 그것을 알게 됩니다. 미국 전체의 역사 가운데서 1972년 6
월 16일 밤 워싱턴 D.C.의 워터게이트 사건을 생각해보십시요. 그 사건
에 관계된 민주당 선거대책본부에 갑자기 불어 닥친 일 뒤에 따라왔던
피할 수 없는 재판건 만큼 한 사건으로 그처럼 많은 관심을 불러 일으
키고, 그처럼 오랫동안 그 여파가 지속된 사건은 없었을 것이 틀림없읍
니다. 그 일로 인해서 리차드 닉슨 대통령의 통치는 끝나게 되었고, 2년
동안 곧 1974년 8월 9일 까지 그 사건의 여파는 계속 되었읍니다.

이 재판건에서 가장 중요한 피고는 법정에 심문을 받으러 나온 적이
없었던 것이 사실이었읍니다. 물론 그의 수십명의 각료들과 다른 부하
들은 법정의 심문에 섰다는 말입니다. 그러나 가장 문제되는 요점은 그
전 대통령에 관한 것이었읍니다—그의 성품, 그의 정치, 권력남용 등에
관한 것이었읍니다. 그처럼 오랜 기간동안 미국의 유권자들의 마음을

사로잡았던 것은 바로 그 문제였읍니다. 때때로 심문은 다른 작은 문제를 다루는 것 같았읍니다. 그 사건 진상조사가 정점에 이르렀을 때에 어빈 위원회(Ervin Committe)는 1973년 5월 17일에 상원의 코커스룸(Caucus Room)에서 청문회를 시작했는데, 그 공청회는 텔레비젼으로 방영이 되었읍니다. 그때 미국 국민은 거의 다 정기적인 일을 중단하고 날마다 시간이 갈수록 밝혀지는 일들에 주의를 귀울였읍니다. 사업가들은 텔레비젼 수상기를 자기 사무실에 가지고 갔읍니다. 술집들은 모든 사람들의 관심거리가 되어 있는 일을 위해서 텔레비젼 채널을 고정시켜 놓았읍니다. 미국의 수도 워싱턴에서는 공청회 조차 일시 중단되었읍니다. 여러날 저녁 공립방송공사의 방송국들이 심야 텔레비젼 시청자들을 위해서 낮에 있었던 청문회의 여러 부분을 재방영하였읍니다. 그 결과 방송역사상 그 어느 프로그램보다도 더 큰 반응을 얻게 되었읍니다— 8만2천통의 시청자 서신을 접수했고, 새롭게 공립방송 시청을 원하며 헌금했던 사람들을 통해서 125만 달러 이상을 접수하게 되었읍니다. 어빈 위원회 마저도 매일 1000~9000통의 편지를 받았고 11월쯤에서는 받은 총 편지통수가 백만을 넘어 섰읍니다. 그 사건을 조사하는 과정에서 어빈 위원회가 단독으로 쓴 비용은 150만 달러나 되었읍니다. 그밖에 사건을 조사하는 많은 다른 단체들이 쓴 비용을 합하면 그보다 훨씬 더 많았읍니다.

그러나 어떤 기념비적인 재판의 결과에 독특한 관심을 보이는 것은 미국 사람들이나 최근 미국역사만이 아니었읍니다. 고대역사에 있어서도 이러한 일은 주목할 만한 일이 되었읍니다. 우리는 아테네의 지도자들이 소크라테스를 심문한 것, 진지하나 자유로운 마음을 가진 영국의 하원이 챨스1세를 심문한 사건, 프랑스에서 알프레드 드레퓨스(Alfred Dreyfus), 아론 벌(Aron Burr), 메리 스튜아트(Mary Stuart)등의 심문사건, 뉴렘버그에서 여러 피고들이 심문받은 사건 등 그밖에 다른 많은 사건을 생각합니다. 이 모든 심문 사건들은 수백만의 사람들의 생각과 상상을 불러 일으켰읍니다. 그러나 그 모든 심문사건들 중에서 제1세기 유대 지도자들과 로마 당국자들이 예수님을 심문한 사건처럼 우리의 정서를 자극하고 우리 인류에게 도전적인 것은 없었읍니다.

전에 뉴욕 변호사의 회원이었고, 예수님의 심문에 대한 탁월한 책을
쓴 월터 챈들러(Walter Chandler)는 이렇게 썼습니다. "이 심문 사건
들(예수님 이외에 다른 사건들)은 한결같이 갈릴리의 평화로운 인물 나
사렛 예수의 심문사건과 십자가에 못박힌 사건에 비하면 보잘 것 없고
평범한 것이었다. 이 심문 사건들은 세상적인 이슈를 가지고 세상의 법
정에서 논증이 된 세상적인 심문 사건들이었다. 그러나 그 나사렛 사람
의 심문사건은 하늘과 땅의 높은 재판석 앞에서 진행된 것이다. 다시 말
하면 대 산헤드린 공회와 로마제국의 법정 앞에서 받은 심문사건이었다.
산헤드린 공회의 판사들은 하나님께 사명을 받은 족속을 대표하는 정신
들이었으며, 로마제국은 그 당시 스코틀랜드에서 유대, 다키아에서 아비
시니아까지 알려진 세상 전체 사람들이 법적이고 정치적인 권리를 주장
했던 나라다"

예수님의 심문사건을 철저하게 연구하는 것은 아주 중요합니다. 그것
이 유익하기도 하거니와 그것이 분명히 함축하는 것들 때문에 우리는
연구해야 합니다. 그 심문사건이 옳게 진행되었는가? 고소당한 대로 예
수님께 죄가 있었는가? 아니면 예수님께서는 무죄였는가? 그 피고를 송
사한 내용은 무엇이었는가? 바른 절차를 따른 것이었는가 아니면 그 절
차가 무시되었는가? ─아마 이 모든 질문들 가운데 가장 중요한 것은 이
것입니다─ 우리자신의 법체계 그리고 예수님과 우리의 관계에 대해서
이 사건이 우리에게 무엇을 말해주고 있는가?

두번의 심문

우리는 먼저 그 심문(문자 그대로 심문)이 진행되던 경우들을 보편적
으로 살펴보는 일로부터 시작해야 합니다. 거기에는 네가지 주요한 사
실이 있읍니다.

첫번째, 잡히시는 일이 있었읍니다. 우리는 이미 그것을 지난 강론에
서 논의한 바 있읍니다. 그때가 주후 30년 유대인의 유월절 전날 밤에
일어났으니 아마 4월 5일 수요일 날이었을 것입니다. 그것도 밤 늦게 11
시나 자정이 가까운 시각이었을 것입니다. 유다가 선두에 서고, 그 뒤를
따르는 성전 하속들이나 로마 군대를 통해서 그 일이 성사되었읍니다.

둘째로, 유대인의 심문이 있었읍니다. 이것은 세 부분으로 나누어 집니다. 첫째로 밤에 안나스 앞에서 예비적인 청문회가 있었읍니다. 요한은 요한복음에서 그것을 묘사하고 있는 것 같습니다. 물론 요한이 "안나스"와 "가야바" 둘다 "대제사장"(high priest)이라는 어구를 사용하기때문에, 문제의 요점이 뭔가 흐려지긴 하지만 말입니다. 가야바 앞에서그 심문의 두번째 부분이 진행되었읍니다. 요한이 그 '대제사장'이란 어조를 복수로 사용하는 이유가 있읍니다. 유대인의 법을 따른 대제사장은 종신으로 높은 직무를 갖고 있었으나 로마 사람들은 자기들에게 호감을 갖지 않는 대제사장들은 파직시키고 그 자리에 다른 사람들을 세워 썼기 때문입니다. 유대 통치 체계가 뭔가 허약하기는 했지만 로마 사람들의 관용 아래서 기능을 발휘하도록 허락받고 있었읍니다. 그래서그리스도께서 잡히시는 시간에 가야바(로마가 지명한 '대제사장'), 안나스(모든 유대인들이 참 대제사장으로 인정했던 더 늙은 '대제사장'), 그리고 다른 사람들(로마 사람들에 의해서 지명되었다가 후에 파면 당한)이 있었읍니다. 분명히 요한은 안나스 앞에 예수님이 나타난 모습을 묘사합니다. 그때 예수님께서는 자신을 위해서 증언하기를 거절하셨고, 그래서 소법정의 직원중 한 사람에게 부당하게 두들겨 맞았읍니다(18:19-23).

유대인에게 심문을 받는 두번째 국면은 가야바 앞에서 받은 심문입니다. 안나스는 예수님을 그 가야바에게 보냈는데, 자신의 심문 방식이 별효력이 없음을 깨달았기 때문입니다. 가야바 앞에서 받은 심문은 의미있었읍니다. 그러므로 공관복음서 기자들은 그일을 길게 묘사합니다(마 26:57-68; 마 14:53-65; 눅 21:54 참조). 여러 증인들이 불려왔지만그들의 증언이 서로 일치할 수 없었기 때문에 기각당하고 말았읍니다. 공관복음서에 따르면, 이 심문은 빠른 속도로 예수님의 무죄석방 쪽으로 진행중 이었읍니다(틀림없이 그러한 결론을 얻었을 것입니다). 그러나 그때 가야바가 불법적으로 끼어 들어 피고에게 질문을 했읍니다. "내가 너를 살아계신 하나님께 맹세하게 하노니 네가 하나님의 아들 그리스도인지 우리에게 말하라"(마 26:63). 예수께서 자신을 위해서 증거할마땅한 의무는 없지만 여호와의 이름으로 이처럼 공식적으로 묻는 것에 거부하지 아니하시고, "네가 말하였느니라"라고 대답하셨습니다. 그때 만장일치의 투표로, 예수가 하나님을 모독하는 참람한 죄를 지은 자로 즉각 정죄 판결을 내립니다.

유대인의 심문의 세번째 국면은 다음날 새벽에 있었읍니다(마 27:1; 마 15:1; 눅 22:66-71), 전날밤의 심문때 던졌던 질문들이 형식적으로 반복되었고, 판결을 위한 증거를 찾고 있었읍니다. 이 국면은 전체 산헤드린 공회원 앞에서 진행되었으며, 이 산헤드린 공회는 유대인의 최고 법정이었읍니다.

이 마지막 사건들 중 세번째 사실은 로마인의 심문이었읍니다. 비록 유대 법정이 유죄 선결을 내릴 수는 있지만 로마법정과 무관할 수는 없었읍니다. 그래도 선고를 할 때는 로마의 찬동을 구해야 했읍니다. 그래서 그 일을 필요로 하였던 것입니다. 그 심문도 역시 세 부분으로 나누어 집니다. 첫번째 부분은 미리 예정된 대로 빌라도 앞에서 먼저 나타난 일입니다(마 27:2, 11-14; 막 15:1-5; 눅 23:1-5; 요 18:28-38). 여기서 앞으로 계속 연구해야 할 여러가지 이유로 유대 지도자들이 좌절된 것처럼 보였읍니다. 왜냐하면 유대 지도자들은 "형식상" 심문과 재판절차가 진행되기를 바랐을 것이기 때문입니다. 갑자기 빌라도가 방해를 하고 나서 예수를 풀어 주려고 애를 썼읍니다. 두번째 부분은 헤롯 앞에 나타나는 일이 있읍니다. 빌라도는 예수님이 갈릴리 사람이라는 소리를 듣고 예수님을 보내되, 더 나은 판결을 해줄 것으로 생각될 수 있는 사람에게 보냄으로써 책임을 회피하려고 애를 썼읍니다(눅 23:6-12). 그러나 헤롯은 예수님을 돌려 보냈읍니다. 그래서 로마인의 심문의 세번째 부분은 빌라도 앞에서 였는데, 그때 십자가에 못박는데로 넘겨지게 됩니다(물론 예수님이 어떠한 죄목으로 정죄를 받은 것은 아닙니다. 사실상 예수님은 무죄가 선언된 것입니다). 모든 복음서 기자들은 이 가장 중차대한 심문을 기록하고 있읍니다(마 27:15-26; 막 15:6-15; 눅 23:13-25; 요 18:39-19:16).

이 사건들의 최종적인 사실은 **십자가에 못박히시는** 국면, 두 법정의 선고를 집행하는 국면입니다.

히브리 법

그리스도께서 잡히시고 심문 받으시고 처형 받으시는 국면들을 간단하게 고찰해 보아도, 이 사건들을 연구하는 사람이 가지는 제일 주요한 관심거리는 틀림없이 유대인의 심문일 것입니다. 그러나 최소한 그 당시 히브리법과 법률적 실제에 대한 기본적인 지식이 없이는 이 심문을 도저히 이해할 수 없습니다.

불행히도 이것에 대한 지식을 갖기가 그리 쉽지 아니합니다. 대부분 히브리법에는 이중적인 기초가 있음을 발견합니다. 모세의 율법(또는 오경)과, 그것에 기초한 탈무드나 구전법(口傳法)입니다. 다시 탈무드의 법은 분량이 매우 많고 매우 복잡합니다. 두 부분으로 되어 있는데 기본적인 법인 미쉬나(Mishnah)와, 그 미쉬나의 주석격인 게마라(Gemara)입니다. 게마라와 미쉬나 사이의 관계는, 미국의 의회에서 제안된 법을 가지고 논란을 벌이는 것과 비교할 수 있습니다. 다시 말하면 "의회록"에 보존된 법과, 결론으로 성립된 법 사이에 관계라 할 수 있죠. 다만 탈무드의 경우에서는 법이 먼저고 게마라가 그 다음입니다. 더 복잡한 것은 사실상 탈무드가 두가지라는 점입니다. 바벨론식의 탈무드와 예루살렘식 탈무드 입니다. 예루살렘 탈무드가 먼저 쓰여졌습니다(제4세기). 바벨론 탈무드는 5세기에 쓰여졌고, 예루살렘 탈무드에 비해서 4배나 더 깁니다. 바벨론 탈무드는 영어로 번역이 되어 현대의 취향에 맞게 출판된다면 4백권은 족히 될것입니다. 더구나 그 일이 전혀 불가능한 일은 아니라 할지라도 미쉬나에 표현된 법이 예수님 때의 재판절차에서 실지로 채용이 되었는지에 대한 풀기 어려운 문제가 야기됩니다. 대부분 히브리 법에는 이중적인 기초가 있음을 발견합니다.

반면에, 예수님을 심문하는 것을 다루면서 이야기되는 문제는 이러한 논평들이 느끼게 하는 것처럼 그렇게 어렵지는 않습니다. 그 한 가지 예로, 사형에 해당하는 범죄의 건에 대해서는 히브리 법만으로도 되기 때문입니다. 또 다른 경우를 살펴보면, 수백의 유능한 학자들이 이미 이 재료를 철저하게 조사하였고, 관계되는 원리들을 감탄할 정도로 요약해 놓았습니다. 몇 가지 범주를 나누어서 그것들을 생각할 수 있습니다.

1. 사형에 해당하는 소송건을 다루는 법정. 이스라엘에서 사형에 해당하는 소송건을 판결하는 권위를 받은 오직 유일한 법정은 산헤드린 공회나 또는 대공회(Grand Council)였읍니다. 그 공회는 71명으로 구성되었고 예루살렘에서 회집되었읍니다. 그 명칭은 "수네드리온"(Sunedrion) 이라는 헬라어에서 파생된 것인데 그 말은 어떤 일을 숙고하고 재판하는 자세로 토론을 벌이기 위해서 소집된 입법적인 집단이라는 뜻입니다. 그러나 헬라 문화가 히브리 사람들에게 침투한 결과로 그 공회가 생겨난 것만은 아니었읍니다. 전해오는 유전에 의하면 그 대산헤드린 공회의 설립은 모세의 주도 아래 광야에서 되어진 일이라는 것입니다. 왜냐하면 민수기 11:16, 17은 사법적인 일을 수행하기 위해서 "이스라엘중에서 70인 유사"를 모으라는 지시를 하나님께서 모세에게 하신 것이 기록되어 있기 때문입니다. 70명에다가 모세 한 사람을 더하니 71명이 되었을 것입니다. 산헤드린 공회의 역사가 어찌 되었든 간에 예수님 때에 그 공회가 분명히 존재해서 이스라엘 내의 종교적인 문제나 다른 국가적인 문제들을 처결하는 최고의 권위를 부여받고 있었읍니다(로마의 권위를 제외하고는).

산헤드린 공회는 전통적으로 분과위원으로 조직되었읍니다. 23명의 제사장들로 구성된 분과회의, 23명의 서기관들로 구성된 분과회의, 23명의 장로들로 구성된 분과회의 였읍니다. 여기에다가 두 의장직이 추가되어 전부 71명으로 구성된 것입니다. 그 세 분과는 유대생활의 종교적인 요소와, 법률적인 요소와, 민주주의적인 요소를 대표하는 것이었읍니다.

마태복음16:21에서 예수님은 이 삼중적인 구분을 언급하십니다.

"이때로부터 예수 그리스도께서 자기가 예루살렘 장로들과 대제사장들과 서기관들에게 많은 고난을 받고 죽음을 당하고 제3일에 살아나야 할 것을 제자들에게 비로소 가르치시니(막 14:53 참조).

2. 재판관들의 자격요건. 산헤드린 공회원들만이 사형판결에 해당하는 소송건을 재판할 권위를 부여받고 있었기 때문에, 그 공회원이 되기 위한 구비 조건들은 그러한 일을 재판할 재판관들이 갖추어야 할 구비요건과 같았읍니다. 이 구비요건들 가운데 몇가지는 분명하게 밝혀졌읍

니다. 산헤드린 공회원은 히브리 사람이어야 합니다. 다시 말하면 양부모가 다 유대인이어서 혈통상 순전한 유대인이어야 합니다. 또한 법률을 공부해야 하고 먼저 법률적 경험을 갖추어야 합니다. 또한 산헤드린 공회원은 언어에도 능숙한 사람이어야 합니다. 히브리어를 말하지 못하는 사람들을 심문할 때도 유대 법정에서는 통역인이 허락되지 않았었기 때문입니다. 또한 그 공회원은 겸비해야 했고, 좋은 평판을 받고 있어야 했읍니다. 가장 중요한 것은, 그 공회원이 심문사건의 결과에 따라 개인적인 이해관계가 얽혀있다면은 그 자리에 앉아서는 안됩니다. 그래서 산헤드린 공회원으로서 좋은 구비조건을 갖춘 공회원이라 할지라도 만약 그 사람이 피고와 어떤 연관을 가지고 있거나 그 피고가 받는 선고로부터 유익을 얻어낼 자리에 있다면, 잠정적으로 그 자리에서 제외당했읍니다.

3. 증인들. 증인들의 구비요건과, 법적인 절차에 있어서의 그들의 역할은, 유대법에 있어서 가장 흥미로운 요소일 것입니다. 왜냐하면 앞에서 언급된 문제들과는 달리 이 유대법에 있어서의 증인들은 로마법과는 결정적으로 다른 과정을 치렀기 때문입니다. 오늘날 우리가 서구식에서 알고 있는 그러한 파생적인 법률적 체계와는 전적으로 다른 과정을 겪었읍니다.

첫째, 증인들의 역할은 우리가 알고 있는 재판 심문에서 보다 상당히 더 중요하였읍니다. 우리가 현재 알고 있는 그 재판 심문에 있어서 증인은 자기가 알고 있는 것만을 증거하기 위해서 호출당합니다. 그리고 그 피고의 유죄 또는 무죄를 확증하기 위해서 몇 사람의 증인들이 필요하든지 간에 그 증인들의 종합된 증언을 토대로 전체 소송 내용이 마련이 됩니다. 그러나 이스라엘은 그렇지 않습니다. 히브리 법에서 증인의 증거는 완벽해야 했읍니다. 다시 말하면, 그 증거는 피고가 소송을 받게된 그 범죄 전체를 다 내포하고 있어야 했읍니다. 어떤 권위자는 이 체계에 대해서 이렇게 말합니다. "신중하게 요건을 갖춘 이른바 법이 요구하는 수의 증언들이 있을때, 그 증인들이 그 피고의 범죄 사실뿐 아니라 범죄를 저지르는 양식에 대해서 까지 일치하지 않으면 그 증거는 확증받기에 불충분하였다. 랍비의 법은, 모든 증인들이 바로 그 한 사람이 같은 범행을 저질렀다고 증거하지 않거나, 그들의 진술이 중요한 상황에 있어서 온전히 일치를 이루어 그 피고가 범죄를 자행하는 것을 보고 있을 때 저 다른 증인도 자기와 함께 있었다는 식으로 선언하지 않는 한, 피고를 사형판결에 붙이지 않았고, 심지어 체형에 해당하는 형벌도 부과치 않았다."

증인들의 두번째 요건은, 앞선 요건에서 암시된 바입니다. 곧 그 피고의 범행사실은 확증하기 위해서는 두 사람 이상의 증인들이 있어야 했읍니다(민 35:30; 신 17:6, 7; 19:15). 이 규정은 어떠한 법체계 속에서도 명백하게 드러납니다. 그러나 유대교에서는 증인들이 서로 세밀한 부분까지 일치해야 했고 그렇지 않으면 그 피고를 죄 있다고 대번에 확정하지는 못했읍니다. 그 정도로 공리가 높게 규정되어 있었읍니다.

여기서 어떤 공식이 사용되었읍니다. 먼저, 증인들이 말하는 그 범죄의 때와 장소를 시험했읍니다(물론 따로 불러서). 그것을 하키롯(Haki-roth) 이라고 하는데, 일곱가지 질문이 정해져 있었읍니다. (1)희년에 그런일이 있었느냐? (2)아니면 일반적인 해에 있었느냐? (3)어느 달에 그런 일이 있느냐? (4)몇월 몇일에 있었느냐? (5)그 일이 일어난 시각은? (6)장소는? (7)네가 이 사람이 누구인지 아느냐? 베디콧(Bedikoth) 이라 하는 두번째로 던지는 일련의 질문 목록은 첫번째 질문목록에서 다루지 아니한 모든 문제들을 다 다루었는데, 우리가 교차 질문이라 부를 수 있는 것을 내용으로 하였읍니다. 이러한 일은 지극히 진지하고 엄격하게 진행되었읍니다. 그래서 어떤 상세한 국면에 있어서 마저 어떤 증인이 다른 증인의 증거와 다를 때, 그 증인의 증거를 즉각 신빙성이 없는 것으로 선언해 버렸읍니다. 수산나(Susanna)라는 이름을 가진 계시문학의 주인공 수산나라는 여자가 간음죄를 범했다는 거짓된 송사를 받았다가 방면되는 일이 있었읍니다. 그녀를 모함하려고 도모하였던 장로들이 그녀가 간음죄를 지은 곳이라고 주장하던 곳에 서있던 나무의 모양에 대해서 서로 일치할 수 없었기 때문입니다. 만일 증언이 거짓되게 꾸며진 것이 밝혀진다면, 그 증인들은 바로 그 죄를 지었다고 하여 고소된 피고에게 떨어질 운명 그대로 벌을 받아야 했읍니다. 수산나를 송사했던 거짓된 장로들에게 일어났던 일이 그러하였읍니다.

유대법에 있어서 증인들의 세번째 특징은 증인들 스스로가 송사자들
이어야 한다는 점입니다. 이 말은, 히브리 법정에서는 기소자나 국가를
위한 변호사가 전혀 없다는 뜻입니다. 오히려, 범행을 목격한 사람들이
먼저 그 범죄자를 체포하기 위해서 조치를 취해야 했고 나라의 재판관
들 앞에 소송을 제기해야 했읍니다.

끝으로, 증인들은 역시 그 범죄를 저지르는 사람에게 그 범죄를 자행
하기전에 먼저 그 범죄가 가져올 법적인 가능한 규제가 무엇인가를 분
명하게 경고했어야 했을 것입니다. 그 점은 특별히 주목할 만한 것입니
다. 법이 이러한 조치를 취하게 된 것을 "선행 경고"라 불렀읍니다. 그
법에 단서가 붙어있는 것은 세 가지의 목적을 가지고 있는 것 같습니다.
(1) 그 범행의 가능성을 가질 수 있는 사람이 무지하거나 과격해서 범
행을 저지르는 일을 막고, 그래서 가능하다면 범행을 단념시키기 위한
것입니다. (2) 후에 심문을 받을 때 범행의 의도를 확증하는데 도움을
주기 위한 것입니다. (3) 재판관들에게 적당한 형량을 매기도록 도와
주려는데 있었읍니다. 알려진 바로는 고대나 현대의 그 어느 나라의 법
률체계 속에서도 이러한 규정을 발견하지 못합니다. 사실 이러한 규정
은 너무나 엄중한 나머지, 이스라엘 내에서는 가장 극단적이고 비상한
경우를 제외하고는 어느 누구에게든지 사형을 언도하는 것이 불가능했
읍니다. 사실 그 규정이 담고 있는 의도는 정확히 그러하였읍니다. 왜냐
하면 유대인들은 이스라엘 사람이 생명을 어찌나 높게 여기든지 처형을
막을 수 있는 것이라면 그 어떤 것이라도 엄하게 채용하였읍니다. 미쉬
나는 이렇게 말합니다. "7년에 한 번 정도라도 한 사람을 사형판결 내리
면 그 산헤드린 공회는 살육의 집이다"(Makhoth).

4. 심문의 양태. 예수님을 심문한 실제적인 경우를 우리가 연구해 나
가면, 그 사형 판결에 해당하는 송사건을 심문하는 양태는 보다 더 철저
하게 숙고되는 것임을 알게 됩니다. 그러나 여기서 몇가지 기본적인 요
건을 주목해 알 수 있읍니다. 첫째로, 그 심문은 아침제사를 드리는 때
로부터 저녁제사를 드리는 그 사이에 진행되어야 합니다. 다시 말하면
햇볕이 있는 동안 그 일이 진행되어야 한다는 것입니다. 모든 일은 하나
님의 분명한 감찰하심 속에서 이루어져야 하며, 하나님과 바른 관계를

맺고 있는 사람들에 의해서 그 일이 진행되어야 한다는 것이지요. 둘째로, 재판관들은 송사받은 사람을 정죄하려고만 들어서는 결코 안됩니다. 오히려 그를 감춰주고 모든 수단을 강구하여 그를 방면하려 애써야 했읍니다. 세째로, 그것은 단순히 다수가 그 송사받은 사람을 정죄한다고 해서 그렇게 처리할 수 없었읍니다. 오히려 과반수의 사람들이 확증할 필요가 있었읍니다(전체 71명의 재판관들 중에서 37명이 필요했읍니다). 네째로, 이상한 대조를 이루는 것인데, 만장일치로 그 사람을 정죄하자고 투표한다고 해도 소용이 없읍니다. 논리적이지 못한 오합지졸적인 행동을 기반으로 한 감정적인 결정으로 판단되었기 때문입니다. 다섯째, 한날에 유죄 투표를 하고나서 바로 그날에 판결을 선언할 수 없읍니다. 그래서 그 재판 심리가 정죄로 결론을 내린다고 가정한다 할지라도, 그 회는 폐하고 각자 집으로 돌아가서 그 피고의 무죄 석방을 위한 무슨 도리가 없는지를 심각히 생각해 볼 수 있었읍니다. 한 밤을 지난 다음에야 다시 법정이 열리게 되고, 새로운 투표를 해서 형량을 선고하여 그 다음에 처형할 수 있었읍니다.

그런 경우에도 일을 재빨리 처리하지 않고 지연시키려 했읍니다. 챈들러(Chandler)는 이렇게 했읍니다. "만일 37명의 재판관이 피고에게 불리한 의사 표시를 했다고 한다면, 그는 두번째로 죄를 확정받는 자리에 서게 된 것이다. 그러나 히브리 법이 가진 인정어리고 관대한 정신은 계속해서 일을 하여 즉각적인 선고를 자꾸만 뒤로 미루었다. 재판관들도 계속해서 숙고하였다. 어느 누구도 두 번째 심문날에 그 재판정을 끝내자는 생각을 한 적이 없었다. 또한 어느 누구도 아무 것도 먹지 않았고, 또한 이 둘째날에 어느 것도 마시지 않았다. 탈무드를 어진 방식으로 해석하는 방향을 생각하며 재판관들은 송사받은 그 피고인을 구해내려고 애썼다. 몇 시간 내에 그 운명의 사람에게 유리한 사실이 발견되기를 희망했다. 새로운 논증이 제기되어서 그 피고를 위해서 새로운 증인이 나오기를 기다렸던 것이다."

심지어 죽음의 행진곡이 그 산헤드린 공회의 법정을 멈추게 했을지라도, 재판관들은 계속 새로운 논증이 없는가 하고 찾았읍니다. 한 논증이 떠오르면 그 재판 절차는 즉각 재개되었고, 새로운 증거를 숙고하게 되었읍니다.

기만적인 마음들

요점인 즉, 예수님께서는 사적이고 야만적인, 또는 심지어 부당한 사법적인 체계 아래서 정죄를 받은 것이 아니라 최고의 체계 아래서 정죄를 받았다는 점입니다. 어느 누구도 그의 죄를 확정지을수 있는 경우에 해당하는 적이 한 번도 없어서 그 원수들이 무색하였는데 인류가 알고 있는 가장 긍휼어리고 주도면밀한 사법절차를 가진 법체계에 의해서 사형판결을 받았읍니다. 마땅히 우리가 물어야 하는 질문이 있읍니다. "그러나 어떻게 그러한 일이 일어 날 수 있었읍니까? 하나님의 아들이 대체 어떻게 정죄를 받을 수 있었읍니까?"하는 것입니다. 그 대답은 단순합니다. 이제나 그제나 문제는 체계 자체에 있는 것이 아니라, 그 체계를 활용하는 사람들의 마음 속에 있다는 것입니다. 이 마음은, 예레미야가 말한 바와 같습니다. "만물보다 거짓되고 심히 부패한 것은 사람의 마음이다"(렘 17:9). 법을 우회하고, 또는(이 경우에서와 같이) 법을 실제로 무죄자를 무너뜨리는데 이용하는 것은 바로 그 기만적인 마음입니다.

이 질병을 무엇으로 치료할 수 있읍니까? 인간적인 것으로는 전혀 치료할 수 없음에 틀림없읍니다! 그러나 사람에게는 불가능한 것이 하나님께는 가능합니다. 그리스도께서 바로 이 일을 성취하시기 위해서 오신 것입니다. 무죄하신 그 분은 죄인들을 위해서 정죄를 당하셨읍니다. 더우기 죄인들인 그들을 의롭게 하시기 위해서 정죄를 당하신 것입니다. 우리는 바로 그러한 사람들입니다. 우리가 그들의 입장에 서있으면 역시 무죄한 자를 정죄했을 것입니다. 그러나 예수님께서는 우리를 위해서 죽으셨읍니다. 그는 우리를 죄와 그 결과에서 건져내 이후부터는 그를 위해 살도록 하시기 위해서 구속하셨읍니다.

6

죄수에 대한 고발

"대제사장이 예수에게 그의 제자들과 그의 교훈에 대하여 물
으니 예수께서 대답하시되 내가 드러내어 놓고 세상에 말하였
노라 모든 유대인들의 모이는 회당과 성전에서 항상 가르쳤고
은밀히는 아무 것도 말하지 아니하였거늘 어찌하여 내게 묻느
냐 내가 무슨 말을 하였는지 들은 자들에게 물어 보라 저희가
나의 하던 말을 아느니라 이 말씀을 하시매 곁에 섰는 하속 하
나가 손으로 예수를 쳐 가로되 네가 대제사장에게 이같이 대답
하느냐 하니 예수께서 대답하시되 내가 말을 잘못하였으면 그
잘못한 것을 증거하라 잘하였으면 네가 어찌하여 나를 치느냐
하시더라 안나스가 예수를 결박한 그대로 대제사장 가야바에
게 보내니라."(요 18:19-24)

만일 그들의 행실이 그처럼 괘씸한 것이 아니었거나 그들의 행실이
그처럼 비열하지만 않았다면, 그 산헤드린 공회의 지도자들이 나사
렛 예수가 사형에 해당할 만한 범죄를 겼다고 확증하기 위해서 주후 30
년 4월 5일 밤에 모인 곳을 보고 누구나 다 안됐다는 생각을 가질 수 있
었을 것입니다. 그 한 예로 그들도 그 심문을 위해서 채 준비되지 않은
채 있었음에 틀림없읍니다. 이 유월절에 예수님을 잡아서 심문을 하려
던 계획을 가지고 있었다면, 그 주간 초에 그 일을 했었을 것입니다. 그

러면 그러한 재판권에 대해서 유대 법률이 요구하는 충분한 시간을 가질 수 있었을 것입니다. 그러나 그들은 갑작스럽게 행동했고 결국 상대적으로 너무 늦은 시간에 일을 한 것입니다. 그들이 그렇게 한것은, 다락방에 있던 유다가 그들에게 와서 전해 준 메세지 하나 때문에 일어난 일입니다. 그러나 우리가 알았다시피 이 사람 유다는 그들이 준비되지 아니한 것을 발견했읍니다.

다시 증인들의 문제가 야기됩니다. 그 밤중에 예수님이 예루살렘에서 범죄하는 것을 목격한 증인들을 그들이 어디서 찾아 낼 수 있겠읍니까? 재판관들 스스로가 증인들이 될 수는 없었읍니다. 유대의 법은 그것을 금지시켰읍니다. 예수님께서 유죄 판결을 받을 만한 어떤 것을 말하는 것을 들었던 사람들로부터 빨리 증인을 뽑아내야 했읍니다. 그러나 이 문제는, 예수님께서 말하는 것과 행동하는 것을 가장 잘 목격한 사람들이, 예수님께서 순회하며 일하셨던 그 많은 마을과 고을들에 널리 흩어져 있을 것이라는 지식과 연관되어야 했을 것입니다. 더구나, 이 증인들을 얻을 때라도 유대 율법이 엄격하게 요구하는 것에 따라서 증거를 제시해야 했을 판입니다.

아마 장로들과 제사장들과 서기관들은 갑작스럽게 흥분들을 하여 이렇게 생각했을 것입니다. 예수는 체포만 하면 충격을 받고 기가 죽어 아마 자기를 송사하는 사람의 말이 맞음을 스스로 입증할 것이다. 그러나 그들의 이러한 식의 소망은 아주 빨리 무너졌읍니다. 유대인에게 심문을 받는 첫번째 국면인 안나스 앞에서의 심문을 오직 유일하게 기록하고 있는 복음서 기자인 요한은 그 점을 시사하고 있읍니다. 안나스는 우리가 예비 청문회라는 것을 주도했읍니다. 그는 예수님에게 그 제자들과 교리에 대하여 물어보았읍니다. 예수 그리스도께서는 이 일련의 질문에 대한 답변을 거절하셨읍니다. 그러면서 당신이 유대 법을 알고 있었음을 시사하셨읍니다— 송사는 송사하는 사람들로부터 나오는 것이 아니라 증인으로 부터 나와야 한다는 유대 법— 그러므로 이스라엘 법을 통해서 심문을 받을 의향을 예수님이 가지고 계셨다는 것을 시사합니다 (아마 거의 확실할 것입니다). 요한은 예수님께서 이렇게 말씀하시는 것을 기록하고 있읍니다. "내가 드러내어 놓고 세상에 말하였노라 모든 유대인들의 모이는 회당과 성전에서 항상 가르쳤고 은밀히는 아무 것도 말하지 아니하였거늘 어찌하여 내게 묻느냐 내가 무슨 말을 하였는지 들은 자에게 물어보라 저희가 나의 하던 말을 아느니라"(18:20, 21). 이 예수님의 답변이 우리에게는 분명치 않은 대답처럼 들리지만 그렇지 않습니다. 그 대답은 합당하게 심문을 받으려는 한 요청이었습니다.

이 시점에서 볼 때, 그 법정이 편벽되었다는 것이 분명하게 드러납니다. 왜냐하면 비록 예수님께서 바르게 말씀하셨고 법이 규정하는 당신의 권리에 따라 말씀하셨음에도 불구하고, 그 궁정의 하속이 재빨리 돌아서서 그리스도께서 뻔뻔스럽게 군다고 그리스도를 때렸습니다. "네가 대제사장에게 이같이 대답하느냐" 예수님께서는 분내어 대답하지 아니하시고 다만 앞에서 취한 자세를 그대로 취하셨습니다. 어떤 나쁜 일이 있었으면 법적으로 제소하여 증인들을 통해서 확증되어야 했습니다. 그렇지 않다면 그리스도께서 맞은 것 마저 잘못된 것이었습니다.

가야바 앞에서의 그리스도

이 예비 청문회를 주도한 안나스에 대해서는 우리가 많은 것을 알지 못합니다. 그러나 성경의 기사들을 읽어보면, 그는 무법한 사위인 가야바 보다는 조금 더 정직하였던 것이 아닌가 하는 생각이 듭니다. 어쨌든 예수님께서는 당신 자신을 변호하기를 완고하게 거부하셨습니다. 안나스는 예수님이 법도 아실뿐만 아니라 바보스런 법정의 잔인성으로 말미암아 무서워하여 미련한 실수를 범하지 아니할 분임을 알고서는 자신이 할 수 있는 최선의 길은 가야바에게 그 죄수를 보내는 것이라고 단정했습니다. 요한은 24절에서 그 점을 제시합니다.

요한이 그것을 기록하지는 않았지만 그 심문이 심각한 부분이 시작되었습니다. 공관복음서도 이 국면을 밝혀주고 있습니다(마 26:57-68; 막 14:53-65; 눅 22:54). 가야바가 그 심문을 주도했습니다.

다음 강론에서 밝혀질 것이지만 그리스도께서 심문 받으시는 사건 속에는 많은 불법적인 요소가 들어났습니다. 그러나 그 많은 불법 밑에는 어떤 법률적 요점을 형식적으로 고수한다는 의미에서 하나의 강한 합법성의 성향이 내밀하게 흐르고 있습니다. 이러한 것들 중 하나가 증인의 소환입니다. 마가는, 많은 사람들이 "예수를 쳐서 거짓 증거하였으며", "그 증거가 서로 합하지 못하였다"고 말합니다(막 14:56). 마태는 이렇게 선언합니다. "대제사장들과 온 공회가 예수를 죽이려고 그를 칠 거짓 증거를 찾으며 거짓 증인이 많이 왔으나 얻지 못하더니"(마 26:59, 60). 분명히 말해서 예수님을 정죄할 증거를 찾았다는 것입니다. 그러나 제사장들은 그 증거를 확보할 수 없었읍니다. 이거 하나만 가지고도 그 재판 심문 과정이 얼마나 성급하게 준비없이 떠밀려 진행되었는지를 알 수 있읍니다.

물론 이러한 부당한 송사들이 어떠했을는지는 알지를 못합니다. 그러나 다른 곳에 기록된 다양한 소극적 논쟁들로부터 그 부당한 송사 몇가지를 추측할 수 있읍니다. 라이만 아보트(Lyman Abbott)는 이렇게 요약하고 있읍니다. "예수가 소요와 파당을 불러 일으키는 전도자라는 비난이 있었다. 그리고 가난한 사람들을 부추기고 부자들을 거스려 통렬히 욕설을 퍼부었으며, 가버나움과 벳새다와 고라신과 같은 도성들은 멸시했다는 비난을 받았다. 또한 자기 주위의 세리들과 창기들과 술주정뱅이, 나부랭이들을 불러 모아 그들을 고치겠다는 그럴싸한 구실을 갖고 있다는 비난도 받았다. 또 법을 뒤엎고 모세가 이스라엘 나라를 위해서 세운 제도를 전복시키고, 대신 자기자신이 부당한 입법권을 행사하려 한다. 사회의 모든 구분들을 무시할 뿐아니라 종교까지도 그리하며, 우상숭배를 하는 사마리아 사람들을 거룩한 제사장보다 경건한 레위인이라 더 높이 추켜세운다. 이적을 행한다고 떠들어 대지만 유대교회의 랍비들의 앞에서는 그 요청을 받아 이적들을 행하기를 한결같이 거부했다. 거룩한 종교의 엄숙한 금지조항을 정죄했으며 세리들 및 죄인들과 음식을 먹되 씻지아니한 손으로 먹었으며, 안식일을 지키는 것을 무시했고, 유대인 명절에 참석하는 일을 정기적으로 하지 않거나 전혀 참석하지 않는다. 하나님께서는 성전에서 보다 다른 어떤 곳에서도 경배를 받으실 수 있다고 선언했으며, 제사를 드리기 위해서 성전에 모아놓은 생축을 쫓아버림으로써 그 거룩한 성전 예배를 공개적으로 심히 방해했다."

가야바 앞에서 예수님이 심문을 받으실 때 재판관들의 마음 속에 이러한 죄목이 떠올랐음에 틀림없습니다. 그러나 이런 것들이 사형 판결을 내리기에 충분한 것이 되기에는 너무나 하찮았고, 그러한 것들을 사법적으로 다스려 죄를 정한다는 것도 불가능했습니다. 법은 한 범죄를 구성하기 위해서는 두사람 이상의 증인을 요구하였습니다. 정확히 똑같은 사건에 똑같은 일에 대해서 두사람 이상의 증인이 있어야 했습니다. 또한 그 두사람 이상의 증인이 그 범죄 사건을 사실상 동일한 용어로 증거할 수 있어야 했습니다. 분명히 말해서, 이러한 쓸데없는 송사를 위해서 귀한 시간이 허비된 것입니다.

사흘 동안에

미쉬나에 따르면 증언에는 세 종류가 있습니다. 헛된 증언, 유효한 증언, 합당한 증언이었습니다. 이 첫번째 증언인 헛된 증언은 분명히 적절하지 못하거나 쓸모없어서 단번에 기각시킬 수 밖에 없는 송사를 가리키는 것입니다. 이 증언은 우리나라의 재판법정의 "기록에서 삭제되는" 그런 증언이었을 것입니다. 이 증언에 대해서 배심원들을 향하여 "무시하도록" 지시가 내려 집니다. 두번째 증언인 유효한 증언은, 내용도 있고 관계도 있는 증언입니다. 그 증언은 그 증언이 확정적으로 받아들여지거나, 아니면 입증되지 못한 것으로 판명이 날 때까지 효력이 있도록 허락을 받습니다. 마지막 종류의 증언은 증인들 모두가 일치하는 증거를 가리킵니다. 이 증언만이 죄를 정하기에 "적합한" 것입니다.

이 구분에 따르면 첫번째 류의 송사(많은 "거짓된 증인들" 송사)는 헛된 증언이요, 그래서 일시적으로라도 인정받지 못하는 송사였음에 틀림없습니다. 그러나 나머지 두 종류에 해당하는 송사에서는, 사람들이 새롭고 전도가 밝은 국면으로 그 심문과정을 대번에 들어가도록 하는 매우 노골적인 증거를 갖고 나왔습니다. 마태는, "후에 두 사람이 와서 가로되 이 사람의 말이 내가 하나님의 성전을 헐고 사흘에 지을 수 있다 하더라하니"(26:60, 61)라고 말합니다. 마가는, "어떤 사람들이 일어나 예수를 쳐서 거짓 증거하여 가로되 우리가 그의 말을 들으니 손으로 지은 이 성전을 내가 헐고 손으로 짓지 아니한 다른 성전을 사흘에 지으리라 하더라 하되"(14:57, 58)라고 천명합니다. 이 송사는 분명히 매우 중요하였읍니다.

먼저 그 송사는 분명히 사실이었읍니다. 적어도 그 속에는 사실의 요소가 들어 있었읍니다. 같은 사실을 구체적으로 증거하는 두 증인이 있다는 그 사실이 그 증거의 진실성을 제시하는 한 요건이 됩니다. 그러나 거기에 덧붙여서 의도적으로 꾸민 것이 아니라서 복음서들이 서로 다른 복음서를 통해 결정적으로 확증받는 부분들 중 하나에서 요한은 사실상 이 말이 나왔던 사건을 보여주고 있읍니다. 첫번째, 성전을 정결케 하실 때 예수님께서는 표적을 요구받자 "너희가 성전을 헐라 내가 사흘동안에 일으키리라"라고 대답하셨읍니다. 요한은 그 대답을 또 이렇게 논평하고 있읍니다. "그러나 예수는 성전된 자기 육체를 가리켜 말씀하신 것이라"(요 2:19, 21). 우리가 주목하는 바로는, 심문을 묘사할 때 이 사건을 언급하지는 않지만 다른 복음서들이 묘사하는 상황과 완전히 부합한 간단한 묘사를 합니다. 우리는 요한의 그러한 자세를 이해합니다. 왜냐하면 그 말씀을 하신 것이 예루살렘 성전 뜰에서 였고, 그래서 서기관들과 제사장들이 성전에서 제사드릴 때 그 성전 주위를 서성이기 십상이던 그러한 류의 사람들 앞에서 그 말씀이 말해졌기 때문입니다.

예수님께서 말씀하신 것을 묘사하는 귀절들이 상세한 부분에 있어서 서로 다르게 표현하고 있는 것을 주목할 필요가 있읍니다. 그 증언이 뒤에 가서 효력이 없는 것으로 선언된 하나의 이유가 될 수도 있겠지요. 그러나 약간의 차이에도 불구하고 분명히 그것에는 실질적인 중요한 것이 있었읍니다.

이 특별한 송사가 제사장들의 눈에 중요한 것으로 보인 두번째 이유는, 그 송사가 심각한 성질을 가진 것이기도 하였다는 점입니다. 만일 그 송사가 실증만 된다면 사형 판결을 내릴만한 것이었읍니다. 그 예수님의 말씀을 마술로 해석하였을 수도 있읍니다. 왜냐하면 어떤 사람이 성전을 헌 다음에 그것을 3일만에 세우는 일이란 "흑막의 마술"이라고 부를 수 있는 것이 아니면 불가능했기 때문입니다. 다시 그것은 신성모독으로 이해될 수도 있었읍니다. 왜냐하면 성전은 이스라엘에서 가장 거룩한 곳이었기 때문입니다. 이 두 범죄 모두 다 사형 판결을 받을 만한 것이었읍니다.

그러나 내가 이 사람들이 제기하는 이 죄목을 생각해 보면서, 프랭크 모리슨(Frank Morrison)이 제시한 것이 옳다는 느낌을 가지지 않을 수 없습니다. 그 문제의 요점에는 더 많은 것이 함축돼있을 것이라는 거죠. 그 한 예로 예수님이 말씀하신 것을 기록하는 어구가 차이남에도 불구하고 "사흘 안에"라는 극히 쉽지 아니한 어구가 그 모든 귀절들에서 나타난다는 것입니다. 더구나 이 어구는 예수님께서 다른 여러 경우에서 사용하신 것입니다. 그 어구를 통해서 예수님께서는 당신이 죽으신 후에 사흘만에 부활하실 것을 예언하고 계셨음이 명백히 드러납니다. 이 진술들을 대제사장들이 모르고 있었다고 생각할 수 있을까요? 이 가야바 같은 빈틈없는 사람이 예수님의 수수께끼같은 말씀이 무엇을 함축하고 있는지 눈치채지 못했다고 생각해야 할까요? 그들이 예수님께서 주장하고 계신 것이 무엇임을 정확하게 이해했다고 하는 것을 의심할 수 없습니다. 비록 예수님을 법적으로 정죄하기에 충분할 정도로 명백한 형태로 그 이해한 것을 진술하지는 못했을지라도 말입니다. 그들도 사실상 예수님께서 무엇을 말씀하셨는지를 알고 있었습니다. "너희가 나를 죽일 것이다. 그러나 나는 내 신적 본성과 권위를 입증하되 사흘째 되는 날 죽은 자 가운데서 살아남으로써 입증하겠다"라고 말씀하신 것을 알았던 것입니다.

모리슨은 이런 상황을 주의깊게 추적해 나간 뒤에 이렇게 쓰고 있습니다. "그 결론의 논리성에서 피할 출구를 전혀 보지 못한다. 예수님께서 실수하셨다고 우리가 주장할 수 있다고 하자. 또한 예수님께서 공적인 발언을 하실때, 간헐적으로 언뜻언뜻 비쳐 나온 이상한 어떤 정신적 강박관념에 사로잡혔었다고 주장할런지도 모른다. 그러나 예수님께서 이 단순하면서도 거의 믿겨지지 아니할 만한 것을 말씀하셨다는 것은 내가 볼 때 의심의 가능성이 전혀 없어 보인다."

대제사장이 예수님의 말씀을 그렇게 이해했다는 것은 그들이 뒤에 가서 무덤을 지키도록 관심을 기울인 것만 보아도 입증할 수 있습니다. 마태는 십자가에 못박히신 다음에 그 사람들이 그러한 일을 한 것도 일러두고 있습니다. "그 이튿날은 예비일 다음날이라 대제사장들과 바리새인들이 함께 빌라도에게 모여 가로되 주여 저 유혹하던 자가 살았을 때에 말하되 내가 사흘 후에 다시 살아나리라 한 것을 우리가 기억하노니 그러므로 분부하여 그 무덤을 사흘까지 굳게 지키게 하소서 그의 제자들이 와서 시체를 도적질하여 가고 백성에게 말하되 그가 죽은 자 가운데서 살아났다 하면 후 유혹이 전보다 더 될까 하나이다 하니"(마 27: 62-64).

그러므로 두 증인들이 송사의 진수는, 예수께서 자신이 하나님이라고 주장하셨다는 것이며, 예수님께서는 친히 부활하심으로써 그 점을 입증할 수 있다고 하셨다는 것입니다. 그 송사는 치명적이었고 아주 대단한 손상을 입히는 송사였읍니다. 그러나 — 이것이 아주 두드러진 사실임— 그 증언이 법적으로 무산되어 버린 것입니다.

증언의 서약

우리는 어째서 그 증언이 무산되었는지 그 이유를 듣지는 못합니다. 우리가 이미 주목한 그 약간의 상이점 때문이었는지 모릅니다. "내가 하나님의 성전을 헐고 사흘에 지을 수 있다"라고 마태는 기록했고, 마가복음에서는 "내가 이 성전을 헐리라"라고 되어 있고, 요한복음에서는 "이 성전을 헐라"라고 되어있읍니다. 또는 증인들이 그 말을 하신 정확한 장소와 때를 말했는데 서로 일치를 보지 못해서 그럴 수 있습니다. 아뭏든 그 말씀은 3년 전에 하신 것입니다. 또는 서로 일치하지 아니하는 다른 것들이 있을 수도 있습니다. 그러나 우리가 분명히 아는 바는, 본질적인 내용에 있어서 정확한 데도 불구하고 그 증언이 서지 못했다는 점 입니다. 그것에 기초하여 우리가 유추할 수 있는 것은, 그 심문을 주도했던 가야바의 분노와 좌절감의 현격함 입니다.

가야바는 어려운 입장에 처했읍니다. 그는 유월절 주간의 너무 늦은 시간에 예수님을 체포할 기회를 얻은 것입니다. 그러므로 이 한밤이 지나는 동안에 재빨리 심문을 끝내야 하는 임무를 부여받은 것입니다. 그 심문이 끝난 다음에 그 유대인의 법정의 판결을 아침에 빌라도에게 재가받아야 했읍니다. 만일 실패하면 낭패일 수 밖에 없었읍니다. 심문할 때 오간 말이 대중들에게 흘러 나갈 것이고, 그리스도의 명성과 권위가 의심할 것도 없이 올라가고 그에 반비례하여 유대 법정의 위신과 권위가 땅에 떨어질 판 입니다. 이 모든 것을 차치하더라도 가야바는 사실상 하나의 소송권을 가지고 있었읍니다. 예수님께서는 독특한 방식으로 당신이 하나님의 아들임을 주장하셨읍니다. 그래서 스스로 신성모독죄로 인하여 사형 형벌을 받기 쉽게 만들었읍니다. 예수님께서는 유대 법정의 조항으로 판결할 때 죄가 있었읍니다. 그런데도 불구하고 ― 이것이 정말 깜짝 놀랄 일이었읍니다― 가야바는 법적인 정죄를 내릴 수가 없었읍니다. 그가 가까이 문제에 접근했고 그의 생각이 옳았읍니다. 그럼에도 불구하고 상황은 자기 손아귀에서 빠져 나가고 있었읍니다.

이 시점에서 가야바는 빈틈없는 생각과 주도면밀한 결심을 드러냈읍니다. 그 때문에 로마 사람들은 그를 유대 최고 통치자가 되게 했음에 틀림없읍니다. 그가 한 일은 불법적인 일이었읍니다. 그러나 그것은 정치적으로 천재적인 쾌거였읍니다. 그는 소송사건이 자기 눈앞에서 와해되는 것을 보고는 과격하게 죄수 자신에게 질문을 던지면서 이스라엘에게 알려진 가장 엄숙한 맹세의 형태를 내세워 맹세하라고 했읍니다. 그 맹세의 형태는 구약에서 유명한 맹세였읍니다. "내가 너를 살아 계신 하나님께 맹세하게 하노니 네가 하나님의 아들 그리스도인지 우리에게 말하라"(마 26:63).

여러가지 이유에서 이 조처는 명석한 조처였읍니다. 그 한가지 예로 맹세가 명석한 것이었읍니다. 비록 예수님께서 자신을 위해서 증거를 제시할 강압적인 것을 느끼지는 않았지만 경건한 유대인으로서 그는 그러한 엄숙한 도전을 거절하지 아니하시고 "네가 말하였느니라 그러나 내가 너희에게 이르노니 이 후에 인자가 권능의 우편에 앉은 것과 하늘 구름을 타고 오는 것을 너희가 보리라"(24절)라고 대답하셨읍니다. 예수님께서 던진 도전의 내용도 명석했읍니다. 만일 가야바가 단순히 예수님께 네가 그리스도냐 메시야냐 라고 물었다면, 위태로운 요소 없이 그렇다고 대답할 수 있으셨을 것입니다. 왜냐하면 그러한 주장을 했다고 해서 사형 판결을 받지는 않기 때문입니다. 그 주장이 거짓이냐 참이냐는 시간이 가면 해결될 것입니다. 만일 가야바가 단순히 네가 하나님의 아들이냐 하고 물었다면, 그렇다고 대답해도 위험은 많지 않았을 것입니다. 왜냐하면 다른 때에도 예수님께서 제시하신 대로 모든 유대인들은 하나님 아들이라고 불릴 권리를 갖고 있었기 때문입니다(요 10:33-36 참조). 그러나 가야바는 두가지를 결합하여서 한 용어가 다른 용어를 해석하도록 하였습니다. 그래서 사실상 이렇게 묻는 것입니다. 보편적인 유대적인 의미에서 단순한 인간적인 메시야나 하나님의 아들이냐고 묻지 않고, 그가 신적 메시야 인지 물었던것입니다. 예수님께서 그 송사에 대해서 그렇다고 대답하셨을때 그에게 즉각 신성모독죄가 내려졌고, 만장일치로 사형 판결이 내려졌읍니다.

더구나 또 다른 방면에서 가야바의 불법적인 조치는 명석하였읍니다. 하나님을 모독하는 참람한 죄목을 메시야라고 주장한 것과 서로 연결시켜서 후에 로마 총독 앞에서 고소할 죄목의 기초를 마련한 셈입니다. 빌라도는 예수님이 하나님의 아들이라는 주장에 대해서는 전혀 관심을 쓰지 않았을 것입니다. 그러나 어느 누구라도 내가 정치적인 메시야라고 주장한다면 그것을 그냥 묵과할 수는 없을 것입니다.

그처럼 예수님을 송사한 그러한 류의 송사가 성공하였으니, 이제 필요한 한 가지는 산헤드린 공회가 두번째 모일 때 아침에 증거를 다시 한번 제공하는 것이고, 처형을 위한 두번째 투표를 확보하는 것이었읍니다. 복음서기자 중에 누가 만이 그 점을 시사합니다(22:66-71).

구세주나 재판장이냐?

이 모든 것은 우리에게 대단히 큰 의미를 지니고 있읍니다. 유대인의 심문과 로마인의 심문이 가진 요소들이 다 그러하듯이, 그것은 사람들의 마음에 진정한 진상을 밝혀주는 것입니다. 우리는 우리 자신의 본성이 본질적으로 선한 것이라고 생각하려는 경향이 있읍니다. 그러나 하나님께서 보시는 양식은 그렇지 않습니다. 이와같은 심문이 우리의 본성을 밝혀 냅니다. 예레미야는 사람에 대해서 말하기를 "만물보다 거짓되고 심히 부패한 것은 마음이라"(17:9)라고 말합니다. 성경 교훈에 따르면, 이 말이, 우리가 모두 할 수 있는 한 악하다는 뜻이 아닙니다. 충분한 기회와 시간만 주어지면 모두 훨씬 더 악해질 수 있읍니다. 그러나 이 말씀의 뜻은, 세상 역사 속에서 자행된 가장 극악한 범죄의 뿌리마저 우리 속에 있으며, 이러한 일을 향한 다른 상황에 놓여진다면 우리가 그와같이 행하는 것을 막아줄 것이 우리 속에 없다는 뜻입니다.

상황과 권세만 주어진다면 우리 각자는 가야바가 한 것과 똑같이 행할 것입니다. 우리는 예수님을 제거하려고 애썼을 것입니다.

우리는 이 법정의 행동들을 알아 보면서 우리가 더 나은 의를 가지고 있는 것처럼 생각하여 "이 극악무도한 사람들이 행한 것을 보라 얼마나 끔찍한가!"라고 말해서는 안됩니다. 오히려 그들의 행동을 바라보고, 자기들 생각에는 유대나라의 유익을 위해서 최선의 일을 도모하고 있었으나 역사속에서 가장 큰 범죄를 저질렀음을 알아야 합니다. 그러면서 우리도 "하나님의 은혜가 아니었다면 나도 그 자리에 있었을 것이다"라고 인정해야 합니다.

예수님이 심문 받으시는 그 장면은 우리로 하여금 예수님의 주장과 약속들을 상기하게 합니다. 진실로 예수님은 불법적으로 정죄를 받으셨읍니다. 우리는 다음 강론에서 그 심문의 불법성중 몇가지를 더 상세하게 살펴볼 것입니다. 그러나 그 사건의 문제가 되는 요점들 자체는 정말 문제가 될 만한 것이었으며, 예수님께서 죄를 저지른 것으로 확정된 그 예수님의 주장들은 사실적인 것이었읍니다. 그는 그 주장들 가운데 셋을 주장했읍니다. 예수님은 자신이 하나님이시라고 주장하셨읍니다. 삼일 후에 죽은 자 가운데서 살아나실 것이라고 주장하셨읍니다. 다시 심판하려 오실 것이라고도 주장하셨읍니다. 이 주장들이 사실입니까? 부활도 사실이었읍니다. 만일 그것이 사실이라면 예수님께서는 주장하신 바 대로 그 분임에 틀림없었읍니다. 예수님께서 하나님의 독생자라고 주장하신 것이 하나님을 모독하는 처사였다면 하나님은 그 주장을 변호하시지 않으셨을 것이기 때문입니다. 최종적인 판단이 부활을 통해서 입증된 셈입니다. 바울이 아덴에 있는 사람들에게 말한 바 같이 말입니다. "하나님이…… 정하신 사람으로 하여금 천하를 공의로 심판할 날을 작정하시고 이에 저를 죽은 자 가운데서 다시 살리신 것으로 모든 사람에게 믿을 만한 증거를 주셨음이니라"(행 17:30, 31).

그러니 나사렛 예수의 주장이 진실한지에 대한 문제가 아니라 우리가 어떻게 그 주장에 대한 반응을 나타낼 것인지, 그러므로 우리가 그가 오시면 그를 어떻게 맞이할 것인지의 문제가 제기됩니다. 예수님 당시의

주권자들 처럼 자기들의 삶에서 예수님의 모습을 물리치려고 시도했던
자들처럼 그를 맞을 것입니까? 아니면 예수님께서 위해서 죽은 자들로
서 그를 맞고, 예수님을 오직 지혜로우신 하나님과 우리 구세주로 맞을
것입니까?

7

그리스도가 받은 심문의 불법성들

"대제사장이 예수에게 그의 제자들과 그의 교훈에 대하여 물으니 예수께서 대답하시되 내가 드러내어 놓고 세상에 말하였노라 모든 유대인들의 모이는 회당과 성전에서 항상 가르쳤고 은밀히는 아무 것도 말하지 아니하였거늘 어찌하여 내게 묻느냐 내가 무슨 말을 하였는지 들은 자들에게 물어 보라 저희가 나의 하던 말을 아느니라 이 말씀을 하시매 곁에 섰는 하속 하나가 손으로 예수를 쳐 가로되 네가 대제사장에게 이같이 대답하느냐 하니 예수께서 대답하시되 내가 말을 잘못하였으면 그 잘못한 것을 증거하라 잘하였으면 네가 어찌하여 나를 치느냐 하시더라 안나스가 예수를 결박한 그대로 대제사장 가야바에게 보내니라."(요 18:19-24)

맬콤 머거릿지(Malcolm Muggeridge)라는 영국 국교의 큰 골치거리중 한 사람인 그는 그의 가장 최근의 책 가운데 하나인 「예수; 살아있는 사람」(Jesus; The Man Who Lives)라는 책에서 예수님의 심문과정에 대한 토론과 관련해서 공정성 여부에 대한 몇마디 조소섞인 말을 하고 있습니다. 그는 그것을 "세계의 큰 환상들 가운데 또 하나"라고 부르면서, "이 세상에서 공의를 요청하는 것(예수님께서는 한 번도 그런 적이 없었고, 어느 시점에서도 공정성을 기대하신다는 조짐도 없었고, 복음서에 기록된 그의 말씀 어디에도 그러한 의미의 말을 하신 적도 없었음)은 그는 실제적으로 본질상 의롭지 못한 어떤 것을 요청한 것이나 매 한가지다 — 다시 말하면 법이 그러하다. 인간적인 차원에서 공정을 요구하는 것은 마치 사하라 사막 가운데서 얼음불을 달라고 요청하는 것이나 진배 없다. 사람들로부터 긍휼과 불쌍히 여김을 기대할 수 있고 예수님 덕분에 하나님으로부터 죄 용서함을 기대할 수 있다. 그러나 공정성(공의)은 결코 기대할 수 없다!…… 만일 우리가 공정성을 베풀 수도 있고 또 받을 수도 있다면 불공정한 것을 법률화 시켜서 만든 법을 전혀 필요로 하지 않아야 하며 법을 만들기 위해서 의원들도 필요 없어야 하고, 그 법을 위해서 논쟁하는 변호사도 필요 없어야 하고, 그 법을 집행하기 위한 경찰도 없어야 하고, 과정이 진행됨에 따라서 법을 새로 만들겠다는 관점을 가지고 법을 거부하는 혁명가들도 없어야 하고, 감옥도 없어야 하며 법에 따라서 살지 않는 모든 사람들을 다스리는 법 집행관들도 필요 없어야 한다. '나는 공의만 관심을 가지고 있다'라고 하는 것은 모든 기만자들의 울부짖음이다. 공의를 요구하는 것과 비교하면 달은 하찮은 것이 되고 영원은 전단에 쓰이는 글씨가 되고 행복도 모든 슈퍼마킷의 판매대에 올려 놓아지는 것에 불과하다."

이 조소 섞이면서 위트 찬 논평이 정당한 것인지에 대해서는 잘 모르겠습니다. 머거릿지가 확실히 이 세상의 공의의 행사를 나보다 더 많이 관찰할 기회를 가졌음에도 틀림없지만 말입니다. 그러나 제가 아는 것은, 그의 논평은 예수님의 심문의 과정 속에서는 대단히 정당한 것으로 입증됩니다. 왜냐하면 예수님의 송사 사건을 주도하는 법이 어찌나 여러차례 어겨졌던지, 그 심문의 사건 보다 더 불법적인 처사가 어떻게 있을 수 있으며, 이스라엘의 법이 이 경우에서 보다 더 철저하게 조롱당한 적이 있었는지 모를 정도입니다.

우리는 바로 그 점을 탐사해 보고 싶습니다 유대인의 심문에 대한 첫번째 연구에서 유대의 법이 어떠한지를 생각해 보았습니다. 두번째 강론에서는 그 심문이 실제로 어떻게 진행되었는지를 연구했습니다. 이 강론에서는, 그 둘을 종합하여 그 심문의 불법성들을 숙고하고 싶습니다. 엄격한 법적 표준에 따라서 예수님은 마땅히 방면되어야 했던 이유가 무엇인지를 생각해 보고 싶습니다. 이러한 잘못들을 다섯가지의 범주에서 살펴 볼 것입니다.

체포사건

예수님의 체포 심문 사건 속에 드러난 불법성의 첫번째 영역은 그 심문이 있기 바로 앞선 기간 동안에 일어났던 일로부터 따져야 합니다. 곧 체포하는 일부터 생각해야 합니다. 여기서 세 가지의 그릇된 각각의 잘못들이 저질러졌습니다. (1) 밤에 체포를 하였읍니다. (2)배반자가 알려주는 것을 통해서 예수님을 체포하게 되었읍니다. (3)그 체포는 후에 법정에서 제시한 어떤 특별하고 공식적인 악행을 행했다는 송사에 필요한 기본이 없이 이루어진 체포였읍니다. 이 서로 연관되는 오류에는 예수님의 즉각적인 방면을 가져왔어야 했읍니다. 더 이상의 잘못만 없었다면 그렇게 되었을지도 모릅니다. 만일 미국에서 어떤 소송사건이 있는데, 체포하는 공무원이 그 혐의자에게 자기가 어째서 이러한 일을 하는지를 알려주지 않고, 죄를 강제로 자백케 한다든지, 불법적인 침입이나 함정을 통해서 증거를 수집하거나, 아니면 어떤 다른 불법적인 행동을 저지른다면, 미국 법정도 그 소송사건을 기각시켜 버려야 합니다. 그 상황은 그러한 방식과 유사하였읍니다.

"밤에 심문하는" 문제는 매우 명백했읍니다. 중요한 소송건을 다루는 사법절차를 밤중에 시행할 수 없다는 것은 확정되고 고정된 법칙이었읍니다. 더구나 이 제한은 심문 그 자체에만 해당되는 것이 아니라 그 심문과 연관된 지금까지의 사건들에도 해당되었읍니다. 특별히 체포하는 일에도 말입니다. 사도행전 4장에 보면 베드로와 요한이 체포를 당하는데 그 기사를 보면 그에 대한 실례를 발견하게 됩니다. 당국자들이 그날 늦게 체포한 후 "날이 이미 저문고로 이튿날까지 가두었다"(3절) 라는 말씀을 듣습니다. 예수님을 체포한 것은 캄캄해진 후의 일이었읍니다. 우리가 이미 자세히 숙고해 본 그 밤의 시간적인 요소들을 덧붙여서, 예수님을 잡으려는 무리들이 겟세마네 동산에 도달했을 때, "홰와 등을 가졌다"는 명백한 사실들이 이미 있기 때문입니다(요 18:3). 예수님이 잡히시는데 있어서 유다의 역할과 관련된 법은 레위기 19:16에서 파생된 것입니다. "너는 네 백성 중으로 돌아다니며 사람을 논단하지 말며 네 이웃을 대적하여 죽을 지경에 이르게 하지 말라 나는 여호와니라." 이 말씀은, 증인(우리가 기억하는 대로 그 증인은 체포를 위해서 요구되는 사람이기도 했습니다)은 선한 성품을 가져야 하며, 더구나 가까운 친구나 동료나 친척을 쳐서 증거할 수 없다는 뜻입니다. 물론 그 사람은 뇌물을 받는 것도 금지되어 있었습니다. 증인은 또한 종범이나 공범일 수도 없었습니다. 유다는 이 모든 영역에 저촉되었습니다.   그러므로 그가 예수님을 잡는데 이용된 방식은 불법적인 것이었습니다.

현대 법과는 여기에서 대조점을 이루고 있습니다. 왜냐하면 서구의 모든 법에서는 공범의 증언이 허용되고 있기 때문입니다. 물론 별로 믿을만한 것으로 여겨지지는 않지만 말입니다. 챈들러에 따르면, 영국에서는 배심원들에게 그러한 증언을 면밀히 검토해야 할 것이라는 경고를 한 다음에, 공범자의 확증적이지 못한 증언에 따라서 범죄를 확증지울 수도 있습니다. 미국에서도 공범자의 증언을 하게 합니다만, 어떤 요점들에 있어서 다른 증언으로 그 증언이 확증받아야만 그 증언이 유효하게 됩니다. 범죄의 심증을 굳힌다는 관점에서 볼 때, 공범자의 증언을 사용한다는 것은 큰 가치가 있음에 틀림없습니다. 흔히 공범자의 증언을 강요하지 않도록 하는 실제를 채택하는 것이 보여 주듯이 말입니다. 그러나 그러한 증언의 명백한 가치에도 불구하고 히브리법은 그것을 금지시켰습니다. 챈들러가 말하는 바와 같습니다. "예수님이 범죄를 했을 것이라는 상정 아래 예수님을 체포하도록 명령을 내린 것이다. 이러한 가정은 유다로 하여금 공모자가 되도록 했다. 유다는 전도하는데 예수를 도왔고 예수에게 용기를 북돋아 주었고 부추겼다. 만일 유다가 공모하지 않았다면, 예수는 무죄였을 것이다. 그의 체포는 포악한 것이었고, 그러므로 불법적인 것이었다."

예수님을 체포한 일의 불법적인 세번째 국면은 뒤에 심문을 진행할 때에 기초로 삼을 공식적인 송사가 없었다는 것입니다. 법적으로 하면 유다는 당국자들에게 그러한 송사를 해서 체포하도록 해야 했을 것입니다. 그런 다음에야 그 송사를 유지시키기 위해서 법정에 나타났어야 했읍니다. 그러나 이런 일이 없었읍니다. 오히려 개정 초기에 이 송사의 정당성을 정확하게 찾아내려고 하는 시도가 거의 성공하지 못하였읍니다.

사적(私的)인 조사

예수님을 체포하고 심문하는 과정에서 나타난 두번째 불법적인 국면은 개인적으로 안나스가 예수님을 만난 것입니다. 우리는 체포의 성질을 통해서 어째서 이러한 사적인 조사가 있어야 했는지를 잘 이해할 수가 있읍니다. 예수님을 쳐서 송사할 거리가 사실상 하나도 없었읍니다. 그래서 이러한 것은 그 죄수 자신의 증언으로 부터 송사 거리를 확보하려는 시도였읍니다. 그것도 여전히 불법적인 것입니다. 여러가지 이유에서 말입니다. (1)밤 중에 계획이 있었는데 우리가 이미 알았듯이 금지된 일입니다. (2)재판관 혼자서 그 일을 했읍니다. 그것도 역시 금지된 일입니다. 퍼크 아봇(미쉬나의 일부로서 '조상들의 어록')은 "혼자 재판하지 말라. 혼자 재판하는 이는 한 분 뿐이시다" 라고 말합니다. (3)송사받는 사람에게 증언하라고 강요해서는 결코 안되었읍니다.

여기서 다시 우리는 서구법과 대조해 봅니다. 미국과 다른 서구 나라에서는 범죄 용의자로 지목받는 사람들이 흔히 경찰 수사팀앞에 불려와서, 그 범죄건에 대해서 조사를 받습니다. 범죄가 자행되었을 그 시간에 어디 있었느냐는 질문을 받게 되고, 그러한 범죄를 저질렀다면 어떠한 동기에서 그러한 범죄를 저질렀냐고 묻게 됩니다. 이러한 일이 있은 후 그 용의자를 재판할 충분한 증거가 있는지, 아니면 그 용의자를 풀어줘야 하는지를 결정하기 위해서 담당 치안 판사 앞에 인도될 수 있읍니다. 만일 심문이 요청된다면, 그 치안 판사는 보석금을 확정지을 수 있읍니다. 이러한 심문에 의해서 보통 피고는 자기가 송사받은 범죄건에 대해서 자유로운 진술을 할 수 있다는 통지를 받게되며, 또한 묵비권을 행사해도 된다는 통지를 받습니다. 그러나 만일 그가 자기 혐의건에 대해서 진술한다면 그의 증언은 그 법정에서 심문이 진행될 때 자기를 불리하게 몰아갈 수도 있다는 것을 그 피고에게 말해 줍니다. 히브리법에서는 그러한 시험이 금지되었읍니다. 안나스가 먼저 일차적으로 시험한 것은 불법적인 것이었읍니다. 그래서 예수님께서 안나스가 묻는 질문에 대답하지 아니한 것은 순전히 예수님 자신의 권한에 속한 것이었읍니다(요 18:19-23 참조).

안나스가 먼저 예수님을 자기 앞에 세워두고 말을 들어 본 것과 관련하여 나타나는 또 다른 사소한 불법적인 것은 그 법정 하속에게 예수님을 맡겨 내버려두는 잔인성이었읍니다(22절).

고발

예수님을 쳐서 고발하는 것을 앞 강론에서 면밀히 점검해 보았으니, 우리는 여기서 다시 그 상세한 국면에 들어갈 필요는 없읍니다. 반면에 불신앙적인 산헤드린 공회의 입장에서 볼 때는 분명히 예수를 쳐서 송사할 만한 거리가 있었다는 것을 우리는 알았읍니다. 그들은 예수님께서 자기가 하나님의 외아들이라고 주장했다는 것을 알았읍니다. 물론 그 말이 진실하지 못하다고 그들은 믿었는데 그처럼 그 말이 진실하지 못하다면, 하나님을 모독하는 죄로 사형 판결을 받을 수 있는 것이었읍니다. 반면에 그들의 그 고소가 참이든 거짓이든 간에, 시간이 너무 늦었는데다가 증인들이 서로 다른 증언을 함으로써 어려움이 가중되자 그 가중된 것이 그 법정으로 하여금 노골적으로 그 불법적 조치를 취하도록 부추겼읍니다.

또 하나의 불법성은, 예수님을 쳐서 고소하는 "공식적인 고발장"이 전혀 없었다는 것입니다. 이것은 체포를 위해서 근거가 되어야 하는 것이었읍니다. 그 공식적인 고발장이 개정(開廷) 처음부터 제시되어야 했읍니다. 그것도 유대의 법적 절차로 범죄의 사실을 확증하기 위해서 필요한 두 세사람의 증인에 의해서 말입니다. 그러나 아무런 고발도 없었읍니다. 사실 고발거리를 찾기 위해서 귀한 시간을 많이 소비했읍니다. 첫번째 참소들은 적절하지 못하고 지원해 주는 증거가 없거나, 아니면 어리석은 것으로 법정에서 기각당했읍니다. 예수님께서 성전을 헐라 그리하면 그것을 사흘만에 다시 세우리라고 주장하셨다는 더 심각한 고소도 역시 그와같이 받아들여지지 않았읍니다. 가야바가 맹세케 하면서 예수님에게 던진 질문에 대하여 예수님이 직접 대답한 것을 기초로 해서 정죄를 확보한 것도 이러한 시도들이 실패한 연후 였습니다.

또다른 불법적인 요소가 있습니다. 이러한 일을 하는 것이 "가야바의 임무"가 아니었읍니다. 사실 이러한 성질에 속한 것은 그 어느 것이든지 분명하게 금지되어 있습니다. 무엇보다도 먼저 죄수에게 죄를 자백하라는 강요를 하지 못하게 되어 있었고, 대제사장이 그러한 일을 부추길 수도 없었읍니다. 또한 대제사장은 어떤 의견을 개진하거나 증인들이나 송사받은 사람에게 어떤 질문을 던지는 일을 하도록 되어 있지 않았읍니다. 오히려 제사장도 완전히 침묵을 지키고 있어야 했읍니다. 투표가 있게 되면 마지막으로 투표할 뿐이었읍니다. 왜냐하면 대제사장의 영향이 너무 커서 그가 개진하는 어떤 의견이라도 산헤드린 공회의 다른 회원의 의견을 온전히 능가하는 것으로 여겨질 수 있기 때문입니다.

가야바는 예수님께 "내가 너를 살아계신 하나님께 맹세하게 하노니 네가 하나님의 아들 그리스도인지 우리에게 말하라"라고 물음으로 그 절차를 훼손시킴으로써 이러한 모든 규정을 어긴 것입니다(마 26:63).

재판 심리 자체

가야바가 예수님을 쳐서 고발 한 것은 우리로 하여금 그 재판 심리절차 자체를 생각하게 만듭니다. 그것도 여러가지 근거에서 불법적인 것이었읍니다. 우리는 그 심리과정을 살펴보면서 그것이 불법적인 것이었다는 것을 알게 됩니다. 그 이유는 이러합니다. (1)그 일이 밤에 진행되었으며 (2)유대 유월절 전날에 그 일을 하였으며 (3) 24시간 내 그 심문이 끝나 버렸다는 것입니다. (4)그리고 그리스도 자신의 고백을 기초로 해서 죄를 확정지었읍니다. (5)그 심리절차가 만장일치로 반대없이 결론을 맺어서 사실상 효력있는 선고가 되지 못했다는 것입니다.

"밤보다 낮에 심문을 해야 한다"는 기본법칙은 미쉬나(Mishnah)의 산헤드린 항목에 나와있읍니다. "사형판결에 해당되는 극악한 범죄는 낮동안 심리해야 하고 밤에는 중단해야 한다"(산헤드린 4항 1조). 우리가 보았듯이 그렇지가 않았읍니다. 더구나 어째서 그리했던지 그 이유를 우리는 알았읍니다. 비록 이 유월절에 예수님을 체포하여 심문하려는 계획을 전혀 갖고있지 않았지만, 예수님이 늦게까지 동산에 계실 것이고 그래서 잡기에 좋은 분위기가 되었다는 유다의 보고를 받고 상황이 달라진 것입니다(그러므로 우리는 유다가 그런 식으로 보고했다고 상상할 수 있읍니다). 또 가야바와 안나스나 다른 제사장들이 이 소식을 듣고 대단히 흥분들을 하였을 것입니다. 그러나 그 다음날 유월절이 시작되는데 언제 어떻게 예수를 잡아서 심문하고 정죄할 것인가? 합법적으로는 그런 일이 시행될 수 없었읍니다. 충분한 시간적인 여유가 없었읍니다. 그러나 만일 밤에 심문을 하고 새벽에 공식적으로 간단하게 선고만 내릴 수 있다면 필요한 절차들을 단축하여 간단하게 추려낼 수 있다고 결심한 것입니다.

챈들러는 이렇게 쓰고 있읍니다. "법을 어기고 예수님을 그 밤에 잡아 심문하려는 이 결심은 예수님을 거스려 자행된 그 모든 불법적 과격성을 낳게 되는 요인이 되었음을 알게 될 것이다. 그러한 목적을 위해서 밤중 시간을 선택한 것이 기술적으로 법을 어긴 결과를 가져왔을 뿐 아니라, 범죄를 다루는 히브리법 절차안에서는 형식적으로나 내용적으로 공정을 기할 수 없게 만든 것이다." 유대법이 요구하는 또 다른 요구사항이 있읍니다. 특별히 사형판결에 해당하는 죄목에 대해서 말입니다. 주일날이나 다른 명절날에 그런 법정을 합법적으로 개정할 수 없으며, "안식일이나 명절의 전날에" 그러한 일을 전혀 할 수 없다는 요구사항입니다. 어째서 그러한지 그 이유를 아는 것도 쉽읍니다. 유대율법에 따르면 안식일에 일을 하는 것이 금지되어 있읍니다. 그러나 여러번 걸쳐 심문하는 것이 있어야 했읍니다. 그러므로 만일 송사받은 사람이 범죄한 것이 드러나면 틀림없이 그 다음에 처형이 따라오게 될 터인데, 그것도 그러하였읍니다. 서구의 법에서는 재판이 중지될 수도 있었읍니다. 그러나 유대법에서는 한번 재판이 열리면 그것이 중지될 수 없었읍니다. 사형판결에 해당하는 범죄건에 있어서 필요한 첫번째 청문회와 그 다음 두번째 청문회 사이에 밤이 끼여있을 경우를 제외하고 말입니다. 그래서 그 재판이 시작하는 시간은, 안식일이 시작되기 전에 그 모든 재판과정이 결론을 맺을만한 충분한 시간적 여유가 있을 때였읍니다. 예수님의 경우에는 그렇지 않았읍니다. 더구나 예수님을 심문한 것은 안식일 전날 이었을 뿐 아니라, 명절에도 예수님은 심문을 받으셨읍니다. 왜냐하면 무교절도 바로 예수님이 잡히던 시간에 시작되었기 때문입니다.

그 재판 심문과정도 불법적인 것이였읍니다. 왜냐하면 그 심문이 "낮 하루 동안에" 결론을 내렸기 때문입니다. 우리가 기억하기로 유대법에 따르면 실제적으로 두번의 심문과정이 있어야 했읍니다. 첫날에는 그 송사건 전체를 듣고 과반수의 찬성투표를 얻었어야 했읍니다. 만일 송사받은 사람이 무죄한 것이 발견되면, 그 시점에서 재판은 끝이 납니다. 만일 그 사람에게 죄가 발견되면, 밤이 시작되면 그 재판 심문과정은 중단이 되고 그 밤 동안 재판장들은 증거를 다시 숙고해 보고 그 송사받은 사람(또는 정죄받은 사람)이 풀려날 수 있는 어떤 방법이 없는가 하고 발견하려고 애썼읍니다. 한 밤을 그런 식으로 보낸 다음에야 다시 재판장이 돌아와서 그 소송사건을 재심리하였읍니다. 그 심리자를 풀어주기 위해서 모든 시도를 강구하였읍니다. 두번째 투표가 바로 이 둘째날 오후에 있게 되는데, 이 투표가 끝난 다음에 그 투표가 정죄편으로 기울어 진다면 그 다음에 처형이 따랐읍니다.

복음서의 기록에 따르면, 두번의 심문이 있었고, 합법적인 절차를 밟는 것 같은 모습을 취한다는 것은 사실입니다.– 밤에 한번, 그 다음 이른 아침에 한번 말입니다. 그러나 그 두번의 심문 기간은 떨어진 두 날이 아니었읍니다. 사실 그 기간은 두 날 중 불과 몇시간에 불과했읍니다. 동일하게 중요한 요점은, 낮에까지 기다려야 한다는 이유가 기각되었읍니다. 재판관들이 집에 돌아가서 마음속으로 생각하고, 기도하고, 묵상해 볼만한 그런 상황이 전혀 주어지지 않았읍니다. 또한 아침 시간으로 정해진 그 짧은 시간 안에 그 소송건을 주의깊게 재심리하지도 않았읍니다.

네째로, 그 심문과정이 불법적인 또 다른 이유는 예수님께 맹세하게 한 다음에, 예수님 스스로 고백하게 하고, 그것을 기초로 예수님을 정죄한 점입니다. 우리는 이미 다른 범죄에서 이 오류를 충분하게 생각해 본 바 입니다.

다섯째, 예수님을 정죄한 것이 불법적인 것은 산헤드린의 투표가 만장일치였다는 점입니다. 히브리법에 의하면 그런 식으로 투표가 나왔으면 그 피고를 방면해야 했읍니다. 마가는 "저희가 다 예수를 사형에 해당한 자로 정죄하고"(막 14:64)라고 말합니다. 물론 이것은 유대법에 있어서 특이한 부분입니다. 특별히 영어를 말하는 사람들에 있어서 그 러할 것입니다. 그 사람들은 정확히 그 정반대의 경우에 익숙해 있기 때 문입니다. 재판받는 그 사람의 유죄를 확증하기 위해서는 배심원들이 만장일치로 투표해야 할 것이 요구됩니다. 그러나 이 유대법에 있어서 생소한 요점은, 그것이 어리석다거나 지혜롭지 못하다는 것을 의미하는 것은 아닙니다. 챈들러는 다음과 같이 그 이유는 설명합니다. "첫째로…… …… 현대적인 의미에서 고대 히브리법에는 변호사나 변호인이 전혀 없었 다. 재판관들이 피고의 변호자들 이었다. 자, 만일 선고가 유죄편으로 만 장일치로 확정된다면, 그 피고가 법정에 친구나 그를 옹호해 주는 사람 을 전혀 두고 있지 않음이 명백하다. 유대 사람들의 마음에는 이러한 일 은 군중이 한꺼번에 몰려서 폭력을 자행하는 것이나 마찬가지로 생각되 었다. 적어도 그것이 음모라고 여겨졌다. 히브리법에서 선고를 내릴 때 마다 언제나 요청되는 그 긍휼의 요소가 그러한 경우에는 빠져버린 것 이다.

다시 이 만장일치의 원칙은, 법정이 죄를 정하는 최종적인 활동을 그 다음날로 미루어 보다 더 생각해 보고 숙고해 보도록 한 또다른 형태의 진술이나 요구였다. 다시 말해서 히브리법은 중대한 범죄건을 다루는 데 조급한 것을 금지시켰다. 즉시 만장일치로 선고하는 것 보다 더 조급 한 것이 무엇이겠는가?"

지혜롭든 지혜롭지 못하든 간에 이것이 바로 이스라엘의 법이었읍니 다. 이 경우에서 그 법을 어긴 것이었읍니다.

전혀 변명할 기회가 주어지지 않았음

불법적인 처사를 나타낸 마지막 국면을 생각할 수 있습니다. 몇가지 방면에서 모든 경우중 가장 분명한 경우가 바로 그 경우입니다. 그것은 죄수가 변명할 어떤 여지도 주지 않았다는 점입니다. 변명이 있어야 하 는 것은 사법 절차에서 너무도 명백한 일입니다.— 거의 모든 깨어있는 사법체계였다면 그것을 하나의 권리입니다.— 그러므로 이 경우에서 그 변호를 할 기회를 주지 않았다는 것은 즉각적으로 그 법정 전체의 처사

를 의문시하게 만들고, 진정한 심문보다는 예수님을 쳐서 죽이려는 당
국자들의 미움의 발로라고 생각하게 만드는 것입니다.

확실히 말해서 자신이 하나님이라고 하는 주장에 대해서 변명하도록
하는 것이 마땅한 절차입니다(옳든 그르든 예수님은 그러한 주장을 했
다고 해서 정죄를 받은 것입니다). 만일 그러한 변명할 기회를 예수님께
드렸다 할지라도, 유대 지도자들이 그것을 분명히 효력없는 것으로 거
절했을 태도를 아는 것은 쉽습니다. 그러나 그러한 변명의 기회가 주어
져야 했습니다. 바로 그것이 요점입니다. 그 예수님이 변명하는 소리를
숙고했어야 했습니다.

유월절 전야의 이 늦은 시간에 이스라엘이나 예루살렘 내에서 그리스
도의 성품을 위해서 증거할 수 있는 사람이 한사람도 없었던가요? 메시
야의 오심에 대한 유대 선지자들의 예언이 성취된 것을 보여주는 그 이
적을 행하신 그의 능력을 목격한 사람들이 한사람도 없었을까요? 물론
있었습니다! 그런 사람들을 찾는 것이 적어도 쉬웠을 것입니다. 예수님
께서 성전을 헐겠다고 위협하더라고 증거하는 사람들을 찾는 것처럼 말
입니다. 다시, 재판관들 중에서 구약성경을 들어서 그 구약을 그리스도
가 성취했음를 보고 그를 편들어 줄 사람이 한사람도 없었을까요? 우리
가 알았듯이 제사장들이 이러한 증거를 듣고 반드시 설득당했을 것이라
고 생각할 필요는 없습니다. 그러나 이러한 것을 생각지 않더라도 그들
이 예수님을 위해서 변호할 사람을 생각하기를 거절했다는 것은 그들의
의무를 이행하지 못했다는 것 밖에 되지 않습니다. 그것은 속임수를 쓰
고 원칙을 망가뜨린 처사였습니다.

그러나 만일 우리가 정직하다면, 제사장들이나 서기관들이나 장로들
이 그리스도를 심문할 때 행한 일이나 오늘날 사람들이 행하는 일이나
별 다름이 없다고 말해야 합니다. 그리스도는 하나님의 독생자라고 선
포되고 있습니다. 그러나 수백만의 사람들이 그를 편들어 말하는 소리
를 듣기를 거절하면서 그 선포를 배척하고 있습니다. 예수님을 위하여
말하는 변명이 있습니다. 수를 헤아릴 수 없는 기독교회에서 정기적으
로 그것이 전파되고 있습니다. 라디오나 텔레비죤 프로그램들이나, 책들
이나 다른 형태의 통신매체를 통해서 그것이 알려지고 있습니다. 그러

나 그들은 그것을 듣지 않을 것입니다. 교회를 가지도 않을 것입니다. 기독교 문서를 읽어 보지도 않을 것입니다. 그들은 라디오나 텔레비존을 끄거나, 아니면 오락 프로그램을 방송하는 편으로 스위치를 돌릴 것입니다. 우리가 그런 사람들에 대해서 뭐라고 말해야 할까요? 그들이 정직한가요? 가야바나 다를 바 없습니다! 그들이 지혜로운가요? 결코 그렇지 못합니다! 왜냐하면 만일 예수님께서 주장하시는 대로 하나님의 아들이시라면 그 사실은 모든 사람들에게 있어서 삶과 죽음의 문제입니다.

여러분은 그 죄수의 말을 들어보셨읍니까? 그의 변명을 생각해 보셨읍니까? 만일 그렇지 않다면 나는 여러분에게 그렇게 해 보라고 촉구하는 바입니다. 다음 강론은 여러분으로 하여금 그렇게 하기 시작하도록 도와줄 것입니다. 만일 여러분이 이미 그런 일을 시작 했다면— 거의 모든 사람들이 그리스도가 주장하는 것의 견고성에 대해서 자기들이 관심 깊이 인정하려는 것보다 더 많이 알고 있습니다—어째서 기다립니까? 자, 그에게 나오십시요. 그를 믿으십시요. 예수님은 과대망상가나 사기꾼이나 아니면 하나님의 아들이셨습니다. 하나님의 아들이시라면 여러분의 구주가 되셔야 합니다.

8

피고의 변명 속에서

"대제사장이 예수에게 그의 제자들과 그의 교훈에 대하여 물으니 예수께서 대답하시되 내가 드러내어 놓고 세상에 말하였노라 모든 유대인들의 모이는 회당과 성전에서 항상 가르쳤고 은밀히는 아무 것도 말하지 아니하였거늘 어찌하여 내게 묻느냐 내가 무슨 말을 하였는지 들은 자들에게 물어 보라 저희가 나의 하던 말을 아느니라 이 말씀을 하시매 곁에 섰는 하속 하나가 손으로 예수를 쳐 가로되 네가 대제사장에게 이같이 대답하느냐 하니 예수께서 대답하시되 내가 말을 잘못하였으면 그 잘못한 것을 증거하라 잘하였으면 네가 어찌하여 나를 치느냐 하시더라 안나스가 예수를 결박한 그대로 대제사장 가야바에게 보내니라."(요 18:19-24)

인류가 긴 역사를 통해서 발전시켜온 절차를 위한 규정들이 대단히 다양하고, 지역에 따라서 또 다릅니다. 그러나 분별력 있는 사람이라면 공의를 세우려 할 때 반드시 채용하는 규정이 있습니다. 그것은 송사받은 사람에게 변명할 권리를 주는 것입니다. 어머니가 집에 들어와 보니 자기 아들이 새로 산 물감을 가지고 거실의 여러 벽에다 낙서를 한 것을 발견하였을 때, 어떠한 상황이 벌어질까를 상상해 볼 수 있습니다. 또한 그 어머니가 그 자녀에게 그 물감을 가지고는 종이에다만 써야 한다고 하루전에 알려 주었는데도 그런 일이 일어났다고 생각해 봅시다. 그 어머니는 다른 어떤 말을 상상할 수도 없을 것이고 다른 어떤 방식으로든지 그러한 잘못을 정당화시킬 수 있는 경우를 생각해 낼 수 없을 것입니다. 그 어머니는 그 자식을 벌 주려고 생각해 볼 수 있을 것입니다. 그러나 적어도 그 아들의 변명을 들어 보기 전에는 냅다 때리는 쪽으로 나아가지를 않습니다. "너 어째서 이 벽에다 칠해놨어?" 그렇게 물을수 있죠. "어제 그 종이에다만 그리라고 경고했는데 어째서, 엄마 말을 무시했지?"

송사받은 사람이 변명할 권리를 가진다는 것이 너무나 명백하기 때문에 사실상 모든 법칙이나 모든 사법 체계 속에서 공식적이든지 비공식적이든지 그러한 규정이 지켜지고 있습니다. 만일 그 피고의 변명기회를 제거한다면 그 사법 절차는 사실상 하나의 재판 절차라고 할 수 없고 하나의 과격한 행동입니다. 아무리 법적 형식을 취했고, 어떠한 법적 형식들이 수반되었다 할지라도 말입니다.

묻지 않은 질문

그러므로 우리는 이렇게 묻습니다. "지금부터 2천년전에 유대 땅에서 유대의 산헤드린 공회가 나사렛 예수님을 재판할 때 그 예수님의 변명은 어떠한 것이었는가?" 그 대답은 전혀 변명의 여지를 주지 않았다는 것입니다. 송사받은 자가 가진 이 기본적인 권리가 박탈당했던 것입니다.

우리는 처음에 말했던 것처럼, 만일 본래 그대로 유대 율법의 정당한 요구사항을 따랐다면, 그 재판 절차는 더 이상 진행될 필요가 없다는 단순한 이유때문에 변명할 여지가 전혀 없었을 것이라는 점입니다. 우리가 이미 알았듯이 예수님이 체포된 것도 불법적인 것이었습니다. 유대 율법이 금지한 밤에 이루어졌습니다. 또한 공모하고 정보를 알려준 사람을 통해서 그 일이 이루어졌습니다. 또한 그 체포를 정당화 시킬 어떤 공식적인 요소가 없었습니다. 이러한 각각의 불법적인 처사들은, 적당한 절차만 따랐다면 핍박을 중지하고 그 죄수를 풀어주는 결과를 가져와야 했습니다. 또한 그 재판 절차도 불법적이었습니다. 그것은 밤에 이루어졌읍니다. 그리스도를 변호해야 할 사람들이 그리스도를 송사하는 편이 되었읍니다. 대제사장이 끼어들었는데, 대제사장은 그럴 자격이 하나도 없었읍니다. 그 모든 것 중에서 가장 중요한 것은 그 죄수가 죄를 범했다는 입증된 단서가 하나도 없었다는 점입니다. 예수님께서 결국 정죄를 받으신 것은, 예수님께서 대제사장이 던진 질문에 대해서 자위적으로 답변하신 오직 유일한 이유때문이었읍니다. 그 답변 속에서 예수님께서는 당신이 하나님의 신적 아들이요 메시야라고 주장하셨읍니다.

그러나 그렇지는 않았지만 모든 일이 이 시점까지 합법적이었다고 가정해 봅시다.— 정당한 근거가 있어서 예수님을 체포했고, 교차질문을 통해서 그 예수님께 대한 고소가 정당하게 받아 들여졌고 확정되었다고 가정해 봅시다. 그리고 이러한 고소가 당신이 하나님의 독생자요 메시야라는 주장과 연관이 된다고 생각해 봅시다.— 그렇다면 히브리법이 요구하는 그 다음 절차는 무엇이겠읍니까? "사실상" 그 범죄건이 실제로 일어난 것이라고 가정해 본다 하더라도, 그를 쳐서 말하는 자의 송사를 들은 다음에 재판관들이 취하는 그 일은 무엇이겠읍니까? 그들은 예수님의 주장이 진리냐 거짓이냐를 따지기 위해서 그에 속한 모든 문제들을 면밀히 조사하기 시작했어야 합니다. 다른 각도에서 예수님을 심문하는 과정 속에서 드러난 가장 큰 불법성은 예수님께 그 질문을 던지지 않은 것입니다. 당신이 친히 "그리스도요 하나님의 아들"이라고 진술하시는 말씀을 듣고나서 제사장들은 마땅히 "그러면 네가 그렇다는 표증을 우리로 보고 믿도록 보여주겠느냐?"라고 물어야 했읍니다. 이러한 질문이 없었다는 것은 그 재판 절차가, 그리스도의 무죄, 또는 유죄 여부를 공정하게 탐문한 것 보다는 사법적인 살인행위였음을 드러내고 있읍니다.

물론 그 재판관들이 변명을 들었다 할지라도 그것을 마땅히 받아들였을 것이라고 상정하지는 말아야 합니다. 그들은 그 변명이 부적당하거나 거짓되다고 반격했을 수도 있습니다. 그러나 그들이 비난 받아야 하는 것은 그 선고 자체 때문이 아니라(그 재판 심문 절차가 시작되기 전에 이미 그 판결을 내려놓고 있었다는 점), 어떤 것이든지 예수님이 변명할 기회를 전혀 주지 않았다는 점입니다.

메시야적인 예언들

그러면 어떤 변명이 주어졌을까요? 어떤 사람은, 그리스도의 주장이 가지는 성질 자체가 그 주장의 진정성의 영역을 넘어서서 그들로 하여금 생각하게 했을 것이라고 상상할지도 모릅니다. 그러나 그렇지 않습니다. 예수님을 송사한 것도 두가지였음을 기억해야 합니다. 예수님께서 거짓되게 당신이 1)메시야요 2)하나님의 독생자라는 식으로 주장했다는 것입니다. 이것은 이스라엘에 계시된 법인 구약의 배경을 갖고 주장된 종교적인 것이었읍니다. 예수님이나 예수님을 송사한 자들이 바로 이것이 결정적인 요점이라는 것을 인식했읍니다. 예수님의 주장들이 구약이 가르치는 것과 부합했는가? 그 문제에 대해서 이스라엘의 재판장들은 판결을 내릴 자격이 있을 뿐 아니라 마땅히 판결을 내려야 했읍니다.

만일 이러한 합당한 노선의 변명이 주어졌다면 이 재판 심문과정은 어떻게 진행되었을까요? 분명히 그리스도께서 당신이 메시야라고 하는 주장에 대한 변명이 있었을 것이고 그 다음에 하나님의 독생자라는 주장에 대한 변명이 뒤따랐을 것입니다. 첫번째 부분은 이와같이 진행되었을 것입니다.

1. 유대 성경에 따르면 예수님은 유대 베들레헴에서 태어나야 했는데, 예수님이 베들레헴에서 태어나셨읍니다. 이 요점을 말하는 적절한 성구가 미가 5:2입니다. "베들레헴 에브라다야 너는 유다족속 중에 작을지라도 이스라엘을 다스릴 자가 네게서 내게로 나올 것이라 그의 근본은 상고에, 태초에니라." 바로 이 늦은 시간에도 예수님께서 베들레헴에서 태어나셨다는 것을 확증하는 증인들이 여럿 있었을 것입니다. 그 심문을 받으실 때 예루살렘에 있었던 그 어머니를 보면서 말입니다. 그것이 공식적인 로마문서에 있었읍니다. 왜냐하면 로마의 요구대로 인구조사를 하기 위해서(예수님이 태어난 것과 관련되어) 베들레헴까지 갔기 때문입니다. 예수님께서는 그 당시 호적에 올라 있었을 것입니다.

누가는 그 점에 대해서 왜 이렇게 말합니다. "이 때에 가이사 아구스도가 영을 내려 천하로 다 호적하라 하였으니 이 호적을 구레뇨가 수리아 총독 되었을 때에 첫번 한 것이라. 모든 사람이 호적하러 각각 고향

으로 돌아가며 요셉도 다윗의 집 족속인 고로 갈릴리 나사렛 동네에서
유대를 향하여 베들레헴이라 하는 다윗의 동네로 그 정혼한 마리아와
함께 호적하러 올라가니 마리아가 이미 잉태되었더라. 거기 있을 그 때
에 해산할 날이 차서 맏아들을 낳아 강보로 싸서 구유에 뉘었으니 이는
사관에 있을 곳이 없음이러라"(눅 2:1-7).

2. 메시야는 동정녀에게서 태어나야 했는데 예수님이 그렇게 태어나
셨습니다. 이사야는 이 예언을 기록한 사람입니다. 그는 이렇게 쓰고 있
습니다. "그러므로 주께서 친히 징조로 너희에게 주실 것이라 보라 처녀
가 잉태하여 아들을 낳을 것이요 그 이름을 임마누엘이라 하리라"(사
7:14). 의심할 여지도 없이 동정녀의 탄생의 사실은 이 지도자들에게
확증시켜 주기가 어려운 요점이었을 것입니다. 오늘날도 그것을 많은
사람들에게 확증시키는 것은 어렵습니다. 그러나 다른 사람은 몰라도
마리아가 증인으로 소환당했다면 그것을 증거했을 것입니다. 아마 틀림
없이 그녀가 적어도 누가에게는 말했을 것입니다. 왜냐하면 누가(마태
도)는 베들레헴에서 탄생하시기 이전의 명단에 대한 기억 속에서 그것
을 포함시키고 있기 때문입니다(눅 1:26-30; 마 1:24, 25는 참조).

3. 메시야는 다윗의 집에서 태어나야 했는데 예수님은 그렇게 태어나
셨습니다. 모든 유대인들은 사무엘하 7장에 기록된, 이른바 다윗 자손에
게 하사 하나님의 약속의 성질이 그러함을 이해했습니다. "네 수한이 차
서 네 조상들과 함께 잘 때에 내가 네 몸에서 날 자식을 네 뒤에 세워
그 나라를 견고케 하리라.…… 네 집과 네 나라가 네 앞에서 영원히 보
전되고 네 위가 영원히 견고하리라 하셨다 하라"(삼하 7:12, 16). 그러
나 이 예언이 메시야에 대해서 말하고 있다는 것을 조금도 의심하지 못
하게 하기 위해 후에 나타난 선지자들이 그 점을 더욱 명확히 했습니다.
예레미야는 이렇게 썼습니다. "나 여호와가 말하노라 보라 때가 이르리
니 내가 다윗에게 한 의로운 가지를 일으킬 것이라 그가 왕이 되어 지
혜롭게 행사하며 세상에서 공평과 정의를 행할 것이며 그의 날에 유다
는 구원을 얻겠고 이스라엘은 평안히 거할 것이며 그 이름은 여호와 우
리의 의(義)라 일컬음을 받으리라"(렘 23:5, 6). 유사하게 이사야가 이
렇게 썼습니다. "이새의 줄기에서 한 싹이 나며 그 뿌리에서 한 가지가

나서 결실할 것이요 여호와의 신 곧 지혜와 총명의 신이요 모략과 재능의 신이요 지식과 여호와를 경외하는 신이 그 위에 강림하시리라"(사 11:1, 2).

예수님은 다윗의 집에서 나셨읍니까? 조금만 조사해 보면 그렇다는 것을 금방 밝혀낼 수 있었을 것입니다. 더구나 주의깊게 조사해 보면 그가 육신적으로 어머니 마리아를 통해서 다윗의 혈통일 뿐 아니라, 그 마리아를 통해서도 왕권을 가질 법적인 권리를 갖고 있었다는 것을 밝혀낼 수 있었을 것입니다. 또한 요셉의 양자로서 다윗의 혈통임을 밝혀 낼 수 있었을 것입니다. 요셉도 다르기는 했지만 왕의 혈통에 속한 자였읍니다. 다른 말로 해서 예수님께서는 그의 육친의 어머니뿐 아니라 양부였던 아버지로 말미암아서도 다윗의 혈통에서 난 자였읍니다. 그러므로 두 혈통을 다 관계하고 있읍니다. 그러니 만일 그가 메시야가 아니라면 도저히 다른 이가 될 수 없었읍니다. 뒤에 마태가 요셉의 족보를 말했는데, 이 모든 것을 산헤드린 공회도 똑같이 조사해 낼수 있었을 것입니다.

4. 메시야의 나타남에 앞서서 엘리야와 같은 선지자가 있어야 했읍니다. 그것은 구약 성경의 마지막 몇장 속에서 발설된 바입니다. "만군의 여호와가 이르노라 보라 내가 내 사자를 보내리니 그가 내 앞에서 길을 예비할 것이요 또 너희의 구하는 바 주가 홀연히 그 전에 임하리니 곧 너희의 사모하는바 언약의 사자가 임할 것이라"(말 3:1). "보라 여호와의 크고 두려운 날이 이르기 전에 내가 선지 엘리야를 너희에게 보내리니"(말 4:5). 세례 요한이 바로 이 선구자였읍니다. 예수님께서 친히 그가 그 사람임을 확증하셨읍니다(마 17:12, 13). 요한 자신도 그걸 증거했는데, 바로 이 산헤드린 공회원들이 공식적인 파견대를 그에게 보내어 물어 보았을 때 그렇게 증거했읍니다(요 1:19-24).

5. 메시야는 많은 큰 일과 이적들을 행해야 했으며, 예수님은 예언된 이적들뿐 만 아니라 더 많은 이적들을 행하셨읍니다. 이사야는 이렇게 말했읍니다. "주 여호와의 신이 내게 임하셨으니 이는 여호와께서 내게 기름을 부으사 가난한 자에게 아름다운 소식을 전하게 하려 하심이라 나를 보내사 마음 상한 자를 고치며 포로된 자에게 자유를, 갇힌 자에게 놓임을 전파하며 여호와의 은혜의 해와 우리 하나님의 신원의 날을 전

파하여 모든 슬픈 자를 위로하되"(61:1, 2). "그 때에 소경의 눈이 밝을 것이며 귀머거리의 귀가 열릴 것이며 그 때에 저는 자는 사슴같이 뛸 것이며 벙어리의 혀는 노래하리니 이른 광야에서 물이 솟겠고 사막에서 시내가 흐를 것임이라"(35:5, 6). 예수님께서는 친히 당신의 사역이 이 본문에서 말하는 것이라고 하셨고, 그 본문들이 자신의 메시야 주장을 충분하게 입증하는 것이라고 생각하셨습니다(눅 14:16-21; 막 11:1-6). 산헤드린의 지도자들은 이러한 이적들이 사실임을 인정했음을 우리는 알고 있습니다. 왜냐하면 만일 그들이 처음에는 그것들을 부정하려고 애를 썼지만 예수님의 이적때문에 모든 사람이 예수님을 따르지 아니할까 하는 두려움에서 예수님을 잡아 심문하고 정죄하려 했기 때문입니다 (요 11:47-50).

6. 메시야는 나귀를 타고 공개적으로 예루살렘에 입성하실 것이라는 예언이 있었습니다. 그런데 예수님이 그렇게 하셨습니다. 어느 누구도 그 사실을 부인할 수 없었습니다. 바로 삼일 전에 예루살렘에 사는 모든 사람이 보는 앞에서 그런 일이 있었습니다. 스가랴가 그것을 예언하였습니다. "시온의 딸아 크게 기뻐할지어다 예루살렘의 딸아 즐거이 부를지어다 보라 네 왕이 네게 임하나니 그는 공의로우며 구원을 베풀며 겸손하여서 나귀를 타나니 나귀의 작은 것 곧 나귀새끼니라"(슥 9:9).

7. 메시야는 은 삼십에 가까운 친구로 부터 배반당하여 팔리워야 한다는 예언이 있었습니다. "나의 신뢰하는바 내 떡을 먹던 나의 가까운 친구도 나를 대적하여 그 발꿈치를 들었나이다"(시 41:9). "그들이 곧 은 삼십을 달아서 내 고가를 삼은지라"(슥 11:12). 정말 아이러니칼하게도 그 산헤드린의 지도자들은 그 밤에 유다를 밀정으로 사용함으로써 이 예언을 스스로 성취하고 있었습니다(마 26:14, 15; 27:3-8).

8. 메시야는 초림때는 가난하고 고난을 받는 사람이어야 하고, 이스라엘 지도자들에게 멸시를 받고 배척을 받아야 했는데, 예수님이 그러하셨습니다. 이사야는 그것을 예언하였습니다. "그는 주 앞에서 자라나기를 연한 순 같고 마른 땅에서 나온 줄기 같아서 고운 모양도 없고 풍채도 없은즉 우리의 보기에 흠모할 만한 아름다운 것이 없도다 그는 멸시를 받아서 사람에게 싫어 버린 바 되었으며 간고를 많이 겪었으며 질고

를 아는 자라 마치 사람들에게 얼굴을 가리우고 보지 않음을 받는 자
같아서 멸시를 당하였고 우리도 그를 귀히 여기지 아니하였도다"(사 53:
1-3).

　바로 심문을 하는 그 순간에 마저 산헤드린 공회는 이 예언을 성취하
고 있었읍니다. 그들은 그리스도를 멸시하고 있었읍니다. 배척하고 있었
읍니다. 그러나 그들은 증거를 공정하게 들어보려는 어떤 노력이나 예
수님의 변명을 들어보고 싶은 어떤 소원을 가지기에는 너무나 멀리 있
었기 때문에 이러한 이상한 아이러니가 그들로 멀리가게 해버렸읍니다.

하나님의 아들

　예수님이 처형 받게된 근거가 된 또다른 송사 부분이 있었읍니다. 그
것은 예수님께서 친히 자신을 하나님의 독생자라고 주장한 것입니다.
어떻게 이것을 변호할 수 있읍니까? 우리가 이러한 질문을 던지면서 기
억하는 바는, 예수님께서 사용하신 말이 그대로의 의미를 가졌읍니다.
"하나님의 아들"이라는 어휘를, 모든 사람들이나 모든 종교적인 사람
들이 자기를 보고 그렇게 부르는 그런 일반적인 의미에서 사용하고 계
시지 않았다는 점입니다. 그는 그것을 독점적인 방법으로 사용하셔서,
자신은 하나님과 같은 본체에 속하였으며, 하나님을 아버지라 불렀고,
그러므로 그는 여호와와 같은 속성을 소유하고 계시며 같은 권위를 행
사하고 계시다는 뜻으로 그 말을 사용하셨던 것입니다. 물론 그리스도
당시의 유대교에 깊이 잠입했던 사람들에게 있어서 그 주장은 가장 충
격적인 주장이었읍니다. 그것은 하나님의 단일성과 초월성에 대해 그들
이 믿는 모든 것을 거스리는 것이었읍니다. 그 주장이 참람해 보였고 참
을 수 없는 혐오거리로 보였읍니다. 그러나 아무리 그것이 혐오스럽게
보인다 할지라도 그 주장은 이스라엘 성경이 이러한 성질에 속한 것을
암시하고 있는지를 공정하게 물어볼 수 없을 정도로 그렇게 언어도단적
인 것은 아니었읍니다. 다시 그 말은 구약이 그러한 가능성을 제시한다
할지라도 그리스도의 주장들을 그들이 반드시 받아들였을 것이라는 뜻
은 아닙니다. 다만 이러한 변명과 조사의 유익을 거치지 않고 즉시 예수
님을 정죄하는 일을 해서는 안됐다는 것입니다.

저는 이 자료를 월터 챈들러의 글에서 많이 빌려 왔는데 그 사람을 이렇게 말하고 있읍니다. "산헤드린의 재판관들이 예수님의 변명의 정당성을 시험했어야 마땅했다는 것을 다음과 같이 논증할 수 있다. (1) 히브리 성경과 전통의 빛에 비추어서 신들의 이위일체성이나 삼위일체성 중에 제2격위(格位)를 나타내는 살과 뼈를 지닌 신이 가능한가를 숙고해 보아야 했다. (2) 그 재판심문 과정에 합당하게 제출된 증언에 비추어서 자기가 그 이위일체 혹은 삼위일체 중에 제2격위라는 예수님의 주장을 철저하게 조사해 보아야 했다."

이 주장을 변호하기 위해서 우리는 다음과 같은 세가지 요점을 들 수 있읍니다.

1. 구약에는 예수님께서 주장하신 대로 하나님 독생자와 정확히 같은 종류의 존재를 언급하는 구절들이 여럿 있읍니다. 이사야 9:6이 분명이 그것을 제시합니다. 거기에 보면 인간의 가정에 태어난 한 사람임에도 불구하고 "전능하신 하나님"이라 일컬어 지고 있읍니다. "한 아기가 났고 한 아들을 주신 바 되었는데 그 어깨는 정사를 메었고 그 이름은 기묘자, 모사라, 전능하신 하나님이라, 영존하시는 아버지라, 평강의 왕이라 할 것임이라." 그와 유사하게 시편 2편도 오실 메시야를 선언하는 메시야 예언 시편으로 이해되고 있읍니다. "내가 영을 전하노라 여호와께서 내게 이르시되 너는 내 아들이라 오늘날 내가 너를 낳았도다"(시 2:7). 메시야는 하나님 아버지의 독생하신 한 사람일 것이라고 이 시편이 진술한 것보다 더 분명한 것이 어디 있겠읍니까? 오실 메시야는 "전능하신 하나님, 영원하신 아버지"라고 일컬어질 것이라는 이사야의 예언보다 동시에 하나님이면서 사람이심을 더 분명하게 암시하는 것이 무엇이겠읍니까? 물론 이 점을 이해하기 어렵다는 것은 우리가 기꺼이 인정할 수 있읍니다. 어떻게 한 개인이 하나님이면서 동시에 사람일수 있는가를 우리는 알 수 없을지 모릅니다. 그러나 문제의 요점은, 우리가 그것을 이해하느냐 이해하지 못하느냐에 있는 것이 아니라 유대 지도자들과 그리스도께서 다 완전히 받아들이는 그 성경이 그것을 가르치느냐 하는 것입니다. 만일 성경이 그것을 가르친다면 예수님이 자신을 보고 하나님의 독생자라고 하는 주장이 일고의 가치없는 것으로 주장될 수는

없는 것입니다.

2. 구약성경 역시 성육신(成肉身)에 대해서 말하고 있읍니다. 다시 말하면 하나님이 육체가 되는 것을 말하고 있읍니다. 이사야는 우리가 앞에서 인용했던 구절 속에서 그것을 말하고 있읍니다. "보라 처녀가 잉태하여 아들을 낳을 것이요 그 이름을 임마누엘이라 하리라"(사 7:14). 임마누엘은 "우리와 함께 하시는 하나님"이라는 말입니다. 그러므로 그 예언은 동정녀 탄생의 방식을 통해서 하나님이 사람이 되신다는 것입니다. 다시 우리는 이 점을 이해하거나 믿는 것 조차 큰 어려움을 겪는다고 말할 수 있읍니다. 그러나 요점은 그것을 우리가 믿느냐 믿지 않느냐 하는 것이 아니라, 구약성경이 적어도 그것을 가르치느냐, 예수님께서 주장하신 대로 가르치고 있느냐 하는 점입니다.

3. 구약성경에는 '여호와'(혹은 여호와의 아들)를 사람들 중에 지상에 나타나신 분으로 묘사하는 의미있는 대목들이 여럿 있읍니다. 그 한 예는 하갈에게 나타난 "주의 천사"라 불리우는 한 사람의 나타남 입니다. 그 대목은 이렇게 되어 있읍니다. "여호와의 사자가 또 그에게 이르되 내가 네 자손으로 크게 번성하여 그 수가 많아 셀 수 없게 하리라. 여호와의 사자가 또 그에게 이르되 네가 잉태하였은즉 아들을 낳으리니 그 이름을 이스마엘이라 하라 이는 여호와께서 네 고통을 들으셨음이니라. …… 하갈이 자기에게 이르신 여호와의 이름을 감찰하시는 하나님이라 하였으니 이는 내가 어떻게 여기서 나를 감찰하시는 하나님을 뵈었는고 함이라(창 16:10, 11, 13). 우리는 이 대목에서 구약에 나타나는 "여호와의 천사"가 언제나 하나님 자신을 가리킨다고 미루어 생각해서는 안됩니다. 그러나 이 경우에서는 분명히 하나님 자신을 나타내는 것이 분명합니다. 천사로 하갈에게 나타나신 그는 하나님으로서 말씀하시고, 하갈도 그를 그런 식으로 불러 "내가 어떻게 여기서 나를 감찰하시는 하나님을 뵈었느고"라고 물었읍니다.

다시 유대민족의 조상인 아브라함에게 그와 유사한 인물들이 여러번 나타났읍니다. 한번은 이러하였읍니다. "여호와께서 마므레 상수리 수풀 근처에서 아브라함에게 나타나시니라. 오정 즈음에 그가 장막 문에 앉았다가 눈을 들어 본즉 사람 셋이 맞은편에 섰는지라 그가 그들을 보자

곧 장막 문에서 달려나가 영접하며 몸을 땅에 굽혀 가로되 내 주여 내
가 주께 은혜를 입었사오면 원컨대 종을 떠나 지나가지 마옵시고……"
(창 18:1-3). 다음에 계속되는 기사 속에서 때로 이 셋으로 나타났다가,
어떤 때는 하나로 나타납니다. 그런데 언제나 그들은 친히 하나님이신
것처럼 말씀하십니다. "여호와께서 아브라함에게 이르시되 사라가 왜
웃으며 이르기를 내가 늙었거늘 어떻게 아들을 낳으리요 하느냐?"(13
절) "여호와께서 가라사대 나의 하려는 것을 아브라함에게 숨기겠느냐?"
(17절) "여호와께서 가라사대 내가 만일 소돔 성중에서 의인 오십을 찾
으면 그들을 위하여 온 지경을 용서하리라"(26절). 이 이야기에 나오는
언어들은, 아브라함은 여호와께서 자기에게 나타나셔서 자기 장막 속에
손님이 되셨다 했고 확고히 믿고 있었다는 것을 제시해 줍니다. 챈들러
가 이 구절을 다루면서 던진 질문처럼 "만일 아브라함이 여호와를 알아
볼 수 없었다면 누가 알아볼 수 있겠느냐?"라고 질문을 던질 수 있읍니
다.

이 대목들의 요점은, 구약은 인간의 형태를 띠고 하나님께서 지상에
나타나신 것을 가리킨 적이 있다는 점입니다. 그리고 그 신격의 제2위되
시는 분이 나타나시는 것도 예언되었고, 예수님께서는 예수님이 바로
그분인지 그분이 아닌지를 판가름하는 모든 이유있는 시금석을 충분하
게 만족시켰다는 점입니다. 이렇게 변증한다 할지라도 유대 지도자들이
그리스도의 무죄성을 확증하지는 않았을 것입니다. 그러한 변명이 주어
졌다 할지라도 말입니다. 그러나 만일 그러한 변명이 주어졌고 그 변명
이 구약성경에 분명한 가르침에 근거하여 있다면, 그 변명은 이유있고
바람직한 변명이었을 것입니다. 또한 그 변명은(사실상 그리스도가 죄
가 없지만) 그리스도의 송사건에 대하여 "이유있는 의문"을 가지게 하
기에 충분했을 것이며, 예수님께서 스스로 선언하신 대로 바로 그러한
분이셨다는 충분한 증거를 그러한 변명을 통해서 나타내셨을 것입니다.

그가 누구신가? 산헤드린 공회가 예수님의 변명을 듣기를 거부한 잘
못을 범한 것이 사실이라면 오늘날 예수님의 주장과 변명을 숙고하기를
거절하는 사람들의 죄는 얼마나 큽니까? 그렇습니다. 산헤드린 공회의
회원들보다 훨씬 큽니다. 왜냐하면 비록 이 사람들이 예수님이 변명하

시는 것 중에서 작은 증거 조각이라도 듣기를 의도적으로 거부하려 한 다는 것이 사실이지만 그럼에도 불구하고 그들 산헤드린 공회 회원들은 오늘날 우리가 갖고 있는, 이른바 그리스도의 신성에 대한 모든 증거들 중에서 가장 큰 증거인 죽은자 가운데서 이적적으로 부활하신 것을 알 고 있지 못하기 때문입니다. 그들은 신약성경의 온전한 가르침을 이용 할 수도 없고, 기독교회의 많은 박사들과 신학자들의 저작들을 이용할 수도 없읍니다. 그 사람들은 산헤드린 공회원들 시대 이후에 분명히 예 수님이 누구신지 밝혀냈고, 어째서 예수님이 죽으러 오셨는지, 부활의 의미가 무엇인지, 사람들이 그리스도에게 나타내야 하는 믿음의 반응이 어째서 필요한지를 분명하게 밝혔는데, 산헤드린 공회원들은 그러한 일 을 활용할 수 없었읍니다.

여러분이 누구이든지 간에 여러분은 그러한 증거를 이용할 수 있읍니 다. 만일 그것을 거절한다면 아니 더 악하게 그것을 생각하기 조차 하지 않는다면, 여러분의 죄는 유대 산헤드린의 죄보다 훨씬 더 큽니다. 그러 나 만일 반면에 여러분이 그것을 생각하고 받아들인다면, 여러분을 인 도하여 예수님을 믿되 구원하는 믿음을 가지도록 하는 일은 성령의 권 능에 의해서 충분하게 확보됩니다. 예수님이 누구십니까? 그는 메시야 시요 하나님의 아들이십니다. 그분은 여러분의 구주이십니다.

9

닭 울기 전에

"시몬 베드로와 또 다른 제자 하나가 예수를 따르니 이 제자는
대제사장과 아는 사람이라 예수와 함께 대제사장의 집 뜰에
들어가고 베드로는 문 밖에 섰는지라 대제사장과 아는 그 다른
제자가 나가서 문 지키는 여자에게 말하여 베드로를 데리고
들어왔더니 문 지키는 여종이 베드로에게 말하되 너도 이 사람
의 제자 중 하나가 아니냐 하니 그가 말하되 나는 아니라 하고
그 때가 추운고로 종과 하속들이 숯불을 피우고 서서 쬐니 베
드로도 함께 서서 쬐더라.… 시몬 베드로가 서서 불을 쬐더니
사람들이 묻되 너도 그 제자 중 하나가 아니냐 베드로가 부인
하여 가로되 나는 아니라 하니 대제사장의 종 하나는 베드로에
게 귀를 베어 버리운 사람의 일가라 가로되 네가 그 사람과 함
께 동산에 있던 것을 내가 보지 아니하였느냐 이에 베드로가
또 부인하니 곧 닭이 울더라."(요 18:15-18, 25-27)

저는, 베드로가 주 예수 그리스도를 부인한 이 이야기를 생각할때 마
다, 성경의 다른 책에서 따온 두 대목을 생각하지 않는 적이 없읍
니다. 그 두 대목은 전문적인 관점에서 보면 서로 연관이 없읍니다. 그
럼에도 불구하고 서로 연관됩니다. 왜냐하면 그 두 대목은 베드로가 시
험받은 일로부터 배워야 할 가장 중요한 두 교훈을 지시해 주기 때문입
니다. 그 하나는 시편 1편에 나오는 대목입니다. 악인의 꾀를 "좇으며",
죄인이 길에 "서며" 오만한 자리에 "앉는" 사람의 어리석음을 묘사하는
대목입니다(시 1:1). 이것이 바로 베드로를 묘사합니다. 시편1편은 이

와같이 살아가는 사람을 "바람에 나는 겨와 같다"고 덧붙여 말하는데 바로 그점에 있어서도 베드로를 잘 묘사합니다(4절). 베드로는 분명히 대제사장의 집에서 불을 쬘 때 그에게 닥쳐온 시험에 얻어 맞은 것입니다.

그곳은 가지 않아야 할 나쁜 장소였읍니다. 베드로는 분명히 거기에 있게 된 댓가를 치른 것입니다. 스펄젼은 이렇게 썼읍니다. "베드로는 위험한 땅에 있었읍니다. 자기 주님이 희롱을 당하고 있는데 그는 자신을 안온하게 하려고 애쓰고 있었읍니다. 대제사장의 종들이 불을 쬐고 있었는데, 베드로도 그들과 함께 서서 불을 쬐고 있었읍니다. 그는 그들과 함께 있었읍니다. 그리고 그 종들은 악한 상전들의 무례한 종들이었읍니다. 베드로는 나쁜 무리에 들었읍니다. 그 사람은 나쁜 부류에 들 그런 여유가 없었던 사람이었읍니다. 왜냐하면 그는 너무나 충동적이고, 너무 쉽게 격동을 하여 과격한 행동으로 나아가는 사람이었기 때문입니다."

반면에, 제가 베드로가 예수님을 부인한 것을 생각할 때마다, 그리스도께서 베드로에 대해 예언하신 것을 또한 생각하게 됩니다. 그것이 누가복음에 기록되어 있읍니다. 거기를 보면 예수님께서는, "시몬아 시몬아, 사단이 밀 까부르듯 하려고 너희를 청구하였으나 그러나 내가 너를 위하여 네 믿음이 떨어지지 않기를 기도하였노니 너는 돌이킨 후에 네 형제를 굳게하라"(22:31, 32). 이 말씀이 우리에게 가르쳐 주는게 있읍니다. 비록 베드로가 위협당할 때 시편1편의 악인과 같이 겨와 같이 바람에 날린다 할지라도 예수님께서는 베드로를 위해서 기도하셨기 때문에 베드로가 체험을 통해 더 강하게 될 것이라는 점입니다. 곧 베드로 속에 있는 쭉정이는 바람에 불려 날라갈 것입니다. 그러나 새로 태어나게 하는 방식을 통하여 하나님은 베드로를 재창조 하셨는데 그 베드로는 강하게 될 것입니다.

우리도 역시 강해져야 합니다. 만일 우리가 베드로의 실수를 통해서 교훈을 얻을 수 있다면 강해질 것입니다. 여러분은 배울 필요가 없다고 생각하십니까? 만일 그런 경우라면, 모든 사람들 가운데서 바로 여러분이 배울 필요가 있읍니다. 요한은 의심할 여지없이 베드로의 실족과, 유대인과 로마인에게 예수님이 심문받으시는 이야기를 서로 연관시켰는데, 그것을 그리스도를 따르는 자들 마저도 예수님과의 관계에서 잘못을 범할 가능성이 없지 않음을 보여주려고 합니다. 실로 그들은, 가야바처럼 예수님을 미워하지도 않고 빌라도처럼 냉담하지도 않습니다만, 베드로처럼 여러번 주님을 부인합니다.

어째서 그러합니까? 의심할 여지 없이 우리도 세상을 좋아하고 세상의 부류에 드는 것을 재미있어 하기 때문입니다. 매튜 헨리(Matthew Henry)는 한번 이렇게 쓴 적이 있습니다. "악행하는 자들과 함께 서서 불을 쬐는 사람들은, 선한 사람들에 대해서 갈수록 차가와 지며, 좋은 일에 대해서도 그러한 태도를 나타낸다. 마귀의 불 옆에 있기를 좋아하는 사람들은 마귀의 불 속에 들어갈 위험이 있다!"

베드로의 자기 방어

우리 스스로 베드로의 실족의 중요성을 완전히 이해하기 위해서는 제자들 중에 지도자였던 "베드로"만이 예수님을 부인했다는 것을 알 필요가 있습니다. 다른 제자들은 그렇게 하지 않았습니다. 만일 이 사람이 니고데모였다면 놀랄 필요가 없죠. 니고데모는 밤 중에 예수님을 찾아온 사람이었읍니다. 의심할여지 없이 다른 사람들이 자기를 어떻게 생각할까 두려웠던 것입니다. 성경에는 니고데모가 전적으로 예수님을 찾아나섰다는 조짐이 하나도 보이지 않습니다. 만일 이사람이 부자 젊은 관원이었다면 우리는 놀라지 않을 것입니다. 그 사람은 예수님보다도 부를 더 사랑했읍니다. 그러므로 "슬픈 기색을 띠고" 간 것이었읍니다. 많은 사람들이 본심에 우러나서 그리스도를 고백하지 아니하는데, 그들처럼 우리도 멀찍이 그리스도를 관망하는 자들 가운데 들어 그렇게 주님을 부인할 수 있다는 것을 알 수 있읍니다. 또한 그런 사람들중 어느누가 부인한다 할지라도 우리는 전혀 놀라지 않을 것입니다. 그럼에도 이 사람이 니고데모도 아니고, 젊은 부자 청년 관원도 아니고, 그밖에 다른 사람들 가운데 속한 자도 아니었읍니다. 그 사람은 베드로였읍니다.― 담대하고 용기있고 예수님께 "모든 사람은 주를 버릴찌라도 나는 언제든지 버리지 않겠나이다"(마 26:33)라고 말했던 사람이었읍니다.

만일 베드로가 실족했다면 어느 누구도 넘어질 수 있다는 것이 바로 이 사건의 요점입니다 — 가장 연약한 자 뿐만 아니라 가장 강한 자도 넘어질 수 있습니다. 사실 가장 강한 사람이 가장 큰 위험에 처할 수 있읍니다. 그러나 우리는 이 점에 대해서 보편적으로만 말하지 맙시다. 베드로의 경우에 있어서 특별한 국면들에 대해서 말합시다. 베드로를 이해하셔서 어떻게 말할 수 있읍니까? 베드로에 대해서 정상을 참작하여 말할 수 있는 것은, "그는 적어도 예수님을 따르되" 모든 다른 사람들(요한을 제외하고는)이 그를 버렸을 때에도 따랐다는 점입니다. 실로 예수님께서 잡히시는 그 순간 동산에서 그 제자들은 캄캄한 어둠 속으로 다 흩어졌읍니다. 그러나 의심할 여지없이 거의 모두가 계속 감람산으로 도망치다가 베다니의 다른 쪽으로 내려 갔을 것입니다. 거기는 이전에 그들이 밤마다 머물곤 하던 곳이었고, 거기가 안전하다고 생각했을 것입니다. 반면에 베드로는, 도망치던 것을 재빨리 멈추고 이름이 밝혀지지 않은 제자와 함께(15절) 합세하여 예수님을 잡은 무리들을 따라서 예루살렘으로 갔고 대제사장의 집으로 가는 길에 접어들었읍니다. 이것은 겁쟁이의 결심이 아니었읍니다. 바클레이가 말하듯이 말입니다. "베드로에게 있어 엄청난 일은 그가 한 실패는 엄청난 용기를 가진 사람들에게만 일어날 수 있다는 점이다. 실로 베드로는 넘어졌다. 그러나 다른 어느 제자들이 감히 맞서보지 못할 상황에서 넘어진 것이다. 그가 넘어진 것은 겁쟁이라서 넘어진 것이 아니라 용감한 사람이기 때문에 넘어진 것이다."

그에게 있어서 추천할 만한 두번째 특징은, "베드로가 예수님을 사랑했다"는 사실에서 연유됩니다. 그가 예수님을 따른 것도 바로 이 이유 때문에서 였읍니다. 그때에 예루살렘에 있던 예수님을 사랑하던 사람들을 생각할 때에 막달라 마리아를 제일 먼저 생각하게 됩니다. 예수님이 부활한 날 아침에 그녀는 오직 사랑 때문에 무덤 주위에서 배회하다가 무덤에 들어가 주님의 시체를 돌봐주려고 마음 먹었던 사람입니다. 그녀를 생각하는 것이 옳지요. 마리아는 진실로 예수님을 사랑했기 때문입니다. 예수님께 대한 믿음과 소망이 떨어졌을 때에도 예수님을 사랑했읍니다. 그러나 상식적인 생각으로서는 베다니로 도망치는 것이 안전

하다는 생각이 편만했을때 베드로가 예루살렘에 가게된 동기도 그때문
이었읍니다. 어째서 베드로는 예수님을 잡은 무리들을 뒤따랐읍니까?
어째서 대제사장의 집으로 들어가려고 애썼을까요? 예수님을 사랑했기
때문입니다! 그는 예수님이 어떻게 되실까 알고 싶었읍니다. 그래서 예
수님을 그렇게 사랑하지 아니하였다면 들어가지 않았을 상황에 들어가
넘어진 것입니다.

세째, "베드로는 예수님을 방호하려고 애를 썼읍니다." 동산에서 그는
칼을 뽑아서 그 예수님을 잡으러 오는 무리들 틈에 끼어 있던 말고라
하는 사람의 머리를 공격하다 그의 귀를 떨어뜨렸읍니다. 물론 그것은
육체적 행동이었읍니다. 그리스도의 정신과 뜻과는 맞지 아니하는 것이
었읍니다. 사실상 그 일이 그리스도께 책망을 받았읍니다. 그러나 그런
데도 불구하고 그 행동은 강한 행동이었고, 자기 선생에 대한 열정어린
배려에서 나온 것이었읍니다(잘못된 대로 나아가기는 했지만).

끝으로, 베드로의 체험의 내력을 좀 더 거슬러 올라가 살펴 보면, 언
젠가 "예수님을 그리스도요 살아계신 하나님의 아들"로 고백했던 이가
베드로였다는 것을 회상해야 합니다. 그때 다른 제자들은 침묵을 지키
고 있었읍니다(마 16:16; 요 6:68). 이 사람은 그리스도를 따르는 무리
가운데 가장 저급한 등급에 속한 사람들로 부터 뽑아낸 어떤 비참한 종
자가 아니었읍니다. 이 사람은 최고의 사람이었읍니다. 그러나 바로 이
사람이 넘어지되 무섭게 넘어졌을 뿐 아니라, 재빠르게, 그처럼 허약하
게 넘어진 것입니다.

한 하녀가 첫번째 질문을 던졌읍니다. 더구나 그녀는 (헬라 원문에서
명백히 드러나듯이) 소극적인 자세로 말을 시작했는데, 마치 그녀의 말
이 "네가 그 제자들 중에 한사람이 아니냐 그렇지?" 라고 말하듯이 말
입니다. 그것은 공식적인 장소는 아니었읍니다. 매우 격렬한 비난도 아
니었읍니다. 그러나 베드로는 그 순간에 불안과 공포에 압도당하여 "나
는 아니라"(17절) 라고 대답합니다. 이 시점에서 한번 주님을 부인하더
니 이에 다시 여러 사람들을 향해 주님을 부인하는 것이 더 쉬워졌읍니
다(25절). 세번째로 자기가 귀를 벤 사람의 친척에게 예수님을 부인합
니다(26절).

그의 실족의 단계들

어째서 베드로가 넘어졌읍니까? 만일 베드로가 우리가 말하듯이 강한 믿음에도 불구하고 넘어졌다면, 우리도 그런 실수를 피하기 위하여 넘어짐의 단계들을 아는 것은 중요한 문제입니다. 여러 단계가 있었읍니다.

첫째, 베드로는 너무 자신만만하였읍니다. 일찌기 예수님께서는 제자들이 주님을 다 버릴 것이라고 경고하셨읍니다. 그러나 베드로는 사실상 "주여 나는 이 다른 사람들에 대해서는 알지 못합니다. 이 다른 제자들을 둘러보니 나 베드로 같으면 선택하지 않았을 사람들이라고 느껴집니다. 이 사람들이 주님을 부인하는 것은 아주 쉬운 것입니다― 그러나 나 베드로는 아닙니다" 라고 말하는 것 같이 하였읍니다. 예수님께서는 그의 경고를 되풀이 하셨읍니다. 그러나 베드로는 대답하기를 "내가 주와 함께 죽을지언정 주를 부인하지 않겠나이다"(막 14:31). 만일 그러한 자신만만한 태도에 우리가 빠져있다면, 또한 난 강한 사람이고 어떤 분명한 재능들을 갖고 있으니 나는 넘어질 수 없는 사람이라고 생각한다면, 넘어지는 길을 가고 있다는 결론을 내리지 않을 수 없읍니다. 예수님께서는 "나를 떠나서는 너희가 아무것도 할 수 없음이라"(요 15:5)고 말씀하셨읍니다. 여기서 예수님이 말씀하시는 "아무것도"라는 말은 글자 그대로의 뜻입니다! 우리가 그 점을 망각할 때마다 고통에 빠지게 됩니다.

둘째로, 베드로는 "기도하는데 실패했읍니다." 주님께서는 기도하는데 실패하지 않으셨읍니다. 어쩌면 이 말이 이상하게 거꾸로 들릴것입니다. 만일 우리 견해로 기도할 필요가 없는 사람을 뽑아 내려면, 분명히 주님일 것입니다. 만일 우리가 기도해야 할 필요가 있는 사람을 뽑는다면, 그 사람은 베드로일 것입니다. 그런데도 불구하고 베드로는, 주님께서 당신의 하늘 아버지에게 자기의 영혼을 쏟아놓고 계실때, 동산에서 잠을 자고 있었읍니다. 베드로는 깨어 기도하라는 경고를 받았는데도 말입니다. 불행히도 교회에 오는 많은 그리스도인들이 오늘날 적지 않은 경고를 받으면서도 잠들어 있읍니다. 바울은 쉬지 말고 기도하라(살전 5:17)고 말씀하셨읍니다. 그럼에도 기도가 필요없다고 생각하기 때문에 기도하지 않는 경우가 자주 있읍니다.

세째로, 베드로는 "멀찍이 따라 갔읍니다"(눅 22:54). 바로 앞에서 우리는 지적하기를, 베드로는 다른 사람이 재빨리 도망칠때 적어도 예수님을 따랐다고 하였읍니다. 그것은 사실입니다. 그러나 베드로가 따르기는 따랐지만 멀찍이 따랐읍니다. 그것은 아주 칭찬할 만한 일도 아니었읍니다.

그러나 우리가 쉽게 관찰할 수 있듯이 우리 시대에 그런 사람이 많이 있읍니다. 합법적인 입장에서 진실로 예수님을 따르는 사람들이 많습니다. 그러나 그들은 멀찍이 따라갑니다. 왜냐하면 그들은 자기 주위의 세상사람들로부터 너무 '일방적이다', 아니면 "시대에 뒤떨어졌다"는 말을 듣고 싶지 않기 때문입니다. 더구나 멀찍이 따라가야 안전하다고 생각합니다. 사실상 더 큰 위험에 있음에도 말입니다. 예수님께서 어느 사람 보고 나를 따르라 말씀하실때, 예수님 자신의 발자취를 따라오라고 부르시는 것입니다. 그 말은 "내 뒤에 바싹" 따르라는 뜻입니다. 그러나 이 사람들은 뒤에 처져서, 예수님을 가까이 따라가면 따라갈수록 위험이 더 큰 것이라고 생각하고 있읍니다. 사실상 그들이 보기에는 위험이 더 커 보여도 위험이 더 적습니다. 왜냐하면 그리스도께서 승리자이시기 때문입니다. 그는 승리를 보장하셨읍니다. 전투 가운데에서도 참말 안전한 피난처는 예수님 바로 옆입니다.

저희와 함께…… 그와 함께

베드로의 실족의 네번째 단계는 요한이 강조한 단계입니다. 그것은 18절의 어구와 26절의 어구 사이의 대조 속에서 발견됩니다. 18절에서 베드로는 "하속들이 숯불을 피우고 서서 쬐니 베드로도 함께 서서 쬐더라"라고 말합니다. 26절에서는 여러사람들이 그를 비난하기 시작하자 베드로가 귀를 벤 사람의 일가가 "네가 그 사람과 함께 동산에 있던 것을 내가 보지 아니하였느냐?"라고 물었읍니다. 그 사람(예수님)과 함께 있었던 베드로는 지금 그리스도의 원수된 사람들과 함께 대제사장의 뜰에 있읍니다.

우리가 예수님과 함께 사는 것보다 우리가 살고 있는 세상의 문화에 속한 사람들과 더 함께 있는 것이 사실이지 않습니까? 그렇다고 해서 우리가 이 세상 밖으로 나가야 한다는 말은 아닙니다. 또한 어떤 류의 영적인 장소에 들어가서 우리 자신을 분리시키라고 요구하지도 않습니다. 우리는 세상에 있어야 합니다. 그러나 – 이것이 바로 요점입니다 – 우리는 세상에 속한 사람들이어서는 안됩니다. 우리는 문화의 와중에서 그리스도와 함께 있어야지 세상문화의 주인들과 함께 있어서는 안됩니다.

저는 여러분에게 이러한 질문을 던지고 싶습니다. 베드로가 받은 질문입니다. "네가 그 사람과 함께 동산에 있던 것을 내가 보지 아니하였느냐" 저는 그 질문을 힘있게 던지고 싶습니다. 여러분이 예수님과 함께 있었읍니까? 예수님과 함께 교제를 누리고 있었읍니까? 성경공부를 할 때 예수님과 함께 있었읍니까? 기도할 때 예수님과 함께 있었읍니까? 그러리라고 믿습니다만 여러분이 '예'라고 대답한다면, 저는 다음과 같은 방식으로 그 질문의 진실성을 가려내고 싶습니다. 먼저, 여러분이 예수님과 함께 있었다면, 그 예수님과 함께 있는 것이 다른 사람의 눈에 띄었읍니까? 다른 사람이 그러한 여러분의 모습을 보지 못했다고 생각할 수도 있죠. 또 은밀한 신자라고 생각할지도 모릅니다. 또 여러분의 가정이 너무나 비기독교적이라서 여러분의 가정으로 하여금 이러한 일을 알도록 하는 것은 불가능하다고 생각할 수도 있습니다. 그래서 그리스도를 공개적으로 고백하지 않는다고 말입니다. 그러나 만일 여러분이 진실한 그리스도의 사람이라면 그 차이가 여러분 속에 드러납니다. 어찌나 명백히 드러나던지 여러분이 원하든 원치않든 예수님과 함께 있는 것을 다른 사람이 주목하게 될것입니다. 여러분과 함께 있는 가족이 대번에 그것을 주목할 것입니다. 여러분과 함께 일하는 사람들이 또한 그것을 간단하게 보게 될 것입니다. 만일 여러분이 한 훌륭한 교회에서 다른 그리스도인들과 교제를 누리려 한다면(마땅히 그래야 함) 다른 많은 사람들의 눈에도 여러분의 모습이 비쳐지게 될 것입니다.

다음에는 이러한 질문을 던지고 싶습니다. 만일 여러분이 예수님과 함께 있었고, 예수님과 함께 있는 것을 다른 사람이 보았다면, 예수님과 함께 있었기 때문에, 그들은 여러분에게서 어떠한 것을 기대할 것이 사실이 아닙니까? 다시 여러분에게서 그러한 것들을 기대하지 말았으면 하고 바랄 수도 있죠. 어떤 의미에서 구원받지 못하는 사람들이 그리스 도를 고백한 우리에게 너무 많은 것을 요구한다고 지적할 수도 있습니다. 그들은 거의 완전에 가까운 것을 요구합니다. 그러나 우리는 완전치 못합니다. 우리가 완전하다는 개념을 갖고 있다면 실로 우리는 고통을 당하고 있는 것입니다. 그러나 어떤 의미에서 세상은 어떤 것들을 기대 할 권리가 있습니다. 우리 그리스도인 형제들과 자매들이 그러한 것들 을 기대할 만한 자격이 또한 있습니다.

예를 들어서, 우리의 신앙고백과 같은 의미의 어떤 것들을 기대할 것 입니다. 우리가 그리스도의 사람이라고 말하고, 주님이 우리의 주님이라 고 우리가 말합니다. 또 주님의 무리들과 함께 있는 것이 다른 사람들의 눈에 띄었습니다. 그러므로 예수님께서 공언하신 대로 우리도 공언해야 합니다. 우리가 그렇게 하지 않고 그의 가르침을 개인적으로 받아들이 지 않는다면 예수님은 우리의 주님이 아닙니다. 우리가 어떻게 말한다 고 할지라도 말입니다. 만일 우리가 그를 따른다면 그의 교리가 우리의 교리가 되어야 합니다.

또한 만일 우리가 예수님을 따른다면 그가 우선적으로 강조하는 요점 들이 역시 우리가 중요시 여기는 것이 되어야 하고, 예수님께서 귀하게 여기는 것이 또한 우리가 같이 귀히 여기는 것이 되어야 합니다. 이 말 은 세상에서 문화를 마음대로 빌려올 자유가 없다는 뜻입니다. 우리는 세상의 가치를 받아들이고, 세상의 신학을 인정할 자유가 없습니다. 우 리의 신학과 가치는 주님의 것과 같아야 합니다.

다시, 요한복음 17장에서 예수님께서 말씀하신 교회의 표지가 역시 우리를 특징지어야 합니다. 우리는 기쁨으로 충만해야 합니다. 거룩함으 로 특징지어져야 합니다. 그의 진리 안에서 그리스도와 함께 살아야 합 니다. 또한 그가 우리에게 주신 순교의 사명에 가담해야 합니다. 그리스 도인들 사이에 눈에 띌만한 연합이 이루어져야 합니다. 우리가 하는 모 든 일은 사랑의 특징을 나타내는 것이어야 합니다. 만일 우리가 그리스 도와 함께 있었다면(베드로 처럼), 우리가 그리스도의 하시는 일 가운 데서 함께 연합했다면, 세상은 우리로부터 어떤 패턴의 행동들과 성품을 기대할 권리를 갖고 있는 것입니다.

위임과 깨끗케 하는 것

만일 여러분이 그리스도와 함께 있었다면 이 본문 속에서 위임에 대한 요청이 있습니다. 우리 제자 정신 중 많은 부분이 반 밖에 마음이 없읍니다. 우리가 예수님을 따르겠다고 말은 하지만 베드로 처럼 멀찍이 따릅니다. 이것은 예수님께서 우리 앞에 제시하시는 제자정신은 아닙니다.

스펄견은 한번 반 마음을 갖고 있는 한 소녀에게 말할 기회를 가졌읍니다. 그녀는 세상을 살아가면서 동시에 예수님을 따라가려고 애쓰고 있었읍니다. 스펄견이 그녀에게 말했읍니다. "그대가 할 수 있는 일이 세가지 입니다. 한 예증을 통해서 세가지 일을 그대 앞에 제시해 보이겠읍니다. 이 태버내클 교회(스펄견이 목회하던 교회) 밖에 나가면 궤도차가 있을 것입니다. 자, 그 차를 올라타시고 한 발은 차에, 또 한발은 땅에 두어 보십시요. 만일 그대가 그러고도 다쳐 넘어지지 않는다면, 그건 내가 큰 실수를 한 것이지요. 그럼에도 불구하고 많은 사람들이 세상과 관계를 유지하면서 그리스도와 보조를 맞추려고 노력하고 있읍니다. 결코 그렇게 할 수 없읍니다. 오래잖아 무섭게 떨어지는 일이 있을 것입니다. 자, 그대가 할 수 있는 두번째 일은, 진흙창 속에서 세상에 계속 서있어서 차 속으로 들어가지 않는 것입니다. 거기에서 머물러 서 있을 수 있읍니다. 궤도차가 옆으로 지나갑니다. 그것은 아주 곧게 지나갑니다. 세상속에서 살고 싶고 세상에 살고 싶으면, 세상에서 사십시요. 세상이 주는 즐거움을 누리십시요. 그러면 결국 그 세상이 죽는 열매를 따먹을 것입니다. 그러나 그대가 할 수 있는 세번째 일이 있읍니다. 그리스도 차 안으로 곧바로 들어가십시요. 그리고 차가 가는 대로 움직이도록 해 보십시요. 제가 바로 그대에게 추천한 세번째 일이 바로 이 세번째 일입니다. 그리스도 안으로 막바로 들어가십시요. 성령의 권능을 통해서 주 예수께서 그대를 그 서있는 부정한 곳에서 끌어내시고, 거리의 궤도를 따라 안전하게 맡았다가 결국 그 우편 손에 있는 영광의 정거장에 그대를 데려다 줄것입니다." 어떤 사람이 말하듯이 여러분은 이렇게 말할 수도 있습니다. "목사님이 가르치는 것을 분명히 이해하죠. 그리스도께서 요청하시는 제자정신이 바로 그런 것임을 나도 압니다. 그러나 제 경우에 있어서는 때가 너무도 늦었어요. 저는 베드로 같습니다. 온 정신을 다해서 그리스도를 따라야겠다는 것을 압니다. 또 예수님께 더 가까이 있어야 했다는 것도 압니다. 그러나 멀찍이 예수님을 따랐습니다. 저는 예수님을 부인했습니다. 백번도 더 많이 제 믿음을 버리고 타협했습니다. 저는 결코 그리스도의 제자가 될 수 없죠?"

만일 이러한 노선으로 내내 생각한다면 여러분의 때가 늦지 않았음을 확증시켜 드리겠습니다. 하나님과 함께 하면 때가 늦을 법이 없습니다. 죄는 여러 결과들을 불러오고, 어떤 죄는 너무 엄청난 결과를 불러와서 우리가 살 동안 평생 그 결과가 삶에 영향을 미치는 경우도 있음은 사실입니다. 그러나 제자의 길을 따르는 문제에 있어서 하나님은 언제나 지금 여러분이 있는 그곳에서부터 시작하십니다. 예수님을 한번 부인할 수도 있습니다. 백번 부인할 수도 있습니다. 그러나 그것은 차이가 없습니다. 예수님께서는 지금 제자정신을 가지라는 요청과 함께 여러분에게 오십니다. "지금 나를 따르라"라고 말씀하십니다. 그리고 하나님은 여러분 앞에서 길을 주십니다. 베드로의 경우에서 이에 대한 예증을 발견합니다. 요한복음 18장에 나타난 베드로는 예수님의 원수들과 함께 불을 쬐고 있습니다. 그는 추웠고 고독했고 혼자 떨어졌습니다. 그는 할수 있는 한 그의 상전을 죽이기로 결심한 사람들로부터 그러한 따스함을 얻었습니다. 얼마나 서글픈 모습입니까? 그러나 조금 뒤 21장에 보면 또 다른 베드로의 모습과, 불이 보입니다. 그것은 주님이 지펴놓으신 것인데 주님께서는 제자들을 위해서 그 불을 지펴 놓으셨습니다. 18장에서 베드로가 부인했던 그 주님께서 21장에서는 그에게 섬김의 사명을 다시 맡기기 위해서 나타나십니다.

저는 이 개념을 한단계 더 확장시켜 볼까요? 불은 우리로 하여금 이사야서 6장에 묘사된 불을 상기시킵니다. 이사야가 영광중에 계신 여호와를 뵌 다음에 나타났던 불 말입니다. 그는 거룩하신 그리스도를 보았습니다. 그는 그 자신의 죄에 깊은 상심을 하였습니다. "나는 입술이 부정한 사람이다. 입술이 부정한 백성중에 거하면서"(5절)라고 말했습니다. 그러나 어떤 일이 일어났습니까? 하나님께서 천사를 보내어 그 제단에서 숯불을 가져다 죄를 씻게 하셨습니다. 그런 후에 이사야는 "내가 누구를 보내며 누가 우리를 위해 갈꼬?"라는 질문을 들었습니다— 자기 죄를 의식했던 사람인 이사야가 "내가 여기 있나이다. 나를 보내소서" (8절)라고 말했습니다. 베드로는 그 질문을 듣고 똑같은 방식으로 반응을 나타냈습니다. 예수님께서 부활하신 후 그에게 오셔서 "요한의 아들 시몬아 네가 이 사람들 보다 나를 더 사랑하느냐?"라고 물으셨습니다. 그때 베드로는 "예 그러하외다. 내가 주를 사랑하는 줄 주께서 아시나이다"(요 21:15)라고 대답했습니다. 주님께서는 "내 어린 양을 먹이라"라고 말씀하셨습니다.

지금까지 신실하게 주 예수 그리스도를 섬긴 모든 사람들의 경우가 그러하였습니다. 그렇게 섬긴 사람들은 그리스도를 한번도 부인한 적이 없던 그런 사람들이 아니었습니다. 하나님을 섬기는데 진실로 사용되고 다른 사람들에게 복을 끼치는 자였고, 영생의 복음을 들을 필요가 있는 사람들에게 전해 주고, 어려움 중에서도 계속 믿음을 지켰던 사람들은 그런 사람들이 아니었습니다. 그들도 주님을 부인했습니다! 여러번, 여러 방면에서 주님을 부인했습니다. 그러나 그들은 주님을 부인하는 그런 자리에서 마저 주 예수 그리스도의 은혜를 얻었고, 그들의 죄에서 건짐을 받았습니다. 그런 다음에 자기 자신들의 연약을 의식하고, 그리스도의 능력에 대해서는 더 크게 알고 그를 위해서 계속 살아갔습니다.

10

로마인의 심문

"저희가 예수를 가야바에게서 관정으로 끌고 가니 새벽이라
저희는 더럽힘을 받지 아니하고 유월절 잔치를 먹고자 하여
관정에 들어가지 아니하더라 그러므로 빌라도가 밖으로 저희
에게 나가서 말하되 너희가 무슨 일로 이 사람을 고소하느냐
대답하여 가로되 이 사람이 행악자가 아니었더면 우리가 당신
에게 넘기지 아니하였겠나이다 빌라도가 가로되 너희가 저를
데려다가 너희 법대로 재판하라 유대인들이 가로되 우리에게
사람을 죽이는 권이 없나이다 하니 이는 예수께서 자기가 어떠
한 죽음으로 죽을 것을 가리켜 하신 말씀을 응하게 하려 함이
러라"(요 18:28-32)

나사렛 예수를 십자가에 못박게 했던 그 심문은 사실상 유대인의 심
문과 로마인의 심문이라는 두 구분되는 심문으로 이루어졌습니다.
그 두 심문은 재판 관할권과, 고소권과, 재판장에 있어서 구분되는 것이
었읍니다. 다만 서로 공통적인 요소라는 것은 송사를 한 사람들과 , 송
사를 받은 피고가 같다는 점입니다. 이처럼 두 심문이 있었던 이유는,
유대인의 법정이 제1세기 경에는 사형판결을 내릴 권한을 상실하고 있
었기 때문이었읍니다. 그리스도를 처형시키려고 결심한 이스라엘 지도
자들은, 자기들이 결심한 바 대로 로마 사람이 선고를 내려주도록 하기

위해서 조처를 강구해야만 했읍니다.

이것은 독특하고 이상야릇한 상황을 만들었읍니다. 왜냐하면 한 사람이 한 소송사건에서 하나님의 계시된 율법을 적용시키려고 애를 쓰는 하늘의 법정에 의해서 심문을 받고, 그 다음에 보편적으로 우리가 알고 있는 법의 형태 중에서 가장 발전된 형태로 알려진 것을 적용시키려고 촉구하는 사람의 법정에서 심문을 받는다는 뜻이기 때문입니다.

유대의 법은 이제까지 고안된 법칙 가운데서 가장 인정어린 체계였을 것입니다. 인간 생명에 대한 유대인의 존중심이 어찌나 대단했던지 히브리 법정의 사법권을 통해서 한사람을 처형하는 것이 실제로 불가능하게 되었던 것입니다. 로마법은 그 법의 통제를 받는 범주의 포괄성이나, 공식적 규례의 조직화나, 법정진행 절차의 섬세함이나, 형량을 확증짓는 방면에서 탁월하였읍니다. 고대 세계 중에서 유대는 종교를, 헬라는 문자를, 로마는 법을 주었다는 이야기가 있읍니다. 로마의 법은 서구법의 사법적 체계의 기초로 서구세계까지 영향을 미쳤읍니다. 게르만 사람들은 로마의 군대에게 패퇴당한적이 없었는데, 사실상 그 쇠망하는 로마제국을 멸망시킨 사람들이었읍니다. 그런데도 불구하고 그들이 로마법과 로마칙령들을 받아들였음에는 의심할 여지가 없읍니다. 오늘날에도 유스티니안(Justinian)의 "로마법전"(Corpus Juris Civilis)이 세계의 큰 대학들에서 주의깊게 연구되고 있읍니다.

월터 챈들러는 그 문제의 요점을 이렇게 요약하고 있읍니다. "예수님께서는 어느날 어느 도시에서 세계의 주도적인 법정 앞에서 심문을 받으셨다. 산헤드린 공회앞에서 심리를 받았는데 그것은 하나님께 사명을 받은 족속의 최고 재판소였다. 로마제국의 법정앞에서 심리를 받으셨는데 그 제국은 전 세계를 통해 사람들의 법적 정치적권리들을 결정했었다. 그 나사렛 사람은 하나님을 참람하게 모독했다는 죄목으로 고소를 당했고, 이 법정들이 대표하는 군주들을 거스려 반역했다는 죄목으로 그 법정앞에 선 것이다. 하나님을 참람하게 모독했다는 그 죄목은, 시내산 정상의 번쩍이는 광채속에서 그 율법을 인류에게 반포하신 여호와를 모독했다는 것이고, 가이사에게 반역했다는 것은 권좌에 앉아서 로마의 화려와 광채 속에서 세계를 향하여 자기 뜻을 발표하던 가이사를 반역했다는 말이다. 역사는 하늘과 땅의 법정앞에서 진행된 그 심리건에 붙여진 사건을 기록하지 않는다. 다시 말하면 하나님의 법정과 사람의 법정 앞에 선 것이고 이스라엘 법과 로마의 법아래 선 것이고 가야바와 빌라도 앞에 선 것인데, 그 사람들은 이 법정을대표하고 이 법을 운영하는 자들이었다."

우리가 면밀한 사법절차를 가진 본질을 감안하면 빌라도 앞에서 심문을 받는 것은 유대의 산헤드린 앞에서 심문을 받는 것 보다 훨씬 더 이해하기가 쉬울 것이라고 생각할 수 있습니다. 그러나 그렇지 않습니다. 오히려 히브리의 재판절차는 이해하지 못하는 요소들을 갖고 있기는 하지만(예를 들어서 주님께서 당신의 백성의 지도자들에게 어떻게 배척을 당할 수 있는가 물을 수 있습니다. 사실 그 사람들이 구약의 예언을 기초로 해서 예수님이 누구인가를 알아보아야 했습니다), 그들이 배척한 것은 그래도 이해할 만 합니다. 예수님께서 배척을 당하신 것은 미움을 받으셨기 때문이며, 그가 미움을 받으신 것은 지도자들의 죄를 밝히셨기 때문입니다. 이 둘 중 그 어느 것도 빌라도 앞에서 재판받는 것의 의무를 밝혀내지 못합니다. 빌라도는 예수님을 미워하지 않았습니다. 만일 그 밖에 다른 어떤 것이 있었다면 그는 예수님을 존경했던것 같습니다. 심지어 예수님을 방면하려했고, 세번에 걸쳐서 예수님의 무죄를 선언했읍니다. 그럼에도 불구하고 끝내 예수님을 십자가에 못 박도록 내어주었읍니다.

프랭크 모리슨(Frank Morison)이 바르게 말했읍니다. "우리는 그리스도를 로마의 법정에 모시고 나갈 때 그리스도의 신비를 제거하지 못한다. 오히려 열배나 그 신비가 짙어진다."

로마 총독

아마 로마인에게 심문을 받는 경우에 있어서 가장 큰 신비는, 우리가 빌라도의 성품에 대해서 아는 것과(세속적인 자료들에서 드러난바), 예수님을 심문할때 그가 취한 행동(복음서의 진술이 밝혀낸바) 사이의 현적한 대조입니다.

빌라도는 귀족 가문의 출신이 아니었읍니다. 사실상 결혼을 통한 유력한 관계를 얻지 못했으면 유대 총독이라는 상대적으로 무의미한 지위 마저도 갖지 못했을 사람입니다. 그 사람은 세빌리의 족속으로서 스페인 출신의 사람입니다. 그는 라인강변의 전쟁에서 게르마니쿠스(Germanicus) 군대에 들어갔읍니다. 평화가 이룩된 뒤에 그는 행운을 잡기 위해서 로마로 갔읍니다. 거기서 그는 아구스도 황제의 딸 쥴리아의 가장 어린 딸 글라디오를 만나 결혼했읍니다. 빌라도의 장래를 내다볼때 이것은 지혜로운 처사였읍니다. 글라디오는 로마 정부의 가장 높은 고관들과 연관되어 있었읍니다. 그러나 그 관계가 도덕적으로 불륜했읍니다. 왜냐하면 빌라도의 장모가 된 그 쥴리아라는 여자는 어찌나 더럽고 이상한 습관을 가진 여자였던지 쇠퇴기에 접어든 로마에서 악명이 높았읍니다. 그 아버지 아구스도는 그녀를 보지 않으려 했고 끝내는 그녀를 추방해 버렸읍니다. 기록된 바에 의하면, 후에 어떤 사람이 그 딸의 이름을 아구스도에게 거명할 때마다 "내가 아내가 없었거나, 아니면 자식이 없이 그녀가 죽었더라면 좋았을 것을!"라고 소리쳤다는 것입니다. 빌라도가 달리 귀족 가문의 사람이었더라면 그러한 가문으로 혼인을 하지는 않았을 것입니다.

그럼에도 불구하고 빌라도는 이 새로운 관계를 통해서 청원을 하게 되었고, 로마의 총독 자리를 하사받게 되었읍니다. 그때가 주후 26년 이었읍니다. 그는 로마의 제 6대 총독이었읍니다. 그의 선임자들은 사비누스, 카포니우스, 암비부스, 루프스, 그라투스 였읍니다.

이 선임 통치자들은 유대인의 종교적인 편견을 감안하여 대단한 배려를 하였고, 백성들을 지혜롭게 다스렸읍니다. 특히 그들은 유대 사람들에게 자극을 준, 이른바 황제의 표상이었던 어떤 기장들이나 깃발이나 표상들을 내다거는 일을 주의깊게 피했읍니다. 수리아의 지방 총독이었던 피텔리우스나, 아라비아 왕 아레타스를 쳐들어 가기 위해서 진군하고 있을 때, 그 부대의 표상을 가지고 유대 지경을 통과하기 보다는 둘러서 가라고, 부대에 명령을 내리기도 했읍니다. 그러나 빌라도는 어리석게 고집을 부리며 이전 총독들이 세워 놓았던 정책들을 파괴하면서 이런저런 문제에 대해서 충돌을 야기시켰읍니다.

세 사건들은 유명합니다. 첫번째 사건은, 빌라도가 유대에 도착했을 때, 그는 밤중에 군대를 예루살렘에 보내면서 디베리우스 황제의 모습이 새겨진 구리 표상을 갖고 가게 했읍니다. 그가 밤중에 그런 일을 했다는 것은 어려움이 있을지도 모른다는 생각에서 였읍니다. 그러나 그가 그러한 일을 했다는 것은 그가 다스리게 될 사람들의 감정에 대해서 무감각했다는 것을 드러내는 것입니다. 또한 그 뒤에 그 일로 인해서 일어났던 일련의 사태들도 그가 지혜로운 사람이 아니라는 것을 입증했읍니다. 예루살렘의 많은 유대 사람들은 자기들의 도성이 그렇게 해서 더럽혀진 것을 알고 떼를 지어서 빌라도가 머물고 있는 가이사랴에 내려가서 그 표상들을 제거해 줄 것을 요청했읍니다. 빌라도가 거절하였고, 5일 동안 교착상태가 계속 되었읍니다. 결국 총독은 분을 더 내게 되었고, 사람들을 스타디움으로 불러 모아서, 그들 주위에 군인들을 배치해 놓고, 만일 그들이 즉각적으로 조용히 해산하지 않으면 죽이겠다고 위협했읍니다. 빌라도의 발끈하는 모습을 본 그들은 땅바닥에 엎드려 목을 내밀면서, 자기들의 거룩한 도성이 더럽혀지는 것을 보는 것보다 차라리 죽겠다고 나섰읍니다. 빌라도가 무서운 살륙을 자행하지 않고는 자기의 방식이 먹혀들 수 없음을 알았을 때, 마지못해 물러서 그 표상을 내리게 했읍니다.

빌라도의 행동은 전형적인 로마 행정관의 행동이 아니었읍니다. 사실상 우리가 요세푸스에게 감사하는 데, 그의 책에 보면 전적으로 다른 결과를 가져온 거의 그와 평행되는 이야기가 있읍니다. 그것은 페트로니우스라는 로마 장교에 관한 것이었읍니다. 페트로니우스는 빌라도 보다 더 강하게 자기 뜻을 강행하는데 더 지독했읍니다. 그는 황제가 명을 내려 유대 성전에 황제의 흉상을 가져다 놓으라고 지시했읍니다. 그러나 페트로니우스는 문제를 직감하고, 여러번의 협상을 시도했고, 그 시도가 실패하였을 때, 그 칙령을 강행할 수 없다는 자기의 입장과, 그 입장에 대한 여러가지 이유들을 용감하게 가이도에게 상소했읍니다. 페트로니우스는 로마의 용기를 상징할 만한 인물이었고, 최선의 외교관이었읍니다. 빌라도의 행실은 그 정반대의 성격들을 드러냅니다.

두번째 사건은 빌라도의 성품 속에 들어있는 동일한 흠을 드러내주고 있읍니다. 그는 솔로몬 연못으로부터 예루살렘으로 물을 끌어들이기 위해서 상수도를 건설하려고 작정했읍니다. 그 자체로 보면 바람직하였고, 그 성의 시민들도 좋아했을 것입니다. 그러나 그 일에 필요한 기금을 모으기 위해서 성소의 "고르반"(Corban)을 강탈하는 어리석은 행동을 해서 예루살렘 도성의 시민들을 놀라게 했고 격동시켰읍니다. 유대인들은 이 돈이야 말로 하나님의 일에만 쓰여지기 위해서 하나님께 구별된 것이라고 생각하고 있었읍니다. 그것을 약탈하는 것은 하나님을 모독하는 처사로 여겼읍니다. 그럼에도 불구하고 빌라도가 앞장섰읍니다. 뒤에, 백성들이 성전의 돈을 다시 돌려달라고 간청하기 위해서 시민들을 보내려 한다는 것을 알고는, 평민들로 가장한 군대를 그 군중속으로 보냈읍니다. 미리 짜여진 암호로 감추어 간 곤봉과 단도를 가지고 그 시위자들을 공격했읍니다. 이 사건 속에서 빌라도는 자기의 방식대로 했읍니다. 그러나 그것이 로마 통치에 대해서 사람들이 더 깊게 혐오감을 갖도록 만들어 버렸읍니다.

요세푸스나 필로(Philo)는 역시 세번째 사건에 대해서 말하는데, 빌라도는 그 전의 경험에도 불구하고 헤롯궁전에 디베리우스 황제에게 바치는 봉헌방패를 고집하여 놓았던 것입니다. 다시 유대인들이 반대했읍니다. 빌라도는 그 방패를 옮기길 거절했읍니다. 이 때에 그 나라의 지도자적인 인물들이 서명한 간청서가 황제에게 보내졌는데, 거기에 서명한 사람들의 이름 속에는 헤롯의 네 아들도 끼어 있었읍니다. 그 반감을 사게 하는 물건을 옮겨 달라는 간청이었읍니다. 의미있게도 디베리우스는 그 요청을 받아들였고, 그 방패를 헤롯의 궁전에서 옮겨, 대신 가이사랴의 아우구스도 전에 걸어놓게 했읍니다.

이러한 실례들 뿐 아니라 누가가 기록한 사건을 봅니다. 그 사건 속에서 어떤 갈릴리 사람들의 피를 저희의 제물에 섞은 일이 있었다는 것입니다(눅 13:1). 우린 이 사건에 대해서 아는 것이 없읍니다. 그러나 그 사건을 언급한 것을 추적해보건대, 이 사람들이 예배를 드리는 순간에 빌라도가 습격을 한 것이 아닌가 하는 생각이 듭니다. 그렇다면 그것이 야말로 유대인에 대한 잔인하고 분별없는 처사를 보이는 또 다른 실례가 되겠지요.

이러한 사건들과 이러한 사건들을 쓰는 각 저자들을 통해서 기이하게도 일관성있는 윤곽을 얻게 됩니다. 그 그림은 분명히 좋은 통치에 부합한 지각이나 성품의 힘이 전혀 없는 사람의 모습을 그려주고 있습니다. 그는 고집이 세었고, 거만하였고, 부패하였고, 과격하였고, 잔인하였습니다.

복음서에 나타난 그림

그럼에도 불구하고 우린 이 시점에서 신비로운 요소를 발견하게 됩니다. 우리가 복음서에 기록된 기사들에 눈을 돌리자마자 우리는 잔인하고 몰지각한 사람의 초상화가 아니라, 나사렛 예수를 방면하고자 하는 뚜렷한 바램을 가진 사람, 공의를 위하는 일에 지각이 있어 보이는 사람의 초상을 발견하니 말입니다. 복음서 기자들이 빌라도의 성품을 돋보이게 하려고 노력했을 리 없습니다. 그 사람은 사실상 주님을 십자가에 못박도록 한 사람이었습니다. 그러므로 복음서 기자들이 그 사람의 행동에 대해서 쓴 것이 그릇되지 않다고 단정할 수 있습니다. 그러나 다른 것에서 빌라도에 대해 아는 것과 일치해 보이지 않습니다. 진정한 빌라도의 모습은 과격하고, 참을성이 없고, 굽히지 않는 그런 것이었습니다. 이 빌라도는 예수님을 방면하기 위해서 자기가 아는 모든 책략과 절충안을 시도합니다.

첫째, 그가 그 소송사건을 다시 처음부터 시작하자 유대 지도자들은 정말 아연실색할 수 밖에 없었습니다. 바로 요한이 그 심문을 묘사하기 시작하면서 쓴 처음 몇 구절의 본질적인 요점이 바로 그것입니다. 유대 지도자들은 빌라도와 미리 짜서 아침에 황급하게 그 선고를 확정짓도록 해야만 했습니다. 밤이 되기 전에 그 선고를 받아 낼 열심으로 말입니다. 그러나 빌라도는 그들이 생각한 것 만큼 그렇게 빨리 일을 처리하지 않고 공식적인 질문을 시작했습니다. 앞선 8시간 내지 9시간 동안에 어떤 일이 있었습니까? 어째서 그가 그의 마음을 바꿨습니까?

심문이 진행됨에 따라서 빌라도의 관심이 다른 방면에 있음이 드러나는 것을 발견하게 될 것입니다. 세번이나 그는 그리스도는 무죄하다고 선언합니다(요 18:38; 19:4, 6). 다시 지도자들이 그의 선고를 반대하여 완강한 자세를 보이자 일련의 속임수를 쓰기 시작합니다. 그는 헤롯이 그 문제를 자기 손으로 해결할 것을 기대 하면서 그리스도를 헤롯에게 보냅니다(눅 23:6-12). 또는 예수와 바라바 둘 중 하나를 선택하라고 제안하면서 예수께서 방면되기를 은근히 바랐읍니다(마 27:15-26; 막 15:6-15; 요 18:39, 40). 결국 그는 예수를 채찍질 하도록 명합니다. 피를 흘리고 상한 그 피고를 보게 되면 그를 송사하던 사람들이 불쌍히 여기는 마음을 갖게 되리라 생각했던 것입니다(요 19:1-5).

모든 사람들 뒤에

빌라도의 성격 속에서 이처럼 부자연스러운 변화가 일어난 것은 무엇 때문입니까? 어째서 그는 주님을 방면하려고 애를 쏩니까? 세가지 방면에서 설명할 수 있을 것입니다. 첫번째 안(案)은 분명히 옳지 않습니다 (우리가 그렇게 생각해야 할지라도). 두번째 경우에는 어느정도 일리가 있읍니다(몇사람만이 그러하지만), 세번째 경우의 설명이 진실로 합당해 보입니다.

첫번째 설명은, 빌라도를 세속 역사가들이 평가하는 것 보다 더 고상한 인물로 설명해 보자는 것입니다. 물론 이러한 가능성도 있읍니다. 그러나 그것은 분명히 옳지 않습니다. 왜냐하면 로마의 총독을 선한 빛깔로 보려는 최선의 동기를 가지고 있는 사람들은 성경기자들이라기 보다는 세속 역사가들이기 때문입니다. 그들은 그 사람을 비방할 하등의 이유를 갖고 있지 않습니다. 그래서 우리가 믿어야 할 것은, 빌라도는 복음서 기자들이 묘사하는 대로의 사람이라는 점입니다. 그것을 돌려서 말한다면 성경기자들은 그를 선한 빛깔로 보려는 하등 이유를 갖고 있지 않다는 것입니다. 만일 그들이 그랬다면, 그것은 그 사람이 그들이 묘사한 바로 그대로 행동했기 때문임에 틀림없읍니다(이유야 어찌되었든 적어도 그때만은 그가 그렇게 행동했음).

두번째 방식의 설명은 어느 정도의 일리를 포함하고 있읍니다. 예수라는 사람을 보고 빌라도가 깊은 인상을 받았을 것이라는 식으로 말입니다. 우리는 여기에 일리가 있다고 상상할 수 있읍니다. 그리스도의 면전에서 그 위압적인 존영에 대해서 우리가 믿는 것 때문에 그러합니다. 그러나 이것이 빌라도에게 진정한 동기가 되었다고 암시해 주는 진술이

거의 없음을 인정해야 합니다. 빌라도가 그런 인상을 마음 깊이 받았을
지도 모른다는 생각이 듭니다. 그러나 그가 그것을 말로 옮겼다면 그는
아마 그리스도를 "해를 끼치지 않는 종교적 환각자"로 기각시켜 버렸음
에 틀림없읍니다. 그보다 좀 더 나았을지 모릅니다. 분명히 이것은 그리
스도를 방면하려는 주도적인 이유는 결코 되지 못했읍니다.

    제가 생각하기로 가장 진실성이 있어 보이는 세번째 방식을 프랭크
모리슨이 이미 앞에서 언급한 그 저작속에서 상세하고 윤곽적으로 설명
해 주는 방식입니다. 이 진술에 따르면, 그 심문하는 날 아침 빌라도는
자기 아내 글라디오로 부터 심각한 경고를 받았다는 것을 잘 지적해 줍
니다. 그녀는 이 특별한 주간(週間)에 그와 함께그 도성에 있었는데, 예
수에 대해서 아무 상관도 말아야 된다고 하면서 예수에 대해서 꾼 꿈이
야기로 그 이유를 대신하고 있읍니다. 마태는 그것을 이렇게 보도하고
있읍니다. "총독이 재판자리에 앉았을 때에 그 아내가 사람을 보내어 가
로되 저 옳은 사람에게 아무 상관도 하지 마옵소서 오늘 꿈에 내가 그
사람을 인하여 애를 많이 썼나이다"(마 27:19). 이십세기에 살고 있는
사람들은 이것이 거의 논리에 맞지 않는 이야기처럼 들릴 수도 있읍니
다. 그러나 로마의 사람들은 미신적이었읍니다. 꿈에 관심이 있었고 신
(神)들이나 어떤 좋은 운명에 대해 미리 점치기 전에는 큰 사업을 시작
하는 일이 거의 없었읍니다. 그러므로 빌라도에게 있어서 그의 아내의
경고는 매우 심각한 것이었읍니다. 그래서 그는 어떻게 해서든지 예수
를 죽는데 내어 주도록 앞서 찬동하는 일은 하지 않아야겠다고 결심하
기 십상이었읍니다.

    더구나, 모리슨이 지적하듯이, 이 로마인에게 예수님이 재판받는 사건
들 속에서일반적으로 간과되는 이 요인이 다른 요소들을 의미있게 만든
것입니다. 모리슨은 이렇게 추측하고 있읍니다.

    1. 빌라도와 글라디오가 예수님을 체포하던 그 밤에 함께 지냈을 것
이다.

    2. 글라디오는 가야바의 방문을 알았을 것이고(또는 그가 누구였든지
유대인 사자를 보냈을 것임), 그 사람이 온 목적이 무엇인가를 알았을
것이다. 그녀가 그 자리에 있었든지 아니면 사람이 가고 나서 빌라도에

게 물었던지 해서 말이다.

3. 그가 어느정도 이해하고 있었고, 불길한 예감을 주는 예수의 꿈을 꾼 것이다.

4. 그 아침에 일어나보니 빌라도가 이미 일어나서 그 궁정을 떠났다는 것을 알게 되었고, 그래서 그녀는 대번에 자기 남편이 행하는 일이 무엇임을 알고 서두를 필요가 있었음을 깨닫게 된다.

5. 그녀는 재빨리 메세지를 써서 보냈는데, 마태가 복음서에서 그것을 기록한 그 내용이다. "그 의로운 사람"을 정죄해서는 안된다는 내용이었다.

모리슨은 이렇게 결론 짓습니다. "빌라도 속에 있는 이른바 법을 집행하는 로마인의 재판에 대한 근성을 경직시켜 버린 사람이 바로 그녀였다. 그 빌라도가 시험을 받고있는 순간에 개인적인 배려에서 유대인 도당들의 편견을 놀려주고, 그들이 예수를 재평가하게 일임하고자 하는 생각을 갖게 된 것이다. 그 법관으로 하여금 몇시간 동안 인내심 많은 행정관의 모습을 취하며 진실을 캐려고 마지막 방법까지 동원하는 모습을 띠게 하여, 광채나는 국면이 파생되게 한 이는 바로 그녀였다.…… 그러한 자극이 계속되는 동안에 이 어렵고 복잡한 소송건을 다루는 그의 모습은 가히 완벽했다. 어느 누구인들 그 먼 옛날 그 어느 법정에서 이보다 더 나은 청문의 기회를 요구할 수 있었으냐. 예수가 무죄라고 분명히 믿었던 사람의 제재하는 영향력이 분명히 거기에 작용했던 것이다. 그러나 그 자극받은 정신이 유대인들의 반대가 더 기승을 부림에 따라서 사그러 들게 되고, 바로 그 때 가이사가 이 일에 끼어들면 어떻게 하나 하는 위협이 마음속에 영구한 영향력으로 남게 되었다. 그는 처음부터 의도한 대로 그 죄수를 그들의 손에 넘김으로 끝을 내었던 것이다."

삶의 위기들

우리는 그와 함께 그 로마인의 심문의 두번째 큰 비밀을 알아보아야 합니다. 첫번째 비밀은 빌라도가 그리스도를 방면하려는 분명한 소원을 가진 인물로 행동했다는 점입니다. 우리는 그것을 분석하고 그 이유를 연구했읍니다. 심문의 두번째 신비는 이러한 큰 수완과 자기 뜻을 능히 이룰 수 있는 힘이 있음에도 불구하고 빌라도가 그리스도를 처형하도록 승낙했다는 점입니다.

여기에서 우리가 얻는 한가지 교훈은 주 예수 그리스도에 관한한 중립의 위치에 서는 것은 불가능하다는 것입니다. 빌라도는 분명히 그리스도를 방면하고 싶었읍니다. 그러나 빌라도는 그리스도를 믿지 않았읍니다. 그는 그리스도를 따르는 자가 아니었읍니다. 그러나 다만 그리스도를 정죄하는 일만은 하고 싶지 않았읍니다. 물론 그 생각은 비참하게 실패했읍니다. 그는 중립을 지킬 수 없었읍니다. 우리도 마찬가지 입니다. 우리가 주 예수 그리스도를 위하는 자이든지 아니면 그리스도를 반대하는 자이든지 둘 중 하나입니다. 우리가 그의 편이든지, 아니면 그를 대적하는 자든지 둘 중 하나인 것입니다. 우리가 그의 편이면, 그는 우리를 강하게 할 것이고, 큰 시련 중에서 마저도 당신을 위하여 살도록 우리를 능하게 하실 것입니다. 만일 우리가 그를 거스리는 편에 있으면, 우리 스스로를 아무리 고상하고 인간적이고 이해심 깊은 사람으로 생각한다 할지라도 그것은 전혀 문제가 되지 않습니다.

두번째 교훈은 인생의 위기를 위해 잘 준비할 필요성에 대한 것입니다. 빌라도가 그날 아침 일어났을때 그는 틀림없이 자기 생애에 가장 큰 결심을 해야 하는 때에 직면했다는 것을 생각조차 못했을 것입니다. 다만, 그날 아침에 일어나면 기본적으로 그리 큰 문제가 되지 않는 늘상 있는 정죄건에 승낙하면 된다는 식이었을 것입니다. 그러나 갑자기 그에게 위기가 닥쳐왔읍니다. 예수님이 계셨고, 예수님은 무죄가 아니면 범죄자로 낙인찍혀야 할 판이었읍니다. 빌라도가 어찌 해야 되겠읍니까? 그가 어떻게 행동했을까요? 우리는 그 결과를 알고 있읍니다. 그는 넘어졌읍니다. 그러므로 우리 자신 뿐만 아니라, 그의 경험을 기초로 해서 결론을 내릴 수 있읍니다. 고상함에 대한 의식(빌라도는 틀림없이 바로 이 소송건에 있어서 자신이 참되다고 생각했을 것임), 또는 통찰력(통찰력은 언제나 재판관들에게 기대되는 것임), 또는 친구들의 경고(자기 아내로 부터 보내온 긴급한 전갈의 경우에서와 같이)ㅡ 그 어느 것도 우리로 하여금 위기의 상황에 바른 일을 하도록 우리를 인도하는데 충분하지 못합니다.

그러면 어떻게 해야 합니까? 충분한 오직 유일한 일은, 우리 속에 있
는 예수 그리스도의 생명이요, 그리스도와의 친밀한 관계입니다. 그 그
리스도는 친밀한 관계 속에서 우리에게 말씀하시고, 우리를 인도하셔서
우리의 천성적인 성향에도 불구하고 우리로 바른 일을 하게 하실 수 있
으십니다.

11

빌라도 앞에 선 예수

"이에 빌라도가 다시 관정에 들어가 예수를 불러 가로되 네가
유대인의 왕이냐 예수께서 대답하시되 이는 네가 스스로 하는
말이뇨 다른 사람들이 나를 대하여 네게 한 말이뇨 빌라도가
대답하되 네가 유대인이냐 네 나라 사람들과 대제사장들이 너
를 내게 넘겼으니 네가 무엇을 하였느냐 예수께서 대답하시되
내 나라는 이 세상에 속한 것이 아니라 만일 내 나라가 이 세
상에 속한 것이었더면 내 종들이 싸워 나로 유대인들에게 넘기
우지 않게 하였으리라 이제 내 나라는 여기에 속한 것이 아니
니라 빌라도가 가로되 그러면 네가 왕이 아니냐 예수께서 대답
하시되 네 말과 같이 내가 왕이니라 내가 이를 위하여 났으며
이를 위하여 세상에 왔나니 곧 진리에 대하여 증거하려 함이로
라 무릇 진리에 속한 자는 내 소리를 듣느니라 하신대 빌라도
가 가로되 진리가 무엇이냐 하더라" (요 18:33-38)

앞강론에서는 예수님을 심문하는 그 로마인의 심문이 내포하는 풀리
지 않는 수수께끼같은 국면을 다루었습니다. 세속적인 연구 자료에
서 빌라도의 성품에 대해서 아는 것과 – 그 연구 자료를 통해서 그가
몰지각하고 거만하고 성급한 사람임을 안다─네 복음서들이 지시한 바
대로 실지로 그 심문을 이끌어 나간 방식과의 대조점입니다. 두번째 이
상한 국면은, 빌라도가 그리스도를 무죄라고 선고했음에도 불구하고 그

리스도를 십자가에 못 박히도록 정죄했다는 점입니다. 이 요소들은 그 로마인의 심문을 연구하는 것을 매우 어렵게 만들며, 정말 밑을 찾을 수 없을 정도의 신비의 차원들을 암시해 줍니다.

그런데 그 로마인의 심문의 국면속에는 하나도 신비롭지 않은 국면이 하나있읍니다. 그것은 상황이 요구하는 바에 따라서 모든 외면적 형식들을 아주 주의깊게 치루어나가려고 하면서도, 동시에 그 형식이 뜻하는 매우 실질적인 내용은 부인하는 인간 성향입니다. 그리스도가 심문을 받는 이 두번째 국면에서 그것을 보여주는 두 실례가 있읍니다. 그 하나는, 유대 통치자들의 경우입니다. "저희는 더럽힘을 받지 아니하고 유월절 잔치를 먹고자 하여 관정에 들어가지 아니하더라"(요 18:28). 여기 이 사람들은 가장 비열한 행동을 하고 사법적인 권한으로 예수님을 죽였던 사람들이었읍니다. 그럼에도 불구하고 의식(儀式)이 더럽혀지는 것에 대해서는 대단히 염려하고 있읍니다. 그들은 자기들의 법 절차를 어겨가면서도 무죄한 사람을 사형판결에 해당하는 죄가 있다고 선고했읍니다. 그들은 불법적으로 빌라도로부터도 그와 똑같은 판결을 얻어내려고 노력했읍니다. 그리고 알지도 못하는 사이에 그 송사의 성격을 바꾸어 죄수에게 불리하게 만들었읍니다. 그럼에도 불구하고 그들은 의식적인 정결에 대해서는 대단한 관심이 있었읍니다.

이 인간 성향을 보여주는 또 다른 실례는 빌라도입니다. 빌라도는 공정성을 크게 나타내 보이려고 애쓰면서도, 사실상 자기가 알기로는 무죄한 사람을 죽이는 그 과격한 행동을 그냥 허용해 주고 있읍니다.

이는 우리가 알고 있는 그 심문자체에서 몇가지 교훈을 얻게 합니다. 우리가 지난 강론에서 빌라도를 연구하면서 두가지 교훈을 암시한 바 있읍니다. (1) 예수 그리스도에 관한 한 중립은 존재할 수 없다. (2) 만일 우리가 삶의 위기들을 성공적으로 받아 넘기려면 그리스도를 필요로 한다. 이 교훈들에다 우리는 세번째의 적용을 덧붙일 수 있읍니다. 단순한 형식성을 취하는 위험입니다. 우리의 용어대로 말한다면 교회에 가고, 세례를 받고 주의 성찬에 참여하고, 또는 어떤 주어진 상황에서 중요하게 보일 수 있는 어떤 다른 것들을 하면서도, 우리 마음은 전혀 변화가 없이 신령과 진정으로 하나님을 예배하는데까지는 이르지 못하는 위험입니다.

우리는 자문해야 합니다. 우리는 마음으로 부터 예배를 드리는가요? 진실합니까 아니면 그저 형식적인 것에 불과합니까?

형식적 고발

예수님을 심문하는 로마 사람의 그 심문과정을 연구하는 어떤 이들은, 진정한 심문은 유대의 산헤드린 공회 앞에서 였고, 이 심문은 단순히 비공식적인 청문에 불과하였다고 주장했습니다. 그러나 그들의 논증은 신약기자들이 우리를 위해서 기록해 놓은, 그 심문의 실제적인 단계들을 간과한 것입니다. 로마의 재판절차는 네가지 주요한 요소를 갖고 있읍니다. 첫째는 고발, 둘째는 조사, 세째는 변호, 네째는 선고 – 이 각각의 단계는 그리스도를 심문할 때도 나타났읍니다. 그 사법절차의 공식적인 성질은 빌라도가 처음에 "너희가 무슨 일로 이 사람을 고소하느냐"(29절)라고 말한 것에서 드러났읍니다. 챈들러가 주목하는 바와 같습니다. "이 질문은 재판관이 서서 엄숙한 재판절차를 시작했다는 것을 매우 예리하게 시사하는 말이다. 모든 말은 로마의 권위를 가지고 울려나갔고, 강한 행정적인 자세를 암시한다."

그러나 빌라도가 던진 질문이 유대 지도자들을 깜짝 놀라게 한 것 같습니다. 그 지도자들은 마땅히 준비하고 있어야 하는 그 공식적인 고소장을 가지고 대답하는 대신, "이 사람이 행악자가 아니었더라면 우리가 당신에게 넘기지 아니하였겠나이다"(30절)라고 대답함으로써 대답을 얼버무렸읍니다.

아무리 작게 보려 한다 할지라도 그 지도자들의 대답은 제사장들과 서기관들이 자기들의 재판을 충분한 것으로 생각하고 있었으며, 빌라도에게 온 것은 처형을 가능케 할 형식적인 서명을 얻기 위해 온 것이라는 것을 암시하고 있읍니다. 그들은 이렇게 말하고 있었읍니다. "우리가 그렇게 말하니 우리가 말한 대로 그 사람이 사형판결에 해당하다는 판결을 당신은 받아들여야 하오." 반면에 그것에 있어서 그보다 더한 것이 있을 수 있습니다. 유대의 재판절차를 다룰때 먼저 생각해 본 바 입니다. 우리가 그것을 연구하면서 알았듯이, 유대의 산헤드린 공회가 유월절 주간중 상대적으로 늦은 이 시간에 그 심문을 시작하면서 빌라도가 어떤 사람인 것을 모르고 했다고는 생각할 수 없습니다. 빌라도는 자기들의 판결 내용을 듣고 바로 이 아침 일찍 그 판결을 동조할 사람이라는 것을 알았습니다. 분명히 유대인들은 자기들 법정에서 이미 내려진 그 선고의 형식적인 선언만을 기대했습니다. 빌라도가 그 소송건을 다시 처음부터 시작하려는 의도를 분명히 보이면서 공식적인 청문을 시작하자 그들은 깜짝 놀랐습니다. 그래서 그들은 당황해서 이렇게 얼버무리는 대답을 했던 것입니다.

빌라도는 말했습니다. 만일 당신네들이 공식적으로 고소하고 싶지 않다면 당신네들은 분명히 나를 필요로 하지 않았으니 당신네들의 법대로 그 소송건을 처리하시고, 어떤 형벌이든지 당신네들의 법에 따라서 처형할 권리가 있는 것이오. 이 시점에서 빌라도는 예수님의 송사건에 대해서 유대인들이 사형언도를 구하고 있음을 이해하지 못했을 수도 있었읍니다. 그러나 훨씬 더 가능성있는 것은, 그가 이 모든 것을 잘 이해하고는, 단지 그 제사장들에게 당신네들이 로마통치하에 있으며 그리스도를 처형하고 싶다면 로마통치에 복종할 것을 상기시킬 의도로 말하고 있었을 것이라는 점입니다. 사도 바울과 관계된, 그 후에 있었던 어떤 사건속에서 같은 원리가 진술되었읍니다. "내가 대답하되 무릇 피고가 원고들 앞에서 고소사건에 대해서 변명할 기회가 있기 전에 내어주는 것이 로마사람의 법이 아니라 하였노라"(행 25:16).

빌라도의 예기치 못한 고집불통은 분명히 계획을 가지고 있던 유대인들을 훼방한 것입니다. 그러나 그들은 지략이 풍부했읍니다. 그래서 순간적인 기지로 하나의 고소건을 생각해 냈읍니다. 요한은 그것을 기록하지 않고 대신 그 고소의 핵심으로 나아가 빌라도가 예수님을 시험하시는 일에 대해서 어떻게 시험하고 있는가를 다룹니다. 그러나 누가는 그 고소를 온전히 기록하고 있읍니다. 그 고소는 세 부분으로 나뉘어져 있읍니다. "고소하여 가로되 우리가 이 사람을 보매 우리 백성을 미혹하고 가이사에게 세 바치는 것을 금하여 자칭 그리스도라 하더이다"(눅 23:2).

자신들의 법정에서는 그러한 범죄로 예수님을 정죄하지 않았읍니다.

챈들러는 이렇게 쓰고 있읍니다. "이 일반적인 고소에서는 전날 밤의 죄목과는 근본적으로 다른 것이 주목할 만한 일이다. 산헤드린 공회에서 총독 관저로 옮겨 오면서 그 고소건이 완전히 달라졌다. 누가복음의 이 구절에 기록된 죄목 중 어느 하나를 들어서 예수님을 정죄한 적이 없었다. 그는 하나님을 모욕했다는 죄목으로 정죄를 받았다. 그러나 빌라도 앞에서 받는 심문에서는 큰 반역죄를 저지른 것으로 고소를 당한다. 예수님을 고소한 제사장들은 사법관할권의 변화로 인해서 생겨난 비상상태를 대처하기 위해서 그 고소건을 종교적인 영역에서 정치적인 범죄건으로 바꾸었다. 어째서 산헤드린의 공회원들이 빌라도 앞에서 자기들의 법정에서 스스로 생각해 냈던 그 제목을 제시하지 못했는지 그 이유를 물을 수 있다. 어째서 그들은 로마의 이 집정관앞에 예수님을 끌고 나가서 '오 총독이여, 여기 이 여호와를 참람하게 모독하는 갈릴리 사람을 잡아왔나이다. 신성모독 죄목으로 그가 재판받기를 원합니다. 그리하여 그를 정죄하여 사형판결을 내려주시기를 원합니다'라고 말하지 않았는가. 어째서 그들이 그렇게 하지 않았는가? 그들은 분명히 너무나도 빈틈없는 자들이었다. 어째서? 법적인 어투를 써가지고는 그 법정에서 계속 지탱하지 못했을 것이기 때문이다. 어째서? 하나님을 모독한다는 것도 로마법에는 저촉이 되지 않고, 로마 재판관들은 대부분 그러한 죄목에 대해서는 재판을 떠맡지 않을 것이기 때문이다.

유대인들은 빌라도 앞에서 재판이 열리는 그 시점에서 로마의 사법절차의 원리가 무엇인가를 잘 이해하고 있었다. 세네카의 형제요 아가야의 지방 총독이었던 갈리오가 몇년 후에 그 원리를 감탄할 정도로 표현하였다. '오 너희 유대인들이여, 그것이 악한 짓이었거나 극히 음란한 일이었다면 내가 그래도 참을만 했을 것이다. 그러나 만일 그것이 말과 명칭의 문제요 너희 법의 문제였다면 너희가 알아서 처결해라. 왜냐하면 나는 그러한 문제를 처결할 재판관이 되지 않을 것이기 때문이다.' 로마 통치자들이 종교적인 성격의 범죄에 대해서 이러한 태도를 보인 것을 보면, 예수님을 쳐서 고소한 건에 대해서 유대인들이 표리부동하게 모습을 바꾼 이유를 알게 된다. 그들은 다만 로마 재판관이 심문을 떠맡을 죄목만으로 로마법정에 오기를 바랬던 것이다. 누가복음 기자가 기록한

성경적 세계관의 틀과 문화를 도구로
다음 세대를 세우는 토론식 성경공부 교재

삶이 있는 신앙 _{시리즈}

우리가 만든 주일학교 교재는
성경적 세계관의 틀과 문화를 도구로 합니다.

왜 '성경적 세계관의 틀'인가?

진리가 하나의 견해로 전락한 시대에, 진리의 관점에서 세상의 견해를 분별하기 위해서
◇ 성경적 세계관의 틀은 성경적 시각으로 우리의 삶을 보게 만드는 원리입니다.
◇ 이 교재는 성경적 세계관의 틀로 현상을 보는 시각을 길러줍니다.

왜 '문화를 도구'로 하는가?

어린이, 청소년, 청년들의 삶에 가장 큰 영향을 끼치는 것이 문화이기 때문에
◇ 문화를 도구로 하는 이유는 우리의 자녀들이 문화 현상 속에 젖어 살고, 그 문화의
  기초가 되는 사상(이론)을 자신도 모르게 이미 받아들이고 있기 때문입니다.
◇ 공부하는 학생들의 삶의 현장으로 들어갑니다(이원론 극복).

✦ 다른 세대가 아닌 다음 세대 양육

자기 생각에 옳은 대로 하는 포스트모던적인 사고의 틀을 벗어나, 하나님의 말씀에 기초
해서 생각하고 행동하는 성경적 세계관(창조, 타락, 구속)의 틀로 시대를 읽고 살아가는
"믿음의 다음 세대"를 세울 구체적인 지침서!

✦ 가정에서 실질적인 쉐마 교육 가능

각 부서별(유년, 초등, 중등, 고등)의 눈높이에 맞게 집필하면서 모든 부서가 "동일한 주
제의 다른 본문"으로 공부하도록 함으로써, 가정에서 부모와 자녀가 함께 성경에 대한 유
대인들의 학습법인 하브루타식의 토론이 가능!

✦ 원하는 주제에 따라서 권별로 주제별 성경공부 가능

성경말씀, 조직신학, 예수님의 생애, 제자도 등등

✦ 3년 교육 주기로 성경과 교리에 대한 기본적인 이해가 가능하도록 구성(삶이 있는 신앙)

  – 1년차 : 성경말씀의 관점으로 본 창조 / 타락 / 구속
  – 2년차 : 구속사의 관점으로 본 창조 / 타락 / 구속
  – 3년차 : 하나님 나라의 관점으로 본 창조 / 타락 / 구속

"토론식 공과는 교사용과 학생용이 동일합니다!" (교사 자료는 **"삶이있는신앙"** 홈페이지에 있습니다)

1 목적

부지불식간(不知不識間)에 대중문화와 또래문화에 오염된 어린이들의 생각을 공과교육을 통해서 성경적 세계관으로 전환시킨다. 이를 위해 현실 세계를 분명하게 직시함과 동시에 그 현실을 믿음(성경적 세계관)으로 바라보며, 말씀의 빛을 따라 살아가도록 지도한다(이원론 극복).

2 구성

쉐 마 분명한 성경적 원리의 전달을 위해서 본문 주해를 비롯한 성경의 핵심 원리를 제공한다(씨앗심기, 열매맺기, 외울말씀).

문 화 지금까지 단순하게 성경적 지식 제공을 중심으로 한 주일학교 교육의 결과 중 하나가 신앙과 삶의 분리, 즉 주일의 삶과 월요일에서 토요일의 삶이 다른 이원론(二元論)이다. 우리 교재는 학생들의 삶 속에서 일어나는 문화를 토론의 주제로 삼아서 신앙과 삶의 하나 됨(일상성의 영성)을 적극적으로 시도한다(터다지기, 꽃피우기, HOT 토론).

세계관 오늘날 자기중심적인 시대정신에 노출된 학생들의 생각과 삶의 방식을 성경적 세계관을 토대로 바라보게 함으로써, 자신을 돌아보고 삶에 적용하는 것을 돕는다.

3 설교

학생들이 공과의 내용을 잘 이해하고, 공과 공부 시간을 풍성하게 하기 위해서, 부서 사역자가 매주 '동일한 주제의 다른 본문'으로 설교를 한 후에 공과를 진행한다.

권별	부서별	공과 제목	비고
시리즈 1권 (입문서)	유·초등부 공용	성경적으로 세계관을 세우기	신간 교재 발행!
	중·고등부 공용	성경적 세계관 세우기	
시리즈 2권	유년부	예수님 손잡고 말씀나라 여행	주기별 기존 공과 1년차-1/2분기
	초등부	예수님 걸음따라 말씀대로 살기	
	중등부	말씀과 톡(Talk)	
	고등부	말씀 팔로우	
시리즈 3권	유년부	예수님과 함께하는 제자나라 여행	주기별 기존 공과 1년차-3/4분기
	초등부	제자 STORY	
	중등부	나는 예수님 라인(Line)	
	고등부	Follow Me	
시리즈 4권	유년부	구속 어드벤처	주기별 기존 공과 2년차-1/2분기
	초등부	응답하라 9191	
	중등부	성경 속 구속 Lineup	
	고등부	하나님의 Saving Road	
시리즈 5권	유년부	하나님 백성 만들기	주기별 기존 공과 2년차-3/4분기
	초등부	신나고 놀라운 구원의 약속	
	중등부	THE BIG CHOICE	
	고등부	희망 로드 Road for Hope	
시리즈 6권	유년부		2024년 12월 발행 예정!
	초등부		
	중등부		
	고등부		

✔ 『삶이있는신앙시리즈』는 "입문서"인 1권을 먼저 공부하고 "성경적 세계관"을 정립합니다.

✔ 토론식 공과는 순서와 상관없이 관심있는 교재를 선택하여 6개월씩 성경공부를 할 수 있습니다.

성경적 세계관의 틀과 문화를 도구로 다음 세대를 세우고,
스토리story가 있는, 하브루타chavruta 학습법의 토론식 성경공부 교재

성경적 시각으로 포스트모던시대를 살아갈 힘을 주는
새로운 교회/주일학교 교재!

삶이 있는 신앙 시리즈

국민일보
CHRISTIAN EDU BRAND AWARD
기독교 교육 브랜드 대상

토론식 공과(12년간 커리큘럼) 전22종 발행!

기독교 세계관적 성경공부 교재 고신대학교 전 총장 **전광식**

신앙과 삶의 일치를 추구하는 토론식 공과 성산교회 담임목사 **이재섭**

다음세대가 하나님 말씀의 진리에 풍성히 거할 수 있게 될 것을 확신 총신대학교 명예교수 **신국원**

한국교회 주일학교 상황에 꼭 필요한 교재 브리지임팩트사역원 이사장 **홍민기**

소비 문화에 물든 십대들의 *세속적 세계관*을
바로잡는 *눈높이 토론*이 시작된다!

발행처 : 도서출판 **삶이 있는 신앙**

공급처 : 솔라피데출판유통 / 주소 : 경기도 파주시 문발로 123 솔라피데하우스
주문 및 문의 / 전화 : 031-992-8691 팩스 : 031-955-4433
홈페이지 : www.faithwithlife.com

그 삼중적인 고소로 말미암아 그들은 이 열매를 완전히 거두었던 것이다."

첫번째 죄목은 그리스도가 "백성을 미혹한다"는 것이었습니다. 이것은 분명치 않은 것이었습니다. 만일 빌라도가 그것을 진지하게 숙고했다면, 한동안 특별한 실례들을 통해서 그 죄목의 증거를 갖고 있어야 했을 것입니다. 어쨌든 그 고소건은 사실이었습니다. 사실 유대 법정이 예수님을 쳐서 재판하려 했을 때 바로 그 죄목을 거론하였습니다. 다시 말하면 예수님께서, 성전을 헐라 그리하면 사흘만에 다시 세우리라는 주장을 한 것 말입니다. 유대인들은 자기들의 법정에서 이 죄목을 입증할 수 없었습니다. 증인들의 증언들이 합치되지 못했기 때문입니다.

두번째 고소 죄목도 심각했습니다. 사실상 이것이 앞의 경우보다 더 심각했습니다. 포로국가를 통치하는 로마의 법 아래서는 그것이 특별한 반역적인 행동이었기 때문입니다. 이 죄목에 대한 오직 한가지 난제는, 그것이 분명히 거짓된 고발이라는 점입니다. 앞서 백성의 지도자들이 바로 그 문제로 예수님을 넘어뜨리려 시도했습니다. 그러나 예수님은 놀랍게 그 함정에서 벗어나셨습니다. 그들은 "그러면 당신의 생각은 어떠한지 우리에게 이르소서 가이사에게 세를 바치는 것이 가하니이까 불가하니이까?"(마 22:17)라는 계략이 섞인 질문을 던져 보았었습니다. 만일 '가하다'고 대답한다면 그를 깎아 내리면서 백성들에게 "로마에게 복종하라고 권고하는 이 자가 무슨 메시야냐"라고 말할 참이었고, 반면에 '불가하다' 하면 그를 깎아 내리며 '로마를 향해서 네가 네 손으로 폭동을 일으키는구나'라고 말할 참이었습니다. 그러나 그리스도께서 뭐라고 대답하셨습니까? 동전을 가져오라고 하시더니 질문을 던지는 자들에게 "이 형상과 이 글이 뉘 것이냐"(20절)라고 되물으셨습니다. "가이사의 것이니이다"라고 대답하자, 교회와 국가가 분리되는 법칙을 묘사하는 전형적인 성경 진술을 주셨습니다. 그리고 그 진술은 교회와 국가의 고유한 책임과, 교회와 국가에 대한 사람들의 마땅한 책임을 말해주고 있습니다. "그런즉 가이사의 것은 가이사에게, 하나님의 것은 하나님께 바치라"(21절). 더구나 그는 설교하신 대로 실행하셨습니다. 베드로에게 돈을 주면서 예수님 자신과 베드로를 위해 세금을 내라고 한 일이

있었읍니다(마 17:24-27). 지도자들은 이 죄목을 가지고 예수님을 고발
함으로써 가장 극악하고 무도한 거짓말을 행한 것입니다.

그들이 내린 세번째 죄목은 셋 중에서 가장 크고 가장 심각한 것이었
읍니다. 예수가 자기를 "그리스도, 왕"이라고 주장한다는 것이었읍니다.
이것은 사실이기 때문에 심각했읍니다. 또한 로마가 가장 예민하게 촉
각을 곤두세우는 문제가 그것이었기 때문에 그러하였읍니다. 로마는 그
범죄를 막으려고 최선을 기울였읍니다. 빌라도가 이 죄목으로 고소하는
것을 들으면서, 자기 겉옷을 두르고 예수님 쪽으로 몸을 돌려 예수께로
가기 위해서 다시 궁정으로 갔읍니다(요한만이 그것을 기록함). 그리고
심문을 시작했읍니다. 이것이 로마에게 예수님이 심문받는 두번째 심문
입니다. 빌라도는 그러한 공식적인 고소를 받아들이는 것 만으로는 만
족하지 않고 이제 그 예수님을 쳐서 증거하는 그 죄목이 사실인지 간파
해 내려고 애를 썼읍니다.

조사

복음서 기자들은 다 빌라도가 예수님께 질문을 던지기 시작한 첫번째
질문을 기록하고 있읍니다. "네가 유대인의 왕이냐?"(마 27:11; 막 15:
2; 눅 23:3; 요 18:33). 빌라도는 이 질문을 통해서, 두가지 작은 죄목
은 진지하게 숙고할 가치가 없는 것으로 성미 급하게 옆으로 제쳐두고,
대번에 그 죄목에 대해서 예수님을 시험합니다. 만일 그 죄목이 사실이
라면 의심할 여지없이 예수님은 가이사의 원수로 낙인찍힐 판입니다.

요한은 그리스도의 대답을 다 기록하고 있읍니다. 우리가 그것을 읽
으면 그것은 마치 하나의 둘러대는 말씀처럼 들립니다 - "이는 네가 스
스로 하는 말이뇨 다른 사람들이 나를 대하여 네게 한 말이뇨"(34절)
- 그러나 사실 예수님의 대답은 요점의 정곡을 찌르고 있읍니다. 예수
님께서는 그 죄목을 들어 고소하는 말이 유대인들의 입술에서 나오는
것을 처음 들었고 이제 빌라도 자신으로 부터 나오는 말을 듣고는, 먼저
그 질문이 어떠한 의미에서 던져지고 있는지를 알고 싶으십니다. 그 고
소건의 성질은 무엇인가? 만일 로마인의 관점에서 그 질문이 던져졌다
면 한가지 대답이 나왔을 것입니다. 왜냐하면 그리스도께서는 로마의

시각에서 보면 왕이 아니셨기 때문입니다. 반면에 만일 그 질문이 유대인의 시각에서 던져졌으면, 또 다른 대답이 주어졌을 것입니다. 왜냐하면 예수님은 유대인의 메시야이기 때문입니다.

갑작스럽기는 하였지만 빌라도의 대답은 바로 이 탐문의 단계에서 그 요점을 직접적으로 가리키고 있습니다. "내가 유대인이냐 네 나라 사람과 대제사장들이 너를 넘겼으니 네가 무엇을 하였느냐?"(35절) 이 말의 뜻은 이러합니다. "나는 전혀 유대인이 아니다. 나는 지금 로마의 행정관으로서 질문을 던지고 있는 것이다. 순전히 종교적인 질문이라면 내게 아무런 관심이 없다. 내가 원하는 것은 다만 네가 한 일이 가이사의 주권에 영향을 미칠 수 있느냐 하는 것이다."

변명

물론 이 시점에서 빌라도의 질문이 계속되지만 예수님께서는 현대 법에서는 자술과 묵비권의 행사라 부를 수 있는 것을 도입함으로써, 예수님은 그 변명을 시작하십니다. 이것은 말로나 실제적인 말의 의미에서도 그 고소의 진실성을 인정하는 변명입니다. 그럼에도 불구하고 정상적으로 그러한 진술을 한 다음에 따라 올 죄책을 피할 새로운 어떤 것을 도입하고 있습니다. 예를 들어서 어떤 한 송사에서 사람이 살인혐의로 재판을 받고 있다고 상상해 봅시다. 재판관은 "문제의 그 날짜에 존 스미스를 쏘아서 죽였느냐?"라고 묻습니다. 피고는, "존경하는 판사님, 제가 그랬읍니다. 그러나 판사님이 아셔야 하는 것은, 그 사람이 열려져 있는 창문 근처에 내 식당안에서 내 금고를 훔치려 하는 것을 발견하였읍니다. 그를 발견하자 그는 칼로 나에게 대들었던 것입니다. 제가 한 일은 정당방위에서 나온 살인입니다." 여기서 피고는 자기가 죽인 것을 인정하지만 정상을 참작해 달라고 탄원하고 있습니다. 같은 방식으로 주님께서는 당신이 왕이라고 주장했다는 비난을 인정하면서도, 그의 왕권은 가이사의 정통적인 권리에 하등의 위협이 되지 않는 방식의 왕권임을 묘사합니다.

요한이 설명해 나가는 대로, 예수님께서는 먼저 그 나라의 본질을 부정적인 측면에서 설명합니다. "내 나라는 이 세상에 속한 것이 아니라

만일 내 나라가 이 세상에 속한 것이었더면 내 종들이 싸워 나로 유대
인들에게 넘기우지 않게 하였으리라 이제 내 나라는 여기에 속한 것이
아니니라"(36절).

　예수님께서 대답으로 하신 그 말씀을 빌라도가 이해했는지는 모르겠
습니다. 그러나 그 예수님의 말씀 가운데 한 어귀가 대번에 그의 관심을
끌었을 것입니다. "내 나라"라는 어귀의 말입니다. 예수님께서는 이 내
나라는 세상적인 나라가 아니라고 말씀하신 것 같습니다. 그러나 빌라
도는 이 중차대한 이슈에 대해서 어떻게 해 볼 수 없었습니다. 그래서
그는 이 어귀를 골라잡아서(아마 틀림없이) 그리스도에게 위협적으로
단호한 질문을 하게 됩니다. "그러면 네가 왕이냐?"(37절).

　이 때에 예수님께서는 긍정적인 확인의 답으로 그 질문에 답변하십니
다. "네 말과 같이 내가 왕이니라 내가 이를 위하여 났으며 이를 위하여
세상에 왔나니 곧 진리에 대하여 증거하려 함이로다. 무릇 진리에 속한
자는 내 소리를 듣느니라"(37절).

　그리스도의 변명은 두 부분으로 이루어져 있습니다. 한 부분은 그 나
라의 소극적인 정의(定義)입니다. 그 나라는 "이 세상에 속한 것이"아
닙니다. 그 증거는, 그 제자들이 예수님이 유대 당국자에 의해서 체포될
때 그것을 막기 위해서 싸우지 않았다는 점입니다. 또 한편에서는 그리
스도의 나라에 대한 적극적인 정의가 있습니다. 그 나라는 "진리에 속한"
나라 입니다. 다시 말하면 그 나라는 사람들의 마음과 심정을 다스리는
나라입니다. 챈들러는 이렇게 쓰고 있습니다. "그는 어떤 사물을 움직이
는 황제가 아니라 진리의 영역을 통치하는 황제이다. 그 나라는 가이사
의 나라와 광범위하게 차이가 난다. 가이사의 제국은 사람들의 육체들
을 다스린다. 그리스도의 제국은 사람들의 영혼들을 다스린다. 가이사의
나라의 세력은 알프스 꼭대기까지, 그리고 모든 둘러싼 바다에 이르기
까지의 성채와 군대와 해군을 통해서 운용된다. 그리스도 나라의 세력
은 감상(sentiments)과 원리와 아이디어들과, 하나님의 말씀의 구원하
는 능력들을 통해서 운영되었으며, 또 지금도 그렇게 운영되어지고 있
고 앞으로도 그럴 것이다."

　우리 주님의 나라는 역시 미래의 어느날에 가면 이 세상을 다스리는

나라가 될 것입니다. 그러나 빌라도는 이보다 기본적인 가르침마저 충분히 이해할 수 없었습니다. "진리라고?" "진리가 무엇이냐?"라고 물었습니다. 그런 다음에 그는 휙 돌아서서 그리스도가 생각하는 그 특이한 사상이 무엇이든간에 예수님을 다른 어떤 종교적인 광신자들 보다 더 나쁘지 않으며, 적어도 로마의 관점에서 볼 때 어떤 사형에 해당할 만한 죄를 짓지 않은 것이 분명하다는 확신을 가지게 됩니다.

선고

로마인의 심문의 마지막 국면은 빌라도가 예수님을 탐문해 보고 예수님께서 변명한 다음에 즉각적으로 이어졌습니다. 요한은, 이러한 탐문을 끝내고 나서 빌라도가 "다시 유대인들에게 나가서 이르되 나는 그에게서 아무 죄도 찾지 못하노라 "(38절)라고 말했음을 우리에게 알려줍니다. "나는 그에게서 아무 죄도 찾지 못하노라."이 어구만으로도 그 재판의 종결을 지시하고 있으며 공식적인 법정 절차의 한 순서임을 드러내고 있습니다. 빌라도는 심리를 한 다음에 예수님을 무죄한 자로 선언했습니다. 그런데 그가 어째서 예수님을 풀어 주지 않았습니까? 아니면 필요하다면, 사도 바울이 생명의 위협을 받을 때 로마관원이 한 것과 같은, 존경의 자세로 그를 대접하지 않습니까(행21:31-33; 23:12-24)?

이 질문이야말로 거의 이천년 동안 본디오 빌라도에게 인류가 던졌던 질문입니다. 빌라도는 이 점에 대해서 아무런 구실을 대지 못할 죄를 범한 것입니다. 사실상 그는 정확성과 지혜로움과 급속함으로 그 재판 절차를 진행해 나갔습니다. 그는 바로 판결에 도달했습니다. 그러나 이제 로마총독과 재판관이라는 그의 고상한 소임과, 그 앞에 간 로마의 수천의 행정관들이 보여준 고상한 실례와, 팔레스타인에 주둔했던 주둔군의 권력에도 불구하고, 즉각 예수님을 풀어 주는 바른 일을 행하지 못했습니다. 군중들의 분위기가 그를 제압했습니다. 그래서 그는 일련의 비정상적이고 부당한 절차를 취하다가 결국 그 죄수로 하여금 처형을 당하게 만든 것입니다. 빌라도는 겁쟁이였습니다. 이것이 바로 그의 성품에 대한 오직 합당한 분석입니다. 그가 이 의미심장한 상황에서 바른 일을 하지 못한 궁극적인 이유가 바로 그것입니다.

그러면 이것은 무엇을 뜻합니까? 진정으로 영원한 이슈가 되는 그 소송사건에서 주님에 의해서 판결을 받고 부족함이 드러난 사람은 바로 빌라도였다는 뜻입니다. 우리는 이 강론 제목을 "빌라도 앞에 선 예수"라고 이름 붙였습니다. 그러나 또 다른 훨씬 더 중요한 의미에서 이 강론의 제목이 "예수 앞에 선 빌라도"라는 것을 잊어서는 안됩니다. 앞의 의미에서 예수님은 심문을 당하였고 무죄가 드러났습니다. 당연하죠. 뒤의 경우에서 빌라도는 심문을 받고 죄 있음이 드러났습니다.

그리스도 앞에 서 있는 모든 사람들이 그러합니다. 그리스도만이 오직 완전한 사람입니다. 우리를 위한 그의 표준은 완전합니다. 우리는 다 각자 부족합니다. 왜냐하면 "의인은 없나니 하나도 없으며 깨닫는 자도 없고 하나님을 찾는 자도 없고 다 치우쳐 한가지로 무익하게 되고 선을 행하는 자는 없나니 하나도 없도다"(롬 3:10-12). 우리는 정죄받은 위치에 서 있습니다. 그러나 그리스도께서 바로 그러한 정죄 받은 사람들을 위해서 죽으셨습니다. 그들의 죄의 형벌을 담당하시기 위해 죽으심으로써, 하나님의 의로운 판단과 저주로부터 그들을 자유케 하셨습니다.

그 분이 여러분을 위해서도 그런 일을 하셨습니까? 만일 여러분이 그 분의 나라의 시민이라면 그러합니다. 그 분의 진리와 인격에 믿음의 반응을 나타냄으로써 그 나라에 들어간 것입니다(만일 여러분이 그 나라에 들어갔다면 말입니다). 그 반응은, 예수님께서 당신이 말씀하신 바로 그 하나님의 아들이시며, 예수님께서 말씀하신 대로 그가 그 일(여러분의 죄를 위해 죽는 일)을 행하신 분으로 믿는다는 것을 의미합니다. 그리고 아울러 그 분을 여러분의 구주와 주로 인정하고 따르기 위해서 개인적으로 그분에게 의탁하는 것을 뜻합니다.

12

이 세상에 속하지 아니한
그리스도의 나라

"예수께서 대답하시되 내 나라는 이 세상에 속한 것이 아니라
만일 내 나라가 이 세상에 속한 것이었더면 내 종들이 싸워 나
로 유대인들에게 넘기우지 않게 하였으리라 이제 내 나라는
여기서 속한 것이 아니니라 빌라도가 가로되 그러면 네가 왕이
아니냐 예수께서 대답하시되 네 말과 같이 내가 왕이니라 내가
이를 위하여 났으며 이를 위하여 세상에 왔나니 곧 진리에 대
하여 증거하려 함이로라 무릇 진리에 속한 자는 내 소리를 듣
느니라 하신대"(요 18:34-36)

사도 바울은 디모데전서에서 주 예수 그리스도는 "본디오 빌라도를
향하여 선한 증거로 증거하신 그리스도 예수"(딤전 6:13)라고 말
합니다. 그 선한 증거가 공관복음서들-마태복음, 마가복음, 누가복음-
에서는 나타나지 않습니다. 왜냐하면 그 복음서들은 예수님께서 나타내
신 세마디의 반응만을 보여주고 있기 때문입니다. 예수님께서 네가 유
대인의 왕이냐 라는 질문을 받으셨을 때, "네 말이 옳도다"(네가 말하
였느니라) (마 27:11; 막 15:2; 눅 23:3)라고 말씀하신 후 아무 말도
하지 아니한 것으로 보도되어 있습니다. 그러나 요한복음에서만은 빌라

도 앞에서 예수님께서 선한 증거를 하신 것이 온전히 기록, 보도되고 있 읍니다.

우리는 요한이 그것을 기록해 놓은 것을 기뻐할 수 있읍니다. 왜냐하 면 그 기록이 "선한 증거", "선한 고백"이 무엇임을 가르쳐 주기 때문입 니다. 이 증거는 그 증거가 주어진 방식에 있어서도 선합니다. 우리의 고백(증거)들이 흔히 그러하듯이 거만하거나 비굴하거나 베일에 싸여 있거나 퉁명스러운 것이 아니었읍니다. 그것은 단순하면서도 친절하고 직설적이고 도움을 주는 것이었읍니다. 왜냐하면 비록 그리스도께서는 빌라도에게 곧 정죄를 당하실 것이지만 그를 멸시하지 않고 오히려 그 가 가진 지위 때문에 그를 존중히 여겨 대했읍니다. 다시, 우리 주님의 고백은 그 고백하는 내용에 있어서도 훌륭했읍니다. 왜냐하면 이 고백 속에서 세상의 주권에 대해서 관심을 가지고 있는 사람 앞에서 그리스 도는 인간의 일들과 대조되는 하나님의 일들을 말씀하셨고, 하나님의 주권을 말씀하셨기 때문입니다. 그것은 도움을 줍니다. 왜냐하면 그것은 우리가 영적인 일에 대해서 어떻게 말해야 하는가를 가르쳐 주고, 우리 가 무엇을 말해야 되는가를 가르쳐 주기 때문입니다.

요한이 이 말들을 그 복음서에 기록해 놓은 것을 기뻐해야 하는 또 다른 이유는, 그리스도의 나라의 본질에 대한 정의가 예수님의 그 말씀 에 담겨 있고, 그것도 매우 중요한 순간에 주어졌다는 점입니다.

신구약 성경에 나타난 하나님의 나라의 의미를 연구한 사람들은 이것 이 매우 복잡한 주제라는 것을 압니다. 그 어구가 여러 다른 방식으로 쓰여졌기 때문입니다. 어떤 때는 그 말이 하나님의 왕노릇과 통치에 대 해서 추상적으로 쓰여지는 경우도 있읍니다. 어떤 경우에는 그리스도나 하나님께서 장차 지상을 통치하시게 될 것을 가리키는 경우도 있읍니다. 열쇠와 같은 한 본문 말씀(눅 17:21, 그리고 그와 병행되는 말씀들)에 서 하나님의 나라를 이 세상 "중에" 또는 "가운데" 있다고 말하고 있읍 니다. 그리스도의 인격과 그의 제자들 속에 있다는 뜻으로 말입니다. 하 나님의 나라를 말하는 네번째 일련의 대목들 속에서 그 나라는 사람들 이 들어가는 무엇으로 묘사되고 있읍니다. 그래서 혼돈이 일어납니다. 적어도 한 저자에 따르면 "예수님께서는 그 어느 곳에서도 그 어구가

뜻하는 것이 무엇인가를 규정해 주신 적이 없다"(George Eldon Ladd)
고 하는 사실을 통해서 그 점은 더욱 복잡해 집니다.

그렇습니다. 예수님께서 "하나님의 나라"에 대한 주의깊은 신학적인
정의를 어느 곳에서도 하신 적이 없다는 것은 사실일 수도 있습니다. 또
이 하나님의 나라를 여러 차원에 관계시키지도 않으셨습니다. 그러나
요한복음에는 이 구절들이 그 나라가 어떤 성질을 가지고 있는가를 정
의해 주는데 가장 가까이 접근하고 있는 것으로 제출될 수 있습니다. 하
나님의 나라는 요한복음에서 하나의 큰 주제는 아니라는 것을 우리는
주목합니다. 사실 그 하나님의 나라라는 말은 요한복음에서 두 구절에
서만 나옵니다(요 3:3, 5). 반면에 마태복음에서는 51회, 마가복음에서
는 20회, 누가복음에서는 45회나 나옵니다. 그러나 여기 빌라도 앞에 서
신 그리스도의 말씀 속에서 보면 그리스도의 나라는 소극적인 방식과
적극적인 방식으로 규정되고 있는데, 다른 참고 구절보다 훨씬 더 치밀
한 방식으로 규정되고 있습니다. 적극적인 국면에서 그는 말씀하시기를,
내 나라는 진리에 속한 것이며, 진리에 속한 모든 자마다 그 진리를 받
는다고 말씀하십니다.

임금이신 그리스도

그리스도께서 당신의 나라를 규정하시는데 있어서 비약의 요점은 이
러한 소극적인, 적극적인 진술 중 그 어느 것도 아닙니다. 오히려 그것
은 그리스도가 외모적으로는 그와 정반대가 되어 보이지만 임금이라는
진술에 있습니다. 그는 왕처럼 보이질 않았습니다. 그는 결박당하고 매
를 맞았습니다(눅 22:63-65). 더 매를 맞으실 판입니다. 그럼에도 불구
하고 세상 권력의 가장 높은 보좌에 앉은 그 어느 왕도 그리스도만큼
왕이라고 불릴만한 자격이 있는 사람은 없었습니다.

이 사실은 중요합니다. 왜냐하면 왕에게 해당되는 것이 역시 그의 나
라에도 해당되기 때문입니다. 찰스 스펄젼은 백여년전에 그 점에 대해
서 이렇게 말했읍니다. "이 날까지 참된 기독교는 그 외면상으로 볼 때
는 역시 매력적이지 못하게 보였고, 왕적인 표를 겉으로 달고 있지 않은
것으로 보였읍니다. 그 참된 기독교는 형체나 아름다운 외모를 갖추지

않았습니다. 사람들이 볼 때 바람직한 어떤 아름다움도 없습니다. 진실로 사람들에게 받아들여지고 인정받는 기독교는 명목상의 기독교 뿐입니다. 그러나 참된 복음은 여전히 멸시를 당하고 거절을 당하고 있습니다. 지금부터 1800여년 전에 자기 백성들이 진정한 그리스도를 알아보지 못했고 인식하지 못한 것처럼 오늘날 사람들도 그러합니다. 복음적인 교리가 격하당하고, 거룩한 삶이 비난을 받고, 영적인 마음을 가진 것이 조롱당하고 있습니다. 사람들은 말합니다. '자 뭐라고? 이 복음적인 교리가 왕적인 진리라고? 지금 누가 그것을 믿는가, 과학이 이렇게 발달되었는데, 그것에 대해서 대단한 것이란 없어. 늙은 사람들에겐 위안을 주었고 자유로운 생각을 할 만큼 능력을 가지지 못한 사람들에게는 그러하였지. 그러나 이제 진리가 왕노릇 할 때는 끝났어. 그 왕노릇할 때는 결코 돌아오지 않을꺼야.' 그렇게 말합니다. 세상에서 구별되는 삶을 살면 그것을 보고 퓨리타니즘(청교도주의)이라고 말하거나, 아니면 그보다 더 악하게 말하고 있습니다. 교리 속에서나 심령 속에서나, 생활 속에서 그리스도를 왕으로 모시고 있지 않습니다. 세상은 그리스도를 왕으로 인정할수 없습니다. 그리스도는 대성당 속에서 칭송되는 그리스도, 고위 성직자들 속에서 구체화되고 있는 그리스도, 왕들의 집에 있는 사람들에게 둘러싸여 있는 그리스도, '그 그리스도면 충분하다'는 식입니다. 그러나 정직하게 복종하고 따르고 어떤 위선과 의식이 없이 청결하게 예배하는 그리스도, 그 그리스도를 자기들을 다스리는 왕으로 허락하지 않을 것입니다.

"오늘날 조상들이 위해서 피를 흘린 그 진리 편에 서는 사람들이 극히 적습니다. 비방과 수치를 불사하고라도 예수를 따르겠다고 약속하던 때는 이미 사라져 버린 것 같습니다. 그러나 사람들이 우리 주위에 와서 '당신들이 전하는 복음이 신적(神的)이라고 말하는가요? 당신들의 종교가 하나님께로부터 왔으며 세상을 정복하게 될 것이라고 믿을 정도로 몰상식합니까?'라고 말한다 할지라도 우리는 담대하게 '그렇다!'라고 대답해야 합니다.

"농부의 차림을 한 마리아의 아들의 연약한 모습 속에서 마저 우리는 기묘자요 , 모사요, 전능하신 하나님이시요, 영존하시는 아버지를 분별

할 수 있읍니다! 그와 같이 단순한 형태로 된 그 멸시받는 복음 속에서
도 신적 진리의 왕적 자태를 지각할 수 있읍니다. 우리는 진리의 외면적
모습과 그 외면적 껍질에 대해서 상관하지 않습니다. 우리는 진리자체
를 위해서 진리를 사랑하는 것입니다. 우리에게 있어서 굉장한 강당이
나, 대단한 석고 기둥들이 아무것도 아닙니다. 우리는 마굿간과 십자가
에서 더 많은 것을 봅니다. 그리스도께서 늘 왕이 되셨던 바로 그 영역
에서 여전히 왕이시라는 것을 생각하고 만족하며, 그것이 세상의 대단
한 사람들 속에서가 아니라, 또는 능하고 학식많은 사람들 속에서가 아
니라, 세상의 비천한 것들과, 없는 것들과, 있는 것들을 아무것도 아니게
만들 그런 것들 속에서 그리스도가 왕노릇 하신다는 것을 만족하게 여
깁니다. 왜냐하면 처음부터 하나님께서는 이 사람들을 당신의 백성들로
택하셨기 때문입니다."(찰스 스펄젼)

영적 왕국

예수님께서 그 나라에 대해서 말씀하신 두번째 요점은, 우리가 주목
했던 부정적인 진술입니다. "내 나라는 이 세상에 속한 것이 아니라."
그 진술은 얼른 보아도 대단하고, 그 진술이 함축하는 것을 생각하여도
대단합니다.

그 진술 자체에 관한 한, 그 진술은 세상의 왕들이 통상 관심있어 하
는 것들에 대해서 그리스도는 중요하지 않게 보신다고 하는 분명한 부
정적 진술입니다. 이 세상의 왕들이 관심있어 하는 것들을 열거해 보십
시오. 그 한 관심은 지리에 관한 관심입니다. 곧 영토에 대한 관심입니
다. 왕은 어떤 분명하게 한정된 영토를 통치합니다. 그 영토를 다른 사
람에게 빼앗기지 않도록 보호합니다. 그들이 싸울 때 그 싸움은 이러한
영토를 자기 것으로 삼고 싶은 데서 나온 것입니다. 그러나 그리스도의
관심은 거기에 있는 것이 아닙니다. 그의 나라는 이 세상에 속한 것이
아닙니다. 이 세상 통치자들의 또 다른 관심거리는 세금입니다. 세금없
이는 나라를 유지할 수 없읍니다. 정부에서 세금을 부과하고, 군대와, 공
적인 일을 위해서 세금을 거두어 들이는 일을 하며, 다른 대단히 많은
일을 하는 관리들의 직무를 위해서 세금을 지불합니다. 그러나 그리스

도의 관심은 세금에 있는 것이 아닙니다. 그리스도의 나라는 이 세상에
속한 것이 아닙니다. 이 세상의 왕들이 관심있어 하는 것이 무엇입니까?
위신과 의식의 특권과 권리에 관심을 가지고 있습니다. 그리스도는 그
렇지 않습니다. 그리스도의 나라는 찬송시가 진술하는 바와 같은 나라
입니다.

> 칼로 큰 소리치며 무찌르는 것도 아니고
> 드럼통을 굴려 움직여서 소리치는 것도 아니고
> 사랑과 긍휼의 행위로 하늘나라는 오네.

그러나 하나님의 나라에 대한 이 정의는 부정적인 방식으로만 우리에
게 말하지 않습니다. 그것은 함축적인 의미로도 말합니다. 그리스도께서
는 당신의 나라가 이 세상에 속하지 아니하였다고 말씀하셨습니다. 그
러나 만일 그 말씀이 진리라면— 진실로 이 세상에 속한 것이 아니라면
— 어디로부터 온 것입니까? 우리가 잠시 그것을 생각하고 그의 왕권 이
이 세상에 속한 것이 아니라면 지옥에서나 하늘에서 온 것임을 알게 됩
니다.

지옥의 나라도 있습니다. 그 말은 우주의 어느 곳엔가 지리적으로 사
단이 주장하는 지옥으로 알려진 영토가 있다는 뜻이 아닙니다. "실락원"
(失樂園)에서 존 밀턴이 묘사한 그런 식으로 말입니다. 장소적으로 하
늘이 있는 것과 똑같이 지리적으로 지옥이 있습니다. 그러나 사단이 거
기에서 다스리지 않습니다. 하나님이 지옥을 다스립니다. 지옥이 그처럼
무서운 것은 바로 그 때문입니다. 반면에 이것은 사단의 지옥의 나라가
없다는 것을 의미하지는 않습니다. 그 반대로, 있습니다. 우리는 그것에
대해서 말하고 있습니다. 예수님께서 말씀하신 서로 분쟁하여 설 수 없
는 나라가 바로 그 나라입니다(막 3:23-26). 그것은 "영적인" 나라로서,
미움과 거만과 질투와 분노와 교활함을 기초로 한 나라입니다. 모든 점
에서 그리스도의 나라와 정반대가 됩니다. 이것이 그리스도가 이루시려
하신 것입니까? 그리스도의 나라가 거기서 왔습니까? 바리새인들은 그
렇게 생각했다는 것을 우리는 알 수 있습니다. 사단 나라가 서로 분쟁한
다는 것을 예수님께서 말씀하시기 바로 직전에 그들은 말하기를 "저가

바알세불을 지폈다 하며 또 귀신의 왕을 힘입어 귀신을 쫓아낸다"고 말하였읍니다(막 3:22).

이것이 그리스도께서 그처럼 명백하게 소유하고 계시고 나타내셨던 권위와 왕권을 생각하는 하나의 논리적 설명입니다. 그러나 그것이 충분한 설명인가요? 그리스도의 본성과 그의 통치의 성질을 바로 설명한 것입니까? 그리스도의 성품과 일이 마귀적이라고 진지하게 설명할 수 있는 사람이 누구입니까? 그렇지 않다면 그리스도는 하늘로서 오셨음에 틀림없고 하나님의 아들이심에 틀림없읍니다. 순전한 논리로 비추어 볼 때 정직한 사람이라면 누구나 그러한 입장을 취하지 않을 수 없읍니다.

그리스도의 인격을 분석해 보아도 똑같은 논리를 만나게 됩니다. 이 일련의 연속적인 강론중, "예수를 어떻게 생각하는가?"라는 강론에서 지적했던 적이 있읍니다. 예수님이 누구냐는 것을 그런 식으로는 도저히 설명할 수 없는 한가지 방식은(곧 그가 "선한 사람"이란 식으로) 제외시키고 예수님에 대해서 말할 수 있는 것은 세가지입니다. 그 한가지는 그가 주장하신 대로 하나님이시든지, 두번째 경우는 미치광이든지, 세번째 경우는 기만자일 것이든지 할 것입니다. 그가 미치광이라는 식으로 생각하는 것은 하나님이 아닌데 하나님이라고 주장했다는 것이요, 하나님이 아닌 것을 자기는 알면서도 그러한 속임수로 오는 소득을 얻기 위해서 하나님이라고 주장했다면 사기꾼이라는 식으로 말입니다. 다른 가능성은 하나도 없읍니다. 그리스도를 대면한 사람들도 누구든지 그 세가지 중에 하나를 결정해야 합니다. 그처럼 수 많은 사람들이, 그처럼 인류 역사의 수천년 동안 선포되어온 그리스도가 하나님이냐 기만자냐 아니면 정신나간 자냐? 선한 선생인체 또는 선한 사람인체 그 어느 위선적인 넌센스로 얼버무릴 수는 없읍니다.

정확히 같은 방식으로 로마의 재판정에서 예수님께서 "내 나라는 세상에 속한 것이 아니라" 말씀하실 때 어느 누구나 큰 딜레마에 빠지게 되는 것입니다. 기만이 너무나 보편화되고 명백한 이 세상을 이제 제외시켜 버렸으니 이제 두 가능성만 남아 있읍니다. 지옥이냐 천국이냐는 가능성 말입니다. "그가 지옥에서 왔다"고 말할 수 없다면 그는 하늘에서 온 것입니다(감히 우리는 그렇게 말하지 않읍니다). 그의 나라는 하늘로부터 온 것입니다. 그것에 대한 여러분의 의견이 어떠하다 할지라도, 여러분이 어떻게 되었으면 하고 바란다 할지라도, 여러분이 그리스도의 백성이라면, 여러분은 마땅히 그 앞에 엎드려 그 분을 여러분의 주와 하나님으로 고백해야 합니다.

제가 도달한 결론을 아시겠읍니까? 예수께서 "내 나라가 이 세상에 속한 것이 아니라"고 말씀하셨을때, 대번에 많은 사람들은 안도의 한숨을 내쉬며 "자, 예수의 나라가 우리와 상관이 없다니 하나님께 감사한 일이다. 그것은 영적인 나라다. 할렐루야! 우리는 그전의 방식대로 계속 나가고 우리가 하고 싶은 것을 할 수 있다." 그보다 더 진리에서 먼 것은 없읍니다. 왜냐하면, 그리스도의 나라가 이 세상에 속한 것이 아니라고 말할 때, 그리스도의 나라는 하늘에 속한 것이고, 그러므로 그리스도의 나라가 우리가 잘 알고 있는 지상나라의 통치보다 더 크게 우리에게 권세를 나타낸다고 말하는 셈이기 때문입니다. 지상나라에도 진정한 주권이 있읍니다. 우리가 만홀히 여길 수 없는 대단한 권리가 있읍니다. 그러나 이 모든 지상나라의 권위를 그리스도께서 다스립니다. 우리는 단순히 우리의 행복과 목숨뿐 아니라 우리의 영원한 목숨을 걸고 그의 왕권을 조롱합니다.

어째서 그러한 손해를 무릅씁니까? 어째서 이 왕에 속한 주권을 인정치 않습니까? 그는 공의와 긍휼로 통치하시기로 약속하셨고, 그의 멍에는 쉽고 그의 짐은 가볍다고 확증하셨는데도 말입니다.

두 나라

그리스도께서 당신의 나라에 대해서 하신 말씀이 함축하는 세번째 국면이 있읍니다. 빌라도와 로마제국을 통해서 예증되는, 지상권세와 그리스도의 말씀과의 관계속에 그것이 있읍니다. 현대는 하나의 추세가 있는데, 교회와 국가의 분리에 대한 합법적인 원리를 너무 강조한 나머지 교회와 국가가 서로 아무 관련도 없다고 말하는 지점에까지 가는 추세입니다. 그것은 잘못된 것입니다. 예수님께서는 당신의 나라의 성질을 말씀하시는 이 구절에서 뿐 아니라, 19장의 말씀 속에서도 그 문제를 다루었읍니다. 그 19장에서는 하늘나라에 대한 빌라도의 책임이 강조되었읍니다. 바로 뒤에 가서 빌라도는 예수님께 다시 간단한 질문을 하기 시작했으나 예수님은 아무런 대답도 하지 않으셨읍니다.

"내게 말하지 아니하느냐 내가 너를 놓을 권세도 있고 십자가에 못박을 권세도 있는 줄 알지 못하느냐?"라고 빌라도가 말했읍니다.

예수님께서는 "위에서 주지 아니하셨더면 나를 해할 권세가 없었으리니 그러므로 나를 네게 넘겨 준 자의 죄는 더 크니라"고 대답하셨읍니다(19:10, 11).

이것은 교회와 국가간의 문제에 대해서 직접 관계되는 말씀입니다. 교회와 국가는 그 나름의 각각 고유한 권위의 영역을 가지고 있는 것만큼은 사실이고, 교회와 국가가 서로 분리된 조직을 갖추어야 한다는 것도 사실입니다. 서로간에 그 각 영역의 직무자들이나 권위자들을 지명할 권한을 갖고 있지 못합니다― 그럼에도 불구하고 그 둘이 전적으로 아무런 관계가 없다는 것은 진리가 아닙니다. 많은 국면에서 그 둘은 같은 관심을 갖고 있읍니다. 또 그 둘다 같은 신적인 주권에 대해서 책임을 갖고 있는 것입니다.

예를 들어서 어떤 사람들은 말하기를, 기독 공동체는 세속 공동체에서 분리되었기 때문에, 그리스도인이 정치에 참여해서는 안된다고 합니다. 그리고 보편적으로 신자들은 투표해도 안되고, 가능한 한 문화에서 물러나 떨어진 공동체에서 살아야 하며, 그리스도인 만을 친구로 삼아야 하며, 기독교 사회만을 위해서 일해야 한다는 등으로 말합니다. 그러나 예수님께서는 당신의 나라가 "세상에" 속한 것이 아니라고 말씀할 때 그 점을 논박하신 것입니다. "~에 속한"(of)이란 말이 열쇠어 입니다. 만일 예수님께서 세상 "속에" 있지 않다고 말씀하셨다면 우리는 분리되어야죠. 그러나 예수님께서 "세상에 속한"것이 아니라고 말씀 하셨으니, 그 말씀은 가치와 목적의 차원에서 "세상에" 속한 것이 아니지만 세상 "속에서" 능동적으로 존재해야 한다는 것을 뜻하는 것입니다. 다른 측면으로 돌려 보면 어떤 사람들은 또 이렇게 말합니다. 국가는 그리스도인들의 관심에 아무런 관계를 갖고 있지 않다. 예를 들어서 "도덕성의 규제하는 일"이 국가에 소속된 것이 아니다. 그러나 그것도 잘못된 것입니다. 예수님께서 빌라도의 권위가 하나님으로부터 왔다는 것을 상기시키실 때 그 권위를 주신 자의 성품에 따라서 그 권위를 행사해야 한다고 상기시키신 것입니다.

만일 국가가 도덕성을 법적으로 규제하지 못한다면 국가는 무엇을 합니까? 국가가 살인에 대한 법을 발전시키고 강화시킬때, 도덕을 입법화하는 것이 아니면 무엇이겠습니까? "생명은 귀중한 것이라는 것을 우리도 안다. 그것을 빼앗는 것은 나쁜 일이다. 이 일에 있어서 하나님의 십계명 중 제 6계명의 보증을 받는다"라고 말하는 것이 국가의 방식입니다. 다시 국가가 절도와 강도를 막기 위한 법을 만들 때에, 제8계명을 강화시키는 것이 아니고 무엇이겠습니까? 법적인 결혼과 계약과 노동쟁의의 협상과 수백가지 다른 영역에서 그와 유사한 형태를 띠고 있는 것을 법적으로 요구하고 있는 것도 역시 마찬가지입니다. 이러한 영역들 각각에서 국가는 도덕의 문제를 다루고 있는 것입니다. 예수님께서 빌라도에게 하신 말씀 속에서 강조하신 것은, 국가는 교회가 하나님 앞에서 책임을 지고 있는 것과 마찬가지로 하나님 앞에서 이에 대한 책임을 지고 있다는 것입니다.

빌라도는 물론 이 점을 쉽게 이해했을 것입니다. 예수님께서 위로부터 그에게 그 권세를 주지 아니하셨더면 그는 아무런 권세를 받을 수 없다는 것을 그에게 상기시키셨을 때, 빌라도는 궁극적인 의미에서 자기 권위가 더 작은 의미에서 가이사로부터 온 것처럼 하나님께로부터 왔다는 것을 이해했을 것입니다. 가이사 마저도, 그 권위를 하나님께로부터 받았으며, 그는 하나님 앞에서 책임을 져야 하며, 하나님에게 판단을 받아야 했읍니다.

이것이 그리스도께서 죄를 언급하시는 의미입니다. "그러므로 나를 네게 넘겨 준 자의 죄는 더 크니라." 죄는 하나님의 법을 어기는 것입니다. 그러므로 하나님께 징벌을 받아 마땅한 것이며 하나님께 심판을 받을 것입니다. 그래서 예수님께서는 빌라도에게 "너의 죄는 나를 미워하며 나를 네게 넘겨 준 자들의 죄 만큼 크지 않을 수 있다. 그러나 그들의 죄는 너의 죄에 대한 구실은 될 수 없다. 너는 여전히 죄인이다. 너는 그것때문에 판단을 받을 것이다"라고 말씀하고 계셨던 것입니다.

그리스도의 나라에 들어가는 것

예수님께서 당신의 나라에 대해서 지적하신 최종적인 요점은, 세속적인 방식으로써는 그 나라에 들어가지 못한다는 것입니다. 하늘나라와 지상의 나라는 어떤 점에서 서로 포개어져 있는 부분이 있습니다. 그러나 여기서는 그렇지 않습니다. 한사람이 지상나라에도 속하고 하늘나라에도 속할 수 있습니다. 황제도 그리스도인 일 수 있습니다. 어떤 분야에서 그 둘은 같은 관심을 가지고 있습니다. 그러나 그 두나라는 그럼에도 다르며, 들어가는 방식도 다릅니다. 세속적인 영역에서는 투표나, 사람들의 인기를 통해서 성공을 얻을 수 있습니다. 그러나 영적인 영역에서는 영적으로라야 들어가게 됩니다.

예수님께서 이 점을 두가지 방식으로 구체화시켜 설명하셨습니다. 예수님께서는 산상에서 하신 팔복의 말씀 가운데서 우리가 하늘나라에 들어가는 방식을 지적하시면서 "심령이 가난한 자는 복이 있나니 천국이 저희 것임이라"(마 5:3)라고 말씀하셨습니다. 이 말씀은 "거지의 정신을 가진 자는 복이 있다"거나 또는 "실패한 자는 복이 있다"는 말이 아닙니다. 심령 안에서 가난해지는 것은 거만으로 부한 것과 정반대입니다. 그 말은 겸손해진다는 말입니다. 그러므로 그리스도께서 당신의 나라에 들어가기 위한 첫번째 요구 조건으로 자신을 낮추고 그 앞에 탄원하는 자세를 취하는 것입니다. 세리처럼 "하나님이시여 나를 긍휼히 여기소서 나는 죄인이로소이다"라고 기도하는 것입니다.

둘째로, 빌라도 앞에서 하신 말씀 속에서 당신의 진리에 대한 우리의 반응의 영역에 있어서도 적극적인 차원을 가져야 한다는 것을 보여줍니다. 겸손은 선결 조건입니다. 그러나 그것이 구원 자체를 산출하는 것은 아닙니다. 오히려 우리는 예수님께서 이 땅에 오셔서 전달해 주셨던 그 진리에 반응을 나타내야 합니다. 그 진리는 이러합니다. 예수님은 하나님이시고, 그가 우리를 위해서 죽으셨으며, 자기들의 공로의 차원에서 하나님께 가지고 나올 만한 것을 하나도 갖고 있지 못함에도 불구하고 주 예수 그리스도의 공로를 힘입고 담대히 하나님께 나올 수 있습니다. 그리스도의 백성들은 이 진리를 듣고 그 진리에 반응을 나타냅니다.

13

진리가 무엇이냐?

> "빌라도가 가로되 그러면 네가 왕이 아니냐 예수께서 대답하
> 시되 네 말과 같이 내가 왕이니라 내가 이를 위하여 났으며 이
> 를 위하여 세상에 왔나니 곧 진리에 대하여 증거하려 함이로라
> 무릇 진리에 속한 자는 내 소리를 듣느니라 하신대 빌라도가
> 가로되 진리가 무엇이냐 하더라 이 말을 하고 다시 유대인들에
> 게 나가서 이르되 나는 그에게서 아무 죄도 찾지 못하노라"(
> 요 18:37-38)

어떤 것을 규정하는 방식은 두가지가 있습니다. 둘 다 필요합니다. 한
가지 방식은, 문제의 그 사물이 무엇인가를 말하는 방식입니다. 또
다른 방식은, 문제의 그 사물이 무엇은 아니라고 말하는 방식입니다. 그
둘 다 중요한데 만일 그것이 무엇이 아니라고 말할 수 없다면 그 사물
이 모든 것일 수도 있고 아무 것도 아닐 수도 있게 됩니다. 어떤 사람들
이 하나님을 규정하는 것을 보면 그와 같습니다. 하나님은 모든 것입니
다. 그러므로 아무 것도 아닐 수 있습니다. 반면에 어떤 사물이 어떠한
것인가를 긍정적으로 말하는 것도 필요합니다. 왜냐하면 아닌 것만을
말해가지고는 아무리 해도 가능성을 협소하게 만들기 때문입니다.

이 기본적인 원리는 빌라도가 예수님을 심문한 경우에도 중요합니다.
왜냐하면 중대한 문제는 예수님이 스스로 왕이시요, 따라서 나라를 소

유하고 있다는 주장이기 때문입니다. 그의 왕권과 나라가 가이사의 왕권과 나라와 반대되는 것으로 생각될 수 있는가? 빌라도가 바로 그 가이사의 나라의 이해관계를 대표하고 있는 사람입니다. 그 그리스도의 나라는 지상나라인가? 아니면 다른 무엇인가? 가이사의 주권적 이해 관계를 위협하는 것인가? 그래서 가이사와 빌라도가 두려워 해야 하는 그런 것인가? 그 질문들은 아주 중요한 것이었읍니다. 그래서 예수님께서는 빌라도와 말을 주고 받으실때 당신의 나라의 성질을 예리하게 규정 짓는데 세심하셨읍니다. 그 나라는 "이 세상에 속하지" 아니하였다고 함으로써 부정적으로 정의해 주십니다. 이제는 그 나라는 "진리에 속한" 나라임을 증거하기 위해서 당신이 세상에 오셨다는 것을 보여주므로써 그 나라를 적극적으로 규정짓습니다. 이것을 발전시키면서 "이를 위하여 세상에 왔나니 곧 진리에 대하여 증거하려함이로다 무릇 진리에 속한 자는 내 소리를 듣느니라"(요 18:37)고 말씀하십니다.

빌라도의 질문

예수님께서 그 나라를 규정하는데 있어서 흥미로운 요점은, 빌라도의 반응은 예수님께서 말씀하시는 내용을 추적하려는 성질의 것이나, 그 중요성을 인식한 그러한 것이 아니라는 점입니다. 빌라도에 있어서 진리가 무엇인지를 아는 것은 불가능해 보이는 그것을 기초로 한 조롱섞인 반응이었읍니다. "진리가 무엇이냐"라고 물었읍니다. 그런 다음에 밖으로 나갔읍니다.

프란시스 베이컨(Francis Bacon)은 그의 유명한 "진리에 대하여"라는 에세이를 쓸 때, 빌라도의 그 유명한 말이 익살스럽다고 주장했읍니다. 베이컨은 이렇게 주장합니다. "농섞인 자세로 말한 빌라도는 진리가 무엇이냐고 말한다. 대답할 겨를을 기다릴 짬도 없다." 이 말이 어떠하든지간에 그 말은 농섞인 것은 전혀 아닙니다. 빌라도는 하나님의 아들의 눈을 들여다 보면서 "내가 이를 위하여 났으며 이를 위하여 세상에 왔나니 곧 진리에 대하여 증거하려 함이로라"라고 외쳐대는 것을 들었읍니다. 그러한 체험을 가진 자 치고 누가 농담을 할 수 있겠읍니다. 더 나아가 비웃을 문제도 전혀 아니었읍니다. 상황은 무거웠읍니다. 빌라도의 깊은 냉소주의로부터 우러나온 그 질문은 그 시대의 환멸차고 절망적인 울부짖음이었읍니다.

빌라도가 정말 뛰어나게 현대인으로 보이게 만든 것은 바로 이 점입니다. 우리는 이 로마인의 심문과정의 요소들 속에는 어렵게 해서만이 그 진상을 파악할 수 있는 것들이 있음을 기꺼이 인정합니다. 분명히 말해서 가이사의 권리에 대한 빌라도의 관심은 우리에게 생소하게 느껴집니다. 유대 지도자들 가운데 일어났던 그 가련한 경쟁의식들과, 이 사람들과 빌라도 사이에 있었던 그 다툼은 정말로 그러합니다. 그러나 그것이 무엇인지를 간파해 낼 수 없는 우리의 무능력은 이 시점에서 진실을 가려내지 못합니다. 반면에 여기서 우리는 우리 자신의 문화가 소리지르는 환멸어린 목소리를 듣게 되고, 오늘 널리 광범위하게 퍼진 관점을 인지하게 됩니다. 궁극적인 의미에서 진리를 알 수가 없으며 뿐만 아니라 사실상 그 진리는 우리의 탐구의 대상으로 존재하는 것이 아니라는 관점이 널리 펴져있읍니다.

빌라도 시대의 진리에 대한 환멸은 헬라철학에 대한 환멸이었읍니다. 빌라도는 전혀 철학자가 아니었을 수도 있읍니다. 그러나 모든 로마사람들이 다 알듯이, 헬라사람들은 바로 이 분야에서 뛰어난 사람들임에도 불구하고, 궁극적인 철학적 난제들을 풀지 못했다는 것을 그는 알고 있읍니다. 가장 어렵게 철학의 영역에서 연마하였던 사람은 플라톤이었읍니다. 플라톤은, 진리가 무엇이냐는 것을 아는데 있어서 필요한 기본적인 문제는 어떤 특별한 세부국면보다 더한 것을 아는 것이 있어야 함을 이해했읍니다. 그 진리가 의미있으려면 말입니다. 헬라의 언어로 "특별한 것들"이라는 것은 "사물"을 뜻했으며, 우리가 세상에서 보는 것들을 뜻했읍니다. 우리는 어떤 주어진 순간에도 그러한 수천의 사물들에게 둘러싸여 있읍니다. 우리는 체험으로, 마음의 생각을 통해서 수천보다 더 많은 수백만의 사물이 있다는 것을 알고 있읍니다. 어떤 의미에서 우리가 그러한 것들을 관찰하기 때문에 그 특별한 것들을 알고 있는 것입니다. 그러나 진정한 지식이라는 것은 이 개별화된 사물들을 넘어서 보편적인 개념(idea), 그 사물들의 의미를 알게하는 공식에 이르는 것입니다.

예를 들어서 우리가 의자에 대해서 말할 때 많은 스타일과 많은 타입의 의자들을 열거할 수 있고, 그 스타일과 그 타입들마다 서로 차이가 있습니다. 그 의자들을 열거하면 흔들의자도 있을 수 있고, 등을 댄 의자도 있을 것이고, 책상의자도 있을 것이고, 서랍식 의자도 있을 것입니다.- 그 종류를 들자면 끝이 없을 것 같습니다. 그럼에도 불구하고 의자에 대해서 말할 때 우리는 분명히 이러한 각각의 종류의 의자들이 함께 공유하고 있는 일반적인 의자상(general idea of a chair)이 분명히 있습니다. 플라톤은 이러한 수준에서 분명히 진리가 되는 것이 다른 모든 영역에서도 진리여야 한다고 말했습니다.

그러나 이러한 이상형은 어디로부터 오는 것입니까? 의자의 차원에서 말할 때, 그것들은 인간생각에서 오며, 그러므로 그 인간생각 속에서 우주의 궁극적인 의미를 규정짓는다고 할 수 있습니다. 그러나 우리가 만일 그렇게 한다면 즉각적으로 묻고 싶습니다. 그러나 그 마음의 아이디어나 사람 자신의 상은 어디에서 오는 것입니까? 사람들이 분명히 마음을 같이 하지 않는 영역들에서 절대적인 것들을 어디서 얻습니까? 도덕이나 인간사회의 고유한 구조나, 종교 등에 관해서는 말입니다. 인기 있었던 헬라 사상들은, 신들로부터 라고 대답했습니다. 그러면, 그 신들의 개념은 어디서 온 것입니까? 플라톤은 인식하기를, 이러한 필요한 류의 논증을 추적해 나가면, 모든 의미를 찾게되는 그 한 큰 보편적인 것에 가까이 접근해야 한다고 했습니다. 그러나 여기에도 난제(難題)가 있습니다. 비록 플라톤과 다른 헬라사람들이 그러한 잠엄하고 모든 것을 함축하는 보편성의 필요성을 이해한다 할지라도 그 보편적인 것이 나오는 장소를 얻지 못한다는 것이며, 또는 분명히 그리로 가는 길을 알지 못한다는 것입니다. 플라톤은 이러한 것을 탐구하다 좌절하여 할 수 없이 그리워하면서 이렇게 말했다는 이야기가 있습니다. "모든 신비를 밝혀주고, 모든 것을 명백하게 보여줄 신(神)으로 부터 한 말씀이 오게 되었으면 얼마나 좋겠나."

플라톤 뒤에 이 동일한 난제를 풀려고 다른 시도들이 있었습니다. 그러나 더 많은 성공을 거두지 못했습니다. 따라서 헬라철학은 갈수록 더 조소주의로 하락이 되어 스토아학파의 "억지로 웃으며 참자"는 말로 표현되는 냉소주의로 빠지게 되었읍니다. 또는 "좋은 느낌을 주는 걸 하라"는 에피큐러스 철학, "믿음의 도약"이라는 다른 여러 신비 종교들의 철학이 냉소주의로 발전해 나갔읍니다. 빌라도는 이 모든 것을 알고 있었읍니다. 그래서 그는(그가 알고 있는 철학적인 사고의 시각으로 볼때 아주 정확하게) "진리가 무엇이냐"라고 물으면서, 이 영역에서의 사람들의 사색의 결과는 비실제적이고 무의미함을 입증했다는 뜻을 나타낸 것입니다.

오늘날의 상황

오늘날의 상황도 동등합니다. 선택을 위한 여러 명칭들이 변화되기는 했지만 말입니다. 그래서 우리는 빌라도를 뛰어난 현대인으로 부르고 있읍니다.

진리의 문제를 해결하자고 나선 또 다른 제안(물론 그것은 틀림없이 해결을 부인하는 것임)이 있는데 그것은 헤겔(W. F. Hegel)의 철학에서 생장된 상대주의(relativism)입니다. 헤겔은 독일 철학자로서 일련의 명석한 책들을 써서 진리는 절대적인 것이 아니라, 언제나 전체 역사의 흐름을 따라서 발전되는 것이라는 전제를 진전시켰읍니다. 헤겔의 관점에 따르면 진리란 다음과 같은 형태로 생성되는 종합의 결과입니다 : 모든 사실, 모든 이론이나 "진리"는 하나의 명제로 부를 수 있는데, 그 명제 자체는 반명제를 산출하기 마련이다. 처음에 이것들은 서로 반대가 되어 보이지만 시간이 지남에 따라서 하나의 종합적인 명제로 형태를 취하게 된다. 이 종합적인 명제는 또 다시 그 나름의 반명제를 낳는 새로운 명제가 되고, 계속 그러한 과정을 겪는다. 이 책에 따르면 진리란 상대적인 것입니다. 진리는 누구를 향해서 묻고 있으며, 그 묻는 기간이 언제이냐에 따라서 달라지는 것입니다. 그러므로 지금 진리인 것이 20년 전에는 진리가 아닐 수도 있고, 지금부터 10년 내지 20년 뒤에도 진리가 아닐 수 있읍니다. 또는 다시 그것을 바꾸어 말하면 나에게는 진리가 여러분에게는 진리가 아닐수 있읍니다. 미국에서는 진리가 소련에서는 진리가 아닐 수 있읍니다. 이것이 현대 세계에 물려 준 헤겔의 유산이었읍니다.

그 유산은 널리 확산되고 있읍니다. 사실 복음적인 그리스도인들마저 언제나 이 세계관에서 벗어나 있는 것은 아닙니다. 의미깊게 복음적인 운동마저도 바로 이때문에 시카고 대학 신학과(Divinity school)의 현대교회사를 담당하는 세련된 교수 마틴 마티(Martin E. Marty)에 의해서 비평을 받았읍니다. 그는 이렇게 썼읍니다. " 오늘날 복음주의는 자기들이 자처하는 것보다 진리에 대한 도구적, 또는 기능주의적 관점을 나타낸다. 현대 복음주의는 나에게 이렇게 말한다. '누구나 다 그렇게 믿으니 이것을 믿으라, 그처럼 급속하게 성장하고 있으니 그것이 진리임에 틀림없다' 또는 '그것을 믿지 않으면 당신네 교회의 한계선은 불분명해질 것이고 당신네들의 벽도 낮아질' 것이고, 결국 어느날에는 사람들이 권위와 안전보장을 원할때 그 사람들의 소원을 충족시키지 못할 것이고 하향세를 취하게 될것이다. 그러니 믿으라.' 흔히 어느 가르침의 유용성이 선전되고 있는 동안에는 그 가르침의 진리성 여부가 제기되지 않은 적이 흔하다."(Evangelical Newsletter 제4권 11호, 1977. 6. 3). 만일 이 말이 사실이라면— 저는 적어도 부분적으로 그 말이 사실이라고 믿고 있읍니다— 복음주의자들은 헤겔철학에서 생성되어 나온 그 진리에 대한 상대적인 관점에 속아 넘어가고, 스스로 빌라도를 자기들의 대변인으로 삼고 있는 것입니다.

현대적인 관점에 대해서 말할 필요가 있는 또 하나의 요점이 있읍니다. 실제적으로 오늘날 거의 모든 사람들은 진실이냐 거짓이냐의 문제를 순전히 주관적인 기초에서 말하고 있읍니다. 다시 말하면 어떤 것이 자기들에게 어떤 느낌을 주느냐에 따라서 그것이 진리냐 아니냐를 결정짓는다는 뜻입니다.

최근에 공영텔레비젼에서 이에 대한 실례를 목격하였읍니다. 1976년 말과 77년 초에 이르는 겨울동안 공영방송은 '한 결혼의 여러 정경들' (Scenes From a Marriage)이라는 6부작으로 된 영화를 방영한 적이 있었읍니다. 그것은 잉그마르 베르그만(Ingmar Bergman)이라는 사람이 쓴 것인데, 제일 처음에는 스웨덴 시청자들을 위해서 방영되었읍니다. 언뜻 보기에 그것은 하나의 이상적인 결혼으로 보이는 것이 어떻게 파경에 이르게 되는지 지각있게 분석한 영화같습니다. 그러나 그것은 사실상 그보다 더한 것입니다. 베르그만의 영화들이 거의 다 그러하듯이, 그것은 우리문화에 대한 분석입니다. 그 영화는 인격적이고 정치적인 함축적인 요소들로 가득 차 있습니다. 이 6부작으로 된 영화의 제 일 장면에서 남편 요한이 말하는 것이 나오는데, 그 말은 무심코 요한과 그 아내 마리안느의 유약성과 그들 결혼의 연약성을 드러냅니다. 그들은 전국에 걸쳐 배포되는 한 잡지를 위해서 인터뷰를 받고 있습니다. 소파에 둘 다 앉아있습니다. 인터뷰를 하는 기자가 묻습니다. "당신네들은 장래를 두려워합니까?"

요한이 대답합니다. "멈추어 생각한다면 두려움으로 망연자실해지죠. 아니면 저는 그렇게 생각합니다. 그래서 저는 생각하지 않습니다. 저는 이 낡고 포근한 소파를 좋아하죠. 그리고 저 오일 램프도요. 그것들은 제게 안전감의 환각을 주죠. 그것이란 너무 쉽게 무너져서 거의 우스꽝스러운 정도예요. 저는 종교적인 사람은 아니지만 바하의 마태 수난곡을 좋아합니다. 경건함과 소속감을 심어 주거든요. 우리 가정은 서로에 대해서 많은 것을 알고 있어요. 저는 이러한 접촉에 대단히 많은 것을 의지하고 있죠. 제가 보호를 받고 있다는 느낌을 가질때면 제 어린 시절을 생각하게 되죠. 마리안느가 동료의식에 대해서 말하는 것을 저는 좋아해요. 악한 경우들을 아주 걱정하는 양심을 위해선 그것이 좋죠. 제 생각에는 당신은 삶을 영위할 수 있고 당신의 삶에 만족할 수 있는 일종의 테크닉을 가져야 한다고 생각해요. 사실 어떤 일에 대해서 조금도 개의치 않고 매우 열심히 실천해야겠죠. 제가 가장 감탄해 마지않는 사람들은 인생을 농담으로 다룰 수 있는 사람들이예요. 저는 그럴 수 없읍니다. 그와 같은 대단한 일을 위해서 필요한 유머감각이 너무 적습니다. 이걸 기사화하지는 않겠죠? 그렇죠?"

그 말은 대단히 무서운 것입니다. 안전감이 없다는 것입니다. 그러나 안전하다는 느낌은 원하고 있읍니다. 종교적인 가치에 대한 부정입니다. 그러나 종교적인 느낌을 원하고는 있습니다. 사실 느낌만이 그 속에 존재하고 있읍니다. 그러므로 요한이 제시하는 삶에 대한 해결책이 "기술"(기교)이라고 하는 것은 놀라운 일이 아닙니다 —"삶을 영위할 수 있고 당신의 삶에 만족할 수 있는 일종의 테크닉(기교)을 가져야 합니다."

그러나 이 테크닉이 어떠해야 하는지를 아는 지식은 어디에서 얻습니까?
또는 다시, 그 테크닉이 실패하면 어떤 일이 일어납니까? 그 두번째 질
문에 대한 답변은, 이 영화에서 보여 주었듯이 결혼이 깨어지고 마는 것
입니다. 그래서 베르그만은 우리 사회에서 일어나고 있는 것을 이런 식
으로 극화한 것입니다.

그 전과는 달리 오늘날에는 수천의 캠퍼스들과 수백만의 가정들에서
진리의 문제는 제기조차도 않습니다. 오히려 사람들은 "그것이 잘 되가
느냐?" "그것이 실제적이냐?" "그것이 너에게 어떤 느낌을 주느냐?"라
는 식으로 묻고 있습니다. 분명히 말해서 이러한 질문을 던지지 못하는
것과 의미가 없다는 것이 서로 연관되어 있습니다. 그리고 우리 문화의
도덕적인 하향추세 ─ 워터게이트 사건, 고용인을 이유없이 해고시키는
기업주의 자세, 부도덕성의 합법화, 들치기, 그 밖의 다른 많은 것들 속
에서 표현되는 ─ 가 거기서 흘러나오는 것입니다.

현대인에게 주는 말

여기서 우리는 현대의 딜레마에 대한 해답으로 시선을 돌립시다. 왜
냐하면 만일 빌라도의 질문이 뛰어나게 현대적인 질문이라면, 그 질문
를 야기시켰던 그리스도의 진술은 우리의 환멸적인 문화에 대해서 뛰어
나게 주는 말이 됩니다. 예수님께서 진리와 그 진리의 성질에 대해서 말
씀하신 것이 이번이 처음이 아닙니다. 앞에서 그는 스스로 "진리"라고
말씀하셨고(요 14:6), 성령을 "진리의 영"이라고 부르셨습니다(요 14:
17; 15:26; 16:13). 그리고 성경을 "진리"라고 하셨습니다(요 17:17).
심지어 "진정(진리)으로 예배"할 필요성을 말씀하셨습니다(요 4:23, 24).
또한 진리를 "행할" 필요성도 말씀하셨습니다(요 3:21). 이 모든 참고
구절들은 진리가 무엇이며, 진리가 어떻게 작용하는가에 대한 구약의
개념에 비추어서 총체적으로 이해할 수 있는 것들 입니다. 그러나 요한
복음에 나오는 진리에 대한 여러 언급들 중에서 가장 마지막 경우인 여
기에서 예수님은 빌라도 앞에 그 진리를 언급하시되, 빌라도같은이방인
마저 그것을 가늠할 수 있는 방식으로 언급하십니다.

그의 진술은 간단합니다. "내가 이를 위하여 났으며 이를 위하여 세

상에 왔나니 곧 진리에 대하여 증거하려 함이로라 무릇 진리에 속한 자
는 내 소리를 듣느니라." 그럼에도 불구하고 이 진술은 빌라도의 시대의
문화를 사는 사람들이 알 필요가 있는 중요한 여러가지를 말하고 있읍
니다.

첫째, 진리같은 것이 존재하며 진리는 하나의 총체이다라고 말하고
있읍니다. 곧 진리는 단일한 것입니다. 그 진리는 여러 파편 조각들로
이루어진 것이 아닙니다. 말하자면 서로 관계없는 사실들과 항목들의
의미에서 진리에 대해서 말하도록 하는 것이 아니라는 뜻입니다. 진리
는 총체성을 띠고 있읍니다. 그러므로 진리의 국면에는 다른 국면과 연
관이 없는 그런 국면은 없읍니다. 하나님의 본질은 원자의 구조와 관련
되어 있읍니다. 성경의 영감과 무오성은 곱셈구구표와 연관되어 있읍니
다. 진리가 되는 모든 것들은 그 진리의 부분이며, 스스로 진리이신 하
나님에 대하여 독특하고 피할 수 없는 관계를 띠고 있읍니다.

둘째로, 주님께서는 그 진술을 통해서 진리는 하나의 총체적인 것 뿐
아니라 객관적인 것임을 지시하고 계십니다. 다시 말하면 진리는 관찰
되고 논의되도록 존재한다는 것입니다. 우리는 진리를 관찰할 수 있고
선입견 없이 논의할 수있읍니다. 진리를 증거하기 위해서 오셨다는 그
리스도의 진술 속에 그 점이 함축되어 있읍니다. 마치 법정에 제출된 어
떤 사실을 증거하기 위해서 어느 사람이 증인으로 서는 것과 같이 말입
니다.

이것은 두 영역에서 여러가지 함축적인 요점들을 갖고 있읍니다. 한
편에서 생각하면 그것은 그리스도인이 과학적인 진리를 접근하는 방식
에 대해서 무엇인가를 말하고 있읍니다. 그리스도인은 냉정하고 분석적
인 자세로 접근할 수 있읍니다. 반면에 그것은 또한 종교진리의 성질에
대해서는 무엇인가를 말하고 있읍니다. 왜냐하면 진리가 하나의 총체적
인 것이고, 진리가 객관적인 것이라면, 종교진리는 분석과 검증의 범주
를 넘을 수 있는 것이 아니기 때문입니다. 또한 진리란 큰 "믿음의 도약
(비약)"에 의해서 도발되는 것도 아닙니다. 오히려 그것은 연구될 수
있는 것이고, 그러므로 필연적으로 우리의 본성과 우주의 성질을 위한
빛을 던져 줄 것입니다. 생물학자가 현미경을 통해서 현미경적 세계의

성질을 연구하기 위해서 들여다 보는 것처럼, 우리도 말씀의 현미경을 통해서 우리의 참된 조건을 보는 것입니다. 그 성경 속에서 하나님께서 당신의 아들을 우리의 구주로 보내심으로써 행해질 필요가 있는 일을 하셨음을 발견합니다. 예수님은 우리를 위해 죽으셨읍니다. 그는 또한 우리를 위해서 살아나셨읍니다. 우리를 위해서 왕노릇 하십니다. 그것이 객관적인 진리입니다. 그러므로 그 진리는 연구될 수 있는 것이고, 다른 어떤 진리가 그러하듯이 우리의 삶에 적용될 수 있는 것입니다.

세째로, 예수님께서 빌라도에게 하신 말씀은 진리는 위로부터 와야 한다는 것을 제시합니다. 왜냐하면 예수님께서는 진리에 대해서 증거하려 오셨다고 말씀하실때 궁극적인 의미에서 진리는 이 세상에 속한 것이 아니요 계시를 통해서 이 세상에 와야 하는 것임을 함축하시기 때문입니다.

이것은 모든 진리에 해당되는 말입니다. 물론 그것은 영적인 진리에 해당됩니다. 왜냐하면 우리가 하나님의 말씀 속에서 얻는 계시를 통하지 않고는 그어느 사람도 그 하나님의 말씀에 밝혀져 있는 것을 추측해 내지 못할 것이기 때문입니다. 그 어느 누구도 혼자 그것을 진실로 알지는 못합니다. 하나님이 어떠하신 분이며, 우리 구원을 위해서 예수 그리스도 안에서 하나님이 행하신 것이 무엇인가를 추측해 낼 수도 없읍니다. 그리고, 과학적인 진리의 경우에도 그러합니다. 왜냐하면 하나님께서 우리에게 영적 진리의 책을 주신 것 같이 과학적인 진리의 책을 주신것은 아니지만 그럼에도 불구하고 우리에게 자연속에서 자신에 대한 계시를 지각할 이지를 주셨고 실제로 그 이지를 인도하셔서 자연 속에 드러난 것을 발견하게 하십니다. 때로 과학자들은 이것을 눈치채지 못합니다. 어떤 때에는 그것을 알기도 합니다. 전구의 발명가 사무엘 모르스(Samuel Morse)가 한번은 자기가 일하고 있던 책상 위에 엎드려 있는 것이 다른 사람에게 목격되었다고 합니다. "당신 뭐하고 있느냐?"라고 물어 보았읍니다.

그랬더니 모르스는 대답하기를 "하나님께 도움을 청하고 있어요. 나는 내 연구실에 들어올때 마다 '오 하나님 나는 아무것도 아닙니다. 제게 지혜를 주소서. 제게 총명있는 이지를 주소서'라고 말씀드리죠"라고 대답했습니다. 모르스는 진리가 하나님으로 부터 온다는 것을 알았읍니다. 따라서 그가 전구를 발명하고 나서 보낸 첫번째 메세지가 "하나님께서 무엇을 하셨는가?"라는 감사에 차고 기이한 질문이었다는 것을 알고 놀랄 필요는 없읍니다.

네째로, 우리 주님의 말씀은 궁극적인 의미에서 하나님께로 부터 온 진리가 한 인격 안에서 구체화 되었다라고 가르치고 있읍니다. 그 어느 누구도 이것을 상상해 내지 못했을 것입니다. 우리에게 있어서 진리란 추상적이고, 언제나 추상적인 상태로 남아있는 것으로 상정될 수 있읍니다. 우리는 진리를 생각할 때 방정식과 산술과 명제의 차원에서 생각합니다. 그러나 하나님께서는 진리는 인격적이라고 말씀하십니다. 그 보다 더 진리는 하나의 인격이고, 이 인격은 주 예수 그리스도이십니다. 그자신이 "나는 길이요 진리요 생명이라"(요 14:6)고 명료하게 말씀하셨읍니다. 이것은 플라톤(다른 모든 철학자들을 포함해서)의 요청에 대한 답입니다. 플라톤이 말했읍니다. "그 어느날 모든 신비를 밝히고 모든 것을 명백하게 드러낼 한 말씀이 신으로부터 오기를 바란다." 그 말씀이 이제 왔읍니다. 주님이 바로 그 말씀입니다. 그는 모든 신비를 밝히고 그에게 오는 모든 사람들에게 모든 것을 명백하게 하기 위해서 오신 분이십니다. 우리가 어떻게 와야 합니까? 겸손하게 나아와야 합니다. 왜냐하면 우리는 그에게 주장할 아무런 권리도 없고, 그의 은혜로 그를 발견하기 때문입니다(발견한다면). 우리는 구하면서 나아와야 합니다. 그가 우리더러 구하라고 말씀하셨으니 말입니다. 믿으면서 나아와야 합니다. 왜냐하면 하나님께서는 믿음만이 하나님을 기쁘시게 한다고 선언하셨기 때문입니다. 우리가 죄인들이나 예수님은 구주요, 우리는 무지하나 예수님은 하나님의 계시의 충만이라고 믿어야 합니다. 우리는 그 분에게 우리 자신을 맡기되, 그 분만이 인간 마음의 가장 깊은 요구를 충족시킬 수 있는 분으로 알고서 맡겨야겠읍니다.

14

나는 그에게서 아무 죄도 찾지 못하노라

"빌라도가 가로되 진리가 무엇이냐 하더라 이 말을 하고 다시
유대인들에게 나가서 이르되 나는 그에게서 아무 죄도 찾지
못하노라"(요 18:38)

출애굽기 10장과 구약의 다른 여러 부분들에서 나온 유월절을 지키
는 문제에 대해서 가르치는 여러 말씀들 속에는, 빌라도 앞에서 주
예수 그리스도가 받은 심문의 결과와 관련을 맺는 한 상세한 국면이 있
읍니다. 이 대목들은 우리에게, 그 유월절을 지킬때 죽임을 당할 어린양
들은 "흠이 없어야"한다고 말하고 있읍니다(출 12:5; 레22:17-25 참조).
그 점을 확인하기 위해서 그 어린양을 제사드리기 삼일 전 부터 집안에
서 가둬놓고 있어야 했는데, 그 기간 동안에 그 어린양을 면밀히 조사해
야 했읍니다. 그래서 그 어린양이 하나도 흠이 없다는 것이 발견될 때에
만 그 유월절 의식에서 사용되었읍니다.

이것은 빌라도 앞에서 주 예수 그리스도께서 심문 받으시는 것과 연
관된 것입니다. 왜냐하면 하나님의 계획 속에서 예수님은 유월절 어린
양으로서, 영적 죽음의 천사가 당신의 희생제사를 신뢰하는 모든 사람
들에게는 그냥 지나치도록 하기 위해서 죽으신 분입니다. 그는 바로 이

목적을 위해서 점검을 받았고, 흠이 없는 것이 드러났습니다. 예수님께
서 공생애를 시작하는 시점에 3년동안 이스라엘의 집에 갇히어 있었다
고 말할 수 있습니다. 공생애 초기에 세례요한은 예수님을 보고 하나님
의 어린 양이라고 말했읍니다. 세례요한은 하나님께서 지정하신 예수님
의 선구자였읍니다. 요한은 그를 가리키면서 "보라 세상 죄를 지고 가는
하나님의 어린 양이로다"(요 1:29)라 말하였읍니다. 그 시점에서 부터
주님께서는 이스라엘 사람들 중에 출입하시면서 그들에게 점검을 받으
셨읍니다 – 친구들과 원수들에게 똑같이 말입니다. 그 어느 누구도 그
에게서 흠을 발견할 수 없었읍니다. 자, 로마 총독 빌라도가 예수님에
관해서 이 땅에서는 마지막으로 공식적으로 공표한 말을 했는데, 그것
은 유대인들의 작정된 의도와는 반대가 되는 것이었고, 예수님께서 무
죄하다고 선언하기위해 그의 분별력 없는 양심의 성질과도 반대가 되는
것입니다.

빌라도는 세번이나 그렇게 합니다. 첫째는 그 공식적인 그 로마의 재
판의 결론에서 입니다. 이 심문에서 예수님께서는 "그리스도요 왕"이라
고 스스로 주장하셨다고 고소를 당하셨고, 그래서 가이사의 원수라는
것입니다. 빌라도는 그 송사가 정당성이 없는 것을 알았읍니다. 예수님
께서 말씀하시는 나라의 성질이 무엇인가에 대해서 자세히 주의한 후에
그는 군중들에게 나타나서 "나는 그에게서 아무 죄도 찾지 못하노라"
(아무 흠도 발견하지 못하노라)(요 18:38; 눅 23:4).

예수님의 무죄성을 선언하는 두번째 경우는, 빌라도가 예수님을 헤롯
에게 보냈다가 다시 정죄당하지 않은 채 예수님을 다시 돌려 받은 후
였읍니다. "보라 이 사람을 데리고 너희에게 나오나니 이는 내가 그에게
서 아무 죄도 찾지 못한 것을 너희로 알게 하려 함이로라"라고 빌라도
가 말했읍니다(요 19:4; 눅 23:14, 15 참조).

마지막으로 예수님께서 무죄하시다는 것을 선언한 것은, 빌라도가 예
수님을 매질하는데 내어 준 후 였는데, 빌라도는 이 행동을 하면 그 과
격하고 악의에 찬 군중들을 만족시킬 것이라고 생각했읍니다. 빌라도는
"나는 그에게서 죄를 찾지 못하노라"(요 19:6; 눅 23:22 참조)라고 선
언하였읍니다. 지도자들은 고집을 세우면서 사람들을 선동시켜 "그를

십자가에 못박으라! 십자가에 못박으라!"고 소리지르게 만들었읍니다. 그래서 결국 폭동을 감수할 마음은 갖지 않고, 그래서 자신의 입장을 양보한 빌라도는 결국 그리스도를 죽는데 내어 주었읍니다. 그가 무죄한 것을 알았음에도 말입니다. 그러나 – 우리가 지적하는 요점은 이것입니다 – 갈보리로 나아가신 그리스도는 정죄를 받지도 않았고, 죄 없다고 선언받은 분입니다. 예수님께서 이 세상 죄를 위해서 죽으신 것은 하나님의 흠없는 어린 양으로서 입니다.

하나의 보편적 선고

그러나 이 중요한 선고 – "나는 그에게서 아무 죄도 찾지 못하노라" 는 선고는 빌라도만 한 것이 아니었읍니다. 그것은 주 예수 그리스도를 시험해 보거나 어떤 관계를 맺고 있었던 모든 사람들이 제시한 것입니다. 그에 대해서 "무죄"를 선고했던 사람들을 생각해 보십시요.

하나님 아버지를 먼저 생각할 수 있읍니다. 그리스도께서 공생애를 시작하실때 세례 요한은 주님을 보고 하나님의 어린 양이라고 말했읍니다. 비록 요한은 선지자였고, 믿을만한 사람이었지만, 요한이 진정으로 예수님을 보고 확신에 차서 말했는가 물어보고 싶어집니다. 이스라엘도 수백년동안 메시야를 기다렸읍니다. 사단의 머리를 쳐부술 자를 세상이 기다린 것은 훨씬 더 오래였읍니다. 우리는 이렇게 물을 수 있읍니다. "그가 진실로 그 분인가?" "이 분이 진실로 세상 죄를 위해서 죽으실 흠없는 어린 양이신가?" 그 문제를 불분명한 채 그냥 있도록 해서는 안 됩니다. 요한이 예수님께 세례를 베풀자 마자 성령께서 눈에 보이는 비둘기 형태로 예수님 위에 비치시는 것이 보였읍니다. 하나님의 음성이 하늘로서 들렸읍니다. "이는 내 사랑하는 아들이요 내 기뻐하는 자라" (마 3:17; 막 1:11; 눅 3:22).

그 뒤 변화산상에서 예수님께서 모세와 엘리야와 함께 영광 중에 계신 모습을 드러내셨을 때, 그 음성이 다시 들려 선언하기를 "이는 내 사랑하는 아들이요 내 기뻐하는 자라. 너희는 저의 말을 들으라"(마 17:5; 막 9:7; 눅 9:35는 참조). 그러니 하나님 아버지께서는 주 예수 그리스도께서 아버지 하나님이 기뻐하시는 분이시요 그러므로 흠 없는 분이다고 선언하셨읍니다.

　"예수님의 무죄성"을 선언한 두번째 선고는 예수님을 가장 잘 아는 사람들이 내린 선고였읍니다. 곧 그의 제자들입니다. 예수님에 대해서 그들이 모르고 이해하지 못하는 부분도 많이 있읍니다. 그들은 예수님의 사역의 목적을 알지 못했고, 예수님의 죽으심의 필요성도 이해하지 못했읍니다. 그러나 그들이 아는 한가지가 있읍니다. 그들은 그 분 외에는 그 인품이나 교훈에 있어서 도덕적 탁월성을 다 갖춘 사람을 만나본 적이 없읍니다. 요한은 그리스도를 보고 "의로우신" 분이라고 말합니다 (요일 2:1). 베드로는 사도행전에 기록된, 이른바 오순절 날의 한 설교에서 그리스도를 보고 "거룩한 자"(행 2:27)라 하였고 "의로운 자"(행 3:14)로 불렀읍니다. 베드로는 그의 베드로전서에서 예수님은 "점 없고 흠 없는" 분이라고 말합니다(벧전 1:19). 마태는 그가 "임마누엘… 우리와 함께 하시는 하나님"(마 1:23)이라고 고백했읍니다. 도마는 "나의 주 나의 하나님"이라고 선언함으로써 그리스도의 완전성을 천명했읍니다(요 20:28). 이 모든 사람들은 가능한 한 가장 가까운 접촉을 하면서 예수님과 어깨를 맞댄 사람들 입니다. 그들은 거의 3년동안 이런 일을 했읍니다. 어려운 때나 좋은 때나 그가 수많은 사람들의 요구를 맞아들이는 모습 뿐 아니라, 그의 가르침을 반대했던 사람들의 욕설과 과격성을 어떻게 참아내시는가를 그들은 보았읍니다. 만일 그리스도 안에 있는 연약성에 대해서 아는 사람이 있다면 이 사람들이 바로 그 자들일 것입니다. 그럼에도 불구하고 그들은 주저함 없이 빌라도처럼 "나는 그에게서 아무 죄도 찾지 못하노라"고 고백했읍니다.

　다시, 유대 지도자들의 증언입니다. 이 사람들은 대부분이 예수님의 원수들 이었읍니다. 그들은 예수님을 좋게 생각할 마음을 가진 적이 전혀 없읍니다. 사실 그 정반대입니다. 그들은 그를 미워하였고, 그가 어떤 어리석은 일을 범하였다고 트집을 잡으려고 했읍니다. 그때 그런 식의 비난을 내놓고 하였읍니다. 또 법을 어겼다고 공식적으로 정죄를 받게 하는 일을 통해서 그를 넘어뜨리려 하였읍니다. 그러나 그들은 성공할 수 없었읍니다. 결국 그들이 그를 정죄했을 때, 그것은 예수님께서 공개적으로 자신이 하나님의 아들이시라고 주장했다는 그 이유때문이었읍니다. 어떤 증거도 없음에도 불구하고 그들은 그 진술이야 말로 하나님을 모독하는 참람한 죄로 판단했읍니다.

더구나, 그 나라의 지도자들은 예수님을 반대하는데 단순히 수동적인 자세가 아니었읍니다. 그들은 능동적으로 예수님을 넘어뜨리려 하는 일에 있는 힘을 기울였읍니다. 그럼에도 그들은 성공하지 못했읍니다. 누가가 그 점에 대해 말하면서 다음과 같이 지적하고 있읍니다. 예수님께서 그들의 외식적인 신앙행태, 자기들이 질 수 없는 요구사항들을 사람들에게 무겁게 지우면서 선지자들을 죽이는 자세에 대해서 아주 엄청난 말을 하셨읍니다. 그후 저희가 "맹렬히 달라붙어 여러가지 일로 힐문하고 그 입에서 나오는 것을 잡고자 하여 목을 지키더라"(눅 11:53, 54)고 지적합니다. 그러한 시도들 중 몇을 우리는 알고 있읍니다. 계략이 숨은 질문들, 공적인 참소, 비방 등 입니다. 그 중에서 가장 경멸적인 것은, 간음하다 잡힌 여인을 통해서 그를 넘어뜨리려 한 것 입니다. 그러나 이런 일 후에도, 예수님께서 죄를 용납하지 않으시면서도 그 여인에게 긍휼을 베푸는 일에 실패하지 않음으로써 감탄할 정도로 당신 자신을 함정에서 빼 내신 후에 "너희 중에 누가 나를 죄로 책잡겠느냐?"(요 8:46)고 물으실 수 있었고, 그들은 아무런 말을 하지 못했읍니다.

그러나 아마 우리는 바른 장소에서 살펴보고 있는 것이 아닐 것입니다. 우리는 그리스도의 제자들에 대해서 말했읍니다. 그들은 예수님을 주목할 충분한 기회를 가지고 있었지만, 편을 들어 생각할 수도 있다는 의문이 제기될 수 있읍니다. 우리는 지도자들에 대해서도 말했읍니다. 그 지도자들이 예수님에게 호감을 갖지 않은 것만은 사실이지만 가까이서 예수님을 관찰할 충분한 기회가 없었다고 말할 수도 있읍니다. 그리스도를 가까이 관찰하면서도 동시에 그리스도에 대한 어떤 우정이나 또는 어떤 그와 유사한 이유에서 그리스도에게 유리한 방향으로 판단할 것으로 추정되지 않는 어느 누가 없는가요? 우리는 그러한 사람을 기대할 만한 아무런 자격이 없읍니다. 그러나 하나님께서는 그의 지혜로 유다속에서 그러한 사람을 마련하셨읍니다. 유다는 열두제자 중의 한사람이었읍니다. 그리스도의 공생애 기간을 통해서 유다는 그리스도와 함께 있었읍니다. 그러므로 예수님을 관찰할 충분한 기회를 가졌읍니다. 그러

나 유다는 예수님을 배반하여 판 후에 은 삼십을 대제사장들과 장로들
에게 돌려 주려고 애를 썼고, "내가 무죄한 피를 팔고 죄를 범하였도다"
(마 27:4)고 말했읍니다. 이것은 "나는 그에게서 아무 죄도 찾지 못하
노라"고 말하는 것이나 같습니다.

여러 세대들의 선고

주 예수 그리스도와 관련을 가진 모든 사람들의 선고가 그것이 아닙
니까? 우리는 그리스도가 이 지상에 계시는 동안 그리스도와 함께 살았
던 사람들, 그래서 그때 그리스도를 알았던 사람들에 대해서 말했읍니
다. 그러나 그 이후 그리스도와 관련을 맺었던 사람들에 대해서는 어떠
합니까? 친구들이든 원수들이든 말입니다. 그들 가운데 어떠합니까? 그
들이 내린 판결도 동일하지 않습니까?

우리는 먼저 무엇보다도 그리스도의 친구들을 생각해 봅시다. 이 사
람들은 그리스도를 구주로 믿고, 자기들의 죄에서 구원함을 받았읍니다.
그러나 그들의 방식도 언제나 부드러운 것만은 아니었읍니다. 하나님의
섭리로 보면 어떤 사람들은 큰 좌절을 겪기도 했읍니다. 어떤 사람들은
직업을 잃기도 했고, 어떤 사람들은 가족들을, 어떤 사람들은 건강을 잃
기도 했읍니다. 또 어떤 사람은 구약 욥이라는 족장처럼 모든 것을 다
잃어버리고 욥이 말한 것처럼 할 수 밖에 없을 때도 있었읍니다.

"나의 난 날이 멸망하였었더라면; 남아를 배었다 하던 그 밤도 그러
하였었더라면 …… 어찌하여 내가 태에서 죽어 나오지 아니하였었던가
어찌하여 내 어미가 낳을 때에 내가 숨지지 아니하였던가 어찌하여 무
릎이 나를 받았던가 어찌하여 유방이 나로 빨게 하였던가 그렇지 아니
하였던들 이제는 내가 평안히 누워서 자고 쉬었을 것이니"(욥 3:3, 11-
13). 그럼에도 불구하고 이 사람들은 그리스도를 저주하지 않았읍니다.
오히려 그리스도에게는 아무 죄가 없다고 고백하였읍니다.

스펄전은 이 점에 대해서 이렇게 썼읍니다. "여러분은 그리스도 안에
서 소망을 가지고 살았던 수백만의 그리스도인들 가운데서, 자기 백성
들을 낙담시키는 것이 그리스도의 취미라고 말하는 사람이 한 사람이라
도 있다고 생각하십니까? 그리스도와 함께 있던 그 수많은 사람들 중에

서 죽어가면서 그리스도는 그리스도 자신이 주장하신 대로 그런 분이 아니라고 말한 자가 있습니까? 아니면 '내가 그리스도를 믿었는데 그가 나를 건지지 못했다. 그 모든 것은 다 기만이었었다'고 고백하는 사람은 없던가요? 분명히 우리가 따로 떼어 놓고 본 그 수많은 사람들 속에서 비밀스러운 것을 누설할 한 두사람이 있어야 할 것입니다. 그러면서 '그는 기만자야. 그는 구원할 수 없어. 그는 아무것도 할 수 없어. 그는 건질 수 없어'라고 말할 수 있는 사람이 있어야 겠죠. 그러나 그 여러 세대에 걸쳐서 믿는 사람치고 죽어가면서 그리스도를 악평한 사람은 한사람도 없고 '우리는 그에게서 아무 죄도 찾지 못하노라'라고 말했읍니다."

이 점은 어떤 의미에서 그리스도의 원수들에게도 진리입니다. 최소한 그의 성품과 가르침을 조사하는 수고만 했다면 말입니다. 그들이 기독교에 반대할 수 있읍니다. 그들이 예수님을 따를 하등의 소원을 갖고 있지 않을 수도 있죠. 그럼에도 불구하고 그리스도의 인품에 인상을 받지 아니한 비평가들은 거의 없으며, 그리스도에 대해서 악담을 한 사람은 더 적습니다.

그럼에도 불구하고 어떤 사람들이 그렇게 하고 있다고 말하겠읍니까? 어떤 의미에서 그렇게 말하는 사람이 있읍니다. 그러나 그들이 결국 할 말은 역시 그렇지 않습니다. 어느날 그들은 영광중에 계신 그리스도 앞에 서게 될 것이고, 그들 자신이 이제까지 해 온 것에도 불구하고 그리스도는 당신 스스로 주장하신 바로 그 분이며, 자신들에게나 다른 사람들에게 행한 그리스도의 행동 속에는 아무런 흠도 없다고 고백하지 않으면 안될 것입니다. 바울은 그날에 대해서 말하기를 "모든 입으로 예수 그리스도를 주라 시인하여 하나님 아버지께 영광을 돌리게 하셨다"고 말합니다(빌 2:11).

스펄젼은 계속해서 이렇게 말하고 있읍니다. "만일 여러분 중에 어느 누구라도 그리스도를 거절하고, 그리스도의 심판대 앞에 서서 그리스도를 믿지 않았다고 해서 정죄를 받고, '너희 저주받을 자들이여 나를 떠나가라'라는 파멸적인 말을 여러분의 영원한 몫으로 받게 될 때 여러분은 그때 이렇게 말하지 않을 수 없을 것입니다. '나는 그에게서 아무 흠도 발견하지 못한다, 그의 피에도 아무 실수가 없고, 문제는 내 믿음이 없었던데에 있었다. 그의 성령도 잘못이 아니다 – 잘못은 내 고집스런 의지였고 그의 약속도 잘못이 아니다 – 잘못은 내가 그를 받지 않았던 데 있었고, 그에게서 아무 죄도 발견하지 못한다. 그가 결코 나를 배반한 적이 없었다. 그가 나의 기도를 듣기를 거절한 적도 없었다. 만일 내가 맞은 안식일을 잘못 보냈다면 그것은 그 분의 흠 때문이 아니다. 내가 복음을 경멸하였다면 그 분의 잘못이 아니다. 내가 멸망했다면 내 피가 내 문에 엎드려져 있다. 나는 그에게서 아무 흠도 발견하지 못한다.' 모든 피조물들이 이처럼 하나로 일어나 그의 완전성을 인정할 것이다. 하늘과 땅과 지옥이 다 합세하여 '우리는 그에게서 아무 죄도 찾지 못한다'라고 동일한 선고를 내릴 것이다."

그럼에도 그는 죽는다

주 예수 그리스도께서 당신에게 시행될 수 있는 모든 조사과정을 통과하시고 흠이 없는 것으로 선언받으셨다고 우리는 결론 짓습니다. 친구들이나 원수들이나 다같이 여러 저울로 그를 달아 보았고 여러 표준으로 그를 재 보았읍니다. 각 경우마다 그는 무죄한 것이 발견되었읍니다. 그러나 그가 공식적으로 무죄하다는 것이 밝혀졌음에 불구하고 그는 죽었읍니다. 어째서 그렇습니까? 사망은 죄의 결과입니다(롬 6:23; 고전 15:56). 그러나 그리스도께서는 죄가 없으십니다. 죄가 없으신 분이 어떻게 죽습니까?

우리는 두 차원에서 그 질문에 대한 답을 할 수 있읍니다. 만일 인간적인 관점에서 그 질문을 살펴보면, 예수께서는 유대 지도자들의 미움과 빌라도의 도덕적 비겁성이 서로 합해진 결과로 예수께서 죽으셨다고 대답할 것입니다. 이 말은 그리스도께서 십자가에 못박히신 것은 인간의 마음이 하나님을 대적하여 배역하였기 때문이라고 말하는 것이나 다름이 없읍니다. 예수님께서는 그것을 하나의 비유로 설명하셨읍니다. 어느 주인이 포도원을 만들어 예비하고, 소작농들에게 맡깁니다. 그런 다음에 먼 나라에 갔읍니다. 추수 때가 오자 그는 종들을 농부에게 보내면서 주인이 차지해야 할 이익분을 받아오라고 하였읍니다. 그러나 그 농부들은 합당하게 하지 아니하고 그 종들을 잡아, 어떤 종은 때리고 어떤 종은 죽이고 어떤 종은 돌로 쳐 죽였읍니다. 다시 그 주인은 다른 종들을 보냈읍니다. 그러나 그들은 똑같은 짓을 했읍니다. 결국 "내가 내 아들을 보내리라. 분명히 그들은 그를 존중하리라"말했읍니다. 그러나 그 농부들은 그 아들을 존중하기는 커녕 "이는 상속자니 자 죽이고 그의 유업을 차지하자," 그래서 그 아들을 붙잡고 죽였읍니다(마 21:33-41). 주님께서는 그런 다음에 그 비유를 적용시켜, 인류가 하나 님 아버지를 미워하기 때문에 곧 죽임을 당할 아들이 당신 자신임을 보여주셨읍니다.

그러나 제가 지적했듯이 그것은 그 이야기의 한쪽 면만을 말한 것입니다. 우리도 그리스도를 십자가에 못박는 죄를 함께 범한 것을 밝혀주는 측면이 있읍니다. 그리스도 당시의 유대인들 처럼 우리는 우리 말과 행동을 통해서 "우리는 이 사람이 우리를 다스리기를 원치 않는다"고 말했읍니다. 그럼에도 불구하고 그것은 한 국면에 불과합니다. 진정으로 놀라운 국면이 있는데, 예수께서 죽으신 것은 하나님께서 그로 우리의 죄 담당자로 지명하셨기 때문이라는 것입니다.

최근에 저는 요한복음을 연구해 오면서 이 진리를 아주 잘 나타내는 어떤 말들을 만나게 되었읍니다. 그래서 그것을 저는 여기서 길게 인용해야겠읍니다. 그 말은 아마 19세기 중엽에 독일의 가장 위대한 복음적 설교자였을 사람인 프레드릭 빌헬름 크룸마허(F. W. Krummacher)가 한 말입니다. 그가 설교한 것이 영역되어서는 「The Suffering Savior」로 출판되었읍니다(우리 말로는 본역자에 의해서 "고난받는 그리스도"라는 제명으로 지평서원에서 출간되어 현재 배포중임) — 크룸마허는 이렇게 쓰고 있읍니다.

"그러나 자, 어째서 예수께서 죽으셨는지 말해 봅시다? '한번 죽는 것은 사람(죄인)에게 정하신 것이요 그 후에는 심판이 있으리니.' 그러나 그는 죄인이 아니십니다. 구속받는 사람이라 할지라도 그 육체가 죄로 말미암아 부패했기 때문에 죽음을 통과하지 아니하고는 하늘의 세계에 갈 다른 방도가 없읍니다. 그러나 그리스도의 육체는 그렇지 않읍니다. 그러나 그는 죽으십니다. 그처럼 무시무시한 방식으로 말입니다. 그것이 어떻게 된 것인지 설명해 보십시요. 시간을 가지고 숙고해 보십시요. 그러나 그 주제를 여러분이 아무리 오랫동안 깊게 연구한다 할지라도, 우

리는 미리 결정적으로 말씀드립니다. 어떤 합리적이고 확실하게 알도록
이 비밀에 만족한 설명을 하지 못할 것이라고 말입니다.

"그러므로 들으십시요 우리는 그 주제를 보면서 어떤 다른 여지가 있
는지 생각해 봅시다. 거룩하심에도 불구하고 의롭고 흠 없는 예수님이
정죄받아 죽으신다는 기괴한 사실은 우리로 하여금 다음과 같은 결론을
내리도록 강요할 것입니다. 곧 모든 것을 통제하시는 의로우신 하나님
의 교리는 속임수다. 사람의 뜻이나 우연만이 세상을 지배하는 것이다.
세상에 신적 보응이란 존재하지 않는 것이다. 신적 보응이 있으면, 의인
에게 보다 불경건한 자에게 더 액운이 닥치지 않는 그런 일이 없을 것이
다 - 저는 말씀드립니다. 우리는 필연적으로 그런 류의 추리를 하지
않으면 안될 것입니다. 만일 우리가 흠 없는 하나님의 아들이 우리 대신
죽음을 당하셨다고 단정하는 일을 허용받지 못했다면 말입니다. 그 주
제를 이러한 관점에서 보는 것만이 의롭고 거룩하신 예수님의 그 수치
스러운 종국의 신비에 대한 열쇠를 제공합니다.

"그러나 만일 우리가 그리스도로 말미암아 이루어진 속죄를 미리 전
제한다면 - 우리가 그럴 수 있을 뿐 아니라 성경의 명백한 증거를 통해
서 그렇게 하지 않을 수 없습니다 - 모든 것은 명백해 집니다. 모든 것
이 풀리고 모든 것이 해결됩니다. 그리고 고상한 의미와 영광스러운 관
계가 전체를 장악할 것입니다. 하나님께서는 낙원에서 아담에게 위협적
으로 "네가 이 나무의 실과를 따 먹는 날에는 정녕 죽으리라"고 말씀하
셨습니다. 우리는 그 나무를 따 먹고 형벌을 초래했습니다. 그러나 영원
한 아들이 이제 나타나시고 그 형벌을 우리에게서 자신에게로 옮기셨습
니다. 그리고 우리는 살았습니다.

"시내산에서 '율법책에 기록된 모든 것을 계속 지켜나가지 않는 자는
누구든지 저주를 받으리라'고 말씀하셨습니다. 우리는 계속해서 그것들
을 행하지 못했습니다. 그리고 우리의 운명은 결정된 것입니다. 그러나
우리의 보증자께서 친히 나타나셔서 우리 대신 저주를 받으시고, 우리
는 의롭게 구원을 받고, 죄의 용서를 받았습니다. 하나님께서는 죄인들
을 구원하시기로 작정하셨습니다. 그럼에도 불구하고 하나님께서는 '죄
있는 자는 내 책에서 그 이름을 지워 버리리라'고 말씀하셨습니다. 우리

는 우리의 구원을 믿습니다. 왜냐하면 하나님께서 그리스도에게 우리가
받을 형벌을 담당시키셨기 때문입니다. 하나님께서는 순종하는 자에게
만 생명의 면류관을 약속하셨습니다. 그러나 그리스도께서 우리의 대표
로 우리의 이름으로 복종하셨으니 하나님께서는 죄인들에게 면류관을
부여하시고서도 계속 거룩하실 수 있습니다.

"자 모든 것이 명백해 졌습니다. 정말 가장 두드러지게 서로 반대가
되는 것들이 조화롭게 합치가 되었습니다. 그런데도 사람들은 감히 그
리스도가 이루신 그 속죄의 교리를 비합리적인 것이고, 무모한 것이라
고 말합니다. 빌라도가 그 난국에 선 모습을 보십시오. 예수께서 사형에
해당한 죄가 없다는 진리를 증거함으로써 말입니다. 그리스도에 의한
속죄의 차원에서 말고 다른 어느 방식으로 그것을 설명할 수 있으면 만
족하고 합당한 방식으로 설명해 보십시오. 하나님의 거룩하고 순전한
아들이 죄의 삯을 어떻게 지불하셨는가를 말입니다."

우리 속에는 건전한 것이 하나도 없음.

그렇습니다. 그는 죄 없으신 분입니다. 그러나 우리는 죄 있습니다.
그에 대하여 "나는 그에게서 아무 죄도 찾지 못하노라"고 선언되었습니
다. 그러나 우리 중 어느 누구가 이 말을 받을 만 합니까? 내 속에 아무
흠도 없다고요? 여러분 속에 아무 죄도 없다고요? 불가능합니다! 오히
려 우리는 허물투성이 입니다. 옛말 모음집에서 누가 말한 것과 같습니
다. "우리는 마땅히 하지 않았어야 할 일을 했다. 우리는 마땅히 했어야
하는 일을 하지 못한 채 있다. 우리에게는 하나도 건전한 것이 없다!"
우리는 하나님의 의로운 통치를 거스려 모반했습니다. 그의 법을 어겼
고, 우리 속에 있는 그의 형상을 일그러뜨렸습니다. 우리는 하나님의 의
로운 정죄를 받을 만 합니다. 우리는 죽어야 마땅합니다. 그러나 이 시
점에서 복음의 영광이 들어옵니다. 왜냐하면 정죄로부터 우리가 구원받
게 하시기 위해서 의인이신 예수께서 우리를 위해 죽으셨기 때문입니다.

그가 여러분을 위해서 죽으셨습니까? 여러분은 그것을 개인적으로 알
고 있습니까? 그렇지 않다면 여러분 자신을 그 분에게 의탁하기만 하면
그것을 알 수 있습니다. "주 예수 그리스도여, 나는 내가 죄인임을 압니

다. 내 죄 때문에 죽어야 마땅합니다. 그러나 주께서 나를 위해 죽으셨습니다. 나는 주께서 죽으심으로써 내 구주가 되신 것을 믿습니다. 저를 지금 당신을 따르는 한사람으로 받아 주소서. 이후로부터 영원토록 주를 따라 섬기겠다고 약속하나이다." 만일 여러분이 정직하게 그 기도를 한다면, 이미 여러분은 주님의 것입니다. 왜냐하면 주님은 여러분을 받으셨고, 이미 여러분 속에서 거듭남이라는 기이한 역사를 행하셨기 때문입니다.

15

헤롯 앞에 선 그리스도

"빌라도가 가로되 진리가 무엇이냐 하더라 이 말을 하고 다시
유대인들에게 나가서 이르되 나는 그에게서 아무 죄도 찾지
못하노라"(요 18:38)

주예수 그리스도는 송사받은 그 죄목에 대해서 아무 혐의가 없다는
본디오 빌라도의 선고가 있었으니 즉각 방면이 되어야 마땅했읍니
다. 그렇지 않다면, 자기 판결에도 불구하고 유대인들이 예수님을 해할
것이라고 빌라도가 믿을 이유가 있었다면, 주님을 호위대에게 맡겼어야
합니다. 사도 바울에게 로마 사람들이 한 것 처럼 말입니다(행 21:31
이하). 그러나 빌라도가 그 선고를 공적으로 공포하자, 그 지도자들과
군중들이 그 결안을 어찌나 반대하던지, 빌라도는 즉시 오직 유일한 합
당하고 고상한 길에서 물러나서, 대신 예수님을 간접적인 방식으로 방
면해 보려고 시도했읍니다.

  그는 이 일을 위해서 세가지의 시도를 했읍니다. 그 하나는 예수님을
매로 치게 하는 것입니다. 그렇게 함으로써 피에 굶주린 군중들로 부터
동정을 살까 함이었읍니다. 둘째는 명절에 한 죄수를 놓아주는 관례를
높이는 것이었는데, 그렇게 하면 예수를 곧 방면하게 될 것이라고 빌라
도는 생각했던 것입니다. 세번째 시도는 빌라도가 처음으로 시도해 보

는 것인데 주 예수 그리스도를 헤롯에게 보내는 것이었읍니다.

정상적으로 로마총독이 로마의 휘하에 있는 법정을 이런 식으로 높인 적이 없었을 것입니다. 왜냐하면 확실히 헤롯의 궁정은 빌라도의 궁정 보다 우월하지 못했기 때문입니다. 그러나 빌라도의 선고가 발표되고 나서 그 소동이 벌어지자 지도자들 중 한사람은 예수가 갈릴리 출신이 라고 귀뜸해 주었고, 빌라도는 그 점을 포착했읍니다. 의심할 여지없이 이렇게 말한 사람은 그렇게 하는 것이 지혜로운 처사라고 생각했을 것 입니다. 왜냐하면 갈릴리에서 많은 거짓된 메시야들과 반란자들이 일어 났었고, 예수가 가이사에게 정치적 위협을 주는 존재라는 유대 지도자 들의 송사가 그 점을 뒷받침 한다고 생각할 수도 있기 때문입니다. 그러 나 그 책략은 예상을 빗나가고 말았읍니다. 예수께서 갈릴리 출신이라 는 말을 빌라도가 듣자마자 스스로 빠져 나갈 통로가 있다는 것을 알게 되었읍니다. 갈릴리는 자기의 직접적인 통치아래 있지 않았읍니다. 이두 메아인 영주 헤롯 안디바의 휘하에 있었는데, 그는 이때 마침 예루살렘 성에 살고 있었읍니다. 그래서 빌라도는 생각하기를 "자 여기에 돌 하나 를 던져 두마리의 새를 죽일 수 있는 기회가 있다. 난 이 지긋지긋한 일 에서 벗어날 수 있고, 그 죄수를 그에게 보내는 일을 통해서 간단하게 헤롯을 즐겁게 할 수 있다." 이러한 것들을 감안하고 예수님은 예루살렘 성을 지나 세번째 역정을 위해 그리로 보내졌읍니다. 첫번째 역정의 대 목은 겟세마네 동산에서부터 대제사장의 관할구역으로 나아갈 때까지의 길입니다. 두번째 대목은 빌라도의 법정에 나아가는 대목이었읍니다. 이 일 후에 빌라도에게 다시 돌아와서 골고다를 향한 마지막 행진을 계속 합니다.

헤롯에게 그 남자를 보내려한 빌라도의 시도는 성공을 거두지 못했읍 니다. 그러한 시도들이 다 그러하듯이 말입니다. 그는 그리스도를 다루 는 책임을 헤롯에게 떠넘기려고 애쓰고 있었읍니다. 그러나 그 문제가 금방 자기에게로 되돌아왔읍니다. 그는 그것을 피할 수 없었읍니다. 오 늘날도 그리스도인의 입장을 취하라는 요구를 받을 때 그런 사람들은 더 이상 피할 수 없읍니다.

헤롯 안티바스

주님께서 유대 사슬에 묶여서 이 헤롯이라는 사람 앞에 섰는데, 이 사람은 누구입니까? 헤롯 안티바스는 옛 헤롯대왕의 아들이었고, 그 헤롯대왕은 박사들로 부터 "유대인의 왕"에 대한 정보를 듣고, 소위 그 유대인의 왕을 멸할 희망을 가지고 베들레헴의 아기들을 다 죽이라고 명령을 내렸던 사람입니다(마 2:1-18). 그 아버지 옛 헤롯은 방탕하고 위험천만한 인물이었습니다. 그런데 그는 자기 자녀를 여럿 뿐만 아니라, 그 아내들도 여럿 죽였읍니다. 이 일을 듣고 황제 아우구스도는 그 헤롯에 대하여 말하기를 헤롯의 아들이 되는 것보다 헤롯의 돼지가 되는 것이 더 낫다고 할 정도였습니다. 그러나 그 아버지가 아무리 방탕하고 비열했다 할지라도, 그 아들만큼은 못되었읍니다. 안티바스는 가장 악한 난봉꾼이었읍니다. 그래서 비록 한때 잘 통치하기는 했지만, 그 아버지를 지탱해 주었던 이른바 목적을 위해서 무정하게 참아내는 것이 부족하여 결국 로마사람들에게 제거당하고 말았읍니다.

헤롯 안티바스는 헤롯대왕이 다스렸던 모든 지역을 다스리지는 않았읍니다. 그 아버지 뜻 가운데 하나는 안티바스에게 그 모든 대권을 물려줄 의향이었읍니다. 그러나 여러가지 뜻이 있었읍니다. 문제가 결국 아우구스도에 의해서 다음과 같은 양상으로 결정되었읍니다. 한 아들 아켈라오는 유대와 사마리아나 이두메아 지역을 다스리게 하였읍니다. 다시 말하면 남부 전지역 이었읍니다. 그를 지방 통치자로 부르게 되었읍니다. 둘째 아들 빌립은 데가볼리 지역을 얻게 되었는데, 동편 지역이었읍니다. 헤롯은 분봉왕의 칭호를 받고 갈릴리와 베뢰아 지방을 받았읍니다. 다시 말하면 아버지 나라의 북부지역을 거의 받은 셈입니다. 주님이 끌려가 심문을 받은 그 사람에 대해서 몇가지 더 아는 것이 있읍니다. 그 하나는, 요한을 잡아 죽인 통치자가 바로 그 사람입니다. 요한은 자기 동생이 아직도 살아 있는데 그 동생의 이혼녀 헤로디아를 취한 것이 잘못되었다고 비난하였읍니다. 그래서 헤롯이 그 일로 인해서 요한을 체포했읍니다. 그러나 이 단계에서 헤롯은 종교적인 일들에 대해서 무언가 느끼는 것이 있던 것 같습니다. 왜냐하면 그는 요한을 존대하였고, 그의 말을 듣기까지 했읍니다. 헤로디아가 요한을 물론 미워하였읍니다. 그녀의 딸 살로메의 성적 유혹에 끌린 헤롯은, 요한의 머리를 베어 달라는 그녀의 청을 받고 마지못했지만 들어주었읍니다.

헤롯의 영적 진로는 내리막길이었읍니다. 처음에 그는 우리가 지적했듯이 영적인 일들에 대해서 순전한 느낌을 가졌던 것 같습니다. 그러나 요한을 죽인 다음에 이것은 급속도로 저하되어 단순한 미신으로 떨어졌읍니다. 그래서 예수님의 전도와 일에 대해서 소문을 들었을 때 세례 요한이 죽은 자 가운데서 살아난 것이라고 그는 상상했던 것입니다(마 14:1, 2; 막 6:14-16). 뒤에 가서 그러던지 말던지 간에 헤롯이 예수님도 죽이려 한다는 소문이 퍼졌읍니다(눅 13:31). 그 때 예수님은 대답하셨읍니다. "가라사대 저 여우에게 이르되 오늘과 내일 내가 귀신을 쫓아내며 병을 낫게 하다가 제 삼일에는 완전하여지리라 하라. 그러나 오늘과 내일과 모레는 내가 갈 길을 가야 하리니 선지자가 예루살렘 밖에서는 죽는 법이 없느니라"(32, 33절). "여우"는 안티바스의 그럴듯한 별명이었읍니다. 왜냐하면 그는 간교하고 교활한 사람으로서 음탕한 여인의 무기력케하는 영향아래 잡혀있었기 때문입니다.

헤롯의 궁정에서

여기서 우리는 요한복음을 떠나서 누가복음으로 가야 합니다. 왜냐하면 누가복음만이 이 사건에 대해서 기술하고 있기 때문입니다. 이 사건은 다음과 같습니다. "빌라도가 듣고 묻되 저가 갈릴리 사람이냐 하여 헤롯의 관할에 속한 줄을 알고 헤롯에게 보내니 때에 헤롯이 예루살렘에 있더라. 헤롯이 예수를 보고 심히 기뻐하니 이는 그의 소문을 들었으므로 보고자 한지 오래였고 또한 무엇이나 이적 행하심을 볼까 바랐던 연고러라. 여러 말로 물으나 아무 말도 대답지 아니하시니 대제사장들과 서기관들이 서서 힘써 고소하더라. 헤롯이 그 군병들과 함께 예수를 업신여기며 희롱하고 빛난 옷을 입혀 빌라도에게 도로 보내니 헤롯과 빌라도가 전에는 원수이었으나 당일에는 서로 친구가 되니라"(23:6-12).

이 간단한 기술은 헤롯의 인물됨에 대해서 뿐만 아니라 우리 시대의 어떤 타입의 인물에 대해서도 많은 것을 말해 줍니다. 그 한 예로, 헤롯은 자기 지방에서 일어나고 있었던 일에 대해서 잘 알고 있었다는 것을 이 기사는 말해 줍니다. 그가 "예수의 소문을 들었으므로 보고자 한지 오래였고 또한 무엇이나 이적 행하심을 볼까 바랐던 연고러라"라는 말을 듣기 때문입니다. 둘째로, 또 이 기사는, 그가 그리스도에 대한 어떤 호기심을 갖고 있었다는 것을 보여 줍니다. 왜냐하면 그는 "예수를 보고 심히 기뻐하였기" 때문입니다. 셋째로 더 심각한 것은 헤롯의 영적 하향 추세에 대해서 더 잘 밝혀 준다는 것입니다. 왜냐하면 이 때에 양심의 책망하는 목소리는 완전히 죽어 진 것 같습니다. 엄숙하게 주님 앞에 서야 하는 그 기회를 오락의 기회로 삼고 있는 그 모습을 발견합니다. 이 일에 있어서 자기 뜻대로 되지 않자 그가 처음 가졌던 호기심을 완강한 경멸과 잔인으로 돌변해 버렸읍니다.

이 시점에서 헤롯은 오늘날 유사한 마음을 가진 많은 사람들을 대변하고 있읍니다. 왜냐하면 그 때나 지금이나 기독교 예배 처소를 호기심으로 드나들다가 결국 마음이 굳어지는 사람들이 많기 때문입니다.

스펄전은 자기 시대의 그런 사람들에 대해서 알고 그들에 대해서 지각있게 말했읍니다. "헤롯은 이 성막(스펄전이 시무하던 교회)에 나왔다가, 또 때로는 다른 예배 처소로 가곤 하는 사람의 타입을 보여 줍니다. – 한때 종교적인 느낌을 마음에 가진 사람들로서 자기들이 그러했다는 것을 잊을 수는 없읍니다. 그러나 그들이 다시 종교적인 인상 아래로 오는 일은 결코 없을 것입니다. 그들은 헛된 호기심으로 마음이 굳어져 버렸읍니다. 그들은 그리스도의 교회와 그리스도의 나라에서 진행되는 모든 것을 알고 싶어 합니다. 그러나 그들은 자기들 스스로는 어떤 교회에 소속하거나 일부가 되겠다는 마음의 생각을 가지는 것과는 거리가 멉니다. 그들은 태만한 호기심에 사로잡혀 있어서 법궤의 금판을 들추어 보고, 싶고 휘장 뒤를 젖혀보고 싶습니다. 그들은 허망한 이야기들을 끌어 모으는 것을 좋아합니다. 목사들에 대한 이야기들이나, 역사상 설교자들이 지적했던 그 이상한 논평들을 말하기를 좋아합니다. 교회의 모든 소문거리는 틀림없이 그들에게 까지 갑니다. 왜냐하면 그들은 떡을 먹듯이 하나님의 백성들의 죄를 먹기 때문입니다. 종교적인 일에 대한 그들의 지식은 그들에게 어떤 소용이 되기가 어렵습니다. 다만 그들

은 그것을 추구하는 일에 열심일 뿐입니다. 교회는 그들의 일터요, 하나
님께 드리는 예배는 그들의 극장이요, 목사는 그들에게 있어서 연기자
들이요, 복음 자체는 그만큼 극장의 재산입니다…… 그들로 하여금 헤
롯을 쳐다보게 하십시오. 헤롯은 그들의 지도자입니다. 그들이 진정으로
어떠한 사람들인지, 또는 어떠한 사람들이 될 것인지를 헤롯은 여실히
보여주고 있읍니다.”

　　그런 사람들에게는 주님이 헤롯에게는 자신을 나타내지 아니하셨다
는 경고를 해 두어야 합니다. 그는 한 말씀도 하지 않으셨읍니다. 왜냐
하면 하나님께서는 그의 말씀의 귀중한 것들을 어떤 방종한 호기심을
가진 사람 앞에는 나타내지 않는 것이 성경 계시의 특징적 사실이기 때
문입니다.

호기심만으로는 충분치 못함.

　　헤롯이 보이는 비극의 분량(오늘날도 헤롯의 발자취를 따르는 자들의
비극의 분량)은, 그에 대해서 들을 수 있는 나쁜 일들에서 발견하기 보
다는, 다른 처지들에서는 선한 것으로 생각될 수 있는 것에서 발견됩니
다.

　　첫째, 헤롯의 호기심의 문제가 있읍니다. 하나님께서는 방종한 호기심
을 가진 자들에게 하나님 말씀의 귀중한 것들을 나타내지 아니하신다고
말씀드렸읍니다. 그러나 이 뜻은 호기심 자체가 전혀 나쁘다든지, 하나
님께서는 어떤 사람을 자신에게 이끌기 위해서 그 호기심을 사용하시는
경우가 전혀 없다는 뜻은 아닙니다. 예를 들어서 예수님께서 니고데모
나 사마리아 여인의 호기심을 유발시켜 예수님 자신의 사명에 대한 진
리를 알도록 그들을 인도하려고 하셨기 때문입니다. 니고데모에게 예수
님께서는, 거듭남에 대해서 신비롭게 말씀하심으로써, 이스라엘의 나이
든 지도자로 하여금 “사람이 늙으면 어떻게 날 수 있삽나이까 두번째
모태에 들어갔다가 날 수 있삽나이까?”(요 3:4)라고 묻게 만드셨읍니
다. 사마리아 여인에게는 생수에 대해 말씀해 주심으로 다음과 같이 대
꾸하도록 만드셨읍니다. “주여 물 길을 그릇도 없고 이 우물은 깊은데
어디서 이 생수를 얻겠삽나이까 우리 조상 야곱이 이 우물을 우리에게

주었고 또 여기서 자기와 자기 아들들과 짐승이 다 먹었으니 당신이 야
곱보다 더 크니이까"(요 4:11, 12). 호기심 자체는 나쁜 것이 아닙니다.
적어도 헤롯에 관해서도 이 점에 대해서 많은 것을 말할 수 있죠. 예수
님에 대해서 그의 호기심이 격발되었던 것입니다.

어떻게 그 호기심이 격발되었을까요? 분명히 그에 대해서 들음으로
말미암았습니다. 삼년 간에 걸쳐서 예수님께서는 하나님의 나라에 관해
서 늘상 말씀하셨습니다. 틀림없이 이 말씀 중 많은 부분이 그 방종한
분봉왕의 주목을 받았을 것에 틀림없습니다. 예수님께서 4~5천명을 먹
이신 일에 대해서도 듣지 않았을 리 없습니다. 왜냐하면 이러한 일들이
갈릴리 근처에서 일어났고, 예수를 왕 삼고자 했던 사람들이 일으킨 의
미심장한 대중적인 운동을 수반했기 때문입니다. 예수님께서는 갈릴리
에서 물 위로 걸어가셨습니다. 또 폭풍을 잔잔케 하셨습니다. 또 갈릴리
의 귀족의 아들을 치료하셨습니다. 또 다른 이적들은 거기에서 하셨습
니다. 이러한 이적들에다가 예수님은 베다니에서 바로 한 주간 전에 나
사로를 죽은 자 가운데서 살리셨습니다. 이러한 큰 이적의 소식들이 틀
림없이 산불처럼 예루살렘으로 퍼져 나갔을 것입니다. 헤롯은 이러한
이적들에 대해서 다 듣지는 못했을지도 모르죠. 그러나 주요한 이적들
은 그의 관심을 끌었을 것입니다. 의심할 여지없이 이 때문에 그는 온갖
기사(奇事)를 행하는 예수님을 만나보고 싶었습니다. 더구나, 헤롯이 예
수님에 대한 소문을 들은 것은 허망한 풍문을 통해서가 아니었습니다.
헤롯은 세례요한을 통해서도 예수님에 대해 들었습니다. 요한이 헤롯에
게 실제 무슨 말을 하였는지에 대한 기록은 갖고 있지 못합니다. 그러나
만일 헤롯이 요한을 체포했다면 헤롯과 요한 사이에 아무런 접촉도 없
었다거나 요한이 헤롯에게 말할 기회를 얻고도 예수님을 가리켜 말하지
못했을 것이라고 상상할 수가 없는 것입니다. 헤롯은 심지어 요한이 한
위대한 증언의 말씀을 들었을지도 모릅니다. "보라 세상 죄를 지고 가는
하나님의 어린 양이로다"(요 1:29).

우리는 또한 다른 사실들을 주목합니다. 헤롯 집에는 예수님에 대해
서 의심할 여지없이 많은 것을 아는 자가 있었습니다. 물론 그가 온전한
신자가 아니었을지라도 말입니다. 요안나의 남편이라는 인물이 소개되

는데, 요안나는 예수님을 따라 다녔고 그의 소유로 예수님을 섬겼던 여인들 중의 한사람이었읍니다(눅 8:3). 남편의 이름은 구사였읍니다. 그 사람이 헤롯의 청지기로 나옵니다. 우리는 이 점을 들어서 그 구사가 헤롯의 시종이나 청지기장 이었음을 뜻하는 것이라고 생각할 수 있읍니다. 만일 헤롯이 예수님께 흥미를 가지고 있었다면(틀림없이 그랬음), 그는 예수님에 대해서 물어보았을 것이고, 이 청지기로부터 예수님에 대한 정보를 받았을 것임에 틀림없읍니다. 그러나 이러한 상당한 기간동안 정보를 제공받았음에도 불구하고 헤롯의 호기심은 방종된 호기심만으로 고착되어 있었읍니다. 그는 예수님을 보고 예수님으로부터 배우려고 하는 노력을 전혀 기울이지 않았읍니다. 심지어 세례 요한에 대한 자기처사를 인하여 그 양심의 가책이 절정에 이르렀을 때도 말입니다.

기쁨과 기대

만일 그렇게 깊이 부패하지만 않았다면 헤롯에게도 좋은 장점이 두가지가 있다고 말할 수 있겠읍니다. 첫째는, 그의 호기심의 결과로 "예수님을 보고 심히 기뻐했다"는 것입니다. 사실 그가 "심히 기뻐했다"는 말씀을 듣습니다(눅 6:8). 이것이 좋지 않습니까? 어떤 사람이 예수님을 보고 심히 기뻐했다는 말을 들으면 우리가 용기를 얻지 않습니까? 제자들에 대해 마저 이 말이 소용되는 적이 있죠. 제자들이 주를 보고 기뻐하더라(요 20:20)라는 경우입니다.

다시, 헤롯은 "무엇이나 이적 행하심을 볼까" 바랐기 때문에 기뻐했다는 말씀을 듣습니다. 그리스도를 따르는 우리도 그와 같은 기대감으로 기뻐하지 않을까요? 우리는 역시 그가 행하는 어떤 큰 이적들을 볼 것을 기대합니다. 복음이 전파될 때 죄와 허물로 죽었던 사람들이 영적 생명을 얻게 되는 것을 보고 싶습니다. 그리스도의 가르침이 전파되는 곳에서 삶이 변화되는 것을 보고 싶습니다. 죄를 회개하고 그리스도께서 앞에 놓으시는 곧은 길로 많은 사람들이 달려 나갈 것을 기대합니다. 다시 우리 자신에 대해서도 역시 같은 기적이 일어나기를 바랍니다. 우리는 하나님의 말씀 속에서 어떤 새롭고 기이한 것을 보는 눈이 열려지기를 바랍니다. 또한 우리의 의지가 변하여 온 마음을 다하여 그를 구할 수 있었으면 하고 바랍니다. 죄에 대해서 깊은 깨달음을 갖고 의를 향하여 강권함을 받고 싶습니다. 예수같이 되고 싶습니다.

그렇습니다. 이와 같은 것들을 우리도 바라죠. 그러나 헤롯의 기쁨과 기대감은 그런 영적인 기쁨이나 기대감이 아니었읍니다. 그가 "심히 기뻐하였읍니다." 그러나 그것은 경솔한 기쁨이었읍니다. 마치 그의 호기심이 방종한 호기심이듯이 말입니다. 그가 기대에 찼었지만 비열한 기대였읍니다. 그가 어떤 기사를 보고 싶어 했지만 그것은 뒤에 가서 어떤 저차원적인 연회와 유흥에서 그의 손님들을 즐겁게 하려는 마음에서 였읍니다. 나름의 이야기들을 갖고 있었을 것입니다. 그러나 갈릴리의 시골뜨기가 행한 한 이야기를 헤롯이 하면 그 모든 사람들을 제압했을 것입니다.

굳어진 양심

그것은 우리로 하여금 몇가지 결론에 이르게 합니다. 호기심, 기쁨, 기대감 그 자체는 나쁘지 않습니다. 그것은 사실상 아주 좋습니다. 하나님께서 그것들을 우리에게 주셨다고 논증할 수도 있고, 모든 하나님의 선한 은사들 처럼 그것들도 우리를 하나님께로 인도하는 구실을 할 수 있다고 말할 수 있읍니다. 문제는 어떤 사람들의 경우에는, 그것들이 굳어지게 하는 죄의 효력을 통해서 부패하게 된다는 것입니다. 그때는 악합니다.

어떤 사람이 자기 자신의 죄에 대한 고통스러운 인식을 하지 않고는 하나님께 진정으로 나아가는 일은 없읍니다. 그것은 하나님은 거룩하시기 때문입니다. 거룩하신 하나님께 나아가면서 그에 상응하는 이른바 우리 자신의 부패가 노출되지 않는 일이란 있을 수 없읍니다. 하나님께서 동산에서 아담과 하와에게 접근하셨을 때, 타락 후 그들은 자기들이 벌거벗은 줄을 알고 하나님의 낯을 피하였읍니다(창 3:10). 이사야는 하나님께서 높이 들리어 계신 것을 보았고, 스랍들이 그의 거룩을 노래하는 것을 들었읍니다. 그 때 그는 엎드려 "그 때 내가 말하되 화로다 나여 망하게 되었도다. 나는 입술이 부정한 사람이요 입술이 부정한 백성 중에 거하면서 만군의 여호와이신 왕을 뵈었음이로다"(사 6:5)라고

울부짖었읍니다. 예수님께서 한번 베드로로 하여금 갈릴리에서 크게 고
기를 잡게 하신 이적을 보여 주셨을때 베드로는 예수님이 진실로 어떠
한 분인가에 대해서 어렴풋한 인식을 하게 되었읍니다. 그 때 베드로는
"주여 나를 떠나소서. 나는 죄인이로소이다"(눅 5:8)라고 반응을 나타
냈읍니다. 분명히 헤롯도 이와 동일한 체험을 했읍니다(비록 유익은 없
었지만). 왜냐하면 생명의 불멸성에 대해서 세례 요한이 설교한 것이 그
에게 괴로움을 주었기 때문입니다.

합당한 처지들에서는 죄에 대한 각성이 먼저 회개를 불러 옵니다. 둘
째 죄의 형벌과 죄책을 처리하시는 오직 유일하신 예수 그리스도에 대
한 믿음으로 이어집니다. 그러나 이러한 일이 일어나지 않는 곳에서 –
죄의 각성과 회개와 믿음으로 이어지지 않는 곳에서– 회개하지 않는 죄
는 굳어지고, 끝내 한 때 진정으로 죄의 대한 각성을 가졌던 사람이 종
교적인 문제들에 대해서 관심을 가지되, 방종한 호기심과 심지어 적대
적인 감정을 가지고 그렇게 할 수 있읍니다.

이것이 헤롯의 넘어짐의 단계들 입니다. 첫째, 죄에 대한 진정한 깨달
음이 있었읍니다. 그러나 헤롯은 이 각성을 환영하지 않았고, 죄에서 떠
날 의향을 갖지 않았읍니다. 그는 종교적이면서도 죄는 그냥 지니고 있
고 싶었읍니다. 그러므로 둘째 그는 양심의 음성을 잠잠케 하려고 노력
했읍니다. 이 경우에서 세례요한의 음성을 잠잠케 한 것을 드러냅니다.
처음에 그는 죄수를 심문했읍니다. 그러나 일단 이 길을 출발한 그는 곧
장 요한을 살해하여 살로메를 만족시키고, 그 자신의 실추된 명예를 구
축하려는 자세를 취하게 됩니다. 세번째 양심의 목소리를 잠잠케 한 헤
롯의 종교적인 본능은 미신으로 돌변했읍니다. 양심의 목소리는 언제나
참된 종교 속에서 도덕성의 필연적 입장을 강조합니다. 헤롯은, 생각하
기를 예수는 죽은 자 가운데서 살아난 세례요한이라고 생각했읍니다.
네째로, 그 미신은 설익은 불신앙으로 모습을 바꿉니다. 왜냐하면 헤롯
이 결국 예수님을 자기 앞에 세웠을때 자신과 자기 궁정의 유흥을 위해
서 한 재미있는 일을 하도록 설득할 수 있는 그런 사람으로만 보았기
때문입니다. 끝으로 다섯째로, 예수님께서 이런 일을 행할 의향을 전혀
보이지 않자 그 지독한 탕아요 불신앙적인 헤롯의 관심은 조롱으로 바

꿰었고, 그와 그 싸움 잘하는 그의 사람들은 예수님을 악하게 조소하였읍니다. 소리 자체이신 예수님을 잠잠케 한 뒤, 헤롯이 이제 "말씀"을 듣거나 이해하지 못했다는 것은 놀랄만한 일이 아닙니다.

하나님을 만홀히 여김을 받지 않으심.

여러분은 하나님을 가볍게 대할 수 없읍니다. 조롱할 수도 없읍니다. 만일 여러분이 그를 만날 것이면, 그 만남에 대해서 대단히 진지해야 합니다. 이전의 여러분의 삶의 어떤 일에 대해서 가졌던 진지성보다 더 해야 합니다. 또한 여러분은 그 하나님에 의해서 아주 깊게 변화될 각오를 해야 합니다.

하여튼 하나님이 어떤 분이십니까? 지성적인 호기심을 가지고 덤벼들 분입니까? 어떤 값싼 재미거리나 값없는 오락을 여러분에게 제공하기 위해서 존재하는 어떤 분입니까? 그가 여러분 처럼 태만하신 분입니까? 하잘 것 없는 분입니까? 전혀 아닙니다! 그는 위대하고 거룩하고 전능하신, 우주의 하나님으로서 하나님 되심의 임무를 진지하게 감당하시는 분입니다. "나는 너의 하나님 여호와로다"라고 말씀하십니다. "너는 나 외에는 다른 신들을 네게 있게 말지니라"(출 20:2, 3). "살인하지 말지니라", "간음하지 말지니라", "도적질 하지 말지니라", "네 이웃에 대하여 거짓 증거 하지 말지니라. 네 이웃의 집을 탐내지 말지니라"(13-17절). "그러므로 하늘에 계신 너희 아버지의 온전하심과 같이 너희도 온전하라"(마 5:48). "너희도 거룩하라"(벧전 1:16; 레 11:44는 참조). 예수님께서 말씀하셨읍니다. "아무든지 나를 따라 오려거든 자기를 부인하고 자기 십자가를 지고 나를 좇을 것이니라"(마 16:24).

하나님이 바로 그것을 요구하십니다. 만일 여러분이 그렇게 하지 않으면 여러분의 종교적인 감각이라는 것은 헤롯의 경우처럼 하락될 것입니다. 예수님께서 여러분의 면전에서 떠나서 다시는 돌아오지 아니하실 그 때가 올 것입니다. 반면에 만일 여러분이 여러분의 죄를 회개하고 그분에게 돌아선다면 하나님께서 이미 여러분을 받으셨고, 의의 방식으로 여러분을 인도하시는 일을 하고 계심을 발견할 것입니다. 여러분은 오시겠읍니까? 여러분을 꽉 붙잡고 있던 죄에 등을 돌리고 예수님을 따르지 않으시겠읍니까?

16

바라바

"유월절이면 내가 너희에게 한 사람을 놓아 주는 전례가 있으
니 그러면 너희는 내가 유대인의 왕을 너희에게 놓아 주기를
원하느냐 하니 저희가 또 소리질러 가로되 이 사람이 아니라
바라바라 하니 바라바는 강도더라"(요 18:39, 40)

하 나님께서 진실로 성경이 묘사하는 대로의 주권적인 하나님이시라
면, 세상에있는 그 어느것도 의미없는 것이 없다는데 그리스도인들
은 의견을 같이 할 것입니다. 별들도 의미를 가집니다. 바다의 고기도,
짐승들도, 역사의 사건들도 의미를 가집니다. 우리가 언제나 그것들의
의미를 알거나 그것들의 의도를 알 수 없다는 것은 사실입니다. 그러나
그것들은 언제나 존재하면서 우리들에게 무엇인가를 가르칠 수 있읍니
다.

만일 창조가 보편적인고로 역사 사건들에 그것이 해당한다면(틀림없
이 그럴 것임), 예수 그리스도께서 잡히시고 심문을 받으시고 십자가에
못박히시는 일을 둘러싸고 일어난 일들에도 틀림없이 그 점이 해당됩니
다. 세속적인 전망에서 보면 이러한 사건들은 예수님에 대한 특별한 증
오감을 가진 이스라엘 지도자들과 빌라도의 성품과 소원이 예기치 않게
서로 상호 작용된 결과로 어쩌다 생겨난 것들이라고 생각할 지도 모릅

니다. 그러나 그렇지 않습니다. 백성들의 지도자들과 빌라도가 상호작용을 했다는 것은 사실이고, 이러한 상호작용으로부터 그 사건들이 흘러나왔다는 것도 사실이지만, 결과된 것은 단순한 우연의 사건이 아니었읍니다. 오히려 그것은 특별히 예정된 사건이었고, 예언적으로 하나님께서 미리 말씀하셨던 일이었읍니다. 메시야가 유다에게 배반당하여 팔리우리라는 예언의 말씀이 있었읍니다(시 41:9; 슥 11:12). 그리고 자기 백성들에게 배척을 당하고 조롱을 받을 것도 예언되어 있었읍니다(사 53:3). 특별한 그 예언들은 거짓된 증인들의 채용도 포함하고 있읍니다(시 35:11). 참소자들 앞에 그리스도께서 침묵을 지키실것(사 53:7), 그의 매맞음(사 50:6), 쓸개즙과 신포도주를 마시게 될 것(시 69:21), 강도들과 함께 십자가에 못 박히심(사 53:12), 창에 찔림을 받을것(슥 12:10), 그리고 부자의 묘에 장사지내게 될 것(사 53:9) 등의 사건들이 그 예언 속에 포함되어 있읍니다. 이 상세한 국면마다 그리스도의 사역과, 속죄의 의미에 대해서 특별한 교훈들을 주고 있읍니다.

하나의 중요한 국면

이처럼 예정된 많고 의미있는 상세한 국면들 중에는, 매혹적인 특별한 이야기가 있읍니다. 주님의 죽으심에 대해서 가르치는 것 때문뿐만 아니라, 복음서들이 그 주님의 죽으심에 대하여 강조하는 강조점 때문에 그러합니다. 그리스도의 생애 가운데 나타나는 어떤 한 주어진 사건이 사복음서 전체에 기록되는 것을 발견하는 것은 이상한 일입니다. 왜냐하면 이 사복음서는 단순한 역사가 아니라 그의 생애와 사역의 몇가지 국면들을 강조하는 그리스도의 특별한 초상화들이라는 단순한 이유 때문입니다. 그럼에도 불구하고 이 이야기, 바라바 이야기는 사복음서에다 나타나 있읍니다. 그뿐 아니라 사복음서의 각각의 중요한 위치에 자리를 잡고 있읍니다(특별히 마태복음과 마가복음과 누가복음에서 그러합니다). 만일 우리가 유심히 헤아려 본다면 이 이야기를 묘사하기 위해서 28개 구절이 할애되었다는 것을 발견합니다. 그것은 우리가 그리스도를 배반하여 판 것에 대한 기사보다 더 깁니다. 분명히 복음서중에 한두 복음서가 우리에게 말해주는 재판 심문과정의 그 부분들을 묘사하는 기사보다 확실히 더 깁니다.

언뜻 보기에 그 이야기는 아주 단순해 보입니다. 사실상 그것이 너무 단순하여서, 모든 복음서 기자들 가운데 가장 짧은 지면 속에서 그것을 나타내는 사도 요한은 세 구절만 할애하여 그 사건을 나타내고 있습니다.

이야기의 근본은, 예수님을 송사하는 사람들이 죽이라고 고함을 치고 있었지만 빌라도는 예수님을 방면하려고 애썼다는 사실에 있습니다. 그는 주님의 방면을 고집할 수 있었습니다. 그러나 빌라도는 군중들도 역시 만족시키려고 애를 쓰고 있었습니다(그러한 일은 통상 불가능한 입장이다). 그래서 그는 예수님을 방면할 간접적인 길을 모색하기 시작했습니다. 그는 먼저 예수님을 헤롯에게 보내는 일을 시도하였습니다. 예수님께서 갈릴리 출신이고, 그러므로 갈릴리 분봉왕의 재판 관할권에 속해있다는 생각을 할 수 있기 때문에 그는 그렇게 하였던 것입니다. 조금 지나서 그는 그리스도에게 매질을 하라고 지시합니다. 그 행동을 통해서 군중들로 부터 어느 정도의 동정심을 유발시킬 수 있다고 생각해서 말입니다. 그러나 이 마지막 편법이 있기 전에 또 다른 생각이 금방 떠올랐는데 아마, 그때 뜻밖에 그에게 그 생각이 떠올라 그는 깜짝 놀랐을 것입니다.

빌라도는, 이스라엘의 한 관례를 회상했습니다. 그 관례대로 하면 — 하나님이 자비의 상징이요, 그들 자신이 애굽에서 종노릇 하던 데에서 건짐받은 역사적 사실을 상기시키는 일 — 유월절 명절에 그 순간 감옥에 있었던 어떤 범죄자를 풀어줄 것을 백성들이 요구하면 풀어주도록 되어 있었습니다. 빌라도가 이것을 기억했을 때 그의 얼굴은 밝아졌을 것이고 어떤 파선한 배의 선원이 물에 떠다니는 널판지를 보고 자기의 구원의 방편으로 부여잡는것 같이 그 관례를 얼른 포착했습니다. 아마 이 관례를 사용하면 예수님을 방면할 수 있을 것이라고 생각했을 것입니다. 그러므로 빌라도는 자기 생각으로 너무나 지독한 범행자로서 예수님 앞에 놓고 이 둘중에 하나를 선택하라 하면 틀림없이 사람들이 택할 그러한 인물을 찾았습니다. 그는 바라바를 생각해 냈습니다. 우리가 들기로 그 바라바는 강도였습니다(요 18:40). 또 난동을 부리는 사람이었고 살인자였읍니다(막 15:7; 눅 23:19). 마태는 그가 "유명한 죄수"라 말하였읍니다(마 27:16). 빌라도는 생각하기를, 누가 이 비열한 폭도요 살인자를 아무 흠도 발견하지 못할 사람보다 더 좋아할까 라고 생각했읍니다.

자기 계획이 틀림없이 성공할 것이라는 기대감으로 점잖을 빼면서 거만한 몸짓으로 단에 나아가 사람들에게 선택을 요구했을지 모릅니다. "유월절이면 내가 너희에게 한 사람을 놓아주는 전례가 있으니"(요 18:39)라고 말하였읍니다. "너희는 내가 누구를 너희에게 놓아 주기를 원하느냐 바라바냐 그리스도라 하는 예수냐?"(마 27:17).

빌라도는 자신이 얼마나 지혜로운가 하고 생각했었겠지만 그러나 얼마나 어리석게 행동했는지요! 왜냐하면 유대 지도자들에게 부추김을 받은 군중들이 대부분 그리스도를 거절하며 바라바를 선택하는 빌라도를 깜짝 놀라게 하는 일을 만났기 때문입니다. "이 사람이 아니라 바라바라"라고 그들은 소리질렀읍니다(요 18:40).

"그러면 그리스도라 하는 예수에 대해 내가 어떻게 하랴?"

사람들은 "십자가에 못박혀야 하겠나이다"(마 27:22, 23)라고 소리쳤읍니다.

그것은 하나의 재난이었읍니다. 여기서 크롬마허는 이렇게 썼읍니다. "구주의 운명은 이제 더 이상 빌라도의 손에 있지 않습니다. 우리들의 다수가 결정을 내립니다. 빌라도는 그 결정에 따르지 않으면 안되게 되어 있읍니다. 만일 빌라도가 자신의 양심의 지시를 따를 만큼 담대하였고, 조용한 분별력으로 말할 수 있었다면, '공의는 시행되어야 할 것이다 비록 세상이 망한다 할지라도 말이다. 죄없는 나사렛 사람은 자유다. 내 이 결정을 효력있게 하기 위해서 군대들이 그 방식을 알게 할 것이다'라고 말했어야 할 것이며, 그의 대적들은 내심 찔림을 받고 틀림없이 벼락맞은 것처럼 뒤로 움칠거렸을 것이고, 사람들은 기만에서 벗어나 그 힘있는 재판장에게 큰 소리로 갈채를 보냈을 것입니다. 그러나 빌라도는 우리 안에서 말씀하시는 하나님과 세상을 다 만족시키려는 일의 결과가 어떠한 것인가를 경고적으로 보여주는 실례로 영원토록 서게 되었읍니다."

세상의 선택

물론 그것이 세상이었읍니다! 군중들의 결정은 세상의 결정이었읍니다! 세상은 죄없으신 그리스도보다 강도나 선동자나 살인자를 택할 것입니다. 어째서요? 바라바는 세상에 속해 있고 세상 자체이기 때문입니다. 바라바는 세상 사람들 중의 하나입니다. 아무리 그가 위험천만한 사람일지라도 세상은 적어도 그를 통제할 수 있읍니다. 세상 사람들은 그를 조종할 수 있읍니다. 그러나 어떻게 예수님을 조종합니까?

톰 스키너(Tom Skinner)는 「혁명의 말들」(Words of Revolution)라는 책에서 이 점에 대해서 이렇게 쓰고 있읍니다. "바라바는 체제를 멸망시키려고 했던 놈이었다. 바라바는 저들을 불사르려고 했다. 또 저들을 죽이려고 했다. 그런데 어째서 저들은 바라바를 원하였는가? 그것은 매우 간단하다. 만일 바라바를 풀어주고나면 바라바는 또다른 소동과 폭동을 일으킬 것이지만, 언제라도 국가 경비대를 부를 수 있고 연방 부대나 해군을 소집하여 그의 일을 좌절시킬 수있다. 다만 그의 이웃에 몇대의 탱크만 진주시켜 놓고 있으면 그가 아무리 들먹인다 할지라도 으깨버릴 수 있다. 또 어디에 그가 자기 무기를 감추고 있는지를 찾아낼 수 있고 그의 아파트를 습격할 수 있다. 언제라도 바라바를 멈추게 할 수 있다. 그러나 문제는, 어떻게 예수를 멈추겠는가? 아무런 총도 탱크도 아무런 병기도 가지지 않았으면서도 로마 전제국을 흔들고 있는 그 한사람을 어떻게 멈출 수 있는가? 총 한방 쏘지 않고도 혁명적인 결과를 낳고 있는 그 한 사람을 어떻게 멈출 수 있는가? 그들은 오직 한가지 해답만이 있을 뿐이라고 생각해 냈다. — 그를 제거하는 것이다. 그들은 인간 역사를 통해서 사람들이 전수해 온 똑같은 실수를 범한 것이다. 어떤 생각이 나오는 사람을 제거하면 그 생각이 없어질 것이라고 생각했던 것이다. 그래서 그들은 '예수를 없앨 수 있다. 우리는 그가 우리에게 왕노릇 하길 원치 않는다'라고 말했던 것이다.

"바라바는 결단코 삶을 경주하라고 요구하지 않을 것이다. 바라바는 사람들을 이용해 먹기는 할 것이다. 그러나 삶을 경주하라고 요구하지는 않는다. 그러나 예수께서는 삶을 경주하라고 요구하실 것이다. 예수께서는 사람을 다스리게 하는 권리를 요구할 것이다! 그것이 난제였다. 사람들은 예수께서 자기들의 삶을 통제하기 보다는 폭군에게 노예로 있는 편을 더 좋아했다. 그리스도께서 자기들의 삶을 결정짓게 하는 것 보다는 이용당하는 편을 택했다. 그래서 그들은 '우리에게 바라바를 달라'고 말했던 것이다."

바라바는 유대 지도자들이 거짓되게 그리스도를 송사하였던 바로 그 죄를 범한 사람이었읍니다. 이스라엘 내에서의 그 지도자들의 위치는 바라바를 풀어준다고 해서 강화되지 않을 것이 틀림없읍니다. 그런데도 불구하고 그들은 바라바를 택했읍니다. 예수님을 반대하는 적대감이 그처럼 컸던 것입니다.

죄인의 구원

우리는 두 시각에서 바라바의 이야기를 살펴보았읍니다. 바라바의 시각과 백성들 지도자들의 시각에서 말입니다. 각 관점마다 큰 교훈은 지니고 있읍니다. 그럼에도 불구하고 가장 큰 교훈은 빌라도의 시각이나 지도자들의 시각에서 비추어지는 것이 아니라 오히려 바라바 자신의 시각을 통해서 비쳐집니다. 이 전망으로 보면 바라바의 이야기는 이야기 중의 이야기입니다. 왜냐하면 그 이야기는 갈보리에서 주 예수 그리스도께서 죽으심으로 말미암아 죄인이 구원받는 이야기이기 때문입니다.

우리가 아직까지 주목하지 않은 바 이지만, 바라바라는 이름은 아람어로서 "한 아비의 아들"이라는 뜻을 가진 것이 있음을 먼저 우리는 생각합니다. "바르"(Bar)는 "아들"이라는 뜻이요 "아바"는 "아버지"라는 뜻입니다. 그러므로 그 말 자체는, 바라바가 이 세상에 태어났었던 모든 아비들의 모든 아들들의 대표적인 모형임을 뜻합니다. 도날드 그레이 반하우스는 이 이야기에 대한 가치있는 논평을 통해서 이렇게 쓰고 있읍니다. "우리는 모두 아담의 족속이다. 우리는 하나님을 거스린 족속이다. 우리는 하나님을 거스린 우리의 난동때문에 묶임을 받았다. 우리는 그의 영광을 탈취한 자들이다. 우리는 우리의 영혼과 다른 사람들의 영혼을 죽인 자들이다. 우리는 자신이 죄라는 어두컴컴한 감옥에 갇혀 있는 것을 발견한다. 우리 마음 속에서는 우리에게 공표된 그 선고를 받아

마땅한 자들이고 떨면서 심판의 때를 기다리고 있다는 것을 느낀다. 누구나 다 자유를 사랑한다. 한 방에 갇혀 있다는 것은 인간 자유를 무섭게 축소시키는 것이다. 그렇게 갇히게 할 필요성이 있다는 것은, 사람들이 문명이라고 부르는 것의 순조로운 흐름을 위태롭게 하는 그 무서운 폭동에 대해서 사람들이 어떻게 생각하는 것을 보여주고 있다."

반하우스는 계속 이렇게 합니다. "로마 군대는 폭동을 저지했고 바라바를 잡아들였다. 피를 흘린 그의 죄목이 확정되었다. 그는 감방에 갇혔다. 죽을 순간만 기다리고서 말이다. 나는 죄수들이 죽기 전에 어떤 생각들을 했는지에 대한 이야기를 여러차례 읽어본 적이 있다. 교수형을 받을 사람은 밧줄이 내려와 곧 졸라맬 자기 목에서 손을 떼려는 것이 어려웠다. 나는 어느 감옥에서 전도하는 교도 목사를 통해서 가스실에서 사람들이 처형되는 모습에 대해서 들은 적이 있다. 그 처형될 사람들은 미리 길게 숨을 들이마시고, 때로는 눈이 튀어나올 정도로 보일 때까지 그 숨을 속에다 가두곤 한다는 것이다. 자기들이 가스실에 들어 가게 된다는 것을 알고, 임박한 죽음을 알리는 작은 가스 분출 소리가 곧 들릴것이고, 자기들이 들여마신 그 숨은 마지막이 될 것임을 안다. 그래서 그들은 계속 숨을 내쉬지 않고 참아, 자기를 의자에 맨 가죽끈을 배로 밀어붙인다. 결국 무정한 호흡의 법칙에 어쩔 수 없어 산소를 가득 담고 있던 마지막 숨을 뿜어내고 자기들 주위에서 떠 다니는 죽음을 받아들일 것이다.

"바라바는 자기의 손바닥을 쳐다보면서 못이 자기의 살을 뚫고 지나가면 어떠한 느낌일까를 생각했었음에 틀림없다. 또한 십자가에 못박혀 죽는 과정들을 그 전에 본 대로 기억했을 것이다. 하루 이틀 고통을 당하던 그 죽음의 희생자들이 더던 고통이 따르고 나서 자비로운 죽음이 와 풀어내는 것을 기억했을 것이다. 만일 그가 망치소리를 들으면 깜짝 놀랐을 것이고, 그 마음은 자기에게 죽음을 가까이 불러 올 그 쩡그렁 소리의 망치소리를 예견했을 것이 틀림없다. 그런데 그는 감방에서 노도하는 바다의 요동하는 소리처럼 밖에서 군중들이 뭔가 소리치며 떠들썩한 그런 소리를 희미하게 들었다. 그는 자기 이름이 불리워지는 것을 들었다고 생각한다. 성난 울부짖음이 있다고 그는 말할 수 있다. 마음

속에서 두려움이 일어난다. 그런 다음에 그는 자물쇠를 여는 열쇠의 소
리를 듣는다. 간수가 자기에게 둘려 감겨 있는 사슬을 풀어 주었다. 왜
냐하면 성경은 그가 묶여 있다고 말하기 때문이다. 이제 자기가 죽을 때
가 온 줄로 생각했음에 틀림없다. 그러나 간수는 문으로 데리고 가더니
그더러 '너는 자유다'라고 말한다.

"그는 놀라 어쩔줄 모르며 군중들을 향하여 나아간다. 그를 환영하는
기색은 전혀 없다. 그는 사람들이 무엇인가 깊이 열중해 있는 느낌을 가
진다. 만일 그가 그 군중 속에서 옛 동료들 중 한사람을 만났다면 그에
게 반가운 말 한마디를 들었겠지만 금방 와글거리는 고함소리 '그를 십
자가에 못박으라! 십자가에 못박으라!'라는 소리가 들린다. 현대어로 바
라바가 그의 옛 동료들에게 한 말을 옮긴다면 이러했을 것이다. '이 고
함소리가 무슨 소리인지 모르겠어. 내게 좀 조용히 말해 줘!' 그는 간단
하게 대답을 얻었을 것이다. 이 고함소리는 예수를 거스리는 것이고, 그
는 십자가에 못 박히게 될 것이고 군중들은 바라바를 풀어 달라고 소리
쳤다는 사실을 알게 될 것이다.

"정신을 잃을 정도가 되어 그는 그 장면의 중심에 더 가까이 걸어 나
아가 자기 대신 죽을 사람을 본다. 결국 그 행렬이 골고다를 향하기 시
작한다. 그는 따라서 예수가 십자가의 무게에 눌려 넘어지는 것을 본다.
그는 구레네 사람 시몬이 병사들에게 억지로 잡혀 끌려나가 십자가를
지게 되는 것을 본다. 결국 그 행렬이 갈보리에 도달했다. 그의 생각이
어떠했을까? 그는 못을 박는 울려 퍼지는 망치소리를 들으며 자기 손을
내려다 보았을 것이다. 사실은 자기가 이 날에 죽어야 할 판인데 라고
생각했다. 그 못이 자기 살을 뚫었을 판인데. 여기서 그는 봄의 공기를
호흡하고 있다. 하늘에 떠있는 두꺼운 구름을 쳐다본다. '저 망치로 내가
못박혀야 하는데 그가 내 대신 죽는다'라고 말하는가? 그가 그날 정말
진정한 의미에서 그렇게 말할 수도 있었다.

"십자가가 세워지고, 하늘을 배경으로 그의 십자가가 뚜렷한 윤곽을
드러낸 것을 본다. 해가 검어지고, 천둥처럼 자기에게 들려오는 목소리
를 듣는다. '아버지여 저희를 사하여 주옵소서 자기의 하는 것을 알지
못함이니이다.' 백부장이 그에게 가까이 나아가 그 얼굴을 들여다 보며

'이는 실로 하나님의 아들이었도다'라고 말한다. 바라바는 그 전보다 더 자세히 자기를 위해서 죽고 있는 사람을 기이한 생각을 가지고 쳐다본다. '다 이루었다'는 외침이 나온다. 잠시 후 군인들이 그 시체를 내려 임시 무덤에 두는 것을 본다. 바라바는 성으로 돌아간다. 그가 보리라고 기대했던 그 모든 작은 것들이 새로운 피조물의 신선함을 가진 그 눈앞에 들어오지 않는다. '그가 내 대신 담당했다. 예수께서 내 대신 담당했다. 그들은 마땅히 죽어야 할 나 바라바를 풀어 주었다. 그들은 내 대신 예수를 십자가에 못박았다. 그는 내 몫을 담당했다. 그는 나를 위해서 대신 죽으셨다."

반하우스는 이렇게 결론짓습니다. "바라바는 예수 그리스도께서 육체적인 의미에서 자기 몫을 담당했다고 말할 수 있는 오직 유일한 사람이었다. 그러나 예수 그리스도께서 내 영적인 몫을 담당했다고 나는 말할 수 있다. 왜냐하면 마땅히 죽어야 할 자는 나였기 때문이다. 마땅히 하나님의 진노가 내게 퍼부어져야 했다. 마땅히 영원한 불못의 형벌을 받아야 했다. 그는 내 허물때문에 끌려 가셨다. 그는 내 죄때문에 심판받도록 넘겨졌다. 이때문에 우리는 대속적인 속죄를 말하는 것이다. 그리스도께서 내 대속물이셨다. 그는 하나님의 공의와 거룩의 빚을 만족케 하고 계셨다. 그러기 때문에 나는 기독교는 세 국면으로 표현될 수 있다고 말하는 것이다. 나는 지옥에 가야 마땅한 존재였다. 예수께서 내 지옥을 담당하셨다. 나에게는 이제 그의 하늘 밖에는 남은 것이 없다."

그 장면에 대한 성경적 열쇠가 고린도후서 5:21의 바울의 말속에서 발견됩니다. "하나님의 죄를 알지도 못하신 자로 우리를 대신하여 죄를 삼으신 것은 우리로 하여금 저의 안에서 하나님의 의가 되게 하려 하심이니라." 예수님께서는 우리가 살도록 하기 위하여 죽으셨습니다. 그가 묶이신 것은 평생 죄의 노예로 있을 우리로 하여금 자유케 하기 위함이셨습니다.

해방되었다!

여러분은 해방되었읍니까? 아니면 제가 그것을 이렇게 표현해도 좋은지 모르지만, 여러분의 죄때문에 갇혀 있던 그 토굴 감옥에 계속 남아 있기로 작정했읍니까? 바라바가 예기치 못한 그 행운을 어떻게 맞아 들였는지 앞의 여러 문단을 통해서 상상해 보았읍니다. 그는 감옥을 떠나 자유로 돌아갔음을 생각했읍니다. 그러나 우리가 달리 생각할 수 있읍니까?

바라바에게 어떤 사람이 와서, 너는 이제 자유다, 네 대신 예수라는 다른 죄수가 죽을 것이다 라고 말했다고 생각해 보십시요. 그가 이렇게 대답했겠읍니까? "네가 나에게 말하는 것은 사실일 수 없어. 다른 사람에게나 해당되겠지. 나보다 덜한 죄를 지은 사람에게나 말야. 난 가장 큰 죄인이고 가장 큰 범인이야. 나는 믿을 수 없어. 나는 여기에서 그냥 머물러 있어야 해." 그리고 호위대들이 그 사슬을 제거하고 그를 풀어주려고 하는데 완강히 버티었다고 생각해 보십시요. 우리는 바라바가 그러한 반응을 나타냈을 것이라고 상상할 수 없읍니다. 그럼에도 불구하고 주 예수 그리스도의 대속적인 속죄의 복음을 듣고도 어떤 사람들은 그러한 반응을 나타내고 있읍니다. 그것은 다른 사람에게나 해당되는 것으로 생각하고, 자기들에게 생명이 되는 것에 대해서 반응을 나타내지 않습니다.

바라바가 그런 식으로 행동했다고 다시 상상해 봅시다. 다음과 같이 말했다고 생각해 봅시다. "난 그러한 죄사함을 받아들이기를 거부한다. 내가 행한 것이 전적으로 정당하기 때문이다. 나는 강도짓을 했고 살인을 했고 반역을 일으켰는데, 그럴만한 권리가 있으니 나는 나가지 않겠다. 로마 대표가 내가 받은 형량에 대해 미안하게 생각한다는 말을 하고 나에게 사면장을 가져오기 전까지는 나가지 않겠어." 그런 경우라면 바라바는 죽었을 것입니다. 왜냐하면 용서는 하나의 은전이요, 그러한 은전을 받지 않겠다는데 굳이 그러한 은전을 강요할 수 없는 것이 법의 원리이기 때문입니다(조지 윌슨이라는 살인혐의로 기소된 사람의 경우에 있어서 대법원 판결의 원칙을 참고해 보면, "사면이란 하나의 종이쪽지이다. 사면의 가치란 사면받은 그 사람이 사면을 받아들일 때만 성립된다. 만일 그 사면을 거부하면 사면은 결코 시행되지 않는다! 윌슨은 그럴 경우 교수형에 처해져야 한다"). 우리는 그러한 어리석은 반응을 판단할 수도 있죠. 정말 그런 일이 있읍니다. 그런 일은 가능합니다. 그러면 그 결과는 확실합니다.

다시, 바라바가 자기가 자유롭게 되었다는 말에 대하여 먼저 자기를 고치고 나서 받아들이겠다고 반응을 나타냈다고 생각해 봅시다. "이 방편을 통해서 나는 내 자유를 벌어들인 것이고 내 자유를 받기에 진정으로 합당하다는 것을 입증할 것이다." 그렇게 말했다고 생각해 봅시다. 행정관들은 그가 아무리 선한 사람이 된다 할지라도(그렇지 않다 할지라도) 그가 이미 저지른 범죄에 대해서 하등의 영향을 미치지 않을 것이고, 그 저지른 범죄때문에 사실은 사형판결을 받은 것이라고 대답했을 것입니다. 또 그 사람이 개선되었다고 해서 과거의 죄가 속해지지는 않습니다. 따라서 바라바의 오직 유일한 소망은 무죄한 그리스도의 죽음을 통해서 제공된 용서에 있었던 것입니다.

바라바가 이러한 여러 방식들 중 어느 한가지를 택하여 반응을 나타냈을까요? 그러지 않았다는 것을 우리가 압니다. 사실 그 방식들 중 어느 것도 그에게 생각났을리가 만무합니다. 그는 감옥을 떠나서 밖의 자유로운 생활로 돌아가는 것을 너무도 바랐습니다.

그런데 여러분은 어째서 다르게 행해야 합니까? 죄 사함이 주어졌습니다. 예수께서 죽으셨습니다. 여러분 대신 그 분이 죽으신 것을 받아들이고 재빨리 그를 섬기러 나오지 않으시겠습니까? 유명한 감리교 전도자요 설교자인 존 웨슬레의 형제 찰스 웨슬레가 정확히 그렇게 하였고, 그런 다음에 우리가 가장 잘 부르는 찬송가 중 하나에서 그것을 이렇게 표현하였습니다.

> 구주의 보혈에 참여할 수 있나요?
> 그로 고통받게 하고 죽음으로 내몰았던
> 나를 위해 그가 죽으셨다니, 오 놀라운 사랑!
> 나의 하나님 주께서 어떻게 나를 위해 죽으실 수 있었나요.
>
> 그는 하늘에 있는 아버지의 보좌 버리셨네
> 그의 은혜 값없고 무한하고,
> 그 분 모든 것을 비우고
> 사랑으로 충만하시고, 아담의 무능한 족속을 위해 피흘리셨네.
> 오 이것은 모두 자비와 광대하고 값없는 긍휼일세

오 나의 하나님 그 긍휼이 나를 찾아 내었나이다!

내 갇힌 영혼 오랫동안 죄와 육신의 방 속에 깊이 묶여 있었네.
주의 눈이 살리는 광채를 발하시니
나는 깨었고 그 지하감옥 빛으로 활활 타올랐네
내 사슬 풀어지고 내 마음은 자유로워
날래게 뛰어나와 주를 따랐네

만일 여러분이 여러분의 불신앙의 음울한 감옥에서 괴로운 나날을 보내고 있었다면, 웨슬레나 다른 사람들이 행한 것처럼 여러분도 행할 수 있읍니다. 복음을 믿으십시요. 그리고 그 큰 넘치는 사랑으로 여러분의 자유를 위해서 자신을 주신 그분께 나아와 섬기십시요.

17

"보라 이 사람이로다!"

"이에 빌라도가 예수를 데려다가 채찍질하더라 군병들이 가시
로 면류관을 엮어 그의 머리에 씌우고 자색 옷을 입히고 앞에
와서 가로되 유대인의 왕이여 평안할찌어다하며 손바닥으로
때리더라 빌라도가 다시 밖에 나가 말하되 보라 이 사람을 데
리고 너희에게 나오나니 이는 내가 그에게서 아무 죄도 찾지
못한 것을 너희로 알게 하려 함이로라 하더라 이에 예수께서
가시 면류관을 쓰고 자색 옷을 입고 나오시니 빌라도가 저희에
게 말하되 보라 이 사람이로다 하매"(요 19:1-5)

요한복음 18장과 19장은, 나사렛 예수가 심문받으시는 장면을 다루고
있는데, 겟세마네 동산에서 잡히신 일로 시작하여 19:16-30에 기
록된 대로 그의 십자가에 못 박히심을 정점으로 하고 있습니다. 그러나
엄격히 말해서 요한복음 19장 처음 부분은 심문이 아닙니다. 사실상 엄
격한 의미로 본다면 어느 방면에서든지 재판 심문과정을 다루고 있지
않습니다. 18장 38절에 기록된 대로 빌라도가 처음 예수님의 무죄를 선
언하며 방면을 선고했기 때문입니다. 예수님께서는 여전히 로마 총독의
손에 있습니다. 십자가에 못 박으라고 그를 넘겨주는 말은 아직 나오지
않았습니다. 그러나 빌라도가 "내가 그에게서 아무 죄도 찾지 못한다"
고 말할 때 사실상 그 심문은 이미 끝났던 것입니다.

요한복음 18:38의 공식적인 무죄선언과 요 19:16-30에 기록된 예수님의 처형 사이의 시간에 일어난 것은, 빌라도가 백성들의 소원을 회피하려는 일련의 여러 시도들입니다. 그는 예수님께서 혐의받는 죄목에서 무죄하다는 것을 알았습니다. 그러나 유대 지도자들은 예수가 십자가에 못 박히는 것을 원하였습니다. 빌라도는 (1) 예수를 헤롯에게 보내며 자기 곤경을 헤롯이 해결해 줄 것을 희망하였습니다. (2) 유대 관례를 존중히 여겨 바라바대신 예수를 방면하려고 애썼습니다. (3) 주님을 때리게하여 이것을 통해서 지도자들과 그 군중들에게서 불쌍히 여기는 마음이 나오기를 희망했습니다. 이러한 계략들 그 어느 것도 성사되지 못했습니다. 그러나 우리가 이미 알아보기 시작한 바와 같이 각 시도는, 인간마음의 본질과 그 죄악, 또한 예수님을 십자가에 못 박혀 죽게 하심으로써 인류를 구속하시려는 하나님의 계획에 대해서 많은 것을 보여줍니다.

각 사건은 의미로 가득 찹니다. 왜냐하면 세계의 전체 역사 속에서 그렇게 짧은 시간에 그렇게 많은 의미를 가진 사건은 없었기 때문입니다.

이가 어떤 사람인가?

일찍기 갈릴리 바다의 바람과 파도를 예수님께서 잔잔케 하셨을 때 "이가 어떠한 사람이기에?"라는 질문이 던져졌습니다. 우리는 예수님께서 로마 군병들에게 무도하게 채찍을 맞으신 후에 빌라도에 의해서 끌려나오시는 것을 볼 때 똑같은 질문을 던지고 싶습니다. 비록 부당하게 매를 맞지만 그럼에도 불구하고 이 분은 스스로 위엄을 입으신 분입니다. 그래서 "보라 이 사람이로다"하는 빌라도의 선고의 말이, 우리를 분명하게 압도하는 것을 확인해줍니다. 우리는 "에케 호모, 보라 이 사람이로다"라는 초청의 말을 듣습니다. 우리는 살펴보고 이렇게 결론을 내립니다. "보라 세계 전체 역사 가운데 그 어느 곳에서든지 바로 이 예수와 같은 자가 없었다!"

저는 여러분에게 그를 보라고 도전적으로 말씀드리는 바 입니다. 먼저 빌라도 앞에 선 그를 보십시요. 그리고 "죽도록 매를 맞고 빌라도 앞에 서 계시면서 자주옷을 입으시고 가시면류관을 쓰시며 유대인들의 축

제의 왕으로 조롱을 받은 이 분은 누구인가?"라고 물으십시요. 그는 우
리가 이미 지적한 바와 같이 무엇보다 먼저 무죄한사람입니다. 그를 쳐
서 죄있다고 한 것이 어느 한가지도 입증된 것이 없읍니다. 그가 죄 없
다고 선언한 것은 빌라도 뿐만이 아닙니다. 여러번 죄 없다는 선언을 받
았읍니다. 바로 이 여러시간동안 그를 대하고 있었던 모든 사람들의 선
고를 주목하십시요. 유다는 "내가 무죄한 피를 팔고 죄를 범하였도다"
(마 27:4). 둘째로, 빌라도의 아내가 로마총독에게 사람을 보내며 이르
되 "저 옳은 사람에게 아무 상관도 하지 마옵소서 오늘 꿈에 그 사람을
인하여 애를 많이 썼나이다"(마 27:19). 세째로 빌라도 자신이 그리스
도의 무죄성을 선언했읍니다. "나는 그에게서 아무 죄도 찾지 못하노라"
(요 18:38). "내가 그에게서 아무 죄도 찾지 못한다"(요 19:4). 그리고
"나는 그에게서 죄를 찾지 못하노라"(19:6). 헤롯은 그리스도가 비난받
을 만한 것이 없다는 것을 발견했읍니다. 왜냐하면 빌라도가 헤롯의 판
결에 대해서 말하기 때문입니다. "헤롯이 또한 그렇게 하여 저를 우리에
게 도로 보내었도다 보라 저의 행한 것도 죽일 일이 없느니라"(눅 23:
15). 다섯째로 죽어가는 강도가 간하였읍니다. "우리는 우리의 행한 일
에 상당한 보응을 받는 것이니 이에 당연하거니와 이 사람의 행한 것은
옳지 않은 것이 없느니라"(눅 23:41). 여섯째로 십자가에 못 박는 일을
책임맡았던 백부장이 말했읍니다. "이 사람은 정녕 의인이었도다"(눅
23:47). 끝으로 예수님께서 죽으실때 지진과 그밖에 다른 초자연적 표
적이 나타나는 것을 보고 백부장과 함께 섰던 수많은 사람들이 외쳤읍
니다. "이는 진실로 하나님의 아들이었도다"(마 27:54).

이상이 나사렛 예수를 가까이 살펴보았던 모든 사람들의 판결입니다.
하나님과 사람의 판결이기도 하고, 예수님의 친구와 예수님의 원수들,
고대인과 현대인들의 판결입니다. - 우리가 이미 앞 강론에서 지적한
바 입니다.

우리가 빌라도 앞에 선 예수님을 살펴보면 예수님은 용감한 사람이었
음을 주목합니다. 그는 무도하게 매를 맞으셨읍니다. 그럼에도 불구하고
그걸 참아내시는 주님의 모습 속에서 움츠려 드는 일이나 타협하는 것
이 하나도 없었읍니다. 여기서 말하는 채찍에 맞는 일이 무엇인지를 본

적이 없습니다. 이 형벌이 주어질 때 어떠한 고통을 받게 되는지 상상하기가 어렵습니다. 그 채찍에 맞는 사람은 그 옷을 벗기우고 등짝이 완전히 드러나도록 기둥에 매임을 알아야 합니다. 긴 가죽채찍으로 맞았는데 그 채찍에는 날카로운 납조각이나 뼈조각이나 돌이 촘촘히 박혀 있었습니다. 그렇게 맞는 사람은 등이 너덜너덜해 집니다. 그 밖에 때리는 것이 오래 계속되어 그 고통스러운 시간에 의식을 갖고 있는 사람은 거의 없고 어떤 사람은 죽기까지 했습니다. 예수님께서 이러한 채찍을 맞으신 것입니다. 그럼에도 불구하고 빌라도가 끌고나와 사람들에게 "보라 이 사람이로다!"라고 외친 것은 그런 고통을 당한 뒤 였습니다.

빌라도가 이런 말을 할때 그 음성 속에 어떤 기이함이나 감탄어린 분위기가 있었을까요? 그렇게 생각할 여지가 있습니다. 바클레이가 다음과 같이 쓴 것은 옳게 본 것이 아닌가 생각이 듭니다. "빌라도가 처음 가졌던 의도는 유대인들의 동정심을 유발시키려는 것이었음에 틀림없다. 그가 '보라! 이 불쌍하고 상하고 피투성이의 사람을 보라! 이 곤고함을 보라! 이같은 자를 고통스럽게 하여 전혀 필요없는 죽음을 당하게 하고 싶다고 생각할 수 있는가?' 그러나 그렇게 말할때 먼저 빌라도의 음성의 어조가 바뀌는 것을 거의 들을 수 있고, 그의 눈에 기이함이 서리게 되는 것을 볼 수 있을 것 같다. 그는 반경멸조로 그것을 말하지 않고 동정심을 유발하기 위해서 억제할 수 없는 의미심장한 기이함과 감탄조로 그것을 말한다." 전쟁 때의 군인들은 흔히 패전한 한 원수의 용감성을 감탄하는 일들이 있을 것입니다. 자기들이 그와 유사한 고통에 처했더라면 자기들은 그 정반대의 역할을 하지 않았을까 의아해 하면서 말입니다. 아마 빌라도는 노병(老兵)으로써 내심 그리스도의 불굴의 정신을 존경했을 것입니다.

그러나 빌라도 앞에 선 그 사람앞에서 우리가 보는 것은 용감성뿐만이 아닙니다. 거기에는 위엄(엄위)이 있습니다. 하나님의 아들다운 위엄입니다. 사람을 보라구요? 그렇습니다. 그러나 보라 왕이로다고 말해야 합니다! 여기서 우리는 단순히 군인들이 꾸며낸 것의 조종을 받는 왕을 뜻하지 않습니다. 진정한 왕, 왕중의 왕, 엄위와 은혜를, 가장 큰 육체적인 고통의 순간에서도 비추어내는 그 왕을 뜻하는 것입니다. 이 분은 사람, 위대한 사람입니다. 그러나 그는 역시 하나님으로서, 부활이 곧 그 점을 증명하게 될 것입니다(롬 1:4).

이 사람은 빌라도 앞에 선 사람입니다. 이 사람은 나사렛 예수입니다. 무죄하고 용감하고 위엄에 차신 분입니다. ― 그러나 곧 정죄를 받아 십자가에 못 박혀 죽으실 것입니다.

군중들 앞에서

예수님께서는 그날 빌라도 앞에서만 나타나신 것이 아닙니다. 그는 군중들 앞에서도 나타나셨습니다. 실로 채찍을 맞고 나서 그런 것 같습니다. 왜냐하면 빌라도는 큰 심문 사건을 다루는 법관이 가지는 무대의식과 청중심리에 대한 의식을 가지고 먼저 그리스도의 무죄성을 선포하기 위해서 나타났습니다. 그런 다음에 갑자기 그를 데리고, 군중들 앞에 나아가 그의 매맞고 몹시 상한 상태를 보도록 했습니다. 빌라도가 무엇을 바랐던가를 우리는 알고 있습니다. 그 변덕스러운 군중들에서 동정심이 우러나기를 바랐던 것입니다. 그러나 빌라도는 계산 착오였습니다. 왜냐하면 동정심이 일어나기는 커녕 대신 새로운 미움과 적대감이 예수님에 대해 더 거세게 일어났기 때문입니다.

어째서 이러했습니까? 주님께서 나타나자 그러한 포악한 혐오가 어째서 일어났습니까? 어떤 저자들은 심리학적 반응의 패턴을 쉽게 이해할 수 있다고 주장하곤 하였습니다. 사람들은 매맞아 일그러진 그리스도에 비침 받고는 자기들 스스로 속에 있는 도덕적 흉칙성을 보았거나, 아니면 자기들 스스로에서 그러한 것이 발견될까봐 겁이 났다고 말입니다. 가난하고 흉하게 생긴 사람이나 죽어가는 사람에 대해서 많은 사람들이 나타내는 불쾌감과 거의 유사했을 것입니다. 자기들도 그들과 같아지지 않을까 하는 두려움을 가집니다. 그러나 군중들이 갈수록 예수님을 더 반대하고 미워했다는 것에 대한 진정한 설명이 되지 못합니다. 이때 그들이 예수님을 생각하면서 진력냈던 것은, 지금까지 내내 그들을 괴롭혔던 그 일이었습니다. 그것은 예수님의 죄 없으심이었습니다. 전적으로 부당하게 예수님에게 채찍을 가함으로써 그 죄 없음에 대한 의식은 더 높아지게 되었고, 그 부당함 속에서 그들의 무법함은 더해졌습니다. 그러나 어느 누구도 그것을 인정하려 들지 않습니다. 확실히 자연인의 마음속에는 참된 의를 반대하게 하는 것이 있습니다.

해리 아이언사이드는 요한복음을 주석하면서 몇년전 스코틀랜드의 자유교회의 한 대회(大會)에 대해서 말하고 있습니다. 어느 목사가 어느 주일 아침에 설교를 부탁받았읍니다. 그는 덕(德)의 아름다움에 대해서 대단한 웅변을 토했읍니다. 그는 이렇게 결론지었읍니다. "오 나의 친구들이여, 만일 덕이 몸을 입고 땅에 나타날 수만 있다면, 사람들은 그것의 아름다움에 정신이 팔려 엎드려 그를 경배할 것이다." 많은 사람들이 "그 웅변이 얼마나 대단했는가!"라고 말하면서 밖으로 나갔읍니다.

같은 날 저녁에 다른 사람이 설교했읍니다. 그러나 그는 덕과 아름다움에 대해서 설교하지 않았읍니다. 그리스도와 십자가에 못 박힌 그리스도를 설교했읍니다. 설교를 마치면서 그는 이렇게 말했읍니다. "나의 친구들이여, 덕이 육신을 입고 땅에 나타나셨읍니다. 사람들은 그의 아름다움에 사로잡혀 땅에 엎드려 그를 경배하기는 커녕 '그를 없애 버려라! 십자가에 못 박아라! 이 사람이 우리를 다스리게 하지 못하게 하자!'라고 울부짖었읍니다." 두번째 사람이 옳았읍니다. 우리는 그러한 말을 듣기 싫어합니다. 그런 말을 한 사람들에게 골냅니다. 그러나 중생치 않은 자연인은, 하나님의 거룩함을 미워하고, 그리스도의 빛이 자기 자신의 깊은 어둠에 비치게 하는 것 보다는 다른 것을 원하는 것입니다.

세째로 저는 그가 오늘날 대중앞에 나타나실때 "보라 이 사람이로다"라고 말하고 싶습니다. 그는 동일한 사람, 동일한 나사렛 예수이십니다. 그러나 어떤 사람들이 그를 정말 미워하고 공적으로 그의 영향력을 훼멸시키려고 애를 쓰고 그의 선한 이름을 멸해 버리려고 애를 쓰는 것이 사실이지만, 우리 시대의 거의 모든 사람들은 단순히 그를 무시하고, 그래서 모욕하며 피해를 주며, 그 무시함을 통해서 그리스도는 거의 주목할 만한 가치가 없는 자라는 암시를 하고 있읍니다.

미국의 대학들에서 일을 하고 있는 사람들은 이것이 그러하다고 생각합니다. 얼마전에 저는 큰 기독교 대학 연합기구의 대표로 부터 한 호소 편지를 받았읍니다. 부분적으로 소개하면 이렇습니다. "이런 학교들과 또 그 학교들을 주도하는 사람들중 어떤이들은 공공연하게 기독교 신앙

을 적대하고 있읍니다. 그들의 학생들은 성경을 조롱하고 있고, 그것을
믿는 사람들을 또한 비웃고 있읍니다. 어떤 학교들에서는 하나님을 전
혀 무시하고 있읍니다." 저는 그 지도자에게 그러한 비율을 어떻게 파악
했느냐고 묻고 싶었읍니다. 거의 모든 사람이 기독교 신앙에 대해서 적
대적이라고요? 아니면 거의 모든 사람들이 무관심하다고요? 저는 거의
모든 사람들이 무관심하거나 최소한 무관심해지려고 노력하고 있다고
믿습니다. 만일 캠퍼스에서 그러한 일이 사실이라면 미국 전역에 걸쳐
서 그러한 일은 더욱 더 사실입니다. 거의 모든 사람들이 다른 것들에
대해서는 말을 많이 하는데 기독교에 대해서는 거의 말을 하지 않을 것
입니다. 만일 우리가 세속 신문들과 다른 매체들을 통해서 여러 문제들
을 판단한다면 예수님에 대한 정확하거나 의미있는 어떤 일을 발견하는
일은 차치하고라도 예수께서 존재하셨다는 그것을 알기에도 거의 어려
운 판입니다.

이들에 대해서 우리는 이렇게 말하기 원합니다. '보라 이 선생이로다!
눈길을 돌리지 마시라. 너무 바쁘게 돌아다니지 마시라. 만일 온 세상을
얻고도 목숨을 잃으면 그것은 비극일 것이다.' 그런데도 불구하고 정확
히 많은 사람들이 그렇게 하고 있읍니다. 그들은 상실된 마음을 갖게 될
것이고, 그들이 상실되었다는 것을 알지도 못할 것입니다. 그러다 결국
최후의 심판의 실체가 그들 앞에 모질게 다가올 것입니다.

예수님께서는 십자가에 못 박히시기 얼마 전에 이것에 대해서 말씀하
셨읍니다. 예루살렘에서 지상 생애의 마지막 주간을 보내시면서 감람산
에서 설교를 하셨는데, 예수님은 최종적인 심판이 그런 사람들에게 어
떠할 것인지를 가르치는 마음을 사로잡는 세가지 비유를 사용하셨읍니
다. 한 편은 혼인잔치에 초대받은 열처녀에 대한 비유였읍니다. 다섯처
녀는 지혜롭고 다섯처녀는 어리석었읍니다. 다섯처녀는 자기들 등에 기
름을 사다 채움으로써 그 연회를 위해서 준비한 처녀였읍니다. 미련한
다섯처녀는 그렇게 하지 않았읍니다. 그들이 밤중에 오랜 시간동안 기
다리다가 거기에 함께 참석한 사람들이 다 잠이 들었읍니다. 갑자기 "신
랑이 오니 나와 맞으라"는 외침이 울려 퍼졌읍니다. 그들은 깨어 일어났
읍니다. 그러나 안타깝게도 어리석은 다섯처녀의 등에는 기름이 전혀

없었읍니다. 지혜로운 다섯처녀들은 신랑을 맞기 위해서 나가는데 그 미련한 다섯처녀들은 기름을 사러 나갑니다. 그러나 그들이 기름을 사 가지고 오는 동안 신랑이 왔고 곧 이어서 혼인잔치가 개시되고 신랑이 집에 들어가 문은 닫혔읍니다 후에 어리석은 다섯 처녀들이 돌아와서 문 앞에서 외쳤읍니다. "주여, 주여, 문을 열어주소서." 그러나 그는 대답했읍니다. "진실로 너희에게 이르노니 내가 너희를 알지 못한다."

예수님께서는 이렇게 결론지으셨읍니다. "그런즉 깨어 있으라 너희는 그 날과 시를 알지 못하느니라"(마 25:13).

두번째 비유는 세 종에 대한 비유입니다. 주인이 여행을 떠나려 합니다. 그래서 주인은 종들을 불러 각각 돈을 맡깁니다. 한사람에게는 다섯 달란트를 또 다른 사람에게는 두 달란트를 세번째 사람에게는 한 달란트를 맡깁니다. - 각자 그 능력에 따라서 말입니다. 그런 다음 주인이 떠나가고, 다섯 달란트, 두 달란트를 받은 종들은 각각 돈을 투자했는데, 한 달란트 받은 종은 그 달란트를 땅에 묻어 두었읍니다. 오랜 기간이 지난 후 주인이 돌아와서 종들에게 회계하자고 요구하였읍니다. 다섯 달란트 받았던 사람은 다섯 달란트를 더 가지고 왔읍니다. 두 달란트 받았던 자도 두 달런트를 더 남겼읍니다. 그러나 한 달란트만 받았던 사람은 "주여 당신은 굳은 사람이라 심지 않은데서 거두고 헤치지 않은데서 모으는 줄을 내가 알았으므로 두려워하여 나가서 당신의 달란트를 땅에 감추어 두었나이다. 보소서 당신의 것을 받으셨나이다"(마 25:24, 25)라고 했읍니다. 주인은 그 종을 정죄하며 그 달란트를 빼앗고 그를 "바깥 어두운데"로 쫓아냈읍니다(30절).

끝으로 주님께서는 양과 염소를 비유하는 말씀을 하셨읍니다. 염소들은 버리움을 당한 자들입니다. 그들은 주님께서 배고프실때 주님을 먹이지 않았고, 목마르실때 마시우지 않았고, 나그네 되셨을때 영접하지 않았고, 벌거벗으셨을때 옷을 입혀 드리지 않았고, 병들었을때 찾아보지 않았고, 감옥에 갇힌 바 되었을때 위로하지 않았기 때문에 정죄를 당했읍니다. 그들은 말했읍니다. "우리가 어느 때에 주의 주리신 것이나 목마르신 것이나 나그네 되신 것이나 벗으신 것이나 병드신 것이나 옥에 갇히신 것을 보고 공양치 아니하더이까?"

주님은 대답하십니다. "내가 진실로 너희에게 이르노니 이 지극히 작은 자 하나에게 하지 않은 것이 곧 내게 하지 아니한 것이니라"(49절). 그 반면에 그분은 자기 형제들을 위해서 이러한 일들을 행한 사람들을 영접하십니다.

이 각 비유마다 그 상세한 국면에 있어서는 서로 아주 다르지만 본질적인 특징에 있어서는 그 셋이 하나입니다. 각 경우마다 주인이 갑자기 돌아와서 회계하자고 요구합니다. 각 경우마다 그 주님이 오시는 일을 준비한 사람도 있고 그렇지 못한 사람도 있습니다. 또 각 경우마다 심판과 상급이 있읍니다. 각 경우마다 가장 주목할만한 것은 – 바로 이것 때문에 제가 이 비유들을 다시 생각하는 것임 – 버리움 받은 사람들이 그 결과를 보고 정말 놀란다는 것입니다. 미련한 처녀들은 신랑이 자기들에게 문을 열어주지 않는 것을 보고 아연실색했읍니다. 악하고 게으른 종은 분명히 주인이 자기 원금만 가지고 갔다 주면 기뻐할 것이라고 기대했읍니다. 염소들도 자기들이 정말 예수님을 거절했는지 믿을 수 없었읍니다. 그들은 말합니다. "주여 우리가 어느때에 주의 주리신 것이나 목마르신 것이나 나그네 되신 것이나 벗으신 것이나 병드신 것이나 옥에 갇히신 것을 보고 공양치 아니하더이까?"(마 25:44) 주께서 그들을 "영원한 형벌"에 처하도록 그들을 보내실때 그들은 납작해 졌읍니다(46절).

우리 시대에도 그러할 것입니다. 우리는 인류 역사에 있어서 우리 시대 이전의 어느 사람보다도 그리스도에 대해서 배울 더 많은 기회를 가지고 있읍니다. 책들과 잡지와 라디오 프로그램과 영화와 텔레비젼이 그리스도에 대해서 다 말하고 있읍니다. "보라 이 사람이로다. 구원을 위해서 이 사람을 보라. 그가 그대를 사랑하고 그가 그대를 위해서 죽으셨다. 그가 다시 살아나셨다. 죄에서 돌이켜 그를 그대의 구주로 믿으라!"라고 외치고 있읍니다. 그러나 많은 사람들이 계속 허튼 소리를 하며 나아가고 있으며, 결국 하나님께서 계산하시는 날 납작해 질것입니다.

왕을 보라

오늘은 하나님의 은혜의 날입니다. 바울이 표현한 대로 오늘날에 사는 의인의 지혜는 "그리스도와 그의 십자가에 못 박히심" 외에는 사람들중에 알지 아니하기로 하는 것입니다. 자 이제 구원을 위해서 그가 우리에게 죽어주신 것을 우리는 압니다. 그의 죽으심이 우리의 생명입니다. 그러나 그의 은혜의 때가 끝날 날이 옵니다. 이 세상의 재판석들에서 판단을 받으셨던 그 분이 재판장이 될 것입니다.

크룸마허는 이렇게 쓰고 있습니다. "에케 호모(보라 이 사람이로다)라는 외침의 소리를 또 다시 듣게 될 때가 얼마나 남았을까? 그러나 만일 그때 우리의 눈을 들면 우리가 가바다에서 보았던 광경과 다른 광경을 목격하게 될 것이다. 그 때는 영광의 왕이 조롱의 의복을 신적 위엄의 빛나는 망또로 바꾸어 입고 서 계실 것이고, 가시관이 영광의 면류관으로 바뀔 것이고 갈대 지팡이가 우주를 통치하는 홀로 바뀔 것이다." 그 날에 그것이 어떠할까요? 심판일 것입니까? 아니면 그의 은총의 상징으로 홀을 내미시는 것입니까? 마치 "내 아버지께 복 받을 자들이여 나아와 창세로부터 너희를 위하여 예비된 날을 상속하라"(마 25:34)라고 선언하시는 것과 같이 말입니다. 그 질문들에 대한 대답은 여러분이 지금 그를 어떻게 바라보고 있는지, 그를 여러분의 주로 믿고 복종할 것인지에 달려있읍니다.

18

갈보리에서 죽은 자는 누구인가?

"대제사장들과 하속들이 예수를 보고 소리질러 가로되 십자가
에 못 박게 하소서 십자가에 못 박게 하소서 하는지라 빌라도
가 가로되 너희가 친히 데려다가 십자가에 못 박으라 나는 그
에게서 죄를 찾지 못하노라 유대인들이 대답하되 우리에게 법
이 있으니 그 법대로 하면 저가 당연히 죽을 것은 저가 하나님
아들이라 함이니이다"(요 19:6-7)

요한복음 19장에서 나사렛 예수님의 십자가에 못 박히심과 관련되어
일어난 사건들은 신속하게 진행되어 나가고 있습니다. 오래잖아 이
스라엘의 선생이 십자가에 못 박히실 판입니다. 그가 누구인가? 갈보리
에서 자기 생명을 곧 드릴 이 분은 누구인가? 이 질문이 중요합니다. 왜
냐하면 그 죽음의 가치는 전적으로 그가 누구이냐에 달려있기 때문입니
다. 만일 그가 한 범죄자요, 그래서 죽어 마땅한 이 라면, 그의 죽음은
아무런 의미가 없습니다. 인류 역사의 긴 세기동안 처형 당했던 다른 수
천의 범죄자들 중 그 어느 사람의 죽음의 가치보다 더 낫지 못합니다.
만일 그가 무죄한 자라면, 그의 죽음은 우리에게 공의가 시행 되지 못한
것을 말해 줍니다. 또한 죽으시는 그의 모습은 강한 사람이 어떻게 그

불운을 용감하게 참아낼 수 있는가를 보여 줄 따름입니다. 반면에 그가 말씀하신대로 하나님 이시라면, 그의 죽음은 엄청난 의미를 가지게 됩니다.

그러나 그 질문은 중요한 것만이 아닙니다. 그 질문은 피할 수 없는 것입니다. 특히 그리스도의 심문 사건들을 연구하려고 노력해 보았던 사람들에게는 특별히 더욱 그러합니다.

중추적인 이슈

그 질문이 얼마나 피할 수 없는 것인가를 우리가 지금 살펴 보려는 구절들 속에서 발견하게 됩니다. 유대인들이 앞에서 빌라도를 만나서 행한 행동 속에서 그들이 예수님을 쳐서 고소한 것이 가리워 지기는 했지만 갑작스런 노도의 홍수로 그것이 터져 나왔기 때문입니다. 우리가 예수님의 심문 받으시던 장면을 되돌아 생각해 볼때, 예수님을 쳐서 고소한 죄목은 여섯 가지나 되었다는 것을 기억합니다.

첫째 유대 성전을 헐겠다고 위협했다고 고소당했읍니다(마 26:61).

둘째로 반역자로 고소를 당했읍니다. 다시 말하면 악형을 행하는 자로 고소를 당했다는 말입니다(요 18:30).

세째로 나라를 어지럽히는 자로 고소를 당했읍니다(눅 23:2).

네째, 유대인들을 부추겨 가이사에게 세를 내지 말라는 선동을 했다는 식으로 고소 당했읍니다(눅 23:2).

다섯째로, 백성들을 소동케했다는 죄목으로 고소 당했읍니다(눅 23:5).

여섯째로 자신을 왕으로 만들었다는 말을 하더라고 그를 고소하였읍니다(눅 23:2). 여기 이 여섯 가지의 송사는 심각한 것이었읍니다. 그러나 이 고소건들을 유대인의 지도자들이 예수님을 미워한 진정한 이유가 아니었읍니다. 또한 빌라도 앞에 예수님을 쳐서 송사한 그 사건 진행을 의뢰한 진정한 이유도 그것이 아니었읍니다. 그들이 예수님을 고소하게 된 진실한 이유는, 예수님이 하나님의 독생자라고 주장했다는데 있읍니다. 그 주장을 그들은 신성모독으로 판단했읍니다. 일곱번째이자, 가장 중추적인 고소 죄목이 이제 제시되는 것입니다.

물론 그것은 처음부터 존재해 있었읍니다. 예수님을 쳐서 송사한 첫 번째 죄목은(예수님께서 유대인의 법정 앞에 서 있었을때), 예수님이 "하나님의 성전을 헐고 삼일 만에 일으킬 수있다"고 주장했다는데 있었 읍니다(마 26:61). 언뜻 보면 이것은 미친 사람의 정신 나간 헛소리 처 럼 보였을 것입니다. 그러나 예수는 미친 사람이 아니었읍니다. 이스라 엘의 지도자들은 특별히 의심할 여지없이 예수님의 말씀 속에서 예수님 이 똑똑한 정신을 가지고 말하고 있다는 것을 알아 차렸읍니다. 예수님 께서 말씀하시고 계시는 것은 사실상, 당신이 하나님이시며, 비록 당신 의 나라의 지도자들이 자기를 죽이도록 내버려 두시기는 하겠지만 그의 죽음은 당신의 끝이 아니라 삼일 만에 다시 살아날 것이라고 말씀하고 계신 것입니다. 그런 식으로 설명해야만 사복음서들에 다 나오는 "사흘 만에"라는 두드러지게 반복되는 어구를 설명할 수 있읍니다. 또한 그리 스도의 무덤에 봉인을 하고 지키도록 유대 지도자들이 뒤에 가서 배려 를 했던 이유도 그런 차원에서만 이해할 수 있읍니다(마 27:62-64).

그러면 어째서 다른 죄목들을 들고 나왔읍니까? 유대인의 법정에서 그렇게 하는 것은 첫째로, 산헤드린 공회 지도자들이 예수님이 하나님 을 참람하게 모독하는 죄를 졌다는 확증을 하기 위한 적당한 증거를 확 보할 수 없었기 때문입니다. 또 유다 법정의 차원에서는 주님의 이 원수 들이 믿기로는 빌라도가 종교적인 문제로 그리스도를 죄인으로 낙인 찍 는 것을 허락하지 않을 것이 뻔하다고 생각했기 때문입니다. 빌라도 앞 에서 예수님께서는 민중 봉기자로 고소를 당했고, 가이사에게 위협적인 존재라고 고소를 당했던 것입니다.

그러므로 빌라도가 그 심문을 종결지은 것은 그 민중 봉기의 차원에 서 였읍니다. 예수님께서 자신을 스스로 왕삼았다는 비난을 받으셨던 것입니다. 빌라도가 "네가 유대인의 왕이냐?" "네가 왕이냐?"(요 18:33, 37)라고 시험했던 것은 바로 그 고소건을 생각해서 였읍니다. 빌라도가 예수께서 그러한 민중 봉기의 혐의가 없다는 사실을 안 후, 진실로 예수 께서 말한 적 있는 것을 언급한 것을 듣고 빌라도가 얼마나 놀랐을까를 생각해 보십시오. 빌라도는 "나는 그에게서 죄를 찾지 못하겠노라"라고 말했읍니다(요 19:6). 이제 참소하는 송사자들이 대답합니다. "우리에게 법이 있으니 그 법대로 하면 저가 당연히 죽을 것은 '저가 자기를 하나님 아들이라고'함이니이다"(7절). 다른 말로 해서 빌라도는 이제까지 예수께서 단순한 한 사람에 불과하고 그 문제인 이슈들도 인간적인 차원에 지나지 않는다는 식으로 그 심문을 행해 나왔던 것입니다. 문제의 핵심은 빌라도가 사람들에게 "보라 이 '사람'이로다!"라는 도덕적인 말을 한데 있습니다. 이제 상황은 전적으로 바뀌어졌습니다. 빌라도는 예수가 정말 하나님의 아들인지에 대한 새로운 문제를 직면해야만 했습니다.

예수가 빌라도가 생각한 그런 존재 이상의 존재인가? 하나님의 아들이라고 주장하는 그의 주장이 사실인가? 빌라도만이 이러한 질문 앞에 서야하는 것이 아니기 때문에 저는 그런 식으로 질문을 던지고 있습니다. 여러분도 그 질문 앞에 서야합니다. 여러분도 재판장으로서, 여러분이 내리는 판결이 중요합니다.

합치된 증언들

도날드 그레이 반하우스는 "갈보리에서 죽은 자가 누구인가?"라는 질문을 어느 한 설교에서 던졌습니다. 그는 그 설교에서 문제의 요점은 나사렛 예수로 죽임을 당한 그 사람의 신분을 확인하는 것만이 아니라고 지적했습니다. 왜냐하면 그 점에는 의심할 여지가 없기 때문입니다. 문제는 예수가 누구였던가? 그가 사람에 불과했던가? 아니면 그 이상의 존재인가? 어떤 사람이 말하는대로 그가 하나님이셨던가? 또 반하우스는 이 요점을 끌어내어 지적하면서, 이 중차대한 요점에 대해서 여러 증인들이 소환을 받았음을 넌즈시 암시했습니다. 그는 그 증인들을 하나 하나 끌어내어 법정 앞에 서게 하고 질문을 던졌습니다. 우리도 그 증인들을 소환시켜 그들의 증언을 들을 수 있습니다.

우리도 그 증인들을 소환합시다.

어느 사실 이든지 가장 중요한 증인은 "하나님 자신"이십니다. 그러니 아무리 많은 증인들을 동원할 수 있다 하더라도 여기서 부터 출발하는 것이 옳습니다. 전능하신 하나님께서 그리스도의 신성을 증거하십니까?

여기서 우리는 메시야에 관한 구약의 많은 예언들과, 예수님의 말씀과 행실을 기초로 해서 예수님께서 친히 주장하신 바로 그 분인가에 대한 문제도 보류해 둡니다. 대신 우리는 그리스도께서 지상 생애의 기간 동안에 하나님께서 주신 증언으로 시선을 돌립니다. 그리스도께서 세례 받으시는 순간으로 나가 보면 거기서 우리는 주 예수 그리스도 위에 하나님의 성령께서 하늘로 부터 비둘기 처럼 임하시는 것을 보게 됩니다. 또한 하나님께서 말씀하시는 것을 듣습니다. "이는 내 사랑하는 아들이요 내 기뻐하는 자라"(마 3:17)고 말씀하셨읍니다. 그러한 증언이 다른 어느 누구에게 주어진 적이 있었던가요? 우리는 그러한 경우를 하나도 알고 있지 못합니다. 하나님께서 아브라함을 당신의 친구로 부르셨읍니다. 다윗도 하나님의 마음에 합한 사람이라고 일컬음을 받았읍니다. 그러나 이 모든 사람들은 여전히 사람이었읍니다. 여기 이 분은 하나님의 사랑하는 아들로 일컬음을 받습니다. 그 증언이 진정한 무게를 지닌 것입니다.

이는 예수님의 공생애가 시작하는 바로 그 시점, 그러니까 시험 받기 전, 공적인 외침과, 백성들의 거절과, 백성들의 실망이 있기전에 있었던 일 이었읍니다. 그 후 이러한 일이 있은 후 어떠했읍니까? 처음에 하나님께서 "기뻐하는" 분이 이 세상의 죄와 질병과 어울리신 후에 그 때는 그렇게 기쁨을 드리는 자가 아니 되었을지도 모릅니다. 우리는 그리스도의 공생애가 끝나가려는 순간으로 시선을 돌려 봅시다. 예수님께서 변화산상에 서서 그의 땅에 속한 모습이 하늘에 속한 모습으로 바뀌었을 그 순간을 바라 봅시다. 이 순간 그는 빛을 의복처럼 입으셨읍니다. 베드로와 야고보와 요한이 듣기에 전능하신 하나님께서 하늘로 부터 이런 소리가 있었읍니다. "이는 내 사랑하는 아들이요 내 기뻐하는 자니 너희는 저희 말을 들으라"(마 17:5).

하나님 아버지의 증언은 그리스도의 신성을 증거하고 있습니다. 소환해 보아야 할 두번째 증인은 "나사렛 예수"였읍니다. 어느 법정도 사람이 자기 자신에 대해서 증거하는 소리를 들을 용의를 가져야 합니다. 그러므로 우리도 예수님께 시선을 돌려서 "당신의 이름이 나사렛 예수 입니까"라는 질문을 던져야 합니다.

"그러하다"

"당신이 자신에 대해서는 무엇을 말합니까?"

주님께서는 대답하십니다. "나는 이미 내 증거를 너희에게 준 바 있다. 나는 틀림없이 그것을 주었다. 한번은 이 이스라엘의 지도자들이 나더러 자신에 대해서 말하라고 요구해서, 분명히 내 자신에 대해서 증거를 하였기 때문에 그들은 돌을 들어 나를 치려 하였다. 나는 말하였다. '아브라함이 나기 전부터 내가 있느니라(곧 나는 여호와니라)'(요 8:58)라고. 또 한번은 솔로몬의 행각에서 사람들에게 가르쳤고 말하였다. '나와 내 아버지는 하나이라'(요 10:30). 바로 이 주간 내 제자들과 함께 있는 이 마지막 순간들 속에서 빌립이 묻는 말에 나는 대답하여 '나를 본 자는 아버지를 보았느니라'(요 14:9)라고 말한 바 있다. 지난 밤에 대제사장이 내게 이런 질문을 던졌다. '네가 찬송 받을 자의 아들 그리스도냐?' 그래서 나는 대답했다. '내가 그이라 인자가 권능적 우편에 앉은 것과 하늘 구름을 타고 오는 것을 보리라'(막 14:61, 62). 나는 그 주장 때문에 심문을 받았고, 또한 처형 당할 것이다."

전능하신 하나님과 나사렛 예수의 증언들은 서로 합치합니다.

우리는 신격(神格)의 두 위가 증거하는 증언을 들었습니다. 신격의 3위이신 '성령'은 어떠하십니까? 주님께서 십자가에 못박히시기 전에 성령에 대해서 말씀하셨습니다. "내가 아버지께로서 너희에게 보낼 보혜사 곧 아버지께로서 나오시는 진리의 성령이 오실때에 그가 나를 증거하실 것이요"(요 15:26). 그가 이 일을 행하셨습니다. 신약성경 전체는 그리스도의 신성(神性)에 대한 성령의 증언입니다.

우리가 들어볼 다른 초자연적인 증거들이 있습니까? "하늘의 큰 별과 천사들"이 있습니다. 그들이 무엇을 말했습니까? 그들은 주님께서 베들레헴에서 탄생하신 것과 관련되어 일어난 여러 사건들 속에서 천사들의 음성을 듣게 됩니다. 가브리엘은 그 천사들 중에 하나입니다. 그는 그 주님의 탄생이 있기전 마리아에게 나타나서 이렇게 말했습니다.

"보라 네가 수태하여 아들을 낳으리니 그 이름을 예수라 하라 저가 큰 자가 되고 지극히 높으신 이의 아들이라 일컬을 것이요 … 성령이 네게 임하시고 지극히 높으신 이의 능력이 너를 덮으시리니 이러므로 나실바 거룩한 자는 하나님의 아들이라 일컬으리라"(눅 1:31, 32, 35). 그 이야기를 따라가 보면 천사들이 베들레헴 들판에 있는 목자들에게 나타나서 "무서워 말라 보라 내가 온 백성에게 미칠 큰 기쁨의 좋은 소식을 너희에게 전하노라 오늘날 다윗의 동네에 너희를 위하여 구주가 나셨으니 곧 그리스도 주시니라"(눅 2:10, 11)라 말합니다.

"귀신들"은 어떠합니까? 그들도 역시 초자연적인 증인들 입니다. 귀신들이 예수님의 통치에 반대하기는 하면서도 예수님에 대한 진리를 알고 있습니다. 빌라도 앞에 지금 나타난 그분에 대한 그들의 견해는 어떠합니까? 한번은 주님께서 많은 귀신에게 사로잡힌 사람을 치료하신 적이 있었습니다. 예수님께서 그들을 쫓아내려 했었을때(그 후에 그 일을 하셨고) 그 귀신들은 대답했읍니다. "하나님의 아들이여 우리와 당신과 무슨 상관이 있나이까 때가 이르기 전에 우리를 괴롭게 하려고 여기에 오셨나이까?"(마 8:29). 또 다른 경우에는 귀신들이 예수님 앞에 엎드려 "당신은 하나님의 아들이니이다"(막 3:11)라 말하였읍니다.

하늘에서 왔건 지옥에서 왔건 이 초자연적인 증인들은 예수께서 고유하게 하나님의 아들이심을 확증하는 일을 했읍니다.

인간적인 증인들

그러나 그리스도의 신성을 인정하는 증인들은 초자연적인 존재들만이 아닙니다. 인간 증인들도 많이 있읍니다. 그들 가운데는 그를 가장 잘 아는 자들도 있읍니다. 이 사람들은 어떠합니까? 복음서 저자들은 어떠합니까? 이 사람들은 그리스도 생애에 대한 역사가들 입니다. 그들은 예수님에 대해서 들리는 것들을 유심히 조사했을 것입니다. 우리가 그렇게 상상하는 것이 옳습니다. 어떤 사람들은 예수와 함께 살았읍니다. 그들은 자기들이 묘사한 사건들을 직접 눈으로 목격한 사람들 입니다. 빌라도 앞에 선 그 사람에 대해서 이 사람들은 어떠한 생각을 가지고 있읍니까?

"마태야, 너는 어떻게 생각하느냐? 너는 복음서 가운데 제일 첫 복음서를 썼다. 너는 유대인이다. 유대인들은 한 하나님을 고백하고 있다. 어떤 압도적인 증거 없이는 어느 사람을 보고 하나님이라고 말하기가 어려울 터인데."

마태는 대답합니다.

"나는 예수님이 구약에서 말하는 신적 구세주 라고 믿는다. 그의 탄생은 이사야의 대 예언의 성취였다고 나는 말하였다. '보라 처녀가 잉태하여 아들을 낳을 것이요 그 이름을 임마누엘이라 하리라' 이를 번역하면 하나님이 우리와 함께 계시다 함이라"(마 1:23; 사 7:14 참조).

"마가야 너는 어떠냐? 너는 베드로와 함께 전도 여행을 했지. 원천적 정보를 직접 받았지. 너는 어떻게 생각하지?"

마가는 자기 복음서를 다음과 같은 말로 시작했다고 대답합니다.

"하나님의 아들 예수 그리스도 복음의 시작이라"(막 1:1).

"누가 너는 어떠냐?"

누가는 의사였고 과학자였습니다. 그는 어떤 공상이나 과장으로 떠벌리려는 성향을 가지고 있지 않았습니다. 그는 우리에게 사 복음서 가운데 가장 과학적인 복음서를 주었습니다. 그는 교회 초의 훌륭한 역사까지 그 복음서를 진행시켰습니다. 그럼에도 불구하고 누가는 예수님에게 주어졌던 가장 높은 칭호들 가운데 몇을 사려 깊게 기록하고 있습니다. " 지극히 높으신 자의 아들"(눅 1:32) "하나님의 아들"(1:35) "그리스도 주"(2:11)

"요한은 어떠 합니까?"

"너 요한아 너의 증언은 어떠하냐?"

그는 모든 말씀 중에서 가장 분명한 말씀을 기록하였다고 말하고 있습니다. 그의 복음서는 "태초에 말씀이 계시니라 이 말씀이 하나님과 함께 계셨으니 이 말씀은 곧 하나님이시니라 그가 태초에 하나님과 함께 계셨고 만물이 그로 말미암아 지은바 되었으니 지은 것이 하나도 그가 없이는 된 것이 없느니라 그 안에 생명이 있었으니 이 생명은 사람들의 빛이라"(요 1:1-4). 요한복음은 이렇게 결론짓습니다. "예수께서 제자들 앞에서 이 책에 기록되지 아니한 다른 표적도 많이 행하셨으나 오직 이것을 기록함은 너희도 예수께서 하나님의 아들 예수 그리스도 이심을 믿게 하려 함이요 또 너희로 믿고 그 이름을 힘입어 생명을 얻게 하려 함이니라"(20:30, 31).

다른 인간 증인들이 있읍니까?

있읍니다. 세례요한 입니다. 그 사람은 예수님의 첫번째 사촌형제로서 이렇게 증거했읍니다. "내가 보고 그가 하나님의 아들이심을 증거하였노라"(요 1:34).

마르다가 있는데, 그녀의 집에 예수님과 그의 제자들이 자주 머물렀읍니다. 그는 이렇게 증거했읍니다. "주는 그리스도시요 세상에 오시는 하나님의 아들이신 줄 내가 믿나이다"(요 11:27).

예수님께서 한번은 제자들에게 물으셨읍니다. "그러나 너희는 나를 누구라 하느냐?" 제자들을 대표해서 베드로가 "주는 그리스도시요 살아 계신 하나님의 아들이시니이다"라고 선언했읍니다(마 16:15, 16). 예수님께서 그 고백을 들으시고 뒤로 물러서시며 움찔하셨읍니까? 만일 예수님에 대해서 제자들이 그러한 잘못된 생각을 가지고 있어서 그 "실수"를 고쳐 줄 기회가 있었다면 바로 그때였을 것입니다. 그러니 이렇게 말씀하실 수 있었겠지요.

"너 베드로야 잘못 되었구나. 나는 하나님의 아들이 아니야. 나는 너희와 똑같은 한 사람이야." 그러나 예수님은 그렇게 말씀하지 아니하시고 오히려 이렇게 대답하셨읍니다. "바요나 시몬아 네가 복이 있도다 이를 네게 알게 한 이는 혈육이 아니요 하늘에 계시는 내 아버지이시니라"(마 16:17).

땅에 속한 증인들과 하늘에서 온 증인들이 서로 일치되고 있읍니다.

십자가 곁에 있었던 사람들

이제 우리는 또 다른 부류의 증인들의 증거를 들어 봅시다. 그 사람은 그리스도의 십자가 곁에 서서 그가 십자가에서 죽으시는 모습을 지켜 보았던 사람들 입니다. 사람이 죽어 가는 모습을 보면 그 사람이 누구였고, 그가 어떠한 방식으로 살았는지를 알 수 있는 많은 빛을 던져 준다는 말이 있읍니다. 그러므로 그리스도께서 어떻게 죽으셨으며, 그의 죽으심을 목격한 사람들이 그가 죽어 가시는 순간이 그 분의 모습에 대해서 어떤 생각을 가졌는지를 아는 것은 대단히 흥미롭습니다.

거기 함께 있었던 두 사람은 그리스도와 함께 죽은 강도들 입니다. 한 강도는 굳어져 있어서 누가의 증언에 따르면 예수님을 거스려 비난했읍니다. "네가 그리스도가 아니냐 너와 우리를 구원하라"

그러나 다른 강도는 이렇게 대답했읍니다. "네가 동일한 정죄를 받고서도 하나님을 두려워 아니 하느냐 우리는 우리의 행한 일에 상당한 보응을 받는 것이니 이에 당연하거니와 이 사람이 행한 것은 옳지 않은 것이 없느니라."그는 돌아서서 예수님을 보면서 말했읍니다. "예수여 당신의 나라에 임하실때 나를 생각하소서"(눅 23:39-42).

"그러나 너는 한 강도에 지나지 않다. 네 증언이 무슨 가치가 있겠는가? 더 확실한 증거를 알아보자 — 예를 들어서 여기있는 백부장에게서 들어보자." 그는 처형 부대의 지휘를 맡고 있는 사람이었읍니다. 그는 진지한 사람이었고 많은 사람이 죽어가는 모습을 보았읍니다. "백부장 너는 어떻게 생각하느냐?"

그 군인은 대답합니다. "나는 그 모든 것을 보았다. 권위에 찬 그 죄수의 행실을 목격하였다. 그 입술에서 한 마디의 욕설도 나오지 않았다. 나는 그의 희생적인 죽음을 보았다. 그는 나무에 못 박히면서도 자기를 죽이는 자들은 용서해 달라고 하나님께 간구했다. 저들이 하는 일을 알지 못한다고 말하면서 말이다. 그는 용감하게 고통을 참아 내셨다. 그가 죽으니 정오 인데도 땅은 어둠으로 덮였다. 지진이 일어났다. 바위가 터지고 무덤이 열렸다. 나는 이 이적들을 보았다. 나는 말했다. '이 사람은 정녕 의인이었도다 이 사람은 하나님의 아들이었도다'"(눅 23:47; 마 27:54).

그의 죽어가는 모습을 본 사람들은 다 이러한 판단에 의견을 같이 하고 있읍니다.

우리는 많은 다른 사람들을 생각합니다.

회의적인 사람 도마를 알고 있읍니다. 도마는 이렇게 말합니다. "나는 언제나 회의적인 사람이었다. 내 회의적인 생각이 정당하였다. 예수께서 예루살렘에 올라 가시면 죽임을 당할 것이라고 말했고, 예수님은 죽임을 당하셨다. 그러나 나는 그 요점이 잘못을 행한 것을 너희도 안다. 나는 부활을 의심했다. '죽은 사람들은 다시 살아나지 못한다'고 나는 말했다. 그러나 예수께서 다시 살아 나셨다. 참 기이한 일 중에 기이한 일이다. 그는 내게 오셔서 '네 손가락을 이리 내밀어 내 손을 보고 네 손을 내밀어 내 옆구리에 넣어 보라 그리하고 믿음없는 자가 되지 말고 믿는 자가 되라(그렇게 해 보지 않고는 믿지 않겠다고 말했었다)' 그가 그렇게 말씀하셨을 때 나는 그 발앞에 무릎을 꿇으며 '나의 주시요 나의 하나님이시요'라고 말했다"(요 20:27, 28).

"사울"이 있읍니다. 교회 초기의 가장 큰 원수였읍니다. "사울아 그 일에 대해서 어떻게 생각하느냐? 너는 그리스도의 사람들의 원수였다. 그들을 핍박했다. 예수님을 미워했다. 무엇이 네 마음을 바꾸게 했느냐?"

바울은 이렇게 대답합니다. "그는 만삭되어 나지 못한 자 같은 나에게 나타났다. 그는 다메섹 도상에서 자신을 나에게 나타내주셨다. 내가 그 영광을 보았을때 '주여 뉘시오니이까(주라는 말은 '여호와'라는 말)?'라고 울부짖었다. 그는 대답하셨다. '나는 네가 핍박하는 예수라.' 후에 내가 다메섹으로 들어갔을 때 나는 어느 누구를 만나든지 '그는 하나님의 아들이다'라고 말했다"(행 9:5, 20).

여러분의 판결은 무엇인가?

끝으로 우리는 자신들을 돌아 봅시다. 예수님께서 육체를 입고 계신 모습을 우리는 보지 못했지만, 성경에서 선포되고, 성령께서 헤일 수 없이 많은 그리스도인의 마음 속에서 그를 증거하고 있읍니다. 우리는 뭐라고 말합니까? 그가 하나님의 아들이십니까? 저는 여러분에게 '내 증거'를 하겠읍니다. 나는 내 마음 속을 들여다봅니다. 내 속에서 나를 그에게 이끄는 것은 하나도 없다고 저는 고백합니다. 그는 동떨어져 계신 존재입니다. 나 혼자 내버려 두면 삶의 마지막은 여러 다른 것들을 추구하느라고 부산하게 될 것입니다. 나는 도마처럼 회의론자가 되던지, 사도 바울의 회심하기 전의 상태처럼 예수님을 적대하는 사람이 되었을 것입니다. 그러나 예수님께서 나에게 말씀하셨읍니다. 그는 하나님의 말씀을 통해서 말씀하시고, 당신이 누구이며 어떤 일을 하시는지를 선언하십니다. 제가 그 음성을 들으니 내 마음이 그를 향하여 나가, 그를 실로 하나님의 아들이요 내 구주라고 고백했읍니다. 그는 구원을 약속하셨읍니다. 그 구원을 주셨고 그 밖에 셀 수 없는 신령한 복락을 주셨읍니다.

그것이 '당신의 증거' 입니까? 여러분은 증거를 알고 있읍니다. 수 천의 다른 많은 사람들이 예수님의 주장을 그대로 받아들여 결정했던 것처럼 여러분도 그렇게 하시겠읍니까? 아니면 예수님을 반대하는 결정을 내리겠읍니까? 이 경우에 있어서 이상한 것은, 여러분이 내리는 결정이 그 피고 예수의 운명을 결정하지 못할 것이라는 점입니다. 오히려 그것이 재판장인 여러분 자신의 운명을 결정지을 것입니다(도날드 그레이 반하우스 설교를 요약 인용 한 것임).

19

하나님은 인간 정부를
어떻게 보시는가?

"빌라도가 이 말을 듣고 더욱 두려워하여 다시 관정에 들어가
서 예수께 말하되 너는 어디로서냐 하되 예수께서 대답하여
주지 아니하시는지라 빌라도가 가로되 내게 말하지 아니하느
냐 내가 너를 놓을 권세도 있고 십자가에 못 박을 권세도 있는
줄 알지 못하느냐 예수께서 대답하시되 위에서 주지 아니하셨
더면 나를 해할 권세가 없었으리니 그러므로 나를 네게 넘겨
준 자의 죄는 더 크니라 하시니"(요 19:8-11)

한 나라의 역사를 살펴보면, 정부가 백성들을 실망시키거나 아니면 배
반하는 경우들이 종종 있습니다. 그래서 정부가 도대체 무엇이며,
어떻게 그 기능을 수행해야 하느냐는 의문을 제기하는 것이 자연스럽게
됩니다.

최근에 우리는 미국에서 그러한 실례를 겪었습니다. 첫째 베트남에서
전쟁이 있었습니다. 그 전쟁은 한번도 백성들의 호감을 얻은 적이 없습
니다. 그러나 오랫동안 전쟁이 끝나지 않고 질질 끌어가고 성공의 전망
이 갈수록 희미해 지자, 반대파들이 일어났고, 과연 정말 군대에 들어가
거나 전쟁에 관련된 행동에 참여할 수 있는지에 대해 의문을 제기하는

사람들이 많이 생겨나기 시작했읍니다. 어떤 사람들은 격렬하게 저항하였고, 심지어 어떤 사람들은 징집을 피하기 위해서 미국을 떠나기도 했읍니다. 반면에 "탈주병"이라고 간주되는 자들을 비난하면서, 정부는 마땅히 전쟁을 할 권한을 갖고 있으며, 정부의 조치에 복종해야 하며, 정부가 그러한 전쟁을 치를 때 지원해야 한다고 주장하는 자들도 많았읍니다. 그 다음에는 워터게이트 사건 위기의 시기를 맞았읍니다. 이러한 외류속에서 정부의 최정점에서 마저 비열한 부패가 갈수록 점점 드러나자 정부나 어떤 형태의 권위에 대해서도 이미 깊은 경멸감을 보였던 자세는 더욱 불타올랐으며 많은 사람들은 조소적인 자세를 취하게 되었읍니다.

이 기간동안 그리스도인들은 무엇을 말하고 있었읍니까? 이러한 위기들 속에서 우리가 "그리스도인의 마음"을 하나로 지적할 수 있었다면 참 멋졌을 겁니다. 그러나 불행히도 그렇지도 않았읍니다. 베트남 전쟁에 대해서 어떤 사람들은 평화주의적인 자세를 취했고, 어떤 사람들은 싸우는 편을 들었읍니다. 또 어떤 사람들은 어떤 국면에만 선택적인 평화주의적 자세를 견지했읍니다. 다시 말하면 이 전쟁을 싫어하기는 했지만 어떤 다른 전쟁에 대해서는 선호하는 태도를 보였다는 것입니다. 워터게이트 문제에 있어서 어떤 사람들은 체제 자체를 무너뜨릴 용의를 갖고 있었지만 또 어떤 사람들은 그것은 배임(背任)사건이었음을 인정하기를 꺼리곤 하였읍니다.

무엇이 옳습니까? 정부에 대한 우리의 접근자세는 어떠해야 합니까? 특별히 정부의 결정들이 사람들에게 인기가 없을 때나, 아니면 정부가 분명히 도덕적으로 처신하는데 실패했거나 그 책임을 감당치 못한 것이 명백할 시기에 말입니다.

하나님이냐, 가이사냐?

정부에 대한 그리스도인의 책임과 관련된 여러 문제들에 대한 표준 해답은 언제나 주 예수 그리스도를 비평하는 사람들에게 하신 주님의 대꾸였읍니다. "그런즉 가이사의 것은 가이사에게, 하나님의 것은 하나님께 바치라"(마 22:21). 이 가치있는 지도 노선에 대한 배경은 세금에 대한 질문이었습니다. "가이사에게 세를 바치는 것이 가하니이까 불가하니이까?"(7절) 그리스도의 답변은 그러한 영역에서 구속력있고 확정적인 답변을 준 것으로 사람들은 이해해 왔습니다. 바른 일이죠. 그러나 이것을 초월하여서 어떠한 것을 말해야 할까요? 다른 영역에서 국가에 대해서 그리스도인들은 여러 의문의무 갖고 있습니까? 그 의무들은 그리스도인이 그리스도인으로서 가져야 하는 의무들과 상관이 없는 것들인가요? 하나님의 계명들과 정부의 명령들이 합치되지 못할 때는 어떠합니까? 하나님께서 가이사를 우리를 주관하도록 세워 주셨으니 우리 행동의 결과를 하나님께서 책임져 주실 것이라는 논증하에서 가이사에게 복종해야 할까요? 아니면 하나님께 복종해야 할까요? 이 문제들은 해답을 얻기가 그리 쉽지 않습니다. 세금 문제로 되돌아 가서 보면, 이것마저 완전히 분명하지 않다는 것을 알 수 있습니다. "우리가 내는 세금이 불경건하거나 부도덕한 목적을 위해서 틀림없이 사용될 줄 안다면 세금을 내야 하는가?"라는 문제가 야기되는데, 그것은 이러한 영역에 있어서도 불가해한 차원들이 있음을 보여주는 것입니다.

이 주제와 관련하여 언제나 분명치 못한 희미한 점의 지대가 있다는 것은 아마 사실일 겁니다. 다른 이유말고 바로 그 이유때문에 그 상황을 분명히 알기가 결코 쉽지 않다면 말입니다. 그러나 반면에 우리가 전혀 지도노선을 갖지 않은 상태에 머물러 있을 필요는 없습니다. 왜냐하면 성경은 여러 곳에서 그 지도노선들을 제공하기 때문입니다. 로마서 13장에서 바울이 권위의 문제를 논의한 것도 한 예가 됩니다. 또 다른 예는 인간 정부를 대표하는 빌라도와 하나님의 정부를 대표하는 주 예수 그리스도께서 십자가에 못 박는 결과를 가져오는 그 주님의 심문 때에 벌인 확대된 논의가 또 하나의 실례입니다.

물론 주님께서 빌라도 앞에서 심문을 받으실때 그 이슈가 언제나 중심위치에 있었습니다. 왜냐하면 예수님께서는 가이사의 합법적인 통치에 반대하여 자신을 "왕"으로 말하고 있다는 죄목으로 고소를 당했기 때문입니다. 문제의 이슈는, 예수께서 가이사의 정부에 대해서 바른 관계를 취하고 서 있느냐 그렇지 않느냐에 있습니다. 그러나 또 다른 의미에서 인간 정부의 합법성 문제는 그 심문의 초기단계에서는 실제적으로

부상되지 않았었읍니다. 왜냐하면 예수님을 조사해 보니 예수님의 나라
는 영적인 나라였고, 빌라도가 추정했던(아마 너무 성급하게) 것과 그
나라의 일과는 전혀 상관이 없음이 드러났기 때문입니다. 이제 그 상황
은 변했읍니다. 빌라도는 예수님께 다시 문초하면서 "내게 말하지 아니
하느냐 내가 너를 놓을 권세도 있고 십자가에 못 박을 권세도 있는 줄
알지 못하느냐"라고 다그치기 시작합니다.

주님께서는 대답하셨읍니다. "위에서 주지 아니하셨더면 나를 해할
권세가 없었으리니 그러므로 나를 네게 넘겨준 자의 죄는 더 크니라"
(요 19:10, 11).

이 진술은 단순하게 권위의 두 영역, 가이사의 영역과 하나님의 영역
을 분리시키고 있지 않습니다. 오히려 두 영역을 서로 상관시키면서, 정
부의 권위는 그 자체의 고유한 어느 것으로부터 나오는 것이 아니라 하
나님께로부터 나오는 것임을 보여주고 있읍니다. 다시 말하면 정부의
권위는 파생된 권위라는 것입니다. 따라서 언제나 정부의 책임과 죄의
문제가 야기됩니다.

모든 권세는 하나님께로 부터

이 문제들을 하나 하나 다루어 봅시다. 첫째, 빌라도의 권세가 그 자
신에게서 나오지 않았다는 그리스도의 진술이 있읍니다. 또한 그 문제
에 관한 한, 가이사로부터 나온 것도 아니고 하나님께로 부터 나왔다는
진술입니다. 이 말씀은 모든 권세가 하나님께로 부터 나오며 그 한계 내
에서 하나님에 의해서 합법적인 권한을 갖게 된다는 뜻입니다. 여기서
우리는 예수님께서 "권세", 또는 "권위"라고 말씀하신 뜻이 무엇인지를
이해해야 합니다. 성경에서 "권세"(능력)라는 말이 구별된 여러 의미
로 번역되곤 합니다. 우리가 그러한 본문을 이해한다면 그 말이 원어적
으로 어떻게 사용되는지를 이해하는 것은 언제나 중요합니다. "권세"
(능력)란 말로 번역된 말이 흔히 "뒤나미스"라는 말인데, 그 말은 "폭
발적인 힘"을 뜻합니다. 그 말에서 "다이나마이트"(dynamite)라는 말
과 "다이나믹"(dynamic)이라는 말이 파생되었읍니다. 로마서 1:16과
같은 귀절에서 그 말이 사용되었읍니다. 복음은 "믿는 모든 자에게 구원

을 주시는 하나님의 (폭발적인)능력"이라고 말하고 있읍니다.

"권세"(능력)라고 흔히 번역되는 두번째 말은 "크라토스"인데, 적나라하게 "통치권"을 뜻합니다. 그 통치권은 합법적인 경우일 수도 있고 그렇지 않을 수도 있읍니다. 마귀의 경우에서와 같이 말입니다. 마귀도 "사망 권세"를 가지고 있다고 성경은 말합니다(히 2:14). 그러나 하나님께서 그 권세를 취하면 마귀는 그 권세를 잃어버릴 것입니다. 크라토스에서 democracy(민주주의)나 plutocracy(금권정치), monocracy(독재정치) 등이 파생되었읍니다. 만일 예수님께서 이 본문에서 이러한 말 중 어느 한 말을 사용하셨다면, 모든 통치권은 하나님께로부터 온다는 뜻 만을 나타내실 것입니다. 모든 생명이 하나님께로 부터 오듯이 말입니다.

그러나 예수님께서 빌라도에게 경고하시면서 "뒤나미스" "크라토스"라는 말을 사용하지 아니하셨읍니다. 오히려 세번째 더 강한 말인 "엑수시아"라는 말을 사용했는데 그 말은 "합법적인 권위"라는 뜻입니다. 이 말은 예수님께서는 능력이면서 권세가 하나님께로 부터 온다고 하신 것보다는 인간정부는 신적인 인정을 받아 통치권을 행사하니, 그 권위를 인정해야 한다는 뜻으로 말씀하신 것입니다.

그 차이를 이렇게 예증해 보겠읍니다. 처음 두 어휘, '뒤나미스'나 '크라토스'는 큰 강 유역을 하류쪽에서 바라보는 것에 비교하여 생각될 수 있읍니다. 예를 들어서 미국의 중심부에 있는 많은 강들은 멕시코만으로 흘러들어 갑니다. 서부 펜실바니아의 작은 강들은 오하이오 강으로 흘러들어 결국 미시시피와 합류합니다. 테네시 강은 테네시와 알라바마의 여러 더 작은 강물을 다 받아 미시시피강에 합류합니다. 그런데 여러분이 뉴 올리안즈 바로 위 지역 어디의 하류쪽에 서서 뒷편을 바라보면서 지도를 읽고 있다고 해봅시다. 그런 경우에 여러분은 큰 강 미시시피로 부터 중서부의 다른 큰 강들로 생각을 돌려서 훑어 나가보고, 그런 다음에 더 작은 강들, 그 보다 작은 지류들, 그리고나서 작은 냇물줄기를, 결국 가장 작은 시냇물과 개울까지 거슬러 올라간다고 해봅시다. 하나님의 능력이 바로 그런 방식입니다. 모든 능력(권세)들이 다 하나님께로 부터 옵니다. 그러므로 이러한 노선을 따라서 얘기를 나누고 있다면, 가장 작은 권세까지도 – 고양이가 쥐를 죽일 권세, 세균이 다른 세균을 죽일 권세까지도 – 궁극적으로는 하나님께로 부터 오고, 하나님께 통치를 받는다고 해야 합니다.

그러나 물을 비로 생각해 보고, 빗물이 흐르되 어느 지역을 꾸불꾸불 흐르는 냇물이나 강물로 흘러 들어가지는 못하고 다만 홍수를 막아주고 물을 이롭게 배급시켜주는 댐이나 관개 시설로 흘러 들어 갔다고 상상해 봅시다. 그러나 이런 경우에도 능력의 원천은 동일합니다. 하나님이 바로 그 원천입니다. 그러나 책임있는 권위라는 부가적인 요소를 첨가시켰읍니다. 그것 역시 하나님께로부터 옵니다. 사람들이 이 물을 통제합니다. 물이 적당하게 사용될 것인가? 재난을 막고, 사람들에게 도움을 줄까요? 아니면 홍수가 날까요?

이런 두번째 의미에서 예수님은 빌라도에게 말씀하신 것입니다. 우리가 이것을 알 때 알기 시작하는게 있읍니다. 예수께서 빌라도의 권세가 궁극적으로 하나님께 있음을 지적하신다는 단순한 사실을 보고 빌라도의 권세를 인정하신다는 것만이 아니라, 오히려 하나님께서 인간정부를 합법적으로 인정하셨으며 그러므로 고유하게 기능을 발휘해야 하는 그 정부를 극히 존중해야 한다는 것을 말입니다. 주님께서 친히 인간 정부를 존중하셨읍니다. 왜냐하면 빌라도의 질문에 정중하게 대답하셨고, 빌라도가 예수님께 대한 판결을 공포할 권세를 갖고 있지 않다고 암시하신 적이 없기 때문입니다.

우리가 아다시피 빌라도는 그릇되게 공표하였읍니다. 그러나 그것이 그릇되다할지라도 그것을 공포할 권위를 갖고 있읍니다. 그의 권세는 하나님께로부터 왔읍니다. 예수님께서는, 빌라도가 하나님의 아들을 정죄하는 큰 잘못을 범했으니 하나님께서 그 권위를 박탈하셨다고 암시하신 적이 한번도 없읍니다. 아주 최소한으로나마 여기서 우리가 배우는 것은, 혁명을 위한 혁명 – 곧, "내가 너대신 왕이 되리라, 그러니 내가 너를 권좌에서 끌어 내야겠다"는 식의 – 은 비기독교적이라는 것입니다. 오히려 바울이 로마서에서 전하듯이 우리 위에 있는 권세자들을 존중하고, 높이고, 존경해야 합니다(롬 13:1-7).

또 다른 결론도 있읍니다. 더 높은 권위들에게 복종해야 합니다. 곧,

그리스도인들은 모범적인 시민들이어야 합니다. 불행히도, 그리스도인들이 권위를 – 선출된 공직자들, 경찰, 다른 직무자들의 권위를 – 무시하는 경우가 흔합니다. 그래서 그들에게 복종하는데 경박한 자세를 취하는 일이 있습니다. 그러지 말아야합니다. 오히려 우리는 이 요점에 빈틈없어야 합니다. 우리는 자동차 주행속도 제한법에 복종해야 하고, 다른 모든 시민법에 복종해야 합니다. 정직하게 세금을 물고, 권위의 자리에 있는 자들이 가르치는 대로 따라야 합니다. 칼빈은 자기 시대의 여러 문제들 때문에 무정부상태가 되지 않을까 걱정했고, 또 무정부상태를 반대하여 경계시켰는데, 악한 통치자들에게 마저 복종해야 한다고 썼습니다. "우리는 마땅한 바대로 자기들의 공직을 정직하고 바르게 수행하는 방백들의 권위에 뿐 아니라, 어떤 수단을 통해서든 일을 통제할 주장권을 가진 자들, 심지어 방백의 직무를 조금도 수행치 않는 자들의 권위에게도 복종해야한다"(기독교 강요에서)

아무 한계가 없을까?

그러나 한계가 전혀 없을까요? 그 왕이 '정말' 악하고, 그 대통령이 '정말' 악할 때의 경우는 어떠합니까? 그러한 왕이 내리는 명령이 합법적이면 그러한 명령에 그리스도인이 복종해야 합니까? 사실 제한이 있다는 것이 그 질문에 대한 답변입니다. 그러므로 비록 권위에 있는 자들에게 모든 가능한 정도의 복종을 하는데 심히 조심해야 하되(통상 우리가 원하는 것 보다 더 많이 복종해야 함), 성경에 나와있는 하나님의 분명한 계명에 위배되는 일은 전혀 하지 말아야 합니다. 아니면 계명에서 유추되는 도덕 기준을 어겨서는 안됩니다. 비록 그 정반대의 명령이 주어진다 할지라도 말입니다.

여기서 그리스도 진술의 두번째 부분이 들어옵니다. 왜냐하면 예수님은 빌라도에게 그의 권세의 궁극적인 원천을 가르치신 후 죄에 대해서 계속 이렇게 말씀하시기 때문입니다. "그러므로 나를 네게 넘겨준 자의 죄는 더 크니라"(요 19:11). 빌라도가 받은 것이 권세('뒤나미스', 혹은 '크라토스') 뿐이라면, 권세를 행사하는데 죄는 불가피하다고 말할 수 없습니다. 마치 쥐를 죽이는 고양이의 경우나 다른 세균를 죽이는 어느 세균의 경우에서 죄를 따지는 것이 불가능하듯이 말입니다. 그러나 빌라도는 "권위"(권세)를 다른 이에게 받았으니 그것은 전적으로 다른 문제입니다. 왜냐하면 권세는 다른 권세에게 허락된 것이니, 그 다른 권세에 대하여 책임을 져야 합니다. 그리고 그 책임을 바르게 행사하지 못했다고 하면 그는 책임을 잘못 행사한 죄를 지게 되는 것입니다. 다른 말로 해서 권세는 인간 정부를 강화시킵니다. 그러나 한계를 가집니다. 왜냐하면 그 권세는 그 권세를 주신 하나님의 도덕적 성격에 제한을 받기 때문입니다.

인간 권위에 복종하는 것에 대해서 성경이 제시하는 한가지 한계는 복음전파에 관한 것입니다. 이것은 예수 그리스도의 분명한 명령에 기초한 그리스도인의 의무입니다(마 28:18-20). 권위자들이 다르게 요구할 때 어떻게 해야 하는지를 사도행전 4장과 5장에서 예증하고 있습니다. 사도들은 복음을 전파하며 이적을 행하고 있었습니다. 이러한 일들이 큰 소동을 일으켜서 예루살렘의 장로들의 공회옆에 소환당했습니다. 그 권위자들은 제자들을 조사했고 이 경우에서는 베드로와 요한을 조사했습니다. 그런데 그들이 앉은뱅이를 치료한 이적이 너무나도 명백하고 그 관원들도 그것을 부인할 수 없었기 때문에 다만 제자들에게 그 도를 전하지 말라는 명령을 내리는 판결을 하고 문제를 수습합니다. "그들을 불러 경계하며 도무지 예수의 이름으로 말하지도 말고 가르치지도 말라 하니"라는 말씀이 있습니다.

베드로와 요한은 대답했습니다. "하나님 앞에서 너희 말 듣는 것이 하나님 말씀 듣는 것보다 옳은가 판단하라"(행 4:18-20).

사도들은 이 명령과 관련하여 위협을 받았습니다. 그러나 그들은 나가서 복음을 전파했고 그래서 다시 잡혀 감옥에 갇히게 되었습니다. 하나님께서 천사를 보내어 그들을 풀어 주셨습니다. 권위자들이 그것을 듣고 그들이 다시 성전에서 백성들을 가르치고 있다는 것을 알고, 병사들을 보내어 그들을 공회 앞에 소환하여(이때는 평화롭게), "우리가 이 이름으로 사람을 가르치지 말라고 엄금하였으되 너희가 너희 교를 예루살렘에 가득하게 하니 이 사람의 피를 우리에게로 돌리고자 함이로다"라고 다그쳤습니다. 베드로는 다른 사람들을 위해서 대신 대답했습니다.

"사람보다 하나님을 순종하는 것이 마땅하니라 너희가 나무에 달아 죽
인 예수를 우리 조상의 하나님이 살리시고 이스라엘로 회개케 하사 죄
사함을 얻게 하시려고 그를 오른손으로 높이사 임금과 구주를 삼으셨느
니라. 우리는 이 일에 증인이요 하나님이 자기를 순종하는 사람들에게
주신 성령도 그러하니라 하더라"(행 5:28-32). 이것은 유대 지도자들을
성나게 했읍니다. 가말리엘이 들어서서 관용의 뜻을 펴지 않았다면 그
들은 제자들을 죽였을 것입니다.

　이 이야기들은, 그리스도인들이 복음전파를 우선에 두어야 하고, 비록
시 당국자들이 복음전파를 하지 말라고 중지시킨다 할지라도 그것을 그
만두어서는 안된다는 것을 제시하고 있읍니다. 물론 그들이 계속 복음
전파하는 것을 고집할 때 맞게 될 결과를 참아낼 용의를 가져야 합니다.
물론 그것이 옥에 갇히는 것이든지 죽임이든지 말입니다.

　인간정부에 순종하는데 있어서 성경이 또 제시하는 두번째 한계는 그
리스도인의 행실과 도덕성에 관한 것입니다. 어느 인간도 그리스도인에
게 부도덕하거나 비그리스도인적인 행동을 하라고 명령할 권리가 없읍
니다. 여기서 우리는 독일의 나치시대를 생각하게 됩니다. 그때 독일에
있던 그리스도인들은 마귀적인 정부와 대면하게 되었고, 그 정부의 뻔
뻔스런 적그리스도적인 행동과, 심지어 비인도적인 행동을 만나야 했읍
니다. 이 기간동안 독일 시민들은 그 나라의 유대인들과 어떠한 상종도
해서는 안된다는 명령을 받았읍니다. 그들과 상거래를 해서도 안되고,
그들을 도와주어서도 안되고, 그들과 친분을 나눠서도 안되고, 어떠한
방식이로든지 그들을 인정해서는 안된다는 것이었읍니다. 그것은 부도
덕한 것이었읍니다. 그러므로 비록 많은 독일의 그리스도인들이 이와
관련하여 정부에 순종했지만, 그들은 사실 순종할 필요도 없었고 순종
해서도 안되었읍니다. 어떤 사람들은 이러한 기괴한 명령에 대해서 들
고 일어섰읍니다. 그렇게 한 사람은 마틴 니묄러(Martin Niemoeller)
이었는데, 그 사람은 진리를 전파했기 때문에 끝내는 옥에 수감되었읍
니다. 그때 또 다른 목사가 감옥에 있는 그를 찾아가서 어떤 주제에 대
해서 잠자코 있고 정부를 높여주기만 하면 방면이 될 것이라고 설득했
다고 합니다. "자 그러니 무엇때문에 이 감옥에 머물러 있느냐?"라고

결론을 내렸읍니다.

그 말을 들은 니뮐러는 대답하였읍니다. "당신은 어째서 감옥에 있지 않소?"

니뮐러가 내린 조치는 옳았읍니다. 왜냐하면 그 옥에 찾아온 그 목사는 잠잠함으로 거짓말을 선동하고 있었고 간접적으로 무책임하고 마귀적인 정부를 부추기고 있었기 때문입니다. 그와 유사하게 미국의 그리스도인들도 인종주의를 반대하여 말해야 합니다. 또 정부나 법인의 부패, 차별과 다른 악행을 반대하여 말해야 합니다. 더구나 정부나 또는 어떤 사업상 위에 있는 사람이 어떠한 방식이로든지 그러한 악에 가담하도록 요구한다면 단호히 그것을 거절해야 합니다.

더 큰 죄

그럼에도 불구하고 여기서 마저 우리는 하나의 경고를 만나게 됩니다. 왜냐하면 비록 주 예수 그리스도께서 세상의 궁극적인 재판장으로서 그의 권한을 행사하여 빌라도의 죄를 담대하게 지적하셨지만 — 그 지적이 빌라도를 놀라게 했음에 틀림없읍니다— 크는 동시에 그 당시 "교회"의 죄를 지적하시면서 그 죄는 더 크다고 말씀하십니다.

"더 크다"는 말이 흥미롭습니다. 그것은 빌라도의 죄가 크다는 것을 암시합니다. 그는 자기의 양심을 속이는 죄를 짓고 있었읍니다. 그리스도가 무죄하다는 것을 잘 알고 있었읍니다. 또한 하나님께서 자기에게 주신 책임을 거스리는 죄를 짓고 있었읍니다(그는 예수가 무죄라고 선언한 바 있읍니다). 또한 그 말은, 종교지도자들의 죄가 더 크다는 것을 확증합니다. 그들은 미움이 가득한 마음으로 죄를 짓고 있었고 자기 자신들의 법을 거스리고 있었읍니다(그 법은 예수님을 보호했어야 했읍니다). 또한 그 말은, 유다의 죄가 "가장 크다"는 것을 함축할 수도 있습니다. 그는 그리스도와 가장 가까이 있었읍니다. 그러므로 가장 큰 지식을 갖고 있었음에도 불구하고 그 범죄를 했으니 말입니다. 비교하여 여러 부분들을 종합해 보면 가장 큰 위험은 국가에 있는 것이 아니라 영적인 일에 가장 가까이 있는 사람들에게 있다는 것입니다. 다른 사람들도 무지와 나태와 비겁함으로 죄 지을 수 있습니다. 그러나 종교적인 사람들은 거만과 교만과 하나님과 하나님의 진리를 실제로 미워하는 일로 죄를 짓는 경향이 있습니다 – 저희들이 가장 도덕적이라고 생각하는 그때에 말입니다.

그러므로 우리는 우리 자신에게 시선을 돌려서 우리가 고백하는 하나님의 진리를 바라봐야 합니다. 그리스도인이라는 이름을 가지는 것 만으로는 충분하지 못합니다. 그 자체가 우리에게 도덕성에 대한 어떤 높은 통찰력을 주는 것도 아니고, 하나님께서 세운 정부를 거스르거나 불순종해야 하는 기점을 아는 통찰력을 주지 않습니다. 우리는 성경에서 우리에게 들리는 그 주님의 음성에 때때로 고통을 겪더라도 반응을 나타내야만 그런 일을 할 수 있습니다. 왜냐하면 우리가 국가의 권위보다 더 낮은 권위(곧 우리의 권위)에 붙잡히지 않고, 더 큰, 하나님의 가장 우선적이고 오직 유일하게 무오한 권위에 붙잡히기 때문입니다.

20

정해진 그리스도의 운명

"이러하므로 빌라도가 예수를 놓으려고 힘썼으나 유대인들이
소리질러 가로되 이 사람을 놓으면 가이사의 충신이 아니니이
다 무릇 자기를 왕이라 하는 자는 가이사를 반역하는 것이니이
다"(요 19:12)

그리스도인이 마땅히 하나님께 복종키 위해서 국가에 대해 불순종해
야 하는 때가 언제인지를 아는 것은 그리 쉽지 않습니다. 만일 하
나님과 국가가 언제나 정면으로 대립하고 있다면, 그 결정은 쉬울 것입
니다. 그런 경우에서는 모든 상황에서 하나님께 복종하고 국가에 불순
종해야 할 것입니다. 그러나 여기는 그런 경우가 아닙니다. 국가가 항상
옳은 것은 아니지만 옳을 때도 있읍니다. 더구나 국가는 하나님께 세우
심을 받았고, 하나님의 권위를 옷 입고 있읍니다. 따라서 정상적인 상황
에서 정부를 구성하고 있는 사람이 불의하게 보인다 할지라도 그 정부
에 복종해야 합니다. 그럼에도 불구하고 "정상적인 상황"이란 무엇입니
까? 우리는 그러한 질문을 던지지 않고 복종해서는 안됩니다. 국가가 요
구하는 특별한 어떤 것이 그릇되어서 그리스도인이 분명히 질책하고 반
대해야 하는 때가 언제인지를 우리가 어떻게 결정합니까?

우리는 지난 강론에서 국가의 권위는 바로 두 중요한 영역에서 제한

되어 있음을 보여줌으로써 이 질문을 다루기 시작했습니다. 먼저 국가는 복음을 선포하는 것을 금할 권리가 없습니다. 만일 국가가 복음을 선포하는 것을 금한다면, 우리는 항거해야 합니다. 우리는 예수님께서 친히 복음 전할 그 사명을 주셨다는 것을 알고서 말입니다. 둘째로 국가는 부도덕한 행동을 명령할 어떠한 권한도 없습니다.

그러나 바로 여기서 또 다른 난제가 야기됩니다. 왜냐하면 만일 우리가 우리의 마음을 알고, 국가가 우리가 싫어하는 어떤 것을 하고 있다는 단순한 이유 때문에 국가를 형편없이 부도덕한 것으로 생각하기가 아주 쉽다는 것을 알고 있기 때문입니다. 예를 들어서 우리가 차를 너무 빨리 몰아 잡히는 경우라든지, 우리가 생각하는 것 보다 더 많은 세금을 물게 될 경우에 그렇게 생각합니다 - 그러므로 그런 경우에 부당하게 국가에 저항합니다. 또한, 국가가 그 권위를 포악하게 행사하고 있다든지 하나님의 계명을 분명하게 반대하고 있다는 이유에서가 아니라 단순하게 어떤 다른 인간 존재의 권위를 좋아하지 않는 이유때문에 그 국가의 권위를 무산시키려고 합니다. 요한복음 19:11에서 예수님께서는 빌라도의 죄가 크지만 종교 지도자들의 죄는 더 크다고 지적함으로써 그 위험을 분명하게 알게 해 주셨습니다. 종교 지도자들은 거만으로 죄를 짓고 있었고, 더 큰 지식을 거스리고 있었습니다. 이러한 비교를 통해서 보면, 우리가 영적인 일에 더 가까우면 가까울수록 불순한 동기로 행동할 위험이 더 커진다고 말할 수 있을 것 같습니다. 그러면 우리가 무엇을 합니까?

우리는 국가가 어떠한 도전을 받지도 않고 자기 멋대로 하도록 내버려 두어서는 안됩니다. 아무 비평도 없이 국가에 복종할 수 없습니다. 그런데도 불구하고 우리가 복종하지 않아야 할 때에 우리는 복종하고 무릎꿇고 맙니다. 또 복종을 해야 하는데도 불구하고 불복종 하기도 합니다. 여기서 우리는 그리스도께서 빌라도 앞에 나타나 계신 모습의 이야기를 더 풀어 봄으로써 도움을 받을 수 있습니다. 왜냐하면 빌라도는 우리가 어떻게 해야 하는지를 대조적으로 보여 주고 있기 때문입니다.

가이사를 두려워 함

빌라도는 예수님을 정죄하고 싶지 않았읍니다. 그 점에 대해서 우리는 확신합니다. 그가 예수님을 처형하고 싶지 않았다는 것은 참 이상한 일입니다. 왜냐하면 그는 사람됨이 공의를 실행하는데 있어서 강한 사람이 아니었고, 유대인들이나 유대의 죄수들에 대해서 어떠한 높은 배려도 하지 않았음에 틀림없기 때문입니다. 그러나 그는 분명히 그리스도를 방면하려고 애를 썼읍니다. 그 이유가 어찌 되었든 말입니다. 첫째로, 그는 예수님의 무죄를 선언했읍니다. 그런 다음에 그 판결이 포악하고 거의 혁명적인 반대를 만나게 되었을 때, 그는 일련의 여러가지 편법을 써보았읍니다. 예수님을 헤롯에게 보내기도 하였고, 바라바 보다는 예수님을 방면하려는 꾀를 내보기도 했고, 예수님을 때리게 하여 그 잔인한 군중들 속에서 동정심이 갑작스럽게 일어나게 하려고도 했읍니다. 이러한 일들이 있은 후 10절과 11절에서 나오는 바대로 예수님께서 빌라도의 거만을 대놓고 지적하셨읍니다. 그런 후에도 빌라도는 다시 예수님을 풀어 주려고 애를 썼읍니다. "빌라도가 예수를 놓으려고 힘썼으나 유대인들이 소리질러 가로되 이 사람을 놓으면 가이사의 충신이 아니니이다. 무릇 자기를 왕이라 하는 자는 가이사를 반역하는 것이니이다"(12절).

이 구절과 다른 구절이 지시하여 주는 바대로 빌라도가 사형 선고를 내리는 것을 그처럼 꺼려했다면 그가 결국 그러한 판결을 내리지 않으면 안될 만큼 압도당한 것은 어떻게 된 일입니까? 이 구절이 대답해 줍니다. 유대인들은 가장 강력한 방편을 통하지 않고는 빌라도가 자기들의 뜻을 따라주지 않을 것이라는 것을 알고는, 자기들이 반역자라고 생각하는 이 사람을 정죄하지 않는다면 당신을 가이사의 반역자로 몰아세우겠다는 으름장을 놓았읍니다. 빌라도라는 그 사람은 다른 어느것 보다도 바로 이것을 무서워하였고, 결국 빌라도는 유대인들의 청을 들어주고 말았읍니다.

여기서 빌라도는 가장 비열한 자세를 보여주고 있읍니다. 그럼에도 불구하고 그는 참으로 불쌍합니다. 빌라도는 총독이었읍니다. 그는 가이사 대신 말하였고, 자기 모든 명령을 시행하도록 보조할 가이사의 군대를 거느리고 있었읍니다. 그럼에도 불구하고 그런 두려움을 극복하고 있어야 할 그 사람이 그 약점때문에 꼼짝하지 못하게 되었고, 그래서 결국 자기 생애에서 가장 큰 도덕적 용기를 내야 될 때 그만 그렇게 약하게 무릎을 꿇고 말았읍니다. 그 총독이 무엇을 두려워 하였읍니까? 세가지를 두려워 하였읍니다. 첫째 그리스도를 두려워 하였읍니다. 8절에서 그 점이 나타나보입니다. 왜냐하면 예수님께서 자신을 하나님의 아들이라고 말하는 것을 빌라도가 들은 다음에 "그는 더욱 두려워"하였다는 말씀이 있기 때문입니다. 그 두려움 때문에 예수님을 방면하려고 새롭게 결심했던 것입니다. 이것은 분명히 주님을 진실로 따르는 사람들이 가지는 그 그리스도에 대한 경건한 경외심은 아니었읍니다. 다만 정말 무서운 공포였을 뿐이었읍니다. 빌라도는 예수가 정말 사람 이상의 존재일 수 있다고 생각했읍니다. 아마 헬라나 고대 로마의 반인반신의 한 존재가 아닐까 하는 생각을 가졌읍니다. 그래서 만일 그가 부당하게 판결을 내린다면 그를 거스리는 운명에 빠질 판이라고 생각했읍니다.

둘째로, 빌라도는 백성들을 두려워 하였읍니다. 물론 그는 백성들을 좋아하지는 않았읍니다. 빌라도가 유대인들과 여러 차례 만난 모습은 그가 얼마나 유대인들을 경멸하고 있는가를 보여 주었고 그들을 미워하고 있는 것을 보여 주었읍니다. 그럼에도 불구하고 그는 백성들의 힘을 알았고, 백성들이 연합하여 자기를 거스릴까 두려웠읍니다. 만일 그가 백성들을 두려워 하지 않았다면, 예수님을 재빨리 방면했을 것이고, 그들을 유화시키려고 애쓰는 배려를 전혀 보이지 않았을 것입니다.

세째, 가장 의미있는 것은 빌라도가 가이사를 무서워 했다는 것입니다. 이유가 있죠! 디베리우스 황제의 의심많은 성품은 익히 잘 알려진 바 입니다. 빌라도는 이미 자기에게 불리한 일을 황제에게 고해바친 유대인들과 대면한 바 있읍니다. 만일 이러한 문제를 처리하는 빌라도의 자세를 가이사가 인정하지 않는다면 어떻게 될까? 만일 빌라도가 깨끗한 이력을 갖고 있었다면, 그러한 거짓된 송사를 가지고 와서 위협하는 것을 간과할 수 있었을 것입니다. 그러나 그의 이력은 깨끗치가 못했읍니다. 만일 그러한 참소를 황제에게 한다면 자기 지위뿐 아니라 자기 목숨마저도 잃을 수 있는 가능성이 얼마든지 있었읍니다. 실로 몇년 후 빌라도는 수리아 지방 총독에 의해서 그 직위에서 제거되었고, 프랑스로 추방되어 거기서 죽었다고 합니다.

빌라도의 실패는 일찌기 야기된 여러 질문들에 대한 해답을 암시해 줍니다. 빌라도는 사람을 두려워 했읍니다! 따라서 그는 의로운 일을 할 수 없었고 하나님의 독생자에게 선고를 내릴 정도로 낮은데 까지 넘어 졌읍니다. 우리가 사람보다 하나님을 두려워 할 때만이 더 선하게 행동할 수 있고, 그렇게 해서만이 결과를 생각지 않고 정당하게 행할 수 있읍니다.

하나님은 주권자

그러나 우리는 이 점을 조금 더 구체화 시킬 필요가 있읍니다. 사람보다 하나님을 더 두려워 한다는 것은 특별히 무엇을 뜻합니까? 우리가 개인적으로 어떻게 하면 사람보다 하나님을 더 두려워 하는데로 갈 수 있읍니까? 세가지 요구조건이 있읍니다.

첫째 마음 속에서 하나님이 인간사회의 진정한 주권자라는 사실을 못 박아 두어야 합니다. 우리는 성경이 그것을 가르치고 있기 때문에 그것을 알고 있읍니다. 그러나 그것을 알 뿐만 아니라, 우리는 그것을 우리 마음에 확고하게 심어놓고 있어 위기가 닥쳐올 때 하나님을 확실히 신뢰할 수 있도록 해야 합니다. 다니엘은 이것을 행할 수 있는 사람이었읍니다. 우리가 다니엘서를 읽어보면 하나님의 주권에 대한 개념에 그가 친숙해 있었다는 것을 알게 됩니다. 왜냐하면 그는 여러 큰 제국의 흥망성쇠를 목격했읍니다. 또한 환상을 통해서 이러한 일을 행하는 이가 하나님 자신이라는 것을 들었읍니다. 예를 들어서 머리는 황금이고, 가슴과 팔은 은이고, 그 배와 넙적다리는 구리요, 그 다리는 철이요, 그 발은 진흙이 섞인 철로 되어 있는 어떤 형상에 대한 큰 환상을 생각하게 됩니다. 느브갓네살도 이 형상에 대한 꿈을 꾸었지만 그 꿈을 잊고 있었읍니다. 그 박수들과 점장이들을 불러 그 꿈의 뜻을 해석해 달라고 요구하였읍니다. 그러나 그들은 그 꿈이 무엇인지 알지 못했기 때문에 그것을 해석할 수 없었읍니다. 결국 다니엘을 불러 들였읍니다. 다니엘은 시간을 요구했고, 하나님께서 다니엘에게 그 느브갓네살의 꿈을 그 밤에 꾸게 하셨읍니다. 다음날 다니엘은 그 꿈을 해석하였고, 그 꿈은 앞으로

올 세계의 네 제국에 대한 예언임을 보여 주었읍니다. 그 제국의 마지막
이 예수 그리스도의 나라에 의해서 전복될 것을 말씀했읍니다. 다니엘
이 그 환상을 받았을 때 일어나며 소리쳤읍니다. "영원무궁히 하나님의
이름을 찬송할 것은 지혜와 권능이 그에게 있음이로다. 그는 때와 기한
을 변하시며 '왕들을 폐하시고 왕들을 세우시며' 지혜자에게 지혜를 주
시고 지식자에게 총명을 주시는도다"(단 2:20, 21)

다니엘은 분명히 왕들을 세우고 폐하는 일에 있어서 하나님의 주권을
알았읍니다. 그러나 다니엘이 그것을 이지적으로만 아는 것이 아닙니다.
그는 체험적으로도 그것을 알았읍니다. 그러므로 그는 확신있게 서기를
두려워 하지 않았읍니다.

다니엘이 그 생애에 있어서 봉착했던 두 큰 도전이 있었읍니다. 첫째
는, 느부갓네살이 그 형상을 환상으로 본 뒤 얼마되지 않아서 두라 평원
에 금칠을 한 조상을 세워놓은 일입니다. 그것은 제국의 연합을 상징하
는 것이었읍니다. 따라서 느부갓네살 권위 하에서 공직을 차지하고 있
는 모든 사람들은 그것에 절을 하도록 요구받았읍니다. 법은 이렇게 말
했읍니다. "반포하는 자가 크게 외쳐 가로되 백성들과 나라들과 각 방언
하는 자들아 왕이 너희 무리에게 명하시나니 너희는 나팔과 피리와 수
금과 삼현금과 양금과 생황과 및 모든 악기 소리를 들을 때에 엎드리어
느부갓네살왕의 세운 금 신상에 절하라 누구든지 엎드리어 절하지 아니
하는 자는 즉시 극렬히 타는 풀무에 던져 넣으리라"(단 3:4-5). 다니엘
의 세 친구 사드락과 메삭과 아벳느고가 그 금 신상에게 절할 때가 이
르렀을 때에 절하지 않게 되자, 풀무불 속에 던져졌는데, 하나님께서 그
들을 거기서 건져 주셨읍니다.

두번째 도전적인 사건은 그 후 다리오 왕의 통치시대에 있었던 일이
었읍니다. 다리오 왕은 느부갓네살의 아들 벨사살의 후임 왕이었읍니다.
다리오는 유순한 사람이었고 다니엘의 친구였읍니다. 그러나 그는 계략
에 빠져 한 법에 조인을 하고 말았는데, 그 법에는 다리오 왕을 제외하
고는 삼십일 기간 동안에 누구든지 어느 신이나 어느 사람에게 기도를
드려서는 안된다는 법이었읍니다. 다리오가 그 법에 서명할 때 분명히
다니엘을 생각지 않았읍니다. 그러나 다니엘이 하루 세번 이스라엘의

하나님께 기도를 드리는 일을 계속 한다는 말이 들어왔읍니다. 다니엘
은 잡혔고, 왕도 그만 덫에 걸리고 만 것입니다. 왜냐하면 변개할 수 없
는 메데 파사의 법에 따라 그 규례에 서명했기 때문입니다. 다니엘은 굶
주린 사자들이 있는 굴에 던져졌읍니다. 황제의 칙령을 어겼다는 죄목
으로 말입니다.

하나님께서 다니엘을 그 사자들로 부터 건져 주셨다는 것을 우리는
알고 있읍니다. 타는 풀무 속에서 다니엘의 세 친구들을 하나님께서 건
져주신 것 처럼 말입니다. 그러나 하나님께서 다니엘과 다른 사람들을
건져주실 것이라는 사실이 도덕적 자세를 취하던 그 때에 그들에게 알
려지지 않았읍니다. 그러면 타협을 해서 매우 그럴 듯한 논쟁이 마음 속
에 떠오르기 쉬울 그러한 때 이 사람들이 그러한 것을 행할 수 있도록
능력을 준 것은 무엇이겠읍니까?

그 해답은 하나님의 주권에 대한 진리를 다니엘이 개인적으로 알고
있었다는 사실 속에서 발견해야 합니다. 하나님께서 주장하셨읍니다 —
다니엘 자신이나 다니엘이 섬기는 왕들도 말입니다. 따라서 하나님께서
는 이러한 상황들에서 하시기로 작정한 것을 분명히 하실 수 있고 분명
히 이루실 것입니다. 여기에 다니엘의 세 친구가 취한 방식이 있읍니다.
그들이 두라 평원에 세워놓은 금 신상에게 절하라는 요청을 거절했을
때 느부갓네살 앞에 불려 가서 이렇게 말했읍니다. "느부갓네살이여 우
리가 이 일에 대하여 왕에게 대답할 필요가 없나이다. 만일 그럴 것이면
왕이여 우리가 섬기는 우리 하나님이 우리를 극렬히 타는 풀무 가운데
서 능히 건져 내시겠고 왕의 손에서도 건져내시리이다. 그리 아니하실
찌라도 왕이여 우리가 왕의 신들을 섬기지도 아니하고 왕의 세우신 금
신상에게 절하지도 아니할 줄을 아옵소서"(단 3:16-18).

이 사람들은 그들의 시대에 강력한 통치자들의 부당한 요구를 항거할
수 있었읍니다. 그들은 더 강력한 통치자를 신뢰했기 때문입니다. 더 나
아가 그들은 궁극적으로 분석해 볼 때(그들이 아닌) 하나님께서 그들의
삶을 통치하신다는 것을 확실히 알 수 있었읍니다.

성경에 의해서 주어진 정보

그러나 우리가 곧 알게 될 것이지만, 주권적인 하나님을 신뢰하는 것만이 여기에 대한 전체 해답은 아닙니다. 왜냐하면 통치자들을 세우기도 하시고 폐하기도 하시는 주권적인 하나님을 믿고 신뢰하면서도 어떤 주어진 상황 속에서 어떻게 해야 할지를 모를 수도 있기 때문입니다. 상황이 명명백백할 때는 하나님을 신뢰함으로 처할 방도를 알게 될 것입니다. 그러나 많은 경우에서와 같이 상황이 불분명할 때는 어떻게 합니까? 그 때는 어떻게 하죠? 그 시점에서 바른 노선을 따라 행동할 수 있기 위해서 그것이 무엇인지를 알고 싶습니다.

여기서 우리가 강조해야 하는 바는 성경을 통해서 철저하게 정보를 받아야 한다는 것입니다. 하나님과 정부의 영역에 있어서 책임있는 행동을 하기 위한 두번째 조건이 그것입니다. 바른 일을 행하고 싶다는 소원만으로 충분하지 못합니다. 바른 것이 무엇인가를 알아야 합니다. 성경에 나타난 하나님의 표준에 대한 하나님의 특별한 계시를 떠나서는 그것을 알 길이 없습니다. 물론 우리가 그렇게 말하면서 인정해야 하는 바는 그럴 경우라도 모호한 영역이 있다는 것입니다. 전쟁때에 싸우는 문제가 바로 그것입니다. 그리스도인들은 이 시점에서 자주 서로 의견을 달리 하였읍니다. 가장 선한 의향을 갖고 있으면서도 말입니다. 또는 낙태 문제나, 인위적으로 생명을 연장하는 문제나, 정당방위 문제나, 정부의 비밀 행동 문제나, 그 밖의 다른 문제에 대한 해답은 우리가 바라는 것처럼 항상 분명하지는 못합니다. 그러나 성경이 없이는 모든 문제들에 대해서 분명한 해답을 전혀 가질 수 없습니다! 따라서 성경을 연구하고 의도적으로 우리의 생각을 그 성경의 표준에 복종시키려는 부단한 노력을 대신 할 것이 없습니다(가장 바쁜 그리스도인들에게 마저).

어떤 사람들은 양심을 믿어야 한다고 주장하기도 합니다. 그러나 양심은 불분명한 안내자 입니다. 고작해야 양심은 우리가 옳은 것을 알되 옳은 것을 행해야 한다고만 말합니다. 그러나 하나님의 계시의 빛이 양심에 비쳐지지 않으면 무엇이 옳은지를 양심이 알지 못합니다. 어느 작가가 양심을 해시계에 비유하였읍니다. 해시계가 해를 위해서 만들어진 것처럼 양심은 하나님의 계시가 있을 때에만 소용이 되어지는 것입니다. 햇빛이 있을 때 해시계는 시간을 분명하게 알려 줍니다. 그러나 그 해시계가 달빛을 받는다고 생각해 보십시요. 달빛 아래서 그 해시계는 아침 3시인데도 10시를 가리킬 수 있습니다. 다시 촛불과 어떤 섬광을 사용해 보면 그 사람이 원하는 어떤 시간도 만들어 가리켜 낼 수 있습니다. 그러나 그 가리키는 시간이 맞지 않죠. 태양빛이 그 해시계를 비출 때만 그 해시계는 믿을 만한 것입니다. 같은 방식으로 양심이란 하나님의 빛이 하나님의 책인 성경으로 부터 인간 영혼에 비쳐질 때만 소용있는 것입니다.

우리는 이 책을 필요로 합니다. 우리는 그 책에 대한 이해를 증진시킬 필요가 있습니다. 만일 우리가 갈수록 더 나은 이해를 갖고자 한다면 하나님께서는 갈수록 우리에게 당신의 길을 보여 주실 것이고, 우리 사회의 죄를 지적해 주실 것이고, 하나님 앞에서 옳은 것을 행하도록 우리의 이지를 깨우치실 것입니다.

자아 포기

우리 정부 또는 어떤 다른 강력한 사회 압력을 통해서 반대되는 일을 강요받을 때마저 옳은 것을 알고 실제로 그것을 행하려 한다면 한가지 더 필요한 요건이 있습니다. 우리는 모든 것을 포기할 의향을 가져야 합니다. 제시된 처음 두 단계를 따르면서도 아주 중차대한 순간에 가야할 진로가 너무 값비싼 댓가를 요구하기 때문에 넘어질 수도 있습니다. 다시 말하면 하나님께서 인간사회에서 주권적인 분이심을 믿고 의지하고 성경을 연구하되 우리가 무엇이 옳은가를 알 정도로 연구하는 두 단계를 취하면서도 그런 점에서 실패할 수 있다는 점입니다.

결국 빌라도가 바로 여기에서 실수를 한 것입니다. 빌라도는 하나님의 주권을 진실로 믿는다고 할 수는 없습니다. 그러나 그는 그와 유사한 것을 갖고 있었습니다. 그는 어떤 다른 존재를 믿었습니다. 그렇지 않으면 예수께서 하나님의 아들이라고 주장하는 것을 들었을 때 두려워 할 리가 없었습니다. 같은 방식으로 그는 성경에 계시된 참되신 하나님의 도덕적 표준을 알았다고 말할 수는 없죠. 그는 의심할 여지없이 성경을 읽은 적이 없었을 것이기 때문입니다. 그럼에도 불구하고 이러한 상황에서 옳은 것이 무엇임을 알았음에도 불구하고 그것을 거스려 나갔읍니다. 어째서 그랬읍니까? 자 만일 그것이 하나님을 두려워 하는 데서 나온 것이 아니거나, 무엇이 옳은지를 모르는 데서 나온 것이 아니었다면, 자기 지위를 잃을까 겁내는 데서 나온 것일 수 밖에 없읍니다. 그가 다른 무엇보다 가치있게 생각하는 것이 바로 그것이었읍니다. 빌라도는 옳은 것과, 세상이 원하는 것 사이에서 선택해야 했읍니다. 그 문제의 이슈를 마음 속에서 분명하게 정하고 난 뒤 그는 서슴없이 세상과 그 세상이 주는 상급을 선택하기로 하였읍니다.

저는 러시아 작가 알렉산더 솔제니친을 대조적으로 생각합니다. 그는 11년 동안 소련의 악명 높은 감옥 체계 속에서 무방하게 갇혀 있다가 나중에 살아서 「수용소 군도」라는 책에서 그것을 밝혔읍니다. 그는 자유인은 거의 한사람도 겪어 보지 못하는 그런 고통을 겪었읍니다. 그는 소련의 간수들의 비인간적인 행동을 보아 왔고 또 어떤 죄수들 가운데서도 동등한 비인간적인 자세들을 보이는 것을 목격했읍니다. 그는 어떤 사람들은 깨어지고 또 다른 사람들은 더 강해지는 것을 보았읍니다. 그는 묻습니다. "그러면 해답이 무엇이냐? 그대들이 연약해 지고 고통에 참을 수 없이 예민해 질때, 그대들이 사랑하는 사람들이 여전히 살아 있고, 그대들은 준비되지 않았을 때 어떻게 그대들이 땅을 밟고 설 수 있는가? 고문하는 자들과 그 모든 올가미보다 더 강하기 위해서 무엇을 필요로 하는가?"

솔제니친은 이렇게 대답합니다. "감옥에 들어가는 순간 아늑한 과거는 단호하게 뒤로 던져 버려야 한다. 바로 그 감옥의 문턱에서 스스로에게 말해야 한다. '내 생애는 끝났다. 확실히 말해서 조금 일찍 말이다. 그러나 이제 내 인생에 대해서 할 일은 하나도 없다. 나는 결국 죽어야 할 운명이다 — 지금이나 조금 뒤에. 그러나 사실 이후 내 인생은 더 어렵기도 하고 조금 나아지기도 할 것이다. 그러나 더 이상 나는 어떠한 선택권을 갖고 있지 못하다. 내게 있어서 내 사랑하는 자들은 죽었다. 그들을 위해서 나는 죽었다. 오늘 이후부터 내 몸은 쓸모없는 것이고 내게는 이방인이다. 오직 내 영과 내 양심만이 내게 존귀한 가치를 지닐 뿐이다."

"그러한 죄수가 겪게 되는 심문은 끔찍할게다."

"모든 것이 포기한 사람만이 그러한 승리를 얻을 것이다."

저는 솔제니친이 그리스도인인지 아닌지는 모르겠습니다. 다만 그가 그리스도인이 아닌가 하는 생각은 가지고 있습니다. 그러나 그가 의도적으로 했든 그렇지 않게 했든 그는 하나의 큰 기독교 원리를 선언했다고 봅니다. 만일 우리가 그리스도의 제자들 이라면 모든 것을 포기할 의향을 가져야 합니다. 끊임없는 싸움의 와중 속에서 우리는 모든 것을 실제로 버려야 합니다. 예수께서 친히 말씀하셨습니다. "아무든지 나를 따라 오려거든 자기를 부인하고 날마다 제 십자가를 지고 나를 좇을 것이니라. 누구든지 제 목숨을 구원코자 하면 잃을 것이요 누구든지 나를 위하여 제 목숨을 잃으면 구원하리라. 사람이 만일 온 천하를 얻고도 자기를 잃든지 빼앗기든지 하면 무엇이 유익하리요"(눅 9:23-25). 양심이 하나님의 말씀에 의해서 조명을 받고 모든 일에 있어서 하나님의 주권을 확신하는 사람들 만이 그러한 일을 했는데, 그들만이 참다운 혁명가일 수 있습니다.

죄인의 친구

그러나 안타깝습니다! 빌라도와 같은 사람들이 얼마나 많은지요. 빌라도는 옳은 일을 행하지 못했습니다. 옳은 것이 무엇인지를 알지 못했기 때문이 아닙니다. 그는 알았습니다. 다만 그렇게 하면 자기가 가이사의 친구가 아니라는 식으로 비쳐지면 어떻게 할까 겁이 났기 때문입니다. 참 아이러니한 일입니다! 그는 가이사의 친구가 되기를 그처럼 원했읍니다. 그러나 그는 가이사의 친구가 아니었읍니다. 그는 가이사를 겨우 알고 있었읍니다. 더 의미심장한 것은 가이사는 결코 '그의' 친구가 아니었다는 것입니다.

빌라도는 그 어느 곳에서든지 친구를 갖지 못했읍니다. 그런데도 불구하고 거기 그 앞에 서 있는 사람, 전능하신 하나님이시요 왕 중 왕이심에도 불구하고 죄인들의 친구로 낮아지신 분이 계셨읍니다. 그가 여러분의 친구입니까? 그렇지 않다면 그 분을 여러분의 친구로 맞아들이라고 권해도 좋을까요? 그는 왕이십니다! 그는 여러분의 모든 충성과 신실한 섬김을 요구할 것이고 죽기까지 요구할 것입니다. 그러나 그는 스스로 담당하실 의향이 없었던 것을 여러분에게 요구하지 아니하십니다. 그는 여러분을 위해서 죽으셨읍니다. 그를 위해서, 그의 의를 위해서 여러분이 어떠한 일을 겪는다 할지라도 그는 여러분과 함께 그 일을 겪어 나아가심으로써 그분이 친히 '형제보다 더 절실하게 가까운 친구'임을 증거하시겠다고 약속하십니다. 그러한 분을 친구로 맞아 따르시기를 바랍니다.

21

가이사 외에는 우리에게
왕이 없나이다!

"빌라도가 이 말을 듣고 예수를 끌고 나와서 박석(히브리 말로 가바다)이란 곳에서 재판석에 앉았더라 이 날은 유월절의 예비일이요 때는 제 육시라 빌라도가 유대인들에게 이르되 보라 너희 왕이로다 저희가 소리지르되 없이 하소서 없이 하소서 저를 십자가에 못 박게 하소서 빌라도가 가로되 내가 너희 왕을 십자가에 못 박으랴 대제사장들이 대답하되 가이사 외에는 우리에게 왕이 없나이다 하니"(요 19:13-15)

주님의 지상생애 전체가운데서, 빌라도 앞에서 심문을 받으시는 그 몇분간 보다 하나님의 주권이 보다 더 명백하게 드러난 시점은 아마 없을 것입니다. 빌라도는 예수님이 무죄하다는 확신을 갖고 있었습니다. 또한 그렇게 말하기도 했습니다(요 18:38; 19:4, 6). 빌라도는 예수님을 방면하고 싶었고 사실상 예수님을 방면시키려고 애를 썼습니다. 그러나 그의 개인적인 확신과, 그 의지와 노력에도 불구하고 그리스도는 십자가에 못 박히셨습니다. 어째서요? 하나님께서 영원 전부터 빌라도가 그리스도께 사형판결을 내리도록 정하셨기 때문입니다. 세상과 지옥의 권세들이 다 합해도 그 정하신 뜻을 무산시킬 수 없었습니다.

그렇다고 해서 이것이 빌라도의 책임을 면제시키는 것은 아닙니다. 우리는 이미 그것을 알았죠. 그는 책망 받아야 합니다. 그럼에도 불구하고 그것은 우리로 하여금 인간법정의 악행을 뛰어넘어 그리스도의 희생 속에서 하나님 아버지의 복되신 의도를 보게 합니다.

중차대한 순간

이 중차대한 순간에 있어서 하나님의 주권의 임재는 의심할 여지없이 요한에게 분명히 드러났습니다. 왜냐하면 그는 그 시가 언제인지를 언급함으로써 그 점을 확증했기 때문입니다. 요한복음 13장이 시작된 이후 날과 때를 여러번 특별히 언급하였습니다. 지금까지 많은 소란과 불확실한 일들이 있었습니다. 예수님께서 여러차례 여행을 거듭하셨고, 또한 예수님을 잡으려는 무리들의 행동들이 여러차례 있었습니다. 또 유대인의 법정에서 심문을 받으시기도 하셨습니다(세 부분으로 나누어짐). 그 다음에 로마 법정에서 심문을 받으셨습니다(다시 여기서도 세 부분으로 구성되어 있음). 이제 이것은 끝에 이르게 되었습니다. 최종적인 판결을 내리기 위해서 자기 자리를 취합니다. 요한은 말합니다. "빌라도가 이 말을 듣고 예수를 끌고 나와서 박석(히브리 말로 가바다)이란 곳에서 재판석에 앉았더라. 이 날은 유월절의 예비일이요 때는 제 육시라"(요19:13, 14).

이 마지막 문장 — "이 날은 유월절의 예비일이요 때는 제 육시라" — 은 그 날과 시(時)를 말함으로써 이 역사적인 순간을 지시하기 위해서 쓰여진 것입니다. 그럼에도 불구하고 학자들은 그 날과 시에 대해서 풀수 없는 의문점을 가졌습니다.

그 날을 가리키는 요한의 말의 난제는 이러합니다. "유월절의 예비일"이란 어구가 무교병을 먹기 바로 직전의 기간을 가리키는 것이 가장 자연스럽습니다. 무교병을 준비하는 일이 있을 때 말입니다(그 때 어린 양이 죽임을 당하였음). 요한은 예수께서 유월절이 시작되는 날 아침에 십자가에 못 박혔다고 말하고 있습니다. 십자가에 못 박힌 날로 거의 모든 사람들이 생각하는 날은 금요일날 아침입니다. 제가 요한복음 강해를 해 나오던 앞 부분에서 설명 드렸듯이 제 날짜 계산으로는 수요일날 밤에 심문이 시작되었고 그 다음날 목요일날 아침에 십자가에 못 박혀 죽으셨다는 계산이 나옵니다(본 요한복음 강해 제3권 참조). 그러나 그것이 어찌되었든(목요일이든 금요일이든 간에), 요한이 십자가에 못 박히신 때를 유월절 전이나 유월절 시작하는 시점으로 잡고 있는 것이, 마태나 누가나 마가가 유월절 떡을 먹은 그 마지막 만찬을 묘사하는 것과 상충되어 보입니다. 이것이 난제가 되는 것은, 예수님께서는 유월절 떡을 유월절에 분명히 잡수실 수 없으셨고, 그 유월절에 십자가에 못 박히실 수 없다는 것 때문입니다.

그러면 여기에 대한 해결책은 무엇입니까? 매우 좋은 여러가지 설명이 제시되었습니다. 그 중 최종적으로 어느 것 한가지를 정한다는 것은 불가능 합니다. 어느 것을 선택할지에 대해서 매우 도움을 주는 논의를 한 레온 모리스(Leon Morris)는 언뜻 요한과 다른 복음서 기자들이 서로 상충되어 보이는 것은 그리스도 당시에 다른 두 달력이 존재한데에 기인한다고 느끼고 있습니다. 이런 관점대로 보면 예수님께서는 한 달력에 따르면 유월절을 지키신 것이 됩니다. 사해사본(Dead Sea Scrolls)을 썼고 보존했던 종파는 분명히 그 달력을 따랐습니다. 그 달력대로 하면 예수님께서는 유대교의 주류를 이루고 있던 사람들이 한 다른 날에 지킨 공식적인 유월절 이전에 십자가에 못 박힌 셈이 됩니다. 제 신념으로는, 예수께서 공식적인 유월절이 시작되기 전에 십자가에 못 박혀 죽으셨다고 요한이 말한 것은 옳다고 봅니다. 다시 말하면 예수님께서는 유월절을 예비하기 위해서 유월절의 어린 양들이 죽임을 당하는 그 때에 십자가에 못 박혀 죽으셨다는 것입니다. 다른 복음서들은 유월절의 특징을 지닌 식사(食事)를 언급하는데, 그 식사는 사실상 하루 전에 있었던 것을 요한이 보여준다고 저는 믿습니다. 예를 들어서 유월절에 특징이 되는 음식들, 곧 유월절 어린 양이나 쓴 나물을 언급하는 기사가 하나도 없다는 것을 우리는 주목합니다. 다시 우리는 유대 지도자들이 유월절의 성일들이 시작되기 전에 예수님을 체포하여 심문하여 십자가에 못 박으려고 안달을 했다는 것을 주목합니다. 제가 이해하는대로 하면 마지막 만찬은 수요일 밤, 그러니까 주후 30년 4월 5일에 들었고, 그 다음 날 우리 계산으로는 4월 6일에 십자가에 못 박혀 죽으셨습니다.

여기서 두번째 난제에 이르게 됩니다. 요한은 빌라도가 그의 마지막 선고를 내린 것이 "제6시"라고 말하고 있읍니다. 반면에 공관복음서 기자들은 그 시간을 보다 더 일찍 잡고 있는 것이 명백해 보입니다. 특히 마가는 예수님을 십자가에 못 박은 시간이 "제3시"라고 말하고 있읍니다(막 15:25). 고대 시간 개념으로서는 그 시간은 보통 해가 뜰 무렵부터 계산됩니다. 그러니 요한은 예수님께서 정오즈음에서 정죄를 받았다고 말하고 있읍니다. 곧 오전 6시, 해가 뜬 후에 유대 시간으로 제6시에 그런 일이 있었다는 것입니다. 마가는 정죄를 받고 십자가에 달리신 것이 오전 9시라고 말하는 셈입니다.

이 난제를 해결하는 한가지 시도는, 요한이 유대의 표준을 가지고 시간을 측정하기 보다는 로마의 표준을 가지고 시간을 측정하고 있다고 생각하는 방식입니다. 로마 시계로 계산하는 것과 같습니다. 다시 말하면 밤중에서 부터 일이 시작되었다는 것입니다. 만일 그렇다면 요한이 언급하는 시간은 정오라기 보다는 오전 6시 입니다. 그러나 이것이 그 난제를 실제적으로 풀어 줄까요? 먼저 로마 사람들이 이런 식으로 시간을 측정했는지가 의문스럽습니다. 모리스와 다른 사람들은 법적인 문건들에서 그렇게 했다고 믿습니다. 그러나 그들이 그렇게했고, 요한이 그들의 시간 체계를 받아 들이고 있다 할지라도 요한과 마가 사이에는 3시간의 간격 차이가 있읍니다. 더구나 여러 복음서가 기록하고 있는 많은 사건들이 어떻게 그 짧은 시간 안에 다 일어날 수 있었느냐는 것을 알기가 어렵습니다. 산헤드린 공회가 새벽녘에 그 공식적인 심문을 시작했다고 가정한다면(아니면 새벽이 되기 바로 전에 했다고 한다면), 예수님께서 빌라도 앞에 서시는 시간이 여전히 필요하고, 예수님께서 헤롯에게 보내지고 헤롯이 예수님을 조롱한 다음 다시 두번째 빌라도 앞에 나타나시고, 바라바와 예수님을 사이에 놓고 누구를 택할 것이냐 묻는 시간과, 매를 때리는 시간과, 그런 다음에 빌라도가 최종적인 질문을 던지는 그런 시간이 여전히 필요합니다. 이러한 모든 일이 오전 6시까지 일어날 수 있는가, 아니면 오전 9시 이전에 일어날 수 있는가? 그것은 의심스럽습니다. 오히려 그 오전 대부분이 그러한 일로 가득 찼었다고 상정한다면 진실에 더 가까울 것입니다.

그러면 마가가 틀렸다는 것입니까? 반드시 그렇지 않습니다. 먼저 고대의 어느 누구도 시계를 가지고 있지 않았습니다. 그러므로 그 시간은 가장 보편적인 범주로 계산이 되었다는 것을 인식할 필요가 있습니다. 둘째로, 낮 전체를 밤과 같이 네 부분으로 나누어 한 부분에 세 시간의 길이로 잡았습니다. 한 시간은 네 경점으로 구분이 되었습니다. 낮 시간은 그 부분이 시작되는 첫 시간의 이름으로 불리워 졌습니다. 그래서 제1시, 제3시, 제6시, 제9시 등으로 말입니다. 신약성경 속에 제3시, 제6시, 제9시 이외에는 어떤 다른 시간이 언급되지 않은 이유를 그 점이 설명해 줍니다. 또한 "거의" "약"이라는 표현이 자주 나오게 되는 이유도 알게 됩니다. 이런 사실을 염두에 둔다면 마가나 다른 공관 복음서 기자들이 지시하는 것이 무엇인지를 알 수 있습니다. 예수님께서는 오전 9시와 정오 사이의 "제3시"라 지칭되는 시간 동안에 십자가에 못 박혀 죽으셨다는 것입니다. 반면에 "제6시쯤"이라고 말하는 요한은 빌라도 앞에서 예수님의 심문이 종결될 때가 사실 정오가 다 되어서 였음을 지시하고 있습니다.

되풀이 되는 역사

요한은 공식적인 선고의 순간을 자신의 만족한 방식대로 지적한 다음에 즉각 가장 중요한 이슈로 나아갑니다. 예수님께서 자신이 왕이라고 했다고 해서 송사를 받고 있습니다. 그래서 빌라도는 이제 "내가 너희 왕을 십자가에 못 박으랴"라고 질문합니다. 그 질문은 아이러니가 가득 담긴 것이었습니다. 빌라도편에서 보면 아이러니 하였습니다. 왜냐하면 그의 질문은 경멸적인 의도를 담고 있었기 때문입니다. — 지금 두둘겨 맞고 있는 그 순회 전도자 말고 다른 어느 누구가 "유대인의" 왕이겠는가? 그러나 요한은 그 편에서 그 아이러니가 담겨있는 말을 계속하고 있습니다. 왜냐하면 이 분은 사실상 이스라엘의 왕이기 때문입니다.

요한은 계속합니다. "대제사장들이 대답하되 가이사 외에는 우리에게 왕이 없나이다"

이스라엘의 대제사장들의 입술에서 이러한 답변이 나왔다는 것보다 더 우스꽝스러운 일이 있을 수 없습니다. 그 말은 이런 말입니다. "우리

는 가이사에게 충신이니이다. 가이사에게만 충신이니이다." 그러나 실제
로 그들은 가이사를 미워했고, 하나님만이 그들의 왕이라고 주장했습니
다. 어째서 그들이 그러한 말을 했습니까? 어느 사람이든지, 그들이 말
한 그대로, 그 사실을 못박았다고 생각할 것입니다. 그럼에도 불구하고
예수님을 미워하는 그들의 미움이 너무나 큰 나머지 예수님이 십자가에
못 박히지 않는 것보다 자기 자신들의 확신을 부인하는 것이 낫다고 생
각한 것입니다. 여전히 이스라엘의 지도자들은 자기들이 아는 것보다
더 큰 진실을 말하고 있읍니다. 그들은 자기들이 하나님께 충성하고 가
이사를 미워했다고 생각했읍니다. 그러나 그들이 거부하고 있는 이는
하나님의 아들, 성육신하신 하나님이십니다. 그러므로 그들은 사실상 자
기들이 하나님을 존귀하게 여기지 못하고 대신 가이사를 선택하고 있음
을 보여주는 것입니다.

　이스라엘의 역사 초기에 그와 유사한 일이 일어났읍니다. 이스라엘의
초기 역사의 정부는 신정정치(神政政治)를 하는 정부였읍니다. 다시 말
하면 이스라엘은 직접 하나님께 다스림을 받았다는 것입니다. 모세와
같은 대변인 들이나 많은 사사들과 같은 사람들이나, 사무엘과 같은 선
지자적 인물을 통해서 말입니다. 이것이 하나님의 의도였읍니다. 그것이
이스라엘에게는 좋았읍니다. 그러나 사무엘이 늙게 되자 사람들은 자기
들 주위에 있는 여러 열방들을 둘러 보면서 이 열방들이 왕을 가지고
있는 반면에 자기들에게는 왕이 없다는 것을 알고 스스로 속임수에 빠
지게 되는 날이 오게 됩니다. 그래서 그들은 사무엘에게 가서 "우리에게
왕을 세워 우리를 다스리게 하소서"(삼상 8:6)라 말했읍니다.

　그 요청을 사무엘이나 여호와께서 기뻐하지 않으셨다는 말씀을 듣습
니다. 그러나 사무엘이 하나님께 가서 어떻게 할 것인가를 여쭈어 보았
을 때 여호와께서는 대답하셨읍니다. "백성이 네게 한 말을 다 들으라
그들이 너를 버림이 아니요 나를 버려 자기들의 왕이 되지 못하게 함이
니라"(7절).

　어떤 사람은 말하기를, 인간에게는 역사를 통해서 아무것도 배우지
못한다는 것 외에는 역사를 통해서 결코 아무것도 배우지 못한다 하였
읍니다. 이 경우에는 그 말이 들어 맞았읍니다. 왜냐하면 여호와의 의롭

고 복되신 통치를 이 백성들이 일찌기 거부했던 그 역사 속에서 아무것
도 배우지를 못한 것이 분명하기 때문입니다. 일찌기 그들은 여호와를
버렸읍니다. 이제 그들은 여호와의 아들을 버렸읍니다. 그 결과 "그들은
내내 많은 날 동안 왕도 없고 군도 없고 제사도 없이 지내게 되었읍니
다"(호 3:4). 이것은 서글픈 기록입니다. 그러나 이스라엘이 보는 진실
한 기록입니다.

인간의 복음

그럼에도 불구하고 그것은 유대인에게만 국한되는 것은 아닙니다. 왜
냐하면 하나님인 예수님을 거부한 것은 유대인의 선고에만 국한된 것이
아니기 때문입니다. 그것은 인류의 선고입니다. 인류가 하나님의 통치를
의도적으로 거부한 것이 아니라면 무엇이겠읍니까? 그것은 "우리는 그
의 규제를 받지 않으려다"라는 뜻입니다. 예수님을 십자가에 못 박는 것
이 "우리는 이 사람이 우리의 왕이 되는 것을 원치 아니한다"는 뜻이
아니면 무엇이겠읍니까? 이것은 유대인들 뿐만 아니라 이방인도 포함한
다는 것을 의심할 수 있읍니까? 만일 그렇다면, 우리는 그 관점이 얼마
나 광대하게 퍼졌는가를 보기 위해서 시편 2편으로 시선을 돌리기만 하
면 됩니다. 그 시편에서 기자는 하나님을 거스리는 한 남자나 한 여자의
반역을 보고 있는 것이 아닙니다. 그는 몇사람의 유대 지도자들과 한 사
람의 이방인의 통치자가 예수님을 거스려 반역하는 것을 보고 있지 않
고, 이 세상의 여러 연합된 정치적인 나라들이 창조주를 합동하여 배척
하고 있는 것을 보고 있읍니다. 시편기자는 묻습니다. "어찌하여 열방이
분노하며 민족들이 허사를 경영하는고 세상의 군왕들이 나서며 관원들
이 서로 꾀하여 여호와와 그 기름 받은 자를 대적하며 우리가 그 맨 것
을 끊고 그 결박을 벗어 버리자 하도다"(2:1-3). 저는 여호와 이십니다.
그리스도는 여호와께 기름 부음을 받으신 분입니다. 그러므로 우리는
이 여러 구절들 속에서 스프로울(R. C. Sproul)이 "하나님의 권위와
그의 기름 부음 받은 자를 전복시키기 위한 집단적 공모"라고 부르는
것을 증명하겠다는 것입니다. 스프로울은 계속 합니다. "어째서 적대감
이 있는가? 어째서 왕들은 칼을 뽑아 싸우고 있는가? 그 대답은 명백합

니다. 그들은 자기들의 자유를 규제하는 하나님의 통치를 멸시합니다. 다시 그 목적은 자명합니다. 하나님의 통치를 자기들을 묶는 끈과 사슬로 여기고, 자기들의 소욕대로 살지 못하도록 붙잡아 매는 것이라고 생각하고 있습니다. 그래서 비밀 무기들을 내놓고, 부두 위에 전함을 선보이고, 핵무기가 준비를 하고 있으며, 군대들이 동원되고 있습니다. 다시 말하면 온 세계가 우주적 해방 운동에 가담할 때 말입니다. 하찮은 것으로 불꽃을 일으키며 타오르는 불을 끄려고 애쓰는 어린아이의 유아적인 발상을 가지고 통치자들은 하나님의 주권에 맞섭니다."

무엇이 하나님의 해답입니까? 그 반응은 겁에 질린 것이 아닙니다. 하나님의 권리들을 침범하려는 것을 저항하기 위해서 준비하느라 소동을 벌이는 것이 아닙니다. 오히려 우리는 이런 말씀을 읽습니다. "하늘에 계신 자가 웃으심이여 주께서 저희를 비웃으시리로다 그 때에 분을 발하여 진노하사 저희를 놀래어 이르시기를"(2:4, 5). 이 구절들은, 여호와께서는 잠시 이러한 미친 짓을 보고 웃으신다고 말하고 있습니다. 그러나 여호와께서 그의 아들을 왕위에 오르게 하시고 그의 최종적인 판단을 분을 내어 발하시면 하나님으로 하여금 웃게 만들던 자들은 즉각 무너져 내립니다.

하나님 아래에 있는 나라

이는 이 대목의 마지막 교훈들로 인도해 줍니다. 왕과 가이사를 언급하는 것을 보면 이 전체 대목이 하나님과 인간 통치자 사이의 관계를 다루고 있다는 것을 기억하게 됩니다. 그리스도의 가르침에 따르면 하나님은 모든 것을 주관하시고, 국가의 권위가 합법적인 권위이면서도 하나님께 복종한다는 것을 기억합니다. 그러나 여기에는 하나의 진전이 있습니다. 주님의 말씀 속에는 고유한 그림이 그려져 있습니다. 하나님과 가이사, 지배적인 위치에 있는 하나님의 그림 말입니다. 유대인들의 위협("이 사람을 놓으면 가이사의 충신이 아니니이다")에 대하여 빌라도가 나타낸 반응 속에서 하나의 왜곡된 입장을 발견하게 됩니다. 하나님과 가이사, 그러나 가이사가 지배적인 위치에 있습니다. 하나님과 국가의 문제가 결말을 내리는 이 구절 속에서 모든 것 중에서 가장 악한 거취를 발견하게 됩니다. 더 이상 이제 하나님과 가이사가 아닙니다. 그것이 어떠한 관계이든 말입니다. 이제 가이사만 있읍니다. 하나님은 그림 밖으로 완전히 밀려났읍니다. 이보다 더 악한 일이 없읍니다. 폭군은 그래도 그보다 더 악하지 않읍니다. 왜냐하면 가장 악한 폭군 밑에서도 하나님이 그림에 나타나 계시면 적어도 하나님께서는 도움을 위해서 나타나실 수 있고, 부당한 것을 바로 잡을 수도 있기 때문입니다. 하나님 없이 그럼 무엇이 있읍니까? 게걸스러운 정욕과 인간의 잔인한 과격함만이 남아 있읍니다.

우리는 보다 더 구체적으로 말할 수 있읍니다. 하나님 없는 장면 속에는 가이사를 통제하는 것이 전혀 없읍니다. 우리는 통제를 필요로 합니다. 미국에서 보면 세속적인 차원에서 이것을 인식합니다. 왜냐하면 우리는 통제와 균형의 체계를 발전시켜 왔기 때문입니다. 이에 따라서 정부의 각 기관은 서로 통제를 합니다. 그래서 의회는 모든 시민들을 다스릴 법을 만들고, 사법부는 그 법이 비헌법적이라고 선언할 수 있읍니다. 다시 대통령은 대법관을 임명합니다. 그러나 의회는 대통령을 탄핵할 권리를 갖고 있읍니다. 다시 대통령은 프로그램을 선도할 수 있읍니다. 그러나 의회는 그 프로그램에 대한 기금을 대주어야 합니다. 세속적인 차원에서 통제와 균형의 필요를 인식합니다. 왜냐하면 경험으로 볼때 권세를 갖고 있는 사람들이 믿을 만한 사람들이 아님을 알기 때문입니다. 그러나 만일 이것이 단순한 인간적인 차원에서 사실이라면, 우주적인 차원에서 보면 얼마나 더 사실이겠읍니까? 우리나라와 같은 그렇게 큰 나라의 통치자들의 연합된 목소리가 궁극적인 것일 수 없읍니다. 하나님이 궁극적인 분이십니다. 그러므로 만일 우리가 하나님을 버리면 우리는 통치자들의 손에 놀아나게 됩니다.

둘째로, 하나님이 없는 장면 속에서는 정부를 바르게 지도할 확실한 방편을 전혀 갖지 못하게 됩니다. 이것은 우리의 통치자들을 통제할 필요성과 같은 것이 아닙니다. 우리는 정부가 그 법 자체가 되지 못하도록 통제할 필요가 있읍니다. 그러므로 정부가 법을 남용하여 폭군화 되지 않도록 할 필요가 있읍니다. 그러나 정부가 폭군적이지 않다고 생각해 봅시다. 우리 정부가 보통 그러하듯이 잘 운영된다고 생각해 봅시다. 그럴 경우에도 하나님을 필요로 합니다. 왜냐하면 우리 자신의 도덕과 지혜를 초월하는 도덕성과 지혜의 체계를 받을 수 있는 것은 하나님께로서만 가능하기 때문입니다. 하나님께서 당신의 얼굴을 진지하게 찾는 사람들을 위해서 준비하신 그 충만한 복락으로 유도할 수 있는 것은 그것 밖에 없습니다.

오늘날 미국의 국가 생활 속에서 가능한 한 모든 종교의 자취를 제거하려는 시도가 있습니다. 그 유명한 무신론자 대변인 역할을 하는 마달린 모레이 오헤어(Madalyn Murray O'Hare)가 충성서약에서 "하나님 아래"("하나님 아래 있는 한 나라")라는 말을 제거하려고 입법화를 시도하고 있습니다. 또한 미국의 화폐에서 "우리는 하나님을 믿는다" (In God We Trust)라는 말을 제거하려고도 하고 있습니다. 물론 그녀의 법적 탄원은 하나의 상징에 불과합니다. 그러나 그것은 중요한 것을 상징하고 있습니다. 하나님이 국가적으로 우리 하나님이 될 것인가? 아니면 우리가 국가 생활에서 밀어낼 것인가? 하는 문제가 걸린 것입니다.

우리는 둘 다 할 수 있습니다. 우리는 "하나님은 없고 가이사만"섬길 수 있습니다. 그러나 그런 일이 일어나면 하나님께서 우리를 도와 주십시요! 하나님께서 예수님을 인하여 그 일로부터 우리를 건져 주십시요.

22

두 강도의 이야기

> "이에 예수를 십자가에 못 박히게 저희에게 넘겨주니라 저희
> 가 예수를 맡으매 예수께서 자기의 십자가를 지시고 해골(히
> 브리 말로 골고다)이라 하는 곳에 나오시니 저희가 거기서 예
> 수를 십자가에 못 박을쌔 다른 두 사람도 그와 함께 좌우편에
> 못 박으니 예수는 가운데 있더라"(요 19:16-18)

"**이**에 예수를 십자가에 못 박히게 저희에게 넘겨주니라." 요한은 이 의미심장한 말을 가지고 인간 역사 속에서 가장 유명한 심문 사건을 종결지어 표현하고 있습니다. 또한 아울러 독생자의 죽으심을 통해서 구원하시려는 하나님의 계획의 성취를 그 말로 소개하고 있습니다. 예수님을 심문하는 그 사건은 우리가 주후 30년 4월 5일이라고 부르는 날에 밤늦게 겟세마네 동산에서 잡히시는 일로 시작이 되었다가, 그 다음날 4월 6일 골고다에서 십자가에 못 박히시는 일로 종결이 됩니다. 유대의 계산에 따르면 이 모든 일이 니산월 제 14일에 일어났습니다. 우리는 앞의 여러 강론을 통해서 알아 보았듯이 그 심문 과정은 이중적이었읍니다. 유대인의 심문과 로마인의 심문이 있었읍니다. 예수님께서는 유대인의 심문을 통해서 하나님을 모독했다는 죄목으로 조사를 받으셨읍니다. 예수께서 단순한 사람이라면 이러한 죄목과 그 죄목에 대해 내려

진 정죄가 정당한 것임을 우리는 알았읍니다 . 왜냐하면 예수님께서는
사실상 그러한 주장을 하셨기 때문입니다. 그러나 실상 그 심문은 부당
한 것이었읍니다. 왜냐하면 유대교의 법을 거듭해서 어겼기 때문이며
예수님께서 그런 주장을 하신데 대한 어떠한 변명도 허락하지 않았기
때문입니다. 로마에게 심문을 받으시면서 예수님께서는 민중 봉기와 반
역의 죄를 지었다는 명목으로 조사를 받으셨읍니다. 예수님 자신을 "왕"
이라 말하였기 때문입니다. 유대인에게 심문을 받으시는 것과는 달리
이 로마인의 심문은 법적으로 정확했읍니다. 그러나 결과는 살인이었읍
니다. 빌라도는 그 피고의 모든 혐의는 성립될 수 없다는 선언을 했음에
도 예수님을 십자가에 못 박게 내어 주었읍니다.

인간의 공의란 그러한 것입니다. 자 이제 우리는 그리스도 안에서 죄
를 심판하시는 하나님의 처사 속에서 하나님의 공의를 보아야 합니다.
그렇게 하여 무죄한 그리스도의 죽으심을 기초로 하여 하나님의 사랑이
그리스도를 믿는 사람을 포용하고 완전히 구원할 수 있게 되는 것입니
다.

십자가에 못 박히심

우리는 십자가에 못 박히시는 일 그 자체에 머무르고 싶지 않습니다.
요한도 그렇게 하지 않았고, 다른 복음서 기자들도 그렇게 하지 않았기
때문입니다. 다만 십자가에 못 박는 것 보다 더 무서운 죽음이 없다는
것 만을 지적할 필요가 있습니다.

인기있는 "매일 성경연구"(Daily Study Bible)연재물의 최근 저자
인 윌리엄 바클레이는 그 문제를 명백하게 진술합니다. "로마인들 자신
들 마저 그 십자가에 못 박히는 형을 가공한 전율로 생각했다. 키케로
(Cicero)는 '그것이야 말로 가장 잔인하고 공포스러운 죽음'이라고 선언했
다. 타키투스(Tacitus)는 말하기를, 그 십자가형은 "야비한 죽음"이라
고 말하였다. 십자가에 못 박는 것은 본래 바사(페르샤)의 처형방식이
었다. 바사인들이 생각하기에 땅은 거룩하였기 때문에 그러한 처형방법
을 사용했을지 모른다. 또한 그 땅이 범죄자나 악행자의 시신으로 더럽
혀지는 것을 피하고 싶었기때문이다. 그래서 그들은 범인을 십자가에

못 박아 거기서 죽도록 내버려 두었다. 그런 다음에 독수리나 까마귀가 와서 일을 마쳐주도록 하였다. 카르타고 사람들이 바사 사람들로부터 그 십자가 처형방법을 전수받았고, 로마 사람들이 카르타고 사람들로부터 그것을 배웠다. 이태리에서는 그 십자가 처형방법을 결코 사용한 적이 없다. 여러 지방에서만 사용하였다. 또 노예들의 경우에만 그것을 사용하였다. 로마 시민이 그러한 죽음으로 죽는다는 것은 생각조차도 할 수 없었다. 키케로는 이렇게 말한다. '로마 시민이 묶이는 것은 죄악이다. 범인에게 매를 때리는 것은 더 악한 죄악이다. 그 범인을 죽게 만드는 것은 거의 시해사건과 같다. 만일 그가 십자가에서 죽임을 당한다면 내가 뭐라고 할 것인가? 그러한 극악한 행동을 어느 말로도 표현할 수 없다. 왜냐하면 그것을 묘사하기에 합당한 말이 없기 때문이다.' 예수께서 당하신 그 죽음은 고대세계에서 가장 무시무시한 죽음이었고, 노예들이나 흉악한 범인들이나 당하는 죽음이었다."

십자가 처형방식이 신약성경에 상세히 기록되어 있으며, 다른 고대 문건에도 구체적으로 나와 있습니다. 선고가 내려지면, 그 피고는 먼저 매를 맞도록 되어 있었고, 그 형벌이 너무 지독하여 어떤 사람은 매를 맞다가 죽었습니다. 예수님의 경우에는 군중들로 부터 동정심이 유발되기 까지 선고가 내리기 전에 매를 맞게 했읍니다. 그 다음에 그 정죄받은 사람의 등을 십자가의 수평 막대기에 맵니다. 그런 다음에 그 도성을 통과하여 십자가에 못 박히는 데까지 끌고 가게 하고, 그 옆에는 처형부대를 이루는 백부장 한 사람과 네명의 군인이 따랐읍니다. 그가 어째서 죽게 되는지 그 죄목을 패에 써서 어느 사람이 그 피고 앞에 들고 갑니다. 이것은 다른 사람들도 그러한 범죄를 행하지 말라는 경고의 의도로 행해지는 것입니다. 그러나 그렇게 하는 것도 인간적인 목적을 가지고 있었읍니다. 만일 어느 사람이라도 그것을 보고 그 피고의 혐의를 풀어줄 증거를 갖고 있다면 그것을 보고하여 그 행렬을 멈추게 하고 그 소송사건을 재론할 수 있게 하였읍니다.

그 피고는 십자가 처형 장소에 도착하면 옷을 벗기웁니다. 그것은 군인들의 소유가 되었읍니다. 그런 다음에 십자가 나무가 이미 거기에 준비된 수직목에 매여 눕혀집니다. 피고의 손을 나무에 대고 못을 박습니다. 거의 모든 경우에 발에 못을 박든지 아니면 십자가에 발을 묶어 놉니다. 이 결과 그는 때때로 몸을 위로 올릴 수 있고, 그래서 팔과 횡경막 사이의 긴장을 완화시키게 됩니다. 그러한 여러 시간 혹은 며칠의 고통이 지난 후 그 희생자는 충격과 파열로 피를 쏟음으로 죽고 아니면 질식되어 죽습니다.

예수님은 이러한 죽음을 당하셨습니다.

갈보리에서 죽은 세 사람

그러나 요한이 그리스도의 십자가에 못 박히시는 이야기를 말하면서 대단한 절제를 하고 있는 것을 보면 흥미롭습니다. 십자가에 못 박는 것의 육체적인 국면들을 전혀 강조하지 않았으니 말입니다. 이렇게 한 한 가지 이유는, 육체적인 국면은 그 당대 사람들에게 잘 알려져 있어서 거의 상세하게 설명할 필요가 없었다는데 있습니다. 그러나 더 중요한 이유가 있습니다. 요한은(다른 복음서 기자들 처럼) 강조해야 할 더 중요한 것들을 갖고 있었습니다. 예를 들어서 그것은 예언의 성취였습니다. 십자가에서 하신 말씀들이 있습니다. 사복음서 모두가 의미심장하게 언급하는 한가지 두드러진 요점은, 예수께서 그 날이 혼자 죽은 것이 아니라는 점입니다. 예수님이 죽으실 때 두 강도도 함께 죽었습니다.

요한 자신이 그 점을 상세하게 묘사하지는 않지만 그 강도들의 이야기는 흥미롭습니다. 분명히 그들은 강도 짓을 했을 것입니다. 아마 자기들 편에서는 더 광범한 혁명적인 행동의 일부였을 것입니다. 그들을 묘사하기 위해서 사용된 말, "레스테스"는 바라바에게도 사용되었습니다 (요 18:40). 그리고 그 말은 "강도"라는 뜻뿐만 아니라 "민중 봉기자"라는 뜻을 가지기도 합니다. 그들이 행한 범죄가 무엇이든지 간에 그들은 잡혔고, 이제 예수님과 함께 사형 판결을 받았습니다. 예수님께서 십자가에 못 박히실때, 그들도 못 박혔습니다. 예수님께서 높이 들리실 때 그들도 높이 들렸습니다. 고통이 참기 어렵게 될 정도로 심해졌고, 그 두 강도는 고뇌와 절망에 가득차 하나님을 저주하며 완강하게 부르짖었음에 틀림없습니다. 로마 사람들과 유대인들, 자기들을 낳아준 아버지와 어머니까지도 강하게 저주하면서 울부짖었을 것임에 틀림없습니다.

그러나 유대인들은 이 강도들을 생각하고 있지 않았읍니다. 그들은 예수님을 생각하고 있었읍니다. 그들은 예수님의 고통을 더할 양으로 욕설에 욕설을 퍼붓고 있었읍니다.

"성전을 헐고 사흘에 짓는 자여 네가 만일 하나님의 아들이어든 자기를 구원하고 십자가에서 내려 오라"(마 27:40).

"저가 남은 구원하였으되 자기는 구원할 수 없도다. 저가 이스라엘의 왕이로다. 지금 십자가에서 내려올지어다. 그러면 우리가 믿겠노라"(42절).

"저가 하나님을 신뢰하니 하나님이 저를 기뻐하시면 이제 구원하실지라 제 말이 나는 하나님의 아들이라 하였도다"(43절).

"저가 남을 구원하였으니 만일 하나님의 택하신 자 그리스도여든 자기도 구원할지어다"(눅 23:35).

"이스라엘 왕 그리스도가 지금 십자가에서 내려와 우리로 보고 믿게 할지어다"(막 15:32).

두 강도는 이러한 욕설을 들으면서 자신들을 생각하는데서 예수님께로 시선을 돌려 함께 그 조롱에 가담했읍니다. 마태는 말하기를 "함께 십자가에 못 박힌 강도들도 이와 같이 욕하더라"(마 27:44)라고 말합니다. 마가는 말하기를 "함께 십자가에 못 박힌 자들도 예수를 욕하더라"(막 15:32)고 말합니다. 누가는 한 강도의 말을 그대로 옮겨 말해 줍니다. "달린 행악 자 중 하나는 비방하여 가로되 네가 그리스도가 아니냐 너와 우리를 구원하라 하되"(눅 23:39).

갑자기 참 기이한 일이 일어났읍니다. 하나의 이적입니다. 하나님께서는 한 강도의 마음 속에서 일을 하기 시작하여 저주하는 것을 멈추게 하고 깊이 생각하여 결국 자신과 예수님에 대한 진실을 이해하기 시작하게 만드셨읍니다. 이제까지 그는 저주하고 있었읍니다. 그런데 이제 그는 그 동료를 돌아다 보면서 악행을 한 그를 비난하고, 이제 예수님을 이해하여 이렇게 말합니다. "네가 동일한 정죄를 받고서도 하나님을 두려워 아니하느냐 우리는 우리의 행한 일에 상당한 보응을 받는 것이니 이에 당연하거니와 이 사람의 행한 것은 옳지 않은 것이 없느니라." 그는 예수님을 돌아다 보면서 새롭게 얻은 믿음을 표현했읍니다. "예수여 당신의 나라에 임하실 때에 나를 생각하소서."

예수님께서 어떻게 대답하셨습니까? 예수님께서, "이제는 때가 늦었구나. 네가 그 혁명적인 무리에 가담하고 있을 때 그런 일을 생각하였더면 좋을 뻔 했구나"라고 말씀하셨습니까? 또는 "나는 네 확신에 감사한다. 그러나 난 모르겠다. 만일 이 일을 잘 겪어 낼 수 만 있다면 내가 너를 위해서 할 수 있는 일을 알텐데"라고 말씀하셨습니까? 또는 "이 사람아, 우리는 같은 배에 타고 있네. 우리는 이빨을 물고 참아야 돼"라고 말씀하셨습니까? 그렇게 하지 않은 것을 우리는 압니다. 오히려 그는 조용하고 확신에 찬 어조로 말씀하셨습니다. "내가 진실로 네게 이르노니 오늘 네가 나와 함께 낙원에 있으리라"(눅 23:40-43).

예수님께서는 그 강도에게 말씀하시면서 사실 우리에게 말씀하신 것입니다. 왜냐하면 예수님은 구원 받을 오직 유일한 길을 보여주실 뿐 아니라 구원의 확신도 주고 계시기 때문입니다.

선장이 구원받은 이야기

저는 다른 이야기의 맥락 속에서 이것을 가르치겠읍니다. 흔히 구원의 방식을 가르치기 위해서 두 강도의 기사를 사용했던 사람이 있었는데, 그분은 도날드 그레이 반하우스 입니다. 한번 그는 유별난 선장을 만나서 그 일을 했읍니다. 어느날 반하우스가 연구실에서 이 일을 하고 있는데 수위가 그에게 와서 "어느 신사가 목사님을 뵙자고 하는데요"라고 말하였읍니다. 그 사람의 명함을 받아 보니 그는 모리타니아라 하는 영국 배의 선장이었읍니다. 그 배는 그 당시 가장 큰 대양 여객선으로서 대서양을 횡단하는 배 였읍니다. 반하우스는 그 명함을 받아 쥐고 그를 만나러 나갔읍니다.

반하우스가 그를 맞아 들이자 그 사람은 "아 목사님 교회가 아주 아름답습니다"라고 말했읍니다.

"아 그렇죠 저는 백년전 이 건물을 지은 사람들을 생각하고 매우 감사합니다."

"이태리의 라벤나에 있는 바실리카 같이 대단하군요."

반하우스는 대꾸했읍니다. "아 예. 사실은 이 교회 건물은 그 바실리

카를 본따 지은 것입니다. 이 건축물을 지은 사람들이 이태리에서 일꾼들을 사 왔죠. 이 대리석 모자이크 식의 천정, 또 저 모자이크들은 다 이태리 출신의 일꾼들의 솜씨죠."

두 사람은 한동안 더 이러한 노선의 이야기를 나누었습니다. 그런 다음에 반하우스는 말했습니다. "선생께서는 교회 건축물에 대해서 저와 이야기를 나누기 위해서 여기에 오신 것은 아니죠?"

그 선장은 말했습니다. "물론 그렇죠. 그것 때문에 온 것은 아닙니다." 반하우스와 그 선장은 목회자의 서재로 걸어들어가기 시작했습니다. 자기가 거기 온 이유를 그 선장이 설명하기 시작했습니다. "저는 제 명함에서 보셨겠지만 모리타니아의 선장이에요. 저는 1년에 23회나 대서양을 왕복하죠. 저는 뉴펀드랜드 해안을 내려오는 길을 지날 때면 매 주일마다 보스턴에서 방송되는 목사님의 라디오 프로그램을 듣지요. 지난 주에 목사님의 말씀을 들으면서 이런 생각을 스스로 했습니다. '뉴욕에 정박하게 되면 24시간의 시간이 있다. 그 설교자를 만나기 위해서 필라델피아로 가야겠다.' 그래서 저는 오늘 아침 뉴욕에서 기차를 타고 와서 이렇게 목사님을 뵈올 기회를 얻게 되었군요."

반하우스는 말했습니다. "선생님, 거듭나셨습니까?"

그는 말했습니다. "바로 목사님을 뵈러 온 것은 그것 때문입니다."

이때쯤 해서 반하우스와 그 선장은 기도실 근방에 도착했습니다. 거기에는 하나의 검은 흑판이 있었습니다. 그래서 반하우스는 분필을 들고 세 십자가를 그렸습니다. "선생을 위해서 그것을 간단히 그려보죠. 예수님께서 십자가에 죽으실 때 양 옆에 각각 강도가 한사람씩 있었다는 것을 아시죠?"

"예"

"각각 둘 다 죄인이었습니다. 각자 자기 속에서 죄를 갖고 있었습니다." 반하우스는 이렇게 말하면서 두 강도의 십자가를 표현해 주는 그 십자가 표시아래 "in"(속에)라는 말을 썼습니다. 그리고 가운데 십자가 밑에는 "속에 없음!"라고 썼습니다. "이 사람은 자기 속에 죄를 갖고 있지 않았습니다. 그리스도는 하나님의 흠 없는 어린 양이셨습니다." 자그는 계속해서 첫번째 십자가와 세번째 십자가를 가리키면서 "덧붙여

이 사람들이 자기들 '위에'(on) 죄를 갖고 있어요"라고 말했습니다. 그리고는 그 두 십자가 위에다 'on'(위에) 라는 말을 썼습니다.

그 선장의 얼굴에는 무슨 의미인지 모르겠다는 표정이 역력했습니다.

"목사님께서 말씀 하시는 위에 있는 죄와 안에 있는 죄 사이의 차이를 설명해 주세요." 반하우스는 "자동차를 운전하십니까?"라고 말했습니다.

"예"

"붉은 신호등을 어기고 지나쳐 본 적이 있습니까?"

"예, 그렇죠"

"죄를 범한 것이죠?"

"예"

"경찰이 잡던가요?" 반하우스가 물었습니다.

"아니요, 그렇지 않았어요."

"선생님께서 선생님 안에서 그 죄를 범한 것이죠?" 반하우스는 계속했습니다.

"만일 경찰이 거기 있었고 그 경찰이 선생님에게 딱지를 떼었다면 선생님께서는 그 죄를 선생님 위에 놓을 것입니다. 선생님 안에서 죄를 가지는 것과, 선생님위에 죄를 씌우는 것의 차이가 바로 그것이죠. 자 우리 모두는 다같이 우리 안에 죄를 갖고 있습니다. 우리는 다 죄인들이죠. 물론 우리 각자는 다 우리 위에 죄를 갖고 있습니다. 우리는 하나님의 판단 아래 있습니다. 한 강도는 자기 안에 죄를 가지고 있고, 자기 위에 죄를 갖고 있습니다. 이 두번째 강도는 자기 안에 죄를 가지고 있고, 역시 자기 위에 죄를 갖고 있습니다. 정확히 똑같죠."

반하우스는 그런 다음에 그리스도 십자가 위에 "on"(위에)라는 말을 썼습니다. 그리고 이렇게 말했습니다. "그리스도께서도 자기 '위에' 죄를 갖고 계십니다. 그러나 자기 '안에' 죄를 갖고 계시지는 않습니다. 자기 위에 주어진 그 죄는 자기 죄가 아닙니다. 그것은 나의 죄요 – 그리고 그 강도의 죄입니다." 그런 다음에 그는 분필을 옆으로 뉘어서 믿는 강도 십자가 위에 있던 'on'이라는 말을 그 분필로 덧칠했습니다. 그런 다음에 그리스도의 십자가를 가리키는 큰 화살표를 그었습니다. "하나님께서 이 강도의 모든 죄를 주 예수 그리스도 위에 옮기심으로써 이 강도를 의롭다 하셨습니다."

그는 계속 했습니다. "자 기독교는 간단히 말해서 이것입니다. 여기 십자가에서 죽으신 완전한 그리스도가 계십니다. 또 여기 두 종류의 사람들이 있습니다. 이 두 강도로 대표되는 사람들 입니다. 둘 다 같습니다. 둘 다 속에 죄를 갖고 있습니다. 둘 다 자기들 위에 죄를 갖고 있습니다. 그러나 한 경우에는 그 위에 있었던 죄가 그리스도 위에로 옮겨졌습니다. 선생님, 저는 이 강도와 같습니다. 내 죄는 내 위에 있었습니다. 그러나 이제 그것이 그리스도에게로 옮겨 갔습니다. 선생님이 이 첫번째 강도 같든지 아니면 두번째 강도같든지 둘 중 하나입니다. 죄는 선생님과 내 안에 있습니다. 그리고 그 죄가 선생님 자신에게나, 아니면 그리스도에게 옮겨졌습니다. 하나님께서는 선생님의 죄를 담당하기 위해서 오셨다고 말합니다. 선생님은 어떤 강도와 같습니까?"

그 선장은 키가 크고 교양있게 생긴 사람이었고, 쉽게 감정에 휘말릴 사람이 아니었습니다. 그러나 그는 크게 감동을 받고 눈물을 감추려고 애를 썼습니다. 결국 그는 손을 내밀어 그 회개한 강도의 십자가를 가리켰습니다. "하나님의 은혜로 말미암아 나도 이 강도같은 사람입니다."

반하우스는 대답했습니다. "선생님의 죄가 그리스도에게로 옮겨졌습니다. 하나님께서 그렇게 말씀하십니다."

"하나님께서 그렇게 말씀하시다니요?" 그런 다음에 그는 반하우스와 악수를 나눈 다음에 작별 인사를 했습니다. 그는 덧붙였습니다. "제가 원하는 것이 바로 그거예요. 이제 난 돌아갈 수 있게 되었어요." 대신 반하우스는 그에게 머물라고 요청했습니다. 그들은 그리스도인의 삶에 있어서 다음 단계로 행해야 하는 것이 무엇인가에 대해서 한시간 동안 시간을 보내면서 이야기 했습니다.

우리의 이야기

제가 그 이야기를 들려 드리는 것은 누가가 이야기 한 것 같이, 그 믿는 강도의 이야기와 반하우스가 이야기 하는 것과 같이 믿는 선장의 이야기는 주 예수 그리스도를 우리의 구세주로 진실로 믿는다면 우리의 이야기도 되기 때문입니다. 만일 그것이 여러분의 이야기가 아니라면 이 강론이 마쳐지기 전에 여러분의 이야기가 될 수 있기를 저는 기도합니다.

저는 이 믿는 강도에 대해서 두가지를 기억하라고 말씀드리고 싶습니다. 첫째, 그가 어떻게 했는지, 둘째 그가 누구였는지 두가지를 기억하십시요. 무엇보다도 먼저 그가 한 일을 기억하십시요. 그는 세가지를 했읍니다. 첫째 그는 자신의 필요를 인식했읍니다. 그 말은 그의 영적 궁핍을 인식했고, 자기의 육신적인 궁핍만을 인식하지 않았다는 것입니다. 육신적인 측면에서 필요한 것이 많았을 것입니다. 그는 구원을 필요로 했고, 외양적인 치료를 필요로 했고, 약을 필요로 했을 것입니다. 이러한 것들이 다 떨어졌을 때 그는 결국 자기가 죽어야 한다는 것을 알게 되고 동정을 필요로 하게 되었읍니다. 그러나 그가 인식하고 솔직하게 고백했던 것은 그것이 아닙니다. 그가 인식했던 것은 자기가 죄인이라는 것과, 자기의 구세주가 필요하다는 것입니다. 그는 삶을 살아오던 다른 때에 이러한 필요를 해소시켜보려고 애를 썼을지도 모릅니다. 그러나 여기서 그는 그것을 인식합니다. 그는 고백합니다. "네가 동일한 정죄를 받고서도 두려워 하지 않느냐 우리는 우리의 행한 일에 상당한 보응을 받는 것이니"라고 고백했읍니다.

둘째로 자기가 죄인이라는 것을 인식했고 구주를 필요로 한다는 것을 인식하고 나서 예수님이 그 구주라는 것을 알았읍니다. 칭의의 신학을 제가 설명하는 것과 똑같이 그가 설명하지 못했을지 모릅니다. 그러나 예수님은 무죄한 하나님의 아들이셨고 구세주라는것을 알았읍니다. "이 사람의 행한 것은 옳지 않은 것이 없느니라"라고 말함으로써 그 점을 보여 주었고, 그리스도께서 "그의 나라"에 임하시는 것에 대해서도 언급함으로서 그 점을 보여 주었읍니다. 끝으로, 구세주의 필요성을 인식했고, 예수님이 바로 구세주라는 것을 알아차리고 나서 그는 개인적으로 자신을 그분에게 의탁했읍니다. "예수여 당신의 나라에 임하실 때에 나를 생각하소서." 주께서 그를 기억하십니다. 그는 즉석에서 그를 기억하셨읍니다. 왜냐하면 방금 그가 그를 받아들이셨고 바로 그 날에 죽은 뒤에 낙원에서 함께 만나게 될 것이라고 말씀하셨기 때문입니다.

만일 여러분이 그 강도와 같기를 원하다면 — 여러분의 죄가 여러분 자신에게 그대로 있는 것 보다는 그리스도에게 전가되기를 원하여, 그리스도와 하나님 아버지와 영원토록 함께 있는 약속을 받을 수만 있다면 — 그가 행한 대로 행할 필요가 있습니다. 먼저 죄를 인정하십시오. 둘째 예수님을 구주로 아십시오. 세째 개인적으로 여러분 자신을 그분에게 맡기십시오. "주여 내 자신의 경력으로는 도저히 하늘에 들어갈 수 없을 줄 압니다. 왜냐하면 나는 죄인이기 때문입니다. 그리고 내 살아온 경력이 나를 정죄합니다. 당신을 나의 구세주로 필요로 합니다. 주께서 나를 받으시되, 당신께서 위하여 죽은 그런 사람으로 받아 주시기를 구합니다. 나를 받으소서. 당신께서 심판하시는 날에 나를 기억하소서." 만일 그러한 기도를 드린다면 예수님께서는 그 회개하는 강도를 받으신 것과 똑같이 여러분을 받으실 것이 틀림없습니다. 그 점을 확신할 수 있습니다.

둘째로, 그 강도가 누구였는지에 대한 문제가 남아있습니다. 제가 이것을 언급하는 것은 자기는 너무 때가 늦었다든지, 그리스도께서 도우시기에 자기는 너무 멀리 갔다고 느끼는 사람에게 용기를 주는 것이기 때문입니다. 이 사람이 누구였읍니까? 그는 강도였읍니다. 둘째로 그는 정죄받은 강도였읍니다. 세째로 그는 살 시간이 불과 몇시간 밖에 남지 않은 강도였읍니다. 인간적인 관점에서 보면 모든 것이 그를 거스렸읍니다. 그럼에도 불구하고 그는 예수님을 불렀읍니다. 지상에서 예수님께서 사람과 나눈 마지막 대화 속에서 말입니다. 예수님께서는 그의 말을 들으시고 받으시고 낙원에 들어갈 것을 약속하셨읍니다.

여러분은 그분을 부르시겠읍니까? 여러분은 예수님께서 듣지 못할 만큼 너무 죄악적이거나 너무 늦게 부르는 그런 사람일 수 없읍니다. 지금도 예수님께서는 그러한 부름을 듣고 계십니다. 말씀하십시오. "주여 나를 기억하소서"라고 말입니다. 이 말은 시온으로 통하는 오직 유일한 길을 가리킵니다.

23

이 세상 임금

"빌라도가 패를 써서 십자가 위에 붙이니 나사렛 예수 유대인의 왕이라 기록되었더라 예수의 못 박히신 곳이 성에서 가까운 고로 많은 유대인이 이 패를 읽는데 히브리와 로마와 헬라 말로 기록되었더라 유대인의 대제사장들이 빌라도에게 이르되 유대인의 왕이라 말고 자칭 유대인의 왕이라 쓰라 하니 빌라도가 대답하되 나의 쓸 것을 썼다 하니라"(요 19:19-22)

사복음서 기자 가운데 요한만이 그리스도가 십자가에 못 박히시는 장면을 목격했습니다. 그러니 요한복음이 다른 세 복음서에는 빠져 있는 상세한 내용이 들어 있는 것은 놀라운 일이 아닙니다. 요한만이 예수님께서 마리아를 요한 자기에게 사랑스럽게 부탁하는 것을 말합니다. 또한 십자가의 두 말씀 "내가 목마르다"와 "다 이루었다"라는 말도 요한만이 말하고 있습니다. 요한 말고는 두 강도와 함께 십자가에 못 박히시면서 예수님께서 "가운데 계셨다"고 말하는 이가 없습니다. 그리스도의 옆구리를 병사가 창으로 찔러 물과 피가 쏟아졌다는 말도 요한만이 하고 있습니다. 또한 예수님께서 십자가를 끌고 골고다로 나아가기 시작하셨다는 것도 요한만이 독특하게 말하고 있습니다. 그러다가 후에는 공관복음서 기자들도 말하듯이 구레네 사람 시몬이 그 십자가를 끌어야 했습니다.

이러한 상세한 국면들은 그 중요성에 있어서 다릅니다. 요한 자신이 그 상세한 국면들을 말하면서 어떤 것은 중요하다고 지시하고, 어떤 것은 그 탁월함에 있어서 덜하다고 지시하는 것 같습니다. 매우 중요한 것들 가운데에는 빌라도가 그리스도의 십자가 위에 써 붙인 명패에 관한 것입니다. 우리는 이제 그것을 보려 합니다.

세 언어로 됨

요한이 십자가에 걸어 놓은 명패를 언급했다는 단순한 사실만 가지고는 이상한 것이 없습니다. 십자가 처형을 할 때 마다 이런 절차는 으례 있었던 것입니다. 각 복음서 기자들도 다 그 명패를 언급합니다. 마태는 말합니다. "그 머리 위에 이는 유대인의 왕 예수라 쓴 죄패를 붙였더라"(마 27:37). 마가는 "그 위에 있는 죄 패에 유대인의 왕이라 썼고"(막 15:26)라 하였읍니다. 누가는 "그의 위에 이는 유대인의 왕이라 쓴 패가 있더라"(눅 23:38). 이 복음서의 진술들 마다 예수님이 무엇 때문에 십자가에 못 박히게 되었는지 그 죄명을 가리키는 패가 있었다고 말하고 있는 것입니다. 또한 그 내용도 복음서마다 다 말하고 있읍니다. 요한과 다른 복음서 기자들과 차이가 나는 부분은, 그 죄패가 세가지 말로 씌어져 있었다는 것입니다. 요한은 말합니다. "빌라도가 패를 써서 십자가 위에 붙이니 나사렛 예수 유대인의 왕이라 기록되었더라. 예수의 못 박히신 곳이 성에서 가까운고로 많은 유대인이 이 패를 읽는데 히브리와 로마와 헬라 말로 기록되었더라"(요 19:19, 20).

이것은 흥미있는 국면입니다. 한가지 예로, 각 복음서들이 그 죄패 속에 씌어있는 내용을 달리 말하고 있는 그 이유를 그것이 설명해 주기 때문입니다. 물론 그 차이는 크지 않습니다. 그러나 그 죄패를 복음서 기자들 마다 약간 달리 번역한 데서 그러한 차이가 있었다고 추측하는 이들도 있었읍니다. 핑크는 마태가 히브리어를 가장 잘 번역했을 것이라고 추측했고, 누가는 헬라어를, 마가와 요한은 라틴어를 그렇게 잘 번역했을 것이라고 추측합니다.

제 견해로는 이 설명이 가능하긴 하지만 그렇게 필요한 것은 아니라고 봅니다. 각 기자마다 단순히 그 세가지 말 중 하나를 골라서 번역했다고 보는 것이 좋을 듯 합니다. 그 죄패에 쓰여져 있는 내용 전체를 옮기면 이러할 것입니다. "이는 유대인의 왕 나사렛 예수라"('이는'이라는 말은 마태와 누가가 번역해 옮겨 놓고 있고, 마태와 요한은 예수라는 말을 쓰고 있고 나사렛이란 말은 요한만이 덧붙이고 있으며, 유대인의 왕이라는 말은 사복음서 기자들이 다 함께 밝히고 있음).

이 상세한 국면을 밝힌 요한의 의도는 다른 복음서들의 말이 어떻게 해서 약간 다르게 쓰어졌는지를 설명하기 위해서는 아닙니다. 오히려 – 이 점이 흥미로운 다른 국면인데 – 예수님께서 유대인의 왕으로 죽으심에도 불구하고 이스라엘 이외의 세계에 대해 관계를 갖고 있음을 보여 주기 위한 것입니다. 히브리 말과 헬라 말과 라틴 말은 그 당시 알려진 세계의 언어들이었읍니다. 그래서 요한은 사실상 예수께서 모든 자들의 왕이심을 선언하고 있는 것입니다. 예수님은 단순히 유대인의 구주만은 아니라는 것입니다. 물론 유대인의 구주도 되시지만 말입니다. 그는 헬라인과 로마사람들의 구주이시기도 하십니다. 그는 세상의 구주이십니다.

세상의 구주

일단 우리가 이 점을 알고 나면 우리는 즉각적으로 요한복음 전체를 통해서 이 진리가 강하게 강조되고 있음을 생각하게 됩니다. 그것이 여기서 처음 암시되는 것이 아니기 때문입니다.

첫째로 요한복음의 서두를 생각하게 됩니다. 그 서두의 첫번째 대목은 예수님의 신적 성품이나 신적 사역의 관점에서 보더라도 예수님은 온전히 하나님이심을 보여주고 있읍니다. 둘째 대목은 세례 요한의 사역을 소개하고 있는데, 사도 요한에 의하면 그 세례요한은 빛이 아니라 빛보다 앞서 온 자였읍니다. 그런 다음에 요한은 이렇게 계속하고 있읍니다. "참 빛 곧 세상에 와서 각 사람에게 비취는 빛이 있었나니 그가 세상에 계셨으며 세상은 그로 말미암아 지은 바 되었으되 세상이 그를 알지 못하였고 자기 땅에 오매 자기 백성이 영접지 아니하였으나 영접하는 자 곧 그 이름을 믿는 자들에게는 하나님의 자녀가 되는 권세를 주셨으니"(요 1:9-12). 바로 복음서 초두로 부터 그렇게 했지만 요한은 이 구절들 속에서 저희가 이 복음서에서 쓰고 있는 이른바 죄 가운데서 구원하시는 하나님의 일은 유대인들만을 위한 것이 아니라 모든 남자와 여자들을 위한 것임을 지시하고 있습니다. 모든 사람들이 예수님을 배척했읍니다. 그러나 유대인들과 이방인들로 구성된 광대한 수의 사람들 속에서 어떤 한 혼합된 큰 족속을 선택하사 당신의 영적인 자녀들이 되게 하셨읍니다.

바로 요한복음 1장 뒤편에 가 보면 세례 요한의 사역이 상세하게 밝혀지고 있으며, 예수님에 대한 세례요한의 증거가 기록되어 있읍니다. 요한은 이렇게 선언했읍니다. "보라 세상 죄를 지고 가는 하나님의 어린 양이로다"(1:29). 어린양의 희생, 특히 유월절의 어린 양들이 희생되어 제사로 드려지는 것은 독점적으로 유대인에게만 국한된 제도였읍니다. 요한이 "보라 이스라엘의 죄를 지고 가는 어린 양이로다"라고 말하는 것이 자연스러웠을 것입니다. 그러나 요한은 그렇게 말하지 않았읍니다. 요한은 그리스도가 오신 목적의 보편성을 인식하고 예수님을 세상 죄를 지고 가시는 분으로 알아 보았던 것입니다.

예수님께서 니고데모와 나눈 대화를 기록한 요한복음 3장에서도 그 주제가 다시 나타납니다. 여러 구절들 속에서 예수님께서는 거듭남의 본질과 필요성에 대해서 니고데모에게 말씀하십니다. 그런 다음 요한은 계속해서 이렇게 말합니다. "하나님이 세상을 이처럼 사랑하사 독생자를 주셨으니 이는 저를 믿는 자마다 멸망치 않고 영생을 얻게 하려 하심이라. 하나님이 그 아들을 세상에 보내신 것은 세상을 심판하려 하심이 아니요 저로 말미암아 세상이 구원을 받게 하려 하심이라"(3:16, 17). 이런 후 요한은 예수님이 세상의 빛이라는 개념을 되풀이 말합니다(19-21절).

요한복음 4장에서는 예루살렘의 엄격한 한계를 벗어나서 사마리아 여인에게 이르러, 또 그 사마리아 여인을 통해서 그녀가 사는 온 동네에 가시는 예수님의 모습을 보게 됩니다. 이 기사에는 다른 사람들에 대하여 공개적이고 선입견 없는 자세를 보이는 예수님의 모습과, 사마리아 여인에 대하여 의심과 허황된 우월심을 가지는 예수님의 제자들의 모습이 흥미롭게 대조되어 나타나 있읍니다. 그들 제자들은 실제적으로 사마리아 여인의 이해의 차원에 머물러 있었으며, 그들이 하나님 앞에 섰을 때 분명히 같은 수준에 있었던 사람들입니다. 그럼에도 불구하고 제자들은 그 사마리아 여인을 내리 보았습니다. 그 모든 사람들보다 무한히 뛰어나신 예수님께서는 자세를 굽히셔서 사마리아 여인에게 이르러 그녀를 일으켜 당신을 믿고 결국 당신과 함께 있도록 하셨습니다. 그 이야기가 계속 진행되어 그 여인이 자기 친구들과 사마리아의 동네 사람들에게 증거하는 것을 밝히는 것은 의미가 있습니다. 결국 이런 일 때문에 이 사람들은 다음과 같이 힘있게 선언합니다. "그 여자에게 말하되 이제 우리가 믿는 것은 네 말은 인함이 아니니 이는 우리가 친히 듣고 그가 참으로 세상의 구주신 줄 앎이니라 하였더라"(4:42).

우리는 이 이야기를 통해서 예수님이 유대교의 뚜렷한 이점들을 부인하고 계시지 않다는 것을 주목하게 됩니다. 왜냐하면 앞에서 예수님께서는 "구원이 유대인에게서 난다"(20절)라고 말씀하셨기 때문입니다. 이 말은, 구원이 유대교를 통해서만 오되, 유대인의 성경을 통해서 전에 예언된 방식으로만 온다는 뜻입니다. 그러나 구원이 유대인에게서 나지만, 구원이 독점적으로 유대인들 "만" 위한 것은 아니었습니다.

요한복음의 두번째 큰 대목에서는 가르치시기 시작하시는 예수님의 모습이 그려져 있습니다. 처음에는 유대교에 속한 사람들에게 가르치셨고, 그 다음에는 유대인들과 이방인들로 이루어진 더 큰 무리들을 보시고 가르치셨습니다. 예수님께서는 그 더 큰 무리들을 교회의 교제 안에서 당신 자신께로 이끄실 것입니다. 이 가르침 속에서 예수님의 사명의 보편성이 여러 위대한 상징어들을 통해서 암시되고 있습니다.

6장에서는 예수님이 "세상의 생명"을 위해서 주어진 "생명의 떡"으로 묘사됩니다(32-35, 48-51). 의미심장하게도 이 요한복음 6장은 위대한 진술을 내포하고 있습니다. "아버지께서 내게 주시는 자는 다 내게로 올 것이요 내게 오는 자는 내가 결코 내어 쫓지 아니하리라"(37절). 8장과 9장에서는 예수님이 "세상의 빛"으로 묘사됩니다(8:12; 9:5). 이 8장과 9장에서는 버림받은 사람들에게 예수님이 시선을 돌리고 계신 것을 봅니다. 간음하다 잡힌 여인과 소경으로 난 사람에게 시선을 주십니다.

10장에서 예수님은 목자로서의 모습으로 나타납니다. 목자의 임무는 유대교 내에서 당신의 백성들을 끌어 모으고 이 세상에서 다른 무리들을 모으는 것입니다. 그래서 교회라는 한 새 우리에 그들을 모아 들이시려 하시는 것입니다(10:16).

요한복음 11장에서는 무심코 내뱉은 가야바의 예언을 기록하고 있습니다. 가야바는 대제사장으로서 자기 이익을 계산하고 이렇게 선언하였습니다. "그 중에 한 사람 그 해 대제사장인 가야바가 저희에게 말하되 너희가 아무 것도 알지 못하는도다. 한 사람이 백성을 위하여 죽어서 온 민족이 망하지 않게 되는 것이 너희에게 유익한 줄을 생각지 아니하는도다 하였으니"(11:49, 50). 가야바는 이 진술을 할 때 이방인들을 생각지는 않았습니다. 사실 이스라엘 조차도 생각지 않았습니다. 물론 유대 백성들의 선을 위해서 이러한 제안을 하느라고 주장을 했지만 말입니다. 가야바는 자기 자신과, 자신의 지위와 특권만을 생각하고 있었습니다. 그럼에도 불구하고 요한이 지시하는 바와 같습니다. "이 말은 스스로 함이 아니요 그 해에 대제사장이므로 예수께서 그 민족을 위하시고 또 그 민족만 위할 뿐 아니라 흩어진 하나님의 자녀를 모아 하나가 되게 하기 위하여 죽으실 것을 미리 말함이러라"(51, 52절).

요한복음 12장에서는 예수님께 나오는 헬라인들에 대해서 말하고 있습니다. 그 때에 예수님은 그들을 보시고 "인자의 영광을 얻을 때가 왔도다"(12:23; 20-22절 참조)고 말씀하셨는데 이는 복음서 기자 중 요한 만이 기록하고 있습니다. 요한복음 12장 끝에서 예수님이 다음과 같이 하신 말씀을 요한은 기록하고 있습니다. "나는 빛으로 세상에 왔나니 무릇 나를 믿는 자로 어두움에 거하지 않게 하려 함이로라"(46절). 그리스도의 죽으심의 보편적 범주를 그보다 더 온전하게, 또는 보다 더 일관성있게 표현되는 것을 상상하기 어렵습니다.

모든 사람을 위한 구원

그 그리스도의 죽음의 효능의 보편성이 그렇게 표현된 것을 기뻐해야 합니다. 왜냐하면 그것은 하나님께서는 사람을 외모로 취하지 아니하심을 말하는 요한의 방식이기 때문입니다. 바울은 이 진리를 신학적으로 썼읍니다(롬 2:11 참조). 그러나 요한은 그것을 실질적으로 나타내면서, 하나님께서는 유대인뿐만 아니라 헬라인과 로마인에게도 구원을 주신다고 보여주고 있읍니다. 그는 처형대를 지휘했던 백부장에게 뿐만 아니라 십자가 위에 달린 강도도 구원하십니다. 그는 그 은혜를 높은 자와 낮은 자, 부자와 가난한자, 학식있는 자와 무식한 자 모두에게 선포하시고, 여러분과 제가 어느 종족에 속했다고 하는 것이 좋든지 간에 여러분과 저에게 그분은 그 은혜를 선포하십니다.

그 밖에 만일 우리가 멈춰서서 그것을 분석해 본다면, 이것만이 완전한 공의의 하나님께 이르는 오직 유일한 통로임을 알 수 있읍니다. 반하우스는 이 요점에 대해서 이렇게 썼읍니다. "하나님께서 신학의 이해 정도에 따라서 구원을 하신다고 생각해 보라 그러면 이지적인 사람들은 구원을 받을 것이고, 무식한 사람들은 구원을 받지 못할 것이다. 그것은 적당한 일이 되지 못할 것이다. 하나님께서 물질적인 소유에 따라서 구원을 주신다고 생각해 보라. 그러면 부자는 구원을 받고 가난하게 태어난 사람은 구원 받지 못할 것이다. 그것도 부당한 일이 될 것이다. 하나님께서 도덕 성품의 발전 정도에 따라서 구원을 주신다고 해 보자. 그러면 좋은 유산을 물려받고 태어나 영적 훈련을 통해서 교육을 받은 사람들은, 약한 도덕적 기질을 가진 가정에서 태어나서 삶의 여러 변화를 통해서 자기 멋대로 삶을 살았던 사람들 보다 훨씬 더 유리한 입장에 있을 것이다. 그것도 부당하다.

상실한 인간 마음 속에 본질적으로 선한 요소가 있다. 그러나 하나님께서는 그것을 구원에 소용된 것으로 인정하시지를 않고, 사람이 그것을 확신의 대상으로 삼는다면 분명히 저주를 받게 된다. 구원의 길은 오직 하나 밖에 있을 수 없다. 그것은 하나님께서 그 존재의 무한함 속에서 강구해 낸 방식인데, 하나님의 마음의 선하심과 하나님의 인애하심 속에서 흘러 나오는 그 희생에 의해서 우리에게 왔다. 요약하여 말하자면 하나님께서는 인류에게 이렇게 말씀하신다. '나는 너희가 어떤 사람이든지 그것을 보지 않겠다. 네가 죄에 얼마나 많이 빠졌는지, 네 기준에 따라서 어떻게 행했는지 그것은 아무런 차이도 가져오지 못한다. 나는 네 교만의 오만함과, 또는 네 멋대로 구는 네 무모함을 전혀 계산에

넣지 않을 것이다. 네가 불의라고 생각하는 것도 나는 보지 않을 것이고, 네가 선이라고 부르는 것도 보지 않을 것이다. 나는 너희 모두를 문으로 데리고 나가서 너희가 다 같다고 말하겠다. 인간의 노력과 인간적인 성취의 단계를 무시하게 됨을 너희가 인정하기를 난 요구할 것이다. 그리고 너희가 다 하나같이 파산되어서 나에게 나옴을 인정하도록 할 것이다. 그와 똑같이 비록 너희가 너희 이웃을 만족시키는 모든 일을 했다 할지라도 나를 만족시키는 일은 하나도 하지 않았음을 인정하라. 나는 너희를 위해서 모든 일을 했고, 그 사람의 외모에 관계 없이 값없는 선물로 의를 너희 것으로 계산해 줄 것이다."

하나님께서 행하신 일을 다음과 같은 형태로 기억할 수도 있습니다. 빌라도가 그리스도의 십자가 위에 걸어 놓도록 명한 그 죄패의 의미를 우리는 공부하고 있습니다. 예수님께서 지었다는 죄목을 쓴 명패 말입니다. 그러나 우리는 성경에 따라서 하나님께서는 다른 명패를 십자가 위에서 보고 계심을 기억할 수 있습니다. 비록 눈에 보이지 않는 그 명패의 메세지는 다르지만 말입니다. 골로새서에서 바울은 바로 그 점에 대해서 말합니다. "또 너희의 범죄와 육체의 무할례로 죽었던 너희를 하나님이 그와 함께 살리시고 우리에게 모든 죄를 사하시고 우리를 거스리고 우리를 대적하는 의문에 쓴 증서를 도말하시고 제하여 버리사 십자가에 못 박으시고"(골 2:13, 14). 바울이 여기서 무엇을 가리키고 있습니까? 그는 죽어가는 한 범인의 십자가 위에 걸린 명패를 상징적으로 사용하여, 여러분과 제가 시내산에서 주신 하나님의 거룩한 율법을 어겼으니 마땅히 죽어야 할 판인데 죽을 필요가 없음을 말하고 있는 것입니다. 왜냐하면 무죄하신 분인 예수님께서 우리 대신 우리 허물을 둘러쓰고 죽으셨기 때문입니다. 그 십자가는 우리의 범죄가 쓰여진 죄패가 걸려 있습니다. 그 안에서 하나님의 의로운 율법을 어긴 우리의 잘못이 벌을 받았고, 그러므로 하나님께서는 그를 믿는 자를 의롭다 하시되, 그의 민족이 무엇이든, 그가 어떤 학식을 가졌든, 그가 어떤 종족에 속했든, 어떤 다른 요인이 무엇이든 간에 상관없이 그를 의롭다 하실 수 있게 된 것입니다.

여러분은 그를 믿기 위해서 달려나오셨습니까? 만일 여러분이 성취한 것이나 어떤 유산을 자랑하고 있다면 그를 믿고 있지 않는 것입니다. 여러분 자신을 믿고 있는 것입니다. 여러분은 아직 나올 수가 없습니다. 이러한 것들에서 돌아설 때만이 열린 길을 발견하게 됩니다. 로마인과 헬라인, 유대인과 이방인이 다 같은 입장에 있습니다 "죄인이나 성자다운 사람들이나, 능력있는 자나 능력없는 자나, 재판장이나 재판을 받는 자나, 변호사나 무법한 자나, 고상한 자나 고상하지 못한 자나, 소유를 가진 자나 거지나, 박사나 무식자나, 강한 자나 연약한 자나, 대단히 아름다운 자나 못난 자나, 아는 척 하는 자나 야만인이나, 가치 있어 보이는 자나 무가치한 자나 — 그 모든 사람들이 그들의 배경적 계층이 어떠하다 할지라도 구원을 받을 수 있다."

예수님께서는 말씀했읍니다. "내게 오는 자는 내가 결코 내어 쫓지 아니하리라"(요 6:37). 요한은 성경의 마지막 장에서 이렇게 기록합니다. "또 원하는 자는 값 없이 생명수를 받으라"(계 22:17).

모든 이의 주

또 하나의 요점이 있습니다. 우리는 세상의 구주로서의 예수님에 대해서 말해 왔읍니다. 십자가 위에 걸린 죄패가 그 당시의 세 주요한 언어로 되어 있다는 요한의 기록을 통해서 그 점이 암시되어 있기 때문입니다. 그러나 그 죄패에 쓰여진 내용이 예수님을 구주로 말하지 않는다는 것을 주목했으리라고 저는 확신합니다. 그 죄패는 그들의 왕이라고 썼읍니다. — 유대인의 왕 뿐만 아니라 세상의 모든 자들의 왕이라고 말입니다. 이는 예수님께서 구주로서 일을 성취하시는 것과 주님으로서 자신의 신분을 밝히는 것이 함께 간다는 것을 암시해 줍니다. 그것을 다른 말로 말하자면 그리스도를 구주로 받지 않으면서 주로 받을 수 없다는 것입니다. 예수님이 주가 아니면 주일 수 없습니다.

예수님이 여러분의 주이십니까? "전 그렇게 생각합니다. 그러나 그 말이 무슨 뜻입니까? 그가 특별히 무엇의 주란 말인가?"라고 말씀하시겠죠. 그 질문에 대한 대답이 그 십자가 죄패를 기록한 세 언어의 의미를 통해서 발견해야 한다고 생각합니다. 첫번째 요한이 언급한 언어는 히브리어 입니다. 히브리어는 종교와 도덕성의 언어입니다. 물론 헬라와 로마에도 종교들이 있습니다. 그러나 히브리어는 탁월하게 종교적 믿음의 언어입니다. 왜냐하면 하나님께서 구약을 히브리어로 주셨기 때문입니다. 고대 세계에서 하나님과 하나님의 구원 방식을 신실하게 표현할 때는 오직 그 히브리어를 통해서만 이었습니다. 히브리어로 예수님을 왕이라고 선포했다는 것은 예수님이 종교의 임금이라는 것을 암시합니다. 예수님께서는 친히 하나님의 오직 유일하신 대표이실 뿐 아니라, 하나님 앞에 의롭다 함을 받는길을 선포하신 오직 확실하고 분명한 선포자이십니다. 예수님은 이 영역에 있어서 주님이십니다. 따라서 만일 그가 여러분의 주님이시라면 하나님과 구원에 관하여서 여러분이 믿는 바를 결정하시는 분임에 틀림없습니다. "나는 이러이러하게 생각한다"라고 말할 수 없습니다. 그가 여러분의 임금이시라면 말입니다. 오히려 여러분의 질문은 이러해야 합니다. "그분이 어떻게 생각하실까? 그분의 가르침은 무엇인가?"

헬라어는 두번째 언어입니다. 그 말은 과학과 교양과 철학의 언어입니다. 그 말은 미(美)의 언어이기도 합니다. 예수님께서 이 영역에서 주님이시라면 예수님의 사고방식은 문화의 영역에 있어서도 주를 이루어야 합니다. 예수님께서 좋아하시는 것이 무엇인지 아시겠습니까? 우리의 문화관과 인생관이 예수님의 관점과 같습니까? 그렇지 않다면 — 그렇지 않은게 확실합니다 — 예수님과 여러분 자신에 대해서 세상이 어떠한 견해를 가지느냐에 관계 없이 여러분은 주님 편에 서야 합니다.

끝으로, 라틴어인데 그 말은 법과 선한 정부의 언어입니다. 이것은 우리로 하여금 예수님이 최상의 법 제정자요 운영자이심을 생각나게 합니다. 예수님의 법은 여러분의 행실을 주관해야 하고, 여러분은 예수님께 복종해야 합니다. 심지어 예수님의 명령이 국가나 다른 어떤 인간 권위의 명령과 서로 상충된다 할지라도 말입니다.

빌라도가 그 십자가 위에 그 명패를 써 놓은 것을 일차적으로 유대 지도자들을 초조하게 만들기 위한 것이었습니다. 그것이 그들을 초조하게 만들었습니다. 어찌나 그들을 안달하게 만들었던지 그들은 그에게 돌아가서 그 말을 바꾸어달라고 요청했습니다. 그들은 그 명패에 "자칭 '유대인의 왕이로다'"라고 쓰기를 원했습니다. 이 지도자들은 예수님을 어찌나 미워했던지 예수님이 죽어가는데도 불구하고 그의 왕권을 인정하는 것처럼 보이는 것마저 원치 않았습니다. 그 명패의 내용 – 유대인의 왕 나사렛 예수 – 은 그들의 본성을 그대로 들추어내었습니다. 그러나 빌라도에게도 그러했다는 것을 주목하십시오. 왜냐하면 빌라도가 반응을 나타낼 때 그 겁많은 고집셈이 분명하게 드러나서 무죄임을 알고도 그 무죄한 이를 방면할 용기를 갖지 못했던 사람인데도 버티고 서서 "나의 쓸 것을 썼다"고 말하였으니 말입니다(요 19:22).

십자가는 언제나 사람들을 있는 그대로 드러내 줍니다. 군인들의 본성, 군중들의 본성, 믿음 있는 여인들과 요한의 본성을 드러내 줍니다. 그 여인들과 요한도 이때 예루살렘성에 있었습니다. 십자가는 우리의 마음도 보여 줍니다. 그 십자가 앞에서 우리가 우리 속에 있는 걸 감출 수 없습니다. 그 십자가는 너무나 크고 그 범위는 정말 우주적입니다. 십자가가 여러분을 어떤 사람으로 밝혀 주고 있읍니까? 죄인으로 밝혀 줍니까? 소망 없고 정죄 아래 있는 사람으로 밝혀 줍니까? 구주 안에 전혀 분깃을 갖지 않아서 말입니다. 아니면 십자가가 예수님을 따르는 자로 여러분을 밝혀 줍니까? 만일 여러분이 예수님을 아직 따르지 않았다면 하나님께서 은혜를 주셔서 예수님을 구주로 아시고, 예수님을 여러분의 의로우신 임금과 주로 따르기 시작하도록 역사하시기를 바랍니다.

24

그리스도의 죽음을 통해서
성취된 성경

"군병들이 예수를 십자가에 못 박고 그의 옷을 취하여 네 깃에
나눠 각각 한 깃씩 얻고 속옷도 취하니 이 속옷은 호지 아니하
고 위에서부터 통으로 짠 것이라 군병들이 서로 말하되 이것을
찢지 말고 누가 얻나 제비 뽑자 하니 이는 성경에 저희가 내
옷을 나누고 내 옷을 제비 뽑나이다한 것을 응하게 하려 함이
러라 군병들은 이런 일을 하고"(요 19:23, 24)

요 한복음 강해를 해나오면서 어느 앞부분에서 마틴 루터의 말을 인용
한 적이 있습니다. 저는 그 말을 다시 여기서 인용하고 싶습니다.
그 앞부분의 요점과 바로 여기 본문의 요점이 유사하기 때문입니다.

루터는 요한복음 5:39의 말씀을 본문으로 삼은 설교를 한 적이 있습
니다. 우리가 요한복음 5:39의 말씀을 연구할 때 앞에서 계속 그 말을
인용한 적이 있습니다. 그 구절은 성경에 대해서 말하기를 "이 성경이
곧 내게 대하여 증거하는 것이로다"라고 말합니다. 루터는 이 점을 주목
하면서 덧붙여 이렇게 말하였읍니다. "여기서 그리스도께서는 어째서
성경이 하나님에 의해서 주어졌는지 원리적인 이유를 지적하고 계시는
것 같습니다. 사람들은 성경을 연구하고 탐구하고, 마리아의 아들이신

그 분이 자기를 믿는 모든 자에게 영생을 주실 수 있는 분임을 배워야 합니다. 그러므로 성경을 바르게 유익하게 읽는 사람은 그 성경 속에서 그리스도를 발견하게 될 것입니다. 그리고 틀림없이 그 사람은 영생을 얻게 될 것입니다. 반면에 내가 그렇게 모세와 선지자의 글을 연구하되 내 구원을 위해서 그리스도께서 하늘에서 오셔서 사람이 되셔서 고난을 당하시고 죽으시고 장사지낸바 되시고 부활하시고 하늘로 승천하셔서 그로 말미암아 내가 하나님과 화평을 누리고, 내 모든 죄가 용서를 받고 은혜와 의와 영생을 얻게 된다는 것을 알 정도로 연구하거나 이해하지 못한다면, 내가 성경을 읽은 것이 내 구원에 아무런 도움도 주지 못합니다. 물론 성경을 읽고 연구함으로써 학식 있는 사람이 될 수도 있고 내가 얻은 것을 전할 수도 있습니다. 그러나 이 모든 것이 어쨌든 아무런 유익을 주지 못합니다. 왜냐하면 만일 그리스도를 알지 못하고 발견하지 못하면 구원이나 영생을 전혀 얻지 못하기 때문입니다. 사실, 나는 고통스러운 죽음을 얻게 됩니다. 왜냐하면 우리의 선하신 하나님께서는 예수님의 이름 외에 사람이 구원을 받을 수 있는 다른 이름을 인생 가운데 주신 적이 없다고 선언하셨기 때문입니다(행 4:12)."

루터의 요점은, 성경은 그 보편적인 윤곽에서나 어떤 특별한 국면들에서 예수님에 관해서 우리에게 말해 주는 하나님의 말씀이라는 것입니다. 루터로 하여금 그처럼 탁월한 능력의 사람이 되게 하고 그처럼 매력적인 주석가가 되게 한 것은 이 예민한 영적 통찰력이었음에 틀림 없습니다. 루터는 성경이 하나님의 말씀임을 믿었고, 성경이 예수님에 관한 것이라는 것을 믿었습니다. 따라서 그가 성경에 접근할 때마다 처음부터 그 성경 속에서 누가 말하고 있는지, 그 성경의 주제가 무엇인지를 알았습니다.

오늘날 성경을 가르친다고 하는 모든 사람들이 그와 유사한 통찰력과 확신을 가지고 있으면 좋을 것입니다. 그런데 불행히도 그렇게 하지를 않고 있습니다. 성경을 하나님의 말씀으로 읽는 대신 많은 사람들은 이사야가 요한이나 마태나 바울이나 "제2이사야" 또한 "신명기 작자"나 "Q"나, 또는 어떤 상정된 다른 인물의 말로 읽고 있습니다. 성경을 예수님에 관한 책으로 보지 않고 다양한 주제, 때로는 서로 상충되는 주제들에 대한 여러 저작들의 모음집으로 보고 있습니다. 그 결과 성경은 그런 사람들에게 별 의미가 없습니다. 그들은 성경이 혼돈된다고 보고 있습니다. 더구나 그들은 자주 성경에 표현돼 있는 그리스도를 믿지 않습니다. 그를 믿지 않으니 그들은 구원을 놓치고 있습니다.

네 가지 예언

사도들은 그렇지 않았습니다. 틀림없이 그들의 삶의 초기에 있어서 예수님을 만나 여러 가지 체험을 하면서 자기들이 가진 성경(구약성경)이 혼돈되어 보인 적도 있었을 것입니다. 그들은 그것을 읽고 그 성경이 가르치는 것을 들었습니다. 그 당시의 경건한 거의 모든 유대인들과 같이 말입니다. 그러나 그들은 그 성경을 이해하지 못했습니다. 특별히 그들은 메시야가 온다는 성경의 예언을 이해하지 못했습니다. 3년 동안 예수님과 교제하는 동안에도 그러하였습니다. 그러나 예수님께서 죽으시고 다시 살아나시고, 그러한 사건이 있은 뒤 그들에게 오셔서 예수님께 일어났던 모든 일이 성경에 미리 예언된 바라는 것을 설명해 주셨을 때, 그들의 혼란은 사라지고, 그들의 사고방식이 변했습니다. 이제 그들은 성경이 진실로 예수님에 관한 것이라는 걸 알았습니다. 그리고 그들은 그것을 새로운 빛으로 보았습니다. 사실 그들은 이제 성경의 여러 많은 지면 속에서 예수님의 생애를 예언해 놓은 것을 보게 된 것입니다.

다른 복음서 기자들 뿐 아니라 요한에게도 마찬가지였습니다. 이 시점까지 예수님께 일어났던 많은 일들이 성경을 이루는 것이었습니다. 어떤 주석가는 이렇게 지적하기도 했습니다. "그리스도의 죽음을 둘러싸고 일어날 사건들과 관련된 20항목 이상의 구약예언과 초림 전 수세기 전에 쓰여진 말씀들이 예수님의 십자가에 못박힐 즈음의 스물 네시간의 간격 동안에 정확하게 성취되었다"(E. Schuyler English). 그러나 요한은 이러한 성경의 성취에 관심을 집중하지 않았습니다. 이제 그는 구약의 특별한 예언의 성취인 그 십자가에 못박힘과 관련된 사건들을 주목하기 시작합니다. 그러면서 다음과 같은 점을 넌지시 암시합니다. (1) 하나님께서 이러한 사건들의 주장자이시다. (2) 성경은 피하지 못한다. (3) 예수님께서는 진실로 메시야, 하나님의 기름부으신 자임에 틀림 없다. 네가지 그러한 예언이 있읍니다.

1. 예수님을 처형하는 군인들이 그리스도의 옷을 나누어 예수님의 호지 아니하는 속옷을 제비 뽑는 것. 요한은 이 사건을 23절과 24절에서 묘사하고 있읍니다. 그 사건은 시편 22:18에서 예언된 것입니다.

2. 신 포도주를 예수님께 마시라고 준 일은 시편 69:21의 성취입니다. 예수님께서는 "내가 목마르다"라고 외치심으로써 이 행동을 격하게 나타내셨읍니다. 요한은 28, 29절에서 이의 성취를 말합니다.

3. 두 강도의 다리는 꺾으면서 예수님의 다리는 꺾지 않기로 결안한 일. 요한은 31-33절에서, 그리고 36절에서 그 점을 묘사합니다. 시편 34:20의 예언이 성취된 것입니다.

4. 창으로 그리스도의 옆구리를 찌른 일. 요한은 34, 35, 37절에서 이 점을 언급하는데 그것은 스가랴 12:10에서 예언된 바입니다.

분명히 신약의 다른 저자들도 그러했듯이 요한은 성경이 하나님의 아들이시요 우리 주 예수 그리스도이신 분에 대한 하나님의 말씀이라고 믿었읍니다. 마틴 루터나, 그러한 노선을 따랐던 역사상 수많은 사람들이 그렇게 믿었읍니다. 우리가 예수님을 만나고, 예수님을 배우고, 예수님을 믿고, 믿음의 충만한 분량으로 자라나게 되는 것은 성경을 통해서입니다. 성경공부를 통해서 이러한 일이 일어났읍니다. 그것 없이는 이러한 일 중 어느 것도 일어나지 않습니다.

시편 22:18

그리스도의 죽으심을 둘러싸고 일어난 사건들 속에서 성경이 성취되었다는 것을 언급한 요한의 첫번째 말은, 예수님의 옷을 나누는 문제였읍니다. 요한은 그것이 시편 22:18의 성취라고 보았읍니다. 이 강론에서 우리가 먼저 살펴 보고 싶은 것이 그것입니다.

우리는 이미 정죄받은 사람은 으례껏 네 군인에 의해서 처형대까지 끌려갔었는데, 그 네 군인을 지휘하는 한 백부장이 따랐음을 알았읍니다. 그 죄수의 옷을 받는 것은 이 군인들의 선결요건이었읍니다. 윌리암 바클레이는 신약시대의 생활과 풍습에 대해서 잘 알고 있는 사람으로서 그 주석에서 지적한 바 있읍니다. 유대인들은 통상적으로 다섯 조각의

옷을 입었다는 것입니다. 곧 신발, 머리에 쓰는 터번, 띠, 소매가 짧고
무릎까지만 내려오는 오버, 겉옷등입니다. 군인은 넷이고 차려입은 것은
다섯 조각이니, 한 사람이 하나씩 차지하고, 한 가지 품목(속옷이든지
아니면 튜닉이든지)이 남게 되었다고 말합니다. 그런 경우도 있을 수 있
지요. 아니면 네 가지 조목을 따로 나누든지, 아니면 달리 나누든지 했
을 수도 있습니다. 그것은 고사하고라도 속옷은 호지않은 것으로서 위
에서 아래까지 한 조각으로 된 것이었읍니다. 그것은 나눌 수가 없었읍
니다. 그래서 군인들은 그것을 위해서 제비를 뽑았읍니다. 요한은 이 점
을 주목하면서 다음과 같이 밝히고 있읍니다. "군인들이 서로 말하되 이
것을 찢지 말고 누가 얻나 제비 뽑자 하니 이는 성경에 저희가 내 옷을
나누고 내 옷을 제비 뽑나이다 한 것을 응하게 하려 함이더라 군병들은
이런 일을 하고"

　많은 사람들이 이 요한의 언급에 대단히 많은 것을 억지로 부과하려
합니다. 초대교회에서는 그리스도의 호지않은 옷을 말한 것은 그리스도
교훈 전체를 말하는 것이라고 생각하는 사람이 있었읍니다(오리겐). 키
프리안(Cyprian)을 생각하기를 그것은 교회의 연합을 상징했다고 하였
읍니다. 시릴(Cyril) 같은 사람은 동정녀 탄생을 뜻한다고 생각하였읍
니다. 보다 최근에는 더 큰 이유로 의롭다 함을 받는 기초로 죄인에게
전가된 그리스도의 완전한 의(義)를 상징하는 것이라고 이해하는 사람
들도 있었읍니다(레온 모리스, 아더핑크, 크룸마허 등).

　이렇게 설명하는데는 그 나름으로 각각 어느 정도의 진리를 가질 수
있읍니다. 그러나 요한이나 다른 복음서 기자들이 그러한 것을 마음에
생각했겠느냐는 것은 의문스럽습니다. 그들이 강조하고자 했던 것은, 십
자가에 못박히실 때의 이 특별한 국면을 다른 특별한 국면들과 같이 하
나님께서 계획하신 바로 예언하신 바라는 점입니다. 따라서 그리스도께
서 죽으실 때 있었던 어떤 국면들도 우연한 것이 없었읍니다.

고난받은 구세주

　그렇다고 해서 이 예언으로부터 더 이상 많은 것을 배울 수 없다는
뜻으로 말하는 것은 아닙니다. 오히려 이 시편(시편 22편)은 특히 예수

님의 지상생애의 마지막 시간 동안에 주님이 어떤 생각을 가지고 계신
가를 보여주는 것 같습니다. 그러므로 그 시편은 예수님께서 당신의 고
난을 어떻게 생각하고 계셨는지, 예수님께서 그 고난을 통해서 무엇이
성취되고 있는지를 어떻게 생각했는지 우리로 하여금 알게 하는 실마리
를 제공합니다.

　Eternity 란 잡지에 수년전 기고할 기회가 있어서 갈보리의 어두운
시간 동안 그리스도의 고뇌어린 생각을 사로 잡았던 것을 이해하기 위
해서 이 시편이 어떠한 의미를 가지는가를 지적한 바 있읍니다. 여기서
몇 가지 결론을 함께 나누어 보고 싶습니다. 저는 먼저 지적하기를, 그
세 시간, 곧 정오에서 오후 세시까지 예수님께서 죽으시는 그 시간에 마
음 속에 어떤 것을 생각하고 계셨는지 알아야 할 하등의 이유가 없다
하지만, 예수님의 생각과 이 시편을 연관짓는 여러 실마리가 있고, 그래
서 예수님께서 그 시편을 생각하고 계셨다는 조짐을 발견하게 된다는
말입니다. 첫번째 실마리는, 어둠이 시작되는 순간에 큰 소리로 "나의
하나님 나의 하나님 어찌 나를 버리셨나이까?"(막 15:34)라고 큰 소리
로 외쳤읍니다. 그것은 시편 22:1의 직접 인용이었읍니다. 두번째 실마
리는 그 어두운 세 시간이 끝나갈 무렵 다시 "다 이루었다"고 울부짖으
며 말씀하신 점입니다(요 19:30). 이 어구도 시편 22편의 마지막 절(31
절)의 인용입니다.

　영어 독자는 가장 일반적인 시편의 영어 번역 속에서는 이 어구를 찾
지 못할 것입니다. 그러나 시편 22편에 나오는 히브리어 하나는 그 번역
이 달리 합법적으로 번역될 수 있읍니다. 그 구절 자체를 이렇게 읽을
수 있읍니다. "와서 그 공의를 장차 날 백성에게 전함이여 주께서 이를
행하셨다 할 것이로다"(여기서 "이를 행하셨다"라는 말이 "다 이루었
다"라는 말과 같다는 것입니다 - 역자주).

　이는 대단히 큰 함축적 내용을 담고 있읍니다. 주님께서 십자가에 매
달려 계시던 시간 동안에 그 마음은 그 시편 전체를 자세히 음미하고
계셨다는 뜻이기 때문입니다. 그는 인류를 대신하여 죄를 담당하신 자
의 소외감을 생각하셨읍니다. 예수님께서는그 시편이 담고 있는 고난의
묘사에 대해서도 깊이 음미해 나가셨읍니다. 그리고 이방인 가운데 복

음이 확산될 것을 말하는 마지막 대목도 생각하셨읍니다. 그러시고 난 후에 예수님께서는 그 시편을 종결짓는 어구를 토해내신 것입니다.

이 시편에는 부분적으로 그리스도의 고난을 설명해 주는 그리스도의 세가지 모습이 그려져 있읍니다. 제1절은 버림받은 그리스도를 말하고 있읍니다. 제가 젊었을 때 읽은 책을 기억하고 있읍니다(그후 여러번 읽어 보았읍니다). 그 책에는 예수님께서 실제로 버림받지 않았고, 다만 버림받았다고 상상할 뿐이라고 넌지시 암시하는 책입니다. 예수님께서는 하나님을 믿는 믿음을 거의 버릴 지경이 되었으나 하나님께서 자기를 붙잡아 주신다는 것을 알 때 다시 그 믿음을 회복했다고 그 책을 가르쳤읍니다. 후에 그 책이 잘못된 걸 저는 알았읍니다. 그리스도께서는 죄의 형벌을 담당하고 계셨는데, 죄의 형벌은 사망입니다(롬 6:23). 사망은 하나님으로부터 분리를 뜻합니다. 사망이란 무엇입니까? 확실히 말해서 육체적인 죽음만을 뜻하는 것이 아니라 영적인 죽음도 뜻합니다. 영적인 죽음은 생명의 원천되시는 하나님에게서 영혼이 분리되는 것입니다. 인간의 죄를 위해서 그리스도가 담당하신 형벌이 바로 그것입니다. 하나님과의 분리입니다. 그래서 큰 소리로, "나의 하나님 나의 하나님, 어찌 나를 버리셨나이까?"라고 울부짖을 때, 그 울부짖음은 아버지에 의해서 실제로 버림받은 자의 울부짖음이었읍니다.

여러분과 저는 이것을 온전히 이해하는 척할 수 없읍니다. 신격 안에 분리가 있을 수 있다는 것을 상상할 수 조차 없읍니다. 어떻게 하나님 아버지가 하나님 아들을 버리실 수 있읍니까? 그것은 큰 신비입니다. 그러나 그럼에도 불구하고 그것은 사실입니다. 그리스도는 버림받았읍니다. 이러한 방도를 통해서만 그리스도께서는 우리의 구원을 성취하셨읍니다.

고난받는 구주에 대한 두번째 모습은 시편 22:6에서 발견할 수 있읍니다. "나는 벌레요 사람이 아니라 사람의 훼방거리요 백성의 조롱거리 니이다." 어째서 벌레입니까? 이 비상한 상징어는 어째서 나타납니까? 이 상징어를 이해하기 위해서는 벌레라는 히브리어가 거의 독점적으로 어느 특별한 종류의 벌레를 가리킨다는 걸 인식해야 합니다. 다시 말하면 짙은 홍색 염료를 염출해내던 벌레를 가리킵니다. 그것은 오늘날 멕

시코에서 존재하는 코치닐(cochineal, 이것을 연지벌레라고도 하는데 여기서 물감을 만듦 – 역자주)이라는 곤충과 방불한 것이었읍니다. 히브리 사람들에게 있어서 그 벌레는 토라로 알려졌읍니다. 그 벌레의 피에서 그 물감을 추출해냈는데 그 미물이 으깨질 때 나는 물입니다. 히브리어에서 주홍을 나타내는 말은 문자 그대로 "토라의 빛깔"을 뜻합니다. 토라는 성경에서 여러 차례 나타납니다. 광야에서 만나를 썩게 만드는 벌레가 그것이었읍니다. 광야의 성막의 세마포를 붉게 물들이는 염료는 토라의 피에서 추출한 것입니다. 사무엘하에 보면 사울이 이스라엘 여자들더러 그 주홍색깔 옷을 입으라고 명령하였읍니다. 다시 말하면 그는 여자들의 모든 의복을 염색할 정도로 부요한 시기를 맞았던 것입니다.

이 상징은 그리스도의 생각을 이해하는데 빛을 던져 줍니다. 왜냐하면 예수님께서 자신을 토라라고 생각하실 때 하나님의 백성들을 위해서 '으깨지는' 벌레로 자신을 생각하셨기 때문입니다. 그의 피가 우리를 위해서 흘려짐으로 우리는 빛나는 의복으로 옷입게 된 것입니다.

세번째 상징어는 처형을 가리킵니다. 그 시편은 "나를 사자 입에서 구하소서 주께서 내게 응낙하시고 들소 뿔에서 구원하셨나이다"(21절)(영어성경에서는 '일각수(一角獸)의 뿔에서 건지셨나이다'로 되어 있음 – 역자주). 이 구절에서 언급된 동물은 실제로 일각수(unicorn)가 아닙니다. 그러한 동물은 존재하지 않기 때문입니다(흠정역 번역자들이 아마 그렇게 생각했다는 사실에도 불구하고 말입니다). 사실상 그것은 처형하는 사람들을 때로 처형하기 위해서 붙잡아 매는 길고 뾰족한 뿔을 가진 들소의 한 모형입니다. 예수께서는 이러한 상징어에 대해서 생각하실 때, 당신의 죽으심의 법정적인 국면을 생각하셨을지도 모르고, 하나님께서 우리 죄를 위해서 자기를 사형에 넘기고 계셨다고 기억하셨을지도 모릅니다.

그리스도의 영혼의 만족

버림을 받고! 으깨짐을 받고! 처형을 당하고! 이러한 개념들을 다 합하면 그리스도의 십자가에 못박힘을 설명하는데 도움을 줄 것입니다. 그러나 생각해야 할 또 다른 감동적인 개념이 있읍니다. 예수님께서 십자가에 못박혀 죽으시기 전에 다른 사람들만을 생각하셨다는 것입니다. 예수님께서 골고다에 이르는 길에서 여인들에게 하신 말씀이 증거하듯이 말입니다("너희 자신을 위해서 울라" 눅 23:28). 예수님의 십자가가 세워진 직후에 마리아와 요한에게 하신 말씀을 통해서도 그것이 증거됩니다("여자여 보소서 아들이니이다… 보라 네 어머니라"요 19:26, 27). 정오로부터 오후 세시까지 하나님께서는 십자가를 어둠으로 감싸셨는데, 그때 예수님께서는 당신의 고난의 의미와 목적을 생각하셨습니다. 그 생각은 자신에 관한 것이었습니다. 그러나 다시 예수님의 생각은 후에 그리스도인이 될 사람들 속에서 당신의 일의 열매가 어떻게 나타날지를 생각함에 따라 다른 사람들에게로 다시 돌아간 것입니다.

첫째 그는 당신의 제자들을 생각하셨습니다. 우리가 이것을 아는 것은 그리스도의 죽으심을 가장 명백히 말하는 구절 바로 뒤에 시편은 계속해서 이렇게 말하기 때문입니다. "내가 주의 이름을 형제에게 선포하고 회중에서 주를 찬송하리이다"(22절). 예수님께서 십자가에 못박히시기 얼마 전에 당신의 제자들을 위해서 기도하셨습니다. — 요한복음 17장에 기록된 긴 기도를 말입니다. 심지어 죽어가시면서도 그들을 다시 생각하십니다. 전에 그들은 예수님을 따르는 자들에 불과했습니다. 그러나 그들은 이제 당신의 죽으심으로 말미암아 하나님의 자녀들이 되고 그와 함께 하나님의 영광을 물려받을 후사들이 되었기 때문에 형제들입니다.

마지막에 예수님께서는 당신의 제자들과 심지어 유대교의 영역을 넘어서 이방인들에게 복음이 확산될 것을 내다보셨습니다. 이 시편 22편 22절과 25절 사이에 드러난 대조를 통해서 그 점이 암시됩니다. 22절은 이렇게 말합니다. "내가 주의 이름을 형제에게 선포하고 회중에서 주를 찬송하리로다." 이 시편의 맥락 속에서 이 말은 틀림 없이 이스라엘 회중을 뜻합니다. 25절은 "대회 중에 나의 찬송은 주께로서 온 것이니 주를 경외하는 자 앞에서 나의 소원을 갚으리이다"라 말합니다. 이것이 이스라엘 영역을 넘어서서 이방인에게까지 복음이 확산되는 것을 동일한 분명함으로 말하고 있습니다. 그 시편은 계속 이렇게 말합니다. "땅의 모든 끝이 여호와를 기억하고 돌아오며 열방의 모든 족속이 주의 앞에 경배하리니"(27절).

그 구절은 제가 볼 때 놀랍습니다. 왜냐하면 저도 그 수에 포함되어 있기 때문입니다. 만일 여러분이 주 예수 그리스도를 믿는 이방인 신자라면 여러분도 그 수에 포함되어 있습니다. 그리스도께서 십자가에 달리실 때 여러분을 생각하고 계셨습니다. 예수님께서 여러분을 위해서 죽으셨습니다. 여러분 개인을 위해서 죽으셨습니다. 만일 여러분이 예수님을 믿지 않는다면 예수님께서는 많은 다른 사람들과 같이 예수님께 나오기를 여러분에게 바라십니다. 예수님께서 죽으시는 순간에 이방인 가운데서 복음이 확산될 것을 내다 보셨다는 것을 아는 것은 여러분에게 도움을 줄 수 있습니다. 그리고 그 영혼이 만족해 하셨습니다.

25

십자가에서 하신 말씀

"예수의 십자가 곁에는 그 모친과 이모와 글로바의 아내 마리
아와 막달리 마리아가 섰는지라 예수께서 그 모친과 사랑하시
는 제자가 곁에 섰는 것을 보시고 그 모친께 말씀하시되 여자
여 보소서 아들이니이다 하시고 또 그 제자에게 이르시되 보라
네 어머니라 하신대 그 때부터 그 제자가 자기 집에 모시니라"
(요 19:25-27)

사람들이 마지막 한 말은 특별하고 엄숙하고 의미있는 것이 있읍니다.
죽음을 앞에 두고 그 사람이 어떠한 사람이었던가가 표면에 분명하
게 나타나는 적이 흔하고, 그 말하는 속에서 그 사람의 사람됨이 비쳐나
오는 일이 흔하기 때문입니다. 예를 들어 프랑스의 유명한 장군이요 황
제였던 나폴레온 보나파르트는 죽음을 기다리면서 "나는 내가 죽을 시
간보다 빠르게 죽는다. 내 몸은 땅으로 돌아가게 될 것이다. 위대한 나
폴레온이라 불려졌던 자의 운명이 그러하다. 내 깊은 비참과 그리스도
의 영원한 나라 사이에는 얼마나 엄청난 심연이 깔려 있는가."

지독한 불란서 불신앙자인 볼테르라는 사람은 자기 의사에게 이렇게
말했다고 합니다. "나는 하나님과 사람에게 버림을 받았소! 만일 6개월
만 더 살게 해준다면 내가 소유한 것의 절반이라도 주겠소."

영국의 위대한 사람들 몇 사람의 신앙을 부패시켰던 회의론자 토마스

홉스는 이렇게 외쳤다고 합니다. "만일 내가 온 세상을 가졌다 할지라도 단 하루를 더 살게 된다면 그 모든 것을 다 포기하겠다. 세상에서 빠져 나갈 구멍을 발견한다면 얼마나 좋을까. 나는 이제 어둠 속으로 떨어져 들어가려고 한다." 이러한 진술들이나, 그와 유사하게 잘 알려진 사람들이 한 다른 진술들은 보다 더 예기치 않은 순간들에서 말했을지도 모르는 그 어떤 것 보다도 인생에 대한 그들의 진정한 사고방식과 그들이 가진 소망의 진상을 보다 더 잘 드러내 줍니다. 그런 진술들이 매우 모질 때가 흔합니다. 다행히도, 그 어느 사람도 이러한 것을 생각하면서 기독교신앙의 창설자인 나사렛 예수의 더 유명한 말을 생각지 않기가 어렵습니다. 그분은 죽으실 때 절망에 찬 말씀을 하지 아니하시고 소망에 찬 말씀을 하심으로써 당신 자신의 개인적 신념과 기독교에 대해서 많은 것을 밝혀 주었읍니다.

최종적 분석

십자가에서 예수님이 하신 일곱 말씀들을 "마지막 말씀"이라는 어휘로 표현한 것은 불행한 처사라고 항상 생각해 왔읍니다. 그 어휘가 함축하는 바는, 예수님께서 다시 살아나지 아니하셨음을 뜻하는 것입니다. 그러나 예수님께서는 다시 살아나셨읍니다. 제자들에게 돌아오셔서 더 많은 것을 말씀하셨읍니다. 사실 이 마지막 교훈들은 십자가에서 하신 말씀들보다 훨씬 더 중요합니다. 왜냐하면 그 말씀들은 기독교에 대해서 더 많은 것을 말하기 때문입니다. 반면에 십자가에서 하신 말씀들(그 말씀들을 "마지막 말씀들"이라고 잘못되게 표기했지만)은 그럼에도 불구하고 의미 있읍니다. 그 말씀들은 다음과 같은 것을 보여 주기 때문에 의미 있읍니다. (1)예수님께서는 마지막 순간 그 영을 아버지께 부탁하실 때까지 분명한 의식을 소유하고 있었음을 보여 줍니다. (2)또 예수님께서는 당신의 죽음이 세상을 위한 구원을 제공하는 죽음인 것을 이해하셨읍니다. (3)예수님께서는 당신의 죽음이 끝까지 효력이 있을 것임을 아셨읍니다. 더구나, 그 말씀은 예수님께서 항상 다른 사람들에게 관심과 사랑을 베푸심을 보여 주셨읍니다. 가장 예리한 고통을 받는 순간에 마저 말입니다. 십자가에서 하신 말씀들은 다음과 같습니다.

1. "아버지여 저희를 사하여 주옵소서 저희의 하는 것을 알지못함이
니이다"(눅 23:34). 이 말씀은 당신을 십자가에 못박는 자들을 용서하
며 하나님께 드리는 기도입니다. 이 말씀은 구세주의 긍휼어린 마음을
보여 줍니다.

2. "내가 진실로 네게 이르노니 오늘 네가 나와 함께 낙원에 있으리
라"(눅 23:43). 이 말씀은 믿는 강도에게 하신 말씀인데, 구원의 확실한
약속이었읍니다.

3. "여자여 보소서 아들이니이다! …… 네 어머니라!"(요 19:26, 27).
이 말씀을 통해서 예수님께서는 당신의 어머니 마리아를 사랑하는 제자
에게 부탁하셨읍니다.

4. "나의 하나님 나의 하나님 어찌하여 나를 버리셨나이까?"(막 15:
34; 마 27:46). 이 말씀 속에서는 속죄의 참된 본질이 분명하게 드러나
있으며, 주님의 깊은 고뇌가 우리에게 드러납니다.

5. "내가 목마르다"(요 19:28). 이 요청은 주님의 참된 인성(人性)을
보여 줍니다. 그러나 더 중요한 것은 당신의 죽으심의 모든 국면들이(그
의 생애 뿐만 아니라) 성경과 부합해야 한다는 당신의 소원을 보여 줍
니다.

6. "다 이루었다"(요 19:30). 이 말씀은 가장 중요한 말씀입니다. 왜
냐하면 이 말씀은 완벽하고 모범적이던 그의 생애를 언급할 뿐만 아니
라 죄를 위한 완전한 속죄를 가리키기 때문입니다. 이 때문에 우리는 구
원을 확신할 수 있읍니다.

7. "아버지여 내 영혼을 아버지 손에 부탁하나이다"(눅 23:46). 이
말씀은 예수님께서 당신의 생애를 끝까지 주장하셨음을 보여 주며, 우
리의 죄를 대신하여 버림받을 때 끊어졌던 주님과 아버지의 관계(막 15:
34)가 회복되었음을 지시합니다.

그리스도께서 사랑하신 두 사람

그러나 이 일곱 말씀들을 모두 다 포함하고 있는 복음서는 하나도 없
읍니다. 마태나 마가는 각각 하나의 말씀을 포함하고 있읍니다. 물론 그
복음서 기자들이 다른 말씀도 넌지시 암시하고 있지만 말입니다. 누가

와 요한이 각각 세 말씀을 포함합니다. 그러나 그 소개하는 말씀들이 서로 다르고, 마태나 마가가 포함했던 말씀을 그 두 복음서는 전혀 언급하지 않고 있읍니다("나의 하나님, 나의 하나님, 어찌 나를 버리셨나이까?"). 요한은 예수님의 어머니와 사랑하는 제자에 관한 말씀을 내포하며 "내가 목마르다"라는 말씀과, 속죄 사역이 완성되었다는 최종적인 확인을 담고 있읍니다.

요한이 구세주께서 마리아에게 하신 말씀과 제자에게 남긴 말씀을 소개하는 이유가 어디 있는지 이해하기는 쉽습니다. 그 이유는 요한 자신이 그 제자였기 때문입니다. 따라서 그 몫은 자기의 것이었고, 그것의 중요성은 다른 어느 누구에게 보다 요한에게 더 크게 부각되었읍니다.

그리스도께서 지상에 있는 다른 어떤 두 사람보다 더 사랑하셨을 이 두 사람에 대해서 생각해 봅시다. 먼저 마리아를 생각합니다. 이 순간에 그녀는 심한 고통을 받고 있었읍니다. 어느 주석가는 마리아에 대해서 이렇게 썼읍니다.

"마리아는 자기 아들과 같이 슬픔을 함께 나누지 아니한 그러한 자가 아니다. 처음에 '그에게 들어가 가로되 은혜를 받은 자여 평안할찌어다 주께서 너와 함께 하시도다 하니 처녀가 그 말을 듣고 놀라 이런 인사가 어찜인고 생각하매"(눅 1:28, 29)라고 기록되어 있읍니다. 이것은 많은 고통들보다 먼저 온 선구자에 지나지 않았읍니다. 가브리엘이 그녀에게 이적적인 잉태의 사실을 공포하러 왔읍니다. 조금만 생각한다 할지라도 마리아가 이 신비롭고 들어 보지 못한 방식으로 우리 주님의 어머니가 되신다는 것은 결코 가벼운 일이 아님을 알게 될 것입니다. 그것은 장기적으로 본다면 의심할 여지 없이 큰 명예를 안는 일입니다. 그러나 그것은 잠시 현재 마리아의 평판에 적지아니한 위험이었고 그녀의 믿음에 적지 아니한 시련이었읍니다. 그녀가 하나님의 뜻에 조용히 복종하는 것을 보면 참 아름답습니다. "마리아가 가로되 주의 계집종이오니 말씀대로 내게 이루어지이다 하매"(눅 1:38).… 이는 정말 사랑스러운 인종(忍從)입니다. 그럼에도 불구하고 그녀는 잉태된 사실을 통고받는 순간에 '고통'을 당하였읍니다. 그리고 우리가 말했듯이 이것은 많은 시련과 슬픔의 전조에 불과했읍니다.

사관에 방이 하나도 없어서 새로 태어나는 아기를 구유에 뉘어야 할 때 그것이 그녀로 하여금 얼마나 슬프게 했을까! 자기 어린 아이의 생명을 헤롯이 멸하려고 한다는 것을 알았을 때 그녀의 고뇌가 얼마나 컸을까! 그 아기 때문에 이방 나라로 도망쳐서 애굽땅에서 여러 해를 나그네로 있을 때 그녀는 얼마나 큰 고통을 겪었을까! 그녀의 아들이 멸시를 당하고 사람들에게 배척을 받는 것을 보고 그녀의 영혼의 찢어짐과 같은 아픔이 얼마나 컸을까! 또한 자기 아들이 자기의 백성들에게 미움을 받고 핍박을 받는 것을 볼 때 그녀의 마음은 얼마나 큰 슬픔으로 비틀렸을까! 그녀가 그 십자가 옆에 서 있을 때 그녀의 마음 속에서 겪는 고통을 누가 다 헤아릴 수 있을까? 만일 그리스도께서 슬픔의 사람이라면 그녀는 슬픔의 여인이 아니었던가?"(A.Pink)

중세의 한 이름이 밝혀지지 않은 시인은 마리아의 슬픔을 이렇게 표현했습니다.

죽으시는 주님이 매달리시던 그곳 십자가 가까이에서
그 어머니 밤새워 울음으로 지새웠네.
고뇌어린 신음에 찬 그녀의 영혼 슬픔으로 기울어지고 자지러지고
흐느끼는 그녀의 영혼에 날카롭고 찌르는 칼이 지나갔네.

하나님의 축복을 받고
하나님의 거룩한 이를 낳았던
그녀의 고통의 무게여.
오 말없이 끊임없는 그녀의 애절함!
그 희미한 눈
그 놀라운 고통당하는 아들에게서 뗀 적이 없네.
(원래는 이 시가 13세기의 라틴어로 된 시인데 Jacapone da Todi의 것으로 알려진다).

우리가 이러한 말들을 생각해 보고, 그 말들이 묘사하는 십자가의 정경을 생각해 볼 때 나이먹은 시므온이 요셉과 마리아에게 안겨 온 어린 예수를 성전에서 뵈면서 말했던 말이 생각납니다. 하나님께서는 그에게 여호와의 그리스도를 보기 전에는 죽지 않을 것이라고 계시하셨습니다. 이제 예수님께서 성전에 드려지는 바로 그 순간에 그 성전 지경으로 들

어가면서 그는 예수님을 팔로 안아 축복하였읍니다. 그런 다음에 시므온의 노래로 알려진 찬양시를 읊고 나서 마리아에게 돌아서서 "보라 이아이는 이스라엘 중 많은 사람의 패하고 흥함을 위하며 비방을 받은 표적이 되기 위하여 세움을 입었고 또 칼이 네 마음을 찌르듯 하리라 이는 여러 사람의 마음을 드러내려 함이니라"(눅 2:34, 35)라 말하였읍니다. 그 말씀은 얼마나 이상한 말씀입니까! 하나님에 의해서 크게 존귀함을 받는 자에게 칼이 찌르다니요? 특별히 시므온이 말하던 그 당시에는 그것이 얼마나 어울리지 않게 보였을까요! 그럼에도 불구하고 그 모든 것은 이루어졌읍니다. 여기 십자가에서 우리는 시므온의 말이 성취된 것을 봅니다.

우리가 이 장면에서 배울 한 교훈이 있는데 그것은 예언의 성취가 확실하다는 것입니다. 하나님께서 "나의 모략이 설 것이니 내가 나의 모든 기뻐하는 것을 이루리라… 내가 말하였은즉 정녕 이룰 것이요"(사 46:10, 11)라 말씀하십니다.

또 다른 교훈은, 예수님께 그렇게 사랑을 받는 사람들에게도 그러한 슬픔이 올 수 있다는 것입니다. 심지어 이처럼 예리한 슬픔마저 말입니다. 그런 슬픔이 우리에게 올 때, 하나님의 불쾌하심 때문에 온다고 생각해서는 안됩니다. 우리는 나사로의 죽음에 대한 이야기와 그 기사가 시작되는 첫머리에 사람들이 예수님께 한 말을 생각합니다. "주여 보시옵소서 사랑하시는 자가 병들었나이다"(요 11:3). 예수님께서 나사로와 그의 자매들을 사랑하셨읍니다. 그런데도 불구하고 나사로는 병들었고 끝내는 죽었읍니다. 자매들의 슬픔이 컸읍니다. 사랑과 질병은 하나님의 경륜 속에서 서로 상반되는 것이 아닙니다. 하나님의 은총과 슬픔이 때로는 서로 어우러져 갈때도 있읍니다. 그러나 다시 이것만이 우리가 말할 수 있는 전부는 아닙니다. 왜냐하면 하나님의 사랑을 받는 사람들이 때때로 하나님의 은밀한 목적 때문에 고통을 받기는 하지만 그럼에도 불구하고 하나님께서 우리의 슬픔을 아시고 그 슬픔 가운데서 우리를 위안하신다는 사실 속에서 우리는 위로를 받는 것 또한 사실입니다. 이 말씀 속에서 예수님은 마리아를 아셨고(심지어 예수님께서는 슬픔 가운데서도) 그녀에게 관심을 기울이셨으며, 필요한 것을 공급하시려고 행동하셨읍니다. 우리는 그 점을 주목합니다.

사랑하는 제자

이 에피소드와 관계된 또 다른 사람은 사랑하는 제자인 요한입니다. 이 사람은 십자가 옆에 있읍니다. 그러나 그가 여기에 나타난 배경을 보면, 겟세마네 동산에서 구주께서 잡히실 때 흩어진 제자들의 모습과는 대조를 이루고 있읍니다. 주님께서 제자들에게 앞으로 너희가 겁을 먹게 될 것이라고 경고하셨읍니다. — " 오늘밤에 너희가 나를 버리리라 기록된바 내가 목자를 치리니 양의 떼가 흩어지리라"(마 26:31). 그들은 모두 항변했읍니다. — "베드로가 가로되 내가 주와 함께 죽을지언정 주를 부인하지 않겠나이다 하고 모든 제자도 이와 같이 말하니라"(35절). 그러나 예수님의 말씀이 옳았읍니다. 그는 예수님을 버렸고 요한까지도 그랬읍니다. 예수님께서 혼자 그 원수들의 조롱과 잔인한 대접을 받으셨읍니다.

그럼에도 불구하고 제자들의 겁은 잠시 뿐이었읍니다. 후에 예수님께서 부활하신 다음에 그들은 갈릴리의 어느 지정된 장소에서 예수님을 찾으러 갈 것입니다(마 28:16). 그리고 그를 위해서 담대하게 말할 사람들입니다. 부활하기 전에 여기에서 마저 예수님께서 갈보리의 십자가에 못박혀 계시는 동안 그를 찾는 사람이 최소한 한 사람 있었읍니다. 어째서요? 그 이유를 알아내는 것은 어렵지 않습니다. 요한으로 하여금 갈보리로 가게 만든 것은 마리아나 다른 여인들 — 마리아나 글로바의 아내나, 막달라 마리아 등과 같은 사람들을 거기에 오게 한 것과 같은 것이었읍니다. 이 사람들이나 다른 여자들이 무덤에 갔고, 막달라 마리아가 예수님의 시신이 더 이상 동산에 없다는 것을 안 후에도 돌아가게 했던 것은 바로 그것이었읍니다. 그것은 사랑이었읍니다. 예수님에 대한 사랑 말입니다. 그래서 비록 그들이 아무 것도 할 수 없었지만 그들은 여전히 가능한 한 예수님 가까이 있고 싶어했고, 끝까지 거기에 서성거리고 싶어했읍니다. 마리아는 예수님을 사랑했읍니다. 우리도 그 점을 압니다. 그녀의 사랑은 어머니의 사랑입니다. 요한도 예수님을 사랑했읍니다. 이 사람은 "예수님께서 사랑하시는제자"였고 그 사람도 아주 자연스럽게 예수님을 사랑했읍니다.

여러분은 주님을 사랑하십니까? 그러한 어떤 위험의 순간에 그를 버린 적이 있느냐고 묻고 있지 않습니다. 또한 여러분이 마땅히 주님을 섬겨야 할 때 주님을 섬겼는지 아니면 주님을 섬기지 못했는지 묻고 있는 것이 아닙니다. 여러분이 그를 부인한 적이 있느냐고 묻고 있지도 않습니다. 저는 다만 여러분이 그를 사랑하느냐고 묻고 있읍니다. 만일 여러분이 예라고 대답한다면, 여러분이 행한 일이 아무리 고통스러운 일이라 할지라도, 또한 여러분이 못한 일이 아무리 선한 일이라 할지라도 그분에게 나오십시오.

요한이 자기 자신의 이전의 실패에도 불구하고 예수님께 나왔읍니다. 그는 무엇을 얻었읍니까? 예수님께서 그를 책망하셨읍니까? 한 시간도 예수님을 지켜 보지 못하고 시험의 순간이 왔을 때 예수님을 버리고 달아난 그 요한을 예수님이 조롱섞인 투로 바라보셨읍니까? 절대 아닙니다! 예수님께서는 요한이 돌아볼 때 요한을 책망하지 아니하셨읍니다. 더구나 베드로나 다른 어느 제자들도 책망하신 적이 없읍니다. 오히려 그는 요한에게 틀림없는 특권을 주셨읍니다. 그는 당신의 어머니를 요한에게 맡기셨읍니다. 만일 여러분이 요한처럼 그리스도를 버렸던 자라면, 요한처럼 행하시고, 아더 핑크가 이 본문에 대한 주석에서 권면하는 바와 같이 하십시오. "방황을 끝마치고 단번에 그리스도에게 나아가라. 그러면 그가 격려와 환영의 말씀으로 너를 맞을 것이다. 누구든지 영예로운 사명을 그들에게 맡기기 위해서 기다리시는 주님만 알게 되리라!"

"그러므로 예수님께서"
(우리 말 개역 성경에서는 그냥 예수께서라고만 표현했지 '그러므로'라는 접속사가 붙어 있지 않음 - 역자주).

우리는 이 강론에서 마리아와 요한에 대해서 말하여 왔읍니다. 그러나 분명히 이 감동적인 드라마에 있어서 중심적인 인물을 예수님이십니다. 그는 마리아의 슬픔을 아시는 분입니다. 요한의 사랑을 아십니다. 이제 그는 당신의 사랑하시는 마음으로 각 사람을 위해서 준비된 것을 말씀하십니다.

십자가에 달리신 분이 이 마지막 순간에 마저 다른 사람을 위해서 배려를 하고 계셨다는 것은 흥미롭지 않습니까? 그는 모든 것을 다 벗어버리셨읍니다. 그럼에도 불구하고 그는 부요한 유산을 남기셨읍니다. 심지어 그를 지키기 위해 서 있는 그 처형대들에게 마저 용서의 기도를 베푸셨읍니다. — 아버지여 저희를 사하여 주옵소서 자기의 하는 것을 알지 못함이니이다"(눅 23:34). 죽어가고 있으나 구원의 약속을 주께서 허락하실 것을 믿는 사람에게는 이렇게 말씀하십니다. — "오늘 네가 나와 함께 낙원에 있으리라"(눅 23:43). 예수님께서는 요한과 마리아에게 하시는 말씀 속에서 가장 부드러운 사랑의 지속적 유산을 허락하십니다. 이 말씀을 통해서 그는 그 어머니에게 한 아들을 주시고, 그의 친구에게 어머니를 주십니다.

가톨릭 신학에서는 이 말을 통해서 요한이 마리아의 보호자가 된 것이라고 보는 것이 관례입니다. 또한 요한을 통해서 모든 그리스도의 제자들이 그러한 입장에 서게 되었다는 것입니다. 예를 들어서 풀톤 쉰 감독(Bishop Fulton J. Sheen)은 이렇게 논평합니다. "우리 주님께서 요한에 대해서 말씀하실 때 그를 요한이라고 가리키지 않았다. 왜냐하면 그 당시 그는 세베대의 아들 로만 있었을 것이기 때문입니다. 오히려 그 속에서 모든 인간을 마리아에게 부탁한 것이다. 마리아는 모든 사람들의 어미가 되었다. 은유나 어떤 상징적인 말로써가 아니라 산고의 고통으로써 말이다" 사실상 그 정반대입니다. 예수께서는 요한을 마리아에게 부탁하지 않고 마리아를 요한에게 부탁하셨읍니다. 이 에피소드의 의미는, 예수께서 자기 어머니를 배려하고 계셨으며, 그래서 "네 아비와 어미를 공경하라"는 구약의 계명을 이루고 계셨던 것입니다(출 20:12). 그러므로 우리도 그 계명을 존귀히 여겨야 합니다. 우리는 우리 부모를 공경하도록 하나님께서 주신 마땅한 당위성 아래 있는 것입니다. 그러므로 비록 우리가 성년이 되어서 우리 부모를 떠난다 할지라도 그 마땅한 의무는 여전히 효력을 가지고 있읍니다.

우리는 역시 영적 책임들이 이러한 의무를 제거시키지 않는다는 걸 주목해야 합니다. 주님 자신께서 이루고 계신 것보다 더 영적인 책임이 걸린 문제가 어디 있을 수 있읍니까? 우리 주님께서 이러한 말씀을 하시던 바로 그 순간에 죄인들을 위해서 죽고 계셨읍니다. 그는 전능하신 하나님의 엄격한 공의를 만족시키기 위해서 자신을 드리고 계셨읍니다. 바로 그러한 순간에도 그는 당신의 어머니 되시는 마리아를 위해서 공양하는 것을 멈추지 아니하셨읍니다.

한 가지 더 중요한 것이 있읍니다. 예수님께서 마리아를 요한에게 부탁하실 때, 그는 믿지 않는 형제들에게 그 어머니를 맡기지 아니하고 대신 사랑하는 제자의 보호에 그 어머니를 맡깁니다. 그것이 우연한 일입니까? 요한이 그 순간에 십자가 곁에 있 었다는 오직 한 가지 이유 때문에 그러했을까요? 그렇게 생각하기는 어렵습니다. 오히려 주님께서 여기서 당신의 속죄에 기초한 새로운 가족관계를 존재케 하고 계시다는 걸 지각합니다. 마리아노 디 갠지(Mariano Di Gangi)가 쓴 바와 같습니다. "우리 주님께서는 신자들의 형제애를 존재케 하신다. 그는 믿음의 가정들의 우정을 형성시키신다. 이것은 새로운 사회이다. 어떤 족속이나 국가에 따라서 분리되지 않는 새로운 사회다. 그것은 어떤 사회적 위치나 경제적인 힘을 기초로 한 것이 아니다. 그 사회는 십자가에서 하나로 만나는 믿음을 갖고 있는 사람들, 십자가로부터 죄 용서함의 체험을 갖는 사람들로 구성된다."

만일 우리가 그리스도의 참제자라면 우리도 그러한 교제에 참여합니다. 우리는 서로 돌보고 사랑함으로써 그 새로운 사회의 지체들답게 처신해야 합니다. 예수님께서는 말씀했읍니다. "너희가 서로 사랑하면 이로써 모든 사람이 너희가 내 제자인줄 알리라"(요 13:35).

26

"내가 목마르다"

> "이 후에 예수께서 모든 일이 이미 이룬 줄 아시고 성경으로
> 응하게 하려 하사 가라사대 내가 목마르다 하시니 거기 신 포
> 도주가 가득히 담긴 그릇이 있는지라 사람들이 신 포도주를
> 머금은 해융을 우슬초에 매어 예수의 입에 대니"(요 19:28, 29)

서구 사회에서 자라난 우리들은 세계 사막지대에 살고 있는 사람들이 겪는 목마름의 공포나 물의 중요성을 이해하기가 어렵습니다. 그러나 만일 정상적인 환경에 있어서도 그것이 사실이라면, 갈보리의 주 예수 그리스도의 목마름을 우리가 어떻게 평가해야겠습니까?

우리 나라 같은 곳에서는 물을 아름다움의 사물이나, 즐거운 하나의 기쁨일 수 있습니다. 그러나 그 물이 생명 자체를 말하는 것은 아닙니다. 그러나 성경이 쓰여진 그 나라에 살고 있던 사람들에게는 물이 그 생명 자체였읍니다 블랙록(E. M. Blaiklock)은 이 주제에 대한 평론에서 이렇게 쓰고 있습니다. "그 찌르는듯한 목마름, 그 목마름을 해소시키는 물의 축복은 성경에서 정말 강렬하게 나타난다. 창세기에 족장들의 여러 무리들이 뜨거운 암석 밑에 힘들여 파놓은 우물을 위해서 외인들과 투쟁하는 모습을 보게 된다. 출애굽기에서 목마름의 고통이 모세의 지도력을 흔들었고 위협한다. 시편기자들과 선지자들은 기쁨, 행복, 생명 자체, 하나님의 은혜를 복된 물줄기나 충만한 샘으로 비유하고 있다. 수

가성에서나, 성전 뜰에서 주님께서는 영생을 물로 비유하고 있다. 산상수훈 가운데서 의에 목마른 자들에게만 만족을 약속하신다. 또한 성경의 마지막 몇 페이지는 그러한 말들로 가득 차 있다."

성경이 쓰여진 땅에서 목마름은 정말 가공할 실제입니다. 우리는 그것을 온전히 이해할 수 없읍니다. 만일 우리가 요한이 자기 진술로 나타내는 이른바 십자가에서 예수님이 하신 세 마디 말씀 중 두번째를 이해하려면 시험해 보아야 합니다. 성경은 그리스도의 목마름을 다음과 같은 말로 묘사합니다. "나는 물 같이 쏟아졌으며 내 모든 뼈는 어그러졌으며 내 마음은 촛밀 같아서 내 속에서 녹았으매 내 힘이 말라 질그릇 조각 같고 내 혀가 잇틀에 붙었나이다. 주께서 또 나를 사망의 진토에 두셨나이다"(시 22:14, 15). 주님께서 "목마르다"라고 외치신 것은 이와 같은 고통 가운데였읍니다. 그리고 요한이 지적하듯이 그러한 고통 가운데 계실 때 초와 같은 신 포도주를 머금은 해융을 드렸던 것입니다.

그리스도의 참된 인성(人性)

이 사건이 다른 것은 몰라도 주님의 참된 인성을 우리로 하여금 강력하게 상기하게 만듭니다. 우리는 때로 그 점을 망각하는 경향이 있읍니다. 자유주의적인 교회는 그리스도의 신성을 망각하는 경향이 있읍니다. 또는 그것을 아주 부인해 버립니다. 최근에 영국 학자들이 한 팀이 되어서 만들어낸 "성육신하신 하나님의 신화"(The Myth of God Incarnte)라는 책에서 나타나듯이 말입니다. 복음주의자들은 그런 일을 하지 않습니다. 그런데 그들은 주님의 인성을 드러나지 못하게 하는 경향이 있읍니다. 주님을 하나님으로만 생각한 나머지 예수님이 거의 인간일 수 없다고 생각하는 것입니다. 그러나 예수님은 하나님이시자 인간이십니다. 그는 정말 참하나님이시며, 정말 참인간이십니다. 신조에서 고백하듯이 말입니다. 그는 인간화된 하나님이나, 신격화된 사람이 아닙니다. 그는 하나님이자 사람이십니다. 영원한 하나님이시자 영원한 사람이십니다. 성육신하실 때 그는 인성을 스스로 취하셨읍니다.

핑크(Pink)는 이렇게 쓰고 있읍니다. "주 예수께서는 여기 지상에서 당신의 신성을 충만하게 드러내셨다. 그는 신적 지혜로 말씀하셨고 신

적 거룩하심으로 행동하셨다. 그는 신적 능력을 과시하셨으며 신적 사
랑을 드러내셨다. 그는 사람들의 마음을 읽으시고 사람들의 마음을 감
동하시고, 사람들의 의지를 움직이신다. 당신의 능력을 발휘하고 싶으시
면 모든 자연이 그 명령에 복종했다. 그로부터 한 마디 말씀이 나오면
질병도 달아나고 폭풍도 잔잔해지고, 마귀도 그를 떠나고, 죽은 자도 살
아나게 된다. 그처럼 그는 육체 가운데서 하나님이심을 진실로 드러내
셨다. 그리고 그는 '나를 본 자는 아버지를 보았느니라'라고 말씀하실 수
있었다.

그와 같이, 그는 사람들 가운데 장막을 치고 계시는 동안 당신의 인성
의 충분한 증거도 보여 주셨다 - 죄 없는 인성을 말이다. 그는 이 세상
에 들어 오실 때 아기로 들어 오셨으며 '강보에 싸이셨으며'(눅 2:7),
아기로서 그는 '지혜와 키가 자라셨다'(눅 2:52), 소년으로서 그가 '질문
을 던지시는' 모습을 보인다(눅 2:46), 성년으로서 그는 몸이 '피곤하셨
다'(요 4:6). 그리고 그는 '굶주리셨다'(마 4:2), 그는 '잠드셨다'(막 4:
38). 그는 '기뻐하셨다'(눅 10:21), 그는 '우셨다'(요 11:33). 여기 본문
에서는 '내가 목마르다'라고 울부짖으셨다. 그 점은 그의 인성을 증거하
는 것이다. 하나님은 목마르시지 않다. 천사도 목마르지 않다. 영화로운
우리도 목마르지 않을 것이다. '저희가 다시 주리지도 아니하며 목마르
지도 아니하고'(계 7:16). 그러나 우리가 지금 목마른 것은 우리는 인간
이고 슬픔의 세상에서 살고 있기 때문이다. 그리고 그리스도는 인성 때
문에 목마르셨다. - '그러므로 저가 범사에 형제들과 같이 되심이 마땅
하도다 이는 하나님의 일에 자비하고 충성된 대제사장이 되어 백성의
죄를 구속하려 하심이다'(히 2:17)." 우리는 이 진리를 적응시켜서 기
도할 때 그리스도께 나오면서 그 고통 가운데 있는 우리를 도우실 수
있다는 걸 알아야 합니다. 우리는 이런 말씀을 듣습니다. "그러므로 우
리가 긍휼하심을 받고 때를 따라 돕는 은혜를 얻기 위하여 은혜의 보좌
앞에 담대히 나아갈 것이니라"(히 4:16).

고난의 난제

우리가 이 사건 속에서 보는 것은 그리스도의 인성만이 아닙니다. 우

리는 인간 고통과 은혜의 문제에 대한 대답도 봅니다. 고통과 고난은 인생의 커다란 수수께끼 중의 한 가지입니다. 인생이 슬픔으로 가득 찬 것을 압니다. 우리가 어떻게 그것에 대처해야 합니까? 성경적인 접근방식은 무엇입니까? 성경적인 해답들은 어떠한 것들입니까? 이 사건 속에 모든 해답이 다 주어진 것은 아닙니다. ─ 어떤 사건들은 어느 곳에도 해답이 주어지지 않을 가능성이 있습니다. ─ 그러나 최소한 그리스도의 말씀은 우리에게 바른 방향을 가리킵니다.

성경적인 접근방식 말고 역사적으로 그 고난의 난제를 접근한 네 가지 주요 방식이 있었읍니다. 첫째는 악이 존재한다는 것을 부인하려는 시도입니다. 고대에 이 관점은 도케티즘(Docetism)으로 알려진 철학 체계 속에서 발전되었읍니다. 그것은 보편적인 헬라 철학 위에 선 관점입니다. 그 보편적인 헬라 철학 속에서는 "영"은 선하고 "물질"은 악하다고 생각하였읍니다. 영적 세계는 물질적 세계보다 더 실재하는 것이라고 생각한 것은 바로 이러한 구별에서 기인된 것입니다. 그 철학 신봉자들은, 이러한 관점을 조금 더 발전시켜 물질은 궁극적으로 실재하지 않는다고까지 하였읍니다. 그들의 관점으로 볼 때 궁극적인 분석으로 고난과 악은 하나의 환영에 불과하다는 것입니다. 우리 시대에 크리스챤 사이언스(Christian Science)가 바로 그러한 접근방식을 취하고 있으며, 동방의 어떤 종교들이 그러한 관점을 가지고 있습니다.

고난과 악을 이처럼 부인하는 것에 대한 성경적인 반응은 어떠합니까? 성경은 아주 간단히 그 대답을 부인하고 있습니다. 성경은 악의 실체를 인정하고, 고통의 무서움을 인정합니다. 주님께서 십자가의 고난을 참으셨다는 바로 그 사실이 그런 방식의 접근방식으로는 문제가 해결되지 않음을 입증하고 있습니다.

고난의 난제에 대한 두번째 주요한 접근방식은 헬라철학으로 거슬러 올라가 스토아 철학까지 가서 찾을 수 있습니다. 스토아철학은 "입술을 꽉 다문" 철학이었읍니다. 그것은 선을 인정한 것과 똑같이 악도 인정했읍니다. 그러나 그 철학은 운명론적이었읍니다. 선과 악이 어떤 고정된 구조적 법칙에 따라서 사람의 삶 속에 들어 온다고 믿었읍니다. 그것에 대해서 어쩔 도리가 없다는 것입니다. 그러므로 악에 대한 오직 유일한 자세는(선에 대해서도) 단순히 일어나는 일에 대한 자신의 반응을 제어하는 것이다. 삶을 위한 바른 방식은 사람의 반응을 압제하여, 선(善)도 우리에게 기쁨을 가져다 주지 못하고 악한 것도 우리를 슬프게 하지 못하게 할 정도로 억압하는 것이다. 그런 식이었읍니다. 그러나 그것도 성경적인 접근방식은 아닙니다. 성경은 우리더러 스토아학파 사람들이 되라고 요구하지 않습니다. 오히려 성경은 우는 자들과 함께 울고 기뻐하는 자들과 함께 기뻐하라고 요구하고 있읍니다. 예수님께서는 기뻐하는 무리들과 함께 기뻐하셨읍니다. 다시 그는 고통이 있을 때 우실 수 있었읍니다.

세번째 접근방식은 "쾌락제일"주의 철학인데, 쾌락주의(Hedonism)입니다. 이 관점에 따르면 악이나 선은 스토아학파처럼 인정합니다. 그러나 이 철학이 제안하는 해결책은, 인생을 즐거움으로 가득 채워서 고난을 그저 무색케 해버리자는 것입니다. 우리는 고난을 피해야 한다. 우리의 힘을 다 동원해서 좋은 때와 좋은 경험을 가져오는 모든 일을 다 해야 한다. 그것이 성경적입니까? 절대 그렇지 않습니다. 사실 성경은 좋은 때와 즐거움을 인정하고, 우리로 하여금 그 일로 인해서 주님께 감사하라고 격려하고 있읍니다. 그러나 인생의 고난을 피하라는 말은 하고 있지 않습니다. 오히려 우리는 고난당하는 자들과 함께 해야 하며, 어떤 사람들의 고통의 얼마를 우리 스스로 나누어 짐으로써 그들을 돕기 위해 그들의 고통 속으로 들어가야 합니다. 만일 주님께서 이 쾌락주의 철학을 추종하는 사람들의 길을 행하셨다면, 결코 사람이 되지 아니하셨을 것입니다.

네번째 접근방식은, 현대 실존주의 접근방식인데, 특별히 인간 존재를 궁극적으로 무모한 것으로 보는 다양한 실존주의입니다. 이 철학에서 인생은 결코 아무런 의미도 없습니다. 그러나 우리는 삶의 난제들과 여전히 마주쳐야 하니(우리가 자살을 선택지 않는다면 말입니다. 알버트 까뮈는 그 자살을 '오직 유일한 궁극적 철학적 문제'로 불렀음), 그 난제를 접근한 오직 유일한 방식은 '변증법적 용기'를 가지는 일이다. 이 말은, 비록 우리가 그렇지 않다는 것을 알고 있지만 인생의 기쁨과 의미로 가득 찬 것처럼 미소를 띠며 나가라는 뜻입니다.

라이고니아 골짜기 연구센터(Ligonier Valley Study Center)의 스프로울(R. C. Sproul)은, 악의 난제에 대한 그의 연설 가운데서 실존적 접근방식을 1940년대와 50년대에 출연했던 옛 'B급' 영화들 속에 나오는 지미 카그니(Jimmy Cagney)같은 사람의 용기에 빗대었읍니다. 그는 이렇게 쓰고 있읍니다. "그 한 예가 「도버해협의 하얀 벼랑들」이다. 이 영화에서 카그니는 권위자들의 모든 명령을 거스려 서서 다른 사람은 감히 하지 아니할 일들을 감행한다. 그 영화의 마지막 장면에 카그니는 단발엔진을 단 비행기를 조종하다가 화염에 휩싸여 도버해협의 낭떠러지의 끝을 향하여 돌진한다. 그러나 추락 직전에 그는 조종실에서 튀어나와 그 산에 떨어진다. 그런 다음에 대담무쌍하게도 그 불덩어리 속으로 내려간다. 그것이 바로 우리의 실존적 영웅이다. 그는 이를 갈면서 그 난제에 지지 않고 그 난제를 맞닥드린다. 그렇게 이를 간다 할지라도 그 난제를 해결하지 못할 것을 뻔히 알면서도 말이다."

아마 다른 어떤 접근방식 보다도 이 접근방식이 그리스도인들로 하여금 성경적인 반응을 취하도록 촉구할 것입니다. 그러나 그렇게 하는데 있어서 우리는 매우 조심해야 합니다. 우리가 말하고 싶은 첫번째 요점은, 고난이란 의미 없지 않다는 것입니다. 왜냐하면 하나님께서 통치하는 우주 속에서 의미 없는 것이 하나도 없기 때문입니다. 고통은 죄와 연결되어 있으며, 그러므로 어떤 의미에서 죄의 결과입니다. 타락 전에는 고난이 전혀 없었읍니다. 하늘에는 고난이 전혀 없읍니다. 구속받은 땅에도 고난이란 하나도 없을 것입니다. 죄가 그곳에는 없을 것이니 말입니다. 그러나 이것이 사실이긴 하지만, 그럼에도 불구하고 어떤 사람의 고난과 그 사람의 죄를 곧이 곧대로 연관시켜 못박지 않도록 조심해야 합니다. 우리 모두 고난을 받는 것이 사실입니다. 우리 모두 죄를 지은 것이 사실입니다. 그러나 우리의 고난이 반드시 자신의 죄 때문에 있는 것도 아니고, 그 죄와 정비례해서 존재하는 것도 아닙니다. 그러므로 가장 큰 고난을 받는 사람이 반드시 가장 큰 죄인이라고는 할 수 없읍니다. 고난을 덜 받는다고 해서 그 사람이 덜 죄를 지은 자라고도 할 수 없읍니다.

바로 여기서 우리 주님의 고통이 교훈을 주고 있읍니다. 왜냐하면 예수님에 관한 한 죄와 긴밀하게 연결되어 있지만 – 예수님께서는 죄 때문에 고난을 받으시는 것이고, 그로 하여금 고난을 받게 한 것은 죄악적인 사람들이었습니다 – 그의 고난은 그럼에도 불구하고 그 자신의 죄 때문이 아니었습니다. 왜냐하면 그는 아무런 죄도 없었기 때문입니다. 그러니 우리는 결론을 내립니다. 비록 고난은 의미가 있고, 그 고난이 죄와 연관이 되며, 고난이 신자의 삶 속에 들어 오는 것은 하나님의 허락이 없으면 불가능하고, 때로 하나님께서 은밀히 가지신 목적 때문에 허용되는 경우도 있지만, 그 고난의 의미가 무엇인지 언제나 말할 수 있는 것은 아닙니다. 무엇보다 먼저, 어째서 그 사람이 고난을 받고 있는지 다른 사람에게 설명할 때 조심해야 합니다.

그러나 우리가 더 말할 수 있는 것이 있습니다. 고난도 속량받을 수 있습니다. 그것이 마지막 말은 아닙니다. 그 말을 듣고 좌절할 필요는 없습니다. 스프로울은 이렇게 쓰고 있습니다. "바로 그것이 참된 칼빈주의자가 사회적인 책임의 문제나, 이 세상에서 고난을 경감시키는 책임을 맡은 사람들이 여러 가지 책임성 문제에 직면하여 하나님의 주권교리 뒤에 결코 숨어 버려서는 안되는 이유가 바로 그것이다. 우리는 고난을 속량할 수 있으며, 우리가 하나님께 사용되어 그 속량을 참아낼 수 있음을 안다. 그래서 우리는 배고픈 자를 먹이는 것에 대해서 관심이 있고, 헐벗은 자들을 옷입히고, 병든 자를 치료하고, 고아와 과부를 방문하고 돌보는 것에 대해서 관심을 가진다. 궁극적으로 고난은 하나님의 손에서 온전히 생각될 수 있음을 안다."

그것이 어떻게 진리입니까? 예수께서 우리의 고난을 몸소 짊어지셨고, 우리가 죄와 그 결과에서 구원받도록 하기 위해서 끝내 죽으셨기 때문에 그것이 진리입니다. 바로 이 시점에서 그의 육체적인 갈증은 우리의 영적 갈증의 상징이 되며, 그의 죽으심은 그 갈증을 해소시키는 방편이 되는 것입니다. 호라티우스 보나르는 한때 그것이 뜻하는 바를 이렇게 쓰고 있습니다.

나 예수의 음성을 듣네
"보라 내가 생명수를 값없이 주리니
목마른 자여 와서 마셔라. 그리하면 살리라."

나 예수께 나아와 그 생명 시냇가에서 마셨네.
내 갈증 사라지고 내 영혼 소생했네.
나 이제 그 안에서 살고 있네.

만일 여러분이 그리스도에게 나온 적이 없다면, 여러분의 구원을 위해서 죽으신 그분에게 반응을 나타낼 필요가 있읍니다.

예수님과 성경

이 사건은 또한 다른 것을 가리키고 있읍니다. 처음 세 가지 교훈과 전적으로 다른 것이지요. 그것은 성경에 대한 예수님의 태도에 관한 것이고, 성경을 이루려고 하는 예수님의 의식적인 시도에 관한 것입니다.

우리는 복음서나 다른 구약의 대목을 연구함을 통해서 알게 됩니다. 주님의 죽으심에 대한 많은 의미 있는 상세한 국면들이 분명하게 예언되었으며, 그러므로 그 주님의 죽으심의 여러 상세한 국면들은 하나님의 뜻에 엄격하게 맞아 떨어진다는 것을 말입니다. 핑크는 이렇게 쓰고 있읍니다. "그 위대한 비극의 모든 중요한 상세한 국면마다 미리 다 쓰여졌다. 가까운 친구로부터 배반당할 것(시 41:9), 그가 잡히니 제자들이 버리고 달아날 것(시 31:11). 거짓된 송사(시 35:11), 재판장들 앞에서의 침묵(사 53:7), 죄 없는 자로 판명남(사 53:9), 범죄자와 함께 헤아림을 받음(사 53:12), 십자가에 못박히심(시 22:16), 구경군들의 조롱(시 109:25), 스스로 구원하지 못한다고 욕설(시 22:7, 8), 그의 옷들을 나눔(시 22:18), 원수들을 위한 기도(사 53:12), 하나님께 버림받음(시 22:1), 목마르심(시 69:21), 당신의 영혼을 아버지의 손에 부탁하심(시 31:5), 뼈를 꺾지 않음(시 34:20), 부자의 묘에 장사지낸바 됨(사 53:9) – 이 모든 것은 그런 일이 일어나기 수세기 전에 예고되었다. 그것은 얼마나 성경의 신적 영감을 확증적으로 나타내는가!"

그러나 우리가 그리스도의 목마름의 사건을 연구하고 그것과 다른 성취된 예언 목록들을 서로 비교해 보면 그것은 아주 독특한 성질을 가지고 있음을 주목하게 됩니다. 주님께서는 이러한 예언의 성취들 가운데 어떤 것들에 대해서 주님은 아무 일도 하지 아니하셨읍니다. 그것들은 단지 하나님의 뜻대로 성취되었읍니다(거짓된 송사, 사실 심문에서의 선고들, 강도와 함께 십자가에 못박히심, 그의 옷을 나누심, 그의 뼈가 꺾여지지 않았다는 사실 등). 다른 경우들에서는 그리스도께서 한 역할을 감당하십니다(재판장 앞에서 침묵을 지키시고, 원수들을 위해서 기도하시고, 아버지의 손에 당신의 영혼을 부탁하시는 일 속에서). 그러나 여기 이 "내가 목마르다"라고 부르짖으시는 독특한 사건 속에서 "성경이 응하게 하려 하기 위해"(28절) 예수님께서 특별히 그렇게 하셨다는 말씀을 듣습니다. 다른 말로 해서 비록 성경이 확실히 이루어질 것이지마는, 예수님께서는 그 성경이 이루어지는 것이 당신의 행동을 통해서 이루어지도록 자기의 권한 내에 들어 있을 때 아무 일도 하지 아니할 이유로 그것을 내세우지 아니하셨습니다.

우리는 이 요한복음 강해의 앞 부분 어디에선가 예수님께서는 고뇌어린 시간 속에서도 성경을 묵상하고 계셨다는 사실을 알았습니다. 그는 특히 시편 22편을 생각하고 있었습니다. 그러므로 그의 마음은 역시 다른 예언들을 생각했습니다. 예수님께서는 당신의 생애에 대해 예언된 그의 행동들 각각이 다 성취되었는가를 스스로 확인하시기 위해서 그 예언들을 다 체크해 보고 계셨던 것으로 보아야 합니다. 창세기의 어느 것이 아직 이루어지지 않은 채 있는가? 출애굽기에서는? 다 이루었구나. 신명기에서는? 다 이루었구나. 결국 그는 시편 69편에 이르게 됩니다. 21절에 이런 말씀이 있습니다. "저희가 쓸개를 나의 식물로 주며 갈할 때에 초로 마시웠사오니". 그의 고통을 잊게 하려고 그에게 쓸개즙을 드렸던 것입니다(막 15:23). 그러나 그의 갈증을 위해서 신 포도주를 드린 적이 없었습니다. 그래서 예수님께서는 "내가 목마르다"라고 외치심으로써 그 예언이 성취되게 하셨습니다.

이것이 마지막 예언이었습니다. 그래서 "예수께서 신 포도주를 받으신 후 가라사대 다 이루었다 하시고 머리를 숙이시고 영혼이 돌아가시니라"(30절)라는 말씀이 있는 것입니다.

성경을 성취한다는 것

성경을 믿는 사람들에게 있어서 이 점이 적용됩니다. 만일 우리가 성경이 하나님의 말씀임을 믿는다면, 성경이 포함하고 있는 예언들이 반드시 이루어질 것을 믿습니다. 어떤 사람이 그런 말을 할지 모르겠는데, 우리가 뒤로 젖히고 앉아서 아무 일도 하지 않아야 합니까? 아니면 우리는 예수님께서 이 사건 속에서 행하신 것처럼 그 예언들이 성취되는 일에 참여하려고 능동적으로 애씁니까?

몇 가지 실례를 보여 드리겠습니다. 요한복음 17장 17절에서 주님께서는 당신의 백성들의 성화를 위해서 기도하시면서 "저희를 진리로 거룩하게 하옵소서 아버지의 말씀은 진리니이다"라 하셨습니다. 우리는 거룩하게 될 것입니다. 그러나 영적으로 성장하기 위해서 아무 일도 할 필요 없다는 뜻입니까? 전혀 아닙니다. 이 구절에는 우리가 거룩하게 되는 방편이 특별하게 지적되어 있는 것입니다. 그 방편들에는 하나님의 말씀을 연구하고 묵상하고 암송하는 것입니다. 이것이 바로 우리의 책임입니다. 궁극적으로 우리가 예수님과 같이 될 것이지만(요일 3:2, 3) 반면에 우리는 하나님께서 놔두신 방편을 우리의 의향대로 사용할 때만 거룩하게 될 것입니다. 같은 기도에서 예수님께서는 교회의 연합을 위해서 기도하십니다. "내가 비옵는 것은 이 사람들만 위함이 아니요 또 저희 말을 인하여 나를 믿는 사람들도 위함이니 아버지께서 내 안에, 내가 아버지 안에 있는 것 같이 저희도 다 하나가 되어 우리 안에 있게 하사 세상으로 아버지께서 나를 보내신 것을 믿게 하옵소서"(20, 21절). 이 간구는 현재를 위한 것입니다. "세상으로 믿게 하옵소서"라는 기도입니다. 그러나 그러면 무엇입니까? 우리가 자유롭게 그리스도 안에 있는 형제 자매들을 공격하고 우리의 연합을 무너뜨리고 약하게 함으로써 우리가 마음대로 해야 합니까? 전혀 아닙니다. 오히려 우리는 이 일에 힘을 써서 "평안의 매는 줄로 성령의 하나되게 하신 것을 힘써 지켜야" 합니다(엡 4:3).

다시 우리는 순교적 명령에 있어서도 힘을 써야 합니다. "이 천국 복음이 모든 민족에게 증거되기 위하여 온 세상에 전파되리니 그제야 끝이 오리라"(마 24:14)라는 주님의 말씀을 듣습니다. 그보다 더 명백할 수가 없습니다. 복음을 전파 '될 것입니다.' 이것이 예언입니다. 그러나 그 예언이 있다고 해서 우리가 그 예언이 이루어지는데 있어서 방편적 요인들이 됨으로써 그 예언성취에 참여해야 할 책임을 벗는 것은 아닙니다.

예언이 인간 행동을 제지합니까? 천만의 말씀입니다. 오히려 자극합니다. 왜냐하면 앞으로의 결말을 알고 하나님의 약속들을 외침으로써 스스로 용기를 얻는 사람들만큼 하나님을 섬기는데 담대한 사람은 없기 때문입니다.

27

예수님과 같은 죽음을
죽으신 이가 없음

"예수께서 신 포도주를 받으신 후 가라사대 다 이루었다 하시
고 머리를 숙이시고 영혼이 돌아가시니라"(요 19:30)

만일 그리스도가 기독교요, 그리스도의 생애 마지막 주간이 그 기독
교의 중심이라면, 그 주간의 중심은 분명히 그리스도께서 갈보리에
서 죽으시는 순간임에 틀림 없읍니다. 그러므로 그 순간은 모든 역사의
촛점이요 "다 이루었다"라는 말씀은 그 촛점에 대한 중요한 표현입니다.
십자가에서 행하신 일곱 말씀 가운데 여섯번째 하신 말씀이 중요한
것은, 그리스도의 죽음이 하나의 성취임을 지적하고 있기 때문입니다.
복음서들 가운데 다른 곳에서 보면 예수님께서 죽으시기 전에 크게 소
리를 지르셨다고 되어 있읍니다(마 27:50; 막 15:37; 눅 23:46). 이런
일이 있기 바로 직전에 예수님께 마실 것을 드린 사실을 두 복음서가
말하고 있느니, 그리스도께서 소리지르시는 것 같았을 것입니다. 다른
말로 해서 그리스도의 말씀이 하나의 패배자의 마지막 몰아쉬는 쉼이
아니고, 또는 심지어 자기 운명에 체념한 자의 굳어버린 의도적 선언도
아니란 말씀입니다. 그 말씀은, 역사의 전환점이 당도했으며, 예수께서
세상에 보내심을 받아 할 일을 다 하셨다는 개선가적 선언이었읍니다.

그것이 바로 그리스도의 죽음을 독특하게 만드는 것입니다. 그것이 굴욕과 고난을 인내하며 참는 본으로 본다면 다른 이들의 죽음도 그에 필적한 것이 있을 수 있습니다. 선지자들처럼 하나님의 진리가 거부당할 때 마저 충성되이 하나님의 진리를 증거한 자로서의 마땅한 끝으로 본다면, 그 죽음에 병행할 만한 것이 있을 수도 있습니다. 그러나 그리스도의 죽으심의 충만한 의미를 알면 거기에 필적할만한 것이 있을 수 없습니다. 예수님(다른 이는 말고)은 그 고난으로써 우리의 구원을 성취하셨기 때문입니다. 사도 바울은 그것을 말하면서 "때가 차매 하나님이 그 아들을 보내사 여자에게서 나게 하시고 율법 아래 나게 하신 것은 율법 아래 있는 자들을 속량하시고 우리로 아들의 명분을 얻게 하려 하심이라"(갈 4:4, 5)라 말하였습니다. 다시 그는 "이제는 율법외에 하나님의 한 의가 나타났으니 율법과 선지자들에게 증거를 받은 것이라 곧 예수 그리스도를 믿음으로 말미암아 모든 믿는 자에게 미치는 하나님의 의니 차별이 없느니라 모든 사람이 죄를 범하였으매 하나님의 영광에 이르지 못하더니 그리스도 예수안에 있는 구속으로 말미암아 하나님의 은혜로 값 없이 의롭다 하심을 얻은 자 되었느니라 이 예수를 하나님이 그의 피로 인하여 믿음으로 말미암는 화목제물로 세우셨으니 이는 하나님께서 길이 참으시는 중에 전에 지은 죄를 간과하심으로 자기의 의로우심을 나타내시려 하심이니 곧 이 때에 자기의 의로우심을 나타내사 자기도 의로우시며 또한 예수 믿는 자를 의롭다 하려 하심이니라"(롬 3:21-26).

그리스도의 속죄의 중추적 중요성 때문에 우리는 그것을 약간 상세하게 숙고할 필요가 있습니다. 바로 이 강론과 앞으로 오는 몇 차례의 강론을 통해서 그 속죄의 본질과, 필요성과, 완전성과, 속죄의 범주를 살펴볼 것입니다.

그리스도의 죽으심은 하나의 제사였음

속죄의 본질을 생각할 때 우리는 즉각적으로 성경적 개념과 상징적 표현세계 속에 우리 자신이 서 있는 것을 발견합니다. 그것이 아니고서는 속죄의 본질을 온전히 이해할 수 없습니다. 이러한 여러 개념과 상징의 세계에 중심적인 것은 제사의 개념과, 거기에 부응하는 대속(代贖)의 사상입니다. 제사는 무죄한 희생물의 죽음과 상관됩니다. 보통 짐승으로 제사를 드렸습니다. 대속이란 이 죽음이 다른 사람의 죽음 대신 당한 것이라는 뜻입니다.

이 개념의 배경에는 살았던 모든 사람들이 죄인들이며, 하나님의 율법을 어겼고, 그래서 죄의 삯은 사망이라는 진리가 깔려 있습니다. 성경은 "의인은 없나니 하나도 없으며 깨닫는 자도 없고 하나님을 찾는 자도 없고 다 치우쳐 한 가지로 무익하게 되고 선을 행하는 자는 없나니 하나도 없도다"(롬 3:10-12)라고 말하고 있습니다. 또한 "모든 사람이 죄를 범하였으매 하나님의 영광에 이르지 못하더니"(롬 3:23)라고 말하기도 합니다. 더 나아가 성경은 죄의 삯은 사망이라고 선언합니다. "범죄하는 그 영혼이 죽으리라"(겔 18:4). "죄의 삯은 사망이라"(롬 6:23). 이 사망은 단순히 육체적인 죽음만을 의미하는 것이 아닙니다. 물론 육체적인 죽음도 포함하지만 그것은 영적인 죽음이기도 합니다. 사망은 분리입니다. 육체적인 죽음은 몸에서 영과 혼이 분리되는 것입니다. 영적인 죽음은 영과 혼이 하나님과 분리되는 것입니다. 우리가 우리 죄의 결과로 바로 그것을 받아 마땅합니다. 그러나 예수님께서는 당신을 제물로 드리심으로써 스스로 그 죽음을 당하셨습니다. 우리 대신 육체적이고 영적인 죽음을 다 경험하심으로써 우리의 대속이 되셨습니다.

창세기 처음 몇 장 속에 이 원리에 대한 매우 생생한 예화가 있습니다. 이 대목 속에서 아담과 하와는 범죄하였고, 그 결과를 심히 무서워하게 되었습니다. 하나님께서 그들에게 경고하셨습니다. "동산 각종 나무의 실과는 네가 임의로 먹되 선악을 알게 하는 나무의 실과는 먹지 말라 네가 먹는 날에는 정녕 죽으리라"(창 2:16, 17). 이 시점에서 그들은 죽음이 무엇인가에 대한 매우 분명한 개념을 가지지 않았을지 모릅니다. 그러나 그것이 심각하다는 것은 알았습니다. 따라서 그들이 불순종으로 죄를 범한 다음 동산에서 자기들을 향하여 걸어 오시는 하나님의 음성을 들을 때 숨으려고 하였습니다.

그러나 그들은 하나님을 피하여 숨을 수가 없었습니다. 아무도 그렇게 할 수 없습니다. 하나님께서 그들을 찾아 내시어 숨은 데서 나오라 하시면서 그들의 범죄를 다루기 시작하셨음을 말씀을 통해서 듣게 됩니다. 자 이러한 국면에 직면함으로 말미암아 우리가 어떤 일이 일어나리라고 기대해야 합니까? 우리의 조상들에게, 너희가 죄를 범하는 날에는 정녕 죽으리라 말씀하신 분은 하나님이십니다. 아담과 하와가 죄를 범했습니다. 이런 상황에서 우리는 마땅히 즉각적인 선고의 집행을 기대해야 합니다. 그들이 죄를 범했습니다. 그러니 만일 하나님께서 그 순간에 육체적으로나 영적으로 그들을 죽음에 처하여 영원토록 하나님 면전에서 쫓아내셨다 할지라도 그것은 정당하였을 것입니다.

그러나 우리는 그러한 하나님의 모습을 발견하지 못합니다. 오히려 하나님께서 먼저 죄를 책망하시고, 정말 기이하게도 한 희생을 수행하시는 것을 봅니다. 그 결과 아담과 하와는 짐승의 가죽옷으로 입혀지게 되었습니다. 이 첫번째 죽음은 어느 누구나 목격한 바입니다. 그것은 하나님께서 정하신 것입니다. 아담과 하와가 바라고 있을 때 그들은 마땅히 두려워하였음에 틀림 없습니다. "그래 이것이 죽음이다"라고 그들은 말했을 것임에 틀림 없습니다. "정말 너무나 끔찍한데!" 그런데도 그들이 희생을 보고 뒤로 움찔하였을 뿐만 아니라 놀랐을 것임에 틀림 없습니다. 하나님께서 보여 주고 계셨던 것 때문입니다. 비록 그들이 죽어 마땅하지만 이 두 짐승의 경우에서 다른 존재가 자기들 대신 죽을 수 있다는 것을 하나님은 보여 주셨습니다. 짐승들이 그들의 죄의 대가를 치렀습니다. 더구나 그들은 이제 그 사실을 기억나게 하는 이른바 짐승의 가죽옷으로 옷을 입은 바 되었습니다.

이것이 바로 희생의 의미입니다. 대속의 의미입니다. 그것은 어느 사람이 다른 사람 대신 죽는 것을 의미합니다. 성경이 가르치듯이 짐승의 죽음은 죄의 형벌을 온전히 대신할 수 없다고 말해야 합니다(히 10:4). 이러한 것들은 죄가 어떻게 불식시켜지는가를 보여주는 하나의 상징입니다. 그러나 그것들은 상징에 불과합니다. 실질적이고 효과적인 희생제사는 예수 그리스도께서 드리신 것입니다. 우리는 때로 신학적인 문서들 속에서 희생과 대속의 개념들은 우리 문화와 거리가 머니 그러한 용어들을 사용하여 그리스도의 죽음의 의미를 더 이상 말할 수 없노라는 내용의 글들을 읽습니다. 최소한 우리가 다른 사람으로부터 이해를 받기를 원하다면 그렇게 해야 된다는 것입니다. 그러나 세계 역사의 초기 단계에 살았던 사람들이 그러한 것들을 이해하기가 더 쉬웠다고 생각하지 말아야 합니다. 이러한 개념들은 언제나 어려웠습니다. 그래서 하나님께서는 시간을 들여서 그것들을 가르치기 위해서 방편들을 정교하게 하셨읍니다. 그 초기에 아담과 하와가 살던 시대에 하나님께서는 가장 기본적인 개념을 가르치셨읍니다. 한 사람을 위한 한 대속물을 말입니다. 곧 아담을 대신하여 한 짐승이, 하와를 대신하여 또 다른 짐승이 죽임을 당해야 된다는 사실입니다. 조금 뒤에 이스라엘 백성을 애굽 땅에서 건지시는 순간 하나님께서는 한 가족을 위해서 한 대속물의 원리를 가르치셨읍니다. 어린 양의 피를 유대 가정의 문설주에 바르면 그것이 안에 있는 가족들에게 다 효력이 미쳐집니다. 시내산에서는 속죄일에 드려지는 제물에 대한 교훈을 통해서 한 대속물로 온 나라 전체가 구속을 받는 원리를 가르치셨읍니다. 그런 다음에 나사렛 예수님을 주목하여 가리키면서 "보라 세상 죄를 지고 가는 하나님의 어린 양이로다"(요 1:29)라고 선언하는 순간이 도래하였읍니다.

한 개인에 대한 한 대속물, 더 나아가서 한 가족을 위한 대속물, 한 민족을 위한 한 대속물, 세계를 위한 한 대속물 – 그것이 바로 하나님의 교훈의 과정입니다. 예수님께서는 그 대속물이십니다. 그의 죽음이 의미하는 바가 바로 그것입니다.

하나님의 진노를 가라앉힘

그리스도의 죽음의 의미를 이해하기 위한 두번째 말은 화목제물(롬 3:25)이라는 말입니다. 화목제물은 역시 희생제물을 드리는 세계와 관련이 있읍니다. 그러나 예수께서 우리와 관련하여 행하셨다고 일차적으로 언급된 그 대속과는 달리(예수님께서 우리 대신 죽으셨음), 화목제물은 그 죽음을 하나님에 대한 관계의 차원에서 묘사하고 있읍니다. 이 용어의 배경은, 모든 죄를 향해 분노하시는 하나님의 진노입니다. 화목제물은 주 예수 그리스도의 사역을 가리키는데, 그 속에서 죄인을 향한 하나님의 정당한 진노가 가라앉혀지고, 결국 그 진노가 배제되며, 하나님의 사랑이 그를 구원하기 위해서 나갈 수 있읍니다.

구약의 예증은 도움이 됩니다. 그 예증을 포함하고 있는 것은 언약궤와 제사입니다. 언약궤는 이스라엘의 광야 성막을 위한 성구의 한 기구였습니다. 그것은 약1야드 길이의 금으로 덮이고 시은좌(施恩座)로 알려진 순금으로 된 뚜껑을 달은 상자였습니다. 시은좌 위에는 두 그룹의 형상이 양끝에서 서로 향하여 쳐다 보고 있었습니다. 그 두 그룹은 날개를 가지고 있었는데 그 날개를 언약궤 끝에서 안쪽으로 뻗고 그 언약궤 뚜껑을 향하여 덮고 있었습니다. 그 언약궤 속에는 모세의 두 돌판이 들어 있었고, 그 언약궤는 지성소, 그 성막의 가장 거룩한 곳에 두었습니다.

언약궤에 있어서 가장 의미있는 일은, 그것이 상징적으로 지상에 거하시는 하나님의 처소로 생각되었다는 것입니다. 하나님께서는 시은좌 위에 있는 두 그룹의 뻗힌 날개 사이의 공간에 거하시는 것으로 생각되었습니다. 물론 대제사장을 제외하고는 어느 누구도 지성소에 들어가지 못하게 한 것도 그 때문입니다. 심지어 대제사장 마저도 일년에 일차, 곧 대속죄일에만 들어갔습니다. 하나님은 거룩하셨습니다. 죄인들이 그의 면전에 오면 소멸될 것입니다.

그 의도가 그러하듯이 그 언약궤의 모습은 가공스러운 것이었습니다. 두 그룹의 뻗힌 날개 사이에 하나님께서 거하시는 것을 거기서 알게 됩니다. 거기서 우리는 우리가 범한 율법을 봅니다. 하나님께서 사람들의 일을 내려다 보시니 그가 보시는 것은 어긴 율법입니다. 그러므로 그 광경은, 거룩하신 하나님께서는 죄를 판단하셔야 하고, 죄인들은 마땅히 그의 법정적 진노를 당해야 한다고 말하고 있습니다.

그러나 그것이 전부가 아니었습니다. 왜냐하면 속죄일이 오면 그날에 대제사장이 희생제물의 피를 가지고 이 예식의 모든 규례에 합당하게 조심스럽게 들고 지성소로 들어갔습니다(이 규례 중 하나만을 어겨도 죽게 되어 있었음). 지성소에서 그 피를 하나님의 면전과 율법 사이에 있는 시은좌 위에 뿌렸습니다. 그것은 무엇을 상징합니까? 영광스럽게도 그 광경은 하나님의 율법을 어긴 자들에 대하여 더 이상 진노하는 것이 없다는 것이고, 오히려 죄에 대한 하나님의 진노가 채워지고 죄인이 아껴지게 되는 긍휼의 광경입니다. 자 하나님께서 두 그룹들의 날개 사이를 통해서 내려다 보실 때, 우리가 어긴 율법을 내려다 보시는 것이 아니라 그 희생제물의 피를 내려다 보십니다. 무죄자가 죽었습니다. 그는 우리의 형벌을 담당하셨습니다. 그래서 우리는 살 수 있습니다.

그것이 바로 화목제물의 의미입니다. 그것이 또한 그리스도의 죽으심의 의미입니다.

희생제사에 대해서 쓸 때 그 짐승의 피가 죄를 실제로 없이 하지 못하고 다만 이것들은 갈보리의 그리스도의 일을 미리 예표하였음을 지적한바 있습니다. 그것도 여기서 함축됩니다. 희생의 피를 제사장이 가지고 들어가 시은좌에 뿌림으로 죄가 없어지는 것이 아닙니다. 다만 그것은 죄를 없앨 분의 죽음을 예표하는 것입니다. 예수 그리스도십니다. 예수 그리스도께서 죽으셨을 때 죄에 대한 하나님의 진노는 문자 그대로 화목이 되었습니다. 하나님께서 친히 성전휘장을 둘로 나누심으로써 그 점을 나타내 보여 주셨습니다. 그 휘장은 성소와 지성소를 구분하고 있었던 것인데 그 휘장이 위에서 부터 아래로 찢어졌습니다. 그럼으로써 하나님께서는 하나님의 면전에 나오는 길이 예수를 믿는 모든 사람들에게 열려졌음을 보여 주십니다.

그리스도의 죽으심의 의미에 있어서 또 다른 흥미로운 측면은, 일단 그리스도의 복음이 선포되자마자 짐승의 피희생제사는 고대에서 금방 사라지게 되었다는 점입니다. 그리스도께서 죽으실 당시 그 제사는 어느 곳에서나 드려지고 있었습니다. 유대교 내에서 뿐만 아니라 로마세계나 야만세계에서도 말입니다. 그러나 아돌프 하르낙(Adolf Harnack)이 한번 두드러진 표현으로 지적한 바와 같이, "기독교 메시지가 침투하는 곳마다 제사를 드리는 제단이 황폐화되었고 제사에 드리는 제물을 파는 상인이 그 제물을 사는 사람을 더 이상 만나지 못하게 되었다… 그리스도의 죽음은 피의 희생에 종지부를 찍었다." 어째서 이런 일이 일어났습니까? 하르낙이 설명합니다. "그리스도의 죽으심은 속죄적인 희생제사의 가치를 지니고 있었다. 왜냐하면 그렇지 않으면 피희생제사가 기원했던 그 세계 깊숙이까지 파고들 힘이 전혀 없었을 것이기 때문이다." 그 제사들이 중단되는 것은, 그리스도의 죽으심만이 그 피희생제사를 통해서 만족하기 바라는 그 필요를 충족시켰기 때문입니다.

화해

그리스도의 죽으심의 효과를 묘사하기 위해서 사용된 세번째 어휘는 화해입니다. 고린도후서 5:18, 19는 우리에게 열쇠와 같은 대목을 제시하고 있읍니다. "모든 것이 하나님께로 났나니 저가 그리스도로 말미암아 우리를 자기와 화목하게 하시고 또 우리에게 화목하게 하는 직책을 주셨으니 이는 하나님께서 그리스도 안에 계시사 세상을 자기와 화목하게 하시며 저희의 죄를 저희에게 돌리지 아니하시고 화목하게 하는 말씀을 우리에게 부탁하셨느니라"(여기서 화목이라는 말과 화해하는 말을 동의어로 이해하는 것이 좋음 – 역자주).

화해는 "하나로 만드는 것"을 의미합니다. 그러므로 이 용어의 배경은 죄 때문에 우리 자신과 하나님 사이에 생겨난 깨어진 관계입니다. 우리는 이미 창세기에서 이에 대한 한 실례를 본바 있읍니다. 아담과 하와가 범죄했고 하나님께서 동산에서 그들에게 오셨을 때 그 첫번째 조상들은 하나님을 피하여 숨었읍니다. 이것은 그들이 불순종하기 전에는 없었던 일이었읍니다. 그전에는 하나님 앞에 열린 상태였읍니다. 그들은 하나님과 기쁨으로 이야기를 나누었읍니다. 그런데 그들이 누렸던 그 관계가 깨어졌고, 이렇게 숨음으로써 이 점을 심리적으로 깊이 인식함을 보여 준 것입니다. 어떤 의미에서 사람들은 그로부터 숨어 왔읍니다. 우리는 영적인 일들에 대해서 모르는 자격지심 때문에 숨고, 우리의 아는 체하는 것과 문화를 통해서 숨습니다. 심지어(이상하게 들릴지 모르지만) 종교를 통해서 숨습니다. – 많은 종교적인 체험들은 하나님을 찾으려는 시도라기 보다는 하나님으로부터 도망가고 싶은 시도들이기 때문입니다. 그러나 하나님께서 우리에게 오십니다. 그것이 바로 영광의 복음입니다. 더구나 하나님께서 오실 때 깨어진 관계를 치료하고 생긴 틈을 메우기 위해서 필요한 것을 행하시러 오십니다. 에덴에서 그 희생제사의 시작이 있었읍니다. 갈보리에서 그 예수님의 죽으심은 이전의 제사들이 지적했던 것을 궁극적으로 해결하여 다리를 놓는 것이었읍니다. 바울은 이렇게 쓰고 있읍니다. "하나님은 한 분이시요 또 하나님과 사람 사이에 중보도 한 분이시니 곧 사람이신 그리스도 예수라"(딤전

2:5). 화해가 일어난 것은 그리스도의 죽음을 기초한 것이라고 바울은 말하고 있는 것입니다.

값으로 사셨다.

그리스도의 죽으심을 묘사하는 가장 의미 있는 말들 가운데 마지막 어휘는 "구속"(救贖)이라는 것입니다. "구속"이라는 것은 라틴어에서 "다시"(거듭)라는 의미를 뜻하는 "re"라는 말과 "사다"는 것을 뜻하는 "emere"라는 말에서 파생된 것입니다. 그러므로 구속이란 "다시 사는 것" 또는 "되 사는 것"이라는 것입니다. 저당 잡혔거나 양도했던 것을 다시 사는 것처럼 말입니다. 우리는 물질적인 영역에서 그 말을 사용합니다. 성경은 그 말을 사용하여 우리는 하나님의 소유임을 뜻하고 있읍니다. 그러나 우리의 죄의 결과로 노예상태에 떨어졌다가, 이제는 그리스도의 희생제사로 말미암아 그 노예상태에서 다시 사신 바가 되었다는 것을 뜻합니다.

우리가 노예 상태에 있다는 것은 죄의 형벌과 권세에 대해서 노예 상태에 있다는 말입니다. 그리스도의 죽으심은 그 상태에서 우리를 자유롭게 하였읍니다. 이 주제에 대해서 존 머레이(John Murray)는 이렇게 쓰고 있습니다. "희생제사는 우리의 죄책으로 생겨난 필요를 위해서 주어진 것이듯이, 하나님의 진노로부터 야기된 필요를 그 화목제물이 충족시켜 주고, 화해란 우리가 하나님으로부터 멀리 떨어져 있음으로써 생겨난 필요를 충족시켜 주는 것이다. 그렇듯이 구속이란 우리의 죄가 우리로 하여금 빠지게 한 그 노예 상태를 해소시키기 위해서 주어진 것이다. 물론 이 노예상태는 여러 상태이다. 따라서 돈을 주고 사는 것이나 속량으로서의 구속은 그 적용과 유추에 있어서 대단히 광범위하다. 구속은 우리가 묶여 있는 모든 국면에 다 해당된다. 그것은 우리를 자유케 하되, 하나님의 자녀의 영광의 자유 바로 그것을 갖게 한다." 바울은 로마서에서 구속에 대해서 말하기를 "그리스도 예수 안에 있는 구속으로 말미암아 하나님의 은혜로 값 없이 의롭다 하심을 얻은 자 되었느니라"(롬 3:24)라고 말합니다. 베드로는 그것을 보다 더 노골적인 투로 말합니다. "너희가 알거니와 너희 조상의 유전한 망령된 행실에서 구속된 것은 은이나 금 같이 없어질 것으로 한 것이 아니요 오직 흠 없고 점 없는 어린 양 같은그리스도의 보배로운 피로 한 것이니라"(벧전 1:18, 19).

그리스도께서 십자가에서 하신 "다 이루었다"라는 말씀은 특별히 그 리스도의 죽으심을 구속으로 이해하는데있어서 아주 중요한 것입니다. 왜냐하면 그 말의 헬라어 "테테레스타이"라는 말의 의미 가운데 하나는 "완불되었음!"이라는 것이기 때문입니다. 그 말이 세속적인 상거래에서 그와 같은 식으로 사용되었습니다.

여기서 우리는 우리가 시작한 요점으로 다시 돌아옵니다. 그리스도의 죽으심을 그처럼 독특하게 만들고, 그리스도의 죽으심을 역사의 정점이 되게 한 것은, 우리 구원을 위해서 성취될 필요가 있는 것을 정확히 성 취했다는데 있습니다. 우리는 죄로 죽어야 마땅하였습니다. 그리스도께 서 우리를 위해서 죽으셨습니다. 우리의 범법 때문에 하나님의 의로운 진노 아래 있었습니다. 그런데 그리스도께서 우리 대신 그 진노를 담당 하셨습니다. 우리가 하나님으로부터 멀리 떨어져 있었습니다. 그리스도 께서 우리와 하나님을 화해시켰습니다. 우리는 죄 아래 팔렸습니다. 그 리스도께서 죄의 값을 치르고 우리에게 자유를 주셨습니다. 한 가지 관 점으로부터 볼때 이 모든 것은 영적입니다. 그것은 도덕적인 문제들과, 영적 관계들과 상관되는 것입니다. 그러나 또 다른 관점에서 볼 때, 이 것은 줄리어스 시저의 탄생이나 소크라테스의 죽음 만큼 구체적이고 역 사적인 것입니다. 속죄의 역사 속에서 행해진 일입니다. 예수님께서 우 리의 죄를 위해서 죽으시고 당신의 죽으심이 우리 죄를 위한 완벽한 제 사로 하나님이 받아들이셨음을 보여 주기 위해서 다시 살아 나신 그 일 은, 시간과 공간의 영역 속에서 되어진 일입니다.

28

예수께서 어째서 죽으셨나요?

"예수께서 신 포도주를 받으신 후 가라사대 다 이루었다 하시
고 머리를 숙이시고 영혼이 돌아가시니라"(요 19:30)

우리는 지난 강론에서 주 예수 그리스도의 죽으심의 독특한 방면들을
생각해 보았읍니다. 요한복음 19:30은 거기에 덧붙여서, 예수님께
서 당신의 목숨을 취하여 가는 자가 있어서라기 보다 스스로 그것을 버
리셨다는 데서, 그 죽으심의 독특함을 제시하고 있읍니다. 앞에서 예수
님께서는 "내가 다시 목숨을 얻기 위하여 목숨을 버림이라 이를 내게서
빼앗는 자가 있는 것이 아니라 내가 스스로 버리노라"(요 10:17, 18)라
말씀하셨읍니다.

그는 지금 그러한 일을 하고 계십니다. 요한이 지적한 바와 같이 예수
님께서는 속죄 사역을 끝마치신 다음에 의식적으로 짐짓 "머리를 숙이
시고 영혼이 돌아가시니라"

어째서 예수님께서 당신의 목숨을 버리셨느냐는 문제가 야기됩니다.
그것이 바로 큰 문제입니다. 기독교에 대해서 무엇인가를 아는 사람이
라면 예수님께서 우리를 죄 가운데서 구원하시기 위해서 죽으셨음을 압
니다. 또한 우리를 죄 가운데서 구원하시기로 결심한 그 근원은 하나님
의 사랑임을 압니다. "하나님이 세상을 이처럼 사랑하사 독생자를 주셨

으니 이는 저를 믿는 자마다 멸망치 않고 영생을 얻게 하려 하심이라"
(요 3:16). 그러나 이것이 그 질문에 대한 온전한 해답은 될 수 없습니
다. 왜냐하면 우리는 즉각 이렇게 물을 수 있기 때문입니다. 그러나 어
째서 그것을 성취하기 위한 하나님의 사랑이 그러한 방식으로 나타나야
하는가? 어째서 예수님께서 하셔야 하는가? 어째서 십자가는 필요한가?
캔터베리의 안셀름(Anselm)이 그의 유명한 Cur Deus Homo?(어째서
하나님께서 사람이 되셨는가?)라는 글에서 제기한 문제가 바로 그것입
니다. 그는 그 에세이에서 이렇게 물었습니다. "무슨 이유로 하나님께서
는 반드시 사람이 되셔야 했으며, 우리가 믿고 고백하는대로 그분이 죽
으심으로써 세상에 생명을 되찾는 일을 하셔야 했는가? 다른 인격(천사
든지 인간이든지 간에)을 통해서 이러한 일을 능히 하실 수 있었고, 순
전한 의지의 행동으로도 그런 일을 하실 수 있었을텐데 말이다." 바로
그것이 문제입니다. 십자가가 필요했을까? 아니면 하나님께서 인류를
다른 인격이나, 또는 다른 순전한 의지의 행동으로 구원하실 수는 없었
을까? 머레이(Murray)는 그것을 이렇게 쓰고 있습니다. "만일 하나님
께서 그렇게 하실 수 없으시다면, 우리가 하나님의 능력을 비난하는 것
은 아닌가? 그러한 질문들은 스콜라적인 간계함이나 허망한 호기심이
아니다. 그 질문들을 피하는 것은 그리스도의 구속 사역을 해석하는데
있어서 중추적인 것을 놓치는 것이고, 그것의 본질적인 영광에 속한 것
을 보지 못하는 것이다. 하나님께서 어째서 사람이 되셨는가? 사람이 되
신 다음에 어째서 죽으셨는가? 죽으시되 그 저주의 십자가에 죽으심을
당하신 이유는 무엇인가?"

이러한 질문들은 그리스도의 속죄의 필연성에 관한 진정한 이슈로 나
아가려 합니다. 그 이슈들은 어렵습니다. 그러나 그것이 어렵다 할지라
도 그 이슈들이 그리스도의 희생에 던져 주는 빛을 찾는데 실마리가 되
어야 합니다.

두 필연성

기독교 교리사에 있어서 전통적으로 예수님의 죽음의 필연성을 말하
는 두 방식이 있습니다. 하나는 "상황적"(circumstantial) 필연성이라

부를 수 있는 것이고, 또 다른 하나는 "절대적" 필연성입니다. 제가 설명해 드리지요.

상황적 필연성이라고 부르는 관점은, 하나님께서 자애로우시고 무한하시니 언제라도 당신에게 열려 있는 무한한 가능성을 갖고 계시다고 주장합니다. 따라서 비록 사람들을 그리스도의 죽으심을 통해서 구원하시기로 작정하셨다 할지라도 반드시 그렇게 하실 필요가 없으며, 다른 무한한 방식을 통해서 사람들을 구원하실 수도 있었다. 그런 속죄에 있어서 "필연성"에 대해서 어떻게 말할 수 있느냐는 질문을 던진다면 대답을 이렇게 합니다. 하나님께서 이러한 일이 일어나게 한 상황 때문에 그렇게 하는 것이 가장 큰 이익을 불러 오고, 하나님께 가장 큰 영광이 돌아갈 수 있기 때문이라고. 하나님께서는 그리스도께서 죽으시지 않고도 우리를 구원하실 수 있으셨다. 그러나 그렇게 하시면서도 그런 상황들에서 지혜와 사랑의 가장 큰 분량을 보여 주실 수는 없으셨다. "피흘림이 없이는 죄 사함이 없다"(히 9:22)라는 말씀을 읽는다. 그것은 사실이다. 그러나 하나님께서 그러한 방식으로 일들을 하시기로 작정하셨을 때만 사실인 것이다. 피흘림이 없이도 우리를 구원하실 수 있었다.

그리스도의 죽으심의 필연성에 대해서 말하는 또 다른 방식은 "절대적" 관점에서 말하는 것입니다. 그것은 문자 그대로, 하나님께서는 아담의 타락한 족속 가운데 얼마를 선택하시고 자기 마음대로 어떤 다른 방편으로 그 일을 행하지 아니하시고 당신의 사랑하는 아들의 제사를 통해서만 하셨다는 뜻입니다. 그렇다고 해서 하나님께서 예수님을 보내셔야 했다는 뜻은 아닙니다. 어느 누구도 구원하지 않기로 작정하실 수도 있었읍니다. 그러나 그들을 선택하신 연후에야 당신의 아들의 죽으심을 통해서 이 일을 성취해야 할 필연성 아래 들어 가신 것입니다. 하나님 당신의 성품의 완전성 때문에 야기되는 필연성입니다.

언뜻 보면 하나님께 절대적으로 필요한 어떤 것을 말하는 것이 주제넘게 보일 수도 있습니다. 어떤 사람은 이렇게 반론을 제기할지도 모릅니다. "결국 하나님께서 하실 수 있는 일, 또는 하셔야 하는 일을 하나님께 말해야 하는 우리는 누구인가?" 그러나 그 진수의 뜻하는 방식으로 그렇게 말하지는 않습니다. 분명히 우리는 하나님께 이래라 저래라 할 수 없습니다. 그럼에도 불구하고 하나님께서는 성경에서 당신의 성품에 속한 것들을 보여 주셨습니다. 그 계시에 기초해서 하나님께서 어떤 것은 하실 수 있고 어떤 것은 하실 수 없으신지를 묻는 것은 주제넘거나 부당한 것이 아닙니다. 특별히 속죄처럼 기독교 신앙의 중추적인 것일 때는 말입니다. 예를 들어서 하나님께서 거짓말을 하실 수가 있는지요? 만일 우리가 마땅한 바대로 "아니라"고 대답한다면, 하나님께서 하실 수 있는 일과, 하실 수 없는 일을 하나님께 일러 드림으로써 하나님을 제한하고 있는 것이 아닙니다. 우리는 다만, 하나님께서 친히 자신이 그러하다고 선언하신대로, 완전한 진리로 특징지어지는 분이 그러한 속임수를 한다는 게 불가능한 것을 인정하고 있는 것입니다. 이 점을 통해서 하나님을 불명예스럽게 하기는 커녕 사실 영예롭게 하는 것입니다. 더구나 우리는 하나의 가치 있는 결론에 이르게 되는 것입니다. 왜냐하면 우리는 거짓말을 하실 수 없는 하나님의 성품을 기초해서 그가 한 말은 언제나 믿을 수 있다는 걸 깨닫기 때문입니다.

하나님께서 그리스도의 죽으심의 문제에 있어서 절대적 필연성 안에 있었다고 결론내리는 것이 부당하거나 비실제적인 일이 아닙니다. 하나님께서 그러한 절대적인 당위성 아래 있지 않다고 생각해 봅시다. 그러나 하나님께서 그런 절대적 필연성 아래 있는가, 아니면 그렇지 않은가에 대한 해답은, 하나님의 자유에 대한 우리의 이해의 차원에서 미리 결론을 내리는 것으로 말미암지 않고, 성경의 가르침으로 말미암아 결정되어야 합니다.

신적 필연성들

우리가 성경으로 시선을 돌리면 우리의 주제와 관계된 이른바 하나님께 속한 여럿의 필연성들을 발견하게 됩니다. 그 필연성들은 하나님께서는 진리를 말씀하시는 필연성을 갖고 계시며, 하나님은 진리시라는 필연성입니다. 그러나 그 필연성들은 일차적으로 구원의 문제와 관련을 맺습니다.

이 필연성들 가운데 첫번째 요점은 하나님께서 죄를 미워하신다 는 것입니다. 하나님께서 성경에서 나타나신 바대로의 그러한 하나님이시려면 마땅히 죄를 미워하셔야 한다고 말함으로써 그 점을 표현할 수 있습니다. 이 필연성의 배경에는 하나님의 거룩이 있읍니다. 성경에서는 다른 어떠한 존재보다 하나님을 거룩하신 분이라고 자주 부르고 있습니다. 그 거룩은 그의 이름에 가장 자주 붙어 다니는 형용어입니다. 하나님의 "사랑하시는 이름", "전능하신 이름", "영원한 이름"이라는 말을 성경에서 자주 읽지 못합니다. 그러나 하나님의 "거룩한 이름"이라는 말을 자주 상기하게 됩니다. 더구나 사람들이 하나님에 대해서 본 환상 가운데 틀림 없이 언급되는 하나님의 속성이 그 거룩입니다. 이사야는 여호와에 대한 큰 환상 속에서 "높이 들렸다"라고 말함으로써 다른 어느 속성보다 하나님의 거룩을 강조하였읍니다. "거룩하다 거룩하다 거룩하다 만군의 여호와여"라고 스랍들이 외쳤읍니다. 이사야의 즉각적인 반응은 자기의 죄악적인 상태를 보고 신음하는 것이었습니다. "화로다 나여 망하게 되었도다 나는 입술이 부정한 사람이요 입술이 부정한 백성 중에서 거하면서 만군의 여호와이신 왕을 뵈었음이로다"(사 6:5; 1-6절 참조).

　하나님의 거룩은 그 존재의 중심에 있으며, 이사야가 두려워하게 된 것도 하나님께서 거룩하심으로 말미암아 그 거룩과 반대되는 어느 것에 대해서도 그냥 냉담하실 수 없다는 것을 알았기 때문입니다. 거룩은 엄위와 의지의 요소를 함축합니다. "무엇이 우선적으로 부닥쳐올 것인가?" 하나님의 엄위입니다. 하나님의 뜻은 필연적으로 그 엄위를 기각시키려 하거나 조소하려는 그 어떤 것에 대해서도 거스릴 수 밖에 없읍니다. 많은 사람들은 오늘날 진노의 개념을 좋아하지 않습니다. 좋아하든 좋아하지 않든 성경은 죄와 관련하여 하나님의 본성의 필연적 국면이 바로 그것이라고 가르치고 있읍니다. 구약성경에서만도 하나님의 진노에 관한 중요한 대목이 거의 600군데나 됩니다. 불공정과 부패에 대해서 하나님의 진노가 임합니다. 하나님의 영광과 엄위를 범하는 것에 대해서 진노가 떨어집니다. 신약에서도 동등하게 중요한 대목들이 있읍니다. 로마서 1장에서 바울은 하나님의 진노가 나타나는 것에 대해서 말하면서 이렇게 쓰고 있읍니다. "하나님의 진노가 불의로 진리를 막는 사람들의 모든 경건치 않음과 불의에 대하여 하늘로 좇아 나타나나니"(18절). 다른 대목들도 "임박한 진노"에 대해서 담대하게 말하고 있습니다(살전 1:10; 2:16; 5:9와 롬 2:5는 참조). 이 대목들의 가르침은, 하나님께서는 불의한 자에게 그냥 냉담한 자세로 방관하고 계시지 않을 것이라는 점입니다.

구원의 문제와 관련하여 신적 성품의 두번째 필연성은, 하나님께서 마땅히 옳은 일을 하셔야 한다는 것입니다. 그 마땅한 당위성은 피조물을 통치하시고 재판하시는 하나님의 역할의 기초가 되고 있습니다. "세상을 심판하시는 이가 공의를 행하실 것이 아니니이까?" 이 질문은 소돔을 곧 심판하실 것임을 하나님께서 아브라함에게 계시해 주실 때 수사학적으로 질문한 것입니다(창 18:25). 그 대답은 명백합니다. 주권자는 의를 행해야 한다는 것입니다. 사실 아브라함은 이 필연성을 사용하여 소돔의 구원을 위해서 탄원했습니다. 하나님께서 아브라함에게 소돔을 멸할 것이라고 말씀하시자 아브라함은 이렇게 간언하였습니다. "주께서 의인을 악인과 함께 멸하시려나이까 그 성 중에 의인 오십이 있을찌라도 주께서 그곳을 멸하시고 그 오십 의인을 위하여 용서치 아니하시리이까 주께서 이같이 하사 의인을 악인과 함께 죽이심은 불가하오며 의인과 악인을 균등히 하심도 불가하나이다. 세상을 심판하시는 이가 공의를 행하실 것이 아니니이까?"

하나님께서 대답하셨습니다. "내가 만일 소돔 성 중에서 의인 오십을 찾으면 그들을 위하여 온 지경을 용서하리라."

아브라함은 자기 조카 롯과 롯의 아내와 두 딸이 소돔에 살고 있다는 것을 생각하고 그들이 걱정이 되었습니다. 더 나아가서 그는 그 성에 오십 의인이 있다는 두번째 생각에 대해서는 확신을 할 수가 없었습니다. 그래서 이렇게 아뢰었습니다. "티끌과 같은 나라도 감히 오인이 부족할 것이면 그 오인 부족함을 인하여 온 성을 멸하시리이까?" 하나님께서 "멸하지 아니하리라"고 말씀하셨습니다.

"사십인을 찾으시면 어찌 하시려나이까?"

하나님께서는 그 사십인을 인하여 그 성을 멸하지 아니하실 것이라고 말씀하셨습니다. 그런 다음에 아브라함은 수를 삼십으로 그 다음에는 이십으로, 그 다음에는 열로 낮추었습니다. 그 때마다 하나님께서는 그 소수의 의인들만 있으면 그 성을 보존하실 것이라고 말씀하셨읍니다. 열 사람을 놓고 간하여 하나님께 아뢴 다음에 아브라함은 논증을 멈추었읍니다. 그러나 그때 마저 그는 그 수를 충분하게 삭감한 것이 아닙니다. 왜냐하면 소돔성에는 자기가 알기로 의인이 넷 밖에 없었읍니다. — 롯, 롯의 아내, 그 두 딸 말입니다. 그래서 그 성에서 하나님의 이름을 고백하는 사람들을 먼저 불러 내신 후에 하나님께서는 끝내 소돔에게 멸망을 내리신 것입니다.

구원의 문제에 속한 두 신적 필연성이 여기에 있읍니다. 첫째 하나님께서는 죄를 미워하셔야 하며, 둘째 세상을 심판하시는 이가 공의를 행하셔야 한다는 것입니다. 죄가 관계되는 것에서 옳은 것은 무엇입니까? 심판입니다. 소돔의 멸망에서 예표되듯이 말입니다. 실로 우리는 그 심판의 충만함을 보지 못합니다. 왜냐하면 하나님께서는 크게 그 심판을 유보하셨기 때문입니다. 그럼에도 불구하고 그 심판은 와야 합니다. 곧장은 아니라도 결국 오고야 말 것입니다. 그 심판이 임할 때 죄인의 영원한 멸망이 그 결과로 떨어질 것임에 틀림 없읍니다.

신적 해결책

하나님께서 모든 죄인을 다 멸하시기로 작정하신 것은 아니라는 것을 성경 기록을 통해서 알고 있읍니다. 그 크신 사랑으로 말미암아 큰 무리들을 구원하시기로 작정하셨읍니다. 그러나 문제가 있읍니다. 당신의 본성의 두 필연성을 위반하지 않고 어떻게 그 일을 하실 수 있는가? 마땅히 당신의 의로운 심판을 받아야 하는 자들을 어떻게 구원하실 수 있는가? 오직 유일한 방식만이 있읍니다. 다른 이가 저주를 받아 선 사람을 대신해 심판을 당해야 합니다. 우리는 그 대답을 듣습니다. 그리고 우리는 획기적으로 구원을 받습니다. 그러나 그런 다음에 우리는 묻습니다. "누가?" 절망적인 상황이 우리에게 또 다시 덮쳐 옵니다. 그러한 임무를 하기에 합당한 자가 누구일까? 누가 그러한 일을 선뜻 행할까? 마지막 대답, 그 은혜로운 대답은 하나님 자신의 아들이 그 일을 하시기에 충분하고 그럴 의향이 계셨다는 것입니다. 그분만이 성육신을 통해서 사람이 되시고 갈보리에서 자기 목숨을 능히, 그리고 기꺼이 버리셨던 분입니다.

우리가 앞에서 언급했던 안셀름이라는 사람이 그것을 이렇게 표현했 읍니다. 그는 말하기를, 먼저 구원은 하나님에 의해서 성취되어야 한다. 왜냐하면 다른 어느 누구도 그 구원을 성취할 수 없기 때문이다. 틀림없 이 말해서 사람들은 그것을 성취할 수 없읍니다. 왜냐하면 우리는 이미 우리 자신을 고통 가운데 던진 사람들이기 때문입니다. 하나님의 의로 운 율법과 규례를 거스려 모반함으로써 그러한 일을 했읍니다. 더구나 우리는 죄의 결과를 통해서 어찌나 고통을 받던지 우리의 의지 마저도 묶여 있고, 그래서 하나님을 기쁘시게 하기로 작정할 수도 없읍니다. 혼 자 내버려 두면 말입니다. 만일 우리가 구원을 받게 된다면, 구원할 뜻 과 능력을 함께 가지신 하나님만이 우리를 구원하셔야 합니다. 안셀름 은 또 말합니다. 이 첫번째 요점과 언뜻 상충되어 보이는 두번째 요점은 이러하다. 구원은 역시 사람에 의해서 성취되어야 한다. 왜냐하면 사람 이 하나님께 악행을 하였고 그러므로 사람이 그 악한 일을 행한 자로 하여금 의롭게 만들어야 한다. 이러한 정황을 미루어 볼 때, 구원은 하 나님이시면서 사람이신 분에 의해서만 성취될 수 있다. 곧 예수 그리스 도에 의해서.

안셀름은 그 논증을 다음과 같은 말로 표현하고 있습니다. "인간성의 회복이 이루어지지 않은 채로 있었다면 그것은 바른 일이 아니었을 것 이다.… 그리고 죄 때문에 하나님께 빚진 것을 인간이 지불하지 않으면 그러한 일은 있을 수 없다. 그러나 빚이 하도 커서 사람 혼자서 그것을 지기는 했지만 하나님만이 그 빚을 갚으실 수 있다. 그러니 어떤 인격이 사람이면서 동시에 하나님이셔야 한다. 그러나 하나님께서 인성을 취하 시되 당신의 인격의 통일성을 깨지 않고 취하실 필요가 있었다. 그래서 당신의 본성 속에서 그는 마땅히 죄의 값을 지불해야 함에도 불구하고 할 수 없는 사람의 인격 속에 있어야 한다.… 이 사람의 생명은 너무 고 상하고, 너무 가치가 있어서 전세계의 죄 때문에 진 빚을 무한히 더욱 갚으시기에 충분하다."

자 그러니 하나님께서만이 "의로우시고, 예수님을 믿는 자를 의롭다 하실 수 있는" 오직 유일하신 분입니다(롬 3:26). 이것이 바로 요한복음의 그 유명한 구절들 속에서 제시된 궁극적인 필연성입니다. "모세가 광야에서 뱀을 든 것 같이 인자도 들려야 하리니 이는 저를 믿는 자마다 영생을 얻게 하려 하심이니라 하나님이 세상을 이처럼 사랑하사 독생자를 주셨으니 이는 저를 믿는 자마다 멸망치 않고 영생을 얻게 하려 하심이니라 하나님이 그 아들을 세상에 보내신 것은 세상을 심판하려 하심이 아니요 저로 말미암아 세상이 구원을 받게 하려 하심이라"(3:14-17). 이 구절들은, 그리스도의 죽으심과 그를 믿는 믿음이 아니고는 인류는 멸망한다고 말합니다. 일단 우리를 구원하시려는 하나님의 소원이 있는 한, 다른 선택의 여지는 전혀 있을 수 없습니다.

십자가의 저주

그럼에도 불구하고 또 한 가지 문제가 남아 있습니다. 이 강론의 서두에서 "어째서 하나님의 사랑은 그 목적을 이런 식을 성취할 필요가 있는가? 어째서 예수님인가? 어째서 십자가가 필요한가?"라고 물은 적이 있습니다. 거기서는 그 질문의 절반만 대답하였던 것입니다. 어째서 예수님께서 우리의 구원의 값을 치러야 했는지 그 필요성을 알았습니다. 그러나 그 제사가 어째서 갈보리에서 드려졌는지에 대해서는 대답하지 않았습니다. 어째서 이러한 죽음을 당해야 합니까? 어째서 이러한 가공스러운 형태의 죽음을 당해야 합니까? 그 질문에 대한 해답이 갈라디아서에 주어져 있습니다. 바로는 거기서 이렇게 말하고 있습니다. "그리스도께서 우리를 위하여 저주를 받은 바 되사 율법이 저주에서 우리를 속량하셨으니 기록된바 나무에 달린 자마다 저주 아래 있는 자라 하였음이라"(갈 3:13). 이 말씀은 무슨 뜻입니까? 예, 그것은 우리가 속죄의 본질과 필연성을 이해한 후에라도 하나님의 구원방식에 대해서 반론을 제기할까 하여 성경이 거기에 대해서 미리 답한 것입니다. 예수님께서 하나님의 무죄한 아들이시며, 그러므로 갈보리에서 우리 대신 서실 수 있는, 다시 말하면 불의한 자를 위해서 의로우신 오직 유일하신 분은 그분이라는 것을 이해할 수 있습니다. 또한 하나님께서 우리 대신 그를 심판하셨음도 이해할 수 있습니다. 그러나 우리는 이렇게 따져 물을 수도 있습니다. "그러나 그것이 여전히 옳지 않다. 예수께서 기꺼이 죽으셨다

할지라도 전혀 악행을 하지 아니하는 자를 하나님이 심판하신다면 그것
은 여전히 옳지 않은 것이다." 이 시점에서 바울의 대답이 가입됩니다.
왜냐하면 구약에서(신명기 21:23에서) 처형의 방식으로 나무에 달려야
하는 자에게 저주를 선포하는 구절이 있음을 지적하고 있는 것입니다.
그 당시에 살던 사람들에게 있어서 그것이 그렇게 큰 의미를 가지지
않았을지 모릅니다. 그러나 그것이 이스라엘을 보게 한 부분이 었읍니
다. 그래서 주 예수 그리스도께서 잡히셔서 나무에 달리실 때, 그렇게
하심으로써 그 분은 율법 전체를 간교하게 어긴 자가 되셨으며(비록 그
자신은 하나도 흠이 없었지만), 마땅히 심판받을 수 있는 자가 되셨읍니
다. 이러한 방식으로 하나님께서는 그리스도를 처형하시면서 여전히 의
로우실 수 있었고, 그리스도도 여전히 무죄한 채 계실 수 있었읍니다.

하나님의 사랑의 명령

이 강론의 결론은, 그러한 값비싼 대가를 치르고 우리의 구원을 성취
한 것은 순전히 하나님의 사랑에서 나온 것이라는 점입니다. 그리고 하
나님의 사랑이 그렇게 우리에게 나타났으니 우리가 예수님을 믿을 수
있다는 것입니다. 우리를 구원하시기 위해서 이러한 대가가 지불될 필
요가 있었읍니다. 그럼에도 불구하고 하나님께서는 당신의 아들을 제물
로 드리시기를 서슴치 않으셨읍니다. 그처럼 위를 향하신 하나님의 사
랑은 컸읍니다. 그 사랑을 멸시할 수 있읍니까? 무시할 수 있읍니까? 성
경은 말합니다. "우리가 아직 죄인되었을 때에 그리스도께서 우리를 위
하여 죽으심으로 하나님께서 우리에게 대한 자기의 사랑을 확증하셨느
니라"(롬 5:8).

물론 이것은 전체 논증의 기본 노선입니다. 그것으로 하여금 의미심
장하게 만드는 것도 그것입니다. 속죄의 필연성에 대한 우리의 논의는,
우리가 신학적인 구별을 주의깊게 하도록 하였읍니다. 어떤 사람들은
이것이 어려운 것만은 사실입니다. 왜냐하면 모두 다 신학자들이 아니
기 때문입니다. 그럼에도 불구하고 기본 노선은 결코 어렵지 않습니다.
저는 그것을 이렇게 표현하고 싶습니다. 제십장로교회에서 주일 아침마
다 정규적으로 요한복음을 강해해나가면서 이 내용을 전파하기 전 주간

에, 저희 집 식탁에서 이러한 취지를 가지고 논의했는데, 그것은 그 식탁에 둘러 앉아 있는 사람들이 그 주제들에 대해서 어떠한 반응을 나타내나 보려고 하였습니다. 그들은 매우 좋은 반응을 나타냈습니다. 그런데 제가 말을 마쳤을 때 열살박이 제 딸 친구 하나가 이렇게 물었습니다. "목사님의 설교의 주요 요점이 무엇이예요?" 그녀 부모들이 목사님에게 그렇게 좀 여쭈어 보라고 일러 주고 있었던 것입니다. 그래서 그 소녀는 그 메시지를 더 잘 따라 올 수 있었습니다(제 생각에는). 그는 제목을 얻고 싶었습니다. 대답은 간단하다고 저는 대꾸했지요. 비록 신학은 어렵지만 그 요점 자체는 어렵지 않습니다. 그것은 간단합니다.

> 죄의 값을 지불할 만큼 충분한 다른 선은 아주 없네.
> 그분만이 하늘 문 여시고 우리로 들어가게 하실 수 있네.
> 오 사랑스럽게 사랑스럽게 그는 사랑하셨네!
> 우리도 그를 사랑해야지. 그의 구속의 피를 의뢰하고
> 그분의 일을 하려고 애써야 하네.

그리스도께서 우리를 너무나 사랑하신 나머지, 꼭 이룰 필요가 있는 일을 하지 않으려고 뒤로 물러 서신 적이 없으셨습니다. 이 때문에 우리 편에서도 그를 섬겨야 합니다.

29

"다 이루었다"

"예수께서 신 포도주를 받으신 후 가라사대 다 이루었다 하시
고 머리를 숙이시고 영혼이 돌아가시니라"(요 19:30)

헬라의 웅변술의 목적 중 하나는(헬라어는 그 목적에 보편적으로 적
당함) 몇 개의 낱말로 많은 것을 말하는 것입니다. — "한 방울의
언어 속에 바다 같은 소재를 담는 것"입니다. 그 목표가 십자가에서 하
신 그리스도의 여섯번째 말씀 속에서 달성되었습니다. "다 이루었다!"
영어로 그 말은 세 마디로 되어 있지만 헬라어에서는 단 한 어휘로 되
어 있습니다. 그럼에도 불구하고 이 말은 이제까지 이루어졌던 것 중에
서 가장 큰 일을 함축하고 있습니다. 스펄전은 이렇게 말했습니다. "이
한 마디 말을 설명하기 위해서 이제까지 발설되었던 모든 말, 또는 지금
사람들이 하는 모든 말을 다 동원할 필요가 있을 것이다. 그 말은 정말
측량할 수 없을 정도다. 그 말은 높다. 나는 그 말에 이를 수가 없다. 그
것은 깊고 그 밑을 잴 수 없다."

그러나 우리는 그것을 연구하려고 노력해 왔으며, 그런 끝에 먼저 속
죄의 본질을 보았고, 둘째는 속죄의 필연성을 살펴 보았습니다. 이 강론
에서 우리는 속죄의 완전성, 그리스도의 죽음의 국면 가운데 다른 말보
다 바로 이 말이 보다 직접적으로 암시하는 그 완전성의 국면을 다루려

고 합니다.

핑크는 이렇게 쓰고 있읍니다. "이것은 힘 없는 한 선구자의 절망적인 부르짖음이 아니다. 또한 자기의 고통이 다 끝났다는 만족한 표현도 아니다. 그것은 또한 다 헤어진 목숨이 마지막 숨을 내쉬는 것도 아니다. 아니, 그것은 하늘로부터 이 땅에 오셔서 하실 그 모든 일이 이제 이루어졌다는 신적 구속자 편에서 하신 선언이었다. 또한 하나님의 충만한 성품을 나타내기 위해서 필요했던 모든 것이 다 성취되었다는 선언이요, 죄인들이 구원받기 위해서 율법이 요구하는 모든 것을 이루었다는 선언이요, 우리 구속의 모든 값이 다 치루어 졌다는 선언이다." 확실히 말해서 예수님께서 이러한 말씀을 하실 때 아직 죽지 아니하셨읍니다. 그러나 그의 죽으심은 한 순간에 되어질 것입니다. 어떤 경우에서든지 그는 이제 이루어진 일을 내다보면서 여기서 말씀하고 계십니다.

우리 주님께서 죽어 가시면서 하신 이 말씀은 무엇을 뜻합니까? 무엇이 다 이루어졌다는 말입니까? 계속해서 이것이 우리 구원에 어떠한 관련을 갖고 있읍니까?

이루어진 그리스도의 일

그리스도께서 죽으시는 순간에 이루어진 일로서 지적할 수 있는 것들이 많이 있읍니다. 무엇보다 가장 우선적으로 말해야 하는 명백한 것은 "그리스도의 고난"입니다. 이 고난이 그리스도를 놀람으로 사로잡지 못했읍니다. 이런 일이 있기 오래 전 주님께서는 "나는 받을 세례가 있으니 그 이루기까지 나의 답답함이 어떠하겠느냐"(눅 12:50)라 말씀하셨읍니다. 수 세기 전에 이사야는 주님에 대해서 이렇게 썼읍니다. "그는 멸시를 받아서 사람에게 싫어 버린바 되었으며 간고를 많이 겪었으며 질고를 아는 자라"(사 53:3). 고난이 그리스도의 삶을 특징지었읍니다. 그는 목마르고 굶주리셨읍니다. 그는 3년 동안 머리 둘 곳없이 일하셨읍니다. 조소를 받고 송사를 받고, 매를 맞고, 십자가의 공포와 모욕을 치르셨읍니다.

예수님께서 고난받으신 것같이 고난 받은 이는 하나도 없었읍니다. 그럼에도 불구하고 그것이 이루어졌읍니다. 이제 다시 예수님의 얼굴에 침뱉으며 욕설을 퍼부을 사람은 없을 것입니다. 예수님을 다시 채찍질할 군사들도 없을 것입니다. 예수님을 조롱할 제사장들도 없을 것입니다. 모든 것이 끝났습니다. 이제 그는 하늘의 보좌에 앉으셔서 그 원수들의 발등상 되기까지 기다리고 계십니다. 스펄전은 이렇게 썼습니다. "이제 유다여, 와서 입맞춤으로 그를 팔라! 이 사람아 너로 하여금 하지 못하게 할 것이 무엇이겠는가? 빌라도여, 와서 무지한 척하면서 네 손을 씻으라. 그리고 그의 피에 대해서 죄가 없다고 말하라! 너희 서기관들과 바리새인들아 와서 그를 송사하라. 오 너희 유대 군중들과 이방의 오합지졸들아 무덤에서 다시 일어나서 '그를 없이 하라! 그를 십자가에 못박으라'라고 소리쳐 보아라. 그러나 보라! 그들은 다 그로부터 도망쳤다. 그들은 산과 바위를 향해서 외친다. '우리에게 떨어지라 보좌에 앉으신 이의 얼굴로부터 우리를 가리우라!' 그럼에도 불구하고 어느 사람의 얼굴 보다도 더 손상된 얼굴은 이 얼굴이다. 그들이 한번 멸시하였고 거절하였던 분의 얼굴이다."

> 가시 면류관 쓰셨던 머리
> 이제는 영광으로 관쓰셨다.
> 그 왕관은 전능한 승리자의 이마를 장식한다.
>
> 하늘이 드린 가장 높은 곳,
> 그 우편이 이제 그의 자리이다.
> 왕 중 왕, 주의 주요 하늘의 영원한 빛이시여!

아무도 그를 멸시할 수 없고, 구세주의 생애 속에 충만했던 그 고난이 다 끝마쳤다니 우리는 얼마나 기쁩니까!

우리 주님께서 죽으시는 순간에 마쳐진 일로 지적할 수 있는 두번째 일은 "예수님의 사역"입니다. 우리 주님께서 세상에 그 일을 하라고 부르심을 받으셨던 것입니다. 이 일은 속죄가 중심이었습니다. 우리는 단숨에 그 중심에 이르게 될 것입니다. 그러나 그것은 이것보다 더한 것입니다. 그것은 또한 그의 전체 삶, 아버지께 전적으로 순종함으로 바쳐지고, 가르침과 선행으로 충만한 삶이기도 합니다. 이런 일이 그리스도 앞에 부단히 존재했었습니다. 히브리서 기자가 하는 말을 들으면, 예수님께서는 세상에 오실 때 이렇게 말씀하셨다는 것입니다. "그러므로 세상에 임하실 때에 가라사대 하나님이 제사와 예물을 원치 아니하시고 오직 나를 위하여 한 몸을 예비하셨도다 전체로 번제함과 속죄제는 기뻐하지 아니하시나니 이에 내가 말하기를 하나님이여 보시옵소서 두루마리 책에 나를 가리켜 기록한 것과 같이 하나님의 뜻을 행하러 왔나이다 하시니라"(히 10:5-7). 요한복음 4:34에서 우리는 이런 말씀을 읽습니다. "나의 양식은 나를 보내신 이의 뜻을 행하며 그의 일을 온전히 이루는 것이니라." 예수님께서는 하나님께서 당신에게 하라고 주신 일들을 말씀하셨습니다(요 5:36). 그리고 하나님께서 당신더러 하라고 하신 말씀도 일러 주셨습니다(요 8:26; 14:24). 또한 이렇게 말씀하셨습니다. "나는 아버지 안에 있고 아버지는 내 안에 계신 것을 네가 믿지 아니하느냐 내가 너희에게 이르는 말이 스스로 하는 것이 아니라 아버지께서 내 안에 계셔 그의 일을 하시는 것이라"(요 14:10). 그런 다음에 요한복음 17장에 기록된 대제사장적 기도에서 "아버지께서 내게 하라고 주신 일을 내가 이루어 아버지를 이 세상에서영화롭게 하였사오니"(4절)라 하셨습니다.

예수님께서는 그의 생애 전체를 통해서 그 일을 염두에 두셨고, 그 일을 하는데 전력을 기울이셨습니다. 이제 그 일이 이루어진 것입니다. 그는 만족하게 "다 이루었다!"라고 지시합니다. 우리 중 그 어느 누구도 우리의 일을 온전히 다 이루었다고 말할 수 없습니다. 그러나 예수님께서는 당신의 일을 다 이루셨다고 말씀하셨습니다. 그 일을 완전히 이루셨습니다.

이 말이 적용되는 세번째 영역은 "예수님의 초림에 대한 예언들"입니다. 주님에 관한 모든 예언들이 다 성취되었다고 말할 수는 없습니다. 왜냐하면 그가 하셔야 하는 일들이 아직 있기 때문입니다. — 그의 재림 때 말입니다. 그러나 그의 복음사역을 언급하는 예언들은 이루어졌습니다. 사실 그것은 이 말씀이 발해진 그러한 한 예언과 직접적인 관련을 갖고 있는 것입니다. 시편 69:21은 메시야께서 죽어가시면서 목마르실 때 신 포도주를 받으실 것을 말씀합니다. 그래서 예수님께서는 이것이 아직 이루어지지 않은 것을 주목하시고 "내가 목마르다"고 말씀하셨읍

니다. 그럼으로써 군인들이 그에게 황급히 신 포도주를 탄 것을 예수님
께 드렸을 때 그 예언의 성취를 보신 것입니다. 그 뒤에 즉각 우리는 "
(그러므로) (우리 말 개역성경에는 이 접속사가 나와 있지 않음 – 역자
주) 예수께서 신 포도주를 받으신 후 가라사대 다 이루었다…"(요 19:
30)라는 말씀을 읽습니다.

메시야가 인간 아버지를 통하지 않고 여자에게서 태어날 것이라는 예
언이 있었습니다(사 7:14; 갈 4:4). 이 예언이 성취되었습니다. 또한
예수님이 아브라함의 씨로, 다윗의 혈통으로 태어나실 것이라는 예언이
있었습니다(창 22:18; 삼하 7:12, 13). 또한 베들레헴에서 태어나셔야
할 것도 예고되었습니다(미   5:2). 예수님은 그대로 태어나셨습니다.
구약기자들은 예수님께서 애굽으로 피난하시는 것에 대해서도 말씀하시
고, 다시 예수님의 땅으로 돌아 오실 것도 말하였습니다(호 11:1; 사
49:3, 6은 참조). 그대로 그런 일이 있었습니다. 그리스도의 나타나심이
엘리야 같은 사람이 나타나신 후에 이루어질 것도 예고되었습니다(말
3:1). 세례 요한이 이 역할을 감당하였습니다. 그리스도의 이적들도 예
고되었습니다. – "그때 소경의 눈이 밝을 것이며 귀머거리의 귀가 열릴
것이며 그 때에 저는 자는 사슴 같이 될 것이며 벙어리의 혀는 노래하
리니"(사 35:5, 6). 예수님께서는 이 모든 이적을 이루셨습니다. 그리고
예루살렘을 승리로운 자세로 입성하실 것도 예고되었습니다(슥 9:9).
또 미움을 받으실 것(시 69:4), 자기 백성들에게 거절을 받으실 것(사
8:14)도 예언되었습니다. 또한 한 친구가 그를 배반할 것도 미리 말해
졌습니다(시 41:9). 또한 범법자와 함께 취급 받게 되어 있었습니다(사
53:12). 또한 손과 발이 찢겨져야 했습니다(시 22:16). 군인들이 속옷
을 나누며 겉옷을 제비뽑아야 했습니다(시 22:18). 이 모든 것이 성취
되었습니다. 예수님에 대해서 씌어진 것 치고 이루어지지 않은 채 있었
던 것은 하나도 없었습니다. 더구나, 이것은 구약 본문에 대한 우리 자
신의 불완전한 지식에 기초한 결론이 아닙니다. 이것은 성경 자체의 가
르침입니다. 성경에서 세번이나 바로 그 요한복음 19:30, 곧 "다 이루었
다"(테레오)라는 말이 이 성취를 나타내는 말로 쓰여집니다. 누가복음
18:31의 말씀을 보십시요 – "예수께서 열 두 제자를 데리시고 이르시

되 보라 우리가 예루살렘으로 올라가노니 선지자들로 기록된 모든 것이 인자에게 응하리라"(우리 말 개역성경에서 응하리라는 말은 성취되리라는 말로 옮길 수 있는 말임 - 역자주). 그 "응하리라"라는 말은 요한복음 19:30에서의 "이루었다"라는 말과 같습니다. 누가복음 22:37의 말씀을 보십시오. "내가 너희에게 말하노니 기록된바 저는 불법자의 동료로 여김을 받았다 한 말이 내게 이루어져야 하리니 내게 관한 일이 이루어 감이니라." 사도행전 13:29의 말씀입니다 - "성경이 저를 가리켜 기록한 말씀을 다 응하게 한 것이라 후에 나무에서 내려다가 무덤에 두었으나 하나님이 죽은 자 가운데서 저를 살리신지라."

확실히 말해서, 메시야의 생애와 사역에 있어서 이루어지지 않은 채 예수님 안에 부족한채 남아 있는 것은 하나도 없었읍니다. 그는 메시야이십니다.

완전한 속죄

이 모든 것을 말한 후에, 우리는 이 말이 가리키는 우선적인 것은 "속죄"임을 덧붙여야 합니다. 이것은 그의 고난의 핵심이요, 그의 일 중 가장 중요한 것이었고, 예언의 제일 되는 촛점이었읍니다. 더구나 이것은 큰 교리적 의미를 갖고 있읍니다. 왜냐하면 만일 속죄의 사역이 이루어진다면, 하나님을 통해서 구원이 우리를 위해서 확보되었으며, 우리가 그것에 더할 수 있는 것이나, 더할 희망을 가질 것이 하나도 없기 때문입니다. 진실로 우리가 구원을 받으려 한다면 그 어느 것도 보태려고 감히 애쓰지 않읍니다.

이 점이 속죄의 요점인데, 그것은 그리스도의 죽으심의 의미에 대한 프로테스탄트의 신조를 탁월하게 특징짓는 것입니다. 곧 카톨릭 신학에 반하여 말입니다. 로마교회(그 문제에 대해서 불건전한 많은 프로테스탄트 교회들도 마찬가지임)는, 그리스도의 죽으심은 그리스도를 믿는 신자가 저지른 죄에 대해서 만족케 할 책임을 벗게 하지는 않는다고 주장합니다. 보다 더 정확히 말해서, 세례 이전에 저지른 죄와 세례 이후에 저지른 죄 사이를 구분하고 있으며, 그러한 죄에 대한 잠시적인 심판과 영원한 심판 사이를 구분하고 있읍니다. 세례 전에 지은 죄에 관해서 그리스도의 죽으심의 유익을 세례의식을 통해서 그 개인에게 적용함으로 도말된다는 것입니다. 세례받고 나서 지은 죄에 대한 영원한 형벌은 지워진다. 그러나 현재적 심판은 그 개인이 이 생애 속에서(성례를 신실하게 활용하거나 공로있는 생활을 통해서)나 아니면 연옥에서 그 사람 자신이 만족한 조처를 취할 것을 요구한다는 것입니다.

이런 구원체계가 공로의 대부분을 하나님의 것으로 허락하며, 신자의 신실성과 공로가 하나님의 예방적인 은혜로 말미암아서 안전하게 성취된다고 인정하지만, 자신의 구원을 위해서 어느 정도의 분량은 스스로 담당할 것을 요구합니다. 그러므로 그리스도의 일이 끝마쳐졌다고 말하는 것은 불가능하게 됩니다. 덧붙여 말할 것이 있습니다. 미사가 있는 것이 바로 이러한 사고방식의 증거입니다. 그 미사 속에서 그리스도의 제사가 부단하게 재연되는 것입니다.

그러나 그것은 옳지 않습니다. 따라서 프로테스탄트 사상은 언제나 바르게 다음과 같이 주장해왔읍니다. "그리스도께서 만족하게 이루시는 것이 죄를 위한 오직 유일한 공의의 만족이고, 그것이 너무나 완벽하고 최종적이기 때문에 신자의 어느 죄에 대해서도 형벌적 개연성을 결코 남겨 두지 않는다." 신자가 자주 이 세상에 삶을 살면서 죄 때문에 징계를 체험하는 경우가 있다는 것은 사실입니다. 물론 신자가 마땅히 받을 만큼의 충분한 분량으로 받지는 않지만 말입니다. 그러나 이것은 그런 공의를 만족시키는 것이 아닙니다. 그것은 다만 징계(훈련)입니다. 그것이 주어진 것은 그것을 통해서 우리가 자라나게 하려 함입니다. 그래서 격렬한 징계의 때에도 "그러므로 그리스도 예수 안에 있는 자에게는 결코 정죄함이 없나니"(롬 8:1)라는 말씀이 여전히 진리입니다.

또 다른 성경적 예증을 들자면, 히브리서 기자는 그리스도의 인격과 직무와 사명의 독특성을 보여 준 다음에 결론 짓습니다."오직 그리스도는 죄를 위하여 한 영원한 제사를 드리시고 하나님 우편에 앉으사 그 후에 자기 원수들로 자기 발등상이 되게 하실 때까지 기다리시나니 저가 한 제물로 거룩하게 된 자들을 영원히 온전케 하셨느니라"(히 10:12-14). 그보다 더 명백한 것이 어디 있을 수 있읍니까? 그보다 더 위대한 것이 어디 있을 수 있읍니까? 머레이는 말합니다. "그의 제사를 어떤 시각으로 본다 할지라도 우리는 그 제사의 독특성을 발견한다. 그의 인격과 사명과 직무의 독특성 만큼 신성한 것으로 말 이다. 그 말고 신인(神人)이 누가 있는가? 그 말고 그러한 제사를 드리기에 합당한 대제사장이 누구인가? 그 말고 그러한 대속적인 피를 누가 흘렸는가? 그 말고 단번에 지성소에 들어가 영원한 구속을 성취하신 이가 누구인가?" 그러한 모든 성질들과 그러한 성취에 비추어서 그 어느 것을 우리가 보탤 수 있다고 생각하는 것은 무례한 일입니다.

> 예수께서 내가 그에게 진 모든 빚을 다 갚으셨네.
> 죄가 주홍빛 같이 진하게 자국 남겼는데
> 예수께서 흰 눈처럼 그것을 씻으셨네.

"그러나 그렇다면 우리가 하도록 남겨 두신 일이 무엇인가?"라고 물을 사람이 있을 것입니다. 하나님의 말씀을 믿고 예수님을 믿는 것 외에는 없습니다. 예수께서 친히 그것을 말씀하셨습니다. 어떤 갈릴리 사람들이 보리떡 몇 개와 물고기로써 많은 수많은 사람들을 먹이실 때 그에게 이런 질문을 던졌습니다. "우리가 어떻게 해야 하나님의 일을 하오리까?" 예수께서 답변하셨습니다. "하나님의 보내신 자를 믿는 것이 하나님의 일이니라"(요 6:28, 29).

핑크는 이와 관련하여 도움이 되는 한 이야기를 들려 줍니다. 그리스도인 농부가 구원받지 못한 친구 목수에게 깊은 관심을 갖고 있었습니다. 그 농부가 복음을 설명하려고 애를 썼습니다. 특별히 그리스도께서 이루신 일의 충족성을 설명하려고 애썼습니다. 그러나 그 목수는 무엇인가 자신이 스스로 해야 한다는 신념을 고집했습니다. 어느 날 그 농부는 그 친구에게 자기를 위해서 한 문짝을 짜달라고 부탁하였습니다. 그 일이 완성되니 가서 그것을 자기 짐마차에 실었습니다. 그는 자기 밭 울타리에 그 문을 걸어 놓고, 그 목수더러 그 문이 잘 걸려 있는지 봐달라고 부탁했습니다. 정해진 시간에 그 목수가 왔습니다. 그러나 그가 거기에 가 보니 그 손에 날카로운 도끼를 들고 농부가 옆에 서 있는 것을 보고 깜짝 놀랐습니다. "아니 뭐할려고 하는거야?"라고 그 목수가 물었습니다. "아 그럴 필요가 조금도 없어. 그 문은 보시다시피 완전하단 말야.

필요한 모든 일은 다 했어." 그 농부는 도끼를 들고 어쨌든 그 문을 찍기 시작했습니다. 그런 일을 계속하니 금방 그 문이 망가지고 말았습니다. "자네가 한 일을 보란말야. 내 일을 망쳐놨잖아!"라고 목수가 울부짖었습니다.

그 친구는 이렇게 말했습니다. "그래. 바로 자네가 하려고 노력하는 일이 그것이지. 그리스도께서 하신 일에다 자네가 비참하게 몇 가지를 첨가함으로써 그 일을 망쳐버리려고 하고 있어." 하나님께서는 이 교훈을 사용하셔서 그 목수로 하여금 자기의 실수를 보게 하셨습니다. 그는 인도함을 받아 그리스도께 자기를 맡겼습니다.

예수님을 위해서 무슨 일을 할까?

그럼에도 불구하고 그리스도를 믿었으니 그리스도인이 할 일이 하나도 없다거나, 그리스도를 믿고 나서는 자기의 행실이 전혀 문제가 되지 않는다는 인상을 남기고 싶지 않습니다. 우리는 분명히 말해 둡시다. 우리가 행했거나, 앞으로 행할 그 어떤 일도 그리스도께서 십자가에서 이루신 그 만족에 가미되어서는 안됨을 말입니다. 그 일은 완벽합니다. 속죄가 이루어졌습니다. 그러나 그러한 경우에 우리가 무엇을 말해야겠읍니까? "자 그리스도께서 그 일을 끝내셨으니 손을 놓고 아무 일도 하지 말자"라고 해야겠읍니까? 천만에 말씀입니다! 오히려 우리는 이렇게 말해야 합니다. "예수께서 나를 위해서 그처럼 큰 일을 바치셨으니, 내가 예수님을 위해서 무슨 일을 할 수 있는지 빨리 말해 주시오."

성경적인 실례를 들어드릴까요? 다소 사람 사울을 보십시오. 그 사람은 다메섹 도상에서 거꾸러졌을 때, 자기에게 당신을 계시해 주신 분이 누군지 알아 보기 위해서 먼저 질문을 던집니다. "주여 뉘시오니이까?"

"나는 네가 핍박하는 예수라" – 그렇게 말씀하신 분을 믿었습니다. 그러고 나서 바울이 바로 던진 질문은 "주여 무엇을 하리이까?"(행 9:5, 6; 22:10). 그리스도께서 그로 하게 하실 일이 있었습니다. 그는 그리스도의 이름을 나타내는 사도가 되어야 했습니다. "내 이름을 이방인과 임금들과 이스라엘 자손들 앞에 전하기 위하여 택한 나의 그릇이라"(15절).

여러분이 반드시 이 일을 해야 하는 것은 아닙니다. 여러분은 사도가 아닙니다. 저도 아닙니다. 그러나 우리는 각각 해야 할 일이 있습니다. 만일 예수님에 의해서 이 세상에 나서, 아직 예수님과 함께 있기 위해서 본향에 가지 못했다면, 우리는 분명히 우리가 해야 할 일을 마치지 못한 것입니다. 그러니 그것을 계속해 나가십시오. 예수님께서 그 일을 마치셨습니까? 그러면 여러분과 저도 우리 일을 마쳐야 합니다. 물론 여러 가지 용기를 잃게 하는 것들이 있습니다. 고난도 있고 연약도 있고 낙담도 있습니다. 그러나 이러한 것들에 지지 말아야 합니다. 우리는 계속해 나가, 우리의 운명의 침대에서 바울처럼 "내가 선한 싸움을 싸우고 나의 달려갈 길을 마치고 믿음을 지켰으니 이제 후로는 나를 위하여 의의 면류관이 예비되었으므로 주 곧 의로우신 재판장이 그날에 내게 주실 것이니 내게만 아니라 주의 나타나심을 사모하는 모든 자에게니라"(딤후 4:7, 8)라고 말할 수 있는 순간까지 계속해 나가야 합니다.

저는 스펄전이 한 말을 가지고 이러한 도전을 여러분에게 하고 싶습니다. "우리 몸에 호흡이 있는 한, 그리스도를 섬기자. 우리가 생각할 수 있는 한, 말할 수 있는 한, 일할 수 있는 한, 그리스도를 섬기자. 우리의 마지막 숨이 다할 때까지 그리스도를 섬기자. 가능하다면 우리가 죽어 세상을 떠날 때 그를 영화롭게 할 어떤 일을 착수하도록 하자."

30

그리스도께서 누구를 위해서 죽으셨는가?

"예수께서 신 포도주를 받으신 후 가라사대 다 이루었다 하시고 머리를 숙이시고 영혼이 돌아가시니라"(요 19:30)

그리스도께서 누구를 위해서 죽으셨는가? 모든 사람들이 구원받도록 하기 위해서 모든 사람들을 위해서 죽으셨읍니까? 보편구원론의 관점대로 말입니다. 예수님께서 모든 사람들을 위해서 죽으셨으나 어떠한 이유에선지는 몰라도 모든 사람들이 다 구원을 받지 못한다는 알미니안주의의 관점대로입니까? 아니면 칼빈주의의 관점대로, 어떤 선택한 수만을 위하여 죽으셨읍니까? 그것에 속한 모든 사람들은 예수님께서 바로 그 사람들을 위해서 죽으셨다는 바로 그 이유 때문에 다 구원받을 것이라는 식으로 말입니다. 이러한 관점들마다 각각 난제를 수반하고 있읍니다. 그래서 많은 사람들은 그러한 문제를 다루려 하지 않습니다. 그러나 우리는 그 문제를 피할 수 없읍니다. 적어도 이 일련의 강해를 해나가는데 있어서 말입니다. 신학은 언제나 그 속죄의 영역을 다루어 왔읍니다. 그 외에도, 우리가 다루는 본문이나 요한복음이 그 점을 암시하고 있읍니다.

이 요한복음 19:30의 말씀은 십자가에서 하신 그리스도의 여섯번째 외침, "다 이루었다"라는 말씀을 내포하고 있읍니다. 그러나 무엇을 다 이루셨다는 말입니까? 우리는 지난 강론에서 무엇보다 먼저 속죄를 다 이루셨다는 것을 알았읍니다. 그러나 속죄가 무엇입니까? 속죄란 어떤 사람들이나 아니면 모든 사람들의 죄에 대한 대가를 실제로 지불함으로 그들이 구원받도록 한 것입니까? 아니면 잠재적인 속죄에 불과합니까? 다시 말하면 사람들이 구원받을 수 있게 만드는 것이지 그 자체가 사람을 하나도 구원하지 못한다는 식으로 말입니다.

요한복음은 우리에게 매우 어려운 대답을 하고 있읍니다. 왜냐하면 요한복음은(아마 다른 복음서보다 더 많이) 그리스도의 일에 대해서 보편적으로 "제한 속죄"로 알려진 관점을 나타내고 있기 때문입니다. 요한복음 10장을 생각해 보세요. 거기서 예수님은 "나는 선한 목자라 선한 목자는 양들을 '위하여 목숨을 버리노라'"라 말씀하셨읍니다. 몇 구절 뒤에 가보면 그는 노골적으로 자기의 말을 듣고 있던 어떤 사람을 그 속에서 제외시키고 계십니다. ─ "너희는 내 양이 아니라"(26절). 그와 유사하게 요한복음 17장에서 노골적으로 "아버지께서 내게 주신 자들"만을 위해서 기도하십니다. 그 어구가 여섯번이나 나오는데 미세한 표현차이만 있읍니다. 이 어구는 모든 사람을 다 내포하지 않습니다. 왜냐하면 그리스도께 주어진 자들을 "세상"과 주의깊게 구분하고 계시기 때문입니다(6, 9, 11-18절).

이 주제를 뛰어 넘는 것은 쉬울 것입니다. 그러나 속죄의 필연성의 문제에 있어서 우리가 그렇게 하면 우리 자신이 상처를 받게 됩니다. 실제로 그 주제는 중요하고 유익합니다. 왜냐하면 연구해나가면서 우리가 알 것이지만 지금 여기 칼 도마에 올려 있는 일은 다름아닌 속죄 본질 자체이기 때문입니다.

"세상"과 "모든 사람들"

그러나 우리는 무엇보다 먼저 우선적인 문제를 다루어야 합니다. 이 것은 사람들이 주장하는 바대로 성경이 그 질문에 대한 분명한 대답을 주고 있다는 단순한 이유 때문에 논의 자체가 사리에 맞지 않는다는 관점입니다. 어떤 사람은 이렇게 물을 것입니다. 성경이 그리스도의 죽음을 무제한적인 방식으로 자주 말한다는 것이 사실이 아닌가? 예를 들어서 이사야 53:6을 생각해 보자. "우리는 다 양 같아서 그릇 행하여 각기 제 길로 갔거늘 여호와께서는 우리 무리의 (우리 모든 사람) 죄악을 그에게 담당시키셨도다." 이 말은 모든 사람들이 죄를 범하였으니 그리스도께서 바로 그 모든 사람들을 위해서 죽으셨다는 말이 아닌가? 다시 히브리서 2:9의 말씀을 보자. "오직 우리가 천사들보다 잠깐 동안 못하게 하심을 입은 자 곧 죽음의 고난받으심을 인하여 영광과 존귀로 관 쓰신 예수를 보니 이를 행하심은 하나님의 은혜로 말미암아 '모든 사람'을 위하여 죽음을 맛보려 하심이라." 또 요한1서 2:2도 해당될텐데 보다 더 분명해 보인다. "저는 우리 죄를 위한 화목제물이니 우리만 위할 뿐 아니요 '온 세상'의 죄를 위하심이라." 이 구절들이 예수께서 모든 사람을 위해서 죽으셨음을 아주 분명하게 가르치지 않는가?

반드시 그렇지 않습니다. 반드시 그렇지 않은 이유는, 성경은 그러한 어휘들을 포괄적인 의미보다 못하게 사용하기 때문입니다. 예를 들어서 "세상"이라는 말이 하늘과 땅 전체를 다 합한 것을 뜻하는 경우도 있습니다(욥 34:13). 때로는 그 말이 땅만을 가리킬 때도 있습니다(시 24:1; 98:7). 하늘만을 가리키기 위해서 사용되는 때도 있습니다(시 90:2). 각 인간 존재를 뜻하는 본문들도 있습니다(롬 3:6, 19). 그러나 다시 그 말이 하나의 큰 그룹을 가리키는 경우도 흔합니다(마 18:7; 요 4:42; 고전 4:9; 계 13:3). 이 마지막 경우가 지배적인 의미가 될 것입니다. 영어에서 우리가 그 말을 사용할 때 그런 뜻으로 쓰지요. 예를 들어서 바리새인이 자기들끼리 "볼찌어다. 너희 하는 말이 쓸데 없다 보라 온 세상이 저를 좇는도다"(요 12:19)라고 말할 때, 그들은 지구상에 있는 모든 사람이나, 이스라엘 내의 모든 사람이 그리스도를 따른다고 말한 것이 아닙니다. 그들은 다만 예루살렘 시민들 가운데 매우 큰 무리를 뜻하고만 있는 것입니다. 만일 "세상"이라는 말이 언제나 "모든 각 인간 존재"를 뜻한다고 고집한다면, 아우구스도 황제 때 "온 세상"이 세금을 내기 위해서 고향으로 가게한 방식을 설명하는데 대단한 어려움을 겪을 것입니다. 야만인들이나 죄수들이나 노예들이나 로마의 영향권 밖에 있는 모든 다른 사람들이 다 간다는 말입니까? 물론 아닙니다. 그 어구는 로마 통치 아래 있던 사람들 중 어느 부류에 해당하는 사람들만을 가리 킵니다.

우리가 지적하고 있는 요점은, "모든 사람들", "온 세상", "우리 모두 들"이라는 말의 용어자체가 문제를 정립하지 않는다는 것입니다. 오히 려 각 어구의 의미는 문맥을 보고 알아내야 합니다. 그래서 이사야 53: 6의 경우에서는 그 어구가 하나님의 백성들, 다시 말하면 분명히 헤매다 가(이것은 하나님의 백성이 아닌 자들에게도 해당됨), 구속을 받은 모 든 사람들(하나님의 백성들이 아닌 자들에게는 해당되지 않음)을 가리 키며 씌어졌다고 그럴싸하게 논증할 수 있읍니다. 히브리서 2:9에서도 그와 유사하게 "많은 아들들"을 가리키는데, 바로 그 다음 구절에서 밝 혀지듯이 영광으로 인도될 자들을 가리키는 것입니다. 요한1서 2:2는 요한이 그 글을 쓸 때 어떠한 강조점을 두고 있느냐의 차원에서 특별한 구속을 믿는 자들을 가리킨다고 보통 보아왔습니다. 요한은 그리스도께 서 드리신 화목제물은 유대인들만을 위하는 것이 아니라 이방인들을 위 해서도 드려진 것임을 보여 주려고 애썼읍니다. 으례 유대인들만 그런 유익을 받는다고 생각될만하지요.

여기서의 요점은 이 구절들에 대해서 그런 식으로 해석하는 것이 옳 으냐하는데 있는 것이 아닙니다. 물론 저는 그렇게 해석하는 것이 옳다 고 믿습니다. 그러나 그 구절들이 그렇게 해석될 수도 있다는 것 뿐입니 다. 따라서 제한 속죄 대(對) 무제한 속죄의 문제는 다른 차원에서 해결 되어야 합니다. 그밖에 그 문제는 제한 속죄를 암시해주는 구절들을 참 작해야 합니다. 그 구절들 중 몇을 이 강론의 첫 부분에서 인용하였고, 그 중 더 많은 구절들을 뒤에 가서 소개할 것입니다.

중심적 문제

이 전체 논의에 있어서 중추적인 문제가 되는 것은, 어느 편에 얼마나 많은 구절들이 연관되어 있느냐 하는 것이 아닙니다. 또는 그리스도의 죽으심이 세상의 죄들을 속하기에 충분한 가치를 지니고 있었느냐 하는 것도 문제의 촛점이 아닙니다. 그런 문제라면 대답은 분명합니다. 그리스도의 죽으심은 이와 같은 세상의 수백만배에 해당하는 세계나, 그보다 더 많은 것을 위해서 충분한 가치를 지니고 있습니다. 그러나 문제는, 그리스도의 죽으심이 사실상 어느 누구의 죄도 다 속했느냐? 그것이 사실상 어느 개인이나, 어떤 부류의 개인들을 향한 하나님의 진노를 다 가라앉혔느냐? 그리스도의 죽으심이 모든 각 개인으로 하여금 하나님과 화해케 했느냐? 어느 누구도 구속했느냐? 그렇다면 누구를 위해서 하셨느냐? 하는 것입니다.

그 질문이 그런 식으로 던져진다면 가능한 대답은 세 가지 뿐임을 알 수 있습니다.

1. 그리스도의 죽으심은 실제적인 속죄가 아니라, 속죄를 가능케 하는 것이다. 죄인이 죄를 회개하고 예수를 믿을 때 그것이 실제적인 속죄가 되는 것이다.

2. 그것은 하나님이 선택한 백성들의 죄를 위한 실제적 속죄였다. 그 결과 이 사람들이 구원받았다.

3. 모든 사람들의 죄를 위한 실제적인 속죄였다. 그 결과 모든 사람들이 구원받는다.

우리는 즉각적으로 이 세번째 가능성은 기각시킬 수 있습니다. 왜냐하면 성경은 분명히 모든 사람들이 구원받는 것은 아님을 분명히 가르치며 역으로 어떤 사람들은 실제적으로 구원을 받지 못했음을 가르치고 있습니다. 바로가 그 한 실례입니다. 유다도 그러합니다. 부자와 나사로 비유가운데 나온 부자도 그러합니다. 계시록에서 보면 그런 사람들에게 하나님의 최종적인 심판이 임하는 것이 묘사되어 있습니다. 이 세번째 가능성을 제거시킨다면, 이제 선택의 여지는 처음과 두번째의 경우만 남아 있습니다. 선택된 사람들의 특별한 죄를 위해서 실제로 속죄한 것이냐, 아니면 어떤 특별한 죄들을 위한 것이 아닌 무한정한 속죄냐 하는 것입니다. 그러면 성경이 그리스도의 제사에 대해서 어떤 방식으로 말하고 있습니까?

이미 앞 강론들에서 그 대답이 주어졌습니다. 제사와 속죄에 대해서 말한바 있습니다. 요점은 그리스도께서는 실제적으로 한 제사와, 대속물이 되셔서, 그것을 기초로 하여 구원받기로 정해진 사람들이 구원받는다는 것입니다. 화목제물과, 화해와, 구속에 대해서도 말하였읍니다. 이 것들이 각각 지적하는 바는, 그리스도께서 성취한 일의 특별한 국면입니다. 그리스도께서는 화목을 가능케 하시러 오신 것이 아닙니다. 죄에 대한 하나님의 진노를 화목시키러 오셨읍니다. 또한 화해를 가능케 하러 오신 것이 아닙니다. 화해를 하셨읍니다. 또한 구속을 가능케 하기 위해서 오신 것도 아닙니다. 그의 피는 구속의 값이었읍니다.

존 머레이는 그 문제를 이와 같이 물으면서 밝히고 있읍니다. "그리스도의 사명과 성취의 본질 자체가 다음의 문제에 수반된다. 그리스도께서 모든 사람의 구원을 가능케 하고, 구원의 길에 서 있는 장애물을 제거하고, 단지 구원을 위한 조처를 취하기 위해서만 오셨는가? 아니면 영생 얻기로 작정된 모든 사람들의 구원을 안전케 하시기 위해서 오셨는가? 사람들이 구속받을 수 있도록 하기 위해서 오셨는가? 아니면 효과적으로 틀림없이 구속하기 위해 오셨는가? 만일 속죄가 영생을 물려받은 후사들에게 뿐만 아니라 끝내 멸망하는 사람들에게도 해당된다면 속죄의 교리를 근본적으로 뜯어 고쳐야 한다. 그런 경우라면 성경에서 속죄를 한정짓는 장대한 범주들을 희미하게 만들어야 하며, 가장 고귀한 요점과 영광을 그 범주로부터 박탈해야 한다. 우리는 그런 일은 할 수 없다. 속죄, 화목, 화해, 구속의 구원하는 효력은 이러한 개념들 속에서 역시 깊이 못박혀 있다. 우리는 감히 이 효력을 제거하지 못한다. 우리는 우리 주님 자신의 말씀을 숙고하는 것이 좋다. '내가 하늘로서 내려온 것은 내 뜻을 행하려 함이 아니요 나를 보내신 이의 뜻을 행하려 함이니라 나를 보내신 이의 뜻은 내게 주신 자 중에 내가 하나도 잃어버리지 아니하고 마지막 날에 다시 살리는 이것이니라'(요 6:38, 39). 그리스도의 성취 가운데 그 구원의 안전보장이 본래부터 들어 있는 것이다. 이 말은, 구원하기로 계획된 사람들에 대해서, 그 계획과 성취와 최종적 실현이 모두 다 똑같은 분량이라는 뜻이다."

이것이 바로 "제한속죄"라고 불리우는 것입니다. 그러나 이 말은 좋은 명칭이 아닙니다. 왜냐하면 그것이 이런저런 방면에서 모든 것을 제한하기 때문입니다. 칼빈주의자는 그 범주를 제한합니다. 알미니안은 그 권능을 제한합니다. 오히려 문제는, 어떻게 성경이 그리스도의 제사를 묘사하느냐 하는데 있습니다. 대답은 하나님께서 정 하신대로 실제로 성취하신 것으로 그 제사가 묘사되고 있습니다. 그리스도께서 "자기 영혼의 수고한 것"을 보고 "만족히 여긴" 그것이 사실적이기 때문입니다 (사 53:11).

믿음과 불신앙

저는 이러한 결론을 피하기 위해서 한 가지 가능한 방식을 살펴 볼 수 있읍니다. 일단 그것을 시험해 볼 때 그것은 진정으로 가능하지 못하다는 것을 알 수 있지요. 어느 사람은 이렇게 주장할지 모릅니다. 속죄란 사실적인 것이었고, 전세계의 죄를 위한 것이었다. 그러나 모든 사람들이 구원을 받는 것은 아니다. 왜냐하면 그들의 죄가 속함받지 못해서가 아니라, 그들이 그리스도를 믿지 않고 복음을 받아들이지 않았기 때문이다. 그 사람은 또 이렇게 말할 수 있지요. "그것은 선물과 같은 것이다. 선물을 골라서 값을 지불해 놓았다. 그러나 어느 누구에게도 그 선물을 집어가라고 강요할 수는 없다. 세상이 구원을 받았다. 그러나 많은 사람들은 예수님을 믿지않았다는 단순한 이유 때문에 구원을 받지 못한 것이다."

그것이 건전한 이치로 들립니까? 세상의 불신앙의 본질에 관해서 생각해 보기까지는 그렇게 들립니다. 세상의 불신앙의 본질은 무엇입니까? 그것은 구원을 받아들이지 않기로 결심하는 도덕적 중립선택에 불과합니까? 대답은 그것이 하나의 죄라는 것입니다. 사실 모든 죄 가운데 가장 저주받을 죄입니다. 이 말은 단지, 만일 그리스도께서 모든 죄를 위해서 죽으셨고, 불신앙의 죄도 거기에 포함된다면(그리스도께서 진실로 '모든' 죄를 위해서 죽으셨다고 보면), 그들이 복음에 대해서 반응을 나타내던 나태내지 않던 다 구원을 받는다는 뜻이지요. 바로나 유다나 이슬람교도들이나 힌두교도들이나 이교들이 다 하늘에 있을 것이라는 것입니다. 청교도 신학자들 가운데 가장 위대한 신학자인 존 오웬이란 사람은 안셀름이 속죄의 필연성에 대해서 말했던 그 교리를 이렇게 말하였읍니다. "이렇게 그들은 말할 것이다. '저들의 불신앙 때문에 구원받지 못할 것이다'. 그러나 불신앙, 그것이 하나의 죄인가, 죄가 아닌가?

죄가 아니라면 어째서 그들이 그것 때문에 심판을 받아야 하는가? 그것이 죄라면, 그리스도께서 그것에 합당한 형벌을 당하셨다. 그렇지 않으면 그렇게 당하셨을 리가 없다. 그렇다면, 그리스도께서 죽으실 때 담당하셨던 그들의 죄보다 많이 지으면 그리스도의 죽으심의 열매에 참여하지 못하게 된다는 말인데 어째서 그러한가? 만일 그리스도께서 그렇게 하신 것이 아니라면 그들의 모든 죄를 위해서 죽으신 것이 아니게 된다. 그들이 어느 편에 서든지 그들 마음대로 택하도록 하라." 만일 예수께서 모든 사람들의 모든 죄, 불신앙을 포함한 모든 죄를 위해서 죽으셨다면 모든 사람들이 구원을 받습니다. 그러나 성경은 그것을 부인합니다. 그리스도께서 불신앙을 제외하고 모든 사람들의 모든 죄를 위해서 죽으셨다면 어느 누구의 모든 죄를 위해서도 죽으신 것이 아니고, 결국 그렇게 되면 모든 사람들이 다 정죄를 받아야 합니다. 선택한 사람들만의 죄를 위해서 죽으셨다는 것 밖에는 다른 입장이 있을 수 없습니다.

물론 성경이 그것을 가리키고 있습니다.

마태복음 1:21 – "아들을 낳으리니 이름을 예수라 하라 이는 그가 자기 백성을저희 죄에서 구원할 자이심이라 하나라."

마태복음 20:28 – "인자가 온 것은 섬김을 받으려 한 것이 아니라 도리어 섬기려 하고 자기 목숨을 많은 사람의 대속물로 주려 함이니라."

요한복음 13:1 – "유월절 전에 예수께서 자기가 세상을 떠나 아버지께로 돌아가실 때가 이른줄 아시고 세상에 있는 자기 사람들을 사랑하시되 끝까지 사랑하시니라."

갈라디아서 3:13 – "그리스도께서 '우리를' 위하여 저주받은바 되사 율법의 저주에서 '우리를' 속량하셨으니 기록된바 나무에 달린 자보다 저주 아래 있는 자라 하였음이라."

에베소서 5:25 – "남편들아 아내 사랑하기를 그리스도께서 '교회'를 사랑하시고 위하여 자신을 주심 같이 하라."

로마서 8:28-32 – "우리가 알거니와 하나님을 사랑하는 자 곧 그 뜻대로 부르심을 입은 자들에게는 모든 것이 합력하여 선을 이루느니라 하나님이 미리 아신 자들로 또한 그 아들의 형상을 본받게 하기 위하여 미리 정하셨으니 이는 그로 많은 형제 중에서 맏아들이 되게 하려 하심

이니라 또 미리 정하신 그들을 또한 부르시고 부르신 그들을 또한 의롭
다 하시고 의롭다 하신 그들을 또한 영화롭게 하셨느니라. 그러니 이 일
에 대하여 우리가 무슨 말하리요 만일 하나님이 우리를 위하시면 누가
우리를 대적하리요 자기 아들을 아끼지 아니하시고 우리 모든 사람을
위하여 내어 주신 이가 어찌 그 아들과함께 모든 것을 우리에게 은사로
주지 아니하시겠느뇨."

이 구절의 문맥을 보면 하나님께서 값 없이 주시는 그의 아들을 받는
자들이 한정되어 있읍니다. 그들은 하나님의 계획대로 미리 정하신바
되고, 부르신바 되고, 의롭다 하신바 되고, 영화롭게 하신바 된 자들입니
다.

회개하고 복음을 믿으라

또한 다음과 같은 반론을 제기하는 자들도 있읍니다. 만일 하나님께
서 우리 모두를 구원하시려 의도하지 아니하시고, 그리스도께서 온 세
상의 죄를 다 담당하지 아니하셨다면, 그리스도인들이 무차별하게 모든
사람들에게 구원의 복음을 전하는 것이 가능하지 못하다는 식으로 논리
를 펼 것입니다. 사실 어느 누구에게나 구원을 제시하는 것은 불가능합
니다. 왜냐하면 그리스도께서 위하여 죽은 사람인지 아닌지를 우리가
알지 못하기 때문입니다.

두 대답이 있읍니다. 첫째 우리는 어느 누구에게나 구원의 복음을 전
해야 합니다. 왜냐하면 그렇게 하라는 하나님의 말씀이 있고, 우리는 그
렇게 지시하는 성경적인 예증들을 많이 갖고 있기 때문입니다. 만일 하
나님께서 우리에게 모든 사람에게 복음을 전파하라고 말씀하신다면, 이
것은 의미가 있음을 확신해야 합니다. 그러나 그것이 우리에게 의미가
없어 보인다 할지라도 그것을 마땅히 해야 합니다. 에스겔처럼 우리도
말해야 합니다. "주 여호와의 말씀이 나의 삶을 두고 맹세하노니 나는
악인의 죽는 것을 기뻐하지 아니하고 악인이 그 길에서 돌이켜 떠나서
사는 것을 기뻐하노라 이스라엘 족속아 돌이키고 돌이키라 너희 악한
길에서 떠나라 어찌 죽고자 하느냐"(겔 33:11). 다시 이사야처럼 말해
야 합니다. "너희 목마른 자들아 물로 나아오라 돈 없는 자도 오라 너희

는 와서 사 먹되 돈 없이 값 없이 와서 포도주와 젖을 사라"(사 55:1).
또한 예수님처럼 말해야 합니다. "수고하고 무거운 짐진 자들아 다 내게
로 오라 내가 너희를 쉬게 하리라"(마 11:28). 이것은 우리가 지켜야
하는 대계명이요, 본입니다.

　두번째 답변은, 엄격히 말해서 복음이란 사람들이 자기가 기뻐하는대
로 예의바르게 받아들이거나 거절할만한 제안이 아니라는 것입니다. 왜
냐하면 죄에서 돌이켜 예수님께 나오라는 명령이 바로 복음이기 때문입
니다. 우리는 복음을 하나의 제안으로 삼으려는 습관에 빠져왔습니다.
왜냐하면 그렇게 하는 것이 우리 문화 속에서 사회적으로 더 잘 받아들
일 수 있기 때문이죠. 하나님께서 분명히 문화적으로 영향을 받은 우리
의 노력을 사용하십니다. 그러나 엄격히 말해서 복음은 사람들이 원하
는대로 취하거나 취하지 않도록 주위에 널려 있는 것이 아닙니다. 사람
들은 회개하라는 요청을 받습니다. 우리는 그들에게 그러한 요청을 해
야 합니다. 그들이 회개하고 그리스도께 돌아온 연후에야 그들이 그리
스도께서 위하여 죽으신 자들 속에 들어 있음을 알 수 있읍니다.

　스펄전은 위대한 칼빈주의자였읍니다. 그는 제한속죄를 믿고 있었읍
니다. 그러나 그렇다고 해서 그 시대의 가장 효과적인 복음전도자 중 한
사람이 되지 못한 것은 아닙니다. 그는 거짓말을 하지 않았읍니다. 그는
"나는 당신네들이 다 선택받았고, 그러므로 그리스도께서 당신네들을
위해서 죽으셨음을 압니다"라고 말하지 않았읍니다. "당신은 죄인입니
다. 예수님께서는 당신과 나와 같은 죄인들을 위해서 죽으셨읍니다. 만
일 당신이 구원받으려면 회개하고 복음을 믿으시요"라고만 말했읍니다.
하나님께서는 건실하고 정직한 것을 부정직한 것보다 더 높여 주시지
않겠읍니까? 물론 우리는 부정직하게 행하는 걸 지혜롭다고 생각하지만
말입니다.

　하나님께서 진리를 존귀하게 하십니다. 그러므로 우리는 진리를 말할
것입니다. 진리는 얼마나 놀랍습니까! 그리하여 우리는 구원의 단순한
가능성만을 선포하지 않고 구원 자체를 선포합니다. 예수님께서 자기
백성들을 위해서 죽으셨다고 주장합니다. 예수님께서 사실상 그들 대신
죽으신 것입니다. 그들을 위하여 하나님의 진노를 가라앉히셨읍니다(화

목시켰읍니다). 또한 그들을 하나님과 화해시키셨읍니다. 그들의 죄책과
연약의 무서운 굴레에서 그들을 구속해내셨읍니다. 그러므로 그는 충분
하시고 합당한 구세주이십니다. 만일 그분이 여러분의 구세주라면, 여러
분은 분명히 그분에게 나올 것입니다. 여러분은 지금 나오시지 않겠읍
니까? "나는 선택된 사람 중에 속하지 않았어"라고 말하지 마십시요.
그것을 알지 못합니다. 다만 예수님께만 나아오십시요. 예수님께서 여러
분을 위해서 모든 걸 해 놓으셨읍니다. 그가 여러분을 사랑하십니다. 그
가 여러분을 위해서 죽으셨읍니다. 그는 구세주이십니다. 나오십시요!
그에게 나아오십시요!

31

창에 찔린 그리스도의 옆구리

"이 날은 예비일이라 유대인들은 그 안식일이 큰 날이므로 그
안식일에 시체를 십자가에 두지 아니하려 하여 빌라도에게 그
들의 다리를 꺾어 시체를 치워 달라 하니 군병들이 가서 예수
와 함께 못 박힌 첫째 사람과 또 그 다른 사람의 다리를 꺾고
예수께 이르러는 이미 죽은 것을 보고 다리를 꺾지 아니하고
그 중 한 군병이 창으로 옆구리를 찌르니 곧 피와 물이 나오더
라 이를 본 자가 증거하였으니 그 증거가 참이라 저가 자기의
말하는 것이 참인줄 알고 너희로 믿게 하려함이니라 이 일이
이룬 것은 그 뼈가 하나도 꺾이우지 아니하리라 한 성경을 응
하게 하려함이라 또 다른 성경에 저희가 그 찌른 자를 보리라
하였느니라"(요 19:31-37)

우 리는 예수님의 잡히심과, 심문받으심과, 십자가에 못박히심 속에서
하나 이상한 아이러니를 주목한바 있읍니다. 지도자들은 그들의 법
의 미세한 부분에까지 고집을 부리면서도, 무죄한 자를 사형에 처하려
함으로써 그 법의 의도를 깨뜨리고 있읍니다. 그들은 두 가지 공개적인
심문형식을 취하려고 애를 씁니다. 그리고 공식적인 결정을 내리려고
합니다. 그러나 그들은 법적으로 피고의 안전을 요구하는 조항들을 어
기고, 피고에게 변명할 기회를 주지도 않으려 하였읍니다. 자기들이 더

럽혀지거나 유월절 음식 먹기에 합당치 못할까보아서 빌라도의 재판석
에 들어가기를 거부했습니다. 그러나 그들은 진정한 유월절이신 예수
그리스도의 피로써 자신을 더럽게 하였습니다.

　스펄전은 이렇게 말하였습니다. "종교적인 망설임이 죽은 양심 속에
서 살아 있을 수 있다." 실로 그러했습니다. 종교적인 망설임들이 오랫
동안 살아 있을 수 있습니다. 이 구절들에 기록된 사건, 곧 그리스도의
죽으심 이후 즉각적인 순간으로부터 시작된 그 사건 속에서, 우리는 같
은 원리가 작용하고 있는 것을 봅니다.

　십자가에 못박힌 시신을 썩도록 내버려 두든지, 새들이 쪼아먹도록
하든지 하는 것은 로마 사람들의 관습이었습니다. 카르타고 사람들이나
바사 사람들도 그 전에 그렇게 하였습니다. 그러나 팔레스타인에서는
많은 것들이 로마 법보다는 모세의 법의 지배를 받았는데 그 십자가에
못박힌 자들이 죽으면 장사지내도록 허락하였습니다. 율법은 이렇게 말
합니다. "사람이 만일 죽을 죄를 범하므로 네가 그를 죽여 나무 위에 달
거든 그 시체를 나무 위에 밤새도록 두지 말고 당일에 장사하여 네 하
나님 여호와께서 네게 기업으로 주시는 땅을 더럽히지 말라"(신 21:22,
23). 더구나 그 법은 그 범인의 처형을 종교적인 전일에 거행해서는 안
된다고 말하고 있습니다. 유월절이 그런 날이었습니다. 이러한 율법을
존중하여(물론 율법을 주신 자에 대한 존경을 거의 하고 있지 않지만),
종교 지도자들은 이제 빌라도에게 가서 그 십자가에 달린 자들이 빨리
죽게 그 다리를 꺾게 해달라고 요청하였습니다. 다리가 꺾여지면 십자
가에 못박힌 사람은 자기 다리로 자신을 받치기 때문에 몸을 위로 쳐들
수가 없었습니다. 그래서 횡경막을 압박하여 질식해 빨리 죽게 되어 있
었습니다.

　물론 빌라도는 시체들에 대해서는 관심이 없습니다. 그는 지도자들의
소원대로 들어 주었습니다. 빌라도의 명령에 따라 군인들이 십자가에서
고통당하는 세 사람의 다리를 꺾기 위해 서둘렀습니다. 강도들의 다리
가 꺾여졌습니다. 그러나 군인들이 예수님께 와서는 그가 이미 죽어 있
는 것을 보고 다리를 꺾지 않았습니다. 대신 그 군인들 중 한 사람이 창
으로 옆구리를 찔렀습니다. 이미 죽었다는 것을 확인할 양으로 말입니

다. 그 결과 물과 피가 흘러 나왔습니다. 오늘 우리가 살펴 볼 본문 속에서 복음서 기자는 이 사실들을 기록하면서 그것이 성경의 성취로 일어난 것이라고 지시하고 있습니다. 그는 특별히 물과 피가 나왔다는데 주목을 하고 있습니다. 그러면서 "이를 본 자가 증거하였으니 그 증거가 참이라 저가 자기의 말하는 것이 참인줄 알고 너희로 믿게 하려 함이니라"(35절)라 말합니다.

증인이 누구인가?

이 구절에서 목격자의 증언에 호소하고 있는데, 그것이 주석가들을 어리둥절하게 만들었습니다. 증인이 누구인지 확실히 밝히지 않고 있으며, 한 사람인지 두 사람인지 확실히 말하기가 곤란하기 때문에 어려움이 야기되는 것입니다.

세 가지 가능한 해석을 유추해 볼 수 있습니다. 첫째로 복음서 기자가 자기가 묘사한 사건들의 목격자로 자신을 가리키고 있을 수 있습니다. 또는 복음서 저자로서의 자신과, 증인으로서의 두번째 역할 사이를 구분하고 있을 수도 있습니다. 그런 경우라면 증인의 증거는 진실하고 진정한 것이라고 말하고 있는 것입니다(알레디노스). 또한 그 기자는 그것이 진리임(알레데스)을 확증할 수 있다고 말하고 있는 셈입니다. 세번째 가능성은 하나님을 증인으로 내세우고 있는 경우입니다. 복음서 기자가 기록하고 있는 사실이 오직 한 사람에 의해서만 관찰되었던 것이라고 전제하고서 말입니다. 모팥(Moffat)은 자기의 번역문에서 이러한 의미를 드러내고 있습니다. 왜냐하면 "그것을 본 자가 우리로 믿게 하려고 증거하였다(그 증거는 참되니 하나님은 그가 진리를 말하고 있음을 아신다)." 에라스무스(Erasmus)를 비롯해서 현재에 와서는 불트민(Bultmann)으로 대표되는 어떤 학자들은 이것을 약간 다르게 보고는 제2의 인물은 그리스도라고 암시하고 있습니다.

이러한 관점들에 대해서 어떻게 말할 수 있습니까? 그 관점들이 다 가능하지만 증거의 균형은 첫번째 관점을 지지하는 것 같습니다. 두 경우에서 다 사랑하는 제자, 또는 복음서 기자로 신분이 밝혀질 목격자를 가리키고 있다는 것입니다.

학자들이 사도 요한이 복음서 기자가 아님을 보여 주는 논증을 한번도 찾지 않고서 어떻게 여기서 말하는 증인이 사랑하는 제자가 아니라고 부인할 수 있는지 알기 어렵습니다. 무엇보다 먼저 사랑하는 제자는 십자가 가까이 있었다고 언급된바 있읍니다. 왜냐하면 예수님께서 당신의 어머니를 그 사람에게 보호하도록 부탁하셨기 때문입니다(26, 27절).

다시 요한은 열 두 제자 가운데 십자가에 못박히실 때 있었던 오직 유일한 사람으로 언급됩니다. 그는 이 마지막 시간들에 일어난 사건들을 진술하는 속에서 내내 여러 차례 언급된바 있읍니다(13:23; 19:26; 20:2; 21:7, 20). 또한 요한은 베드로가 대제사장의 궁정으로 들어가도록 허락을 받아낸 이름을 밝히지 않은 제자이기 쉽습니다. 요한복음 20장과 21장에서 두 사람이 함께 나타납니다. 19:35에 관한 한 여기서 증인을 언급하는 방식이 복음서의 마지막 구절들과 직접적인 병행을 이룬다는 것은 의미심장합니다. 그곳에 보면 "사랑하는 제자"를 "이 일을 증거하고 이를 기록한 제자"(21:24)로 밝히고 있읍니다. 바로 이 제자가 사도 요한이라는 결론을 거절할 하등의 이유가 없읍니다. 왜냐하면 최소한 두 경우에서 사랑하시는 제자가 열 두 제자 가운데 한 사람으로 밝혀졌고(최후의 만찬에 대한 기록에서와 21장의 마지막 사건에서), 그가 베드로와 밀접하게 연합을 하고 있었다는 사실과, 사도 요한이 요한복음의 어느 곳에서도 이름이 밝혀진 적이 없다는 사실은 그 신분을 충분히 암시해 주는 것입니다.

어떤 사람들은, 요한복음 저자가 사건의 묘사 속에 이런 식으로 자신을 끼워놓고 나서 '그의 증거가 참인줄 아노라'고 덧붙이는 것이 이상하다고 생각했읍니다. 그러나 사실은 이상할 게 없읍니다. 복음서 기자(그가 세베데의 아들 요한이라면)는 이미 십자가에 못박히실 때 그 옆에 있었던 역사적인 인물로 표현되었었읍니다. 따라서 자신이 그러한 능력이 있음을 스스로 주목하는데는 충분한 이유가 있는 것입니다. 이것이 그의 관심이라면, 그가 그것을 쓸 때에 가졌던 그 엄숙함은 일차적으로 어떤 가상된 물과 피의 신비적 또는 성례적 의미에 기인하기 보다는(물론 그런 것도 내포할 수 있지만), 그가 오직 유일한 증인으로 설 수 있다는 사실에 기인할 가능성이 있는 것입니다. 정상적으로 어떤 진리가 확증되기 위해서는 두 세 사람의 증인의 증거가 필요하다는 것을 그는 알고 있읍니다(민 35:30; 신 17:6; 19:15; 요 3:18을 참조).

물과 피

그러나 어째서 이 특별한 사건이 그처럼 주목을 받아야 하는가요? 실로 어째서 그것이 그처럼 강조되어야 합니까? 복음의 중추적인 요점인 예수님의 죽으심은 요한편의 어떤 편집자적인 논평 없이 딱 한 구절 속에 완전하게 기록이 되었읍니다. 이제 언뜻 보기에는 사소한 문제처럼 보이지만, 예수님의 다리가 꺾여지지 않고 물과 피가 창에 찔린 옆구리에서 흘러 나왔다는 것은 "전혀 예기치 않은 어울리지 않는" 주목을 받습니다. 우리는 그 강조점이 어떤 선한 이유 때문에 주어진다는 걸 확신할 수 있읍니다. 심지어 그것이 무엇인지 우리가 알 수 없다 할지라도 말입니다. 더구나 이러한 구절들을 탐색하고 의미를 찾아내는 것이 우리에게 유익할 것임은 틀림 없읍니다.

물과 피에 대해 세 가지의 해석을 제시해드리겠읍니다. 제가 생각하기에 그런 해석법은 바르게 강조된 것이 아닙니다. 그런 다음에 우리가 교훈을 얻을 수 있는 중요한 의미들을 네 가지 제시하겠읍니다.

오늘날 매우 인기가 있음에도 불구하고 그릇된 한 가지 해석법은, 그리스도의 옆구리에서 물과 피가 나온 것은 두 성례(聖禮)를 의미한다는 것입니다. 오스카 쿨만(Oscar Culmann) 같은 적지 않게 무게 있는 학자도 그 점을 강력하게 논증하였읍니다. 그러나 그것의 확증적인 증거는 없읍니다. 요한이 실제로 "피"와 "물"을 이런 식으로 사용하지 않는다는 사실 이외에(쿨만은 요한이 그렇게 사용했다고 믿고 있읍니다), 이 해석에는 초대교회가 "물"을 사용하여 "세례"를 뜻했거나 "피"라는 말을 사용하여 "주의 만찬"을 의미하지 않았다는 치명적인 약점이 있읍니다. 이 해석은 완전히 이해할만한 성례주의자들의 관심에서 나온 해석입니다. 그러나 복음서는 그것을 전혀 암시하지 않고 있읍니다.

두번째 항목으로 열거할 잘못된 접근방식은 그 사건을 신비적으로 보는 방식입니다. 하와가 아담의 옆구리에서 나왔듯이 교회가 아담의 후손인 그리스도의 옆구리에서 나왔다는 것입니다. 그것이 설교학적으로

나 경건적인 가치를 지닐 수는 있읍니다. 그러나 요한이 뜻한 바는 그것이 아닙니다.

어떤 복음주의자들의 그룹 속에서 대단히 인기를 얻고 있으나 제가 생각할 때는 실수라고 보는 세번째 접근방식은 의학적인 방식입니다. 100여년 전에 윌리암 스트라우드라는 이름을 가진 영국의 의사가 「그리스도의 죽으심의 육체적 원인에 관하여」라는 책을 출판했읍니다. 거기서 예수님의 죽음은 어떤 사로잡히고 상한 마음 때문이었다고 주장했읍니다. 그는 주장하기를 큰 정신적 고뇌로 말미암아 그런 일이 야기될 수 있다는 것입니다. "그것은 통상 즉각적인 죽음을 가져 온다. 그 기관을 통해서 미리 흘러 들어간 피가 심낭 속으로 주입이 되는 일이 일어난다 (그 심낭주머니가 심장을 담고 있다). 다른 경우에서는 거의 있을 수 없는 일인데도 그렇게 해서 피가 흘러 넘치면 그 주요 성분 속으로 나누어 들어가 보통 피와 물로 불리워지는 것이 나타나게 된다." 이러한 설명에 있어서 문제는 그것이 어떻게 해서 "물과 피"가 실제로 그리스도로부터 나오게 되었는지에 대한 견고한 설명이 될 수 없다는데 있는 것이 아닙니다. 물론 다른 의사들도 스트라우드의 명제에 대해서 의문을 품었읍니다. 이 설명에 있어서 문제는 그 사건이 스트라우드가 설명한 것과 같은 의미를 전혀 가지고 있지 않다는 것입니다. 그러한 설명을 시도하는 의도는, 예수께서 "상한 마음" 때문에 죽었다는 추측을 하는데 있읍니다. 그러나 복음기사에 따르면 예수님이 그런 식으로 죽으신 것이 아닙니다. 그는 승리에 차서 죽으셨고 그런 다음에 그 영이 떠났읍니다. 더구나 만일 그 영이 우리가 흔히 관상동맥 혈전증이라고 부르는 것에 의해서 떠나게 되었다고 가정한다면, 요한은 이러한 의학적인 사실을 몰랐을 것입니다. 그러므로 자기의 기사에서 그처럼 엄숙하게 그 사건을 기록할 이유가 되지 못한 것이 분명합니다.

본질적인 요점들

요한이 어째서 이 사건을 기록했는지? 다음과 같은 이유들 전부, 아니면 그 가운데 어떤 이유로 그랬을 것이라고 저는 추측합니다. 그 각각의 이유는 본문 자체나, 신약의 다른 주요한 대목들에 의해서 암시되는 것입니다.

1. 사건들을 전적으로 다 펼쳐 보면(우리가 기억해야 하는 바는 군인들이 창으로 그 옆구리를 찔렀을 뿐만 아니라 예수의 다리를 꺾지 않은 일을 수반하는 그 사건들) 의심할 여지 없이 예수께서 정말 죽었다는 사실을 증거하고 있습니다. 다리를 꺾었다는 것은 요한이 지시하는 바와 같이 죽음을 재촉하기 위한 것이었습니다. 예수님의 다리가 꺾여지지 않은 오직 한 가지 이유는 그가 이미 죽었었기 때문입니다. 그러나 어떤 의심도 하지 않기 위해서 병사가 창으로 그 옆구리를 찔렀던 것입니다 — 증인에 의해서 주의 깊게 기록된 모든 것이 그것입니다. 어째서 이것이 중요합니까? 부활에 관한 그 후의 주장들의 관점에서 볼 때 중요하였읍니다. 예수님께서는, 단순히 기절하였다가 후에 찬 무덤에서 살아나셔서, 마치 죽은 자 가운데서 살아난 것처럼 제자들에게 모습을 드러내신, 그런 것이 아닙니다. 실제로 죽으셨고 실제로 부활하셨읍니다. 그러기 때문에 그 상세한 국면들이 중요한 것입니다. 그러나 요한이 글을 쓸 때쯤 해서 교회에 침투하기 시작했던 영지주의(Gnostic)의 교훈의 관점에서 중요했읍니다. 영지주의는, 예수님께서 정말 실제 몸을 입은 사람이 아니었다고 주장했읍니다. 이 사건은 그 영지주의의 관점이 잘못되었음을 입증하며, 대조적으로 예수님께서 우리를 위해서 죽음을 실제로 맛보셨음을 보여 주고 있읍니다.

우리가 신앙고백을 할 때 그 점을 언급합니다. 고린도전서에서 바울이 인용한 가장 중요한 신앙고백은 "내가 받은 것을 먼저 너희에게 전하였노니 이는 성경대로 그리스도께서 우리 죄를 위하여 죽으시고 장사 지낸바 되었다가 성경대로 사흘만에 다시 살아나사"(고전 15:3, 4)입니다.

그와 유사하게 사도신경도, 예수께서 "본디오 빌라도에게 고난을 받으사 십자가에 못 박혀 죽으시고 장사 지내셨음"을 확증하고 있읍니다. 요한복음은 죄를 위해서 실제로 죽으시고 그 다음에 실제 부활이 따라왔다고 말하고 있읍니다.

2. 요한이 기록한 사건들은 성경의 성취를 요점적으로 지적하고 있읍니다. 만일 우리가 그 구절들을 건성으로 살펴본다 할지라도 요한이 강

조하는 것이 그 점임을 알지 못할 수가 없습니다. 요한이 강조하는 것은 성경의 주목할 만한 성취였읍니다. 왜냐하면 그것이 알기 어렵고, 참말 같지 않은 일이었기 때문입니다. 처음에 두 성구가 이루어졌읍니다. 시편 34:20 "그 모든 뼈를 보호하시며 그 중에 하나도 꺾이지 아니하는도다" 그리고 스가랴 12:10의 말씀입니다. "그들이 그 찌른 바 그를 바라보고." 하나는 소극적인 국면이요 또 다른 하나는 적극적인 국면입니다. 하나는 구주의 뼈가 꺾이지 않아야 함을 말하고, 또 하나는 구주께서 창에 찔려야 하는 것을 말하고 있읍니다. 군인들이 하려고 했던 일은 이 두 예언에 정반대였읍니다. 그들은 두 강도의 다리와 함께 예수님의 다리도 꺾으려 하였읍니다. 또 창으로 찌르려는 의도가 하나도 없었읍니다. 그럼에도 불구하고 예언대로 이루어졌읍니다. 그 짐승같은 사람들을 특별한 명령이 떨어진 그 포학한 일을 하지 못하게 하고, 대신 명령하지 아니한 다른 일들을 하도록 어떻게 유도할 수 있읍니까? 오직 한가지 답변만이 있읍니다. 그 예언을 하도록 영감하신 하나님께서는, 위압적인 상황에 의해서 그 예언이 이루어질 것을 아셨읍니다.

그리스도께서 위하여 죽으신 우리와 관계되는 예언들을 포함하여 그의 말씀의 모든 예언들을 그렇게 성취하지 아니하시겠읍니까? 그러니 하나님의 말씀을 믿읍시다. 스펄젼은 말합니다. "우리 주님의 뼈는 꺾어지지 않아야 했으며, 그래도 주님이 창에 찔림은 받아야 했는데, 그것은 정말 일어날성 싶지 않은 일이었다. 그러나 그 일이 이루어졌다. 그러니 다음에 그럴상 싶지 않은 약속을 만나거든 견고히 그 약속을 믿어라. 또 하나님의 진리와 위배되는 어떤 일이 진행되어 나가는 것을 보면 하나님을 믿고 다른 것을 믿지 말라. 하나님께서는 진리를 말하고 모든 사람은 다 거짓말장이다. 사람들과 마귀가 하나님으로 하여금 거짓말을 하도록 부추기지만, 하나님이 말씀하신 것을 꼭 붙잡으라. 하늘과 땅은 없어질지라도 하나님의 말씀은 일점일획도 땅에 떨어지지 않을 것이기 때문이다."

3. 예수님의 뼈가 꺾어지지 않았다는 것은 그 분이 당신 백성들의 죄를 위해서 죽임을 당한 유월절 어린 양임을 지시하고 있는 것입니다. 바로 전에 우리가 시편 34:20의 말씀을 인용한 바 있읍니다. "그 모든 뼈

를 보호하시며 그중에 하나도 꺾이지 아니하는도다." 바로 요한이 이 구절을 생각하고 있는 것입니다. 구약 전체에서 그와 같은 구절은 전혀 없읍니다. 그러나 우리가 솔직하다면, 이 시편을 자세히 읽으면 이 구절이 메시아에게 적용되어야 한다는 느낌을 받지 못함을 대번에 인정해야 합니다. 오히려 다윗이 쓰고 있는 그 의인을 가리키고 있읍니다. 그러면 무엇이 잘못입니까? 그러면 요한 편에서 꾸며낸 것입니까? 전혀 아닙니다. 그는 이 시편을 가리키고 있는 것이 분명합니다. 그러나 그는 더 큰 것을 생각하고 있읍니다. 그는 유월절 제도 속에는 유월절 어린 양의 뼈가 꺾여져서는 안된다는 지시가 노골적으로 드러나 있음을 기억하고 있읍니다. 출애굽기 12:46은 이렇게 선언합니다. "한 집에서 먹되 그 고기를 조금도 집 밖으로 내지 말고 뼈도 꺾지 말찌며." 다시 민수기 9:12에는 "아침까지 그것을 조금도 남겨 두지 말며 그 뼈를 하나도 꺽지 말아서…"라 되어 있읍니다. 언뜻 보기에 의미가 없는 유월절 의식의 이 국면과, 의미없어 보이는 예수님의 죽으심의 이 국면이 하나님의 섭리 가운데 서로 결합되어 예수님이 우리로 영적 구원을 얻게하는 유월절 어린 양임을 밝혀 주고 있읍니다.

물론 요한은 이것을 내내 알아 왔읍니다. 그는 십자가의 못박히심의 사건들을 묘사하되, 유월절 어린양이 죽임을 당하는 바로 그 순간에 그리스도께서 죽으셨다는 것을 염두에 두는 방식으로 묘사했읍니다. 사실 요한은 13장으로부터 시작되는 이 요한복음의 마지막 대목의 초두에서 "그 날이 유월절 예비일이니"이 모든 것들이 이루어졌음을 지시하고 있읍니다.

모든 유대인들은 유월절의 의미를 알았읍니다. 이 사건을 통해서 하나님께서는 백성들이 애굽에서 노예 가운데 있는 것을 건져 내셨읍니다. 하나님께서 바로 이 밤에 애굽에 내린 하나님의 열가지 심판 중 마지막 심판, 모든 가정의 장자가 죽임을 당하는 심판을 행하실 것이라고 말씀하셨읍니다. 하나님께서 천사를 보내 그 온 나라의 장자들을 죽이실 참이었읍니다. 유대 가정들이 이 가르침을 따른다면 유대 가정들의 장자들은 죽지 않을 것입니다. 그들은 어린 양을 잡아 들였읍니다. 그 어린 양을 집에 3일 동안 가두어야 했으며, 흠과 점이 없어야 했고, 그런 다

음에 그 어린 양을 죽여야 했읍니다. 그런데 그들은 그 어린 양의 피를
취해서 그것을 집의 문설주와 문턱에 발라야 했읍니다. 죽음의 천사가
오면 피를 보는 곳마다 그 천사가 "넘어가게" 될 것입니다. 그래서 그
집의 거민들은 안전하게 보전될 것입니다. 이것은 민족적 대사건이었고,
축제였는데, 유대인들이 그 날을 기억하기 시작할 때 나사렛 예수께서
죽임을 당하셨읍니다. 요한이 지시하는 바는(하나님께서 요한을 통해서
말씀하고 계심) 예수님께서는 구약의 중요한 모형의 완전한 성취라는
것입니다. 우리는 죄인들 입니다. 우리는 죽어 마땅합니다. 하나님의 심
판의 천사가 오고 있읍니다. 그러나 예수님께서 우리 대신 죽으셨읍니
다. 그 피가 우리 죄를 씻었읍니다. 이제 그 죽으심 때문에 심판의 천사
가 그를 믿는 모든 사람들을 지나갈 것입니다.

　4. 요한이 이 구절의 말씀을 쓴 네번째 이유를 살펴봅시다. 특별히 물
과 피에 관심을 불러 일으키는 구절들을 쓴 이유를 말입니다. 요한은 이
사건을 그야말로 스가랴 12:10의 예언의 성취로 보고 있읍니다. 그것을
연구했던 많은 사람들은 그 구절을 보고 멈췄읍니다. 그러나 요한이 말
하고 있는 것의 의미가 그 스가랴 예언을 따라 다섯 구절 더 내려가면
발견됩니다. 곧 스가랴 13:1입니다. 그것은 사실상 그 앞의 대목에 속하
는 것입니다. 그 구절은 한 날을 말하는데, "그 날에 죄와 더러움을 씻
는 샘이 다윗의 족속과 예루살렘 거민을 위하여 열리리라." 요한은 이
구절을 틀림없이 알고 있었읍니다. 더구나 그는 구약으로부터 죄를 씻
기 위해서 "피"가 중요하다는 것을 알았읍니다("피 흘림이 없는 죄
사함도 없다" 히 9:22). 그리고 부정한 것을 정결케 하기 위해 "물"의
중요성을 알았읍니다. 그러므로 그가 이러한 요소들이 창에 찔린 그리
스도의 옆구리에서 흘러 나오는 것을 보고 이 예언들을 회상했읍니다.
그리고 바로 그 사실이 죄와 그 더러움에서 건져내고 씻는 일은 예수님
의 죽으심 속에서 발견되어야 한다는 가르침으로 인식했읍니다.

　그것을 인식한 또 다른 사람이 있읍니다 ― 윌리암 쿠퍼(William
Cowper)인데, "보혈로 가득한 샘 있네"라는 찬송시를 쓴 영국 시인
입니다. 그는 이 사건을 회상하면서 그 찬송시를 썼읍니다.

임마누엘의 혈관에서 흘러 나오는 피로 가득한 샘 있네
죄인들은 그 피로 씻겨지고
그들의 죄책어린 모든 오염 사라지네.
죽어가는 강도 그 옛날에 그 샘을 보고 기뻐하였네
그 강도처럼 비열한 나도 거기서 내 모든 죄를 씻어 버리게 하소서.
믿음 가진 날 부터 당신 상처에서 흐르는 그 피 줄기를 보았네
구속하신 사랑이 내 노래 제목이 되어 죽을 때까지 그러하겠네.
죽어가는 사랑하는 어린 양의 보배로운 피
영원토록 그 능력을 잃지 않아
결국 속량받은 하나님의 모든 교회가 구원받으리
(우리 한국 찬송가 190장의 가사인데, 본래의 의미를 밝히기 위해서 역자
가 직역했음 – 역자주).

사도 요한, 윌리암 쿠퍼, 셀 수 없는 많은 다른 사람들이 이 진리를
알았고, 그리스도의 죽으심을 즐거워 했는데, 그 그리스도의 죽으심으로
말미암아 우리가 구원 받습니다. 어떤 의미에서 모든 신자는 이 진리를
좋아합니다. 비록, 신자가 제가 해석하는 것 처럼 이 특별한 구절들을
이해하지 못할 수도 있지만 말입니다. 여러분은 그 수에 속해 있습니까?
믿음으로 말미암아 여러분의 문설주에 완전한 유월절 어린 양의 피를
발랐읍니까? 여러분이 예수님을 믿었읍니까? 그렇지 않다면 그리스도의
옆구리를 찌른 창이 여러분의 마음도 찌르기를 바랍니다. "그리스도를
바라볼 때" 여러분의 마음이 찢겨지기를 바랍니다. 이 구절을 기록한 요
한의 의도가 그것이었읍니다. 예수님을 바라보고 믿도록 하는 것이 요
한의 의도란 말입니다. 그렇게 믿음으로 바라보는 것에 구원이 있읍니
다. 예수님을 바라보십시요. 예수님을 믿을 모든 사람들은 바로 이 순간
에 생명을 갖습니다.

32

죽으실 때 부자와 함께 됨

"아리마대 사람 요셉이 예수의 제자나 유대인을 두려워 하여
은휘하더니 이 일 후에 빌라도더러 예수의 시체를 가져가기를
구하매 빌라도가 허락하는지라 이에 가서 예수의 시체를 가져
가니라 일찍 예수께 밤에 나아왔던 니고데모도 몰약과 침향
섞인 것을 백 근쯤 가지고 온지라 이에 예수의 시체를 가져다
가 유대인의 장례법대로 그 향품과 함께 세마포로 쌌더라 예수
의 십자가에 못 박히신 곳에 동산이 있고 동산 안에 아직 사람
을 장사한 일이 없는 새 무덤이 있는지라 이 날은 유대인의 예
비일이요 또 무덤이 가까운고로 예수를 거기 두니라"(요 19:
38-42)

요한복음 19장을 결론 짓는 마지막 몇 구절이, 숨어서 예수님의 제자
노릇을 하는 경우를 보여 주는 첫번째 것은 아닙니다. 오히려 이
본문은 그러한 상황에 대한 가장 서글프고 가장 두드러진 실례를 보여
주고 있습니다. 은밀하게 제자 노릇을 하는 것을 처음 논의한 것은 요한
복음 12장에서 였습니다. 요한복음 12장에서 복음서 저자는, 이사야의
예언대로 자기 백성들에게 예수님이 배척 받으시는 것을 요약하고 나서
"그러나 관원들 중에도 저를 믿는 자가 많되 바리새인들을 인하여 드러
나게 말하지 못하니 이는 출회를 당할까 두려워 함이라 저희는 사람의

영광을 하나님의 영광보다 더 사랑하였더라"(42, 43절)고 덧붙이고 있습니다. 요한복음 12장에 나오는 말씀은 이 은밀한 신자들이 누구였는지 말해 주지 않습니다. ─ 결국 그들은 "숨어서" 믿는 사람들 이었습니다. 그러나 요한복음 19:38-42에서는 아리마대 요셉과 니고데모 속에서 두 실례를 발견하게 됩니다.

이 두 사람에 대해서 대단히 많은 것을 알지는 못합니다. 그러나 우리가 아는 것은 의미가 깊습니다. 그들은 각각 부자였고 탁월한 사람들 이었음을 압니다. 둘 다 산헤드린 공회원 이었습니다. 그들은 예수님을 믿었습니다. 최소한 어느 정도 말입니다. 물론 그들이 거듭났는지 거듭나지 않았는지에 대해서 확실히 말할 수 없지만 말입니다. 니고데모는 예수님의 공생애 초에 예수님더러 최소한 "하늘로서 온 선생"이라고 고백했습니다(요 3:2). 그러나 그가 그 때에 예수님께 공개적으로 나올 수 없게 했던 그 두려움이 ─ 그는 밤중에 왔고, 복음서 기자가 그 사람을 언급할 때 마다 그러한 반응의 모습을 되풀이 하고 있음 ─ 역시 주님의 지상 공생애 기간 동안 그에게 나오지 못하게 했고 예수께서 정죄 받아 십자가에 못 박히는 순간에도 침묵을 지키게 했습니다. 아리마대 요셉은 "제자"로 묘사되기도 했으며(요 19:38; 마 27:57 참조), "존귀한 공회원이요 하나님의 나라를 기다리는 자라"(막 15:43), "선하고 의로운 사람"(눅 23:50)으로 묘사되고 있습니다. 또한 예수님을 정죄한 사람들의 "결의와 행사에 가타 하지 아니한 자"라고 기록되어 있습니다(눅 23:51). 그럼에도 불구하고 요셉의 항거는 분명히 침묵적인 것이었읍니다. 그러므로 그가 회심했는지에 대해서는 분명히 말할 수 없습니다. 그럴 수도 있죠. 그 묘사는 니고데모의 경우보다 더 도움을 주는 것이었읍니다. 그러나 확신할 수도 없읍니다. 신약성경이나 초기 기독교 문서들 가운데서 그 점이 언급되고 있지 않습니다.

"그러나 이 사람들은 최소한 예루살렘에서 머물러 있으면서 보다 더 내놓고 장담했던 제자들이 다 도망쳤는데도 주님의 시체를 돌보고 있지 않는가"고 말씀하시겠읍니까? 그렇습니다. 그러나 요셉과 니고데모가 제자라는 사실 보다는 열두 제자의 실패에 대해서 더 많이 말하고 있을 따름입니다. 영생을 소유했다기 보다는 죄책 어린 양심을 가진 사람들이 많은 기념비를 세우기도 했고, 많은 스테인드 글래스 창문들을 건조하기도 했고, 많은 신학 강좌들을 위해서 헌금을 하기도 했습니다.

다시, 심지어 요셉과 니고데모가 신자들이라 할지라도, 우리가 주목하지 않을 수 없는 것이 있습니다. 곧 "그들이 주님을 고백했더라면 좋을 뻔 했을 때에도 겁이 나서 자기들이 고백하지 못했던 그 주님의 시체를 보고, 존귀와 눈물을 쏟아 붓기에는 너무 때가 늦었다는 사실을 알았음에 틀림없는" 바로 그 때에야 나왔다는 사실입니다. 우리 시대에 그와 같은 사람들이 얼마나 많습니까! 그들은 믿지만 너무 때가 늦을 때까지 아무 말도 하지 않습니다. — 그들이 인생의 전투가 다 지나고, 또는 일을 하기에는 너무 늙었을때까지 기다리다가 아무 말도 하지 못하는 것입니다. 여러분은 이 니고데모와, 아리마대에서 온 이 공회원같은 사람은 아닙니까? 그렇다면 기독교에 아주 가까이 접촉을 하고 있으면서도 전혀 구원받는 믿음을 갖고 있지 않은 수백만의 사람들에게 여러분이 얼마나 가까이 접근해 있는지를 보여 줌으로써 여러분의 마음을 산란케 하고 싶습니다. 여러분을 움직여 장례 행렬에서 보다 그리스도의 교회에서 무엇인가 더 많이 말할 수 있게 했으면 좋겠습니다. 여러분이 살아 계신 하나님의 증인이 되었으면 하고 저는 바랍니다.

제가 어떻게 이 일을 할까요? 두가지 방식으로 할 수 있습니다. 먼저 은밀하게 주님을 믿는 태도의 원인을 보여주고 싶습니다. 또한 그것이 얼마나 불필요하며 위험천만인가를 보여주고 싶습니다. 그런 다음에 그리스도를 공적으로 고백하지 못하는 것의 서글픈 결말들을 보여주고 싶습니다.

유대인들을 두려워 함

아리마대 요셉과 니고데모로 하여금 예수님을 고백하지 못하게 붙잡았던 원인 속에 신비로운 것이 하나도 없습니다. 요한이 말하듯이 그것은 "두려움", "유대인들에 대한 두려움" 이었습니다. 요한복음 19장에서 이 설명을 들으면서, 저는 요한복음 12장에서 공적으로 그리스도를 고백하지 못한 동일한 실패를 설명하면서 약간 다르게 말하고 있는 것을 이것과 대조시키지 않을 수 없습니다. 거기에서 보면 많은 사람들이

"사람의 영광을 하나님의 영광보다 더 사랑하였기 때문에" 드러나게 주님을 믿는다는 말을 하지 못했다고 기록되어 있습니다(43절). 그 점을 보고 제가 생각하지 않을 수 없는 것은, 다른 사람들로부터 칭찬을 구하려는 허망함을 버린 후에라도 다른 사람들로부터 조소를 당할까 두려워하는 마음이 하나의 방해물로 여전히 살아남아 있다는 점입니다.

요셉과 니고데모가 처음에는 다른 사람들로부터 좋은 평판을 얻기 위하여 자기들이 추구했던 류의 삶을 추구했을지도 모른다는 상상을 할 수도 있습니다. 아마 대단한 정당성이 있다고 저는 생각합니다. 오늘날도 분명히 많은 사람들이 그렇게 합니다. 어떤 사람들은 부를 통해서 그것을 추구합니다. 왜냐하면 부자는 일반적으로 행운이 더 적은 사람들에게 존경을 받기 때문입니다. 어떤 사람들은 특권적인 칭호와 지위를 통해서 그것을 추구합니다. - 산헤드린 공회원이나, 시 의회원이나, 변호사나, 시 기관의 회원이 됨으로써 말입니다. 그러나 이러한 것들은 시간이 지나면 다 사라져 버립니다. 지각있는 사람들은 끝내 인간에게서 받는 영예라는 것이 허망하다는 것을 알고 환멸을 느낍니다. 그런 다음에 어떻게 합니까? 의식을 되찾고 가치있는 것들을 위해서 허망한 것들을 버립니까? 또 그럴 때도 있죠. 그러나 언제나, 또는 통상적으로 그런 것은 아닙니다. 그렇게 하지 않는 거의 모든 사람들의 이유는, 다른 사람들이 어떻게 생각할까에 대한 두려움에 사로잡히는 것입니다. 많은 사람들이 칭찬을 받고싶어하는 욕구때문에 그리스도를 믿는다는 소리를 내놓고 못하는 것은 아니면서도, 어떤 사람들이 자기들을 경멸하거나, 비웃을까 생각하여 그리스도를 믿는다고 내놓고 말하지 못합니다.

알렉산더 맥클라렌은 이 주제에 대해서 탁월한 말을 하였읍니다. "오늘날에는 우리 거의 모든 사람을 만족시키는 일반적인 류의 기독교를 믿는다고 고백해도 무섭게 할 만한 것이 사회조직 가운데 하나도 없읍니다. 오히려 우리 중류층에 속한 사람 거의 대부분에게 있어서는 이러저러한 의미에서 그리스도인이라고 말하는 것이 적당합니다. 그러나 진정한 신앙을 고백하고 진실로 그리스도의 제자로서 삶을 살아나가는 문제에 봉착하게 되면, 이 본문에 나오는 두 겁쟁이의 길을 막아 놓았던 장애물과 매우 다르기는 하지만 오늘날 방식대로 그러한 진짜 제자의 도리를 하지 못하게 방해하는 무서운 것들이 많습니다. 손가락질 받으며 조소를 당할까 두려워해서 어떤 부류에서는 내놓고 그렇게 믿는다고 공언하기를 부끄러워 하면서 사회적이고 도덕적인 문제들에 대해서만 신념을 가지고 있는 사람들이 우리 가운데 얼마나 많습니까? 몰래 믿는 것이 저주스러움을 발견하는 것은 교회에서나 순전히 종교적인 믿음의 영역에서 뿐 아니라, 모든 영역에서 입니다. 여전히 논란의 주제가 되는 도덕적 문제들이 있고, 그 도덕적 문제들이 모든 사람들의 환대로 높여지지 않을때, 사람들은 자기들의 확신을 가슴속에 숨겨놓게 되고 입술로 발설하지 않습니다. 솔직이 공인해야 할 가장 큰 필요가 있을때 말입니다. 오늘날 정치적이고 사회적이고 도덕적인 갈등의 문제마다 '그 나름대로의 은밀한 신봉자들'을 가지고 있습니다. 그들은 전투가 끝나면 자기들 참호 밖으로 나와서 가장 큰 소리로 그제야 소리를 지르는 사람들 입니다."

인간성의 모든 악이 "비밀의 꺼풀"을 다 벗고 나와 본질적으로 "선한" 인간 정신의 순전하고 자연스러운 표현으로서의 참에 대한 인정을 요란스럽게 요구하는 때에 어째서 많은 신자들(또는 신자들로 추정되는 사람들)이 그리스도를 위해서 밖으로 나오는 일을 하지 못하는가요? 그것은 두려움, 어떤 사람이 무슨 말을 할까에 대한 두려움 때문입니다.

그것은 얼마나 불필요하고 얼마나 위험천만한 일입니까! 조롱을 받는 때는 하등의 위험이 없기 때문에 불필요하다는 말씀입니다. 그것이 불쾌하고 입맛이 쓸 수 있죠. 우리는 천성적으로 우리 당대의 사람들이나 동료들로부터 그와는 다른 대접을 받기를 좋아할 수도 있습니다. 그러나 조롱을 받는다고 해서 어떤 위험을 당할 염려는 없습니다. 사실 그 정반대입니다. 우리가 의를 위해서 산다면 우리는 가장 안전합니다. 우리가 침묵을 지키고 있을 때 이 세상의 삶 속에서 뿐만 아니라 다가올 내세의 삶의 관점에서 볼 때 가장 위태롭습니다.

만일 여러분이 그리스도를 내놓고 고백하지 못하고 여러분에게 어떠한 일이 닥쳐온다고 할지라도 그리스도 편에 서겠다는 결심을 굳히지 못하고 있다면, 아마 여러분의 실패를 다음과 같은 모양으로 합리화 시킬 것입니다. "내가 증거한다 해도 아무 유익이 없을 것이다. 문제는 내가 하나님의 자녀이며, 침묵하고 있을 때도 자녀일 수 있다." 그럴 수 있을까요? 그리스도를 공적으로 고백하지 않는데 정말 거듭났다고 확신할 수 있습니까? 여러분은 성경을 알고 있죠. "아무든지 나를 따라 오려거든 자기를 부인하고 날마다 제 십자가를 지고 나를 좇을 것이니라" (눅 9:23). "누구든지 자기 십자가를 지고 나를 좇지 않는 자도 능히 나의 제자가 되지 못하리라"(눅 14:27). "네가 만일 네 입으로 예수를 주라 시인하며 또 하나님께서 그를 죽은 자 가운데서 살리신 것을 네 마음에 믿으면 구원을 얻으리니 사람이 마음으로 믿어 의에 이르고 입으로 시인하여 구원에 이르느니라"(롬 10:9,10). "누구든지 사람 앞에서 나를 시인하면 나도 하늘에 계신 내 아버지 앞에서 저를 시인할 것이요 누구든지 사람 앞에서 나를 부인하면 나도 하늘에 계신 내 아버지 앞에서 저를 부인하리라"(마 10:32, 33).

만일 여러분이 공적으로 그리스도를 고백하거나, 조롱을 받더라도 그리스도 편에 서는 입장을 취하지 않으면, 여러분이 본디오 빌라도와 무언가 다르다고 생각할 만한 권리가 있는지 모르겠습니다. 본디오 빌라도로 하여금 의를 행하지 못하도록 방해한 것은 두려움이었기 때문입니다. 그리스도를 존중합니까? 빌라도도 그러했습니다. 정말 바른 일을 하고 싶어 합니까? 빌라도도 그러했습니다. "예수님 안에서 아무 죄도 찾지 못한다"고 말씀하시렵니까? 빌라도의 증언도 그러하였습니다. 그러나 가이사에 대해 빌라도가 가진 두려움이 그의 보다 고상한 본능적 성향을 능가해 버렸습니다. 빌라도는 구원받지 못한 영혼입니다. 그는 영원토록 지옥에 있습니다. 그러니 여러분은 빌라도의 자취를 따라가지 않도록 조심해야 합니다.

교제의 상실

거의 모르게 믿기는 하지만 주 예수 그리스도를 진실로 믿는 신자일 수가 있습니다. 그렇다면 그리스도를 공적으로 선포하지 못한 것이 가져오는 서글픈 결과를 보여드림으로써 일찌감치 담대함을 가지라고 격려하고 싶습니다.

첫번째 결과는 그리스도와의 교제의 상실입니다. 니고데모와 아리마대 요셉의 경우에 있어서 가장 분명하게 드러난 요점이 그것이라고 생각합니다. 요셉이 먼저 예수님에 대해서 들었고 예수님을 믿었던 때가 언제인지 우리는 알지 못합니다. 그러나 그 시기가 아마 초기였을 것입니다. 니고데모는 예수님을 처음부터 알았습니다. 왜냐하면 예수님의 가르침과 이적이 처음으로 알려졌을때 예수님께 나왔기 때문입니다. 이 사람들은 2년, 또는 3년 동안 예수님과 가장 깊은 교제를 나누며 교통할 수 있는 유익을 누릴 수 있었습니다. 예수님의 교훈을 통해서 배울 수도 있었을 것이고, 예수님의 모범을 통해서 유익을 얻을 수도 있었을 것이고, 세상에 하나님의 나라가 어떻게 이루어져 나가는가에 대해서 직접 주님으로 부터 가르침을 받을 수도 있었을 것입니다. 요셉이 사실상 "하나님의 나라를 기다리는 사람"이라는 말씀이 성경에 있습니다. 그럼에도 불구하고 바로 그 가운데에 하나님의 나라가 있는데도 그것을 놓치고 말았습니다. - 그리스도를 공적으로 고백하지 않았기 때문입니다.

다시 저는 여기서 맥클라렌의 말을 인용해 보려고 합니다. "언제나 그러합니다. 몰래 예수님을 믿는 것은 자기와 주님과의 교통을 상실해 버리고 맙니다. 태양을 향하여 열려 있는 가슴 속에 빛과 따스함을 누리는 골짜기들이 있습니다. 그런데 빛을 싫어하며 빛을 등지고 있는 좁은 바위 틈이 있는데 그것은 몹시 습하고 어둡고 음침합니다. 주님과 가장 진실한 교제를 누리는 사람들은 와서 자기들이 주님의 제자임을 공언하는 사람들 입니다. 어떤 의무라도 게을리 하면 그 사람과 주님과의 사이에는 하나의 얇은 막이 생겨나게 됩니다. 어떤 의무라도 알고서도 모르는 척하면 여러분과 그리스도 사이에는 하나의 벽이 생겨납니다. 분명하게 아십시오. 어떤 입장에 대한 이기적인 생각이나 겁을 내는 자세나 어떤 유익을 도모하고자 하는 자세로, 또는 어떤 다른 동기로 주님과 떨어져서 있고, 마땅히 말을 해야 할 때 입술을 닫고 있으면 알지도 못하는 사이에 마음에 냉담이 서리게 되며, 그의 얼굴이 우리로부터 돌려지게 되며, 우리 눈은 동일한 확신과 기쁨을 가지고 그 얼굴의 빛을 감히 찾지 않게 될 것입니다.

여러분의 확증적인 생각을 충성스럽지 못하게 수건에 싸서 땅에 묻어두면, 그 확신을 기쁘게 사용하는 것을 상실하게 되고, 여러분의 삶의

기준이 되고 숭배의 대상이 되는 진리를 더 깊이 붙잡지 못하게 되며,
여러분이 인정하고 고백하는 주님과의 참된 교제를 상실하게 됩니다."

그 외에 그리스도와의 교통만 잃어버리는 것이 아닙니다. 다른 그리
스도인들과 마땅히 누려야 하고 또 그렇게 됐을 복되고 가치있는 교제
를 상실하게 됩니다. 그들은 그리스도와 함께 있습니다. 그런데 만일 여
러분이 그리스도와 함께 있지 못하면 여러분은 그네들과 함께 있지도
못하게 될 것입니다. 그래서 그것 때문에 고통을 당할 것입니다. 어느
개인 속에 있는 그리스도의 사랑을 하나의 불똥에 비유하는 어느 현대
의 노래가 있습니다.

> 불을 일으키는 것은 하나의 불똥만이면 된다. 그러면 그 주위에 있는 모든
> 것은 금방 뜨거워져 그 불이 일어나게 될 것이다.

그러나 그 불똥을 가지고 있거나, 그 불똥을 포착하고 있을 다른 사람
들과 접촉할 때만 그것이 진리가 되는 것입니다. 불똥이 다른 불똥과 떨
어져 있으면 금방 불은 꺼지게 되고, 죽은 재 밖에 남지 않습니다. 그 불
똥을 다른 불똥 가까이 놓으면 금방 불꽃이 일어나 다른 나무도 태웁니
다. 그 전에 그것을 알지 못했다면, 그것을 하나의 위대하고 불변하는
원리로 전제하십시오. 곧 "그리스도인들은 다른 그리스도인들을 필요로
한다"는 것을 말입니다. 여러분은 그들을 필요로 합니다. 만일 그렇지
않다고 생각한다면, 여러분이 어리석거나 아니면 절망적으로 거만하거
나 교만합니다.

반대 주장을 들을 수 있을 것이라고 저는 생각합니다. 첫째로, 그리스
도인들이 자주 매우 유감스런 무리를 이룬다고 반론을 펼지도 모릅니다.
그렇습니다. 그러나 특히 여러분이 몰래 은밀히 믿는 모습을 보인다면
그것이 바로 여러분에게도 해당되지 않을까요? 저는 여러분에게 한 가
지 것을 말하겠습니다. 그 사람들은 매우 유감스런 제자의 종류라고 생
각하기 때문에 그 다른 사람들과 하나가 되는 것을 거부한다면, 사실상
여러분은 스스로를 우월하게 생각하고 있는 것이며, 죄를 고백하고 자
기의 죄에서 온전히 돌아서 예수 그리스도를 믿는 사람이라고 보기에는
매우 의문스러운 점이 여러분에게 있는 것입니다. 여러분이 진실로 죄

인이라면, 그리스도께서 위해서 죽은 사람들과 함께 속해야 합니다. 만일 여러분이 그들보다 자신을 더 낮게 생각하고 있다면, 여러분이 실제로 하나님께 나와서 하나님의 권속 중에 속해 있다고 생각할 근거가 무엇입니까?

다시 여러분이 더 우월하다고 보는 부류는 무엇입니까? 만일 여러분이 그러한 노선을 따라 생각한다면 여러분은 참 어리석습니다. 세상은 자기가 대단하고 대단히 많은 학식을 지니고 있다고 생각하지만 여러분의 구주를 십자가에 못 박은 것은 그 세상입니다. 여러분이 그리스도께 속해 있다는 것을 세상이 일단 알기만 하면 세상이 여러분을 더 친절하게 대접해 줄 것이라고 생각하게 만드는 것이 무엇입니까? 저는 또한 다른 반론을 듣습니다. 그리스도를 위해서 내놓고 믿고 싶기는 하지만, 사랑하고 존경하는 다른 사람들이 그렇게 하지 못하게 한다고 여러분은 말할 것입니다. ― 남편이나 아내나 자녀나 부모들이 말입니다. 여러분이 사랑하는 사람들이 못하게 한다구요? 만일 여러분이 하나님의 은혜로 말미암아 그들이 회심하는데 있어서 하나님께 가장 좋게 사용될 수 있는 위치를 차지하고 싶어하지 않는다면 그들을 사랑한다고 말할 수 있습니까? 다른 어떤 방식보다도 그 방식이 하나님의 은혜가 가족들에게 미치는 더 좋은 방식인데 말입니다. 여러분이 그들을 사랑한다면 그리스도를 위해서 밖으로 나와, 그들도 같은 믿음과 신앙 고백을 하도록 도와주십사고 하나님을 바라보게 될 것입니다.

그렇게 행한 사람들이 있습니다. 저는 필라델피아의 한 그리스도인 소녀를 생각하고 있습니다. 그 사람은 자기 부모를 그리스도께 인도하기 위해서 개인적인 손실과 고역을 상당히 치르고 난 다음에 하늘 본향으로 갔습니다. 그녀는 갔습니다! 지금 그 부모들은 신자들이 되었고 자기들이 사는 기독교 공동체 내에서 지도자들이 되어 있습니다. 또한 한 필리핀 소녀를 알고 있는데, 그녀는 섬 마을로 돌아갔습니다. 그런데 그녀는 그 섬 마을에 그리스도인이 하나도 없다는 것을 알게 되었습니다. 그러나 그녀는 그리스도 편에 서서 자기 힘이 미치는 한도 내에 있는 사람들을 예수님께 인도하고자 하는 간절한 마음을 먹고 있습니다.

사랑으로 이끌림

제가 이 강론을 마치면서 이런 류의 논증이 궁극적으로 여러분을 끌어
내지는 못할 것이라는 것을 알고 있습니다. 그리스도 자신을 향한 사랑만
이 그러한 일을 합니다. 그리스도의 십자가에서 생겨날 사랑만이 그러한
일을 할 수가 있습니다.

여기서 저는 용기를 북돋아 줄 수 있습니다. 왜냐하면 그 겁많은 요셉과
연약한 니고데모를 그 숨은 처소에게 나오게 한 것은 분명히 그리스도의
죽음이었기 때문입니다. 그리스도의 공생애 기간 동안에 그리스도께 공적
으로 신앙을 고백하고 나오지 못한 것은 참 부끄러운 일입니다. 그러나
그리스도께서 죽으실 때 – 심지어 다른, 더 담대한 제자들이 도망갈 바로
그 때에 – 이들이 나와서, 예수님께서 우리 구원을 위해서 이루신 그 사랑
의 희생에 깊은 감동을 받게 되었습니다. 그들은 자기들이 겁 먹었던 사실
을 알게 되었고 하나님의 사랑에 깨어나게 되었습니다. 다시 말씀 드리지
만 그들이 정말 신자였는지에 대해서는 말할 수 없습니다. 죄책어린 양심
도 그와 같은 많은 유사한 경우에서 많은 일을 했습니다. 그러나 그들
속에 있는 무엇인가를 일깨운 것은 그리스도의 죽음이었습니다. 그들은
결국 자신들이 그리스도를 따르는 제자들이라고 신분을 밝히고 싶은 의향
이 있어 보입니다.

만일 여러분이 그리스도의 고난을 바라보고 있기만 하다면 하나님께서
여러분에게도 그러한 일을 하실 수 있습니다. 성경은 말합니다. "우리가
아직 죄인되었을 때에 그리스도께서 우리를 위하여 죽으심으로 하나님께
서 우리에게 대한 자기의 사랑을 확증하셨느니라"(롬 5:8). 우리는 그리
스도의 죽으심 속에서 하나님의 사랑을 봅니다. 그것이 여러분을 감동시
키지 않습니까? 사실 여러분이 전에는 겁을 내어 뒤로 물러서 있었을지도
모르고, 여러분이 진정한 신자인가 아닌가를 거의 알지 못했을 수도 있
죠. 그러나 여러분은 "앞으로 나올 수" 있습니다. 이제 그가 여러분을
위해 죽으셨습니다. 여러분의 죄를 위한 댓가를 지불하셨습니다. 여러분의
구원을 위해서 십자가의 고난을 당하셨습니다. 어떻게 여러분이 그를
사랑하지 못할 수 있습니까? 여러분이 그를 사랑한다면, 어떻게 누구를
만나더라도 나는 그를 믿는다고 말하지 않을 수 있습니까?

한가지 더 자극을 하려 합니다. 예수님은 장사지낸 바 되었을 때 하나님

의 손에서 높여지는 것을 향해서 한단계 내딛고 계셨읍니다. 지금 예수님은 높여지셨읍니다. 마지막 때에 거기서 예수님은 능력으로 나타나실 것입니다. 사람들이 그를 저주하고 비웃고 미워하고 침뱉던 수모의 날이 있었읍니다. 낮아짐의 날이었읍니다. 그러나 이제 그 날은 지나갔읍니다. 죽으심으로 그 날은 끝났읍니다. 그 시신을 돌보고 그를 영화롭게 장사지낼 방편을 가진 사람들이 그를 존귀히 기다림으로써 그는 사람의 호의를 받으셨읍니다. 그것이 예언되었읍니다. 이사야는 그가 비록 범죄자의 무리에 끼어서 죽어야 하지만 죽을 때 부자와 함께 할 것이라고 말합니다(사 53:9). 그 밖에 이 일이 있은 후 승리의 부활과 승천이 있게 됩니다.

　여러분이 마땅히 따라야 하는 그리스도는 하나의 비천한 유대인 설교자가 아니라 영광의 주님이십니다. 실로 그 분은 여러분더러 당신 자신에게 나오라고 요청하지 않으시고 그것을 명하십니다. 죄에서 돌아서 구원을 위해서 공개적으로 당신에게 나오라고 말씀하십니다. 여러분은 그렇게 하시겠읍니까? "성령과 신부가 말씀하시기를 오라 하시는도다 듣는 자도 오라 할 것이요 목마른 자도 올 것이요 또 원하는 자는 값 없이 생명수를 받으라 하시더라"(계 22:17).

33

아주 비지 않은 무덤

"안식 후 첫날 이른 아침 아직 어두울 때에 막달라 마리아가
무덤에 와서 돌이 무덤에서 옮겨간 것을 보고 시몬 베드로와
예수의 사랑하시던 그 다른 제자에게 달려가서 말하되 사람이
주를 무덤에서 가져다가 어디 두었는지 우리가 알지 못하겠다
하니 베드로와 그 다른 제자가 나가서 무덤으로 갈쌔 둘이 같
이 달음질하더니 그 다른 제자가 베드로보다 더 빨리 달아나서
먼저 무덤에 이르러 구푸려 세마포 놓인 것을 보았으나 들어가
지는 아니하였더니 시몬 베드로도 따라 와서 무덤에 들어가
보니 세마포가 놓였고 또 머리를 쌌던 수건은 세마포와 함께
놓이지 않고 딴 곳에 개켜 있더라. 그 때에야 무덤에 먼저 왔
던 그 다른 제자도 들어가 보고 믿더라(저희는 성경에 그가 죽
은 자 가운데서 다시 살아나야 하리라 하신 말씀을 아직 알지
못하더라)이에 두 제자가 자기 집으로 돌아가니라"(요 20:1-
10)

예수 그리스도의 부활에 대한 위대한 역사적 증거들 가운데 하나는
빈 무덤입니다. 그러나 주목할 만 하고 깜짝 놀랄 사실은, 베드로와
요한이 첫번째 부활절 아침에 그 무덤에 도착했을 때 그것은 아주 빈
무덤이 아니었읍니다. 예수님의 몸은 어디론지 사라졌었지만 무엇인가
가 거기 있었읍니다. 곧 수의가 있었읍니다. 성경은 암시해 주기를, 그

수의에는 무언가 두드러진 것이 있어서 결국 요한은 그것들을 보면서 예수님의 부활을 믿게 되었음을 암시해 줍니다. 이것은 의미있는 일입니다. 왜냐하면 그것은 제자 중 한 사람이 믿음이 있음을 시사해 주는 최초의 사건이었기 때문입니다. 지난 세기 동안 유명한 프랑스의 복음서 비평학자인 어니스트 르낭(Ernest Renan)은 이렇게 논증했습니다. '부활을 믿는 그리스도인의 신앙은 환각을 보았던 막달라 마리아가 예수님을 보았다는 생각을 하면서 퍼친 소문때문이었다.' 그러나 그렇지가 않습니다. 마리아는 아무런 환각을 경험하지 않았습니다. 그녀는 주님의 부활을 전혀 예기지 못했었습니다. 요한은, 마리아가 무덤으로 돌아와 동산에서 예수님과 만나기 전에도 한참동안 그 부활을 자기도 믿었음을 증거하고 있습니다.

부활절 아침의 사건들

시간적 요소는 무덤에서 베드로와 요한이 체험했던 것에 대해서 가치있는 배경을 제공하고 있습니다. 비평가들은 복음서 기자의 기사에서 소위 일치하지 않는 많은 것들을 생각해 냈습니다. 그러나 그 복음서 기사들을 바르게 이해한다면 상충되는 것이 하나도 없습니다.

예수님께서는 금요일(교회가 일반적으로 그렇게 믿었음)이나 목요일(이 견해는 그리 널리 주장되는 것은 아니지만 보다 더 나은 증거를 가지고 있는 것임)에 못 박히셨습니다. 모든 사건들을 다 종합하면 예수님은 부활때 까지 무덤에 계셨습니다. 그 부활 사건도 분명히 주일 아침 새벽이 되기 전에 일어났습니다. 이 시점에 여인들이 예루살렘에서 그 시체에 바를 향유를 가지고 무덤으로 갔습니다. 그 무덤에 간 여인들의 수는 최소한 네명 이상이었을 것입니다. 그 무리 속에는 막달라 마리아와 다른 마리아 곧 야고보의 어머니 마리아도 끼어있었다고 마태는 말합니다. 마가는 살로메가 함께 있었다고도 덧붙입니다. 누가는 요안나도 함께 따라왔고 다른 여인들도 있었다고 말합니다. 이 여인들은 아직 어두울 때 예루살렘을 떠나기 시작하여 이른 새벽에 그 무덤에 도착했는데 사물을 분간하기가 어려울 때 였습니다.

(예수님이 죽으신 날짜에 대한 문제는 제 3권에서, 이 사건들의 날짜

를 계산하면서 제가 다루었음).

여인들은 무덤에 도착해서 무덤 입구에서 돌이 옮겨진 것을 보고 깜짝 놀랐습니다. 그들이 서서 두리번 거리며 가까이 가기를 무서워 하면서 도대체 무슨 일이 일어났는가 하고 의아하게 생각했을 것은 뻔합니다. 누가 돌을 옮겼을까? 무덤이 도적의 침입을 받았는가? 예수님의 지체를 누가 훔쳐 갔는가? 아리마대 요셉이 그 시체를 다른 곳에 옮겨 두었는가? 사람들이 도대체 무엇을 하려 했을까? 결국 제자들도 이 일을 알아야 한다고 생각하고 막달라 마리아가 제자들을 만나기 위해서 거기를 떠났습니다. 제자들 중 그 어느 한 사람도 예수께서 죽은 자 가운데서 살아나셨다는 것을 상상도 하지 못했습니다.

잠시후에 더 밝아졌고, 여인들은 더 담대해 졌습니다. 그들은 무덤을 들여다 보기로 작정했습니다. 그러니 거기 천사들이 있었습니다. 여인들은 무서워 했습니다. 그러나 한 천사가 말했습니다. "너희는 무서워 말라 십자가에 못 박히신 예수를 너희가 찾는 줄을 내가 아노라 그가 여기 계시지 않고 그의 말씀하시던 대로 살아나셨느니라 와서 그의 누우셨던 곳을 보라 또 빨리 가서 그의 제자들에게 이르되 그가 죽은 자 가운데서 살아나셨고 너희보다 먼저 갈릴리로 가시나니 거기서 너희가 뵈오리라 하라"(마 28:5-7).

막달라 마리아는 수제자 베드로와 요한을 만났습니다. 아마 요한의 집에서 만났을 터인데, 요한의 집에서 그 사랑하는 제자는 십자가에 못박은 날에 예수님의 어머니를 모시고 있었습니다(요 19:27).

두 제자는 즉각 무덤으로 달려갔습니다. 달려갈 때 마리아는 훨씬 뒤에 떨어져 왔습니다. 요한은 두 사람 중에서 더 젊었습니다. 따라서 그가 먼저 무덤에 도착해서 좁은 입구로 들어가 그 안을 들여다 보고 수의를 발견하게 되었습니다. 그 다음에 베드로가 도착했습니다. 숨을 몰아 쉬면서 막 황급히 도착했을 것입니다. 그는 요한을 한쪽으로 밀치고 무덤으로 들어갔습니다. 요한이 수의를 보았을 때 요한은 엉성한 자세로만 무덤 밖에서 그 수의를 보았습니다. 헬라어는 본다는 것을 나타내는 가장 보편적인 말을 사용합니다(블레포).

그 말은 그저 보는 것 이상의 아무 것도 전달하지 않습니다. 그러나 베드로가 도착해서 그는 자세히 그 수의를 살펴보았습니다. 성경은 그 경우에 베드로가 행한 일을 특별한 어휘로 나타내고 있습니다(데오레오). (그 말에서 "theory"와 "theorize"라는 말이 파생되었습니다). 더구나 성경도 베드로가 무엇을 보았는지를 말하고 있습니다. 성경은 말합니다. 베드로가 "따라 와서 무덤에 들어가 보니 세마포가 놓였고 또 머리를 쌌던 수건은 세마포와 함께 놓이지 않고 딴 곳에 개켜 있더라"(요 20: 6,7). 이 시점에서 요한이 들어가서 베드로가 보았던 것을 보았고(이 때에는 오라오 라는 말을 썼는데 '보고 이해했다'는 뜻을 가지고 있음), 그리고 예수님의 부활을 믿었습니다(8절).

이 후에 주님께서 제자들에게 모습을 나타내기 시작했습니다. 예수님께서 요한과 베드로가 그 예루살렘 성으로 돌아간 뒤 뒤늦게 무덤에 도착한 막달라 마리아에게 처음 모습을 보였습니다. 그 다음에 여인들에게, 그 다음에는 베드로 혼자에게, 그 다음에는 엠마오 제자들에게, 결국 그 밤 늦게 다락방에서 제자들이 함께 모여 있을 때 모든 제자들에게 나타나셨습니다. 이 모든 제자들이 부활하신 주님을 보았고 믿었습니다. 그러나 요한이 처음 믿었고, 실제로 예수님을 보기 전에 부활의 사실을 믿었습니다. 무엇이 그로 하여금 믿게 했습니까? 그로 하여금 예수님의 부활을 확신하게 했던 것은 무엇입니까?

유대의 장사법

이 시점에서 유대인의 장사법을 아는 것은 도움이 됩니다. 모든 사회마다 그 나름의 독특한 장사법을 가지고 있습니다. 오늘날 뿐 아니라 고대 문화에도 마찬가지 였습니다. 애굽에서는 시체들을 썩지 않게 하여 미이라로 만들었습니다. 로마와 헬라에서는 자주 불태웠습니다. 팔레스타인에서는 썩지 않게 방부제로 미이라를 만들지도 않았고 화장을 시키지도 않았습니다. 마른 천 조각으로 감싼 세마포 띠로 싸서 관 없이 얼굴을 위로 하여 무덤에 놓아 두었습니다. 보편적으로 그 무덤은, 유대나 갈릴리 언덕에 있는 암석에서 잘라 낸 돌무덤이었습니다. 오늘날도 이러한 돌무덤이 많이 존재하며 팔레스타인을 방문하는 사람은 누구나 그것을 볼 수 있습니다. 고대의 유대 장사법의 또 다른 요인은, 요한이 예수님의 부활 사건을 기술하는 방식을 이해하는데 특별한 유익을 주고 있읍니다. 부활에 대해서 도움을 주는 책인 「부활하신 구세주」(The Risen Master)가 1901년에 헨리 라담(Henry Latham)에 의해서 출간되었는데, 그 책은 지난 세기 동안 콘스탄티노플에 갔을 때 주목했던 동방의 여러 장사법의 독특한 특징에 대해 관심을 기울이고 있읍니다. 자기가 거기에서 목격했던 장례는 흔히 많은 방면에서 차이가 있었고, 그 장례가 가난한 사람의 장례냐, 아니면 부자였던 사람의 장례냐에 따라서 달랐다고 말합니다. 그러나 한 국면에 있어서 모든 절차가 동일하였읍니다. 라담은 주목하였읍니다. 시신들을 세마포 베 헝겊으로 싸서 얼굴을 내놓고, 목과 어깨의 상체의 부분을 그대로 드러내 놓는다는 것을 알게 되었읍니다. 머리의 윗 부분은 천으로 덮었는데, 터번처럼 꼬아 둘러 덮었읍니다. 라담은 결론을 내렸읍니다. 장사지내는 스타일이 천천히 바뀌어지고, 특히 동방에서도 그렇게 되고 있으나 예수님의 시대에 이 장사법이 그대로 실행되었을 가능성이 많다는 것입니다. 요한복음에서 그 수의에 대해서 기록된 것과 이것이 아마 잘 맞아 들어갈 것이라고 그는 주장했읍니다. 왜냐하면 그 천은 1900코로 조밀하게 짜여졌기 때문입니다. 이 명제를 증거하는 부가적인 또 다른 증거가 있읍니다. 예수님께서 공생애 기간 중에 나인이라는 마을에 접근하고 계셨을때 그 성을 떠나는 하나의 장례 행렬을 만나게 되었음을 누가는 말하고 있읍니다. 한 과부의 외아들이 죽었읍니다. 누가는 말하기를, 예수님께서 그를 죽은 자 가운데서 살리셨을때 두가지 일이 일어났다고 말합니다. 첫째 그 젊은 사람이 일어나 앉았읍니다. 다시 말하면 그는 관 없이 들것에 얼굴을 하늘로 하고 뉘어 있었다는 것입니다. 그래서 그 수의가 그 얼굴을 덮지 않고 있었읍니다. 머리와 몸을 싸는 별개의 천을 나사로의 장사 때 사용한 기록도 있읍니다(요 11:44).

아리마대 요셉과 니고데모가 그와 유사한 방식으로 예수 그리스도를 장사 지냈다고 믿을 만한 충분한 이유가 있는 것입니다. 예수님의 시체를 유대 안식일이 시작하기 전에 십자가에서 내려서, 씻어 세마포 띠로 쌌읍니다. 일백근이나 되는 향유를 조심스럽게 그 세마포의 겹 속에 집어 넣었읍니다. 이것은 마른 향 이었읍니다. 침향은 냄새 좋은 향료와 고운 톱밥같이 나무를 가루로 만들어 섞은 것이었읍니다. 몰약은 그 가루와 그 냄새 좋은 나무 진을 조심스럽게 섞은 것이었읍니다. 예수님의 시신을 이것으로 쌌읍니다. 그의 머리와 목과 어깨 상체 부분은 그대로 내놓고 그의 머리의 윗 부분은 터번처럼 세마포로 감쌌읍니다. 그 다음에 시신을 무덤에 넣었는데, 토요일 밤중까지나, 아니면 주일의 이른 새벽까지 그 시체가 거기에 누워 있었읍니다.

부 활

만일 우리가 예수님께서 죽은 자 가운데서 부활하시는 그 순간에 거기 있었다면 우리가 무엇을 보았을까요? 예수님께서 꿈틀거리며 일어나, 눈을 뜨시고, 일어나서 그 싸맨 것을 풀어 내리기 시작하는 모습을 보았을까요? 우리가 그것을 보았다고 그렇게 했다면 그것은 하나의 소생일 수는 있으나 부활은 아닙니다. 그것은 마치 기절했다가 회복한 것과 같은 것이라 해야 할 것입니다. 그렇게 했다면 예수님께서 신령한 몸으로서 보다는 육체에 속한 몸으로서 살아나신 것이 되었을 것입니다. 전혀 그러한 경우가 아니었읍니다.

만일 우리가 부활의 순간에 무덤에 있었다면, 우리는 예수님의 몸이 사라져 없어버린 것 같이 느껴졌거나, 아니면 그 몸이 부활의 몸으로 변화되어 그 수의를 빠져나와, 마치 물이 닫혀진 문을 통해서 흘러나가는 것처럼 봉해진 무덤 밖으로 나가는 것을 목격했을 것입니다. 존 스타트는 말하기를, 그 몸이 "증발하였거나 증발하여 새롭고 다르고 놀라운 것으로 변전되었다"고 말합니다. 라담은 말하기를, 그 시신이 "증발되어서" "변화산상의 엘리야와 모세의 것과 같은 존재의 국면으로 돌어갔을 것이다"고 말합니다.

그 다음 어떤 일이 일어났을 것입니까? 그 세마포는 그 몸이 거기서 빠져나간 즉시 홀쭉하게 주저앉았을 것입니다. 왜냐하면 그 속에 있었던 침향의 무게 때문입니다. 그리고 예수님의 몸이 있었던 곳에 그 세마포는 고스란히 그대로 있었을 것입니다. 머리를 쌌던 천은 침향의 무게가 없으니 그 쌌던 모양 그대로 잘 보존되어 있어서, 몸을 쌌던 천과 떨어져 가지런히 개켜져 있었을 것입니다. 주님의 목과 어깨가 있었던 그 공간 옆에 말입니다.

　요한이 말하는 바 자기와 베드로가 그 무덤에 들어가서 본 것이라고 하는 것이 정확히 그것입니다. 그 목격자의 진술은 그것을 완벽하게 드러내 주고 있읍니다. 요한은 무덤에 처음 있었던 사람이었읍니다. 그가 이른 새벽의 희미한 빛 가운데서 그 열린 무덤에 도착했을때 그는 그 수의가 뉘어져 있는 것을 보았읍니다. 요한의 시선을 주목하는 것이 그 수의에 있었읍니다. 첫째 그 수의가 거기 그냥 그대로 있었다는 것이 의미있었읍니다. 요한은 그 점을 강조하면서 그 문장의 강조적인 위치에 "놓여있었다" 라는 말을 사용합니다. "그는 보았다. 거기 놓인 수의를" 이라고 번역할 수 있읍니다(5절). 더구나 그 수의들은 어지럽혀져 있지 않았읍니다. 요한이 사용한 말(케이메나)은 파피루스에서 발견되는 헬라어 문건들 속에서 어떤 것들이 주의깊게 질서있게 놓여진 것을 표현하는 어휘로 나타납니다. 한 문건은 법적 문건들에 대해 말하면서 "나는 아직 그 문건들을 얻지는 못했지만 그것들이 가지런히 놓여 있었다"라고 말합니다. 또 다른 문건은 "너희가 내게 말을 보내기 까지(질서있게) 놓인" 천들에 대해서 말합니다. 확실히 요한이 주목했던 것은, 그 무덤에 조금도 혼란스러웠던 것이 없었다는 것입니다.

　이 시점에서 베드로가 도착해서 그 무덤으로 들어갔읍니다. 의심할 여지 없이 베드로는 요한이 본 것을 보았읍니다. 그러나 베드로는 어떤 다른 것을 보고 더 깜짝놀라게 되었읍니다. 그 머리 주위에 있던 천이 다른 천들과 함께 있지 않았다는 것입니다. 그 머리를 쌌던 수건은 따로 개켜져 있었읍니다(7절). 보다 더 두드러진 사실은, 그것이 동그란 모양을 하고 그대로 있었다는 사실입니다. 요한은 "개켜있었다"고 말합니다. 우리는 그것을 "따로 둥그렇게 말려져"있었다고 말할 수 있읍니다. 그것과 몸을 쌌던 세마포는 한 공간에 있었읍니다. 요한이 이것을 볼 때 그는 믿었읍니다.

　요한이 무엇을 믿었읍니까? 그는 베드로에게 이와 같이 설명할 수 있었을 것이라고 저는 상상합니다. "베드로, 아무도 시체를 가져가지 않았고 이 수의를 어지럽히지 않았다는 것을 보지 않느냐? 니고데모와 아리마대 요셉이 안식일 저녁에 놓아둔 바로 그 자리에 놓여있소. 그런데도 시체는 없어졌소. 도적맞은 것이 아니고 누가 가져간 것도 아니다. 분명히 그 시체가 그 수의를 뚫고 나간 것이다. 지금 우리가 보는 것처럼 그 수의를 그대로 놓고 말이야. 예수님께서는 부활하셨음에 틀림없어."존 스타트는 그렇게 말합니다. "이 수의를 잘 살펴보기만 해도 어떤 일이 일어났는지를 알 수 있다. 이것은 분명히 부활의 성질을 가리키는 것이다."

그러한 증거의 빛에도 불구하고 부활절 아침의 사건들을 비그리스도인들이 설명하는 것들을 보면 얼마나 어리석습니까? 어떤 비평가들은 예수의 시체가 도적질 당했다고 가르쳤습니다. 그러나 그 경우라면 수의가 거기 있었다는 것이 설명되지 않습니다. 그 수의가 그 시신과 함께 따라 갔어야 했을 것입니다. 또 어떤 사람들은, 예수님께서 무덤에서 소생하여 세마포 띠를 풀어버린 다음에 도망쳤다고 가르쳤습니다. 그런 경우라면 그 세마포는 이동했어야 했을 것입니다. 만일 예수님께서 세마포를 베드로와 요한이 본 장소에 갔다 놓고 어떻게 했던 무덤의 돌을 옮겼다고 상상할 수 있다 할지라도, 여전히 침향에 대한 난제가 남아있읍니다. 왜냐하면 이러한 침향들이 그 무덤 주위에 흩어져 있을 것이기 때문입니다. 복음서에는 이에 대한 조그마한 조짐도 전혀 보이지 않습니다. 아니 이러한 설명 중 어느 것으로도 이런 상황을 온전히 설명할 수 없습니다. 제자들은 모든 것이 질서있게 놓여진 것을 보았습니다. 그러나 시체는 없어졌습니다. 예수님께서 진실로 살리심을 받으셨고, 그것도 부활하신 몸으로 말입니다.

요한이 믿은 것

이 요한의 진술로 부터 몇가지 교훈을 얻어낼 수 있습니다. 그 첫번째 경우는, 하나님 아버지께서 예수 그리스도가 죽은 자 가운데서 부활하신 것에 대한 적당한 증거를 완벽하게 제공하셨다는 점입니다. 그 증거는 예수님이 부활하신 날과 예수님께서 하늘에 승천하신 날 사이에 예수님을 보았다는 사람들의 증거로 구성됩니다. 또한 빈 무덤과, 제자들의 변화된 성품과, 그 기록들의 진정성과, 어지럽혀지지 않고 질서 있게 놓여져 있었던 그 수의의 증거들로 구성됩니다. 그 증거가 여기 있읍니

다.수의 하나만 가지고도 요한 속에서 믿음을 불일듯 하기에 충분하였
읍니다. 만일 사람들이 믿지 못한다면 그것은 그들이 믿으려 하지 않기
때문이지 증거가 모자라서 그런 것이 아니라고 우리는 결론 내립니다.

　하나님께서는 증거 없이 우리가 믿을 것이라고 기대하지 않습니다.
그는 우리에게 증거를 주십니다. 그는 우리로 그것을 이해하도록 성령
을 주시기 까지 하십니다. 우리가 믿지 않으면서 증거를 살펴본 것처럼
단정할 때, 그것은 그리스도께 우리 삶을 복종시키지 않으려하고 그리
스도를 주로 인정하려 들지 않기 때문입니다. 만일 예수님께서 오늘날
다시 돌아오신다면 수백만의 사람들이 그를 배척할 것입니다. 만일 예
수님께서 전에 지상에 계셨던 그 주장들을 하신다면 어떤 사람들이 예
수님을 죽음에 내어 주려고 할 것입니다. 만일 예수님께서 죽은 자 가운
데서 다시 살아나셨다면, 거의 모든 사람들이 그를 비웃고 그것은 순전
히 속임수라고 말할 것입니다.

　동시에 믿은 사람들도 있읍니다. 그들은 증거를 보았고, 하나님께서
성령으로 말미암아 그 증거를 나타내도록 역사하셨을때 그렇게 반응을
나타냈읍니다. 그들은 자기들의 믿음이 그럴듯 하게 생각하는데에 달려
있는 것이 아니라 하나님의 가시적인 활동에 달려 있다는 사실을 알고
위안을 받습니다.

　둘째로, 베드로와 요한이 무덤에서 체험한 것들은 주님의 몸이 영화
롭게 되었다는 사실을 제시합니다. 육신의 몸으로 심고 영화로운 몸으
로 살아나셨읍니다. 이 영화로운 몸으로 예수님은 사셔서 하나님 우편
에서 심판하러 다시 오실 때까지 그 백성들을 위해 중보의 기도를 드리
고 있읍니다. 오늘날 우리는 예수님을 생각하되, 상처입기 쉬운 역사 속
의 예수로 생각할 필요가 없읍니다. 예수님은 죽으셨읍니다. 그러나 영
단번에 죽으셨읍니다. 그는 매를 맞으시고 침뱉음을 당하시고 저주를
받으셨지만 그런 일은 되풀이 되지 않을 것입니다.

　예수님을 아직도 십자가에 못 박힌 예수님으로 생각하는 사람들이 있
읍니다. 어떤 사람들은 예수님이 아직까지도 동산에서 기도하시며 어떤
선한 일을 하고 계시는 분으로 마음 속에 그리고 있읍니다. 이러한 상상
들 중 그 어느 하나도 오늘날 살아있는 사람들을 위해서 정확하고 예리

하지 않습니다. 바울은 다메섹 도상에서 주님을 보았습니다. 그러나 그 주님은 낮아진 예수님이 아니셨습니다. 높아지신 예수님, 사도 바울의 눈을 멀게 할 정도로 눈부신 빛에 감싸인 분이셨습니다. 요한은 주님께서 교회를 대표하는 금 촛대 사이에서 승리 어린 모습으로 살아계신 주님을 보았습니다. 우리는 오늘날 능력있는 주님, 높아지신 주님께 기도합니다. 이 주님께서 어느날 다시 오셔서 당신의 백성들을 취하셔서 영광 중에서 당신과 함께 있게 하실 것입니다.

결국, 예수 그리스도의 몸의 변모는 모든 신자들의 새로운 삶의 양식을 제시하고 있습니다. 이것은 첫열매입니다. 추수하는 곡식이 될 우리들은 예수님의 성품의 모습에서 뿐 아니라 몸을 입고도 그와 같아지게 될 것입니다. 우리의 부활한 몸은 우리의 옛 육신적인 몸보다 훨씬 나을 것입니다. 그 몸은 우리 육신적인 몸이 회생하는 것이 아닐 것입니다. 우리의 몸은 우리를 곤란하게 하고 있습니다. 그 몸은 우리를 땅에 매고 있고 습관과, 조상들의 유전을 통해서 우리가 물려받은 성품 자체에 매이게 만듭니다. 그 몸은 우리의 생각하는 과정을 더디게 합니다. 우리가 정말 피곤해질때 그 몸은 우리를 잠들게 만듭니다. 결국 그 몸은 죽습니다.

우리는 죽어도 유익을 얻게 됩니다. 부활한 몸은 우리를 방해하지 않습니다. 부활하신 그리스도의 몸은 우리 몸의 선구자 이십니다. 그것은 전적으로 예수님의 소원에 복종하는 것입니다. 그 몸이 예수님을 방해하지 않습니다. 그 몸이 예수님을 자유케 했습니다. 그 몸을 입으신 예수님은 조금의 고통도, 고난도, 부족도 모르셨습니다. 우리에게 있어서도 그러한 자유가 있을 것입니다. 조금도 부족함이 없을 것입니다. 무제한적으로 깨어 있을 수 있고, 일을 위한 무제한적인 기회를 얻게 될 것입니다.

무디(D.L Moody)는 부활에 대한 그의 위대한 한 설교에서 15세쯤 되어 보이는 소녀의 이야기를 들려 주고 있습니다. 그 소녀는 갑자기 아파서 침대에 눕게 되어, 한쪽에 마비가 왔고 거의 실명도 하게 되었습니다. 그녀는 거의 볼 수가 없었습니다. 그러나 들을 수는 있었습니다. 어느날 침대에 누워서 그 가정의 가정의가 그 침대 곁에서 그녀의 부모

에게 하는 소리를 들었읍니다. "불쌍한 이 아이는 그의 최상의 날들을 다
보낸셈이에요." 그 소녀는 다행히도 신자였읍니다. 그 소녀는 재빨리 대
답했읍니다. "아니에요, 의사 선생님. 내 최선의 날은 지금 오고 있어요.
아름다움에 싸이신 왕을 보게 될 날이 말이에요." 그녀의 소망처럼 우리
의 소망도 부활에 있읍니다.

34

민음이 죽은 날

"마리아는 무덤 밖에 서서 울고 있더니 울면서 구푸려 무덤 속
을 들여다보니 흰 옷입은 두 천사가 예수의 시체 뉘었던 곳에
하나는 머리 편에 하나는 발 편에 앉았더라 천사들이 가로되
여자여 어찌하여 우느냐 가로되 사람이 내 주를 가져다가 어디
두었는지 내가 알지 못함이니이다 이 말을 하고 뒤로 돌이켜
예수의 서신 것을 보나 예수신줄 알지 못하더라 예수께서 가라
사대 여자여 어찌하여 울며 누구를 찾느냐 하시니 마리아는
그가 동산지기인 줄로 알고 가로되 주여 당신이 옮겨 갔거든
어디 두었는지 내게 이르소서 그리하면　내가 가져가리이다
예수께서 마리아야 하시거늘 마리아가 돌이켜 히브리 말로 랍
오니여　하니(이는 선생님이라)"(요 20:11-16)

모든 문학을 다 뒤져 보아도, 막달라 마리아가 첫 주일날에 동산에서
예수님과 만난 이야기 보다 더 가슴을 찌르는 이야기가 있는지 저
는 모르겠읍니다. 그러나 우리가 그 이야기를 이해하기 위해서 예수님
께서 십자가에 못 박히시던 오후부터 시작하여 예수님께서 부활하신 그
아침까지의 시간 동안 제자들의 마음의 상태가 무엇인가를 생각하고 그
입장에서 보아야 합니다. 그 일은 그리 쉽지않은 일입니다. 부활절이 된
우리의 체험은 믿음과 기쁨의 체험이죠. 그러나 그리스도께서 죽으시고

난 다음에 다시 살아나실 때까지의 날 가운데 그리스도와 가장 가까운 사이였던 사람들은 가장 깊은 환멸감과 우울에 사로잡혀 있었읍니다. 그러나 그들은 그리스도의 부활에 대해서 들었읍니다. 그러나 그들은 이해할 수 없었읍니다. 그래서 예수님께서 죽으셨을때 어떤 의미에서 그들도 죽었던 것입니다.

그들의 죽음은 물론 육체적인 죽음은 아니었읍니다. 그들이 아는대로 그 죽음은 삶의 죽음이었읍니다. 3년동안 남자들과 여자들이 함께 어울려 예수님의 순회 전도 사역에 함께 따라다녔읍니다. 그들이 어떤 신앙이라도 있었다면, 그것은 그리스도 안에 사로잡힌 신앙이었다고 말해도 좋을 것입니다. 그들은 예수님께서 말씀하신 것 중 많은 부분들을 이해하지 못했읍니다. 그러나 그들은 이해하려고 노력했읍니다. 또 자기들이 이해하는 것을 믿었읍니다. 그러나 예수님께서 죽으셨을때 그들의 믿음도 죽었고, 예수님께서 그들을 제자로 부르시기 이전의 상태도 다시 흩어져 돌아감으로써 믿음의 죽음을 나타내기 시작했읍니다. 여자들도 집으로 갔읍니다. 글로바와 마리아도 자기 마을로 돌아갔읍니다. 다른 사람들도 끝내는 갈릴리로 돌아갈 참이었읍니다. 그들이 그리스도의 부활을 확신하고 난 뒤에도 그러했읍니다. 그들은 처음에는 훌륭한 증거를 했읍니다."주는 그리스도시요 살아계신 하나님의 아들이시니이다" (마 16:16). "우리가 주는 하나님의 거룩하신 자신 줄 믿고 알았삽나이다"(요 6:69). 그러나 십자가에 못 박히시고 나서 부활하시기 까지 기간 동안에 이러한 믿음이 과거 시제가 되어 버리고 말았읍니다. 그 전에 그들이 믿었읍니다만 그들은 집으로 돌아가고 있었읍니다.

나는 믿지 않겠다.

십자가에 못 박히시기 전의 그리스도의 지상 생애의 마지막 몇날 동안에 함께 있었던 그 모든 무리들 가운데서 의심하는 제자인 도마 만큼 믿음의 죽음을 더 잘 예증한 사람은 없읍니다. 우리는 그 사람에 대해서 많은 것을 듣지 못합니다. 다만 그 사람이 사물들을 평가할 때 매우 진지한 자세를 보이는 성향이 있다는 것만 알 뿐입니다. 한번은 예수님께서 베다니의 친구 나사로의 병과 죽음 때문에 예루살렘 지역으로 다시 돌아갈 의도를 비치셨을 때 도마는 볼멘 소리로 읊조렸였웁니다."우리도 주와 함께 죽으러 가자"(요 11:16). 후에 다락방에서 예수님께서 "내가 가는곳에 그 길을 너희가 알리라"(요 14:4)라고 선언하셨을 때 도마는 "주여, 어디로 가시는지 우리가 알지 못하거늘 그 길을 어찌 알겠삽나이까?"(5절)라고 대응했웁니다.

도마는 믿음이 없는 사람은 아니었웁니다. 우리는 그렇게 말하고 싶지는 않습니다. 아마 다른 제자들 만큼 믿었웁니다. 그러나 증거를 정면으로 다루어 보고 그 증거 이상 나가지 않으려는 숙고형의 믿음을 가지고 있었던 것입니다.

그의 성품에 비추어 볼 때, 부활의 소식이 그 첫번째 부활절에 부활하신 주님을 목격한 제자들에 의해서 그에게 선언되었을 때 "내가 그 손의 못자국을 보며 내 손가락을 그 못자국에 넣으며 내 손을 그 옆구리에 넣어 보지않고는 믿지 아니하겠노라"(요 20:25)라고 반대한 것을 들어도 우리는 전혀 놀라지 않습니다. 제가 그 진술을 읽어 보면 말로는 토해 내지 않았지만 그 사람이 어떤 생각을 가졌는지 우리는 더 들을 수 있습니다. "내가 너희에게 그렇게 말하지 않더냐? 이같이 끝날 거라고 말하지 않더냐? 주님께서 내 말을 들었더라면 더 나았을거야 주님이 원수들의 요새로 돌진하여 들어 가시는 것 보다 말야."

방금 저는 이 믿지 않는 제자를 보고 "의심하는 도마"라고 불렀웁니다. 왜냐하면 도마를 자주 그렇게 부르고 있기 때문입니다. 그러나 보다 더 정확하게 말하자면 이 시점에서 그는 전혀 의심하는 자가 아니었웁니다. 그는 공공연한 불신자였웁니다. 알렉산더 맥클라렌은 그의 태도에 대해서 잘 말했웁니다. "그의 태도는 뻔뻔스럽고 대담하고 완고한 불신앙이었고 어떤 의심이나 주저함이 아니었웁니다. 그가 자기의 요구를 늘어 놓은 그 태도 자체가 그가 얼마나 불신앙 속에 푹 빠져 있는지를 보여 주며, 그 사람이 요구하는 것이 허락될리가 없다는 생각을 가지고 있음을 보여 줍니다. '내가 이러저러한 증거를 가지지 않으면 나는 믿지 않겠다' 라는 것은 '내가 이러저러한 증거를 가지면 믿겠다'라는 것과 영적인 면에서 전혀 다른 태도를 제시하는 것입니다. 후자의 경우는 확신하려는 의향이 있는 어투고, 전자의 경우는 고집을 부리겠다는 결심의 표정입니다."

그것은 매우 장려할 만한 태도는 아닙니다. 그러나 그것이 바로 그의 태도였습니다. 부활하시기 전에 모든 제자들이 바로 그러한 태도를 가지고 있었읍니다.

우리는 바라노라

더구나, 이 제자들 속에 죽었던 것은 믿음 뿐만 아니라 소망도 죽었읍니다. 그들은 대단히 큰 소망을 지니고 있었읍니다. 그럼에도 불구하고 이 모든 사람들은 그리스도의 십자가에 못 박혀 죽으심으로 말미암아 그것은 산산히 부서져 버리고 말았읍니다.

소망이 죽었다는 것을 보여 주는 큰 실증이 누가복음 24:21에 기록된 엠마오 두 제자의 진술입니다. 물론 그것은 그 모든 사람들에게도 이 두 제자들은(저는 그 사람이 글로바와 그의 아내 마리아였다고 신분을 밝힌 바 있음) 지상에서 메시야가 통치하는 날이 올 것을 내다보고 있었읍니다. 예수께서 메시야라 믿고 생각했었읍니다. 그래서 그들은 그를 따랐고, 그 나라에서 한 자리를 바라고 있었읍니다. 그러나 이제 생각할 수 없는 일이 일어났읍니다. 예수님은 죽었읍니다. 그들의 소망은 그와 함께 죽었읍니다. 그들의 마음과 생각은 그 슬픔과 좌절로 어찌나 덮여 있던지 주님께서 엠마오 도상에서 그들과 가까이 가고 계심에도 불구하고 주님을 알아보지 못했읍니다. 예수님께서 그들이 무엇을 말하고 있으며 어째서 그렇게 슬퍼하느냐고 물어 보셨읍니다. 그들은 대답했읍니다. "당신이 예루살렘에 우거하면서 근일 거기서 된 일을 홀로 알지 못하느뇨?"

"무슨 일이뇨?"

"나사렛 예수의 일이니 그는 하나님과 모든 백성 앞에서 말과 일에 능하신 선지자여늘 우리 대제사장들과 관원들이 사형 판결에 넘겨 주어 십자가에 못박았느니라. 우리는 이 사람이 이스라엘을 구속할 자라고 '바랐노라'"(눅 24:17-21). 그들이 '구속하다'는 용어를 사용한 것이 흥미롭지 않습니까? 물론 주님께서 바로 그러한 일을 하고 계셨기 때문입니다. 이스라엘을 구속하시고, 이 후에 주님을 자기들의 죄에서 구원하는 구세주로 믿을 모든 사람들을 구속하고 계셨기 때문입니다. 그러나 그들이 생각하고 있었던 것은 그것이 아니었읍니다. 그들은 민족적, 정치적 메시야의 구속을 생각하고 있었는데, 그 소망이 예수님의 공생애 3년 기간 동안 내내 서 있었읍니다. 그들은 그것을 바랐읍니다. 그러나 예수님께서 죽으셨을 때 결국 그들은 그러한 일이 오지 않을 것임을 알았읍니다.

사랑은 살아남아 있음

그렇습니다. 믿음도 죽고 소망도 죽었읍니다. 그러나 한가지 죽지 않은 것이 있었읍니다. 사랑은 죽지 않았읍니다. 그들의 그 잔인한 정도의 환멸과, 그 사실상의 절망에도 불구하고 제자들은 여전히 자기들의 선생을 사랑했고, 자기들의 선생에 대한 생각을 멈출 수 없었고 그 선생을 생각하고 슬퍼했읍니다. 마리아가 그 본보기 입니다.

이 막달라 마리아에 대해서 많은 것을 알지 못합니다. 그러나 우리는 전통을 통해서 내려온 전설로 덧붙여진 의심스러운 상세한 국면들과 우리가 정말 아는 것 사이를 주의깊게 구분해야 합니다. 성경은 마리아가 그리스도의 특별한 은총을 받은 사람이었다고 말합니다. 또한 그리스도 께서는 그녀에게서 일곱 귀신들을 내쫓으셨읍니다(눅 8:2). 교회의 전통은 그녀가 누가복음 7장에 나오는 이름을 밝히지 않은 죄인이라고 말하고 있습니다. 그러나 어떤 건전한 이유는 전혀 없습니다. 그 누가복음7장에 나오는 여인은 부자 바리새인의 집에서 예수님의 발에 기름을 부은 여자였읍니다. 아마 막달라 마리아가 나사로의 집에서 후에 똑같은 일을 했고, 그래서 이 두 경우를 혼돈하기 때문에 그러한 생각을 할 것입니다. 이런 일이 있어서 그녀는 그리스도께서 자신을 구원하기 전에 매춘부가 아니었던가 하는 단정들을 내리고 있습니다. 17세기 즈음에서 "막달라인"이라는 말은 자신의 나쁜 행실을 고친 매춘부를 묘사하는 말로 통상적으로 사용되었읍니다. 그녀가 정말 그러한지 우리는 잘 모르겠읍니다. 그러나 그리스도께서는 어떤 무서운 상황에서 그녀를 건졌읍니다. 또한 그녀가 예수님을 사랑하는 법을 배웠읍니다. 예수님께서, 많이 용서받은 사람은 많이 사랑한다고 말씀하셨읍니다(눅 7:47). 이것이 마리아에게 해당되었읍니다. 그래서 예수님의 공생애 초기에 그녀는 자기 소유로 예수님을 섬겼다는 것을 알 수 있읍니다(눅 8:3). 또한 예수님의 공생애 말에는 그 몸에 기름을 부음으로써 일을 할려고 애를 쓰고 있음을 발견하게 됩니다.

그녀로 하여금 그 무덤에 오게 한 것은 사랑이었고, 오직 그 사랑뿐이었음을 인식하기 까지는, 그리스도께서 무덤가에 있는 마리아에게 나타나신 일을 기록한 기사를 전혀 이해하지 못할 것입니다. 그녀는 다른 자들과 똑같이 전에 믿음을 소유하고 있었읍니다. 그녀도 바랐읍니다. 그러나 믿음과 소망이 사라졌읍니다. 오직 사랑만이 그녀로 하여금 그 시체를 찾으려하게 했고, 무덤에 가까이 나오게 했읍니다.

이것은 주목할 만한 이야기 입니다. 처음에 마리아는 예수님께서 심문을 당하시고 십자가에 못 박히신 그 시간에 예루살렘에 있던 여인들의 무리 속에 끼어 있었읍니다. 그러므로 그 사람은 주님의 고뇌를 목격했읍니다. 우리는 세번의 서로 다른 기회에 그녀가 십자가에 못 박히시는 것을 목격한 여인들의 무리에 들어 있었다는 기록을 갖고 있읍니다 (마27:55,56; 막15:40; 요19:25). 의심할 여지없이 그녀는 다른 사건들도 목격했읍니다. 제사장들의 부추김을 받아 군중들이 소리를 지르면서 "그를 없애 버려라! 십자가에 못 박으라! 십자가에 못박으라!"라고 소리치는 것을 들었읍니다. 빌라도의 재판을 받고, 갈보리의 행렬을 보았고, 그 갈보리로 나아가는 길에서 그리스도께서 십자가 무게에 못이겨 넘어지셔서 구레네 시몬이 그 십자가를 대신 져서 그 죽음의 행렬이 멈추지 않도록 했다는 것도 주목했을 것입니다. "내가 목마르다,""나의 하나님 나의 하나님 어찌하여 나를 버리셨나이까?"라고 울부짖는 처절한 울부짖음도 들었읍니다. 어둠도 목격하고 지진도 목격했읍니다. 결국 예수님의 죽으심을 목격했읍니다. 마리아는 이 모든 것을 목격했읍니다. 남자들 가운데 가장 강한 자라도 그렇게 목격했으면 격렬한 긴장을 느꼈을 것입니다. 그러한 일을 누가 수행해 낼 수 있읍니까? 그럼에도 불구하고 그 모든 일을 다 목격하면서 마리아가 거기 있었읍니다. 그녀가 거기 있게 했던 것은 무엇입니까? 분명히 호기심은 아니었읍니다. 믿음도 아니었읍니다. 이적이 일어날 것을 바라는 소망도 아니었읍니다. 마리아가 거기 있었던 것은, 그가 예수님을 사랑했고 따라서 죽기까지 떠나지 않을 참이기 때문입니다.

예수님께서 사라지셨지만 예수님에 대한 그녀의 사랑은 살아남아 있어서 예수님을 위해서 무엇인가를 하고 싶었읍니다. 향유를 사기로 마음을 정했고 다른 사람들도 그에 동조했읍니다. 유월절 안식일을 위해서 상점이 문을 닫기 전에 그들은 그 일을 했읍니다. 같은 저녁 시간에 그들은 그 시체가 십자가에서 옮겨진 무덤으로 황급히 옮겨지는 것을 보고 따라갔읍니다.

안식일이 지나갔읍니다. 첫번째 유월절 안식일(그것은 거의 아마 금요일이었던 것 같음), 정규적인 토요일 안식일이 지나갔읍니다. 그래서 마리아와 그 다른 여인들이 – 글로바의 아내 마리아, 살로메, 다른 여자들– 마지막 봉사를 하기 위해서 그 무덤에 간 것은 그 주일 아침이었읍니다. 그들은 돌이 그 무덤 입구에서 옮겨진 것을 알았읍니다. 왜냐하면 그들이 "누가 우리를 위하여 그 무덤 문에서 돌을 굴려 주리요?"라고 묻고 있었기 때문입니다. 만일 우리가 "그러면 그들이 그 몸에 기름부을 것을 어떻게 기대했을까?" 라고 묻는다면 그들은 어떻게 할지를 알지 못했다고 대답해야 합니다. 다만 어떤 사람들이 거기에 와서 돌을 옮겨주기를 바랐읍니다. 그러나 그 시점에서 분명히 그것을 생각 하지 않고 있었읍니다. 그들에게 관심 있었던 것은 예수님 뿐이었읍니다. 그들은 사랑했읍니다. 그들이 마땅히 해야 한다고 생각하는 것은 다만 그 사랑이었읍니다.

동산에 도착했을 때 그들은 돌이 옮겨진 것을 보았읍니다. 자기들이 의도한 목적과 맞아 떨어졌읍니다. 그러나 그들이 기대했던 것은 아닙니다. 그들은 멈춰 서서 스스로 자기들이 어떻게 해야 할 것인가를 자문하였읍니다. 결국 제자들, 베드로와 요한에게 알려야 겠다고 결정했읍니다. 그래서 마리아나 다른 어떤 자원하는 자가 거기를 떠나서 그들에게 말하러 갔읍니다. 그녀가 가고 난 다음에(그러므로 그녀에게는 알려지지 않았던 일임) 남은 여자들이 나가서 천사들을 보았고 천사들의 음성을 들었읍니다. 그래서 그들은 놀라서 황급히 뛰어가 자기들이 보았던 것을 말했고, 천사들의 메세지를 전달했읍니다. "그가 여기 계시지 않

고 그의 말씀하시던 대로 살아나셨느니라"(마 28:6). 잠시 후에 그들
은 갔고 베드로와 요한이 도착해서, 마리아의 메세지를 받고, 무덤으로
달려갔읍니다.

마리아? 마리아가 어떻단 말입니까? 그녀는 베드로와 요한 뒤에 쳐져
있었읍니다. 참 그 신사들 뒤에 말입니다! 그러나 그렇게 해도 그녀의
마음은 아프지 않았읍니다. 왜냐하면 그녀의 생각은 예수님께 가 있었
기 때문입니다. 매우 자연스럽게 그녀는 다시 한번 무덤을 향해서 발걸
음을 옮겼읍니다.

이 여자가 어떠한 긴장 아래 있었던가를 여러분이 알아 맞출 수 있는
지 저는 모르겠읍니다. 그녀가 세상에서 가장 사랑하는 사람을 빼앗겼
고, 그 사람이 잔인하게 처형되는 것을 보았읍니다. 그녀는 그 시체에
마지막 의식을 행해야 하겠다고 계획했읍니다. 그러나 그 일이 좌절되
었읍니다. 적어도 잠시 동안 말입니다. 그녀는 돌아 갔다가 그 예루살
렘성에서 다시 나와 어둠이 걷힐락 말락 할 때 무덤으로 갔을 것입니다.
왜냐하면 여러 시간이 흘렀을 것 같기 때문입니다. 그녀가 무덤에 도착
해 보니 베드로와 요한과 다른 여자들이 가버린 것을 발견했읍니다. 그
녀는 혼자였읍니다. 전혀 혼자 떨어져 있었읍니다. 그것은 그녀의 정서
적 포용력을 능가하는 일이었읍니다. 그녀는 그만 울음을 터뜨렸읍니다.
의심할 여지 없이 전에 십자가에 못 박히실 때도 울었읍니다. 그 안식
일에 그녀는 그만 계속 울고만 있었읍니다. 그러나 그녀가 얼마나 더 많
은 눈물을 흘렸는지 거의 이야기 하기가 곤란합니다. 그러나 눈물을 흘
렸읍니다. 그녀가 무덤을 바라 볼 때 그 눈에는 눈물이 가득 고였고, 그
눈으로 천사를 쳐다 보았읍니다.

"사람이 내 주를 가져다가 어디 두었는지 내가 알지 못함이니이다."
여러분은 이 대답의 의미를 알겠읍니까? 마리아는 자기 앞에 왔던 그
여인들이 천사들을 보고 깜짝 놀랐던 것과는 달리 놀라지 않고 있읍니
다. 아마 그녀는 그들이 천사들이 아닌 줄로 알았던 모양입니다. 그래서
"이 말을 하고 뒤로 돌이켜 예수의 서신 것을 보나 예수신줄 알지 못하
더라"(요 20:14).

랍오니여!

마리아는 예수님을 알아 보지 못했읍니다. 예수님께서 그녀에게 말씀하신 후에도 말입니다. 어째서 그녀가 예수님을 알아보지 못했느냐고 묻는 것은 어리석습니다. 뒤에 예수님께서 엠마오 제자들에게 자신을 나타내셨을 때 그들도 알아보지 못했읍니다. 그러니 예수님의 모습이 아마 변했던 것 같습니다. 그 밖에 마리아는 분명히 보지를 못했읍니다. 그녀는 부활을 기대하지 않고 있었읍니다. "여자여 어찌하여 우느냐 누구를 찾느냐?" 예수님이 그렇게 물어보셨읍니다. 그러나 마리아는 그것을 알아차리지 못했읍니다. 자기에게 묻는 자는 동산지기인 줄로 생각했읍니다.

마리아는 모든 인간의 문학 중에서 가장 감동적인 문장 중 하나에 틀림없는 대답을 하였읍니다. "주여 당신이 옮겨 갔거든 어디 두었는지 내게 이르소서 그리하면 내가 가져 가리이다."

반하우스는 이 감동적인 제안에 대해서 이렇게 쓰고 있읍니다. "그녀는 아직도 죽은 몸의 차원에서 생각하고 있었다. 그녀는 3일 낮과 밤을 내내 울고 있었고, 아직도 흘릴 눈물이 남아 있기는 하지만 마음은 비어 있었다. 그녀는 말로 할 수 없는고뇌를 겪었고, 많은 시간 동안 잠을 자지 못했다. 그녀는 세번이나 무덤에 왔다가 두번이나 마을로 돌아간 일이 있었다.(이제) 그녀는 그 대단히 무거운 한 남자의 시체를 가져가겠다고 제안했다 그 시체의 무게는 백근의 침향과 몰약 때문에 더 무거웠다. 성경은 말하기를 그 시체는 백근의 침향으로 싸졌는데 니고데모가 그것을 그 시신 싸는 세마포 속에 감싸 넣었다고 말하고 있다(요 19:39). 심지어 만일 예수께서 가벼운 무게였다 할지라도, 마리아는 생각 없이 그 시체의 무게와 세마포의 무게와 그 향료의 무게 때문에 강한 사람이 여럿이 함께 들어도 못당할 그 무게의 시체를 가져가겠다고 제안하고 있었다. 그러나 그녀는 그것을 생각지 않았다. 왜냐하면 그녀는 주 예수 그리스도를 사랑했기 때문이다. 그녀의 믿음과 소망은 죽어 있었지만 그녀의 사랑은 강하였다. 이것은 모든 문학, 인간적이든 신적인 문학이든 모든 문학에서 가장 위대한 성품의 묘사 중 하나다. 여기에 선한 여인의 마음이 있다. 여기에 사랑이 있고, 사랑이 언제나 그러하듯이 그 사랑은 불가능한 것을 하겠다고 제안하고 있기 때문이다."

이 시점에서 마리아는 다시 한번 그리스도에게 자기의 등을 돌렸음에 틀림없습니다. 왜냐하면 후에 예수님께서 그 이름을 불렀을 때 그녀가 예수님을 돌아다 보았다고 되어 있기 때문입니다. 그녀는 동산지기에는 관심이 없었습니다. 그녀는 슬픔과 혼돈 중에서 동산지기에게 요청을 하는 식으로 했던 것입니다. 그러나 그녀의 마음도 주님에 대해서는 진실하였습니다. 그녀는 마지막으로 예수님의 시체를 보았던 그 무덤으로 돌아갔습니다.

"마리아야!"

"랍오니여(선생님이여)!" 마리아가 예수님께서 자기 이름을 부르는 것에 반응을 나타내면서 다시 그리스도에게로 돌아섰습니다. 동산지기로만 알았을 때는 그와 그가 말하는 어떤 것이라 할지라도 흥미를 느끼지 않았습니다. 그러나 이제 예수님의 입술에서 그녀의 이름이 튀어 나왔습니다. 목자가 이름으로 양을 부를 때 그 양이 그 목자의 음성을 알아 보듯이 그녀는 예수님을 알아보고 기쁨으로 '선생님이여!'라고 반응을 나타냈습니다. 바로 그 순간 마리아는 자기 자신의 부활을 체험했습니다. 왜냐하면 그녀는 다시 태어났기 때문입니다. 믿음이 죽었었습니다. 그러나 이제 그 무덤에서 죽었던 믿음이 뛰어 올라 왔습니다. 소망이 증발되었었습니다. 그러나 이제 그 증발된 소망이 주님의 인격을 중심하여 다시 모아지게 되었습니다.

이 중에 제일 큰 것

여러분은 이미 이 진리들 중 하나나 혹은 그 이상 적용을 했을지 모르겠습니다. 그러나 여러분이 그렇게 했든 그렇게 하지 않았든 몇가지를 여러분을 위해서 적용시켜 드리겠습니다. 먼저 예수 그리스도에 대한 이 세가지 반응 중 그 어느 것에 대해서도 전혀 알지 못하는 사람이 있을 수 있습니다. 믿음도 없고 소망도 없고 사랑도 없을 수 있다는 말입니다. 믿지 않을 수 있습니다. 소망에 대한 어떤 근거도 갖지 못하고 있으며 어떻게 그를 사랑하는지도 알지 못한다고 여러분이 말씀할 수도 있읍니다. 그런 경우라면 사랑부터 하라고 제안해 드릴 수 있읍니다. "그러나 내가 어떻게 사랑할 수 있나요?"라고 말한다면 그를 사랑하게 되는 방식은 그가 당신을 사랑했다는 것을 아는 지식으로부터 시작하는 것이라고 대답하겠읍니다. 그 사랑은 그리스도께서 여러분을 위하여 죽으시는 것을 통해서 드러났읍니다. 이 사실을 통해서 여러분에 대한 그분의 사랑을 확증할 수 있읍니다. 로마서는 말합니다."우리가 아직 죄인 되었을 때 그리스께서 우리를 위하여 죽으심으로 하나님께서 우리에게 대한 자기의 사랑을 확증하셨느니라"(롬 5:8).

여러분은 여러분 자신을 위해서 예수님께서 죽으신 사실에 촛점을 맞추고 그 때문에 예수님을 사랑할 수 있읍니까? 만일 여러분이 그의 죽으심에 촛점을 맞추고 그것에 반응을 나타낸다면 어떻게 하지 못할 수가 있읍니까? 그 일은 거기서 맘추지 않을 것이라고 저는 확신합니다. 예수님께서 여러분을 부르시는 것을 들을 것입니다. 예수님께서 그렇게 하시면 여러분은 예수님을 알아보고 기쁘게 반응을 나타낼 것입니다.

"요한! 마리아야! 베드로야! 엘리사야! 야고보야! (여러분의 이름이 무엇이든지 간에!)"

"선생님이여!"바로 그 순간에 여러분 속에서 믿음이 탄생하게 됩니다. 소망이 승리하게 됩니다. 여러분은 영원히 그의 것이 될 것입니다.

그런 다음에 이미 그리스도인이 된 사람들을 위해서 한가지 적용을 해 드리겠읍니다. 여러분이 그리스도를 믿었읍니다. 그리스도를 사랑합니다. 여러분의 소망은 그리스도를 중심하여 있읍니다. 그러나 때가 어느때 이든지 우리 거의 모든 사람들에게 그런 일이 일어납니다만 비극이 사람 가운데 찾아오고 그 비극 때문에 믿음과 소망이 함께 고통을 당하는 경우가 있을 수 있읍니다. 그것이 죽음, 가까운 친척이나 사랑하는 사람의 죽음일 수도 있읍니다. 그것이 고통일 수도 있읍니다. 그것이 지극히 나쁜 소식일 수도 있읍니다. 환경이 여러분을 혼란시키고, 여러분이 진실로 믿어야 할 것을 믿어 왔는지를 의심하게 되고, 아니면 장래에 대한 소망이 사실적인 것인가에 대한 의문도 하게 됩니다. 만일 그런 경우라면 절망하지 마십시요. 많은 사람들이 그러했읍니다. 오히려 그 환경과 처지에는 결코 무너지지 아니할, 그리스도에 대한 여러분의 사랑으로 하여금 꽃이 피어나게 하십시요. 그에게 더 가까이 가십시요. 여러분이 그렇게 하면 믿음과 사랑으로 하여금 자라나게 하는 그 달콤한 교제를 알게 될 것입니다.

믿음, 소망, 사랑! 이 세가지! "그러나 그 중에 제일은 사랑이라"(고전 13:13).

35

새 세대의 새 관계들

"예수께서 이르시되 나를 만지지말라 내가 아직 아버지께로
올라가지 못하였노라 너는 내 형제들에게 가서 이르되 내가
내 아버지 곧 너의 아버지 내 하나님 곧 너희 하나님께로 올라
간다 하라 하신대"(요 20:17)

지난 19세기의 유명한 독일 역사가 아돌프 하르낙(Adolf Harnack)
은, 자기 생각에 전체 기독교를 요약한 한 인기있는 어구를 만들어
냈습니다. "하나님의 부성애(父性愛)와 인간의 형제애(兄弟愛)"라는 말
입니다. 하르낙은 말하기를 이것이 성경의 교훈이라고 말했습니다. 우리
는 모두 한 아버지를 모시고 있고, 우리는 한 형제 자매로 있다는 것입
니다.

하르낙은 사실상 그보다 더 알아야만 했었습니다. 왜냐하면 성경의
메세지를 그런 식으로 규정지음으로써 그는 근본적인 오류를 범한 것입
니다. 첫째로 하나님을 "아버지"라는 말로 나타내고 , "형제"와 "자매"
라는 말을 사람들에게 사용한 것은 신자들만을 가리킬 때 쓰여지기 때
문입니다. 하나님을 모든 사람의 아버지로 말해서는 안됩니다. 또한 모
든 사람들은 형제 자매로 말해서도 안됩니다. 사실 요한복음 8장에 기록
된, 예수님 당시의 유대 관원들과 그리스도와의 대화의 경우에서와 같

이, 어떤 사람들은 저희 "아비 마귀"의 자녀들 이라고 해야 할 사람들이 있읍니다(요 8:44). 우리는 모두 하나님의 소생들입니다. 바울이 아덴 사람에게 말하면서 지시했던 것 같이 말입니다(행 17:28). 우리는 그의 피조물들입니다. 그러나 그리스도를 믿는 사람들 만이 하늘 아버지의 "자녀들" 이라는 말을 듣는 것입니다.

둘째로 하르낙은 성경이 말하는 관계들은 인간의 본능에 속한 어떤 것들이 아니라, 예수 그리스도의 죽으심과 장사지냄과 부활로 말미암아 수립된 어떤 새로운 일에 기초한 것임을 알지 못하는 실수를 범한 것입니다.

우리가 이제 살펴보려는 구절 속에서 바로 이 후자의 진리가 명백히 드러났읍니다. 왜냐하면 그 구절들 속에는 무엇보다 먼저 예수님께서 의미심장하게 죽으시고, 그리고 살아나신 이후에 이러한 주제들을 당신의 가르침 속에서 도입하기 시작하시기 때문입니다. 그 전에 하나님을 아버지로 말씀하셨읍니다만 이런 식으로 말씀하시지 않으셨읍니다. 그 전에 제자들을 형제들로 말씀하신 적이 없었읍니다. 그리스도께서 예고하셨던 그 교회의 새 세대 때문에 이제 새롭게 수립된 일련의 관계들을 예고하고 계시는 것입니다.

예수님께서 당신의 나라에 들어오실 때 행하신 일과 문학에서 언급되는 바 다른 왕이 자기 나라에 들어올 때 행하시는 것을 대조적으로 주목하는 것은 흥미 있읍니다. 헨리 5세는 임금입니다. 그 사람의 성품은 세익스피어에 의해서 자세히 분석되었는데, 헨리4세 제 1부, 헨리4세 제 2부와 헨리 5세의 연극을 통해서 분석되었읍니다. 젊었을 때 그는 명예롭지 못한 친구들을 갖고 있었읍니다. 그들은 저급한 형태의 사람들 이었고, 자기들의 시간을 술 마시고, 노름하고, 여자들 주위에서 방탕하는 류의 사람들 이었읍니다. 이 저급한 동료들 가운데 가장 잘 알려진 사람은 존 팔스타프 이었읍니다. 다른 연극을 통해서 그사람에 관해서 세익스피어가 썼읍니다. 그 당시에 헨리는 왕처럼 살지를 못했읍니다. 그러나 그가 보위에 오르는 때가 이르게 되었읍니다. 그리고 그의 친구들은 생각하기를 자기들도 이제는 왕궁으로 초대를 받아서 왕의 보호아래 그들의 방탕한 생활을 계속할 수 있을 것이라고 생각하고 있었지만, 새 왕은 그들에게 등을 돌리며 자신의 새로운 지위에 부합하게 처신하기 시작했읍니다.

그와 유사한 방식으로 우리 주님께서는 우리가 "저급한 동료들"이라 부를 수 있는 사람들과 함께 그의 지상 생애의 날들을 보내셨읍니다. 물론 주님께서는 그들과 함께 연합함으로 말미암아 자신을 더럽히지 않았읍니다. 그러자 대조적으로 그리스도께서 죽으시고 부활하시고 승천하심을 통해서 영광 중에 들어 가셨을 때 그 동료들에게 등을 돌리지 아니하시고 고요하게 그 전의 관계들 속으로 그들을 선도하여 들이셨읍니다. 이제 하나님께서는 그리스도의 아버지이실 뿐 아니라 그들의 아버지가 되시며, 그들은 가족의 특권을 부여받게 되었읍니다.

난제가 되는 본문

이 구절에는 세가지 새로운 관계가 나타나 있읍니다. 그리스도와의 관계, 아버지에 대한 관계, 믿는 신자끼리의 새로운 관계입니다. 그러나 이것은 난제의 구절입니다. 이 새로운 관계들 중 첫번째 관계의 중요성은 그리스도에 대한 새로운 관계를 이해할 때 만이 그 난관들을 뚫고 나가기 시작할 수 있읍니다. 주요한 난관은 주님께서 막달라 마리아에게 "나를 만지지 말라 내가 아직 아버지께로 올라가지 못하였노라"라고 말씀하신다는 점입니다. 그럼에도 불구하고 마태복음에서 같은 사건을 통해서 우리가 아는 바로는 무덤에 왔었던 다른 여자들에게는 당신을 만지도록 분명히 허락하셨음을 우리는 알고 있읍니다. 그것도 같은 날 불과 수 분 후에 말입니다(마 28:9). 다시 우리는, 어째서 마리아는 그를 만져서는 안되는가? 라고 물을 수 있읍니다. 이것은 세상에서 가장 자연스러운 질문이 될 것입니다. 예수님께서 그녀를 말리시거나 아니면 사랑과 흠모의 명백한 행동을 진행하는 중에 그를 말리신다는 것이 우리의 사고 방식으로서는 거칠어 보입니다.

이 구절을 해석하는데 주석가들이 서로 보편적인 일치를 보지 않는다는 것을 우리는 인정해야 합니다. 또한 보수주의적인 관점과 자유주의적인 관점이 서로 대립된다고도 말할 수 없읍니다. 복음서를 연구하는 사람들은 분명치 못한 입장에 처해 있읍니다. 해석방식을 세가지 보편적인 범주로 나눈 방식이 새 스코필드 성경 1156면 난하주에 제시되어 있읍니다."(1) 예수님께서 마리아에게 말씀하시면서 마치 대제사장이 속죄일의 행사를 치르고 계신 것처럼 행동하셨다(레 16장).제사를 드리신 다음에 예수께서는 하늘에서 거룩한 피를 봉헌하고 계시는 참이다. 동산에서 마리아를 만날 때부터 시작하여 마태복음28:9의 다른 여자들을 만나는 시간 사이에 그처럼 승천하셨다가 다시 돌아오셨다. 모형적인 입장에서 보아 조화를 이르는 관점입니다. (2) 마리아는 그리스도의 명령을 통해서 자비롭게 책망을 받고 있다. "나를 만지지 말라"(문자 그대로 하면 '나를 매달리지 말라'). 주님께서 마리아에게 가르쳐 주신 것은, 나를 붙잡고 땅에 머물게 해서는 안된다. 오히려 새로운 기쁨의 메신저가 되어야 한다고 말씀하셨다. (3) 예수님께서 말씀하시는 것은 단순히 이런 뜻이다. 이제 나를 붙들지 말라. 아직 하늘에 올라가지 않았다. 네가 다시 나를 볼 것이다. 오히려 네 형제들에게 어서 가라!

우리가 이 난제에 대해서 말할 수 있는 한가지 요점이 있읍니다.상층되어 보이고 난제로 보이는 모든 것들이 그러하듯이 진술의 기본적 개연성를 암시해 주고 있다는 것입니다. 그것이 그러한 것은 만일 사복음서 기자들이 서로 간에 짜고 자기들의 이야기를 만들었다면 분명히 그러한 난제가 나타나지 못하게 했을 것이기 때문입니다. 마태와 요한은 한 사람은 예수님을 만지지 못하고 다른 사람은 예수님을 만지도록 허락하게 한 그러한 상충을 용납하지 않았을 것입니다. 최소한 그들은 어떤 설명을 덧붙였을 것입니다. 또한 그 무덤에 얼마나 많은 천사들이 있었으며 그들을 본 사람들이 누군가에 대해서 서로 맞추어 보았을 것입니다. 어째서 예수님을 언제나 알아보지 못했는지 그것의 이유를 설명했을 것이며 부활에 관한 그들의 주장에 대해서 이러한 곤란을 그냥 놔두지 않았을 것입니다. 이러한 관계들이 그냥 서 있도록 한 이유는 그러한 난제들을 설명하는 것이 어떠한 것이든지 간에 이것은 단순히 일들이 일어난 방식이라는 점입니다. 따라서 그들은 그것을 목격한대로 정확하게 기록합니다. 서로 일치되어 보이지 않는 것들은 사실상 그것들이 진리임을 인쳐주는 반지입니다.

그런데도 그 점이 이 구절들을 어떻게 취급해야 하는지 결정하도록 도와주지 않습니다. 이 말의 특별한 어조가 어떠하든지 그리스도께서 정말 부활하시고 나서 감람산에서 최종적으로 승천하시기 까지 40일 동안 여러차례 아버지께 올라가셨든지 그렇게 않든지 간에 (저는 그렇게 했다고 믿습니다. 스코필드 난하주의 제 (1) 관점이 제시하는 이유들 때문에는 아니지만 말입니다), 이 대목의 주요한 의미는 예수님과 막달라 마리아의 관계가(또 다른 제자들과 예수님과의 관계도) 이제 달라졌다는 것입니다. 그들은 지상 공생애 기간 동안에 예수님을 알았던 것과는 다른 방식으로 그를 알아야 했읍니다.

여기 바울이 써보낸 고린도후서에 나오는 한 구절은 이 문제에 대해 빛을 던져줍니다. 바울은 그리스도 안에 있는 자들에게는 모든 것이 새롭게 되었다고 주장하는 문장에서 이렇게 말합니다. "그러므로 우리가 이제부터는 아무 사람도 육체대로 알지 아니하노라 비록 우리가 그리스도도 육체대로 알았으나 이제부터는 이같이 알지 아니하노라"(5:16). 육체를 따라서 그리스도를 아는 것은 분명히 말해서 제자들이 예수님의 공생애 기간 동안 예수님을 알았던 것처럼 예수님을 듣고 보고 만져보았읍니다(요일 1:1-3). 오늘날 우리가 아는 대로 예수님을 아는 것은, 영적으로 압니다. 다시 말하면 주 예수 그리스도를 하나님의 아들과 구주로 우리에게 나타내주시는 성령님의 내면적 증거로 말미암아서 말입니다. 예를 들어서 요한복음 20장 끝에서 요한은 이 강조점으로 끝을 맺고 있음을 주목합니다. 왜냐하면 요한은 그리스도의 하신 일에 대한 자기의 기록을 다음과 같이 말함으로써 요약하고 있기 때문입니다. "예수께서 제자들 앞에서 이 책에 기록되지 아니한 다른 표적도 많이 행하셨으나 오직 이것을 기록함은 너희로 예수께서 하나님의 아들 그리스도이심을 믿게 하려 함이요 또 너희로 믿고 그 이름을 힘입어 생명을 얻게 하려 함이니라"(20:30,31). 이 말은 마리아가 이제 그리스도를 자기 구주로 알아야 한다는 것을 의미하며, 또 우리도 그리스도를 하나님의 아들과 우리의 구주로 알아야 한다는 뜻입니다. 여러분은 그리스도를 그처럼 아십니까? 성령께서 오신 것은 여러분으로 하여금 그러한 지식을 갖도록 하기 위함입니다. 그 분에게 나와서 그를 믿으십시요. 만일 여러분이 그분을 하나님의 아들과 여러분의 구주로 알지 못한다면 여러분은 그분을 전혀 알지 못한 것입니다. 만일 여러분이 하나님의 아들과 구주로 그분을 안다면, 다른 관계들이 따라옵니다.

하나님 우리 아버지

그리스도와 우리의 새로운 관계 중 제일의 관계는 수직적인 관계입니다. 그것은 하나님 아버지에 대한 우리의 관계입니다. 그러나 우리가 주목해야 하는 것은 그 관계가 예수님과 아버지와의 관계와 유사하면서도 동일하다는 것은 아니라는 점입니다. 이 구절을 연구했던 사람들이 여러 차례 지적했던 것이 있습니다. 그것은 우리 주님께서 아버지께로 내가 올라가신다고 말씀하실 때 "나는 '우리' 아버지께로, 우리 하나님께로 올라 간다"고 말씀하지 않으셨다는 것입니다. 그는 오히려 "내 아버지, 곧 너희 아버지, 내 하나님, 곧 너희 하나님께로 올라간다"고 말씀하셨습니다. 만일 앞의 경우에 해당하는 말씀을 하셨다면 그분은 자신을 제자들과 똑같은 수준에 놓고 계신 셈입니다. 단순한 한 사람으로서 말입니다. 그러나 예수님께서는 하나님께서 이제 그 전에는 그렇지 않았던 방식으로 하나님이 우리 아버지가 되셨다는 것은 사실임에도 불구하고 예수님과 아버지와의 관계가 동일한 것이 아님을 지시하고 계십니다. 그분은 독특한 의미에서 하나님의 아들이십니다. 왜냐하면 그분은 하나님이시기 때문입니다(요 1:1, 2; 10:30참조).

우리는 그리스도께서 속죄를 통해서 우리를 위해서 해 놓으신 일 때문에 그와 유사한 관계에 돌입하는 것입니다.

여기에 수반되는 것은 우리가 하나님의 양자로 받아들여진다는 것입니다. 우리는 태어날 때부터 하나님의 권속이 아니었습니다. 우리는 하나님으로부터 멀리 떨어져 있었고 죄와 사망의 상속자들로 하나님 나라 밖에 속한 자로 태어났습니다. 그러나 하나님께서는 은혜로우십니다. 그러므로 그리스도의 죽으심과, 성령을 통해 그 죽으심을 우리에게 적용시킴으로써 하나님께서는 당신과의 관계로 우리를 되돌려 주셨고, 우리에게 가족의 특권들을 허락하십니다.

하나님의 자녀에게 부여된 바 이 하나님과의 새로운 관계보다 더 예기치 못하고 더 압도적인 것이 있을 수 있습니까?

그렇게 생각하기가 어렵습니다. 의롭다 하심을 받는 문제만으로도 너무나도 압도적입니다. 왜냐하면 그것도 다 은혜에 속한 것이기 때문입니다. 하나님께서 반드시 우리를 의롭다 하실 필요가 없는 것입니다. 하나님께서는 우리를 의롭다고 하셔놓고 훨씬 열등한 지위와 특권에 머물도록 우리를 남겨 두실 수도 있었읍니다. 그러나 우리로 하여금 당신 자신의 가족에 들게 하시고 딸과 아들들의 특권과 지위를 얻게 하심으로써 우리가 생각했거나 기대할 수 있었던 것을 훨씬 더 넘어가셨읍니다. 이처럼 우리를 양자로 받아 들이시는 하나님의 겸손이 너무나 위대하여 우리는 이 관계를 기억하고 그것을 생각하는 것이 주제넘은 것으로 간주하기 쉬웠을 것입니다. 만일 하나님께서 이 진리를 우리의 마음에 인치기 위해서 특별한 노력을 기울이지 아니하셨다면 말입니다. 바울이 쓴 바와 같습니다. "하나님이 자기를 사랑하는 자들을 위하여 예비하신 모든 것은 눈으로 보지 못하고 귀로도 듣지 못하고 사람의 마음으로도 생각지 못하였다 함과 같으니라. 오직 하나님이 성령으로 이것을 우리에게 보이셨으니 성령은 모든 것 곧 하나님의 깊은 것이라도 통달하시느니라"(고전 2:9).

이 특권들은 어떠한 것들입니까? 하나는 기도입니다. 왜냐하면 하나님께 나아가는 것은 이러한 관계에 기초한 것이기 때문입니다. 나아감은 의롭다 함을 받은 결과로 묘사되고 있습니다. "그러므로 우리가 믿음으로 의롭다 하심을 얻었은 즉 우리 주 예수 그리스도로 말미암아 하나님으로 더불어 화평을 누리자"(롬 5:1). 그러한 나아감은 우리의 양자됨에 근거한 것입니다. 우리가 양자되었기 때문에 하나님을 "아버지"라 부르며 나아갈 수 있는 것입니다. 양자의 영을 통해서만 하나님이 우리 아버지시며, 우리 기도를 하나님께서 들으신다는 확신을 가질 수가 있는 것입니다. 바울이 "너희는 다시 무서워하는 종의 영을 받지 아니하였고 양자의 영을 받았으므로 아바 아버지라 부르짖느니라"(롬 8:15) 라고 말할 때 그 점을 말하고 있는 것입니다.

하나님과 우리의 새로운 관계에 속한 두번째이자 그와 관계된 특권은 우리가 그 앞에 확신을 가질 수 있다는 것입니다. 우리는 자녀들 입니다. 우리는 아무것도 그 관계를 무너뜨릴 수 없다는 것을 알고 있읍니다. 하나님께서 우리 아버지이시라면, 우리가 영적으로 어린 아이일 때 우리를 도와줄 것입니다. 그리고 영적으로 행하는 법을 가르치고, 우리가 넘어질 때 우리를 일으켜 세워 주실 것입니다. 만일 그가 우리 아버지이시라면, 우리가 지상순례 길을 행하는 동안 우리를 돌보실 것이고, 풍성하게 우리에게 축복을 내려 주실 것입니다. 만일 그가 우리 아버지이시라면, 우리가 마땅히 가야하는 길로 우리를 인도하실 것이고, 끝내는 우리를 하늘 본향으로 인도하셔서 그와 영원토록 함께 있게 하실 것입니다.

형제들과 자매들

그러나 그것은 그리스도인들이, 하나님께서 우리를 양자로 받아 주시는 행동의 결과로 하나님에 대한 새로운 관계를 가지는 것만이 아닙니다. 그리스도인들을 역시 서로간에 새로운 관계를 가지고 있는 것입니다. 전에 그들은 하나님의 권속들이 아니었읍니다. 때로는 서로간에 얇게 쳐진 적대감의 막을 가지고 있었읍니다. 이제 그들은 새로운 가족들이 되었고, 서로 사랑하며 형제들과 자매들로 함께 일해야 합니다. "그러므로 이제부터 너희가 외인도 아니요 손도 아니요 오직 성도들과 동일한 시민이요 하나님의 권속이라"(엡 2:19).

우리 본문에 "형제"라는 말이 이 점을 암시하고 있읍니다. 그것은 강력하고 정말 예기치 못한 말입니다. 왜냐하면 요한복음에서 그 전에는 이러한 의미로 쓰여진 적이 없었기 때문입니다. 그 말은 2장과 7장에서 네번 나타납니다. 그러나 각 경우마다 육체를 따라 그리스도의 형제된 사람들에게만 그 말을 썼읍니다. 다시 말하면 예수님이 양부 요셉에 의해서 마리아의 자녀들이 된 사람들에게만 썼다는 것입니다. 20장에서 처음으로 (21:23에도 한번 더) 그 말이 그리스도를 믿어 하나님의 권속이 된 사람들에게 쓰여지고 있읍니다.

이러한 새로운 관계들로부터 흘러 나오는 태도들은 언제나 자연스럽고 쉽게 따라 나오는 것은 아닙니다. 그러나 이 개념들을 강력하게 포착하고 그 관계들의 차원에서 일 해나가야 할 훨씬 더 중요한 이유가 있는 것입니다. 존 화이트(John White)는 그 임무를 다음과 같은 방식으로 나타내고 있읍니다. "여러분들이 같은 피로 씻김을 받아 같은 성령으로 중생을 하였다. 여러분은 같은 도성의 한 시민이요, 같은 주인의 한 종이며, 같은 성경을 읽는 자들이요, 같은 하나님을 경배하는 자들이다 그들이나 여러분 속에 같은 임재가 은밀하게 존재한다. 그러므로 여러분은 그들에게 위탁한 바 되고 그들은 여러분에게 위탁한 바 된다. 그들은 하나님안에서 여러분의 형제 자매 아버지 어머니 자녀들이다. 여러분이 그들을 좋아하든 좋아하지 않든 그들에게 속해 있는 것이다. 그들에 대해서 사랑 가운데서 감당해야 할 책임들이 있다. 이땅에서 살아있는 동안 여러분은 그들에게 빚진 바 되고 있다. 그들이 여러분을 위해서 많은 것을 했던 적은 것을 했던 그리스도께서 모든 것을 행하셨다. 그리스도께서는 여러분이 그리스도께 진 빚을 여러분 가족들에게 대신 갚으라고 요구하신다."

하나님의 권속에 속해 있다는 것은, 인간된 차원에서 흠결에 대하여 감수성이 없는 사람이 될 것이라는 것을 뜻하지 않습니다. 오히려 우리는 그 흠결을 감소시키려는 어떤 희망을 가지고 우리의 가족관계의 질을 개선시키려고 한다면 그러한 흠결들에 대해서 예민해야 합니다. 그러나 그 말은, 그리스도 안에 있는 형제 자매들의 흠결에 대하여 지나치게 예민하지 말아야 하고, 비평적이 되어서는 더 더욱 안된다는 것을 뜻합니다. 우리는 바른 가족의 충성심을 가지고 서로간에 깊이 신뢰하고, 서로간에 그리스도인의 삶을 살도록 도와주기 위해서 일을 해야 할 것입니다.

36

들었던 중 가장 좋은 소식

"막달라 마리아가 가서 제자들에게 내가 주를 보았다 하고
또 주께서 자기에게 이렇게 말씀하셨다 이르니라"(요 20:18)

그리스도께서 막달라 마리아에게 나타나셔서 그의 부활하신 소식을
그의 제자들에게 가서 말하라고 말씀하신 이야기는 그리스도께서
시키시는 대로 그녀가 행했다는 진술로 끝을 맺습니다. 이 이야기는 믿
지 못할 정도로 간단합니다. 왜냐하면 그것은 이 세상에 들었던 소식 가
운데 가장 좋은 소식을 제일 먼저 공포한 것을 기록한 것이기 때문입니
다. 그 소식은 주님의 부활하심을 공포하는 것이었읍니다.

2차대전이 끝났을 때 그 사건 뉴스가 전 지구상에 퍼져 나갔읍니다.
대번에 모든 지역에 살고 있던 남자들과 여자들은 기쁨으로 날뛰었읍니
다. 저도 그 때 청년이었읍니다. 제 아버지는 몇년 동안 군에 복무해 왔
었고, 가족은 미국의 남부 지방에 위치한 큰 부대옆에 정착하여 살고 있
었읍니다. 우리는 전투 행위로부터 멀리 떨어져 있었읍니다. 그러나 이
제 와서 뒤돌아 생각해 보니 그 전쟁이 끝났다는 소식이 들려왔을 때
소리치면서 고함을 치던 일이 생각납니다.

2차 대전이 끝난 것도 큰 뉴스였읍니다. 그러나 그 뉴스가 아무리 크
다 할지라도 예수 그리스도의 부활하신, 그 진정으로 엄청난 뉴스에는

비교될 수 없습니다. 이 메세지는 훨씬 더 훌륭했고, 지금도 그러합니다.

흔들 수 없는 증거

저는 매우 간단한 질문을 던져 놓고 몇가지 분명한 해답을 제시해 드리겠습니다. 어째서 주 예수 그리스도의 부활이 세상에 들렸던 뉴스 가운데 가장 좋은 뉴스입니까? 대답은 이러합니다. 그것이 사실이기 때문이며 굉장한 좌절뒤에 온 것이기 때문이며, 그것이 입증한 모든 것 때문이며, 끝내 그것이 우리 각자에게 생명을 구원하는 반응을 요구하는 것이기 때문입니다.

첫째, 예수 그리스도의 부활은 "사실이기 때문에"좋은 소식입니다. 좋은 뉴스처럼 들리다가 그 보도 내용이 사실이 아니거나 그 사건이 실제로 일어났던 일이 아니기 때문에 낙담케 하는 사건 보도들이 언제나 있을 수 있습니다. 제가 앞에서 사용했던 그 예증을 다시 사용한다면 전쟁이 정말 끝나기 전에 여러차례 전쟁이 끝났다는 소식이 들려오곤 했읍니다. 전쟁이 끝났다는 거짓된 기사가 펴져 나갔읍니다. 그러나 그 기사는 끝내 거짓된 것으로 판명되고, 그래서 더 가공할 정도의 낙심을 불러 왔읍니다. 베트남에서 전쟁이 거의 끝나간다는 보도에 대해서도 역시 마찬가지였읍니다. 주님의 부활 소식에 있어서는 그렇지 않았읍니다.

한 메세지 속에서 예수 그리스도의 부활이 증거될 길게 논설할 만한 여백이 없읍니다. 그러나 그 증거들 중 몇을 제시할 수 있읍니다. 예수 그리스도의 부활에 대한 첫번째 위대한 증거는 그 진술자체들의 증거입니다. 이 진술들은 비평적인 안목을 가지고 가장 냉혹한 것에 대해서 의연히 서있읍니다. 먼저 그 예수 그리스도의 부활을 진술하는 기사들은 분명히 네 독립적인 기사들입니다. 이것들은 분명히 서로 짜고서 만들어진 것이 아닙니다. 만일 그렇게 했다면 그 사복음서가 드러내고 있는 여러개의 상충되어 보이는 것들을 갖고 있지 않을 것입니다. 무덤에 있는 천사의 수와, 동산에 갔던 여인들의 수와, 그들이 도착한 시간과, 그밖에 다른 일들 말입니다. 이 기사를 조화시킬 수 있읍니다. 그러나 요점인즉, 그 복음서 기자들이 한 이야기를 만들기 위해서 함께 모의를 했다면 그처럼 서로 모순되어 보이는 것은 제거되었을 것이라는 점입니다.

그들은 그렇게 하지 않았읍니다. 반면에 그 이야기를 따로 떼어서 서로 나누어 만든 것이 아닌 것이 분명합니다. 만일 그들이 그러한 일을 했다면 복음서에 나타난 바 일치를 어렵게 만드는 그런 많은 분량의 지면이 없었을 것입니다. 배경과 인물이 같고, 사건의 추이가 뜻이 맞아 들어갑니다. 이것은 무엇을 의미합니까? 그 복음서의 기사들이 서로 짜고서 구성된 것이 아니고, 또한 서로 분리하여 떼어 만든 것이 아니라면, 남은 오직 유일한 가능성은 그것들이 전혀 꾸며진 것이 아니라는 것입니다. 곧 그 사복음서는 그 복음서를 쓰는 사람들이 아는 대로 쓴 네개의 참되고 독립적인 기사들이라는 것입니다.

다음에 빈 무덤과 함께 움직여진 돌의 증거, 흐트러져 있지 않은 수의의 증거입니다. 우리는 이러한 일들을 어떻게 설명하겠읍니까? 어떤 사람들은 로마 유대의 당국자들이 그 시신을 가져갔다고 상상했읍니다. 그러나 그들이 그렇게 할 만한 하등의 이유가 없었을 뿐만 아니라─ 그렇게 하면 공식적으로 봉인된 무덤을 파괴하는 일을 수반할 것임─ 제자들이 그리스도의 부활을 믿는다고 선포하기위해서 예루살렘에 나타났던 뒤늦은 후에도 진정한 상황이 아직 밝혀져 있지 않았었다는 것은 생각할 수 없는 일입니다. 만일 그 일이 일어났다면 말입니다. 만일 거기에 그 몸이 있었다면 그 원수들이 여기 시체가 있다고 꺼내 보이기란 쉬웠을 것입니다. 반면에 그리스도의 친구들이 예수님의 시신을 가져가지 않았읍니다. 왜냐하면 그러한 망상 속에서 그들이 죽을 각오가 거의 되어 있지 않았을 것이기 때문입니다. (그들은 거의 다 죽을 각오를 한 것은 그 뒤의 일임)

이 사람들의 변화된 성품을 하나의 증거로 덧붙일 수 있읍니다. 왜냐하면 마음에 환멸을 느끼며 겁을 먹고 있던 사람들을 기독교의 메세지를 강력하게 전파하는 사람들로 변케 한 일이 일어났기 때문입니다. 그것이 무엇이든지 간에 말입니다.

그 다음에 우리는 예수님의 나타나심을 덧붙일 수 있읍니다. 뭔가 섬뜩한 분위기 속에서 동산에 있던 한 두 여인들에게뿐 아니라 여러 상황 속에서 여러 다양한 사람들에게 나타나신 것을 증거로 제시해야 합니다. 바울은 고린도 전서에서 이러한 예수님의 나타나심 중 많은 것들을 열거하면서, 한번은 예수님께서 한꺼번에 오백명의 신자들에게 나타나셨음을 지적하고 있읍니다(고전 15:6).

다시, 부활에 대한 가장 큰 증거 가운데 하나는 예배일이 유대 예배일인 토요일로부터 그리스도인의 예배일인 주일로 예기치 못하게 부자연스럽게 변화되었다는 점입니다. 주간의 첫날에 예수님께서 부활하시지 않았다면 다른 것으로는 그것을 설명하지 못합니다.

이러한 증거들에 대해서 우리가 어떻게 말할까요? 매튜 아놀드(Matthew Arnold)가 한번 말한 바 있듯이 다음과 같이 말하는 것은 그 경우를 과장하고 있는 것이 아닙니다. "예수 그리스도의 부활은 역사 속에서 가장 잘 입증된 사실이다." 특히 법률가들은 이것이 사실임을 발견했읍니다. 부활에 대해서 가장 훌륭한 책들 중 몇은 법률가들에 의해서 쓰여졌는데 그 사람들 가운데 어떤 사람들은 원래 예수그리스도의 부활을 부정하려고 착수했읍니다. 프랭크 모리슨 (Frank Morison) 길버트 웨스트(Gilbert West), 앤더슨(J.N.D.Anderson)같은 사람들과 그 밖의 다른 사람들 말입니다. 에드워드 크락(Edward Clark)은 또 다른 영국의 법률 학자인데 한번 이렇게 썼읍니다. "나는 법률가로서 첫번째 부활절 날의 증거들을 오랫동안 연구해 왔다. 내게 있어서 그 증거는 결정적이다. 나는 거듭해서 높은 지존자의 궁정에서 더 이상 확증적일 수 없는 증거에 기초하여 평결을 확보했다… 나는 법률가로서 그것을 어김없이 받아 들이되 입증할 수 있는 사실들에 대한 사람들의 증거로 받아 들인다."

예수 그리스도의 부활이 좋은 소식이 되는 첫번째 이유가 그것 입니다. 그 소식은 일년에 한차례 휴가를 가질 기회를 우리에게 주는 멋진 이야기이기 때문이 아니라, 사실이기 때문에 좋은 소식입니다. 사실 그것은 역사 가운데서 가장 엄청나고 중요한 사실들 가운데 하나입니다.

'웰링톤이 적(敵)을 쳐부셨다.'

둘째로 예수 그리스도의 부활이 "실패처럼 보인 뒤에 온 것이기 때문에 "좋은 소식입니다. 승리는 언제나 좋은 소식입니다. 그러나 전투에서 거의 졌다는 소식이 있은 다음에 오는 승리의 소식은 더 좋습니다.

워털루 전투의 소식이 처음 영국에 왔을때 어떤 일이 있었던가를 생각하면 이것을 예증할 수 있습니다. 그 당시는 전보나, 라디오가 없었습니다. 다만 큰 전투가 절박한 상태에 있다는 것을 알고 있었으며, 영국 장국인 웰링톤이 나폴레옹을 맞아서 싸워 어떻게 되었는지를 듣고 싶어 했습니다. 신호를 보내는 사람이 윈체스터 성당 꼭대기에 올라가 눈으로 바다를 지켜보고 있도록 하였습니다.그가 메세지를 받을 때, 그는 그 메세지를 언덕에 있는 다른 사람에게 보냅니다. 그사람은 그것을 또 다른 사람에게 보냅니다.결국 그렇게 하여 전투 소식이 끝내 런던에 전달되고, 그런 다음에 전 영국에 파급됩니다. 그런데 배 한척이 안개 속에 보였습니다. 그 날은 안개가 짙게 깔려 있었습니다. 배 갑판에서 신호를 보내는 사람이 처음에 "웰링톤"이라는 말을 보냈습니다. 그 다음 말은 "격퇴 당했다"라는 말을 보냈습니다.그런 다음에 안개가 그만 그 배를 덮어 버렸습니다. 그 배는 더 이상 보이지 않았습니다. "웰링톤이 격퇴 당했다!"그 메세지는 전 영국에 파급되었습니다. 그 나라 전체에 우울함이 깃들게 되었습니다. 두 세시간 뒤 안개가 걷히고, 다시 신호가 왔습니다."웰링톤이 원수를 격퇴하였다!" 그때에 영국은 기뻐했습니다.

같은 방식으로 예수님의 죽으심으로 말미암아 그 친구들은 슬픔에 젖어 들었습니다.완전한 패배였습니다. 그러나 삼일째 되는 날 그는 다시 승리로 부활하셨습니다. 예수께서 죽으셨을 때 사람들은 "그리스도는 졌다.악이 승리했고 죄가 이겼다"라고울부짖을 수 있었습니다. 그러나 삼일 후 안개가 걷히고 완전한 메시지가 세상으로 퍼져 나갔습니다."예수가 부활하셨고, 원수를 격퇴시켰다"

본질적 교리들

세째로, 예수 그리스도의 부활이 좋은 소식이 되는 것은 "그것이 입증 하는 모든 것 때문"입니다. 그것이 무엇을 입증합니까? 입증될 필요가 있는 모든 것을 입증합니다. 기독교의 진수와 같은 교리를 입증합니다.

첫째, 하나님이 한분 계시고, 성경의 하나님이 참 하나님을 입증합니다. 토레이(R.A.Torrey)는 자주 이러한 테마를 가지고 말도 하고 글도

썼는데 그것을 다음과 같이 표현합니다. "결과마다 다 그나름의 원인을 가지기 마련이다… 그리스도의 부활을 설명하는 합당한 오직 유일한 요인은 하나님, 성경의 하나님이시다. 우리 주님의 이야기를 자세히 읽어본 사람이면 누구나 다 알듯이 우리 주님께서 여기 이 땅에 계실 동안 그 나라를 오르락 내리락 하면서 하나님, 성경의 하나님을 선포하고 다니셨다. 아브라함과 이삭과 야곱의 하나님이라 선포하셨다. 신약의 하나님 뿐만 아니라 구약의 하나님을 선포하셨다. 예수님은 사람들이 자기를 죽음에 넘기울 것이라고 말씀하셨고, 그들이 자기를 십자가에 못 박아 죽일 것이라고 말씀하셨다. 또한 당신의 죽음의 방식이 어떠할 것인지에 대해서 상세한 많은 국면들을 말씀하셨읍니다. 더 나아가 당신의 몸이 무덤에 있은 뒤 3주야가 지나면 아브라함과 이삭과 야곱의 하나님, 성경의 하나님, 신약뿐 아니라 구약의 하나님께서 그를 죽은 자 가운데서 일으키실 것이라고 말씀하셨다. 이것은 대단한 주장이었다. 이것은 도저히 불가능한 주장 같았다. 오랜 세기동안 사람들은 왔다 갔고, 사람들은 이 땅에 살았다 죽었고, 유한한 관찰과 경험을 기초로 한 인간적인 지식에 관한 한 그것이 그들의 끝이었다. 그러나 이 사람 예수님은, 당신의 체험이 오랜 세기 동안의 획일적인 체험과는 정반대가 될 것이라고 서슴없이 외치셨다.

그것은 예수님이 선포하신 하나님의 존재에 대한 산성 테스트(acid test)였음에 틀림없고, 그가 주장한 하나님은 테스트를 받았던 것이다. 그 하나님께서는 우리 주예수께서 하시리라고 말씀하셨던, 겉으로 보기에는 도저히 불가능해 보이는 바로 그것을 정확하게 하셨다.…… 예수께서 그처럼 이적적이고 기이하게 부활하신 사실은, 그 일을 진정으로 행하신 하나님이 존재하시며, 에수님께서 전하신 하나님이 참 하나님이심을 확실히 해준다."

둘째로, 예수 그리스도의 부활은 우리 주님의 신성을 입증한다. 예수님께서 땅위에 계실 때 당신은 하나님께서 로마 당국자들에 의해서 당신이 처형당한 뒤 3일만에 죽은 자 가운데서 일으키실 것이라고 외치셨다. 만일 이런 일에 예수님이 잘못을 했다면 그의 외침은 발광하는 사람의 미친 소리 아니면 신성 모독이었을 것이다. 만일 그가 옳았다면 부활은 그 주장을 입증하시는 하나님의 방식일 것이다. 하나님께서 그것을 입증하셨는가? 예수께서 죽은 자 가운데서 살아 나셨는가? 그렇다. 하나님께서 행하셨다! 그러니 부활은 그리스도께서 당신이 하나님이라고 주장하신데 대한 하나님의 인침이시다. 그래서 바울은 예수께서 다시 살아나신 것을 알고 예수님은 성결의 영으로는 죽은 가운데서 부활하여 능력으로 하나님의 아들로 인정되셨으니 곧 우리 주 예수 그리스도시니라(롬 1:4) 라고 쓰고 있읍니다. 이것은 좋은 소식입니다! 만일 예수 그리스도께서 하나님이시라면, 하나님은 예수님과 같신 분이십니다. 그것은 하나님이 멀리 떨어져 있는 분이 아니며, 어떤 실재하지 않는 그런 존재도 아니라는 뜻입니다. 또 자기 멋대로 하시는 분도 아니십니다. 그 하나님은 우리를 사랑하시고, 우리 죄를 위해서 자기를 속량물로 드리기 위해 이 땅에 오신 하나님 이십니다.

그런 다음에 부활은 예수 그리스도를 믿는 사람들이 하나님 앞에 의롭다 함을 받았음을 입증하고 있읍니다. 바울은 로마서에서도 이 점을 가르치고 있읍니다. 그는 예수께서 "우리 범죄함을 위하여 내어줌이 되고 또한 우리를 의롭다 하심을 위하여 살아나셨느니라"(롬 4:25) 라고 가르치고 있읍니다. 이 일이 어떻게 일어납니까? 예수께서 외치시기를 당신의 죽음은 사람의 죄를 속할 것이라고 하셨읍니다. 그는 당신이 오신 것이 "자기 목숨을 많은 사람의 대속물로 주려 함이니라"고 말씀하셨읍니다(마 20:28). 예수님께서 말씀하신 대로 죽으셨읍니다. 그러나 여전히 문제는 남아 있읍니다. 바로 이 한사람의 죽으심이 다른 사람들을 위한 것으로 하나님께 받아 들여지는 것이 진리일 수 있느냐? 그가 죄를 지었다면 어떻게 되느냐? 그런 경우에 예수님께서는 다른 사람들의 죄를 위해서라기 보다는 자기 자신의 죄를 위해서 죽은 셈이 될 것입니다. 예수님께서 죄를 범하셨읍니까? 아니면 예수님의 속죄가 받아 들여졌읍니까? 3일이 지납니다.그리스도께서 살아나셨읍니다. 그래서 그 주장이 입증된 것입니다. 하나님께서는 부활을 통해서 그리스도는 죄가 없으시며, 그의 속죄를 받으셨음을 보여 주셨읍니다.

토레이는 이 점에 대해서 이렇게 쓰고 있읍니다."예수님께서 죽으셨을때 그는 내 대표로서 죽으셨고, 나는 그 안에서 죽었다. 예수님께서 다시 살아 나셨을때 그는 내 대표로 다시 살아나셨고 나는 그안에서 살았다. 예수님께서 하늘로 올라가셔서 영광중에서 하나님 우편에 앉으실 때, 그는 내 대표로서 하늘에 오르셨고, 나는 그 안에서 하늘에 올랐고 오늘 나는 하늘에서 하나님과 그리스도 안에서 하나님과 함께 앉아 있다. 나는 그리스도의 십자가를 쳐다본다. 나는 내 죄에 대한 속죄가 이루어졌음을 안다. 나는 열려진 무덤을 들여다 보고 부활하시고 승천하신 주님을 본다. 나는 그 속죄가 받아들여졌음을 안다. 더 이상 내 속에는 단 하나의 죄도 남아 있지 많다. 내 죄가 아무리 많고 내 죄가 아무리 크다 할지라도 말이다."

예수 그리스도의 부활은 그리스도를 믿는 신자가 이 세상에서 마저 죄에 대해서 초자연적인 승리를 거둘 수 있음을 입증하기도 합니다. 왜냐하면 예수님께서 살아계셔서 그렇게 할 초자연적인 능력을 공급하기 때문입니다. 이것은 로마서 6장에서 전개되는 논증입니다. 사도 바울은 그 6장 초에 이렇게 썼습니다. "그러므로 우리가 함께 장사되었나니 이는 아버지의 영광으로 말미암아 그리스도를 죽은 자 가운데서 살리심과 같이 우리로 또한 새 생명 가운데서 행하게 하려 함이니라"(롬6:4). 이 말씀은 믿음으로 말미암아 그리스도를 믿는 모든 사람들은 그리스도와 연합되어 이제 그의 능력을 그들이 이용할 수 있게 되었다는 것입니다. 우리는 약하고 전적으로 무능하고, 단 1분도 시험에 항거할 수 없습니다. 그러나 그분은 강하시고, 그분은 살아계셔서 도움을 주시고 구원해 주십니다. 승리는 우리 힘의 문제가 결코 아니라, 그의 능력의 문제입니다. 우리가 필요로 하는 것은 그의 능력입니다.

제가 방금 인용해 드렸던 그 토레이는 이 점을 예증하는 한 이야기를 들려주고 있습니다. 네 사람이 한번은 마테호른(Matterhorn)산의 가장 어려운 벽면을 올라가고 있었읍니다. 안내자와 여행자와, 제2안내자와, 제2여행자가 다 로프를 함께 매고 있었읍니다. 특별히 어려운 면을 올라갈때, 가장 밑에 있는 여행자가 발을 헛디뎌 옆으로 밀려났읍니다. 로프를 갑작스럽게 잡아다니는 바람에 그와 함께 밑에 있던 안내자가 딸려갔읍니다. 또 그 안내자는 다른 여행자를 끌어갔읍니다. 세 사람이 절벽 위에 매달리게 되었읍니다.그러나 선두에 선 안내자는 그 로프에 갑작스럽게 잡아당기는 것을 처음에 느끼고는 그 등산용 도끼를 얼음에다 박고, 그 발을 단단히 디디고 꼭 붙잡고 있었읍니다. 첫번째 여행자가 그 다음에 그 헛디뎠던 발을 다시 간추리게 되고, 그 안내자도 그렇게 되고, 또 밑에 있었던 여행자도 따라서 했읍니다. 그들은 계속 올라가 안전하게 도착했읍니다.

이 세상에 있어서도 그렇습니다. 인류는 인생이라는 얼음 절벽을 올라갈 때, 첫번째 아담은 발을 헛디뎌 심연의 깊은 계곡으로 머리를 떨어뜨리고 곤두박질 했읍니다. 그를 따라 다음 사람이 그만 거기에 딸려 갔읍니다. 또 그 다음 사람 그 다음 사람, 그러다가 전체 인류가 죽을 위험에 처하여 매달리게 되었읍니다. 그러나 두번째 아담인 주 예수 그리스도께서 다부지게 그 발을 버티고 든든히 섰읍니다. 그래서 살아있는 믿음으로 그와 연합한 모든 사람은 안전했고 다시 그 길을 찾을 수 있읍니다.

끝으로, 예수 그리스도의 부활은 우리의 부활을 입증하며, 무덤너머 영광 중에서 예수님과 함께 살 것에 대한 증거입니다. 예수님께서 이 땅에 계실때 "내 아버지 집에 거할 곳이 많도다. 그렇지 않으면 너희에게 일렀으리라 내가 너희를 위하여 처소를 예비하러 가노니 가서 너희를 위하여 내게로 영접하여 나 있는 곳에 너희도 있게 하리라"(요 14:2,3)라고 말씀하셨읍니다. 지금 그 처소를 예비하고 계십니다. 우리는 그 분을 믿을 수 있나요? 그분이 진리를 말씀하시고 계셨던가요? 부활이 외침들을 입증합니다.

금생의 목적은 물음표가 아닙니다. 금생의 목적은 예수님이고 우리도 그와 함께 있게 될 것입니다.

와서 배우라

예수 그리스도의 부활이 이 세상이 들었던 소식들 가운데 가장 좋은 소식인 이유를 세가지 말씀드렸읍니다.(1)그것이 사실이기 때문임. (2)완전한 패배처럼 보였는데 그 다음 그 소식이 왔기 때문임. (3)그것이 입증하는 것 때문입니다. 그러나 네번째 이유도 있읍니다. 예수 그리스도의 부활이 좋은 소식이 되는 것은 "우리 각자로 부터 생명을 구원하는 믿음있는 반응을 요구하기 때문에"그러합니다. 여러분은 여러분을 위해서 죽었던 저 옛날 처음 부활절 아침에 다시 살아나신 이분에 대하여 믿음있는 반응을 나타내셨읍니까?

이것은 질문을 던질만한 가치가 있읍니다. 왜냐하면 마가복음에 따르면 마리아로부터 첫번째 이 보고를 받은 사람은 개인적으로 반응을 나타내지 않았다는 것을 상기하기 때문입니다. 사실 그들은 그녀의 말을 믿지 않았읍니다. "그들은 예수의 살으셨다는 듣고도 믿지 아니하니라" (16:11). 그들이 그리스도께 나온 것은 그리스도께서 더 여러번 나타나시고 그 메시지를 더 여러번 선포하신 다음의 일이었읍니다.

그 성질 자체 때문에 제한을 받는 뉴스가 있읍니다. 그것은 한 두 개인에게만 해당되지 모든 사람에게 해당되는 것이 아닙니다. 진급소식은 그에 해당하는 사람에게는 좋은 소식이지만, 실직한 다른 두 세 사람에게는 좋은 소식이 아닙니다. 선거의 결과는 이긴 당에게는 좋은 소식이지만 진 당에게는 그렇지 않습니다. 연방 세금 삭감과 같은 일반적으로 받아들여질 수 있는 기사는 세금을 내는 사람들이나 그 세금이 삭감된 나라에 사는 사람들에게만 좋은 소식입니다. 거의 모든 인간적 뉴스는 그처럼 제한되어 있읍니다. 그러나 부활의 소식은 모든 사람들을 위한 것입니다. 부활하신 주님과 여러분의 관계는 무엇입니까? 여러분은 좋은 뉴스(복음)를 들었읍니까? 여러분은 그것을 믿습니까? 그를 신뢰했읍니까? 이것이 기독교의 핵심입니다. 그것은 교회의 의식에서 발견되는 것이 아니고, 어떤 특별한 형태의 기독교 신학에서도 발견되는 것이 아닙니다. 물론 그러한 것들이 아무리 중요하다 할지라도 말입니다. 기독교는 그리스도, 부활하신 그리스도입니다. 그는 여러분을 위해서 죽으셨다가 여러분을 위해서 다시 사셨읍니다. 여러분은 그분에게 나오시지 않겠읍니까?

37

그리스도의 진정한
마지막 말씀

"이 날 곧 안식 후 첫날 저녁 때에 제자들이 유대인들을 두려
워하여 모인 곳에 문들을 닫았더니 예수께서 오사 가운데 서서
가라사대 너희에게 평강이 있을찌어다 이 말씀을 하시고 손과
옆구리를 보이시니 제자들이 주를 보고 기뻐하더라"(요 20:19-
20)

소위 그리스도의 마지막 일곱 말씀에 대해서 설교할 것을 맨처음 구
성했던 사람이 누군지는 모르겠습니다. 그러나 그가 누구이든간에
그 사람은 분명히 대중적으로 자극을 줄 수 있는 요점을 때린 것입니다.
어린 시절에 그 주제로 설교하는 것을 들었던 기억이 납니다. 보편적으
로 성금요일이나 부활절 전의 몇 주간 기간 동안에 말입니다. 의심할 여
지 없이 여러분도 일련의 그러한 설교를 들었을 것이라고 생각합니다.
그러나 그리스도의 "마지막" 일곱 말씀을 말하면서 십자가에 죽으시기
직전에 몇시간 동안 예수님이 하신 말씀들을 지적하는 것이 어쩐지 무
언가 촛점을 벗어난듯한 느낌을 항상 제게 주었습니다 ─ "아버지여 저
희를 사하여 주옵소서 자기의 하는 것을 알지 못함이니이다." "여자여
보소서 당신의 아들이니이다", "오늘 네가 나와 함께 낙원에 있으리라",

"내가 목마르다", "나의 하나님 나의 하나님 어찌하여 나를 버리셨나이까?", "아버지여 내 영혼을 아버지 손에 부탁하나이다", "다 이루었다"라는 말씀을 선택한다는 것이 어쩐지 맞게 보이지를 않았습니다. 그 말씀들이 그리스도께서 지상에서 하신 마지막 말씀도 아니고, 그 장에서 보더라도 가장 의미 있는 말씀은 아닌데 말입니다.

이 문장들을 그리스도의 "마지막" 말씀으로 주장하는 것은, 그 말씀을 하심으로 그리스도의 말씀이 끝나버렸다는 암시를 주게 되는 것입니다. 더 이상 부활이 없었다고 말하는 것이나 마찬가지입니다. 그것이 잘못되어 있기 때문에 요한복음의 마지막 몇 장 속에서 우리가 일련의 "마지막" 말씀들을 대하고 있다고 저는 암시해드리고 싶습니다. 그 말씀들은 부활 후에 하신 말씀들인데, 그 말씀들은 보통 사람들이 생각하는 것보다 우리의 주의를 집중시키기에 더 중요하고 더 큰 주장일 수 있습니다. 이 말씀들은 무엇입니까? "너희에게 평강이 있을찌어다"(20:19, 20). "아버지께서 나를 보내신 것 같이 나도 너희를 보내노라"(20:21). "성령을 받으라"(20:22). "믿음 없는 자가 되지 말고 믿는 자가 되라"(20:27). "나를 본고로 믿느냐 보지 못하고 믿는 자들은 복되도다"(20:29). "내 양을 먹이라"(21:16, 17; 15절은 참조). "나를 따르라"(21:19; 22절은 참조). 이 일곱 말씀들을 하나의 위대한 유산으로, 위대한 명령으로, 위대한 위로로, 위대한 도전으로, 위대한 축복으로, 위대한 책임으로 위대한 초청으로 묘사할 수 있습니다. 우리는 이 말씀 중 첫번째 말씀 – 하나의 위대한 유산 – 을 이 강론에서 살펴 보려고 합니다.

샬롬

요한은 주 예수 그리스도의 이 첫번째 말씀을 다음과 같이 씀으로써 소개하고 있습니다. "안식 후 첫날 저녁때에 제자들이 유대인들을 두려워하여 모인 곳에 문들을 닫았더니 예수께서 오사 가운데 서서 가라사대 '너희에게 평강이 있을지어다' 이 말씀을 하시고 손과 옆구리를 보이시니 제자들이 주를 보고 기뻐하더라"(20:19, 20). 예수님께서 죽은 자 가운데서 살아나신 그날 저녁에 다락방에서 평강을 말씀하시면서 제자들에게 문안 인사를 할 때 그는 매우 일상적인 인사법을 사용하셨음을 알 수 있읍니다. 그 말은 "샬롬"이라는 말이었읍니다. 그 말은 우리가 "헬로"(여보시오)라는 말로 사용하는 방식과 같이 흔히 사용되었읍니다. 여전히 지금도 그 당시보다 더 그렇게 사용하고 있읍니다. 그 한 예로 그 말이 결코 경박한 방식으로 사용된 적이 없었읍니다. 그 말은 "하이"(Hi) (어, 이 사람아)라는 뜻이 아니었읍니다. 그 말은 진지한 인사말이었읍니다. 또 다른 예로 그 말은 언제나 어느 정도 평안히 하나님의 선물이나 생각을 담고 있읍니다. 그러므로 영어에서 "하나님이 너를 축복하시기를" 이라는 소원과 밀접하게 병행을 이루고 있읍니다.

더 나아가, 신약에서 하나님께서 사람들에게 평강을 주신다는 생각은 언제나 예수께서 죽으심과 부활을 통해서 성취하신 것과 연관되어 있읍니다. 그래서 사도 바울은 로마서에서 화평(평강)을 우리가 의롭다 하심을 받은 여러 결과들 중 하나로 말하고 있읍니다. "그러므로 우리가 믿음으로 의롭다 하심을 얻었은즉 우리가 예수 그리스도로 말미암아 하나님으로 더불어 화평을 누리자"(롬 5:1). 분명히 예수님께서 모여 있는 제자들에게 첫번째 하신 인사말에서 그 말을 그런 의미로 사용한 것입니다. 그는 십자가로 가셨읍니다. 죽은 자 가운데서 부활하셨읍니다. 그가 이루신 결과로 그는 진정한 평안을 자기를 믿는 사람들에게 나누어 주고 계셨읍니다. 평안은 무엇입니까? 그 말에 대한 정의는 여러 나라 사이의 관계의 차원에서 생각할 수 있읍니다. "적대감을 종식시키는 협약"으로 생각할 수 있다는 것입니다. 또 다른 차원에서 "공공질서"를 화평으로 부릅니다. 세번째 정의는 "인격적인 관계의 조화"를 화평으로 부릅니다. 그 정의들이 아무리 좋다 할지라도 그것들 중 어느 것도 예수님께서 사람들에게 평강을 끼치실 때 의도하는 것을 정확하게 나타내지 못합니다.

예수님께서 그 제자들에게 평안을 말씀하실 때 무엇보다 먼저 "하나님과 더불은 평화"(peace with God)를 말씀하고 계셨읍니다. 이것은 십자가에서 예수님께서 당하신 고통으로 인하여 산 평화(화평)입니다. 그것이 의미 있는 것은 사람들이 자연적인 입장에서는 하나님과 화평한 관계에 있지 않다는 사실 때문입니다. 성경에 따르면 사람들은 하나님과 전쟁 상태에 있읍니다. 그들은 하나님을 반대하고 있읍니다. 따라서 그리스도의 십자가를 통해서 화평을 이루신 것은 하나님을 향하여 되어진 일입니다. 여기서 화평은 하나님의 차원에서 생각되어야 한다는 필연적인 귀결이 따라옵니다.

극동 미군사령관 다글라스 맥아더 장군이 일본 해변 도쿄만에서 미조리 (U.S.S. Missouri) 전함에 타고서 일본 국민들의 항복의 상징을 받았습니다. 일본은 태평양에서 행한 전쟁의 결과로 결정적으로 패배하게 되었읍니다. 일본은 이때 미국의 조건에 항복했읍니다. 일본이 조약을 맺기 위해서 예비된 평화의 탁자에 도착했을 때의 경우에 대해서 우리는 무엇을 생각합니까? "얼마나 우스꽝스러운가! 협상의 시간은 지났다"라고 말할 것입니다. 이 시점에서 맥아더는 평화조건을 읽어내려갔고, 일본 국민들은 그것을 받아들여야 했읍니다.

하나님께서 말씀하십니다. "자 만일 인간적인 수준에서 이 진리를 인정한다면 그것을 영적으로 인정하라. 이것은 나 자신과 패역하고 죄악적인 사람들 사이에 있어야 하는 방식이다. 사람들은 자기들의 조건을 내세우기 위해서 나에게 온다. 그들은 말한다. '하나님께서 내게 이러저러한 일을 하셨다면, 저는 하나님을 섬기고, 온전히 따를 수 있읍니다'. 그러나 협상의 여지가 하나도 없다. 평화를 원한다면 내가 제공한 방식 그대로 그것을 받아들여야 한다. 예수께서 화평을 이루기 위해서 죽으셨다. 만일 너희가 내 평안에 들어 오려면, 그와 그가 행한 것을 믿음으로 말미암아 들어 오는 것이어야 한다."

놀라운 일은, 우리가 그러한 조건으로 하나님께 나아갈 때 그는 적대적인 자세를 갖지 않는 것을 발견한다는 점입니다. 그분은 더 이상 우리를 향하여 진노의 눈초리로 바라보고 계시지 않습니다. 눈쌀을 찌푸리는 일이 하나도 없읍니다. 오히려 하나님께서는 미소로 우리를 받으시고 우리를 당신의 딸과 아들로 삼으십니다.

하나님의 평강

그리스도께사 우리에게 평안을 주실 때 또한 다른 의미에서 그렇게 하십니다. "하나님"과의 평안을 우리에게 주신다는 것도 사실입니다. 로마서 5장 1절의 말씀 속에서 그것이 언급되고 있읍니다. "그러므로 우리가 믿음으로 의롭다 하심을 얻었은즉 우리 주 예수 그리스도로 말미암아 하나님과 더불어 화평을 누리자"(5:1). 그러나 하나님께서는 우리에게 "하나님의 평강"을 제공하신다는 것도 사실입니다. 정말 영광스러운 사실입니다. 그것은 하나님께서 친히 우리에게 제공하신 평안입니다. 성경은 이 평안을 다음과 같은 식으로 말하고 있습니다. "아무 것도 염려하지 말고 오직 모든 일에 기도와 간구로 너희 구할 것을 감사함으로 하나님께 아뢰라"(빌 4:6, 7).

이 말씀은 제자들에게는 놀라운 말씀이었읍니다. 제자들은 자기들이 살아왔던 중에서 가장 충격적인 주간을 보냈읍니다. 3년 동안 그들은 예수님을 따라서 팔레스타인의 이 마을 저 마을 수백 마을들을 들락거렸고, 예수님을 알게 되었고 사랑하게 되었읍니다. 그들은 예수님께서 이적을 행하시는 것을 보았읍니다. 예수님께서 가르치시는 것도 들었읍니다. 유대 지도자들의 편에서 예수님을 대적하는 적대감이 자라나고 있는 것도 알았읍니다. 그들은 예수님더러 예루살렘에 가시지 말라고 말리기도 하였읍니다. 그런데도 불구하고 일어난 일에 대해서 준비되지 않은 채 있었읍니다. 갑작스럽게 겟세마네 동산에서 밤중에 예수님이 잡히시게 되었고, 그들은 두려움에 빠져 흩어지게 되었읍니다. 아마 어둠 속에서 베다니로 돌아갔을 것입니다. 예수님께서 나타나지 아니하셨읍니다. 이 황망해진 사람들이 끝내 여러 날 후에 예루살렘으로 돌아 왔는데, 그때 많은 고뇌를 겪은 후였읍니다. 그들은 가장 악한 일이 일어났다는 것을 알게 되었읍니다. 예수님께서 심문을 받으시고 십자가에 못박혀 죽으셨읍니다. 그런 일이 절정에 이르고 있을 때, 또한 예수님의 죽으심과 장사지냄에 대해서 생각을 조정하기도 전에, 빈 무덤에 대한 소문이 들려왔고, 부활하신 예수님이 여러 차례 나타났다는 이야기가 들려왔읍니다.

만일 동요하고 혼란한 무리가 있었다면 그것은 겁에 질려 있는 그리스도의 제자들의 작은 무리였을 것입니다. 그러나 그때 예수님께서 오셨읍니다! 잠깐 그들은 혼자 있었읍니다. 그 다음 순간 예수님이 거기 계셨읍니다. 고통스러운 심령을 가라앉히고 마음을 잔잔케 하는 주님의 음성을 들었을 때 그는 얼마나 기뻤을까요. "평강이 있을지어다! 너희에게 평강이 있을지어다!"

여러분은 이 평강을 압니까? 인생을 살다보면 자주 여러 가지 어려운 난관을 만나게 됩니다. 여러분이 어떤 난관을 겪었을 수도 있지요. 또한 우리를 당황케 하는 사건들도 있습니다 – 친척이나 친구가 죽는 일, 확실한 장래의 보장도 없이 직업을 잃어버리는 일, 실패의 쓰라린 것, 친구들을 잃어버리는 일 등입니다. 또한 우리로 당황케 하고 동요하게 만드는 다른 요인들도 자주 있습니다. 그럼에도 불구하고 그러한 것들 속에서 예수님은 평강을 주십니다.

많은 은사들

예수님께서 제자들에게 평강을 말씀하실 때 예수님께서 그들을 위해서 죽으심으로 그들에게 주어지는 모든 유익들을 열거하고 계셨다고 생각해서는 안됩니다. 이것은 그의 죽으심과 부활하심의 결과들로 우리에게 주어지는 많은 은사들 중의 하나에 불과합니다.

부가적인 은사들 중 하나는 기도를 통해서 하나님 면전에 "나아감"입니다(롬 5:2). 기도는 모든 사람에게 다 허락된 것이 아닙니다. 성경에는 하나님께서 예수 그리스도를 믿지 않는 사람의 기도를 들으시거나 응답하신다고 암시하는 구절이 하나도 없습니다. 사실 성경은 분명하게 진술하고 있습니다. 기도로 하나님께 나올 수 있는 오직 유일한 방식은 예수 그리스도로 말미암는다고 말입니다. "나는 길이요 진리요 생명이니 나로 말미암지 않고는 아버지께로 올 자가 없느니라"(요 14:6). 이 세상에서 가장 착한 사람이라도 자기 자신의 어떤 공로를 기초로 하여 하나님의 면전에 나올 수 없읍니다. 그럼에도 불구하고 그리스도의 죽으심을 근거로 해서 이 세상이 만났던 가장 악한 죄인이라도 그 죄에서 돌이켜 예수 그리스도를 구주로 영접하면 그 사람이 밤이나 낮이나 어느 때에든지 나올 수 있고, 그 해의 어느 날에든지, 담대함으로 자기의 마음의 소원을 가지고 하나님께 아뢸 수 있으며, 구한 것을 받을 수 있읍니다.

성경은 또한 우리에게 말하기를, 그리스도의 죽음은 우리에게 확실하고 분명한 '소망'을 준다고 말합니다. 소망은 장래와 관계되는 것입니다.

특별히 죽음 저 너머에 있는 것과 관계됩니다. 그리스도께서 죽으시기 전에 그 죽음 너머에 있는 것에 대해서 우리는 아무 것도 알지 못했습니다. "내가 너희를 위해서 처소를 예비하러 가노니 가서 너희를 위해서 처소를 예비하면 내가 다시 와서 너희를 내게로 영접하여 나 있는 곳에 너희도 있게 하리라"(요 14:2, 3). 그리스도께서는 이러한 것들을 '말씀' 하셨습니다. 그러나 우리는 그러한 말씀들을 확신할 수 없습니다. 그가 죽으신 다음에 다시 살아나셨습니다. 이제 우리는 죽음의 문을 통과하시고 다시 돌아오신 분을 모시고 있습니다. 말씀하신대로 되었습니다. 내세가 있습니다. 하늘 본향도 있습니다. 우리를 위해서 그 본향을 마련하기 위해서 가셨습니다. 이러한 것들만이 그리스도의 죽으심과 부활의 결과들인가요? 아닙니다. 더 있습니다. 그는 우리에게 성령을 주십니다. 영생을 주십니다. 우리는 또한 성경을 가지고 있습니다. 하나님 앞에서 우리는 딸과 아들의 신분을 얻습니다. 우리는 그리스도와 함께 한 후사, 곧 하나님이 영광의 그리스도와 함께 누리는 후사들입니다. 우리는 그 약속을 갖고 있습니다. 그 약속 중에는 "그리스도 예수 안에서 영광 가운데 그 풍성한 대로 우리의 '모든' 쓸 것을 채우시려는 약속도 있습니다(빌 4:19).

그의 메시지를 전하는 사람들

그리스도께서 부활하신 후 제자들에게 첫번째 나타나셨을 때 제자들에게 하셨던 말씀의 최종적인 요점은, 그들은 이제 할 일이 하나 있다는 것입니다. 예수님께서 "너희에게 평강이 있을찌어다(21절)라고 말씀하셨습니다. 이것은 그들을 위한 것입니다. 그러나 만일 그들이 그리스도의 죽으심과 부활을 믿음으로 말미암아 하나님의 평강을 받는다면 – 그의 많은 다른 은사들도 함께 – 그럼에도 불구하고 그들은 그 좋은 소식을 자기들 혼자만 가지고 있을 자유를 가지고 있는 것이 아닙니다. 이제 그들은 그의 메시지를 전해야 할 사자들이 되어야 합니다.

여러분은 주 예수 그리스도를 여러분의 구주로 믿었습니까? 그가 여러분의 주님이십니까? 그렇다면 이 명령이 여러분에게도 해당됩니다. 여러분은 어떻게 그 명령을 지킬 것입니까? 그 명령을 지키기 위해서 시간을 드리는 것을 아깝게 여기면서 여러분의 노력의 가장 최소한을 하나님께 드리겠읍니까? 아니면 여러분 전체를 하나님께 바라시는대로 하나님이 사용하시도록 드리렵니까? 이 후자의 경우만이 깊은 개인적 축복을 보증합니다.

내려오는 이야기 가운데 이런 이야기가 있읍니다. 어떤 임금이 그 신하들에게 마대로 만든 가방을 왕궁으로 가져 오라고 명령을 내렸읍니다. 최소한 이 명령은 특이한 것이었읍니다. 자연히 그 신하들 중 어떤 자들은 마음이 상했읍니다. 어째서 왕이 그들에게 푸대자루를 가져 오라고 명령을 내렸는지 아무도 이해할 수 없었읍니다. 마음이 상한 신하들은 할 수 있는 한 가장 작은 자루를 가져 왔읍니다. 어떤 사람들은 낡은 자루, 어떤 사람들은 구멍이 뚫려 있는 자루를 가져 왔읍니다. 그들이 왕궁에 도착하니 왕은 그들에게서 그 자루를 취하지 아니하였읍니다. 대신 왕의 창고로 그들을 불러들이더니 그 자루에 금을 채워 집으로 가져가라고 말했읍니다. 가장 작은 자루를 가져왔던 그 사람들은 후회스럽게도 가장 적은 것 밖에 받지 못했읍니다. 그러나 임금에게 가장 크고 가장 좋은 자루를 가져 왔던 자들은 더 많은 것을 받았읍니다.

영적으로도 그러합니다. 하나님께서 우리의 모든 것을 요구하십니다. 그러나 하나님께서 그렇게 하시는 것은 우리로 불행하게 만들기 위한 것이 아닙니다. 하나님의 방식은 축복의 방식입니다. 하나님께서 말씀하셨읍니다. "작은 골무 같은 것을 가지고 나오지 말라. 팔과 손을 넓게 벌리고 내게로 와서 모든 영적인 복으로 그 벌려진 팔에 채우지 않을지 살펴보라. 너희가 내 사자 될 것이며, 나는 너희의 삶을 가득 채우게 될 것이고, 너희에게 복을 줄 것이다."

38

"나도 너희를 보내노라"

"예수께서 또 가라사대 너희에게 평강이 있을찌어다 아버지께
서 나를 보내신 것 같이 나도 너희를 보내노라"(요 20:21)

요한복음의 마지막 두 장은, 제가 "그리스도의 진정한 마지막 말씀"
이라고 불렀던 말씀을 내포하고 있습니다. 이 말씀들은 격려와 교
훈, 부활하신 후에 말씀하신 약속의 말씀들입니다. 보다 더 자주 논의되
는 십자가에서 하신 예수님의 말씀과 대칭이 되는 말씀들입니다. 요한
이 기록한 그 마지막 말씀들은 "너희에게 평강이 있을지어다"(20:19),
"아버지께서 나를 보내신 것 같이 나도 너희를 보내노라"(20:21), "성
령을 받으라"(20:22), "내 손을 보고 네 손을 내밀어 내 옆구리에 넣어
보라 그리고 믿음 없는 자가 되지 말고 믿는 자가 되라"(20:27), "너
는 나를 본고로 믿느냐 보지 못하고 믿는 자들은 복되도다"(20:29), "
내 양을 먹이라"(21:16, 17; 15절은 참조), "나를 따르라"(21:19; 22
절은 참조)입니다.

우리가 본문으로 잡은 요한복음 20:21의 말씀은 이 마지막 말씀들의
두번째에 해당됩니다. 앞으로 주목해 보겠지만 마지막 말씀 중 첫번째
말씀과 세번째 말씀에 긴밀한 연관을 가지고 있습니다. 주님께서 주신
대사명을 요한이 옮겨 놓고 있습니다.

대사명은 신약성경에서 다섯번 나타납니다. 각 사복음서 마지막에서 한번씩, 그리고 사도행전 첫장에서 한번 나옵니다. 그 사명을 반복하신 것은 의미심장합니다. 하나님께서 무엇을 말씀하시든지 다 중요합니다. 만일 어떤 것을 여러번 반복하신다면 특별히 중요합니다. 그밖에 이 경우들마다 각각 강조점이 다릅니다. 마태의 기록에서는 주님의 권위가 강조됩니다. 예수님께서 산 위에 서서서 여러 고을들과 마을들을 내려다 보고 계셨을 것입니다. 그때 예수님께서 말씀하셨습니다. "하늘과 땅의 모든 권세를 내게 주셨으니 그러므로 너희는 가서 모든 족속으로 제자를 삼아…"(28:18, 19). 마가복음에는 **최후의 심판**이 강조됩니다. "믿고 세례를 받는 사람은 구원을 얻을 것이요 믿지 않는 사람은 정죄를 받으리라"(16:16). 누가는 예수님의 그 사명 주심이 예언의 성취라고 말합니다. "또 이르시되 이같이 그리스도가 고난을 받고 제삼일에 죽은 자 가운데서 살아날 것과 또 그의 이름으로 죄사함을 받게 하는 회개가 예루살렘으로부터 시작하여 모든 족속에서 전파될 것이 기록되었으니"(24:46, 47). 사도행전은 그것을 "세계 복음화를 위한 한 프로그램"으로 나타내고 있습니다. "오직 성령이 너희에게 임하시면 너희가 권능을 받고 예루살렘과 온 유대와 사마리아와 땅끝까지 이르러 내 증인이 되리라"(1:8).

이 말씀들은 단 하나의 사명을 주시는 것을 그저 다양하게 반복한 것이 아닙니다. 오히려 그 말씀들은 여러 다른 처지에서 나왔고, 여러 다양한 사람들에게 주어진 것입니다. 요한이 그 사명을 기록한 것은, 이 사명의 첫번째 표현이라는 의미에서 독특한 것입니다. 그 내용의 관점에서 보면, 우리 주님께서 먼저 사명을 받으신 것과 "우리"에게 사명을 주시는 것을 연관짓고 있어 독특합니다.

너희에게 평강이 있을찌어다

요한의 말은 두 절 앞에 나온, 이른바 마지막 일곱 말씀 중 첫번째 말씀과 연관됩니다. 이 연관성을 놓치지 않기 위해서 20:21에서 그것을 반복하고 있습니다. 이 본문을 다 옮겨 놓으면 "너희에게 평강이 있을찌어다 아버지께서 나를 보내신 것 같이 나도 너희를 보내노라"입니다.

이것은 우연한 것이 아닙니다. 더구나 그 점에 대해서 설명하려면 분명해집니다. 효과적으로 다른 사람에게 평화의 복음을 전파하기 위해서 우리가 먼저 스스로 속에서나 밖에서 평안을 가지고 있어야 함은 당연한 이치입니다. 우리가 지난 강론에서 보았듯이 여기에 수반된 평안은 두 종류입니다. 첫째는 우리를 위해서 주님께서 죽으심으로 성취하신 하나님과 더불은 평화입니다. 우리 혼자서는 하나님과 더불은 평화를 얻을 수 없읍니다. 우리는 하나님과 원수관계에 있읍니다. 그러나 그리스도께서 우리 죄 때문에 당연히 받아야 할 형벌을 담당하심으로써 평안을 얻게 하셨읍니다. 이 평안을 베풀어 주실 때 우리에게 죄 용서와 그 죄의 용서의 보증을 주십니다. 두번째 평안은 하나님의 평안입니다. 제자들은 다락방에서 겁에 질려 움츠리고 있었읍니다. 그들은 무서웠읍니다. 그러나 예수님께서 아무 것도 두려워하지 말고 선한 용기를 가지라고 말씀하셨읍니다. 그들은 숨어 있었으나 예수님께서는 그들이 피해 있는 그 껍질을 버리고 예수님의 선교사들로 세상에 나가라고 말씀하셨읍니다. 그리스도의 말씀은 제자들이 체험한 것과 전혀 맞지 않아 보였읍니다. 그러나 그 말씀을 하신 분이기 때문에 그 말씀은 이치에 합당합니다. 주님은 부활하신 주님이십니다. 잡히셨고, 매를 맞으셨고, 십자가에 못박히셨읍니다. 그러나 다시 살아나셨읍니다. 제자들에게 지금 평안을 말씀하신 그분은 신앙과 죄를 이기신 분으로서 말씀하시는 것입니다.

존 스타트(John Stott)는 이 대목에 대해서 이렇게 쓰고 있읍니다. "교회가 복음전도에 진력할 수 있기 전에 가장 먼저 필요로 하는 것은 그리스도의 평안을 체험하고 확신하는 것임을 우리는 여기서 배운다. 다시 말하면 죄를 멸한 그리스도의 죽음을 통한 양심의 평안과, 의심을 불식시키는 그리스도의 부활을 통한 마음의 평안을 먼저 가져야 한다는 것이다… 일단 우리가 주님을 알고 기뻐하고, 주님이 십자가에 못박히셨다가 다시 살아나신 구주라는 걸 분명히 알기만 한다면 그 어느 것도, 그 어느 누구도 우리를 잠잠케 할 수 없을 것이다."

세상속으로 나가라

그러나 이 구절의 강조점은 평강의 선물이 오히려 우리가 이미 지적했듯이, 우리의 사명과 주 예수 그리스도께서 아버지께 받은 사명 사이의 관련에 강조점이 주어져 있읍니다. 이 말씀은 복음을 전하라는 사명입니다. 이 말씀은 그보다 더한 것을 내포하고 있읍니다. 우리가 복음을 전할 때 어떤 분을 따라야 하는지 그 패턴을 확증해 주고 있읍니다. 열쇠단어는 "… 같이"입니다. "아버지께서 나를 보내신 것 같이 나도 너희를 보내노라." 이 말씀은 세상에서 우리가 선교의 사명을 감당할 때 그리스도의 본을 받아야 함을 뜻합니다. 그리스도는 첫번째 선교사였읍니다. 우리의 수고는 그분의 본을 따라 수행되어야 합니다.

그러나 그 말씀은 특별히 무엇을 뜻합니까? 첫째로, 예수님께서 세상으로 보내지셨듯이, 우리도 또한 "세상으로"보냄을 받는다는 것입니다. 이 "맥락"은 요한복음 20장에서 노골적으로 드러나 있지는 않습니다. 그러나 요한복음 20장과 긴밀한 병행을 이루고 있는 그리스도의 대제사장적 기도 속에서 그 점이 명백히 드러나 있읍니다. "아버지께서 나를 세상에 보내신 것 같이 나도 저희를 세상에 보내었고"(요 17:18). 이것이 성육신의 원리요, 우리가 도울 사람들과 하나가 되는데 있어서 원리입니다. 예수님께서 "세상으로"오셨다는 것이 얼마나 의미있는지 생각해 보십시요. 그것은, 예수님이 하늘에 머무실 수도 있지만 그렇게 하지 아니하셨음을 뜻합니다. 하늘의 안전한 누각에서 구원의 말씀을 우리에게 큰 소리로 외쳐대신 것이 아닙니다. 그는 우리에게로 내려오시기로 결정하신 다음에 그의 신적 영광의 광채를 옷입고 오시지 않고 스스로 그 영광을 벗으시고 겸비한 모양으로 나타나셨읍니다. 사실 영지주의자들(Gnostics)이 가르치는 바대로 인간의 모양으로 보이기만 한 것이 아닙니다. 실제로 우리와 같이 인간이 되셨읍니다. 그는 태어나셨고 자라나셨고 고통을 받으셨고 끝내는 죽으셨읍니다.

"세상으로 오셨다"는 것이 바로 그것을 뜻합니다. 예수님이 세상에 그러한 식으로 오셨으니 우리도 역시 그러한 식으로 나아가야 합니다. 우리도 우리가 보냄 받아 가서 전해야 할 그 사람들과 하나가 되어야 합니다. 그렇게 하지 않으면 우리 주님의 사명을 문자적으로는 이행할지 모르지만 그 정신은 이행하지 않는 것입니다.

우리들 중 거의 모두 다 정확히 이 점에서 실수를 하고 있습니다. 특히 복음적 교회가 그러합니다. 세상에 파고 들어가기 보다 오히려 세상으로부터 퇴각한 느낌입니다. 우리는 교외로 물러났습니다. 우리에게 마땅히 주어진 그 의무가 어떠할지라도 말입니다. 학교나 교회나 잡지나 학원이나 개인들 – 많은 것들이 그렇게 했습니다. 멋지고 안전하고 또는 전혀 위협을 느끼지 않는 곳으로 퇴각해갔습니다. 그들의 행동들을 보고 누구든지 생각하기로는, 그들이 사실상 말하고 있는 것은, 세상이란 지옥으로 갈 수 있다는 것 뿐이라는 식입니다. 참 부끄러운 일입니다! 우리는 수백만 달러를 들여서 신실한 남녀 종들을 해외로 보내 복음을 말하게 하였습니다. 그러나 우리의 안위와 특권을 손해보는 일이라면 우리가 사는 도시들이나 이웃들에 가지 않으려 합니다. 그 난제에 대한 존 스타트의 진술이 여기에 있습니다. "나는 이 명령이 함축하는 바에 복종하지 못하는 것이 오늘날 복음전도의 현장에서 복음적 그리스도인들에게 있어서 가장 큰 약점이라고 믿는다. 우리는 그 속에 들어가 일체가 되지 않는다. 진리를 선포하는 것을 너무 강하게(옳기는 하지만) 믿기 때문에 멀리서 우리 메시지를 선포하는 경향이 있다. 때로 우리는 마치 물에 빠진 사람을 보고 해변 안전한 곳에서 큰 소리로 고함을 치며 충고를 하는 사람들 같다. 물에 빠져 허우적대는 사람들을 건져내려고 뛰어들지를 않는다. 물에 젖을까 무섭고, 아니 이보다 더 큰 위험을 받을까 무서워한다. 그러나 예수 그리스도께서는 하늘에서 구원을 방송하지 않으셨다. 그는 큰 겸손함으로 우리를 찾아 오셨다… 우리는 설교하는 것을 포기할 수는 없다. 왜냐하면 선포는 구원의 진수가 되기 때문이다. 그럼에도 불구하고 참된 복음전도란– 예수님의 공생애에서 그 모델을 찾을 수 있는데– 복음전도를 받는 사람들과 일체가 되지 않은 채 선포를 하는 것도 아니고, 일체가 되어 놓고 선포를 하지 않는 그런 것도 아니다. 복음전도는 그 둘을 다 수반한다."

스타트는 계속합니다. "솔직이 말해서 한 교구 목회자로서 내가 빠지는 가장 큰 딜레마와 난제가 바로 그것이다. 나는 복음전하는 것을 사랑한다 – 그 복음전함을 들을 사람들에게 복음 전하는 것을 말이다. 불신자이든 신자이든 내 하나님의 말씀강해를 들으려 교회에 나오는 사람들에게(노천예배에서마저) 하나님의 말씀을 강해해주는 것보다 목회활동

에서 더 큰 기쁨이 없다. 그러나 그 복음을 듣지 않을 교구 내의 사람들
과 우리가 어떻게 일체를 이루어야 하겠는가? 그것이 난제이다. 어떻게
하면 그리스도와 우리가 하나되셨듯이 세속적인 사람들과 하나가 되어
그들에 대한 우리의 사랑을 표현하고 그리스도의 좋은 소식을 그들과
함께 나눌 기득권을 얻을 수 있는가?"

이 난제에 대한 간단한 해답을 제가 갖고 있다고 생각하지 마십시요.
그렇지 않습니다. 미국 복음주의자들 거의 대부분에게 그러하듯이 제게
있어서도 이 난제는 큰 문제요 또한 큰 실패의 요소임을 솔직이 고백하
렵니다. 그러나 온전한 해답은 알지 못하지만 이것만은 알고 있읍니다.
우리로부터 복음전함을 받는 사람들과 함께 살고 함께 친구가 되어 주
고, 그들을 사랑하고 그들의 체험 속으로 들어가기까지는 이 대사명을
온전히 성취하고 있는 것이 아닙니다. 그런 일이 있을 수 없다고 생각하
십니까? 만일 우리가 그렇게 할 의향만 있다면 그 일을 할 수 있지요.
최근의 한 예를 들어드리겠읍니다. 서펜실바니아 지방에서 발행되는 신
문들은 수천의 노동자들을 고용하기 시작하는 새로운 폭스바겐 공장
(Volkswagen Plant)에 대한 뉴스들을 가득 실었읍니다. 그러나 기독
교 학문연구센타인 라이고니에르 골짜기 연구센터(Ligonier Valley Study
Center)의 멤버들과 그밖의 다른 사람들이 처음부터 기독교적 기초 위
에서 노동관계를 수립하는 것이 가능한지 알아 보려고 그 공장에 들어
가 일을 하고 경영에 참여해왔다는 것은 신문들이 말하지 않았읍니다.
이러한 논의를 통해서 많은 사람들이 회심을 하고 있읍니다. 어떤 노동
자는 "이 사람아, 이런 곳이 어떤 곳인지 자네는 모를걸세. 노동세계는
하나의 정글이야."

그리스도인은 말할 것입니다. "나도 그런 줄 안다. 그러나 정글이 무
엇인지 아는가?"

"무엇인가?"

"정글은 거칠게 뻗어 있는 하나의 숲이지. 만일 그 세계가 어떠해야
함을 알고 싶으면 낙원에 있는 하나님의 동산으로 돌아가야 하지. 하나
님께서는 동산을 원하신다. 그러나 죄가 그 동산을 정글로 만들어 버렸
어. 우리가 그 정글에서 벗어나는 오직 유일한 길은 죄를 처리하는 것이

다. 하나님을 향하여 배역하는 자세로 나가는 것이 아니라 하나님께 다시 돌아가는 것이 우리들이 그곳에서 나갈 수 있는 출로이지."

만일 그리스도께서 세상에 오셨던 것처럼 우리가 세상으로 나아가려한다면, 어떻게 하면 불신자들과 친구가 되어 그들 편에서 생명의 문제들을 풀어나갈 수 있는지 그 법을 배워야만 합니다.

죄인을 구원한다는 것

예수님의 선교사역을 통해서 우리가 본받아야 하는 두번째 영역은 그 선교의 "대상"입니다. 그리스도께서 세상에 보내심을 받으셨듯이 우리도 세상으로 보내심을 받습니다. — 그것이 하나의 맥락입니다. 그러나 어째서 우리는 세상에 보내심을 받아야 합니까? — 세상이 대상입니다. 바울이 디모데에게 엄숙하게 확언한 말씀 속에 그것이 드러납니다. "미쁘다 모든 사람이 받을만한 이 말이여 그리스도 예수께서 죄인을 구원하시려고 세상에 임하였다 하였도다 죄인 중에 내가 괴수니라"(딤전 1:15). 그리스도께서는 죄인을 구원하시러 세상에 오셨읍니다. 우리가 그리스도께서 주신 사명에 충실하려면 역시 우리도 그러해야 합니다.

두 가지 차원에서 그것이 유익하게 적용될 수 있다고 저는 생각합니다. 첫째, 우리의 목표는 다른 사람들의 구원받는 것을 실제로 보는 것이어야지 단순히 그 다른 사람들에게 복음을 어떤 양식으로 나타내는 걸로 증인으로서 해야 할 임무를 성취하는 것만이 아니라는 것입니다. 우리가 어느 누구도 구원할 수 없고, 어떤 의미에서 우리의 임무는 그리스도의 증인들이면 된다고 할 수 있읍니다. 사람들이 믿든지 말든지 복음을 함께 나누어야 합니다. 불신자를 그리스도께 이끄시는 사역은 하나님께 속한 것임을 알고서 말입니다. 그렇다고 해서 그 사람들이 믿든지 말든지 우리가 하등 관심을 기울일 바가 아니라든지, 또는 그들이 믿도록 하기 위해서 우리 인위적으로 모든 수단을 강구해서는 안된다는 걸 뜻해서는 안된다는 것입니다. 우리가 너무 많이 말합니까? 그럴지도 모릅니다. 그러나 하나님께서 다른 사람들 속에서 그리스도를 나타내시며 기다리며 그들 속에서 하나가 되고 일을 하는 것은 아무리 해도 결코 지나칠 수 없읍니다.

예수님께서 "나를 보내신 아버지께서 이끌지 아니하면 아무라도 내게 올 수 없으니"(요 6:44)라 말씀하셨읍니다. 그러나 그 말씀이 있는 힘을 다해서 다른 사람들을 가르치고 복음진리를 확신시켜 주기 위해 모든 일을 강구하지 못하게 한 것은 아닙니다.

이 구절을 적용할 수 있는 두번째 방식은, "죄인들"이라는 말을 강조해 보는 것입니다. 첫번째 경우에서 우리는 "구원"이라는 말을 강조하였읍니다("그리스도 예수께서 죄인을 '구원하시려고' 세상에 임하셨다"). 우리는 이제 그리스도 예수께서 '죄인들을' 구원하시려고 세상에 임하셨다"고 말해야 합니다. 자신을 신학자로 생각하는 사람들은 "우리 모두 죄인이지 않느냐?"라고 반론을 제기할지 모릅니다. 물론 그러합니다. 그러나 우리 주님께서 한번 "내가 의인을 부르러 온 것이 아니요 죄인을 부르러 왔노라"(마 9:13)라 말씀하신 것을 저도 잘 기억합니다. 예수님께서 세리 마태의 집에서 음식을 잡숫고 계셨는데, 마태의 비천한 친구들이 많이 예수님과 함께 음식을 먹으러 왔읍니다. 바리새인들이 그런 사람들과 함께 어울린다고 예수님을 책망했읍니다. 그들은 예수님을 유별난 한 랍비로 생각하고 있었읍니다. 그러나 예수님께서는 그러한 노선의 논증을 빌리지 아니하셨읍니다. 오히려 당신이 바로 그러한 사람들에게 보내심을 받았다고 가르치셨읍니다. 제가 말하고 있는 것이 바로 그 점입니다. 그리스도께서 세상에 오신 것처럼 우리가 세상으로 나아가려면 그런 사람들에게 나아가야 한다고 저는 말하고 있는 것입니다. 어떤 사람들은 은행인을 정의하여 말하기를, 돈이 필요 없는 사람들에게는 돈을 꿔 주고, 돈이 꼭 필요한 사람들에게는 돈을 꾸어 주지 않는 사람이라고 합니다. 그러한 말은 은행업을 불공정하게 평가한 것일 수 있읍니다. 그러나 세상 철학이 관계하는 곳에서는 정확히 그러합니다. 세상은 되돌려 줄 수 있는 사람 — 이자와 함께 — 에게 줍니다. 세상은 꼭 필요로 하지 않는 사람들에게 친절과 은근과 관용을 베풉니다. 그러나 그리스도의 방식은 그것이 아닙니다. 그는 파산자에게로 가셨읍니다. 만일 그리스도께서 그렇게 하셨다면 우리도 역시 그러해야 합니다.

예수님께서 우리를 가르치시러 이곳에 오신다면 무어라 말씀하시겠읍니까? "너희가 어떤 사람을 저녁 식사에 초대하려면, 너를 또 다시 초대하지 못할 사람을 초대하라"고 말씀하실 것입니다. "배고픈 자를 먹이고 목마른 자에게 마시우라. 입을 것이 없는 자를 입히고 옥에 갇힌 자를 찾아가라. 이들은 모두 다 그 은전을 되돌려 갚아 줄 처지에 있지 않다."

바울의 진술을 통해서 하나 더 알아 둘 것이 있습니다. 그것은 우리가 본성적으로 그리스도께서 생각하신 것처럼 생각지 못하는 이유에 대한 설명입니다. 바울이 "그리스도께서 죄인들을 구원하시러 세상에 임하셨다"고 말할 때 "나는 죄인 중에 괴수니라"라고 덧붙였음을 주목하십시요. 예수님께서 죄인들을 구원하시러 오셨습니다. 바울도 죄인들에게 나아갔습니다. 바울이 나아간 이유는, 자기가 그 죄인들 중 한 사람임을 알았기 때문입니다. 사실 그는 죄인 중 괴수였습니다. 그 바울의 말은 어째서 우리가 '가지 않는지' 그 이유를 암시해 줍니다. 우리는 다른 사람들보다 더 낫다고 생각하고, 우리의 지위를 유지하려는데 관심이 있읍니다. 죄인들을 구원하려면 우리가 굽혀야 한다고 생각하고, 또 그러기를 원치 않습니다. 예수님께서도 당신의 자세를 굽혀야 했지요. 그는 사람들이 되셔서 우리 구원을 위해서 죽으시려고 참된 영광을 사양해 놓으셨읍니다(빌 2:5-8). 그러나 우리는 자세를 굽힐 필요는 없습니다. 우리는 거지들 중 상거지들입니다. 우리의 임무는 거지 중 한 사람으로서 다른 거지에게 먹을 것이 어디에 있나를 알려주는 그런 것입니다. 그걸 염두에 두면 우리는 사실상 진실로 우리를 필요로 하는 사람들에게 가서 주님께서 하신 것처럼 그들을 도울 것입니다.

그들로 인하여 하나님을 영화롭게 함

우리의 선교사명은 그 선교사명의 논리와 목적에 있어서만 주님과 같아서는 안됩니다. 그 최종적인 "목표"에 있어서도 주님과 같아야 합니다. 그 목표는 무엇입니까? 요한복음 17장에서 주님께서는 이 세상에서 우리가 염려해야 하는 삶에 대하여 우리를 위해 중보기도를 드리시는 부분이 있는데, 거기서 예수님께서는 먼저 "내가 세상에서 아버지를 영화롭게 하였사오니"라고 말씀하시고 조금 뒤이어서 "내가 저희로 말미암아 영광을 받았나이다"(4, 10절)라고 덧붙이셨읍니다. 이 구절의 말씀들과 다른 본문말씀들은, 예수님께서 오신 궁극적인 목표는 아버지를 영화롭게 하는 것이었음을 가르칩니다. 다시 말하면 아버지의 영광을 알게 하시는데 있었습니다. 그러니 우리의 목표도 예수님과 같아야 하기 때문에, 우리도 우리의 생각과 말과 행동을 통해서 예수님을 영화롭게 해야 합니다. 그 말씀들은 그걸 가르칩니다.

이제 우리의 사명은 이러합니다. (1) 예수님께서 세상에 들어 오신 것처럼 세상으로 나아가야 합니다. (2) 사람들이 예수님을 믿음으로 말미암아 구원받을 수 있도록 하기 위해 나아갑니다. (3) 예수님께서 아버지를 영화롭게 하신 것처럼 우리도 그리스도를 영화롭게 해야 합니다.

몇년 전, 롱 아일랜드(Long Island)의 스토니 브룩 스쿨(Stony Brook School)의 교감선생님이 이 점을 예증해 주고 친밀한 도전을 주는 한 이야기를 들려 주셨습니다. 그에겐 한 선교사 친구가 있었습니다. 여의사였는데 어떤 병원에서 긴급한 요청을 받고 아주 신속하게 인도로 간 여의사였습니다. 언어 학교에 가서 공부할만한 시간적인 여유가 없었습니다. 직접 병원에 가서 일을 해야만 했습니다. 그래서 그녀는 통역을 통해서 말했습니다. 그 병원에서 일하면서 그녀는 피터 헤일리라는 교감 선생님의 가족들에게 좌절과 황망함을 나타내는 편지를 보내왔습니다. 그녀는 그 병원에 입원한 사람들에게 사랑과 온유함을 나타내려고 무진 애를 썼습니다. 그러나 아무런 반응이 없는 것처럼 보였습니다. 그래서 그 교감선생님의 가족들에게 그걸 위해 기도를 잘해달라고 요청한 것입니다. 몇주간이 지나 또 다른 편지가 왔는데, 이번에는 문제가 무엇인지 발견했노라는 내용이 써 있었습니다. 그것은 그의 통역자에게 문제가 있었습니다. 그녀는 환자들을 사랑하고 있었습니다. 그러나 그 통역자는 거만하고 오만한 사람이라서 그 환자들에 대한 그 의사의 관심을 전혀 전달해 주지 못했습니다. 오히려 그녀의 메시지에 방해자가 되었습니다.

.우리는 이 세상에서 주 예수 그리스도의 통역자들입니다. 우리가 그러한 사람들이니 우리는 이렇게 묻고 싶은 것입니다. 내 말과 내 행동을 통해서 다른 사람들에게 예수님이 어떤 모습으로 비쳐졌을까? 그들이 내 속에서 예수님에 대해 어떤 모습을 보았을까? 그의 영광을 보았을까?

내가 관심이 적어, 교만하고 참을성 없는 사람이라는 걸 보았는가? 하나님께서 우리를 그리스도를 위한 통역자로 삼으시되, 그리스도가 누구인지 진실로 나타내는 통역자로 삼아 주소서!

39

사해진 죄와 그냥 둔 죄

"이 말씀을 하시고 저희를 향하사 숨을 내쉬며 가라사대 성령
을 받으라 너희가 뉘 죄든지 사하면 사하여질 것이요 뉘 죄든
지 그대로 두면 그대로 있으리라 하시니라"(요 20:22, 23)

로마 가톨릭 신학과 프로테스탄트 신학이 서로 충돌하는 여러 요점
중 하나는 요한복음 20:22, 23의 해석에 대한 것입니다. 이것은 사
소한 문제가 아닙니다. 따라서 저는 프로테스탄트이고, 요한복음을 조직
적으로 강해하는 과정 속에서 이 본문에 도달하게 되었으니, 이러한 구
절들에 대한 프로테스탄트적인 관점을 소개하고 그 이유들을 설명하는
것이 필요하고 바른 일입니다.

우리는 먼저, 가톨릭과 프로테스탄트 사이에 신조상 공통점을 많이
가지고 있다는 걸 인정해야 합니다. 또한 가톨릭과 프로테스탄트 양진
영들 속에 있는 보수주의자들과 자유주의자들 사이의 일치점보다 많은
영역에서 훨씬 더 큰 일치를 이루고 있음도 인정해야 합니다. 예를 들어
서, 프로테스탄트와 가톨릭교도는 삼위일체를 믿으며, 예수 그리스도와
성령의 완전한 신성을 다함께 주장하고 있습니다. 또한 이적들도 다 믿
고 있습니다. 동정녀 탄생, 병고치시는 일, 육체적 부활, 그리스도를 따
르는 사람들에게 성령을 부어 주심 등을 믿습니다. 또한 주 예수 그리스

도께서 우리 죄를 위하여 대속적인 죽음을 죽으신 것과, 성경의 영감과 권위와, 그리스도께서 가시적(可視的)으로 재림하실 것과, 부활하심과, 최종 심판과, 그밖에 다른 교리들을 다함께 믿고 있습니다. 신조상에 이러한 일치를 이루고 있음을 사도신경과 니케아신조를 기독교권에서 보편적으로 사용하고 있음을 통해 알게 되는데, 그 두 신조는 이러한 가르침들을 내포하고 있습니다. 그럼에도 불구하고 분명한 차이가 있습니다. 그렇지 않을 바에야 교회정치적인, 또는 신학적인 분열이 그처럼 여러 번 있을 턱이 없습니다. 몇 가지만 열거한다면, 교회 전통에 대한 관점에서 여러 가지 차이가 나타납니다. 또한 믿음으로 의롭다 함을 얻는 교리와, 교회와, 성례와, 성직자의 역할에 대한 관점에서 차이를 나타내고 있습니다(이 성직자 문제는 특히 여기서 관심거리임). 로마 가톨릭 교회는 이 본문과 다른 본문말씀을 기초로 해서 특별한 사제주의 교리를 세웠습니다. 사제들에게 죄를 사해줄 수 있는 권한이 주어졌다는 것입니다. 정상적인 경우에 이 권위를 고해성사를 통해서 행사하고 있습니다. 거의 모든 가톨릭 교도들은 궁극적인 분석을 통해서 볼 때 죄를 사해 주시는 분은 하나님이시며 그리스도의 죽으심을 기초로 한 일임을 인정할 것입니다. 그러나 하나님께서는 사제의 행동에 반응을 나타내시되, 사제가 죄를 사하는데 하나님께서도 사하면, 사제가 죄를 사하지 않으면 하나님께서도 그 죄를 그냥 두시고 심판받도록 내버려 두시는 것이라고 가톨릭 교도들은 덧붙이고 있습니다. 프로테스탄트들은 정반대의 입장을 주장합니다. 하나님께서 먼저 죄를 용서하시고 그 용서를 기초로 해서 신자들(성직자들이든지 평신도들이든지)은 죄를 용서해 주셨다고 선포한다는 것입니다.

문제는 죄 용서함이 사람들에게 이르는 방식, 성직자와 평신도의 역할, 이 모든 것이 불가분해적으로 연관된 이른바 그리스도의 대사명의 본질에 관한 것입니다. 그것은 사면와 선언 사이의 차이요, 로마 교회의 제사장관과, 프로테스탄트의 만인제사장관 사이의 차이입니다.

신적인 죄사함

프로테스탄트 교회는 그리스도의 "마지막" 말씀 중의 세번째에 해당하는 구절들을 어째서 있는 그대로 취급하고 있는 것입니까? 가장 명백하고 단순한 의미에서 죄 사하는 특별한 권한을 선택된 사람들의 특별한 집단이나 그 후계자들에게 허락한 것처럼 보이는 본문을 왜곡시키고 있는 것은 아닙니까? 천만에요. 그것이 본문의 분명하고 단순한 의미가 아니라고 우리는 주장합니다. 그것은 보편적으로 하나님 말씀에 대한 바른 신앙이 아닙니다. 우리가 그렇게 생각하는 이유가 다섯가지입니다.

1. 여러번 반복되는 성경의 가르침은, 하나님 밖에는 죄를 사할 수 있는 자가 없다는 점입니다. 죄 사하는 권세는 하나님의 오직 유일한 특권입니다. 이에 대한 가장 명백한 진술은 그리스도의 초기 공생애에 일어난 사건을 통해서 나옵니다. 예수님께서는 어떤 집에서 말씀을 전파하고 계셨는데, 한 중풍병자를 친구들이 메고 와 지붕을 뜯고 그리스도에게로 달아 내렸습니다. 그리스도께서는 그들의 믿음을 보시고 중풍병자에게 "소자야 네 죄사함을 받았느니라"(막 2:5)라 말씀하셨습니다. 어떤 서기관들이 즉시 반론을 제기하며(마음으로) "이 사람이 어찌 이렇게 말하는가 참람하도다 오직 하나님 한 분 외에는 누가 능히 죄를 사하겠느냐"(7절)고 말했습니다. 이것은 참된 원리였습니다. 그래서 주님께서는 그 원리를 사용하셔서서 당신의 하나님 되심을 그들이 생각하도록 유도하신 것입니다. 이 경우에서 병을 고치시고 죄 용서를 해 주시는 일이 같은 일임을 보여 주셨습니다. 따라서 예수님께서 그때처럼 병을 고치시며 그것을 죄 사하는 권세를 예수님이 가지고 계시므로 스스로 하나님이시라는 증거가 되었습니다(9, 10절). 만일 인간이 어떠한 처지에서도 죄를 용서할 수 있다면 그러한 논증은 아무 의미가 없을 것입니다.

2. 신약성경에서 사도들이 자신들이 어느 사람의 죄를 면해주고 용서할 권한을 받았다고 내세우는 적이 한번도 없습니다. 이것은 중요합니다. 왜냐하면 성경해석의 근본적 원리와 관련을 갖기 때문입니다. 다시 말하면 모든 본문말씀은 그 본문의 역사적이고 성경적인 맥락에서 해석되어야지 따로 떼어 해석해서는 안된다는 원리 말입니다. 이 본문을 바르게 해석하기 위해서 예수님이 이 말씀을 통해 무엇을 의도하고 계셨는지를 물어야 하고, 제자들이 예수님의 그 말씀을 어떻게 이해했는지를 생각해야 합니다.

사도들이 죄 사하는 권세를 그리스도께서 자신들에게 나누어 주셨다고 이해했습니까? 천만의 말씀입니다. 그렇게 이해했다면, 그들은 의심할 여지 없이 그러한 권세를 주장했을 것이고 행사했을 것입니다. 그런데 우리는 그러한 경우를 전혀 발견하지 못합니다. 오히려 베드로가 고넬료에게 "저(곧 그리스도)에 대하여 모든 선지자도 증거하되 저를 믿는 사람들이 다 그 이름을 힘입어 죄 사함을 받는다 하였느니라"(행 10:43)고 말했는데, 그는 분명히 그리스도 안에서 그리스도로 말미암아 죄용서함 받는 것을 세번이나 반복하고 있습니다. 어떤 인간적인 중개인의 권위를 통해서 그걸 말한 적이 없습니다. 그와 유사하게 바울도 "형제들아 너희가 알 것은 이 사람을 힘입어 죄 사함을 너희에게 전하는 이것이며"(행 13:38)라고 말할 때 죄 사함을 주시는 분은 오직 그리스도라고 지적하고 있었던 것입니다. 사도들이 이 경우나 다른 경우들에서 행한 것은 복음을 전하고 하나님께서 그리스도의 죽으심을 기초로 하여 그리스도를 믿는 믿음을 통해서만 죄 사함을 주시는 차원을 권위 있게 선포한 것입니다. 존 스타트는 말합니다. "부활하신 주님께서 자기들에게 주신 권위는 한 전도자(설교자)의 권위이지 한 제사장의 권위가 아니었다고 사도들은 이해했다."

3. 로마 교회의 제사장관(祭司長觀)이 치명적인 실수를 범하고 있는 것은, 이 때 사도들 말고 다른 신자들도 그 자리에 있었고, 그때 이 자리에서 주신 권위가 무엇이든지간에 사도들에게 뿐 아니라 그 다른 신자들에게도 주어졌을 것이고, 그러므로 그리스도인들에게 일반적으로 주어졌다는 점을 인식하지 못한 것입니다. 그렇게 말하는 이유는 이러합니다. 요한이 기록한 말씀을 예수님이 하실 때 거기에 있었던 부류들은 틀림없이 누가복음 마지막 장에 나오는 사람들과 같은 무리들이었을 것입니다. 그 누가의 기록에서 보면 그 부류들 속에는 적어도 글로바나, 엠마오 도상에 글로바와 함께 있었던 다른 제자도 들어 있었음을 알게 됩니다(눅 24:18, 33; 요 19:25 참조). 아마 그 다른 사람들은 사도들이 아니었을 것입니다.

더 나아가, 그렇게 해석해야만 전체 문맥에 맞아들어갑니다. "죄를 사하거나 그냥 둘 권위를 말씀하기 전에 (1) 평강의 선물 (2) 대사면 (3)

성령을 주심 등이 앞서 언급되었읍니다. 그 모든 것들은 분명히 모든 그리스도인들에게 주어진 것입니다. 만일 죄를 사하거나 그대로 두는 권세가 어떤 특별한 성직계급에만 국한되었다면, 평강이나, 위대한 사명이나, 성령의 선물도 그들에게만 국한시켜야 합니다. 그러한 것들이 제한된 것이 아니라면, 그리스도를 믿음으로 말미암아 죄 사함을 받는 진리를 선포하는 것은 모든 신자들에게 해당되는 것입니다.

4. 가장 좋은 사본(寫本)의 예를 따르면, "사하여질 것이요", 또는 "그대로 둘 것이요"라는 동사가 완전시제로 되어 있읍니다. 그것은 여기에서 말하는 죄 사함이 하늘에서 이미 결정된 일인데 이제 땅에서 선포된 것임을 암시합니다. 물론 그것을 결정적으로 입증할 수는 없다 할지라도 말입니다. 이 시제를 가장 잘 반영한 번역물은 "사하여졌을 것이요", 또는 "그대로 두었을 것이요"라고 해야 할 것입니다. 새 미국표준성경 (NASB)은 "If you forgive the sins of any, their sins have been forgiven them; if you retain the sins of any, they have been retained" (너희가 뉘 죄든지 사하면, 그들의 죄가 (이미) 사하여진 것이고, 너희가 뉘 죄든지 그대로 두면, 저희의 죄가 (이미) 그대로 둔 바 된 것이다) 라고 하였고, 난하주(蘭下註)에〈사전에 이미〉사하여졌다라고 표기해 놓았읍니다. 그 새미국표준성경(NASB)은 마태복음 16:19와 18:18에 대해서도 같은 식으로 번역하고 있읍니다.

5. "누구든지"라는 말과 "저희"라는 대명사가 복수인데, 저희라는 말이 앞에 나온 "누구든지"라는 말을 지칭하고 있읍니다. 다른 말로 해서 그것은 어떤 사람이든지 그 사람의 죄에 대해서 말하고 있는 것이 아니라 이 본문이 말하고 있는 어떤 사람들의 죄에 대해서 말하고 있는 것입니다. 레온 모리스(Leon Morris)는 이렇게 관찰합니다. "예수님은 개인들에 대해서 말씀하고 계시지 아니하고 어떤 부류들에 대해서 말씀하고 계시다. 성령으로 충만한 교회가 어느 죄는 용서를 받고, 어느 죄는 그대로 둔 죄라고 선언할 권위를 가지고 있음을 말씀하고 계신 것이다. 이것은 어떠한 죄들은 '매인' 죄로, 어떤 죄들에 대해서는 '풀린' 죄로 말하는 랍비적 가르침과 잘 부합한다. 이 말씀은 어떤 개인들에 대해서 한 말이 아니라 어떤 부류에 대해서 한 말이다. 예수님께서도 역시

분명히 그것을 말씀하고 계시다."

위에서 생각한 여러 이유를 가지고 요한복음 20:23은 요한이 언급하는 그 경우에 그리스도께서 가르치신 내용을 기록한 누가의 방식 그대로 취급해야 한다는 결론을 내립니다. 누가는 기록하기를, 예수께서 제자들의 총명을 열으사 죄를 위해서 그리스도 자신이 죽으실 것에 대하여 무엇을 말했는지 알게 하신 후 다음과 같이 그들에게 말씀하셨습니다. "또 이르시되 이같이 그리스도가 고난을 받고 제삼일에 죽은 자 가운데서 살아날 것과 또 그의 이름으로 죄 사함을 얻게 하는 회개가 예루살렘으로부터 시작하여 모든 족속에게 전파될 것이 기록되었으니 너희는 이 모든 일의 증인이라"(눅 24:46-48). 이 본문들 중 그 어느 것도 죄 사하는 권위를 어느 누구에게 주셨음을 증거하지 않습니다. 오히려 회개와 믿음의 조건 하에서 그 죄 사함을 전파하라고 모든 사람들에게 사명을 주고 계십니다.

몇 가지의 결론들

제가 믿는 바대로 이것이 바로 바른 성경해석이라면, 몇 가지의 결론이 필연적으로 따라옵니다. 첫째 세상에서 교회의 선교사명은 세상에 들어가는 것과 선포하는 것을 내포해야 합니다.

요한복음 20:21의 대사명의 말씀을 앞에서 연구하면서 지적한 바가 있습니다. 곧 그리스도께서 세상에 보내심받은 것처럼 우리가 세상 속으로 보내심을 받으려면, 우리가 진정으로 '세상 안에' 있어야 하지 단순히 세상에서 멀리 떨어져 복음을 큰 소리로 외쳐대기만 해서는 안된다는 것입니다. 이것이 바로 성육신의 원리입니다. 이것은 중요합니다. 더구나 복음주의자들이 특별히 그 점에 주의를 기울여야 합니다. 왜냐하면 우리는 복음주의적 신앙촌들의 안전한 지역으로 퇴각하여 추상적으로나 간접적으로 말씀을 선포하는 데로 너무나 멀리 기울어졌기 때문입니다. 우리는 세상에 싸잡히기를 좋아하지 않습니다. 교회 중 자유주의적인 생각을 가지고 있는 사람들이 이 방면에서 우리 보다 훨씬 낫습니다. 그러나 그것은 이야기의 반밖에 되지 않습니다. 왜냐하면 그리스도인들이 세상에 이르려면 세상 "안에" 들어가야 하는 것이 진리라면, 그리스도인들은 주님의 사명을 성취하려면 세상을 '위한' 메시지를 가지고 실제로 세상을 '향하여' 그 메시지를 선포해야 한다는 것도 동등한 진리이기 때문입니다.

어떤 교단들에서는 오늘날 "대화"를 크게 높이는 경향이 있읍니다. 이러한 접근방식을 취하는 사람들은 우리가 불신자편에 내려 앉아 그들로부터 무엇인가를 배울 의향을 가져다 한다고 말하는데 옳은 소리지요. 그런 다음에 이렇게 덧붙이고 있읍니다. "우리가 그들에게 말할 어떤 것을 가지고 있다는 주제넘은 생각 없이 그들의 말을 청종해야 한다. 우리가 그들에게 가르쳐 줄 것이 하나도 없다. 우리는 그들로부터 배워야 한다." 여기에서 그만 그들이 잘못되었읍니다. 물론 다른 사람들의 이야기를 들을 준비가 되어 있어야 하고 다른 사람들로부터 배워야 하지요. 세상에서 배울 것도 많습니다. 그 외에 다른 이유를 대지 않더라도 복음을 더 잘 알 수 있는 방법을 발견하려면 세상에서 배워야 합니다. 그러나 전도(설교)를 포기할 수는 없읍니다. 우리에게 맡겨진 구원의 복음을 선포하는 일을 포기해서는 안됩니다.

둘째로, 죄 사함과 죄를 그냥 두는 것에 대해서 주님께서 하신 말씀은 종교개혁 신학자들이 만인제사장 제도로 부르는 것에 강조점을 두고 있읍니다. 종교개혁 이전 신학에서는 제사장 개념이 성직자에게만 국한되어 있었읍니다. 이 사람들은 특별한 권위를 가지고 있었으며 특권을 가지고 있어서, 평신도보다 더 높은 수준에 있는 자들로 생각되었읍니다. 종교개혁자들은, 그것은 비성경적이라고 주장하였으며, 성직자와 평신도 사이의 구분은 어떤 특권의 차이를 나타내는 것이 아니라 직무상의 차이만 해당된다고 주장했읍니다. 종교개혁자들의 가르침에 의하면 그리스도인들은 하나님 앞에서 동일한 특권들을 누리고 있다는 뜻이지요. 모든 사람들이 같은 의무를 가지고 있었다. 모든 사람들은 교회의 한 교제 속에서 함께 섬겨야 한다. 성경적인 구분을 해야 한다면, 그것은 대제사장이신 주 예수 그리스도와, 그를 따르는 사람들 사이를 구분지어야 한다 — 또한 대선지자로 예수님을 말하고, 보다 작은 선지자로 우리 자신을 말함으로써 차이를 나타낼 수 있고, 또는 왕이신 예수님과, 예수님께서 통치하시기 때문에서만 왕노릇하는 자들인 우리 자신들 사이의 차이를 구분할 수 있는 것입니다.

그러나 이것 마저 가르침을 필요로 합니다. 우리는 "바로 그" 제사장이나, 선지자나 왕이 아닙니다. 하나님께서 예수님을 세상에 보내신 것처럼 예수님도 우리를 세상에 보내심으로써 우리도 이러한 각 직무를 감당해야 합니다. 하나님을 섬기는데 우리 자신을 드림으로써 제사장들로서의 기능을 감당해야 하고, 다른 사람들과 함께 다른 사람들을 위해서 기도함으로써 그 일을 감당합니다. 하나님께서 우리와 다른 사람들의 유익을 위해서 성경에 기록해 놓으신 것을 선포함으로써 선지자의 역할을 감당합니다. 또한 먼저 우리 자신을 잘 통제하고 그런 다음에 우리에게 맡겨진 사람들을 다스림으로써 왕으로서의 역할을 감당합니다 (예를 들어서 교회를).

모든 신자들이 제사장이라고 주장하는 사람들을 위해서 던질 질문은, 우리가 사실상 이러한 일을 하고 있는지, 아니면 우리가 다른 사람들에게 해야 하는 여러 책임들을 방치해 두고 있는지 하는 것입니다. 무엇보다도 그리스도 안에 있는 은혜의 복음을 그걸 들을 필요가 있는 사람들에게 전해야 하고, 하나님 자신의 권위에 입각해서 죄를 회개하고 그리스도를 구주로 믿는 사람들은 죄 용서를 받았고, 그리스도께 나오지 않는 사람들은 용서를 받지 못하며 하나님의 심판을 받아야 할 것이라고 선포하고 있습니까? 신자들은 많은 특권들을 가지고 있습니다. 그러나 그들은 또한 많은 책임들도 가지고 있습니다. 그 가운데 복음을 신실하게 전하는 책임이 가장 큽니다.

끝으로 여기에 이러한 결론을 생각할 수 있습니다. 예수께서 말씀하시는 특권들과 의무들은 "모든" 신자들에게 해당됨을 지적한바 있읍니다. 그것들은 모든 "신자들"에게 해당된다는 걸 지적해야 합니다. 그러므로 영적 진리에 친숙한 것만 가지고는 충분치 못합니다. 교회에 참석하는 것만 가지고도 충분치 못합니다. 그리스도인이란 이름을 가지고 있는 것으로도 충분치 못합니다. 필요한 것은 죄에서 돌아서서 예수님을 하나님의 아들과 구주로 믿는 데서 필연적으로 나오는 이른바 하나님께로 온 새 생명입니다.

여기에 22절이 들어 옵니다. 예수님께서 제자들에게 숨을 내쉬면서

"성령을 받으라"고 말씀하셨음을 22절은 묘사해 줍니다. 어떤 사람들은 이 구절 속에서 요한의 기록과 사도행전 기자의 기록이 서로 충돌한다고 상상했습니다. 요한은 부활하신 날 저녁에 제자들에게 성령을 나누어 주신 것으로 말하는 것처럼 보이고, 누가는 50일 후에 오순절날 성령이 특별히 임하시는 것을 말씀하고 있기 때문입니다. 그러나 그런 상상은 불필요합니다. 분명히 성령께서는 교회시대를 열기 위해서 오순절날에 특별한 방식으로 권능으로 임하셨습니다. 그러나 그 이전에 제자들의 삶 속에서 성령의 역사나 성령의 나눠주신 일이 전혀 없다고 상상해야겠습니까? 그리스도의 공생애 중 앞 부분에서 베드로는 예수님이야말로 "그리스도시요 살아계신 하나님의 아들이라"고 고백했습니다. 그때 예수님께서는 이것은 하나님께서 베드로에게 계시하신 때문이라고 말씀하셨습니다. 성령이 아니고서 이러한 일이 있었겠습니까? 성령께서 그에게 직접적으로 역사하심으로써 그 마음과 생각을 연 일이 없고서도 베드로가 믿었겠습니까? 그와 유사하게 부활절 아침에 일찍 요한은 빈 무덤에 들어가 부활을 "믿었습니다." 성령을 떠나 이러한 통찰력이 생기겠습니까? 성령께서는 내내 존재하고 계시다가, 오순절날 더 큰 분량으로 제자들에게 임하실 참이었습니다. 예수님께서 이 본문에서 지적하고 계신 것은, 당신이 성령을 주시는 원천이며, 그리스도인의 삶 속에서 성령의 역사가 아니고서는 어떠한 일도 이루어질 수 없다는 것입니다 (실로 어느 사람도 그리스도인이 되지 못할 것입니다).

그리스도께서 제자들을 향하여 숨을 내쉬며 성령을 나누어 주신 일은 전능하신 하나님께서 첫 사람 아담에게 생기를 불어 넣으사 "산 영"이 되게 하신 창조시의 이야기를 가리키고 있습니다(창 2:7). 만일 우리가 진실로 예수님의 사람이 되어 신실하게 예수님을 섬기려면 새롭게 지어져야 함을 예수님은 가르치고 계십니다.

모든 것이 새롭도다

당신은 새롭게 되셨습니까? 그렇다면 모든 것이 새롭게 된 것이고, 하나님의 축복이 충만하게 여러분의 것이 되었습니다. 아더 핑크는 예수님으로 말미암아 우리의 것이 된, 기독교의 모든 새로운 사실들을 이 대목이 나타내고 있다고 쓰고 있읍니다. "1. 그리스도가 '새 길'로 알려지고 있다. 더 이상 '육체를 따르지 않고' 영으로 높은 데 이르는 새 길이시다. '나를 만지지 말라. 내가 하늘로 올라간다'(20:17). 2. 신자들은 새로운 칭호를 얻었다. - '형제들'(20:17). 3. 신자들은 '새 지위'를 듣는다. - 아버지 하나님 앞에서 그리스도의 지위에 대해서 말이다(20:17). 4. 신자들은 '새로운 자리'를 차지한다- 세상에서 떠나(20:19). 5. 신자들은 '새로운 복락'을 확정받는다- '평강'이 이루어졌고 나눔을 받는다(20:19, 21). 6. 신자들은 '새로운 특권'을 받았다- 주 예수 그리스도가 그들 가운데 계심(20:19). 7. 신자들은 '새로운 기쁨'을 가진다- 부활하신 주님을 봄으로 말미암아(20:20). 8. 신자들은 '새로운 사명'을 받는다- 아들이 아버지께 보내심을 받은 것처럼 아들에 의해서 세상에 보내짐을 받음(20:21). 9. 신자들은 '새로운 피조물'이다- 숨을 내쉬는 모습을 통해서 지시되는(20:22). 10. 신자들은 '새로운 내주자'를 모시고 있다- 성령을(20:22). 이 모든 것이 주간의 '첫날'에 있었다는 것이 얼마나 신적인 일에 부합한 일인가 - 새로운 시작을 암시하는 것이다. 기독교가 유대교를 밀어내고 대신 그 자리에 섰다!"

하나님께서 여러분을 위해서 이러한 일들을 새롭게 하셨읍니까? 그렇지 않다면 여기에 길이 있읍니다. 여러분더러 죄를 회개하고 겸비한 믿음으로 돌아오라고 말씀하시는 그리스도 바로 그분이 길이십니다. 그분이 여러분을 위해서 죽으셨읍니다. 그분을 믿고 그분에게 나오십시오.

40

믿음 없는 자냐 믿는 자냐?

"열 두 제자 중에 하나인 디두모라 하는 도마는 예수 오셨을 때에 함께 있지 아니한지라 다른 제자들이 그에게 이르되 우리가 주를 보았노라 하니 도마가 가로되 내가 그 손의 못자국을 보며 내 손가락을 그 못자국에 넣으며 내 손을 그 옆구리에 넣어 보지 않고는 믿지 아니하겠노라 하니라 여드레를 지나서 제자들이 다시 집 안에 있을 때에 도마도 함께 있고 문들이 닫혔는데 예수께서 오사 가운데 서서 가라사대 너희에게 평강이 있을찌어다 하시고 도마에게 이르시되 네 손가락을 이리 내밀어 내 손을 보고 네 손을 내밀어 내 옆구리에 넣어보라 그리하고 믿음 없는 자가 되지 말고 믿는 자가 되라. 도마가 대답하여 가로되 나의 주시며 나의 하나님이시니이다"(요 20:24-28)

몇년 전에 "This Believing World"(이 믿는 세계)라는 책이 미국에서 출판되었읍니다. 그 책의 명제가 인기가 있어 그 책이 사람들의 인기를 퍽 모았읍니다 — 나중에 보니 그 책이 30판이나 거듭 출판되었읍니다. 그 책이 말하는 걸 들으면, 사람들은 어떠한 지역에서나 어떠한 조건에서도 자연적으로 신자들이고, 자기들의 확신을 열심히 선포한다는 것입니다.

그 책이 말하는 믿음이 우리가 보편적으로 관찰하는 종류의 믿음이라면 그 주장은 사실일 수 있읍니다. 세상은 보편적인 차원에서 믿음과 배치되지 않습니다. 그러나 그 책이 성경적인 기독교에서 요구하는 믿음을 말하고 있다면 근본적으로 잘못된 것입니다. 기독교는 예수 그리스도 안에서 계시된 하나님을 믿으라고 요구합니다. 이 말은 우리의 깊은 영적 궁핍의 진리와, 죽으심으로써 죄에서 우리를 구원할 기초를 마련하신 신적 그리스도의 사역의 진리를 받아들이라는 뜻입니다. 그 믿음은 그리스도를 믿고 부활을 통해서 그리스도의 하신 일과 가르침의 진실성이 입증되었다는 걸 믿는 것입니다. 이런 의미에서 세상이 "믿는 세상"입니까? 물론 아니지요! 사실 경우는 그 정반대입니다. 세상은 전적으로 불신앙적이고, 하나님께서 친히 세상을 그 불신앙에서 신앙으로 이끌지 아니하시면 세상은 여전히 불신앙인 채로 남아 있을 것입니다. 하나님께서 죽음 가운데서 생명을 생성시킬 수 있으시고, 아무 것도 없는 데서 온 피조물을 생성시킬 수 있으시니 말입니다.

그러나 물론 하나님께서 바로 그 일을 하십니다. 하나님께서는 창조하시고 사랑하시고 당신이 만드셨으나 죄로 타락한 사람들을 구속하기 위해서 죽으셨을 뿐 아니라, 그들을 믿음으로 인도하셔서, 그들 속에서 스스로 그들이 산출할 수 없는 것을 산출하시는 것입니다. 이것이 바로 요한복음의 크라이막스가 되는 그 위대하고 감동적인 이야기의 의미입니다.

의심하는 도마

본문의 이야기는 예수님께서 부활하신 후 어느 주간에 예수님과 도마가 만나는 장면입니다. 도마는, 예수님께서 다락방에 함께 모여 있는 제자들에게 처음 나타나셨던 그전 주일에 그자리에 없었읍니다. 그 이유는 모릅니다. 다만 도마가 거기에 없어서 예수님을 뵙지 못했고, 주님께서 나타나셨다는 이야기를 들을 때 "내가 그 손의 못자국을 보며 내 손가락을 그 못자국에 넣으며 내 손을 그 옆구리에 넣어 보지 않고는 믿지 아니하겠노라"(25절)라 대답했다는 말씀만 듣습니다. 그 뒤에 예수님께서는 도마에게 나타나셔서 믿게 하셨고, 도마는 복음서 전편에 기록된 신앙고백 중 가장 최고의 신앙고백을 예수님께 함으로 그 이야기를 결말짓고 있습니다. 도마는 예수님을 경배하면서 "나의 주 나의 하나 님"(28절)이라 말합니다.

이 이야기는 잘 알려진 영어 관용어로 "의심하는 도마"(doubting Thomas)라는 별명을 남겼습니다. 그러나 우리가 그 별명을 사용하는 방식에 대해서 주의해야 합니다. 그 이유 한 가지를 들으면, 도마 혼자 서만 부활을 의심한 것처럼 도마를 깎아내리기 위해서 그 별명을 사용 해서는 안됩니다(다른 제자들이나 그 문제에 관해 우리 스스로도 그렇 게 하지 않았는데 도마만 그랬다는 식으로 말입니다). 다른 제자들도 예 수께서 자신을 드러내시기 전에는 아무도 믿지 않았었고, 오늘날도 중 생치 아니한 상태에 있는 사람들이 믿지 않음을 기억해야 합니다. 그 이 유 때문에 우리는 "무조건적 선택"과 "불가항력적 은혜"에 대해서 말하 는 것입니다. 우리가 정말 믿는다면, 그것은 하나님께서 미리 우리를 인 도하여 그렇게 믿도록 하셨다는 오직 유일한 이유 때문입니다. 다시, 우 리는 "의심하는 도마"라는 어구를 사용하되, 단 한 순간이라도 어떤 사 람들이 믿지 않는 것은 아주 자연스러운 일이며, 그러므로 이러한 성향 때문에 믿지 않은 것이 덜 죄가 되거나 아니면 핑계댈만한 요소가 된다 는 식으로 사용해서는 안됩니다. 비록 예수님께서 의심하는 제자의 수 준으로 내려오셔서 그를 이끌어 믿음을 갖게 하시지만 도마의 불신앙이 핑계댈만한 것이라는 암시는 전혀 주고 계시지 않습니다. 그러나 그는 우울질적 성향을 갖고 있었습니다. 그는 사물의 더 어두운 국면을 바라 보았습니다. 그러므로, 주님의 죽으심에 대한 이야기를 들었을 때 "나는 믿지 않겠다"라고 반응을 나타냈는데 그것은 아주 이해할만한 선언입니 다.

도마가 요한복음에 나타날 때마다 그러한 특징을 보여 줍니다. 처음 나타난 것은 요한복음 11장입니다. 거기에서 예수님께서는 요단강 건너 편 광야지역의 먼 지방에 계셨습니다. 예루살렘에 있으면 위험이 있기 때문에 그리로 가신 것입니다. 요한복음 10장 마지막 부분에서 보면 예 루살렘에 계실 때 유대인들이 "다시 예수를 잡고자 하였으나 그 손에서 벗어나 나가시니라"(10:39)라는 말씀을 듣습니다. 예루살렘 근처 베다 니에 살고 있는 예수님 친구 나사로가 병들었다는 전갈이 왔습니다. 처음에 예수님은 두 날 동안 지체하셨읍니다. 그러나 나중에 예수님은 돌아갈 의향을 밝히셨읍니다. 의심할 여지 없이 제자들을 놀랐읍니다. 제자들은 거기 가면 위험하다고 예수님께 아뢰었읍니다. "랍비여 방금도 유대인들이 돌로 치려 하였는데 또 그리로 가시려 하나이까?"(11:8). 예수님은 단호한 모습을 보이셨읍니다. 제자들이 한 동안 서로를 쳐다 보면서 아마 아무 말도 하지 못했을 것이라고 저는 상상합니다. 예수님의 마음을 바꾸기 위해서 무슨 일이 없을까, 아니면 자기들도 예수님과 함께 갈 것인가를 서로 묻는 것처럼 말입니다. 그러나 결국 도마는 나서서 "우리도 주와 함께 죽으러 가자"(16절)라고 말하였읍니다. 참 얼마나 우스운 말입니까! 그 말은 정직하고 충성스럽고 용기있는 말이었지만, 기운찬 말은 아니었읍니다. 그 말은 아주 음울하였읍니다.

도마가 요한복음 14장에서 두번째로 모습을 보입니다. 이 때 예수님은 잡히셔서 십자가에 못박혀 죽으시기 전에 당신의 제자들에게 마지막 강론을 하고 계셨읍니다. 하늘에 대해서 말씀하시면서 "내 아버지 집에 거할 곳이 많도다 그렇지 않으면 너희에게 일렀으리라 내가 너희를 위하여 처소를 예비하러 가노니 가서 너희를 위하여 처소를 예비하면 내가 다시 와서 너희를 내게로 영접하여 나 있는 곳에 너희도 있게 하리라 내가 가는 곳에 너희도 있게 하리라 내가 가는 곳에 그 길을 너희가 알리라"(2~4절)라 결론지으셨읍니다. 대단한 약속의 말씀입니다. 그러나 도마는 그 말씀을 들으면서 자기와 다른 사람들이 사실상 예수님께서 하시는 말씀이 무엇인지 잘 모른다고 고백하지 않을 수 없었읍니다. 그의 우울한 대답은 "주여, 어디로 가시는지 우리가 알지 못하거늘 그 길을 어찌 알겠삽나이까?"(15절)라 대답합니다.

핑크는 이 사건에 대해서 이렇게 말합니다. "그는 우리로 하여금 존 번연의 '두려움', '낙담', '무서움'을 크게 생각하게 한다(존 번연의 천로역정에 나오는 상징적인 인물들) ― 그 그리스도인들 속에 대단히 많은 계층을 확보하고 있는 이른바 도마의 후계자들의 모형을 생각나게 한다."

다른 제자들

그리스도께서 도마에게 나타나신 일을 생각하기 전에 먼저 주목해야 할 다른 것이 있습니다. 그것은 그 자체의 방식때문에 매우 중요합니다. 주님께서 도마에게 오시기 전에도 다른 제자들은 예수님이 부활하셨다는 소식을 도마에게 전해 주었습니다. 예수님께서 그 두번째 주일에 나타나셨을 때 도마가 다른 제자들과 함께 있었던 것도 의심할 여지 없이 예수님이 살아나셨다는 다른 제자들의 증거 때문이었을 것입니다. 물론 그 증거를 믿지는 않았지만 말입니다. 개혁파나 칼빈주의적 전통에 속한 사람들은 때로, 사람들이 죄 가운데 절망적으로 타락해 있고 하나님께서만 그들을 구하시기 때문에 우리 스스로 할 수 있는 일은 거의 없거나 아주 없는 것처럼 말하곤 합니다. 따라서 어떤 사람이 믿지 않거나, 아니면 그리스도 복음이 전파되어 그리스도가 자신을 나타내시기 쉬운 그리스도인들의 교제 집단 속에 중생을 하지 못해 나오지 아니하는 경우라도, 포기하는 경향이 있습니다. "우리가 할 수 있는 것은 아무 것도 없어. 그것은 하나님께 맡겨야 돼." 좋습니다. 어떤 의미에서 그것은 하나님께 맡겨야 합니다. 결과가 나타나려 할 때 마저도 하나님께 언제나 맡겨야 합니다. 그러나 사람들이 불신앙 가운데 빠져 있고 하나님께서만이 그들을 구하실 수 있다는 사실이 우리로 하여금 아무 것도 하지 않게 하는 구실이 되지는 못합니다. 오히려 우리는 이 초대 제자들이 했던 것처럼 해야 합니다. 잃어버린 자를 찾아야 합니다. 그에게 가서 믿음을 촉구해야 합니다. "주께서 부활하셨다. 우리가 그를 보았다. 우리가 함께 가서 예수님을 믿자"고 말해야 합니다. 만일 우리 중 어떤 사람이 그 첫번째 제자들의 무리 속에 있었다면 어떻게 했을지 저는 알만하다는 생각이 듭니다. 예수님께서 나타나셨다가 사라지셨습니다. 그리고 예수님을 뵌 그룹들은 예수님의 나타나심을 서로 이해하고 있었을 것입니다. 도마라는 이름이 떠오르게 되었습니다. 어떤 사람이 말합니다. "우리가 도마에 대해서 무어라고 하나? 우리가 그를 찾아서 그에게 말해야 된다고 생각하는데."

또 다른 사람이 말합니다. "아니야. 그가 여기 있었어야 해. 그는 우리 중 한 사람이야. 그가 우리와 함께 있는 것이 마땅한 일이었어. 만일 그가 여기 있었다면 그도 주님을 뵈었을거야. 정말 너무 잘못했어."

다시, 마땅한 당위성의 의식이 떠오를 수도 있었다는 생각을 가집니다. 그러나 이러한 모양으로 공식적인 견해가 발표되었을지도 모릅니다.
"믿음 있는"자는 "도마 너는 주일밤에 우리와 함께 있어야 했어. 주께
서 나타나셨다(그리고 아마 다시는 나타나지 아니하실거야). 그러나 우
리는 그리스도인으로서 다른 사람에게 해야 할 마땅한 책무가 그것이기
때문에 이걸 네게 말하고 싶다." 그는 그렇게 말했을 수도 있습니다. 그
러나 그는 그렇게 말하지 않았습니다. 오히려 예수님께서 살아계시다는
걸 알고 기쁨이 충만하여 모든 사람에게 가서 말하였고, 특히 주님의 지
상의 공생애 기간 동안 그 주님과 함께 있었던 사람들에게 말하였습니
다. 그들은 도마도 찾아내어, 다음 주일에 함께 예배 모일 때에 같이 가
자고 설득했습니다.

본성적으로 기질이 우울질에 속한 그리스도인들이 있습니다. 이 사람
들은 스스로 좌절하는 입장에 있습니다. 그러한 기질의 특징이 그것입
니다. 그럼에도 불구하고 이 사람들은 혼자 있도록 내버려 둬서는 안되
는 사람들입니다. 우울한 생각과 절망감이 그들에게 덥치면, 그 사람들
은 더 우울하게 되고 혼자 내버려 두면 더 믿지 못하는 사람이 됩니다.
그들에게 가십시요. 그들을 찾아내십시요. 그리고 여러분의 즐기는 그
교제에 그들을 다시 데려 오십시요.

내 손을 보라

그러나 도마에 대한 그 제자들의 관심에도 불구하고, 또는 그 관심이
아무리 중요하다 할지라도 제자들이 그 마음을 바꾸어 놓을 수는 없는
것입니다. 다른 사람들의 마음을 바꾸어 회심시킬 수 없는 것입니다. 하
나님께서 하셔야 합니다. 그러니 예수님께서 의심하는 제자를 이끄사
믿음을 갖게 하시기 위해서 나타나셨다는 말씀을 다음에 읽는 것입니다.

예수님께서 도마에게 경험적인 테스트를 해보라고 요청하심으로써
믿음을 되찾아 주고 계십니다. 다시 말하면 예수님께서는 도마의 수준
으로 내려 오셔서 불신앙에서 믿음의 자리로 나아가기에 가장 좋은 길
로 이끄시는 것입니다. 도마는 요구할 하등의 자격이 없는데도 그러한
어떤 것을 요구했습니다. "내가 그 손의 못자국을 보며 내 손가락을 그
못자국에 넣으며 내 손을 그 옆구리에 넣어 보지 않고는 믿지 아니하겠

노라"(25절)라고 말했읍니다. 부활하신 주님을 그러한 모양으로 대하는 것은 적합하지 못합니다. 더구나 도마는 그 말을 하면서 예수님의 부활을 확정할 시금석을 사용하는 것이 불가능하다는 함축적인 투로 말했읍니다. 믿을 의향을 전혀 갖고 있지 못했읍니다. 도마는 분명히 선을 벗어나 믿음 없는 자의 상태에 있었읍니다. 그럼에도 예수님께서는 언제나 그러하시듯이 그 수준으로 내려오셨읍니다. 도마에게 나타나셔서 "도마야 네 손가락을 이리 내밀어 내 손을 보고 네 손을 내밀어 내 옆구리에 넣어 보라"(27절).

우리의 하나님은 얼마나 은혜로우신지요! 하나님께 속한 어떤 것을 요구할 권한이 하나도 없는 우리입니다. 그런데도 우리를 지으시고 우리를 구속하시기 위해 죽으신 그분이 우리에게 필요한 것을 공급하시기 위해 자세를 굽히십니다. 우리에게 증거가 필요합니까? 그렇다면, 그 문제에 정직하게 접근하려 한다면, 그리스도의 신성, 죄인들을 위한 죽음, 부활, 다시 오마고 약속한 것들의 증거가 너무나 넘친다는 걸 발견할 것입니다.

"나는 그걸 보지 못하는데요?"라고 말씀하시렵니까. 그러면 그분에게 나아가십시요. 증거를 요구하십시요. 여러분이 하나님을 찾아내려는 것보다 여러분에게 당신 자신을 드러내시기를 훨씬 더 바라시는 하나님께서 계시를 주실 것입니다.

그러나 이 경우에서 사실상 도마에게 확신을 주었던 것은 자신이 요구했던 실험적인 테스트가 아니었읍니다. 그 점이 두드러집니다. 그는 그리스도의 손에 생긴 못자국에 손가락을 넣어 보고, 그 허리의 상처에 손을 넣어 보아야겠다는 요청을 했읍니다. 그러나 예수님께서 자신을 나타내시고 손을 내밀어 그 손을 만져 보라고 도마에게 요청하셨을 때, 도마는 사실상 그렇게 하지 아니하였읍니다. 이러한 여러 가지의 확증을 갖고 확신하면서 그리스도의 발 앞에 꿇어 엎드려 "나의 주 나의 하나님이시여"라고 외쳐댔읍니다.

도마에게 확신을 준 것이 무엇이었읍니까? 어떤 사람들은 도마가 말한 것을 그리스도가 분명히 아신 것이 도마로 하여금 확신을 주었다고 주장합니다. 예수님께서 도마가 말할 때 육체적으로 거기 계시지 않았

지만 그걸 아는 걸 보고 도마가 믿었다는 것이지요. 그 논증인즉, 예수
님이 하나님이 아니고서야 어찌 그런 일이 있을 수 있겠느냐는 것입니
다. 그러나 이 논증이 아무리 논리적이라 할지라도 도마에게 파고 든 일
은 그것이 아니라는 생각이 듭니다. 궁극적으로 도마에게 파고들었던
것은 그 손과 발과 옆구리의 상처를 가진 그리스도의 나타나심이었습니
다. 도마에게 다가오신 분은 십자가의 그리스도셨습니다.

  이것이 모든 증거 가운데 가장 위대한 증거입니다. 그의 상처 속에 나
타난 그리스도의 사랑 말입니다. 찰스 스펄전은 한번 이것에 대해서 이
렇게 말했습니다. "우리 믿음의 기초가 부단하게 허물어뜨림을 당하는
이런 시대에 누구든지 스스로에게 '이것이 진리가 아니라고 상상해 보
자'라고 말하고픈 충동을 느낍니다. 제가 서서 밤하늘을 보며 별들을 볼
때 내 마음은 할 수 있는 최선의 사랑을 가지고 조물주를 향하는 것을
느꼈습니다. 스스로에게 말했습니다. '내가 알기로 하나님을 사랑하고
있는데 무엇이 그렇게 만들었는가? 그처럼 정결하고 싶은 간절한 마음
을 무엇이 일으켰는가? 나로 하여금 내 하나님께 복종하고픈 갈망을 일
으키는 것은 무엇이든지 거짓일 수 없습니다. 내 마음을 바꾸고, 한때
그렇게 무관심하고 냉담했던 나를 그리스도를 영화롭게 하려는 강력한
소원으로 불타게 만든 것은 나를 향하신 사랑이었습니다. 무엇이 그렇
게 했습니까? 거짓말이 아님에 틀림없습니다. 진리가 그런 일을 하였습
니다. 그 열매로 그것을 압니다. 이 성경이 거짓으로 판명났다면, 그것은
내가 죽어 조물주 앞에 간다면, '위대하신 하나님 나는 당신의 위대한
일들을 믿었습니다. 그렇지 않다면 당신의 기이한 선하심과 용서하시는
당신의 권능에 관해서 내가 가졌던 믿음으로 당신을 영화롭게 하였나이
다"라고 말할 수 없을까요? 저는 두려움으로 그분의 긍휼에 제 자신을
던질 것입니다. 그러나 우리는 그러한 의심을 즐기지는 않습니다. 왜냐
하면 그 사랑스런 상처는 끊임 없이 복음의 진실성을 입증하고, 복음으
로 말미암아 우리가 구원받는 진리를 증거합니다. 하나님이 육신을 입
고 오신다는 사상은 시인의 마음이 생각하지 못했던 것이고, 철학자의
교묘함으로 논증화하지 못했던 것입니다. 성육신하신 하나님, 인간의 모
양으로 사셨고 피를 흘리셨고 죽으신 하나님 개념, 죄 있는 사람 대신

그렇게 하신 하나님 개념 그 자체가 가장 훌륭한 증거입니다. 상처들은 그리스도의 복음의 오류 없는 증거들입니다."

이 시점에서 제 말을 오해하지 마십시요. 기독교에 대해 정직한 지성적 질문을 가지고 있다면 하나님께서는 지성적인 대답을 제공하여 주실 것입니다. 그분은 여러분에게 마음 뿐 아니라 생각도 주셨읍니다. "여호와께서 말씀하시되 오라 우리가 서로 변론하자"(사 1:18). 여러분이 필요로 하는 것을 하나님은 공급하실 것입니다. 그러나 궁극적으로 여러분을 이기는 것은 논리에 빈틈없는 논증이라기 보다는 그리스도께서 여러분을 위해서 죽으심으로써 확증된 그리스도의 사랑입니다. 물론 그 논증들도 때로는 중요한 디딤돌이 되지만 말입니다.

"나의 주 나의 하나님이시여"

여기에 얼마간의 격려의 내용이 있습니다. 그리스도의 모든 제자들 가운데 가장 의심 많은 도마에 대해서 논의해 왔읍니다. 그러나 주님께서 도마에게 자신을 나타내셨을 때 도마가 의심으로부터 그리스도를 믿는 가장 위대한 간증으로 뛰어오르는 모습을 주목합니다. 이 복음서나 다른 복음서들에 기록된 증거 중에서 가장 위대한 것입니다. "나의 주 나의 하나님이시여"라고 말했읍니다. "주"라는 말은 때로 다른 사람들이 그리스도께 사용했던 말입니다. 어떤 때는 그 말이 지닌 충분한 의미를 생각지 않고 사용되는 적도 있었읍니다. 그러나 여기서는 그 말이 한 내용을 담은 말로 사용이 됩니다─ "여호와, 주재, 주권자"라는 뜻으로 말입니다. "하나님"이란 말은 새로운 호칭입니다. 어느 사람도 주님을 이런 식으로 부른 적은 없읍니다. 그 호칭은 믿음의 대단한 통찰력을 나타냅니다. 아마 그리스도께서 칭찬하신 사도 베드로의 유사한 신앙고백보다 더 위대한 것입니다(마 16:13-17). 이것만으로는 불충분하게 생각될까봐 도마는 인칭대명사를 붙여 "'나의' 주시여 '나의' 하나님이시여"라고 말합니다. 예수님이 하나님이시요 주권자라고 하는 것만 가지고는 충분치 못합니다. 이제 그분은 도마 개인에게 있어서 그러하신 분이었읍니다.

요한복음의 최정점에 이른 것입니다. 요한복음의 크라이막스입니다.

요한은 여기서 대단한 의심자로 시작한 사람이 어떻게 해서 그리스도의 은혜로 말미암아 요한복음 처음에서 "그 말씀이 하나님이시니라"라고 한 진리를 고백하게 되는지를 보여 주고 있습니다(요 1:1). 이 책을 쓴 것은 사람들로 하여금 이런 확신에 이르게 하기 위함이었습니다(요 20: 30, 31).

그 어느 경우도 절망적인 경우는 없습니다. 여러분의 경우가 절망적이지 않습니다. 하나님께서 아브라함이라는 이교도를 택하여 믿음의 기둥, 그 백성의 조상으로 삼으셨습니다. 말더듬이 모세를 취하사 바로 앞에서 하나님의 말씀을 전달하는 가장 위대한 그릇이 되게 하셨습니다. 소년 목동 다윗을 왕으로 만드셨고 "약한" 사람 베드로를 "반석"베드로로 만드셨습니다. 우뢰의 아들 요한을 사랑의 사도로 만드셨습니다. 그리스도인들을 핍박하는 바울을 들어 신실한 사신이요 순교자로 만드셨습니다. 그분은 여러분을 위해서 그 일을 하실 수 있습니다. 그분이 그렇게 하시도록 허락하십시오. 그리스도를 믿으십시오. 여러분도 믿음 없는 자가 아니라 도마처럼 다 "믿음 충만한" 자로 발견되게 하시기를 바랍니다.

41

위대한 축복기도

"예수께서 가라사대 너는 나를 본 고로 믿느냐 보지못하고 믿
는 자들은 복되도다 하시니라"(요 20:29)

저주보다 축복이 훨씬 더 가득한 것, 그것이 하나님의 말씀의 주목할
만한 특징입니다. 확실히 말해서 저주도 있습니다. 심판에 대한 경
고의 말씀도 있습니다. 그러나 그 모든 것을 함께 모아 견주어 보면 이
러한 더 심각한 요소들 중 그 어느 것 보다 축복이 더 수에 있어서도 훨
씬 많고 더 놀랍습니다.

성경은 축복으로부터 시작합니다. 하나님께서 창조하실 때 날마다 그
창조하신 것을 보시고 "좋다"고 말씀하시기 때문입니다. 성경은 또한
하나의 축복으로 끝을 맺습니다. "우리 주 예수 그리스도의 은혜가 모든
자들에게 있을찌어다 아멘"(계 22:21). 창세기 기사에서 시작하여 요한
계시록 마지막까지에 이르는 말씀 속에 다음과 같은 축복의 말씀들이
있습니다. "하나님이 그들에게 복을 주시며 그들에게 이르시되 생육하
고 번성하여 땅에 충만하라 땅을 정복하라 바다의 고기와 공중의 새와
땅에 움직이는 생물을 다스리라 하시니라"(창 1:28). "내가 너로 큰 민
족을 이루고 네게 복을 주어 네 이름을 창대케 하리니 너는 복의 근원
이 될지라"(창 12:2). "하나님이 다시 야곱에게 나타나사 그에게 복을

주시고"(창 35:9). "여호와는 네게 복을 주시고 너를 지키시기를 원하며 여호와는 그 얼굴로 네게 비취사 은혜 베푸시기를 원하며 여호와는 그 얼굴을 네게로 향하여 드사 평강 주시기를 원하노라"(민 6:24-26). "복 있는 사람은 악인의 꾀를 좇지 아니하고"(시 1:1). "여호와로 자기 하나님을 삼은 나라 곧 하나님의 기업으로 빼신 바 된 백성은 복이 있도다"(시 33:12). "행위 완전하여 여호와의 법에 행하는 자가 복이 있으며"(시 119:1). "그 불법을 사하심을 받고 그 죄를 가리우심을 받는 자는 복이 있고 주께서 그 죄를 인정치 아니하실 사람은 복이 있도다"(롬 4:7, 8; 시 32:1, 2는 참조). "자금 이후로 주 안에서 죽는 자들은 복이 있도다"(계 14:13). 주석을 참조해 보니 하나님의 축복을 다루는 구약의 대목이 375군데입니다. 신약에서는 108군데에서 하나님의 복을 언급하고 있습니다.

주 예수 그리스도, 곧 성육신하신 하나님께서도 공생애 기간 중에 축복의 말씀을 많이 하셨다는 것이 우리 하나님과 그 계시의 이 놀라운 성격에 비추어 보면 이상한 일이 아닙니다. 그 한 명백한 예로 마태복음 5장의 8복을 생각합니다(3-11절). 어린아이들에게 선언하신 복이 있습니다(막 10:16). 또한 어느 제자들에게 축복하신 말씀도 있습니다(마 13:16; 16:17). 하나님의 신실한 종들과(마 24:46), 하나님의 말씀을 듣고 지키는 사람들에 대해 한(눅 11:28) 축복의 말씀이 있습니다. 우리의 본문말씀, 곧 요한복음의 끝부분에 가서 축도의 말씀이 있습니다. "보지 못하고 믿는 자들은 복되도다"(요 20:19).

이 축복의 말씀, 요한복음에 나오는 말씀 중 "마지막" 다섯번째 말씀은 여러 가지 이유에서 위대한 말씀입니다. 그 말씀이 지상에 계시는 동안에 그리스도께서 하신 마지막 축복의 말씀이라는 이유에서 그러합니다. 그도 그럴 것이, 이 축복의 말씀은 한 사람에게나 어떤 제한된 부류의 사람들에게 관한 것이 아니고, 그를 구주로 믿는 모든 사람들에게 해당되는 말씀입니다.

그리스도께서 뜻하신 것은 무엇인가?

"보지 못하고 믿는 자들은 복되도다"라고 말씀하실 때 무엇을 뜻하셨

을까요? 주관적인 믿음이 객관적인 믿음보다 낫다든지, 증거를 전혀 상
관하지 않는 믿음이 상관하는 믿음보다 낫다는 말인가요? 그같은 믿음
만이 복을 받을 것이라는 뜻인가요? 그렇게 생각하기는 어렵습니다. 왜
냐하면 도마에게 나타나셔서 부활의 피할 수 없는 확실한 증거를 보여
주시며 그 손을 못자국에 대어 보고 옆구리에 손을 넣어 보라고 말씀하
고 계시기 때문입니다. 요한이 그리스도의 말씀을 그런 식으로 해석한
것이 아님에 분명합니다. 왜냐하면 이 일 뒤에 요한은 이 복음서를 읽는
자마다 믿게 하기 위해서 이 복음서에 기록된 것들을 쓴 것이라고 밝히
기 때문입니다.

그러니 예수님께서 증거 없이 전적으로 믿는 것을 옹호하고 계시지
않다고 전제될 수 있습니다. 그것만 가지고는 해답이 되지 못합니다. 예
수님이 무엇을 뜻하시는가요? 예수님은 주관적인 믿음에 대해서 보다는
만족해하는 믿음에 대해서 말씀하고 계십니다. 하나님께서 제공하신 것
에 만족하는 믿음을 말씀하십니다. 그러므로 그러한 믿음은 환상이나
이적이나 어떤 내밀한 체험이나 하나님께서 은총을 주시는 증거로 어떤
형태의 성공 등을 갈망하지 않는 믿음을 말씀하고 계십니다. 그보다 더
나아가, 이러한 것들이 없는 믿음은 그러한 것들을 기초로 한 믿음 보다
못하지 않고 사실상 더 낫다고 말씀하고 계십니다.

이러한 것들을 함께 취급하여 어째서 그러한지 알아 봅시다. 첫째 "
환상"을 생각해 봅시다. 정상적인 그리스도인이라면 좌절되어, 의심으로
넘어지고, "오 하나님께서 어떤 특별한 방식으로 자신을 내게 나타내시
어 내 시각과 촉각과 청각으로 내 믿음을 도와주실 수 있었으면 좋겠다"
라고 말하고픈 때가 있습니다. 저도 확신합니다. 그러한 증거를 가졌던
사람들이 성경에도 나오지요. 천사의 모습을 한 세 방문자와 대화를 나
눕니다. 모리아산에서 하늘로부터 들리는 하나님의 음성을 들었습니다.
산에서 모세가 하나님을 만났습니다. 한번은 모세가 바위틈 속에 숨어
있었더니 여호와께서 지나가시매 바람과 불과 지진이 일어나는 것을 목
격하기도 했습니다. 이사야는 높이 들린 하나님의 환상을 보았습니다.
제자들은 육체를 입고 계신 날 동안 그리스도를 뵈었습니다. 바울은 세
째 하늘에 끌려 올라갔습니다. 요한 자신도 요한계시록에 기록된 엄청

난 환상들을 보았읍니다. 그러므로 우리가 "어째서 우리는 그와 같은 것을 볼 수 없는가?"라고 따질지 모릅니다. "분명히 우리도 그러한 것을 체험할 수만 있다면 훨씬 더 잘 믿을 것이고 그리스도인으로서의 행사와 증거에 있어서 보다 더 큰 효과를 거둘텐데"라고 말하겠지요.

그러나 그렇지는 않습니다. 비록 우리 스스로에게 그렇게 말하기를 좋아한다 할지라도 말입니다. 한 가지만 예로 든다면 우리는 통상 그릇된 동기에서 그러한 체험들을 원합니다. — 허영에서 다른 사람들이 거의 갖지 못한 체험을 우리가 받게 된다면 우리 자신에 대해서 훨씬 더 높은 견해를 갖게 될 것입니다. 또 한 가지는, 환상을 보았다고 해서 반드시 더 큰 믿음으로 나아가지는 않습니다. 유명한 옥스포드 대학의 교수요 작가인 시 에스 루이스(C. S. Lewis)가 쓴 「이적」(Miracles)이라는 책의 첫부분에서 한번 귀신을 본 자기 친구에 대해서 말합니다. 그 환상을 보기 전에 그녀는 불멸의 영혼을 믿지 않았읍니다. 그 환상이 있은 후… 여전히 그녀는 믿지 않았읍니다. 체험이 믿음에 영향을 주는 것이 아니라 믿음이 체험에 의미를 줍니다.

둘째로, "이적들"이 있고, 또는 하나님의 섭리의 다른 특별한 행동들이 있읍니다. 여러분은 이적을 위해서 기도합니까? 어떤 이적을 보면 하나님을 더 잘 믿을 수 있으리라 생각하십니까? 경우는 그 정반대입니다. 만일 이적을 바라고 있다면(하나님께서 가끔 그런 것을 허락하시지만 아주 드문 예임), 여러분은 점차 하나님께서 부단히 베푸시는 하나님의 긍휼의 정상적인 수천의 증거들에 대하여 무디게 될 것입니다. 그 문제에 있어서 스펄젼은 여기서 이렇게 말하고 있읍니다. "철도사고에서 위험을 모면하면 그것이 하나의 섭리(이적)라고 말합니다. 그렇습니다. 여러분의 한 주간 동안 내내 시내에 들어갔다가 한번도 사고를 만나지 않은 것도 그만큼 섭리입니다. 실직했는데 빵이 주어질 때 그것은 하나의 섭리입니다. 그렇습니다. 그러나 실직하지도 않고 궁핍해지지도 않았으면 그것도 하나의 그만큼 섭리입니다. 여러분을 돕는 섭리를 위하여 기도하지 말라는 뜻은 아닙니다. 어떤 사람들의 전기에서 뽑아 낸 몇 가지의 섭리를 보고 그것만 따라가지 말라는 소리이지요. 그러한 것들이 옳지 못할 수가 있읍니다. '하나님께서 나를 위해서 무엇인가 놀랍고 기이한 일을 해 주기를 바라고 있어요. 그렇지 않으면 난 그를 믿을 수 없어요'라고 말하지 마십시오. 그러지 마십시오. '보지 않고 믿는 자는 복이 있도다'라고 말씀하십니다. 전체 사람을 통해서 하나님의 오른 손이 부단히 자기들을 인도하고 있음을 아는 사람들은 복이 있습니다." 하나님께서 이적을 주실 수도 있고 때로 그렇게 행하시기도 하지요. 그러나 그렇게 하지 아니하신다 할지라도 그런 것들이 없다 해서 우리가 더 가난한 자가 되는 것이 아닙니다.

세째로, '어떤 특별한 은밀한 체험'을 하기만 하면 믿음에 있어서 더 강해지고 더 나은 그리스도인의 삶을 살 수 있을 것이라고 생각하는 자들이 있습니다. 고린도전서 12:9,10과 같은 대목이 있는데 거기서 바울은 하나님께서 어떤 사람들에게 은사들을 나눠 주시는 것에 대해서 말씀합니다. "어떤 이에게는 한 성령으로 병고치는 은사를, 어떤 이에게는 능력 행함을, 어떤 이에게는 예언함을, 어떤 이에게는 영들 분별함을, 다른 이에게는 각종 방언 말함을, 어떤 이에게는 방언을 통역함을 주시나니." 그같은 것을 하거나 체험할 수만 있다면 우리는 더 강하고 행복한 그리스도인들이 될 것이라고 생각합니다. 그러나 결코 그렇지 않습니다. 하나님께서는 때로 그러한 체험을 주셔서 당신의 교회에 유익을 끼치시기도 합니다. 바울이 고린도전서 12장에서 이러한 은사들을 열거했다는 사실 자체가 하나님께서 그렇게 하신 증거지요. 14장에서 방언 문제를 논의하면서 마지막에 방언을 하는 걸 금해서는 안된다고 말합니다. 그러나 분명히 이 부분의 말씀들을 주의깊게 읽는 사람은 누구든지 바울이 우리더러 그러한 체험을 추구하라고 촉구하고 있지 않음을 주목할 것입니다. 바울이 우리더러 촉구하는 것이 있다면, 그러한 것들을 경계하라고 경고하는 것 같으며, 틀림없이 그는 그러한 것들을 행사하는 것에 어떤 특별한 축복도 말하지 않고 있습니다. 어째서요? 복음의 축복들은 보는 것으로 아니하고 믿음으로 사는 사람들, 환상이나 이적이나 다른 그러한 체험들의 증거를 믿기 보다 하나님의 성품과 자비를 믿음으로 살아가는 사람들을 위한 것이기 때문입니다.

우리 시대에 너무나 일반화된 것이기 때문에 그러한데, 빼놓아서는 안되는 또 다른 항목이 있습니다. 소위 "성공"의 증거입니다. 회심한 사

람들의 숫자와 교회의 성장, 기독교 기구나 그러한 것들을 위한 수입 등
으로 성공의 표준을 잡습니다. 그렇다고 해서 할 수 있는 한 많은 사람
들을 회심케 하는 일을 해서는 안된다는 뜻입니까? 또는 교회 성장에
관심을 갖지 말라는 뜻인가요? 기독교 학교들이나 선교회나 교회들이나
다른 기구들을 움직이기 위해서 필요한 수준에 관심을 가져서는 안된다
는 뜻으로 말씀드리는가요? 물론 아닙니다. 다만 하나님을 믿는 걸 그러
한 환경에 묶어 매서는 안된다는 뜻입니다. 우리가 이러한 여러 종류의
축복들을 보지 못할 때에도 우리는 기도해야 하고 믿어야 하고 계속 일
해나가야 합니다.

믿음이 무엇입니까? 믿음은 하나님의 말씀에 기초하여 믿고 그 위에
입각하여 행동하는 것입니다. 이것이 참된 믿음입니다. 하나님께서 그
믿음을 축복하십니다. 믿음을 가진 자들에게 하나님께서 축복하실 것을
약속하십니다. 그것을 아무리 반복해도 지나칠 수 없습니다. 하나님께서
'믿음'을 축하하시지 어떤 비상한 체험에서 연유된 삶을 축복하시지 아
니하십니다.

(1) 만일 하나님께서 당신의 백성들을 다루실 때 공정하시고 (2) 하
나님께서 말씀하시는 축복이 모든 백성들을 위한 것이라면 어떻게 사실
이 그렇지 않을 수 있는가? 예를 들어서 그것을 다른 방향으로 생각해
보십시오. 하나님께서 축복하시는 것이 비상한 것과 연관되어 있다고만
생각해 보십시오. 그런 경우에 하나님의 축복이 어떤 작은 선택된 무리
들만을 위한 것이거나, 아니면 우리가 비상하다고 생각하는 것이 일반
화되어야 한다면, 그러한 것들이 "특별한 증거"의 성격을 더 이상 갖지
못하게 될 것입니다. 그 증거들은 결국 우리가 매일 누리는 하나님의 섭
리의 헤일 수 없는 다른 증거들과 같게 될 것입니다. 우리는 그러한 것
들이 너무 일상적이라서 아직 높게 생각하지를 않습니다. 아니, 하나님
의 축복들은 우리 모두를 위한 것입니다. 하나님께서 축복하시는 것은
그리스도인의 체험 속에 있는 어떤 비상한 것을 기초한 것이 아니라, 본
질과 규정상 그리스도를 하나님과 구주로 부르는 모든 사람들에게 공통
되는 믿음을 기초한 것입니다. 요한복음이 마지막에 이 요점을 지적한
것도 그 때문입니다. 요한복음을 여기에서 마치는 것은, 요한이 누구든

지 예수님을 믿어 하나님의 축복을 누리라고 격려하고 싶었기 때문입니다.

무슨 축복인가?

그 축복들은 무엇입니까? 그 질문에 대해 여러 가지 방식으로 대답할 수 있읍니다. 왜냐하면 성경 전편에서 믿음이 거듭 논의되고 있기 때문입니다. 그러나 우리는 바로 요한복음 이 지점에서 그 질문에 대한 해답을 발견할 수 있읍니다. 요한복음은 탁월한 믿음의 복음서이기 때문임을 기억한다면 말입니다. 요한복음에서 믿음(피스티스)이라는 말이 언제나 "피스튜오"(믿다)라는 동사 형태로 나타납니다. 그러므로 "믿다"로 번역됩니다. 그러나 성경의 다른 책에서 보다 요한복음에서 그 말이 더 자주 나타납니다. 믿음에 대해서 많은 것을 말하는 로마서나, 더 긴 책보다도 더 많이 나타납니다. 요한복음에 89회 그 말이 나타나는데, 반면에 "믿음", 또는 "믿다"라는 말이 마가복음에서는 18회, 로마서에서는 55회만 나타납니다. 그러므로 요한은 분명히 믿음에 관해서 관심을 갖고 있고 믿음을 가장 중요하게 생각합니다. 그 믿음에서 흘러나오는 축복에 대해서 요한이 무얼 말하고 있읍니까? 다음 열가지 항목을 두드러지게 말합니다.

1. 믿음을 통해서 우리가 하나님의 자녀가 되고, 그 믿음으로 하나님의 영적 권속이 되는 특권 안에 들어갑니다. 여러 지점에서 요한은 그 점을 지적하는데 특별히 1장에서 그러합니다. "영접하는 자 곧 그 이름을 믿는 자들에게는 하나님의 자녀가 되는 권세를 주셨으니"(1:12). 이 구절에서 "권세"(엑수시아)라는 말은 "권위"라는 뜻입니다. 그러므로 이 구절은 하나님의 자녀가 되는 권위 있는 특권은 믿음을 가진 자들에게 주어진다고 말하고 있읍니다. 분명히 이것은 위대한 축복이요, 그 뒤에 따라오는 다른 많은 축복들의 원천입니다.

2. 믿음을 통해서 우리가 영생을 얻습니다. 요한복음에서 가장 유명한 구절인 3:16의 가르침이 그것입니다. "하나님이 세상을 이처럼 사랑하사 독생자를 주셨으니 이는 저를 믿는 자마다 멸망치 않고 영생을 얻게 하려 하심이라." 3장 마지막에서도 역시 그 말씀이 나옵니다. "아들을

믿는 자는 영생이 있고"(3:36). 생명의 궁극적인 원수는 사망입니다. 성경에서 "한번 죽는 것은 사람에게 정하신 것이요"(히 9:27)라고 말합니다. 사망은 "원수"입니다(고전 15:26). 그러나 사망은 사망을 이긴 그리스도와 우리를 연합시켜 주는 믿음으로 말미암아 정복될 것입니다.

3. 믿음으로 말미암아 우리는 "심판에서 구원받았습니다." 요한은 예수님이 다음과 같이 말씀하시는 걸 인용합니다. "내가 진실로 진실로 너희에게 이르노니 내 말을 듣고 또 나 보내신 이를 믿는 자는 영생을 얻었고 심판에 이르지 아니하나니 사망에서 생명으로 옮겼느니라"(5:24).

4. 우리가 축복을 얻는 것은 내세에만 국한된 것이 아닙니다. 요한복음 6:35는 믿음은 여기 이 세상에서마저 '영적 만족'의 축복으로 우리를 들어가게 한다고 가르치고 있읍니다. 이 말씀 속에서 예수님은 주리고 목마른 자의 모습을 들어서 "내가 곧 생명의 떡이니 내게 오는 자는 결코 주리지 아니할 것이요 나를 믿는 자는 영원히 목마르지 아니하리라"고 말씀하십니다. 그리스도께 온다는 것은 그리스도를 믿는다는 것입니다. 병행구문이 암시하는 것이 바로 그것입니다. 그러므로 그리스도를 믿는다는 것은 모든 영적 갈망이 채워짐을 얻는데 있어서 열쇠로 걸려 있읍니다. 진리를 향하여 주려 있읍니까? 의를 향하여 목마릅니까? 하나님을 간절히 알고 있읍니까? 그러한 갈망을 채워 주시는 하나님의 제안이 주 예수 그리스도시며, 그리스도를 발견하는 길은 그를 믿는 것입니다. 하나님께서는 다른 어떤 방식으로 나오는 자들에게는 그 축복을 약속하지 아니하십니다.

5. 예수님께서는 믿음을 최종적 "부활"로 들어가는 방편으로 말씀하십니다. "내 아버지의 뜻은 아들을 보고 믿는 자마다 영생을 얻는 이것이니 마지막 날에 내가 이를 다시 살리리라"(6:40). 나사로가 죽었다가 다시 살아난 사건 때에 마르다와 예수님이 하신 대화 속에서 같은 진리가 반복됩니다. "예수께서 가라사대 '나는 부활이요 생명이니 나를 믿는 자는 죽어도 살겠고 무릇 살아서 나를 믿는 자는 영원히 죽지 아니하리니 이것을 네가 믿느냐'"(11:25, 26). 우리 몸이 부활하는 축복을 포함한 부활의 축복은 예수님을 믿는 사람들을 위한 것입니다.

6. 하나님의 모든 축복을 전달해 주시는 성령께서 우리를 통해서 일

하실 때, 예수님을 믿는 것은 우리가 "다른 사람들에게 축복이 되는" 길이라고 말하고 있습니다. 요한복음 7:38, 39에서 그 진리가 가르쳐집니다. "나를 믿는 자는 성경에 이름과 같이 그 배에서 생수의 강이 흘러나리라 하시니 이는 그를 믿는 자의 받을 성령을 가리켜 말씀하신 것이라 예수께서 아직 영광을 받지 못하신고로 성령이 아직 저희에게 계시지 아니하시더라." 사막으로 흘러들어가 그 강에 나오는 모든 사람들에게 생명과 기쁨을 주는 넓은 강을 비유적으로 생각하고 계십니다. 그리스도를 믿는 사람들은 이 세상에서 그와 같아야 합니다.

7. 우리가 "하나님의 영광"을 보는 것도 믿음으로 말미암습니다. "예수께서 가라사대 내 말이 네가 믿으면 하나님의 영광을 보리라 하지 아니하였느냐?"(11:40). 이 말씀은 믿음이 없이는 하나님의 영광도 없다든지, 믿음이 없이는 하나님의 영광이 나타나지 않을 것이라는 뜻은 아닙니다. 다만 믿음이 없이는 그 영광을 보지 못하리라는 뜻입니다. 자연 속에서 하나님의 영광에 둘러싸여 있는 이교도들과 같을 것입니다. 우리 모두가 그러한 입장에 있지만 그 영광을 보지 못하고, 우상숭배를 통해서 하나님 아닌 것에게 그 영광을 돌려버리고 말 것입니다. 우리가 하나님을 바라볼 때만이 우리의 눈은 점점 더 밝게 열려 하나님의 행사를 보게 됩니다.

8. 믿음은 "거룩한 삶"의 비밀입니다. "나는 빛으로 세상에 왔나니 무릇 나를 믿는 자로 어두움에 거하지 않게 하려 함이러라"(12:46). 성경에서는 어두움이라는 말이 죄의 어두움입니다(요일 1:5-10). 그러므로 빛 가운데 행한다는 말은 하나님께서 주신 영적이고 도덕적인 생명을 방편으로 해서 거룩함 가운데 행한다는 뜻입니다. 거룩의 복은 예수님을 믿음으로 말미암아 옵니다.

9. "열매 있고 효력적인 삶"의 축복도 믿음으로 말미암습니다. 그리스도께서는 십자가에 못박히시기 전에 제자들에게 그 엄청난 약속을 하셨읍니다. 제자들과 다락방에 함께 계실 때 말씀하셨습니다. "내가 진실로 진실로 너희에게 이르노니 나를 믿는 자는 나의 하는 일을 저도 할 것이요 또한 이보다 큰 것도 하리니 이는 내가 아버지께로 감이니라"(14:21). 이 말씀은 반드시 우리가 이적이라고 생각하는 것을 가리키는 것

은 아닙니다. 이 본문을 다룰 때 지적했던 것처럼 모든 것을 종합해 볼 때 제자들이 예수님께서 행하신 것보다 더 많은 이적을 수행했을지도 모르지만 말입니다. 오히려 그 말씀은 증거와, 설교와, 그리스도인들을 통해 수행되는 그리스도를 따른 섬김의 많은 일들을 가리킵니다. 그러한 일들을 의심하는 사람들은 행하지 못합니다. 하나님의 말씀대로 하나님을 섬기고 하나님의 명을 담대하게 준행해나가는 사람들이 이러한 일을 합니다. 히브리서에 보면 많은 사람들이 믿음으로 "나라들을 이기기도 하며 의를 행하기도 하며 약속을 받기도 하며 사자들의 입을 막기도 하며 불의 세력을 멸하기도 하며 칼날을 피하기도 하며 연약한 가운데서 강하게 되기도 하며 전쟁에 용맹되어 이방 사람들의 진을 물리치기도 하며 여자들은 자기의 죽은 자를 부활로 받기도 하며 또 어떤 이들은 더 좋은 부활을 얻고자 하여 악형을 받되 구차히 면하지 아니하였으며"(11:33-35).

끝으로, 우리를 위해 드리신 주 예수 그리스도의 기도의 효력을 받는 것도 믿음으로 말미암습니다. "… 내가 비옵는 것은 이 사람들만 위함이 아니요 또 저희 말을 인하여 나를 믿는 사람들도 위함이니"(17:20). 야고보서에서 보듯이 "의인의 간구는 역사하는 힘이 많다"(5:16)면, 주 예수 그리스도의 기도는 우리를 위해서 얼마나 더 효력이 있겠읍니까! 믿음을 통한 축복의 다른 약속들이 부족하다 할지라도, 이 하나만 가지고도 우리를 지탱하기에 넉넉합니다.

오직 믿으라

이 강론에서 제가 말씀드린 것은 그리스도인들, 주 예수 그리스도를 믿고 그러한 축복을 받은 사람들에게 가장 먼저 해당됩니다. 그러나 비그리스도인이라 할지라도 주 예수 그리스도를 구주로 믿으라고 도전을 하는 말씀이니 그런 사람들에게도 해당됩니다.

많은 사람들처럼 "예수님이 어떤 특별한 방식으로 내게 나타나시기만 하면 내가 믿을 수 있을 것 같다. 어떤 이적적인 환상을 보기만 한다면 믿을 수 있을텐데"라고 말하지 마십시오. 그렇게 생각을 하지만 사실은 그렇지 않습니다. 역사의 한 기간 동안에 어느 한 사람에게 허락된 표적과 기사의 차원에서 본다면 바로가 가장 큰 것들을 한꺼번에 보았읍니다. 그러나 믿지 않았읍니다. 그러한 것들이 여러분에게 하등의 소용이 없읍니다. 문제는 이적이나, 이적이 부족한 데 있는 것이 아닙니다. 문제는 죄입니다. 여러분은 죄인입니다. 예수님께서 여러분의 죄의 문제에 대한 해답이십니다. 그분은 여러분의 형벌을 짊어지고 대신 죽으셨읍니다. 이제 여러분은 단순한 믿음으로 그분에게 나오는 것만 남았읍니다. 여러분은 그분을 볼 수 없읍니다. 그러나 만일 온 마음을 드려 그분을 찾으면 그를 발견할 수 있읍니다.

42

어째서 요한복음을 썼는가?

"예수께서 제자들 앞에서 이 책에 기록되지 아니한 다른 표적
도 많이 행하셨으나 오직 이것을 기록함은 너희로 예수께서
하나님의 아들 그리스도이심을 믿게 하려함이요 또 너희로 믿
고 그 이름을 힘입어 생명을 얻게 하려 함이니라"(요 20:30,
31)

여러분이 어느 책을 읽어 보고 나서 온전한 정신으로 누가 이런 책을
쓰겠는가 하고 의심한 적이 있읍니까? 그와 같은 책을 몇 권 읽어
본 적이 있읍니다. 그리고 어째서 그러한 책이 쓰여졌는지 몇 가지 이유
를 생각해 본 적도 있읍니다. 어떤 사람들은 자기들의 직업상 책을 씁니
다. 대학의 교수들에게 특히 그 점이 해당됩니다. 그들은 "책을 내야 하
느냐 망하느냐" 둘 중 하나여야 합니다. 그들이 책을 내지 못하면 그들
은 망합니다. 어떤 사람들은 책을 쓰는 것이 좋아 보여 쓰기도 합니다.
한번은 케네디 대통령이 리챠드 닉슨에게 이러한 노선을 따라 어떤 충
고를 한 적이 있읍니다. 책을 쓰는 것이 공적 인물에게는 좋다고 말해
주었읍니다. 어떠한 방식으로 생각하고 일하는 훈련을 할 수 있기 때문
입니다. 또 어떤 사람들은 자기도취로 책을 씁니다. 그들은 자기들의 이
름이 알려지길 바랍니다. 물론 이러한 이유들로 책을 쓰는 건 크게 가치

가 없읍니다. 그러나 이러한 이유로 책을 쓰지 않고, 요점이 분명하고 그 요점을 발전시키는 것이 사람들에게 도움을 줄 수 있어서 그 가치가 즉각 드러나는 다른 책들이 있읍니다. 고전들 거의 대부분이 그러합니다. 성경이 그러합니다. 또한 성경의 한 부분인 요한복음도 그러합니다.

요한은 어째서 이 책을 썼읍니까? 요한은 요한복음 20장 끝에서 그 이유를 밝힙니다. 그러므로 그 이유를 밝히는 부분이 이 책의 끝이 되어도 무방합니다(21장이 하나의 에필로그의 성질을 띠고 있으니). "예수께서 제자들 앞에서 이 책에 기록되지 아니한 다른 표적도 많이 행하셨으나 오직 이것을 기록함은 너희로 예수께서 하나님의 아들 그리스도이심을 믿게 하려 함이요 또 너희로 믿고 그 이름을 힘입어 생명을 얻게 하려 함이니라"(30, 31절). 요한은 말하기를, 다른 것도 많이 쓸 수 있었지만 두 요소로 구성되는 한 목표를 염두에 두고 엄격하게 골라 썼다고 합니다. 그 목표는 주 예수 그리스도라는 한 인격에 집중된 것입니다. 그 목표의 첫번째 주요한 요소는, 예수님에 대해서 배운 사람들이 예수님을 그리스도요 하나님의 아들로 믿도록 하기 위함입니다. 두번째 요소는, 첫번째 요소의 결과인데, 그리스도의 이름으로 말미암아 그 믿는 자가 영생을 얻게 하려 함입니다.

다른 책들, 다른 저자들

바로 그 점 때문에 요한복음(또한 성경 전체)이 어떤 매우 훌륭한 책들을 포함한 거의 모든 다른 책들에 대해서 유별납니다. 많은 책들은 그 저자를 높이기 위해서 쓰여집니다. "Dear Me"(나를 사랑해 주세요)라는 책이 얼마 전에 출판된 적이 있었읍니다. 그 책은 그 저자에 대한 것입니다. 유명한 사람들의 회고가 담겨 있었읍니다. 닉슨의 "Six Crises"(여섯번의 위기)와 그의 워터게이트 사건 반성록도 이 범주에 들어있읍니다. 자서전도 헤아릴 수 없이 많습니다. 그러나 요한은 그렇지 않습니다. 성경전체도 그러한 책이 아닙니다. 영감받은 저자들은 자유롭게 자신들을 밝힙니다. 그러나 그때 그들이 다루는 주제와 자신들을 연관시키지 않고, 자신들을 영예롭게 한다거나 자기들의 업적을 자랑하지 않습니다. 반면에 자신들에 대해서 말한다 할지라도 독자들이 더 하나님께 영화롭게 하도록 자기 자신의 부끄러운 실수를 말합니다. 자신의 약점을 알리는 모세를 생각해 보십시요. 불평을 늘어 놓고 믿음이 부족한 자신들의 모습을 하나님의 말씀을 보도할 때와 똑같은 정직함으로 보도하는 선지자들이 있읍니다. 다윗은 시편에서 자기 마음을 온전히 다 드러냅니다.

이 점에 있어서 사도 요한보다 더 현격한 예가 없읍니다. 그는 변덕이 심했고 예민했읍니다. 그는 적은 제자들의 무리에 들어 있어서, 예수님의 공생애 기간 중 예수님과 함께 여행했읍니다. 베드로와 야고보와 요한으로 구성된 "더 내밀한 부름"으로 부를 수 있는 사람 중의 한 사람이었읍니다. 요한은 그 어느 사람보다도 실제적 체험과 동정심과 직접적인 체험의 방식을 통해서 예수님에 대해서 더 많이 알았을 것입니다. 그런데도 불구하고 그는 자신에게 주의를 기울이든지 아니면 자기 자신이 가진 더 많은 지식에 시선을 끌기는 커녕 요한복음을 써내려 가는 동안 자신의 이름을 언급하지 조차 않읍니다.

스펄전은 그의 어느 탁월한 설교 가운데서 요한이 자기 복음서에 자기 개인적인 흔적과 자국이 나타나지 않도록 얼마나 놀라운 신중을 기하는지를 지적합니다. "요한은 자신이 등장할 여러 곳의 이야기를 생략합니다. 마치 그것을 정해 놓은 목적으로 한 것처럼 말입니다. 우리 구주께서는 다른 제자들을 제외해 두고 요한과 야고보와 베드로를 자주 불러 당신과 함께 있게 하셨읍니다. 그러나 요한은 그러한 경우들에 대해서 한번도 말하지 않읍니다. 야이로의 딸이 다시 살아나는 이야기에서는 제자들에 대해서 말하고, 친척들이나 거기에 있는 수많은 사람들에 대해서 말합니다. 주님께서 그들을 밖으로 나가게 해놓고 세 제자만 함께 있게 하신 이야기 말입니다. 이 경우에 자신을 드러낼만한 단 한 경우입니다. 그러나 요한은 야이로의 딸이 살아난 이야기는 전혀 하지 않읍니다. 자신을 얼마나 철저하게 잊고 있읍니까! 내가 만일 요한복음을 썼다면 그것을 생략하지 않았을 것입니다. 아마 여러분도 그럴 것입니다. 만일 우리가 성령의 영감 없이 책을 쓰고 있었다면, 특별하게 은총을 받았던 경우들을 많이 모아 썼을 것이고, 우리 스스로 이기주의자라고 생각하기 보다는, 그처럼 소수의 사람들만 본 이적을 기록하도록 특별하게 소명을 받은 자로 생각할 것입니다. 하나님의 성령께서 요한을 감동하여 책을 쓰도록 하실 때, 그를 어찌나 온전하게 사로잡으셨던지 그는 한 위대한 계획에 부합한 것만 썼습니다. 아무리 그 사건이 흥미롭다 할지라도 그 목적에 맞지 않다 생각되면 기록으로 남기지 않았읍니다.

그 다음에, 변화산상에서 우리 주님과 함께 있었던 제자들이 셋 뿐이었고, 요한도 그 중 한 사람이었음을 주목하십시요. 요한은 '우리가 그 영광을 보니 아버지의 독생자의 영광이요 은혜와 진리가 충만하더라'라고만 하였지 그 존엄한 사건에 대해서는 전혀 언급이 없읍니다. 이 말씀이 그 영광스런 사건을 가리키는 것 같지만 분명하지는 않습니다. 어쨌든 그는 그 정황을 말하지 않고 그걸 다른 사람이 쓰도록 남겨 둡니다. 이것은 하나의 도덕적인 이적입니다. 영감받지 아니한 사람이 어떻게 자기가 쓴 책에서 그러한 광경을 빼놓을 수가 있겠읍니까? 더 두드러진 사실은, 주님께서 열한 제자와 함께 동산에 나아갔을 때 그 제자들 대부분은 문 밖에 두시고 세 제자만 더불어 동산으로 들어가셨읍니다. 그리고 돌 던져 닿을 거리만큼 떨어져 있게 하셨고, 그 세 제자 중 누군가 그 기도를 들었고, 빗방울 같은 땀을 관찰하였읍니다. 그 중 한 사람이 요한인데 그것에 대해서 전혀 말하지 않습니다. 그가 그것을 잊었던가요? 그럴 수는 없읍니다. 그가 그것을 의심했나요? 확실히 그렇지 않습니다. 그러나 그걸 생략한 것은 이 사건들이 요한을 높이려는 관점에서 쓰여진 것이 아니라, 독자들이 예수님을 그리스도와 하나님의 아들로 믿도록 하기 위해 쓰여졌음을 보여 줍니다. 요한은 자신을 앞에 내세울 만한 것은 다 생략해 버렸읍니다. 그래서 자기의 화판에 주님의 초상화만 가득하게 그리려 하였던 것입니다. 모든 것은 한 가지 장엄한 목적에 부속된 것입니다. '너희로 예수께서 하나님의 아들 그리스도이심을 믿게 하려 함이요'라는 목적 말입니다."

이 시점에서 우리가 얻을 교훈이 있습니다. 요한이 그처럼 분명히 밝혀 주는 그 목적은 모든 그리스도인의 목표여야 합니다. 예수님께서 제자들을 모으시는데 놀랍게 성공하시는 것을 본 세례 요한은 "그는 흥하여야 하겠고 나는 쇠하여야 하리라"(요 3:30)고 반응을 나타냈읍니다.

예수님이 흥하셔야 합니다. 우리가 증거할 때 예수님으로부터 이탈되어
서는 절대 안됩니다. 우리의 목표는 언제나 다른 사람들이 예수님을 바
라보게 하는데 있어야 합니다.

많은 책이 쓰여지는 두번째 이유는 호기심을 만족시키기 위한 것입니
다. 이러한 책들은 일반적으로 잘 팔립니다. 왜냐하면 사람들은 어떤 일
들에 대해서 대단한 호기심을 갖고 있기 때문입니다. 유명한 사람들을
위해서 일해서 그 유명한 사람들의 비밀을 갖고 있는 것처럼 자세를 취
하는 이들이 쓴 책들이 몇년 동안 많이 나타났습니다. "40년간 버킹검
궁에서 세탁부로 일했다"는 책이나, "나는 아이젠하워 대통령의 이발사
였다"는 책 같은 유가 많이 나왔습니다. 사람들은 그 유명한 사람들의
삶의 상세한 부분을 알고 싶어 그러한 책들을 씁니다. 그러나 지구상에
살았던 가장 유명한 분을 다룸에도 불구하고 요한은 그러한 식으로 쓰
지 않습니다.

우리 같으면 그렇게 했을 것입니다. 만일 예수님에 대해서 내가 썼다
면 내 기억에 남는 육신적 묘사를 했을 것입니다. 그분이 얼마나 근사하
신 분이며, 몸무게는 무엇이고 눈색깔과 머리와 그 밖에 다른 성질을 얘
기했을 것입니다. 또 어린 시절과, 그의 어렸을 때 친구들과, 공생애를
시작하기 전에 사람들이 그에 대해서 생각했던 것을 썼을 것입니다. 결
국 니고데모에게 있었던 것을 말했을 것입니다(그가 실제로 믿었는지
아니 믿었는지?). 또한 그리스도의 부활의 소식을 들은 이스라엘 지도
자들의 반응과 그밖의 것들을 썼을 것입니다. 그리스도를 향한 우리의
사랑은 그가 행한 모든 것을 다 높이고, 우리로 하여금 그것을 기록하는
데 있어서 사무엘 존슨의 「보스웰」처럼 신실하도록 만들었을 것입니다.
그러나 성령께서는 복음서 기자들을 그렇게 인도하지 아니하셨습니다.
요한이 제시하는 바와 같이 성령께서는 예수님을 그리스도와 하나님의
아들로 믿도록 우리를 이끌어 줄 것만 쓰게 하셨고, 이해할만하나 소용
없는 호기심을 만족시키지는 않습니다.

세째로, 어떤 책들은 오락을 위해서 쓰여집니다. 그런데도 불구하고
요한의 이야기와 다른 성경 기자들의 이야기 속에 재미있는 요소들이
있기는 하지만 어느 누구도 이것이 그들의 저작의 주요한 목적이라고

생각할 수는 없습니다. 그런 것들이 쓰여진 것은 우리의 덕을 위한 것입니다. 우리가 회개를 통해 죄에서 돌아서서 구주이신 주 예수 그리스도께 나아가도록 하기 위해서 그것들이 쓰여진 것입니다. 또한 하나님에 대해서 우리를 가르치고, 하나님을 기쁘시게 하는 삶을 영위하는 방식을 보여 주기 위해서 쓰여진 것입니다.

증인들의 사슬

요한의 결론을 취급할 방식이 여기에 있습니다. 요한은 마치 이렇게 말하고 있는 것 같습니다. "보라 그대들은 지금 잠깐 내 복음서를 읽고 연구해 왔다. 그대들은 이제 끝에 이른 것이다. 내 의도를 포착했는가? 이때까지 그 의도를 포착하지 못할 수 있는지? 그래도 그 목적을 포착하지 못했으면 내가 그것을 다시 밝혀 주겠다. 예수께서 많은 일을 하셨다. 정말 많은 일을. 그러나 그 모든 걸 다 기록하지는 않았다. 부분만 기록했다. 그러나 그 부분을 기록하되 그대들이 예수님이 그리스도시요 하나님의 아들이심을 믿고, 믿는 그대들이 그의 이름으로 말미암아 영생을 얻도록 하려는 목적에서 그 부분을 기록한 것이다."

요한복음을 그러한 기초로 생각한 적이 있었습니까? 요한복음의 모든 것을 그 생각의 관점에서 볼 때 요한복음은 일련의 그리스도에 대한 증거 바로 그것임을 주목했습니까?

그 일련의 증거들을 순서대로 생각해 봅시다. 요한복음 처음 몇 페이지에서 요한은 서론을 시작한 후 첫번째 증거를 소개하고 있습니다. 그것은 "세례 요한"의 증거입니다. 요한이 말하는 바대로, 예루살렘 지도자들이 세례 요한이 누군가 알아 보기 위해서 왔습니다. 요한은 자신이 엘리야도 아니요. "그 선지자"또는 그리스도도 아니라고 한 다음에, 자신은 단순히 메시야를 공포하고 그를 가리키러 온 자라고 묘사했습니다. 다음 날 세례 요한은 기회를 맞게 됩니다. 예수님께서 지나가신 것을 본 요한은 자기 제자 중 두 사람에게 예수님을 바라보도록 한 다음에 "보라 세상 죄를 지고 가는 하나님의 어린 양이로다"(1:29)라 말하였습니다. 뒤에 가서 그는 자기의 증거를 공식화시켜 말하기를, "나도 그를 알지 못하였으나 나를 보내어 물로 세례를 주라 하신 그이가 나에게 말씀하시되 성령이 내려서 누구 위에서든지 머무는 것을 보거든 그가 곧 성령으로 세례를 주는 이인줄 알라 하셨기에 내가 보고 그가 하나님의 아들이심을 증거하였노라"(33, 34절)라 하였읍니다.

1장은 역시 예수님에 대한 세 가지의 증거를 더 소개하고 있읍니다. 세례 요한이 자기 제자들에게 예수님을 지목해 준 다음에, 그 제자들이 요한을 떠나 예수님을 따랐읍니다. 그들은 그날 나머지를 예수님과 함께 있었고 그로 인해 어찌나 깊은 인상을 받았던지 그들 가운데 한 사람인 "안드레"가 즉시 자기 형제 베드로를 만나러 가서 "우리가 메시야를 만났다"(41절)고 말하였읍니다. 그 다음 구절에 대해서 예수님께서는 '빌립'을 만나 그를 제자로 부르십니다. 빌립은 그 다음에 자기 친구 "나다나엘"을 부르러 갑니다. 나다나엘에게 빌립이 한 말은, "모세가 율법에 기록하였고 여러 선지자가 기록한 그 이를 우리가 만났으니 요셉의 아들 나사렛 예수니라"(45절). 처음에 나다나엘은 회의적이었읍니다. 그러나 예수님을 만나보고 난 다음 예수님의 초자연적인 지식에 놀랬고 감동적으로 "랍비여 당신은 하나님의 아들이시요 당신은 이스라엘의 임금이로소이다"(49절)라고 선언합니다.

2장에서는 그리스도의 많은 이적들 중 첫번째 이적이 소개됩니다. 가나 혼인잔치에서 물이 포도주로 변하는 이적입니다. 이 이야기의 크라이막스는 11절인데, 그 손님들 가운데 그 이적을 비밀스럽게 아는 "제자들"에게 그 이적이 어떠한 영향을 끼쳤는지를 말합니다. "예수께서 이 처음 표적을 갈릴리 가나에서 행하여 그 영광을 나타내시매 제자들이 그를 믿으니라."

그 다음의 두 장들은 대표적인 세 인물들과 그들과 연관된 다른 사람들을 소개합니다. 그들은 다 증거하고 있읍니다. 첫번째 인물은 "니고데모"였읍니다. 그는 이해력이 부족했읍니다. 그가 믿었다는 말이 없읍니다. 그러나 그가 예수님과 나눈 대화의 기록은 구주의 인격과 사역에 관한 요한 자신의 논평과 연결됩니다. 예수님을 "하나님의 독생자"로 묘사하는데(3:18), 하나님께서 세상이 멸망치 않도록 그 독생자를 주셨다는 것입니다(16절). 4장은 "사마리아 여인"이야기가 전부입니다. 그녀는 평판과 특권을 가졌던 니고데모와는 달리 멸시받는 족속들의 부도덕한 면을 대표하는 사람이었습니다. 그러나 예수님께서 자신을 그녀에게 드러내시고, 그녀를 믿도록 하셨습니다. 그의 증거는 자기가 예수님과 대화를 나눈 뒤 그 성의 남자들에게 던졌던 질문의 형태로 나타납니다. "나의 행한 모든 일을 내게 말한 사람을 와 보라 이는 그리스도가 아니냐?"(29절). 그녀의 증거 때문에 수가 성의 많은 성민들이 예수님을 만나러 나왔고, 후에 그 여인에게 이렇게 말하게 됩니다. "이제 우리가 믿는 것은 네 말을 인함이 아니니 이는 우리가 친히 듣고 그가 참으로 세상의 구주신 줄 앎이니라"(40절).

4장 끝에는 아들이 죽어가는 한 귀인의 이야기가 나옵니다. 예수님께서 그 집으로 가시지도 않고 말씀으로 그 아들을 치료하셨습니다. 그 결과 그 아버지와 "그 온집이 다 믿었습니다"(53절).

5장에서는 예수님께서 친히 자기를 증거하는 증거 목록들을 열거하시는데, 하나님 아버지께서 지금 하신 증거들도 말씀하십니다. 첫째는 세례 요한의 증거입니다. 그의 증거는 하나님께 영감 받은 선지자의 증거였습니다. 두번째 증거는 "그리스도의 행사나 이적"의 증거였습니다. 예수님은 언제나 이러한 일들을 자기 속에서 일하시는 아버지의 권능으로 돌리셨습니다. 세번째는 "하나님 자신"의 직접적인 증거인데, 하늘로부터 온 음성을 가리켜 말씀하신 것이 분명합니다. 끝으로 "성경"의 증거인데, 그리스도께서는 "이 성경이 곧 내게 대하여 증거하는 것이로다"(39절)라 말씀하십니다.

6장에서는 "오천명"을 먹이는 사건이 나옵니다. 그 결과 많은 사람들이 예수님을 믿게 되었습니다. "그 사람들이 예수의 행하신 이 표적을 보고 말하되 이는 참으로 세상에 오실 그 선지자라 하더라"(14절). 후에 예수님께서 그 수많은 군중들의 물질적인 기대를 충족시켜 주지 않겠다고 하셨을 때 제자 중 많은 사람들이 예수님을 떠났습니다. 그러나 예수님께서는 자기의 적은 무리들을 돌아 보시면서 너희도 떠나겠느냐고 물으십니다. 그때 제자들은 그렇지 않겠다고 하면서 대신 예수님에 대한 위대한 증거를 하고 있습니다.   베드로가 대변인입니다. "주여 영생의 말씀이 계시매 우리가 뉘게로 가오리까 우리가 주는 하나님의 거룩하신 자신줄 믿고 알았삽나이다"(68, 69절).

7장에서는 "많은 사람들이 그를 믿습니다"(31절). 어떤 사람들은 "혹은 이가 참으로 그 선지자라"하였읍니다(40절). 어떤 사람들은 "이는 그리스도라"라고 말하였읍니다(41절).

8장도 "많은 사람들이 그를 믿었다"고 말합니다(30절).

9장은 '나면서 소경된' 이의 이야기를 소개합니다. 이 사람은 그리스도를 찾지 않았읍니다. 왜냐하면 그리스도를 찾아 나서기 위해 볼 수 조차 없었기 때문입니다. 예수님께서 그를 찾아내셨읍니다. 우리 각자를 찾아내시듯이 말입니다. 예수님은 그 사람의 육신적이고 영적인 시력을 다 회복시켰읍니다. 영적 시야의 회복은 예수님이 누구라는 걸 갈수록 아는데서 엿보이며, 개인적으로 자기가 예수님께 어떤 의미를 가지는가를 알게 된 데서 드러나 보입니다. 처음에 그는 예수님을 "그 사람"이라 부릅니다(11절). 그 다음에는 "선지자"라 합니다(17절). 좀 더 뒤에 가서 그는 "하나님께" 속한 자임에 틀림없다는 결론을 내립니다. 만일 그렇지 않다면 "그가 아무 일도 할 수 없었을" 것이기 때문입니다(33절). 끝으로 예수님께서 두번째 그를 만나 자신이 하나님의 아들이심을 나타내셨을 때, 소경으로 났던 그 사람은 예수님의 발 앞에 엎드려 그를 경배하며 "주"라고 불렀읍니다(38절).

11장은 나사로의 부활과, 이 마지막 이적 때문에 생겨난 결과들을 말합니다. "마리아에게 와서 예수의 하신 일을 본 많은 유대인들이 저를 믿었다"(45절). 12장에서 예수님은 우리가 흔히 종려 주일이라고 부르는 날에 나귀를 타시고 예루살렘으로 들어 가십니다. 이때 그 성에서 나온 "사람들"이 그를 만나 "호산나! 찬송하리로다 주의 이름으로 오시는 이 곧 이스라엘의 왕이시여" 하였읍니다(13절). 역시 12장 뒤에 가 보면 "그러나 관원 중에 저를 믿는 자가 많되 바리새인들을 인하여 드러나게 말하지 못하니 이는 출회를 당할까 두려워함이라"(42절).

부활하신 후 베드로와 요한과 마리아와, 더 나아가 제자들 전체가 체험한 것들, 그리고 급기야 도마가 체험한 것들을 만나게 됩니다. 전체 제자들이 체험한 일을 기록한 다음에 위대한 신앙고백으로 그 기사를 결론짓고 있읍니다. "나의 주 나의 하나님"(20:28). 분명히 요한복음은 처음에서 마지막까지 주 예수 그리스도를 증거합니다.

ABC(기초)

저는 이제 마지막이자 가장 중요한 문제에 이르게 됩니다. 요한의 목적과, 요한의 글을 영감하신 성령의 목적이 사람들을 인도하여 예수님을 하나님의 아들과 구주로 믿게 하는데 있었다면, 여러분 개인이 관련되는 곳에서 그 목적이 실패할까요? 여러분은 믿습니까? 여러분은 여러 해 동안 그리스도와 그의 직무를 알고 있었습니다. 오랜 기간 동안 이 일련의 요한복음 강해를 들어왔을지도 모릅니다. 그러한 요한복음 강해의 마지막에 도달했는데도 스스로 예수님을 믿고 영생에 들어가지 못했다면 그것은 얼마나 비극입니까? 그런 일이 일어나게 해서는 안됩니다. 그를 믿으십시오. 지금 믿으십시오.

"그게 무슨 뜻인가요? 내가 어떻게 해야 하나요?"라고 말씀하시렵니까? 저는 가장 간단한 대답을 하겠읍니다. 믿음의 "ABC"라고 그것을 생각하십시오. 먼저, A. 나사렛 예수님에 대한 기본적인 가르침들을 사실로 받아들여야(accept) 합니다. 그것은 쉬운 일입니다. 그것들은 사실들이기 때문입니다. 그 사실을 많은 사람들이 의심하는데 그 사실들이 불확실해서라기 보다는 – 역사의 어떤 사실들을 통해서 그 사실들이 잘 인증되었음 – 그 사실들을 실제로 탐구하지 않기 때문입니다. 이 시점에서 어려움을 겪는다면 복음서를 먼저 공부하고 이러한 가르침과 진술들이 진리로 들리는지 스스로 자문해 보십시오. 그 교훈들과 진술들이 스스로 일치하고, 우리가 인생에 대해서 알고 있는 것과 서로 부합한지요? 예수님은 믿을만한 분인지요? 그것을 물어 보시기 바랍니다. 둘째로 B. 개인적으로 그 분을 믿으시기(believe) 바랍니다. 단순한 사실을 믿는 것 이상입니다. 여러분 자신과 관계시켜 그것을 믿으십시오. 그것은 그분이 여러분을 위해서 죽으러 오셨다고 믿는 것입니다. 또한 그분이 여러분을 위한 하나님께 이르는 길이요, 여러분 자신의 구주라고 믿는 것입니다. 끝으로 C. 자신을 그분에게 의탁(commit) 하십시오. 이 점에서 그는 여러분의 구주와 하나님이 되시는 것입니다. 우리가 연구하고 있는 이 본문 바로 앞에 있는 구절들에서 예수님이 도마의 구주와 하나님이 되신 것처럼 말입니다.

그렇게 하시겠읍니까? 미루지 마십시요. 사람들은 언제나 합당하다고 여기는 것을 미루고 길을 찾습니다. 특히 자기들에게 그 합당한 것이 유익한데도 말입니다. "좀더 많은 정보를 주었으면 좋겠다"라고 말하지요. 지금 충분한 정보 이상을 갖고 있읍니다. "어떤 개인적이고 정서적인 체험을 통해서 이러한 일들을 확증하고 싶다"고 말하는 분도 있읍니다. 하나님께서는 체험을 통해서 구원하지 아니하십니다. 예수 그리스도를 믿는 믿음을 통해서 구원하십니다. 예수님을 믿으십시요. 이러한 것들이 기록된 것은 여러분으로 하여금 그를 믿고, 또 믿는 여러분이 그 이름으로 말미암아 생명을 얻게 하려는 것입니다.

43

"주시라"

"그 후에 예수께서 디베랴 바다에서 또 제자들에게 자기를 나
타내셨으니 나타내신 일이 이러하니라 시몬 베드로와 디두모
라 하는 도마와 갈릴리 가나 사람 나다나엘과 세베대의 아들들
과 또 다른 제자 둘이 함께 있더니 시몬 베드로가 나는 물고기
잡으러 가노라 하매 저희가 우리도 함께 가겠다 하고 나가서
배에 올랐으나 이 밤에 아무 것도 잡지 못하였더니 날이 새어
갈 때에 예수께서 바닷가에 서셨으나 제자들이 예수신줄을 알
지 못하는지라 예수께서 이르시되 얘들아 너희에게 고기가 있
느냐 대답하되 없나이다 가라사대 그물을 배 오른 편에 던지라
그리하면 얻으리라 하신대 이에 던졌더니 고기가 많아 그물을
들 수 없더라 예수의 사랑하시는 그 제자가 베드로에게 이르되
주시라 하니 시몬 베드로가 벗고 있다가 주라 하는 말을 듣고
겉옷을 두른 후에 바다로 뛰어 내리더라 다른 제자들은 육지에
상거가 불과 한 오십 간쯤 되므로 작은 배를 타고 고기든 그물
을 끌고 와서 육지에 올라보니 숯불이 있는데 그 위에 생선이
놓였고 떡도 있더라 예수께서 가라사대 지금 잡은 생선을 좀
가져오라 하신대 시몬 베드로가 올라가서 그물을 육지에 끌어
올리니 가득히 찬 큰 고기가 일백 쉰 세 마리라 이같이 많으나
그물이 찢어지지 아니하였더라"(요 21:1-11)

요한복음 21장은 처음 읽어 보면 요한복음 가운데 가장 이상하게 보입니다. 무엇보다도 이 부분이 첨가된 것처럼 보이기 때문입니다. 20장 끝부분은 책 전체를 마치는 마침표처럼 보입니다. 그리고 바로 그 전에 나오는 도마의 신앙고백이 사도 요한의 진술의 정점임에 틀림 없읍니다. 도마가 엎드려 예수님을 경배하며 "나의 주시며 나의 하나님이시니이다"라고 말한 다음에 무엇을 더 첨가할 수 있겠읍니까? 첨가할 수 있는 것이 한 가지 있다면 우리 생각으로는 그리스도께서 하늘로 올라가신 기록일 것입니다. 그러나 요한복음 21장은 그 사건은 말하지 않습니다. 대신 갈릴리에서 이적적으로 고기를 잡으신 일과 그때 제자들에게 하신 예수님의 몇 말씀을 다룹니다. 다른 부분 뿐 아니라 이러한 난제들 때문에 어떤 학자들은 21장은 사도 요한이 요한복음을 마친 후 다른 사람이 덧붙여 놓은 것이라고 제안하기도 했읍니다(그것도 나쁘게 덧붙였다는 식으로). 많은 사람들이 이 주장을 받아들였읍니다. 물론 이론상 그 주장을 뒷받침할만한 사본상의 증거가 하나도 없읍니다만.

그러한 학자들이 옳습니까? 이 자료가 문제될만한 것인가요? 이러한 관점들은, 21장을 자세히 읽어 보고 나서 난색을 표명하지 않고 건성으로 읽은데서 나온 생각들이기 때문에 바르지 못합니다.

21장을 이해하는 열쇠는 1장 전반부와 21장이 서로 병행됨을 아는 것입니다. 1:1-14의 말씀은 서두(프로그로)로서 주님께서 "성육신하시기" 이전 행동이 요약되어 있읍니다. 이 21:1-25의 말씀은 맺음말(에필로그)입니다. 이 대목의 강조점은, 주님의 "부활 이후"의 사역입니다. 주님께서는 이제 당신의 교회를 통치하시고 그 교회의 지체들이 성장하고 섬김의 생활을 하도록 지시하십니다. 이 마지막 장이 하나의 야외극(pageant)이라 부르는 것이 좋을 것입니다. 21장은 역사인데 — 사건들과 그 사건 속에서 실제로 있었던 대화를 그대로 기록한 것임 — 상징적인 역사로서, 이 시대 동안 교회를 통치하시는 그리스도의 본질적인 통치 원리들은 강력하게 시사하는 역사입니다.

이 구절 속에 다음과 같은 것을 봅니다. (1) 모인 교회 (2) 육신의 힘으로 그리스도를 섬길 가능성 (3) 그러한 노력의 열매 없음 (4) 그리스도인의 사역을 지시하시는 예수님과, 그 지시대로 행하는 사람들에게 주어지는 축복 (5) 그리스도께서 자기 제자들에게 세상의 양식을 주심 (6) 그리스도인다운 봉사를 위한 오직 합당한 동기 (7) 교회 안에 있는 다양성의 가치 (8) 하나님의 말씀을 정규적으로 먹이는 것의 중요성 (9) 친밀한 개인 훈련의 필요성.

함께 한 그리스도의 무리

이 21장은 매력이 없는 제자들에 대한 계시를 포함하고 있습니다. 그러나 우리는 먼저 그들이 이 시점에서 적어도 함께 하고 있었다는 사실을 접합니다. 그것은 좋고 의미심장합니다.

제자들은 예수님이 십자가에 못박히신 후 자기들의 옛 고향으로 뿔뿔이 흩어졌습니다. 부활을 하신 후에도 그러하였습니다. 목자가 맞으니 양들이 흩어졌습니다. 그런데도 여기서는 그들이 갈릴리에 모여 있습니다. 갈릴리 사람은 누구나 그들을 압니다. 또한 예수님을 따르기 위해서 그들이 자기들의 터전을 떠났었던 것도 압니다. 그런데 그들이 우리가 생각하는 것처럼 흩어지지 아니하고 마치 그들이 어떤 특별한 끈으로 묶여 한 집단을 이루고 있는 것처럼 함께 모여 있습니다. 이것을 어떻게 설명해야 할까요? 알렉산더 맥클라렌은 이렇게 쓰고 있습니다. "설명은 오직 한 가지 뿐입니다… 예수 그리스도께서 죽은 자 가운데서 살아나신 일입니다. 그것이 그들로 하여금 다시 한번 모이게 했습니다. 죽은 그리스도 위에 교회를 세울 수 없습니다. 부활을 증거하는 모든 증거 중에서 그리스도께서 죽으신 후 그리스도의 제자들이 함께 모여 세상 앞에 연합된 모습을 보였다는 단순한 사실보다 불신자가 내세우는 가설을 설명하는데 있어서 더 어려운 일이 없다고 생각합니다."

더구나 그들이 함께 있었다는 것은 의미만 있는 게 아닙니다. "누구들"이 함께 모였는지를 주목하는 것도 중요합니다. "시몬 베드로와 디두모라 하는 도마와 갈릴리 가나 사람 나다나엘과 세베대의 아들들과 또 다른 제자 둘이 함께 있더니"라 하였습니다. 모두 일곱이 있습니다.

베드로와 도마는 첫번째와 두번째 위치에 나타났는데 분명히 의미심장합니다. 도마는 불신의 반열에 들어 있었고, 예수님께서 그에게 나타나셨으며, 바로 앞선 구절 속에 그 사람의 이야기가 다 나와 있습니다.

베드로는 바로 뒤에 나오는 구절 속에서 섬김에 대한 새로운 소명을 받아야 할 부인자였읍니다. 교회가, 의심하는 사람들, 주님을 부인하는 사람들, 많은 다양한 죄인들로 구성되면서도, 그들은 그리스도에 의해서 믿음을 갖게 되어 죄 용서함을 받은 사람들이란 사실을 놓칠 수 있읍니까? 기독교 사역을 감당하는 사람들이 있읍니다 ― 정상적인 사람들이라도 다 우리는 모든 실수를 갖고 있고, 초인적 믿음과 불굴의 정신이라는 가상(假想)적인 성품들을 갖고 있는 사람들이 아닙니다.

다시 베드로와 도마만 언급되지 않습니다. 나다나엘도 있었읍니다. 그는 요한복음 1장에서만 그 모습이 한번 더 나타납니다. 이 점은 우리로 하여금 1장을 생각나게 하며, 그 첫부분의 진술을 되돌아가 보게 하는 의도가 숨어 있다는 생각을 갖게 합니다. 그 진술들에 누가 관계되었읍니까? 베드로와 나다나엘 두사람입니다. 이름이 언급되지 아니한 요한 자신도 거기에 있었고, 요한은 그 친구 안드레와 함께 최초로 예수님을 따랐다고 믿을만한 이유가 있읍니다. 21장에서 요한은 다시 세베대의 한 아들로 나타납니다. 21장에 이름이 밝혀지지 아니한 안드레와 빌립일 가능성이 없읍니까? 그들은 1:40과 43에서 각각 언급되는데, 요한이 지금 의도적으로 이 병행을 시도하고 있을 가능성이 없을까요?

요한이 이러한 병행을 만들면서 1장에 나오는 다섯 사람이 여기에도 나옴을 보여주고 있다면, 그것은 자기 백성들에 대하여 하나님께서 오래 참으신다는 증거입니다. 하나님께서 부르신 자들이 그리스도를 따릅니다. 이 사람들은 하나도 잃어 버리지 않습니다. "내 양은 내 음성을 들으며 나는 저희를 알며 저희는 나를 따르느니라 내가 저희에게 영생을 주노니 영원히 멸망치 아니할 터이요 또 저희를 내 손에서 빼앗을 자가 없느니라 저희를 주신 내 아버지는 만유보다 크시매 아무도 아버지의 손에서 빼앗을 수 없느니라"(요 10:27-29). 만일 여기 나오는 제자들이 1장에 나오는 제자들과 같지 않다면, 모든 유의 제자들(공식적으로 이름이 밝혀지지 아니한 사람들까지 포함하여)이 그리스도의 교제에 참여한다는 시사를 얻습니다.

나를 떠나선 아무 것도 할 수 없다.

이 대목의 두번째 주요한 요점은, 20세기 복음주의자들이 특별히 주의를 기울여야 하는 것입니다. 육체의 정력으로 그리스도를 섬기려고 애쓰는 서글픈 가능성, 따라서 아무 것도 이룰 수 없는 가능성 말입니다. 베드로가 관계하고 있는 이 사건이 지시하는 것이 바로 그것입니다.

베드로는 보통 참을성이 없습니다. 그래서 주님께서 자기와 다른 제자들에게 모습을 더 드러내기를 가만히 앉아서 기다리지 아니하고 고기잡으러 감으로써 시간을 보내자고 제안하였읍니다. 다른 제자들도 그 생각을 좋게 여겼던 것 같습니다. 그래서 제자들은 즉시 일어나 그 밤에 애썼읍니다. "이 밤에 아무 것도 잡지 못하였더니"(3절). 어떤 주석가들은, 베드로가 고기잡으러 가자는 제안을 함으로써 주님께 불순종하고 있었다고 지적하고 있읍니다. 왜냐하면 그 논증이 그러하듯이 예수님은 베드로더러 갈릴리에 돌아가서 예수님을 거기서 기다리라는 지시만 받았기 때문입니다. 저는 반드시 그렇다고 생각하지는 않습니다. 그가 무슨 일을 하고 있든지 베드로는 갈릴리에 있었고 기다리고 있었읍니다. 고기잡으러 감으로써 분명히 시간을 때우고 있었지만 말입니다. 아니, 이 이야기의 요점은 불순종이 아닙니다. 오히려 이 이야기는 우리 자신의 힘과 우리 자신의 생각대로 영적인 일들을 성취하려고 애쓸 때 무슨 일이 일어나는지를 가르쳐 줍니다.

고기잡는 것은 복음전도를 상징함을 기억해야 합니다. 물론 베드로는 그때 그런 것을 생각하지 못하고 있었을 것입니다. 3년 공생애 초기에 그와 비슷한 사건이 있었읍니다. 예수님께서 베드로의 배에 앉아서 많은 무리들을 가르치고 계셨읍니다. 가르침을 끝내신 후 베드로더러 더 깊은 물로 들어가서 그물을 내리라고 지시하셨읍니다. 베드로는, 밤이 맞도록 수고하여 잡은 것이 없었다고 대답했읍니다. 그러나 예수님께서 하라는대로 했읍니다. 그 결과 너무 많은 고기가 가득 차 찢어질 지경이었읍니다. 베드로는 큰 인상을 받았읍니다. 베드로와 함께 고기를 잡던 야고보와 요한도 그러하였읍니다. 그러나 예수님께서 말씀하셨읍니다. "무서워 말라 이제 후로는 네가 사람을 취하리라"(눅 5:10). 그 시로부터 예수님과 제자들이 쓰는 말에서 "고기"라는 말은 "남녀 사람들"을 분명히 암시했고 "고기잡는 것"은 "복음전도"를 상징했읍니다.

21장에서 베드로는 고기를 잡다 똑같은 일을 만납니다. 예수님께서 오셔서 지시하시기 전에는 아무 것도 잡지 못했습니다. 분명한 요점은, 영적 열매를 내려는 우리의 기도들은 예수님 자신이 지시하시고 축복하신 것이 아니라면 아무 쓸모가 없다는 것입니다.

이 가르침을 이상하게 여기지 말아야 합니다. 다락방에서 제자들에게 말씀하실 때 그 점을 분명히 말씀해 주셨기 때문입니다. 열매가 가득한 그리스도인의 삶에 대해서 말씀하시면서, 자신은 포도나무, 제자들은 가지로 비유하셨습니다. 그때 예수님은 당신의 요점을 적극적인 방면과 부정적인 방면에서 강조하셨습니다. 적극적으로 예수님께서는 "저가 내 안에, 내가 저 안에 있으면 이 사람은 과실을 많이 맺나니"라고 말씀하셨습니다. 부정적인 차원에서는 "나를 떠나서는 너희가 아무 것도 할 수 없음이라"(요 15:5)라고 말씀하십니다. 아무 것도 할 수 없습니다! 불행히도 우리가 이 구절을 읽을 때 "나 없이는 대단히 많은 것을 할 수 없다"는 식으로 해석하고 이해하려는 것입니다. 그러나 이 구절이 말하는 것은 그것이 아닙니다. "나를 떠나서는 '너희가' '아무 것도' 할 수 없다"는 것입니다. 그리스도를 떠나서 육체의 힘을 의지하여 하나님을 섬기려는 우리의 모든 노력은 베드로의 고기 그물처럼 텅비게 될 것이라는 점입니다. 비록 우리가 가장 선한 동기로 압도적인 힘을 가지고 일한다 할지라도 말입니다.

만일 우리가 이걸 배우고 진실로 믿는다면 어떤 일이 일어나겠습니까? 예수님께서 원하시는 것을 행할 겁니다. 그분에게 와서 그분의 인도와 축복을 구할 것입니다. 우리가 그렇게 한다면 그분은 틀림없이 축복해 주실 것입니다.

주님의 간섭

이야기의 세번째 요점이 있습니다. 제자들은 밤새 고기를 잡고 있었지만 하나도 잡지 못했습니다. 그러므로 밤새 피곤에 지쳐 아무 것도 하지 못해 좌절하고 있었고 주님을 생각지도 못하고 있었음에 틀림없습니다. 만일 그들이 생각하고 있는 것이 있었다면 그것은 얼마나 피곤하고 주려 있는지를 생각했을 것입니다. 만일 그들이 어떤 것을 고대하고 있었다면 뭘 좀 먹고 잠자리에 드는 일이었을 것입니다. 그러나 그들이 거의 예수님을 생각하지 못했던 바로 그 순간에 주님께서 나타나셔서 그 이야기에 끼어드신 것입니다. 그들은 주님을 구하지 않았지만 주님은 그들을 찾으셨습니다. 그분이 그러하시다니 얼마나 좋습니까!

성령의 도움 없이 우리는 우리 자신의 의지로 예수님을 결코 찾지 않습니다. 우리가 예수님을 찾는다면 그것은 그렇게 하도록 먼저 우리를 감동하신 그분이 계시기 때문입니다. 우리 찬송가 중에 그것을 멋지게 노래하는 찬송가가 있습니다.

> 내가 주를 찾고 나서 알아보니
> 주께서 주를 찾도록 날 감동하셨고
> 또 나를 찾으셨네
> 찾은게 내가 아니요 오 참되신 구주시었네
> 아니, 내가 주님께 찾은바 되었네
>
> 주께서 내 손과 주님 손 맞잡게
> 하시고 풍랑이는 바다 위를 걸을
> 때 빠지지 않게 하시고
> 내가 주를 붙잡은게 아니고
> 사랑하시는 주께서 나를 붙잡으셨네
>
> 난 알았네, 행했네, 사랑했네
> 그러나 사랑 전체는 주님께 대한
> 내 응답이니
> 주께서 오래 전부터 내 영혼을 아셨고
> 항상 날 사랑하시네

그것이 그러하다는 것이 얼마나 기쁜지요. 그렇지 않습니까? 영적 축복이 우리가 주님을 찾는데 달려 있다면 아무런 축복이 없을 것입니다. 흔히 우리가 가장 적게 기대할 때 예수님께서 우리를 찾으신다는 것이 복의 이유가 되는 것입니다.

주님께서는 세 가지를 하십니다. 첫째 질문을 던지십니다. 질문의 요점은 제자들 자신의 궁핍과 실패를 보게 하시려는 것입니다. 성경을 읽어나갈 때 하나님께서 그러한 질문들을 얼마나 잘 던지시는지 주목하셨읍니까? 하나님께서 아담과 하와가 죄를 지었을 때 동산에 있는 그들에게 오셔서 "아담아 네가 어디 있느냐?"라고 말씀하시고 나서 "누가 너의 벗었음을 네게 고하였느냐 내가 너더러 먹지 말라 명한 그 나무실과를 네가 먹었느냐?"(창 3:9, 11)라고 말씀하셨읍니다. 여자에게는 "네가 어찌하여 이렇게 하였느냐?"(13절)라 하셨고, 가인과 아벨의 이야기 속에서 가인의 제물을 하나님께서 받지 아니하시자 가인이 불쾌해했읍니다. 그때 하나님은 물으십니다. "네가 분하여 함은 어찜이며 안색이 변함은 어찜이뇨 네가 선을 행하면 어찌 낯을 들지 못하겠느냐?"(창 4:6, 7). 하나님께서는 나단을 통해서 다윗에게 물으셨읍니다. "어찌하여 네가 여호와의 말씀을 업신여기고 나 보기에 악을 행하였느뇨?"(삼하 12:9). 하나님께서 이사야에게 "내가 누구를 보내며 누가 우리를 위하여 갈꼬?"(사 6:8)라 물으셨읍니다. 또 주님께서는 "너희는 나를 누구라 하느냐?"(마 16:15). "너희도 가려느냐?"(요 6:67). "너희가 누구를 찾느냐?"(요 18:4). "여자여 어찌하여 울며 누구를 찾느냐?"(요 20:15). 대답을 모르셔서 이러한 질문을 던지시지 않습니다. 아담이 무화과 나무 뒤에 숨었는지 아니면 느릅나무 뒤에 숨었는지 몰라서 하나님이 부르신 것이 아닙니다. 아벨에게 일어난 일을 모르고 계시지 않았읍니다. 하나님께서는 우리더러 상황을 대면하여 보도록 그러한 질문을 던지십니다.

여기 본문의 이야기 속에도 그러합니다. 예수님께서 "얘들아 너희에게 고기가 있느냐?"라 물으셨읍니다. "너희가 무얼 잡았느냐?"라는 뜻입니다. 그들은 서글프게도 "없나이다"라고 대답해야 했읍니다. 자기들의 실패를 인정해야 했읍니다.

우리 자신의 생각대로 일을 처리해 나가려고 할 때 예수님께서 우리에게 그렇게 물으십니다. "너희가 무얼 잡았느냐? 너희가 성공했느냐? 만족하냐?" 이러한 질문을 던짐으로써 우리 자신의 굶주림과, 궁핍과, 실수를 깨닫게 하고 하나님께 돌아오게 하십니다.

그 점은 이야기의 다음 단계를 나아가게 합니다. 주님께서는 질문을 던지신 다음에 하나의 명령을 내리시기 때문입니다. 이 경우에서 제자들에게 "그물을 배 오른편에 던지라 그리하면 얻으리라"(6절)라 말씀하셨읍니다. 어째서 오른편입니까? 예수님께서 제자들에게 그렇게 말씀하셨으니 오른쪽입니다! 만일 왼편에 던지라 하셨다면, 그곳에 던져야 고기가 있을 것입니다. 그들은 갈릴리 호수를 샅샅이 뒤져 여기저기 다녀 보았을 것입니다. 무엇을 잡을까 하여 말입니다. 요점은 "어디서" 그 일을 하느냐가 아니라 "어떻게" 그 일을 하느냐에 달려 있습니다. 그리스도의 지시를 따라서 그에게 순종하여 일을 하느냐, 아니면 우리 자신의 지혜나 우리 자신의 생각으로 먼저 일을 착수하느냐의 문제입니다.

아마 21장을 읽어 보면 예수님께서 여러분에게도 그 점을 말씀하실 것입니다. 여러분 자신의 궁핍과 실패를 깨달았을 것입니다. 여러분 자신의 생각대로 그 일을 해보려고 했지만 실패했읍니다. 그러한 시도가 언제나 그러하듯이 말입니다. 아마 예수님께서 이렇게 말씀하고 계신 셈이지요. "내가 너희더러 하라고 한 일이 있다. 그 일을 할 방도도 가지고 있다. 네가 지금 하고 있는 일을 멈추고 내 말을 듣고 내가 하라는 일을 해라." 예수님께서는 이미 그것에 대해서 말씀하셨읍니다. 제 자신의 견해로는, 거의 모든 경우가 그러하다고 봅니다. 우리가 마땅히 해야 할 것이 무엇인가를 알지만 하지 않습니다. 우리 자신이 주인이 되려 하고 우리 자신이 스스로 이 일을 해나가고 싶어 견딜 수 없기 때문입니다. 그것은 어리석습니다. 예수님보다 마땅히 해야 할 일과, 그 마땅히 해야 할 일을 어떻게 하는지 더잘 압니까? 물론 아니지요. 그러니 여기서 배워야 합니다. 만일 예수님이 더잘 안다면 더 이상 예수님을 거부하지 마십시오. 여러분의 불순종을 회개하시고 예수님께서 지시하는대로 하십시오.

세째로, 주님께서는 **축복**을 보내십니다. 첫째, 그는 하나의 질문을 던지십니다. 둘째, 명령을 하십니다. 그런 다음에 그 명령에 복종하면 예수님께서는 너무나 많은 고기를 잡아서 그 잡은 것을 육지로 끌고 올 수 없을 정도가 되게 하십니다.

저는 여기서 말라기 3:10을 생각하고 있읍니다. 이 말씀 속에서 하나님은 그당시 선지자 시대의 사람들을 가르치시는데 십일조 문제와 제사 문제에 순종하라고 하십니다. 그들이 불순종하기 때문에 판단을 받는 것이라고 그들에게 말씀하십니다. 그러나 이렇게 덧붙이십니다. "만군의 여호와가 이르노라 너희의 온전한 십일조를 창고에 들여 나의 집에 양식이 있게 하고 그것으로 나를 시험하여 내가 하늘 문을 열고 너희에게 복을 쌓을 곳이 없도록 붓지 아니하나 보라." 주님의 방식은 언제나 그러합니다. 죄로 말미암아 우리가 왜곡되어 있어서 우리가 소원하는 복대로 주님께서 주시는 것이 아닙니다. 우리는 물질적인 것, 명성, 영향력 행사를 더 좋아합니다. 그러나 하나님의 축복과 우리의 소원과는 다르지만, 그 축복은 참된 축복이며 넘치도록 베풀어집니다. 더구나, 이 세상에 속한 것들이 다 사라져 버린다 할지라도 그 복락은 남습니다. 이 이야기에서 고기(153종류의)는 그리스도를 위해서 얻은 사람들을 상징합니다. 공생애 초기의 이야기인 누가복음 5장에서는, 그물이 찢어졌읍니다. 여기서 그물은 여전히 그대로 입니다(11절). 하나님께서 부르사 예수님께 주신 자들 중 하나도 잃어버림을 당하지 않을 것이기 때문입니다. "우리"가 회심시킨 사람들은 잘 잃어버립니다. 그러한 회심은 참된 회심이 아닙니다. 그러나 "하나님"께서 우리를 통해서 그리스도께로 부르신 자들은 결코 잃어버림을 당하지 않을 것입니다. 이 사람들은 아버지께서 예수님께 주신 자들이요, 예수님과 아버지에 의해서 안전하게 붙잡힘을 받습니다.

위대한 발견

한 가지 마지막 요점이 있읍니다. 이야기의 중간에 예수님께서 먼저 해변에 나타나셔서 제자들을 부르시는데, 그때 아무도 예수님을 알아보지 못했읍니다. 그러나 그들이 예수님의 지시를 따를 때, 그래서 대단히 많이 고기를 잡는 축복에 참여하게 될 때 이 분이 바로 주님이라는 걸 발견하게 되었읍니다. 요한이 먼저 그것을 말했읍니다. "주시라!" 다른 제자들도 의심할 여지 없이 바로 그 순간에 예수님을 알아 보았읍니다.

여러분은 그러한 발견을 했읍니까? 그런 적이 없다면 어떻게 그런 일이 이루어질 수 있는지를 말씀드릴 수 있읍니다. 그리스도의 명령에 복종하면 그런 일이 일어납니다. 그분이 여러분에게서 멀리 떨어져 있고 여러분에게 그렇게 절실히 보이지 않을 수도 있읍니다. 죄가 우리와 그

분 사이를 사이지게 하고 있으니 당연한 일이지요. 그러나 만일 그분을 복종하면 그분이 여러분의 삶 속에서 역사하시고, 제자들이 예수님의 말씀을 복종했을 때 갈릴리 해변에서 예수님을 알아 보았을 정도로 예수님을 발견하게 될 것입니다. "그러나 내가 어떻게 해야 돼요? 그가 무얼 명령했읍니까?"라고 물으시겠읍니까? 여러분이 그리스도인이라면 제가 이미 지시한대로 그의 인도하심을 따라야 합니다. 그리스도인이 아니라면 죄에서 돌아서서 여러분의 구주로 그분을 부르십시요. 주님께서는 "수고하고 무거운 짐진 자들아 다 내게로 오라 내가 너희를 쉬게 하리라"(마 11:28)라고 말씀하셨읍니다. 성경은 또 말합니다. "만일 우리가 우리 죄를 자백하면 저는 미쁘시고 의로우사 우리 죄를 사하시며 모든 불의에서 우리를 깨끗케 하실 것이요"(요일 1:9). 하나님께서 "너는 내게 부르짖으라 내가 네게 응답하겠고 네가 알지 못하는 크고 비밀한 일을 네게 보이리라"(렘 33:3)라고 선언하시고 약속하셨읍니다.

이보다 더 큰 발견은 없읍니다. 한번은 여러 명의 학생들이 대단한 의사요 발명가인 제임스 심슨 경(Sir James Simpson)에게 물었읍니다 (그는 클로로포름이라는 마취제를 발견한 사람임). "박사님께서 발견하신 것 중에서 가장 뛰어난 발견은 무엇이라고 생각하십니까?" "젊은 사람들이여, 내가 발견한 가장 위대한 발견은 예수 그리스도께서 내 구주라는 것이요. 사람이 알 수 있는 가장 중요한 것이 바로 그것이요." 그렇습니다. 예수님을 발견하는 것이 궁핍과 고초의 삶을 의미할 수도 있읍니다. 심지어는 대단한 육체적 고난을 의미할 수도 있읍니다. 그러나 그것은 역시 구주요 친구요 동반자로서 온전히 유일하게 신실하신 분을 발견하는 걸 뜻하는 것입니다.

44

"와서 조반을 먹으라"

"육지에 올라보니 숯불이 있는데 그 위에 생선이 놓였고 떡도 있더라 예수께서 가라사대 지금 잡은 생선을 좀 가져오라 하신대 시몬 베드로가 올라가서 그물을 육지에 끌어 올리니 가득히 찬 큰 고기가 일백 쉰 세 마리라 이같이 많으나 그물이 찢어지지 아니하였더라 예수께서 가라사대 와서 조반을 먹으라 하시니 제자들이 주신 줄 아는 고로 당신이 누구냐 감히 묻는 자가 없더라 예수께서 가셔서 떡을 가져다가 저희에게 주시고 생선도 그와 같이 하시니라 이것은 예수께서 죽은 자 가운데서 살아나신 후에 세번째로 제자들에게 나타나신 것이라"(요 21:9-14)

요한복음의 에필로그에 함축된 섬기는 생활의 다섯번째 원리는 12절에 "와서 조반을 먹으라"고 하신 말씀이 암시하듯 그리스도께서 제자들을 위해서 공급을 해 주신다는 것입니다. 이 은혜로운 초청을 더 광범한 맥락 속에서 생각하고 싶습니다.

예수님께서 와서 조반을 먹으라고 초청하신 그 말씀의 의미 자체를 추적하고 싶다면, 아더 핑크(A.W. Pink)가 지적한 윤곽을 제시해 드립니다. 그는 그 말씀 속에서 다음과 같은 것을 보고 있습니다. (1) 주님께서 자기 종들을 돌보시며, 종들의 모든 필요한 것을 공급하실 서약을

하고 계심 (2) 다른 사람들의 육신적인 위안을 돕는 면에서 우리에게
본을 보여 주심 (3) 하나님의 종들이 따스하게 하고 먹일 시간을 가질
필요가 있음을 보여 주심. 특히 우리 영혼을 따뜻하게 하고 먹이기 위해
서 (4) 예수님께서는 인간적인 수단을 통하지 않고도 우리 자신과 다른
사람들을 위해서 필요한 것을 공급하실 수 있음을 생각나게 함 (5) 이
인생이라는 거친 바다에서 고투하는 현재의 싸움이 끝날 때 새롭게 힘
주시고 만족케 하시는 일이 우리를 기다리고 있음을 알고 용기를 갖게
함. 요한은 분명히 이 요점들 몇 가지를 마음 속에 생각했을 것이고, 아
니면 그 모든 것을 다 생각했을 수도 있습니다. 어떤 경우에든지 진지하
고 열심 있는 연구를 위해서 핑크가 지적한 요점들은 유익한 안내역입
니다.

사복음서에 흩어져 있는 "오라"는 다른 네 경우의 맥락에 여기 본문
에 나타난 "오라"는 초청의 말씀을 놓고 생각하고 싶습니다.

와서 보라

최초의 초청의 말씀이 요한복음 초두에 나타납니다. 최초의 경우라고
생각하는 것이 옳습니다. 그 말씀은 "와 보라"는 초청의 말씀입니다(요
1:39). 세례 요한은 어느날 요단강가에 서서 주 예수 그리스도께서 지
나가시는 것을 바라보고서, 예수님을 가리키며 "보라 하나님의 어린 양
이로다"라고 말하였습니다. 세례 요한의 두 제자들이 그 증거를 듣고 예
수님을 따르라는 명령으로 해석하였습니다. 그래서 그들은 요한을 떠나
예수님을 따랐습니다. 예수님은 그들이 따르는 것을 보시고 멈춰 서서
"너희가 무엇을 구하느냐?"고 물으셨습니다.

"랍비여 어디 계시니이까?"

"와 보라." 이 초청은 예수님께서 어디에 살고 계신지 알도록 두 제
자들을 격려한 훨씬 이상의 것입니다. 구원을 위해서 당신에게 와서 당
신이 구주임을 발견하라는 초청의 말씀입니다. 이 맥락 속에서 그 말씀
은 시편 34:8의 위대한 초청의 말씀과 같은 뜻을 가집니다("너희는 여
호와의 선하심을 맛보아 알지어다"). 어쨌든 제자들이 와서 맛보고 알
았습니다. 그들은 친척들과 친구들에게 가서 우리가 메시야를 만났다

(요 1:41; 45, 49절 참조)라 말하였습니다.

"와 보라" 우리가 생각할 다섯 구절의 본문말씀 중 이 말씀만이 절대적으로 모든 사람에게 주신 말씀입니다. 선택되지 아니한 사람들은 그리스도의 부르심에 주의하지 않아서 오지 않을 것이 틀림없습니다. 그러나 그렇다고 해서 그 초청이 다른 모든 사람에게 뿐 아니라 그들에게도 주어진다는 사실은 변함이 없습니다. 하나님께서 사람들더러 믿으라고 요청하실 때, 그는 조롱하고 계신 것이 아닙니다. 순전한 초청을 하고 계신 것입니다. 그 초청의 말씀은 동시에 하나의 명령이기도 합니다. 만일 우리가 오지 않으면 초대받지 않아서 그런 것이 아니지요. 우리가 강퍅하고 죄악적이고 패역해서 그러하지요.

도날드 그레이 반하우스는 이 구절과 다른 초청의 말씀들을 가치 있게 연구하면서 지적하기를, 예수님은 이 부르심의 말씀을 말하실 때 사람마다 다른 방식을 사용하여 초청하시는 은전을 베푸신다고 했습니다. 그렇게 함으로써 인간의 인격성을 손상시키지 않으셨습니다. 이 요한복음 1장에서 우리는 그것을 봅니다. 그러나 요한복음 전체에서 다 발견합니다. 안드레가 베드로를 만나 그를 예수님께 데리고 왔을 때, 예수님은 베드로의 이름을 예수님 당신 나름으로 해석하면서 베드로를 맞으셨습니다. 베드로(또는 시몬)란 말은 "작은 돌", 또는 "조약돌", 쉽게 차내버릴 수 있는 유의 것을 뜻했습니다. 베드로가 그런 사람이었듯이 말입니다. 그래서 예수님께서는 말씀하셨습니다. "네가 요한의 아들 시몬이니 장차 게바라 하리라"(게바는 반석이란 뜻)(42절). 예수님께서는 베드로를 만나실 때 베드로의 이름과 그 성품을 알고 계신 걸 나타내셨습니다. 그것에 대해서 한번도 들어본 적이 없는데도 말입니다. 더구나 예수님은 베드로의 이름을 바꿀 권위를 갖고 계셨습니다. 그래서 이 흔들리기 쉬운 제자에게 필요하고 존경받는 지도력을 정확히 제공하셨습니다. 예수님께서는, 내가 해파리 같이 연약한 베드로를 거인 베드로로 만들겠다고 말씀하셨습니다.

1장의 뒤로 가보면 예수께서 빌립을 부르시고, 빌립은 자기 친구 나다나엘에게 갑니다. 나다나엘은 회의적입니다. "나사렛에서 무슨 선한 것이 나올 수 있느냐?"고 말합니다.

빌립은 "와 보라"라고 그를 초청하여, 예수님께서 이전에 사용하셨던 것과 똑같은 초청의 말을 합니다.

나다나엘이 올 때 예수님께서는 빌립이 나다나엘을 부르기 전에도 그가 어떠한 일을 하고 있었는지를 아는 초자연적 지식을 가지고 계심을 보여 주십니다. "빌립이 너를 부르기 전에 네가 무화과 나무 아래 있을 때 보았노라"(48절). 분명히 나다나엘이 필요로 했던 것이 바로 그것이었습니다. 왜냐하면 그는 예수님을 믿는 믿음의 증거를 나타내었기 때문입니다. "랍비여, 당신은 하나님의 아들이시요 당신은 이스라엘 임금이로소이다"(49절).

복음서 전체가 그러합니다. 예수님께서 각 사람을 만나실 때 그 사람의 수준을 따라 만나십니다. 니고데모를 만나실 때는 지성적인 차원에서 말씀하시며 인식론(어떻게 우리가 알 수 있는가?)을 논의하셨습니다. 사마리아 여인을 만나실 때는 한 죄인으로서 그녀가 필요로 하는 수준에서 말씀하시고, 그녀가 잘 이해할 수 있는 비유를 들어 말씀하십니다. "이 물을 먹는 자마다 다시 목마르려니와 내가 주는 물을 먹는 자는 영원히 목마르지 아니하리니 나의 주는 물은 그 속에서 영생하도록 솟아나는 샘물이 되리라"(4:13, 14). 4장에서는 귀인을 만나시고, 6장에서는 수많은 무리들을, 9장에서는 소경으로 난 사람을 만나는데, 그들의 육체상 필요한 것의 수준에서 만나십니다. 끝으로 그는 이름을 부르시며 마리아에게 임하십니다. ― "마리아야"(20:16). 도마에게는 부활의 실재성을 아는 경험적 시험을 해보라고 말씀하십니다("네 손가락을 이리 내밀어 내 손을 보고 네 손을 내밀어 내 옆구리에 넣어 보라", 27절).

하나님은 성미 까다로우신 분이 아닙니다. 하나님께서 우리를 부르실 때 우리의 개인마다의 수준에 맞게 대하십니다. 반하우스는 이렇게 쓰고 있습니다. "그대가 누구든지 하나님께서는 그대의 수준에서 그대들을 만날 것이다. 하나님께서는 자신을 분명하게 드러내 보이셔서 그대가 하나님께 '아니요'라고 한다면 그 말을 하는 한 외식자가 될 것이다. 그후 영원토록 그대는 자신을 바라보면서 정직한 사람으로 생각할 수 없을 것이다." 만일 여러분이 기독교적인 일에 처음으로 접하는 사람이라면 이 공개적 초청의 말씀부터 시작해야 합니다.

와서 배우라

두번째 초청의 말씀은 제가 퍽 애호하는 말씀입니다. 필라델피아의 제십장로교회에서 아침예배를 드릴 때마다 처음 예배로의 부름을 위해 그 초청의 말씀을 자주 사용합니다. "수고하고 무거운 짐진 자들아 다 내게로 오라 내가 너희를 쉬게 하리라 나는 마음이 온유하고 겸손하니 나의 멍에를 메고 내게 배우라 그러면 너희 마음이 쉼을 얻으리니 이는 내 멍에는 쉽고 내 짐은 가벼우니라 하시니라"(마 11:28, 29). 이 구절에는 많은 것이 포함되어 있습니다. 우리의 궁핍을 묘사하고도 있습니다. 안식에 대한 약속이 있고, 두 종류의 안식이 있습니다. 한 안식은 믿음으로 의롭다 함을 얻음으로 주어지는 안식이요, 다른 것은 거룩한 성화생활을 해나감으로써 얻는 안식입니다. 그러나 제가 관심있어 하는 부분은 배움에 대해서 말하는 부분입니다. 예수님께서 "와서 배우라"는 초청의 말씀이 바로 그것입니다.

이 구절이 나오는 대목의 강조점이 그것입니다. 예수님께서는 자기 고향에서 말씀을 전파하고 계셨지만, 거기서 살고 있는 거의 대부분의 사람들이 예수님을 믿지 않았습니다. 준엄하게 꾸짖는 선지자인 세례 요한도 배척하였습니다. 먹고 마신 예수님도 배척했습니다. 그러나 몇 사람이 믿었습니다. 예수님은 그들을 보고 기뻐하셨습니다. "천지의 주재이신 아버지여 이것을 지혜롭고 슬기있는 자들에게는 숨기시고 어린 아이들에게는 나타내심을 감사하나이다 옳소이다 이렇게 된 것이 아버지의 뜻이니이다"(마 11:25, 26). 주님은 이들을 바로 세워주시기 위해서 "와서 당신에게 배우라"는 초청의 말씀을 하신 것입니다.

여기에 놀라운 진리가 있습니다. 복음을 이해하고 영적인 문제에 지혜자가 되기 위해서 반드시 지성적(이지적)일 필요는 없습니다. 오히려 지혜자를 완전히 배제시키는 것은 아니지만 "세상의 미련한 것들을 택하사 지혜로운 자들을 어리석게"하십니다(고전 1:27). 그들이 그리스도께 나와서 그리스도를 배울 때 그런 일이 일어납니다.

예수님께 나오면 그분이 놀라운 선생임을 발견하게 될 것입니다. 그분은 지혜롭고 친절하십니다. 오래 참으십니다. 여러분이 가장 알 필요가 있는 것을 가르쳐 주실 것입니다. 더구나 그분에게 나와서 배우고자 하면 여러분은 하나님을 기쁘게 하는 지혜에 있어서 금방 뛰어난 자가 될 것입니다. 시편 119편이 약속하듯이, "나의 명철함이 나의 모든 스승보다 승하게" 될 것입니다(99절). 그와 같은 그리스도인들을 저는 많이 알고 있읍니다. 그들은 어떤 공식적인 학문적 학위를 전혀 받지 않았읍니다. 어떤 사람들은 좋은 영어도 쓰지 못합니다. 그러나 지혜자 되신 분으로부터 배웠기 때문에 영적으로 지혜롭습니다.

와서 쉬라

마가복음 6:31에 또 다른 초청의 말씀이 있읍니다. "너희는 따로 한적한 곳에 와서 잠깐 쉬어라." 이 문맥 속에서 제자들은 전도훈련을 받고 있었고 오고 가는 사람이 많아 음식먹을 겨를도 없었읍니다. 주님께서는 그들에게 휴가가 필요함을 아셨읍니다.

아마 여러분 각자는, 전체 일을 자기가 해야 한다고 생각하고는 너무 열심히 한 나머지 신경쇠약에 걸린 그리스도인들을 자주 만났을 것입니다. 통상 이러한 사람은 자기 행동에 대한 신학적인 이유를 갖고 있읍니다. 자기가 그 페이스로 일을 하지 않으면 어떤 사람인가가 구원에서 떨어지게 될 것이라고 믿고 있읍니다. 매일 열 명 내지 이십명에게 말하지 않으면 그 열 명이 지옥에 갈지도 모른다고 생각합니다. 다른 십만(또는 이십만) 달라를 모금하지 않으면 어떤 분야의 일군들을 보내지 못할 것이고, 그 분야에서 일하는 사람들이 떨어지게 될 것이라고 생각합니다. 그는 어깨에 이 큰 짐을 메고 있읍니다만 그것이 너무 무겁습니다. 그래서 그 아래 짓눌려 버립니다. 그가 어디서 그러한 생각을 가지게 되었는지요? 성경은 그렇게 말하고 있지 않습니다. 구원은 하나님께 속한 것입니다(욘 2:9). 다만 우리가 해야 할 일은 그분에게 복종하는 것입니다.

어떤 사람은 "사람들이 그렇게 믿는다면 게을러지고 그리스도를 섬기는데 있어서 마땅히 해야 할 일을 하지 못할 게 아닌가?"라고 반론을 제기할 줄 저도 알고 있읍니다. 많은 그리스도인들이 게으름을 피우고 있는 것은 사실입니다. 그러나 제 경험으로 볼 때 제가 가르치고 있었던 것을 믿은 사람들은 그렇지는 않았읍니다. 오히려 구원에 있어서 하나님의 주권에 대하여 가장 높은 관점을 지니고 있는 사람들이 가장 능동적입니다.

어째서 그럴까요? 복음전도의 사역에 하나님과 함께 동역한다는 것이 얼마나 큰 특권인지를 알기 때문입니다. 하나님께서 복 주시면 자기들의 노고가 복된 열매를 거둘 것임을 알고 있기 때문입니다. 반하우스는 그 점에 대해서 이렇게 쓰고 있읍니다. "이 사실을 인식하게 되는 것은 대단한 일이다. 그대가 어떤 일을 할 수 있고, 어떤 일을 마쳐놓고 주여 그것은 당신께 달려 있읍니다 '라고 말한다. 그것을 알고 있을 때 떠벌리면서 '자 내가 그것을 더 잘할 수 있었을까? 내가 어디서 개선될 수 있었는가?'라고 말해서는 안된다. 그보다도 주님께 복종했는가? 성령께서 자기를 사용해 주십사고 구했는가? 어떤 부분에서 성령께 복종하지 못했는가? 그렇게 물어야 한다. 그러한 복종치 아니한 부분이 없다면, 단순히 '주여 저는 한 통로에 불과합니다. 저는 물을 나를 수는 있읍니다. 그러나 그 물을 나르는 압력을 주시는 분은 주님이십니다. 흐르게 하시는 분도 주님이십니다'라고 말해야 한다."

반하우스는 리더스 다이제스트에 실렸던 한 이야기를 들어 결론을 맺고 있읍니다. 어느 감독이 말했읍니다. "나는 세상의 짐들을 졌다." 그러나 어느날 밤 주님께서 그에게 와서 말씀하셨읍니다. "감독, 너는 잠자리에 들라. 내일 아침까지 그 짐을 내가 지고 있지."

와서 조반을 먹으라

네번째 초청의 말씀은 요한복음 21장에서 발견되는 것이고, 우리가 지금 연구하고 있는 것입니다. "와서 조반을 먹으라"(12절). 제자들은 밤새 고기를 잡아 배가 고파 있었읍니다. 그러나 그들이 육지에 올라왔을 때 예수께서 이미 "숯불과 그 위에 올려 놓은 고기와 떡"을 준비하고 계신 걸 보았읍니다(9절). 예수님께서 그것을 함께 들자고 말씀하십니다. "예수께서 가셔서 떡을 가져다가 저희에게 주시고 생선도 그와 같이 하시니라"(13절). 얼마나 주님다우신 일입니까! 예수님께서는 부활의 영광 속에서 마저 당신의 제자들의 육신적 필요를 잊지 않으셨고, 그것들을 공급하는데 능동적이셨읍니다. 오늘날도 계속 그렇게 하십니다. 이 진리 때문에 바울은 옥에 갇혀 있으면서도 "나의 하나님이 그리스도 예수 안에서 영광 가운데 그 풍성한대로 너희 모든 것을 채우시리라"
(빌 4:19)고 말할 수 있었읍니다.

더 나아가 이 초청은 예수님과의 교제를 함축하고 있으며, 단순히 육
신적인 필요를 공급하는 것만이 아닙니다. 성경에서 먹는 것은 언제나
교제를 암시합니다. 우리에게 있어서 먹는 일은 자주 급하게 진행되는
일입니다. 이 일에서 저 일을 하느라 분주 하게 무엇인가를 먹지요. 샌
드위치를 잡고 우유잔 하나를 손에 들고 말입니다. 햄버거를 사서 차안
에서도 먹습니다. 성경시대는 그것이 불가능하였읍니다. 식사는 준비를
요했으며, 더 많은 일을 해야 했읍니다. 따라서 어떤 사람과 함께 먹는
다는 것은 그 사람과 교제를 나누는 일이었읍니다. 헬라어 "코이노니아"
라는 말이 영어에서는 두 가지로 번역되는 것이 재미있읍니다. 그런데
사실상 동일한 기본적 의미를 갖고 있읍니다. 하나는 "Fellowship"(동
료의식을 가지고 교제하는 일), 또 다른 하나는 "Commuion"(친교, 성
찬)인데 성찬식 예배에서나 갖습니다. 그 둘은 같은 의미를 갖고 있읍니
다. 성찬식예배와 관련지어 그것을 생각해 봅시다. 어떤 사람을 초청하
여 그 예배에 오게 합니다. "성찬을 들려 한다"고 말합니다. 그러나 그
것이 뜻하는 바는, 우리는 교제를 하러 간다. 그러니 다른 사람들도 우
리와 함께 주님의 식탁에서 교제하자고 초청하고 있는 것입니다. 교회
가 하나의 큰 교제가 아니면 무엇입니까? 교회는 그리스도인들과 주님,
그리스도인들 서로간의 교제입니다.

스코틀랜드의 성도 호라티우스 보나(Horatius Bonar)가 쓴 찬송시
를 통해 그것을 노래합니다.

> 이 시간 잔치와 노래의 시간
> 나를 위해 하는 식탁이 배설된 시간
> 여기서 먹고 마시며 즐거워하세
> 주님과 교제하는 짧고 밝은 시간 더 길게 하소서.

우리 주님께서는 이 식탁에 와서 주님과, 다른 신자와 함께 교제하라
고 초청하십니다. 문자 그대로 성찬식 예배 때에는 우리의 일상적인 삶
의 행사를 함께 하는 걸 상징적으로 드러냅니다.

어떤 그리스도인들은 비참한 모습을 하고 하늘을 향하고 있읍니다.

다른 그리스도인들은 마음과 얼굴에 하늘의 기쁨을 가지고 가고 있읍니다. 무엇이 차이입니까? 후자는 와서 예수님과 함께, 또한 신자간에 서로 함께 먹는 법을 배운 것입니다. 그리스도인의 삶은 슈퍼스타들을 위한 진열장이 아닙니다. 예수님 안에 있는 기쁨을 누리는 나누는 삶입니다. 만일 그 기쁨이 부족하다면 주님과 함께 있는 시간을 가지십시요. 텔리비젼을 끄고 쓸데 없는 책을 옆에 밀어 놓고, 소용 없는 행동들을 중단하십시요. 그리고 말씀 속에서 예수님과 시간을 보내시고, 다른 그리스도인들과도 가능하면 함께 시간을 보내십시요. 그렇게 하면 하나님께서 축복해 주실 것입니다. 주님께서는 성경말씀을 통해서 말씀해 주실 것이고, 참된 그리스도인의 교제의 의미를 보여주실 것입니다.

나아와… 상속하라

또 하나의 초청의 말씀이 있습니다. 우리 중 누구도 그 초청의 말씀을 들어 본 적이 아직은 없읍니다. 그러나 우리가 진실로 하나님의 자녀들이라면 어느날 그 말씀을 듣게 될 것입니다. 예수님께서 잡히사 십자가에서 못박히시기 바로 전 감람산에서 하신 위대한 설교의 마지막 부분인 이른바 마태복음 25장에 기록된 말씀 속에서, 양들과 염소에 대해서 예수님은 말씀하십니다. 그들이 두 편으로 나뉘어질 것을 말씀하시는데 그의 우편에는 양들이, 그의 좌편에는 염소들이 서게 될 것입니다. "그때 임금이 그 오른편에 있는 자들에게 이르시되 내 아버지께 복받을 자들이여 나아와 창세로부터 너희를 위하여 예비된 나라를 상속하라 내가 주릴 때에 너희가 먹을 것을 주었고 목마를 때 마시게 하였고 나그네 되었을 때에 영접하였고 벗었을 때에 옷을 입혔고 병들었을 때에 돌아보았고 옥에 갇혔을 때에 와서 보았느니라"(34-36절). 주님께서는 당신을 알고 당신을 통해서 변화받은 사람들에게 "나아와 창세로부터 너희를 위하여 예비된 나라를 상속하라"고 말씀하십니다.

지금 여기에서는 많은 기업을 누리고 있지 못합니다. 누린다 할지라도 지나갈 운명입니다. 여기서 우리가 알고 있는 것은 하나님의 말씀을 제외하고는 다 지나가버리고 말 것입니다. 그러나 우리를 위해서 예비된 기업이 있읍니다. 우리를 위해서 예비된 나라가 있읍니다. 우리가 예수님의 사람들이라면 그 둘을 분명히 물려받게 될 것입니다.

저는 여기서 디모데후서 1:12의 말씀을 생각합니다. 바울은 이 기업에 대한 소망을 쓰고 있습니다. 그 말씀은 바울의 생의 마지막 부분에 한 것입니다. 그는 많은 고초를 겪으면서 오랫동안 애썼습니다. 매도 맞았고 돌에도 맞았고 옥에 갇히기도 했습니다. 그러나 그의 말하는 것을 들어 보십시오. "이를 인하여 또 이 고난을 받되 부끄러워하지 아니함은 나의 의뢰한 자를 내가 알고 또한 나의 의탁한 것을 저가 능히 지키실 줄을 확신함이라." 바울은 자기가 예수님 안에서 투자하였다고 말하고 있습니다. 그는 보물을 쌓되, "좀이나 동록이 해하지 못하며 도적이 구멍을 뚫지도" 못하는 곳에 쌓아놓았습니다(마 6:20). 이제 긴 생애의 마지막에 도달해서 주 예수 그리스도께서 자기를 낙담시키지 않을 것을 알고 있습니다.

예수님께서는 자기를 믿는 어느 누구도 결코 부끄럽게 하실 수 없습니다.

45

베드로의 회복

"저희가 조반 먹은 후에 예수께서 시몬 베드로에게 이르시되
요한의 아들 시몬아 네가 이 사람들보다 나를 더 사랑하느냐
하시니 가로되 주여 그러하외다 내가 주를 사랑하는줄 주께서
아시나이다 가라사대 내 어린 양을 먹이라 하시고 또 두번째
가라사대 요한의 아들 시몬아 네가 나를 사랑하느냐 하시니
가로되 주여 그러하외다 내가 주를 사랑하는줄 주께서 아시나
이다 가라사대 내 양을 치라 하시고 세번째 가라사대 요한의
아들 시몬아 네가 나를 사랑하느냐 하시니 주께서 세번째 네가
나를 사랑하느냐 하시므로 베드로가 근심하여 가로되 주여 모
든 것을 아시오매 내가 주를 사랑하는 줄을 주께서 아시나이다
예수께서 가라사대 내 양을 먹이라"(요 21:15-17)

만일 우리 각자가 정말 우리가 죄인이라는 걸 안다면, 우리의 실패를
보고 충격을 받거나 그렇게 크게 자지러지지 않을 것입니다. 그러
나 우리들 대부분은 우리 자신의 부패의 깊이를 알지 못합니다. 그래서
심각한 도덕적 죄악에 떨어지거나 예수 그리스도를 부인할 수 있는 놀
라운 가능성을 보면 충격을 받습니다.

우리가 그러한 식으로 죄를 지을 때, 마귀는 간교하게도 우리가 죄를
지었으니 성공적이고 행복한 그리스도인의 삶을 살 기회를 박탈당한 것

이 분명하며, 우리가 그렇게 계속 죄를 지어나갈 것이라고 주장합니다. 마귀의 거의 모든 진술들이 다 그러하듯이 그러한 주장도 전적으로 진리가 아닙니다. 비록 우리가 죄를 짓는다 할지라도 충만한 그리스도인의 삶을 위한 기회를 상실한 것이 아닙니다. 또한 계속 죄를 지어나갈 것도 아닙니다. 오히려 기독교적인 방식은 회개와 회복의 방식입니다. 요한복음 21장에서 예수님께서 베드로를 회복시키시는 이야기의 요점이 그것입니다. 베드로는 주님께서 정말 필요로 하는 시간에 주님을 떠났읍니다. 그는 주님을 버렸고, 자기는 주님을 알지도 못한다고 세번이나 부인함으로써 자기의 비겁함을 가중시켰읍니다. 그런데도 예수님은 베드로를 사랑하셨고, 베드로는 (속으로) 자기도 예수님을 사랑함을 알았읍니다.

이것은 우리 모두에게 용기를 주는 일입니다. 그리스도인들이 죄를 지을 때 "내가 용서받을 수 없는 죄를 지은 것이 아닌지요. 내가 늘 하던대로 주님께 친밀하게 한 것처럼 보이지 않기 때문이예요. 아마 이제 나는 끝장이 났는가봐요"라고 말하는 경우가 많습니다. 그러나 그것이 끝이 아닙니다. 사실 주님은 거룩하시고 죄로 말미암아 주님께 가까이 나가지 못하게 하는 장애물을 세워 놓은 셈이니 그전처럼 주님께 친밀함을 느끼지 못하는 것은 사실입니다. 그러나 하나님께서는 어느 길을 통해서고 여러분이 죄 지을 때마저 여러분에게 오십니다. 그리고 이 큰 약속을 가지고 오십니다. "만일 우리가 죄 없다하면 스스로 속이고 또 진리가 우리 속에 있지 아니할 것이요 만일 우리가 우리 죄를 자백하면 저는 미쁘시고 의로우사 우리 죄를 사하시며 모든 불의에서 우리를 깨끗케 하실 것이요"(요일 1:8-9).

베드로의 자랑과 실족

베드로의 회복 이야기를 이해하기 위해서 — 요한은 이 이야기를 통해서 세 가지 진리를 가르치려고 애쓰고 있음 — 베드로의 실족에 대해서 무엇인가 이해할 필요가 있습니다. 그 실족의 원인은 자만이었는데, 베드로의 연약을 예수님께서 밝혀 주신 것이 오히려 그것을 더 깊게 만들었읍니다. 예수님께서 다락방에서 사랑에 관해서 말씀하실 때 그 자만심이 시작되었습니다. 예수님께서는 새로운 계명을 주셨습니다. "새 계명을 너희에게 주노니 서로 사랑하라 내가 너희를 사랑한 것 같이 너희도 서로 사랑하라"(요 13:34).

베드로가 이 계명을 듣고 오히려 겸비해야 할터인데, 사실은 자기가 예수님을 얼마나 사랑하는지 생각하게 만들었습니다. 그것도 예수님께서 떠나가실 것과 제자들이 예수님을 따를 수 없을 거라는 사실을 말씀하실 때, 예수님은 당신의 죽음을 말씀하고 계심을 눈치채기는 잘하였지만, "주여 내가 지금은 어찌하여 따를 수 없나이까 주를 위하여 내 목숨을 버리겠나이다"(요 13:37)라고 그릇되게 간하였습니다.

예수님께서는 베드로가 자기는 능력있고 충성스럽다고 하는 생각이 잘못되었음을 도전적으로 꾸짖으셨습니다. "네가 나를 위하여 네 목숨을 버리겠느냐 내가 진실로 진실로 네게 이르노니 닭 울기 전에 네가 세번 나를 부인하리라"(38절).

그 시로부터 그리스도께서 그 다락방에서 말씀하신 것을 베드로가 과연 잘 들었는지 의문이 갑니다. 베드로가 그 밤에 여러 가지 활동들 중 절반을 감당할 정도로 탁월하기는 했지만 더 이상 어떤 질문을 던지지 않은 것이 틀림없습니다. 도마와 빌립이 질문들을 던지게 되었습니다. 베드로가 그리스도의 예언을 듣고 무안해서 스스로에게 "예수님이 잘못 생각하고 계셔. 나를 이렇게 형편없게 생각하시다니. 그건 옳지 못해. 그것도 다른 사람들 앞에서 그렇게 말씀하시다니. 난 다른 사람이 어떻게 한다 할지라도 주님을 부인하지 않을 것이다"라고 말했습니다.

제가 그렇게 생각하는 이유는 그 적은 무리가 다락방을 떠나 겟세마네 동산에 이르는 길을 가던 중에 그 문제가 다시 거론되기 때문입니다. 의미심장하게 베드로가 그 문제를 다시 꺼내는데, 한 동안 그리스도의 말씀에 대하여 골똘히 생각하고 있었음을 보여 주는 것입니다. 예수님께서는 제자들이 흩어지고, 당신이 십자가에 못박히시고, 부활하신 후에 그들을 다시 모으실 의향을 말씀하셨습니다. 그러나 베드로는 퉁명스럽게 "다 주를 버릴지라도 나는 언제든지 버리지 않겠나이다"(마 26:33)라고 말했습니다. 예수님께서는 베드로가 당신을 부인할 것을 거듭 예언하셨습니다. 그러나 베드로는 다시 "내가 주와 함께 죽을지언정 주를

부인하지 않겠나이다"(35절)라고 대답하였읍니다. 누가의 기록에 따르
면 예수님께서 베드로의 신앙이 떨어지지 않기 위해서 베드로를 위해서
기도하신 사실을 말씀하셨읍니다. 그러나 이러한 간절한 말씀에도 불구
하고 베드로는 여전히 확신하지를 못하고 있었고, 그처럼 자만에 넘쳤
다가 넘어지고 만 것입니다.

복음서마다, 베드로가 주님을 세번 부인했음을 말합니다. 예수님께서
심문을 받고 계실 때, 대제사장 궁정 뜰 밖에서 기다리던 베드로는 "나
는 그 사람을 모른다… 너희가 하는 말이 무엇인지 모르겠다… 나는 그
의 제자가 아니다"라고 말했읍니다.

회복

이 점은, 예수님께서 베드로에게 접근하셔서 다시 그를 회복시켜 주
님을 섬기게 하신 방식을 이해하기 위해서 도움을 줍니다. 서로 주고 받
는 대담이 세 부분으로 나뉘어져 있읍니다. 첫째는 그리스도께서 질문
하시고, 두번째는 베드로가 응답하고, 세번째 그리스도께서 명령을 내리
십니다.

베드로에게 던진 예수님의 질문에 대해서 주목할 첫번째 요점은, 예
수님이 베드로를 부른 이름입니다. 예수님께서 "요한의 아들 시몬아 네
가 이 사람들보다 나를 더 사랑하느냐"(요 21:15)고 물으셨읍니다. 그
이름이 어떤 차원에서 의미 있읍니까? 그것이 베드로의 옛 이름이었고,
예수님을 만나기 전에 베드로가 자신을 소개할 때 그 이름으로 불렀다
는 것은 비상한 요점입니다. 1장에서 그것에 대해서 보게 됩니다. 베드
로가 예수님께 인도되었을 때 예수님은 그를 맞으시면서 "네가 요한의
아들 시몬이니 장차 게바라 하리라 하시니(게바는 번역하면 베드로라)"
(요 1:42). 이것은 말을 가지고 다른 의미를 부여하여 말하는 말놀음입
니다. 옛 이름은 "조약돌"을 뜻했는데 가볍고 견고하지 못한 것이었읍
니다. 그러나 예수님께서는 베드로(반석)로 부르겠다고 말씀하셨읍니다.
의지가 약한 사람 베드로를 견고하고 용기 있는 사람으로 바꾸겠다고
말씀하신 것입니다. 예수님께서는 조금 전에 있던 일을 생각하시면서
베드로로 하여금 자기 연약을 상기하도록 그 옛이름을 부르신 것입니다.

베드로에게 있어서 문제거리는, "그리스도의 도움 없이" 자신의 새로운 이름이 의미하는 그런 사람이라고 믿게 되었다는 것입니다. 예수님께서 실로 베드로를 반석으로 만드셨읍니다. 그리스도께서 그 안에 역사하실 때 그는 실로 반석이었읍니다. 그러나 자신의 힘을 의지하여 자기가 반석이라고 생각할 때 그만 넘어졌읍니다. 그런 일이 여러분은 없읍니까? 하나님께서 여러분 속에서 발전시켰던 어떤 강한 성품을 마치 그것이 여러분 자신의 탁월한 것이나, 아니면 여러분 자신의 행함으로 이루어진 것으로 생각하기 시작한 것은 없읍니까? 그렇다면 여러분은 곧 넘어질 것입니다. 예수님께서 여러분을 넘어지게 하셔서 여러분 자신의 능력은 그리스도 안에 있으며, 그리스도 없이 아무 것도 할 수 없음을 알게 하실 것입니다.

예수님의 질문을 주시할 두번째 요점은 예수님께서 사용하신 "사랑"이라는 어휘입니다. 다시 여기에도 말놀음이 있읍니다. 그러나 아무리 영어로 잘 번역한다 할지라도 그 점을 표현하지는 못합니다. 왜냐하면 헬라어에는 사랑이라는 말이 여러 단어로 표현되지만 영어에서는 사랑이라는 말을 위해서 한 어휘 밖에 없기 때문입니다. 이 대목의 원어를 보면 사랑을 나타내는 여러 헬라어 중 두 어휘에 기초한 의미 구사가 있읍니다. 한 말은 "아가파오"인데 사랑을 나타내는 신약의 위대한 단어 입니다. 그 말은 언제나 하나님과의 관계에서 사용됩니다. "하나님이 세상을 이처럼 사랑하사"(요 3:16), 또는 "하나님은 사랑이시라"(요일 4:8)고 할 때, 거기서 "사랑"은"아가파오"입니다. 다른 말은 "필레오"인데, 우정으로 표현되는 인간적 사랑을 나타내는 말입니다. 그 사랑은 하나님의 성령의 거듭나게 하는 역사와 내면적 역사를 통해서 우리 속에서 그리스도의 성품을 이루어나가는 일 없이 우리가 할 수 있는 최고의 사랑입니다. 만일 우리가 첫번째 경우를 "백퍼센트 사랑"이라고 하고 두번째 경우를 "육십퍼센트 사랑"이라고 칭한다면 주님과 베드로 사이에 바로 그러한 사랑이 교환된 것입니다. 그 사랑을 가운데 두고 다음과 같은 거래가 있었읍니다.

예수님은 베드로가 예수님을 할 수 있는 최고의 사랑으로 사랑하느냐? 물음으로써 그 대화를 시작하십니다. "요한의 아들 시몬아 네가 나를 백

퍼센트사랑으로 사랑하느냐 – 이 사람들보다 더 사랑하느냐?" 어떤 주
석가는 예수님께서 이 말씀을 하실 때 호수와 배와 다른 제자들을 팔로
감싸는 시늉을 하면서 말씀하셨을 것이라고 생각합니다. "네가 나를 이
것들보다 사랑하느냐?"라고 뜻하면서 말입니다. 그러나 "아가파오"라는
말과 그전에 베드로가 했던 항변에 비추어 보면 그보다 더 특별한 질문
일 수 있습니다. 베드로는 자기가 "다른" 제자들 보다 예수님을 더 사랑
하며, 필요하다면 예수님을 위해서 죽기까지 해서 그걸 증명하겠노라고
말하였습니다. 베드로가 이 고백을 하기 바로 직전 예수님은 제자들더
러 서로 "백퍼센트 사랑"으로 사랑하라고 가르치셨습니다. 이러한 배경
을 염두에 두시고 예수님은 베드로에게 이렇게 묻고 계신 셈입니다. "베
드로야 지금 네가 무얼 말하겠느냐? 날 사랑하는 네 사랑이 백퍼센트
사랑이라고 이 다른 제자들 보다 더 큰 사랑이라고 자랑했었는데 그것
이 사실이냐? 그런 식으로 네가 나를 사랑하느냐?"

　　베드로는 그리스도를 부인하고 나서 크게 겸손해졌기 때문에 좀 못한
어휘를 써서 대답합니다. "예 주님, 저는 육십퍼센트 사랑으로 주님을
사랑한 걸 아닙니다." 그 질문이 베드로를 크게 낮추었습니다. 그렇다고
베드로가 자기가 예수님을 사랑하지 않는다고 말한 것은 아닙니다. 그
점을 주목해야 합니다. 그는 예수님을 사랑합니다. 그러나 베드로는 자
기 사랑을 떠벌여 자랑하지 않습니다. 무엇보다도 그는 다른 사람의 사
랑보다 자기의 사랑이 더 크다고 말하고 있지도 않습니다. 단순히 자기
마음이 그리스도께 열려 있으며, 그러므로 그리스도께서는 자기가 죄인
된 입장에서 할 수 있는 최고의 사랑으로 주님을 사랑함을 아신다고 말
하고 있는 것입니다. 그는 그리스도께서 베드로 자신과 미래를 "아는 지
식"이 잘못되었다고 전에는 선언했었는데, 이제는 자기 확신의 근거로
그 지식에 호소하고 있습니다.

　　두번째로 주님께서 베드로에게 질문을 던지셨는데, 다시 같은 어휘를
사용하셨습니다. 물론 이번에는 비교급을 긍휼어리게 떼어 놓으셨지만
말입니다. "요한의 아들 시몬아 네가 백퍼센트 사랑으로 나를 사랑하느
냐?" 베드로는 처음과 같이 대답합니다. "예 그러하외다. 내가 주를 사
랑하는 줄 주께서 아시나이다. 내가 주를 육십퍼센트 사랑으로 사랑합

니다."

세번째 주님께서 던진 질문은 베드로의 수준으로 내려와 베드로의 말을 써서 던진 질문입니다. "요한의 아들 시몬아 네가 나를 육십퍼센트 사랑으로 사랑하느냐?" 마치 이렇게 말씀하시는 거나 같습니다. "좋다 베드로야 네가 내가 너를 향하여 가진 유의 사랑을 너는 할 수 없음을 나도 안다. 또한 네가 할 수 있는 것이 무엇인지를 옳게 확인하고 있음도 안다. 그러나 그런 수준에서 마저 네가 나를 진실로 사랑하느냐? 육십퍼센트 사랑으로 나를 진실로 사랑하느냐?" 자신의 마음을 들여다 볼 수 있는 능력 조차 확신할 수 없는 베드로는 대답합니다. "주여 모든 것을 아시오매 내가 주를 사랑하는 줄을 주께서 아시나이다." 예수님께서 명령을 또 계속 내리시는데 그것은 마치 이렇게 말씀하신 것과 같습니다. "좋다 베드로야 나는 그걸 가지고 일하겠다. 그 정도의 사랑을 내가 원하는 높이의 수준에까지 난 높일 수 있기 때문이다. 내가 너더러 발휘하라고 명령한 정도까지 높일 수 있다."

베드로에게 던진 예수님의 질문에 대하여 주목할 마지막 요점은 그 질문이 세번이나 반복된다는 것입니다. 베드로가 예수님을 사랑하는지 어째서 세번이나 물으십니까? 대답은 분명합니다. 베드로가 세번 부인했기 때문입니다. 베드로는 세번 부인했습니다. 이제 그는 자기가 주님을 사랑함을 공적으로 세번 확증하라는 요구를 받고 있는 것입니다. 그 때문에 세번째 "네가 나를 사랑하느냐 하시므로 베드로가 근심하여 가로되"라는 말씀이 있는 것입니다.

저는 이러한 질문을 던지고 싶습니다. 예수님께서 베드로에게 네가 나를 사랑하느냐는 질문을 던지시되 전에 세번 베드로가 부인한 것을 분명하게 가리키면서 던지시고, 더 나아가 다른 사람들 앞에서 그렇게 세번이나 물으셨다는 것이 잔인해 보이지 않습니까? 그런 식으로 느껴질 수 있습니다. 만일 그렇다면 제가 확신하기로 그러한 체험은 고통스럽다는 걸 우리가 알기 때문에 그렇게 느껴지는 것입니다. 몇 년 전에 저는 필라델피아의 노회에서 한 목사를 복직시키는 예식에서 그와 비슷한 것을 목격했습니다. 몇년전 그는 간음죄를 지어서 그 교회와 목사직에서 제명을 당했습니다. 그러나 시간이 지났습니다. 이후 그는 모범적인 삶을 살았고 이제 그는 다시 복직이 되었읍니다. 그러한 복직을 위한 공식 절차는 지난 과거의 죄를 공중 앞에서 고백하는 순서를 두고 있었읍니다. 그런 일이 얼마나 어려웠었는지 저는 지금도 기억할 수 있읍니다. 그 목사 자신 뿐 아니라 그 절차를 주목하던 우리들에게도 그러하였읍니다. 어떤 사람들이 벌떡 일어나 "우리가 정말 이런 절차를 거쳐야 하는가요?"라고 반론을 제기했읍니다. 그들은 조용하게 개인적으로 행동하게 하고, 서신을 띄우는 일만 했으면 좋겠다는 생각을 한 것이지요. 책임 맡은 사람들은 아주 바르게 대답했는데, 장로교회법이나, 성경 모두가 그 절차를 요구한다고 말했읍니다.

이것이 잔인했읍니까? 그렇게 보이기는 했지요. 틀림 없이 고통스러운 일이었읍니다. 그러나 궁극적으로 분석해 볼때 그 일은 잔인한 일이 아니었읍니다. 주님께서 베드로에게 그런 질문을 던지셨던 것이 잔인하지 않듯이 말입니다. 진짜 잔인한 것은 일을 방치해 두고 베드로를 못쓰게 만들어 베드로나 다른 제자들의 생애 동안 베드로는 정말 그러한 직무를 감당하기에 합당치 못하고 비열한 사람이라는 식으로 영영 생각하게 만드는 것입니다. 성경이 말하듯이 아무리 그가 통곡하여 죄를 회개했다 할지라도 합당치 않다는 식으로 말입니다. 공적인 회복을 통해서 베드로와 다른 사람들이 그 이후부터 베드로의 과거는 과거로 지나가고, 주님께서 친히 그에게 더 직무를 명하셨음을 알게 하는 것이 사실 친절한 일이지요.

성경이 죄를 공적으로 고백하라고 요구하는 것도 그 이유 때문입니다. 하나님께서는 우리에게 잔인하게 대하시고 싶지 않으십니다. 물론 그 죄를 고백하는 일이 고통스럽다 할지라도 말입니다. 그것은 일을 마무리지어 우리가 다시 일어나 예수님과 함께 동역할 수 있기 위함입니다. 현대에 일어난 한 예를 들면, 워터게이트 사건에서 자기 죄를 고백하지 않고 그것을 덮어 두고 무죄를 선고받으려고 했던 사람들은 여전히 죄책감을 가지고 살고 있으며 과거를 도망칠 수 없습니다. 자기들의 잘못을 시인했던 사람들은 – 척 콜슨이나, 잽 맥그루더나, 존 딘 같은 사람들 말입니다 – 이제 자유롭게 살아가고 있읍니다.

예수님께 대한 베드로의 반응

베드로가 예수님께 반응한 부분은 예수님의 질문을 살펴 보느라고 가리워지곤 합니다. 가장 중요한 국면은 베드로가 예수님께서 사용하신 사랑이란 어휘를 사용하려 들지 않았다는 점입니다. 그는 "아가파오" 대신 "필레오"라는 말을 사용함으로써 그 체험을 통해서 자신에 대해서 언제나 많이 배웠는지를 드러내주고 있읍니다. 베드로는 정말 실족했읍니다. 그러나 예수님께서 말씀하신대로 그 믿음이 떨어진 것은 아닙니다(눅 22:32). 이제 그는 자기 형제를 굳세게 할 채비가 되었읍니다.

베드로의 반응 중에는 우리가 합당하게 숙고하지 않는 다른 국면이 있읍니다. 베드로는 각 경우마다 자기의 사랑을 확인하고 난 다음에 "내가 주를 사랑하는 줄 주께서 아시나이다"라고 말함으로써 그리스도의 질문에 답변했읍니다(15-17절). 그는 이렇게 대답할 수도 있었을 것입니다. 우리가 거기 있었다면 우리도 그렇게 말했을 것입니다 ─ "제 마음에 대해서 제가 아는대로 말하면 정말 주님을 사랑하고 있는 걸 전 맹세할 수 있어요." 그러나 베드로는 전에 한번 그렇게 말하기는 했지만 정말 잘못되었읍니다. 분명히 자기 지식을 신뢰할만한 것이 하나도 없었읍니다. 자기를 아는 그리스도의 지식 안에는 얼마나 신뢰할만한 것이 있었읍니까 ─ 송두리째 모든 것을 믿어도 되었을텐데요.

물론 이것이 비논리적으로 들릴 것입니다. 베드로는 약하고 죄악적이었읍니다. 그는 지금 그것을 압니다. 그리스도께서는 베드로가 발견하게 된 것처럼 모든 것을 압니다. 그것을 서로 결합하여 생각할 때 어떻게 베드로가 그리스도의 지식에 호소함으로써 용기를 얻을 수 있읍니까? 비논리적으로 보이지요. 그러나 그리스도를 만나 자신이 그리스도께 사랑 받음을 아는 사람의 힘이 바로 그것입니다. 베드로는 죄인이었읍니다. 그렇습니다! 그러나 용서받은 죄인입니다. 그러므로 베드로는 죄를 깨닫기는 했지만 예수님이 자기 부인의 행동의 이면을 들여다 보아 새롭게 하시고 주님을 진실로 사랑하는 마음을 들여다 보실 수 있음을 알았읍니다.

하나님의 전능하심을 아는데는 기쁨이 있읍니다 ─ 두 가지 이유입니다.

첫째, 하나님께서는 우리의 가장 악한 것이 무엇인지를 아시고 어느

경우에도 우리를 사랑하십니다. 만일 하나님께서 모든 것을 알지 못하
셨으면, 어느 날 우리 속에 있는 악한 것이 튀어나와 하나님을 깜짝 놀
라게 하고, 우리를 보시고 정떨어지게 될 것입니다. 아마 이렇게 말씀하
시겠지요. "오 저 무서운 죄를 보라. 난 그런 줄은 몰랐지. 저 얼마나 무
서워! 그것이 모든 것을 다 바꾸어 놓았구나. 난 이제 더 이상 저런 사
람하고는 상관하지 않겠어." 만일 하나님께서 전지전능하신 분이 아니
라면 그런 일이 있었을 것입니다. 그러나 하나님은 모든 것을 아십니다.
우리에게 있어서 가장 나쁜 것도 아시고 그럼에도 불구하고 우리를 사
랑하십니다. 성경은 가르치기를, "우리가 아직 죄인되었을 때에 그리스
도께서 우리를 위해서 죽으셨다"고 합니다(롬 5:8). 둘째로, 하나님께
서 모든 것을 아시니 또한 우리의 가장 좋은 것이 무엇임도 아십니다.
다른 사람은 몰라도 말입니다. 제자들은 베드로의 결점을 보고 깜짝 놀
랐을 것입니다. "만일 베드로가 그처럼 예수님을 부인할 수 있다면 다른
죄가 그 속에서 활동하고 있는지 누가 알까?"라고 말했을지 모릅니다.
그러나 예수님께서는 더 잘 아십니다. 베드로의 마음과 사랑을 아셨습
니다. 이러한 예수님의 지식을 비추어 볼 때 베드로가 예수님께 호소한
것은 놀라운 일이 아닙니다.

"주님 전 그걸 할 수 있어요. 제가 할 수 있는지를 알아요. 저는 제 마
음을 알아요"라고 말하지 마십시오. 오히려 "주님, 주님께서는 정말 제
속에 무엇이 존재하는지 아시지요. 주님께서 그것을 제 속에 넣으셨어
요. 주께서는 제가 주님을 어떤 사랑으로 사랑하는지 아시지요. 그 사랑
을 가지고 주님의 영광을 넘치도록 드러낼 것으로 만드세요"라고 말하
십시오. 그렇게 하면 여러분과 주님은 여러분이 지금 현재 처한 위치에
서 시작하실 것이고, 주님과 여러분은 함께 동행하게 될 것입니다.

은혜로운 명령

이 거듭되는 주님과 베드로 사이의 거래의 마지막 부분은, 주님의 은
혜로운 명령입니다. "내 양을 먹이라." 그 명령이 은혜롭다고 말하는 것
은, 우리가 논리적으로 기대하기 때문이 아닙니다. 베드로는 한때 지도
자였으나 실족하였습니다. 예수님께서 그에게 긍휼과 자애로움으로 오

셔서 회복시켜 주신 것이 은혜로움의 절정이었기 때문입니다. 만일 주
님께서 베드로를 회복시키신 다음에 "자 베드로야 이제 집으로 돌아가
서 능동적인 평신도로서 네가 할 수 있는 최선을 다하라. 너는 내 사람
중 하나다. 나는 너를 거절하지는 않겠다. 그러나 물론 나는 너를 다시
지도자의 자리에서 쓸 수는 없다"라고 말씀하셨다면 누군들 예수님을
비난할 수 있겠습니까? 예수님께서는 그와 같이 대응하실 충분한 권한
을 갖고 계십니다. 그러나 예수님은 그렇게 하시지 않습니다. 오히려 베
드로더러 "내 양을 먹이라" 하셨습니다. 일찌기 주님은 베드로를 복음
전도자로 부르셨습니다. "이제 후로는 네가 사람을 취하리라"(눅 5:12).
자 이제 그는 사로잡힌 자들을 가르치는 더 큰 책무를 베드로에게 주십
니다. 그러한 봉사의 직무를 위해서 선결요건이 무엇입니까? 다른 사람
들을 인도하고 가르치는 오직 합당한 동기가 무엇입니까? 그 선생의 도
덕적인 완전이 아닙니다. 그렇다면 아무도 선생이 되지 못할 것입니다.
학문적인 학위도 아닙니다. "그리스도의 나라를 이루라"는 위압적인 권
고도 아닙니다. 전에 있던 사람보다 더 많은 돈을 모금할 능력도 아니고,
그전 목사보다 더 큰 예배당을 지을 능력도 아닙니다. 선결요건은 하나
뿐입니다. 그것은 그리스도를 섬기는 간절함에서 나오는 그리스도를 향
한 사랑입니다.

"네가 나를 사랑하느냐?"

"주여 그러하외다"

"내 양을 먹이라"

이 사랑은 신비로운 체험 속에 감싸여 있는 것이 아닙니다. 그 사랑은
다른 사람들을 돌보는 것입니다. 요한은 그의 첫번째 서신에서 그 점을
잘 말했습니다. "자녀들아 우리가 말과 혀로만 사랑하지 말고 오직 행함
과 진실함으로 하자"(요일 3:18). 우리가 만일 그리스도를 사랑하면 그
리스도께서 위하여 죽으신 다른 자들을 사랑할 것이고 그들을 섬길 것
입니다.

46

마지막에서 두번째로
하신 말씀

"세번째 가라사대 요한의 아들 시몬아 네가 나를 사랑하느냐
하시니 주께서 세번째 네가 나를 사랑하느냐 하시므로 베드로
가 근심하여 가로되 주여 모든 것을 아시오매 내가 주를 사랑
하는 줄을 주께서 아시나이다 예수께서 가라사대 내 양을 먹이
라"(요 21:17)

요한복음 20장과 21장은 예수님께서 제자들에게 하신 여러 말씀을
내포하고 있는데, 저는 그 말씀을 "그리스도의 진짜 마지막 말씀"
이라고 칭하였었읍니다. 그렇게 함으로써 부활 이후에 하신 말씀과, 보
통 더 많은 연구되는 부활이전에 하신 일곱 말씀을 대조하였읍니다. 이
말씀들은 "너희에게 평강이 있을지어다"(20:19, 21). "아버지께서 나를
보내신 것 같이 나도 너희를 보내노라"(20:21). "성령을 받으라"(20:22).
"믿음 없는 자가 되지 말고 믿는 자가 되라"(20:27). "보지 못하고 믿
는 자들은 복되도다"(20:29). "내 양을 먹이라"(21:16, 17; 15절은 참
조). "나를 따르라"(21:19; 22절은 참조). 저는 이 말씀들을 각각 위대
한 유산, 위대한 사명, 위대한 위로, 위대한 도전, 위대한 축복, 위대한
책임, 위대한 초청의 말씀으로 말한바 있읍니다.

21장 끝에 이르면 이 "마지막" 말씀들 중 여섯번째와 일곱번째 말씀을 대합니다. 그리고 그 말씀에 흥미로운 요점이 있음을 주목합니다. 두 말씀은 각각 반복됩니다. 여섯번째 말씀(내 양을 먹이라)은 세번(16, 17절 그리고 15절에는 약간 다르게 말씀하셨고), 일곱번째 말씀("너는 나를 따르라")은 두번 반복됩니다(19, 22절). 물론 그 반복은 진술해나가면서 그 분량이 더 많아집니다. 그러나 그 자체의 의미는 같습니다. 하나님께서 일단 어떤 것을 말씀하시면 우리는 청종해야 합니다. 어떤 말씀을 여러번 하시면 그 말씀은 분명히 오래 지속하며 나누지 말고 순종하는 마음으로 주목할 필요가 있읍니다.

"내 양을 먹이라"는 이 여섯번째의 말씀을 상관하고 싶은 요점이 거기에 있읍니다. 베드로에게만 한 말씀이 아니고 우리에게도 한 말씀이기 때문입니다. 그러므로 우리는 그 말씀이 주님께서 특별한 엄숙함으로 강조하신 것으로 생각하고 연구하고 싶습니다.

그리스도의 양

먼저 책임의 본질을 살펴 보기 전에 여기서 언급된 양은 그리스도의 양임을 주목해야 합니다. "'내 양'을 먹이라"고 말씀하시기 때문입니다. 그들은 두 가지 방면에서 그리스도의 양입니다. 첫째로 그들을 지으셨다는 점에서 그러하고, 둘째는 보다 더 중요한데 구속(救贖)에 의해서 그러합니다. 앞의 어떤 경우에서 주님은 "나는 선한 목자라 선한 목자는 양들을 위하여 자기 목숨을 버리느니라"(요 10:11)고 말씀하셨읍니다. 바울이 마지막으로 예루살렘으로 떠나기. 앞서 에베소 장로들을 만나서 이렇게 말하였읍니다. "너희는 자기를 위하여 또는 온 양떼를 위하여 삼가라 성령이 저들 가운데 너희로 감독자를 삼고 하나님이 자기 피로 사신 교회를 치게 하셨느니라"(행 20:28). 이 구절의 말씀은 우리가 일반적으로 알고 있으며 다른 본문이 가르치는 바를 노골적으로 힘주어 가르칩니다. 교회는 그리스도께서 사신 것이고, 그래서 그리스도는 교회의 "목자장"이십니다(벧전 5:4).

이 점은 중요합니다. 양떼들이 우리의 것이라면 ― 목회자들로서 또는 장로들이나 부모들로서 우리의 감독직 아래 보호를 받고 있는 우리의 자녀들로 생각한다면 – 우리가 바라는대로, 또는 우리가 가장 좋다고 생각하는대로 양떼를 취급할 수 있을 것입니다. 그러나 그 양떼가 본래대로 그리스도의 것이라면, 우리는 주께서 원하시는대로 해야 하며, 우리가 바로 그러한 책임을 주께 지고 있음을 알아야 합니다.

베드로는 몇 년 후에 그것을 알았습니다. 그는 그때사 교회의 지도자들에게 가르치게 되었고, 그 지도자들을 떠나야 했습니다. 그때 그는 의무를 충성되게 감당하기 위한 동기로 목자장에 대한 그들의 책임을 말합니다. "너희 중 장로들에게 권하노니 나는 함께 장로된 자요 그리스도의 고난의 증인이요 나타날 영광에 참예할 자로라 너희 중에 있는 하나님의 양 무리를 치되 부득이함으로 하지 말고 오직 하나님의 뜻을 좇아 자원함으로 하며 더러운 이를 위하여 하지 말고 오직 즐거운 뜻으로 하며 맡기운 자들에게 주장하는 자세를 하지 말고 오직 양 무리의 본이 되라 그리하면 목자장이 나타나실 때에 시들지 아니하는 영광의 면류관을 얻으리라"(벧전 5:1-4). 그리스도께서 맡기신 일을 감당할 때 우리는 그 맡기운 자들이 목자장에게 속하고 우리는 그에게 책임을 진다는 확고한 인식보다 우리로 더 부지런하게 만들 것이 없습니다.

맡겨진 임무

이 시점에서 우리는 매우 큰 제목을 발견합니다. "양", 그리스도의 양떼들이 있습니다. 또 목자라는 말도 있습니다. 우리는 우리 자신을 소목자들로 생각합니다. 소목자들로서의 우리의 역할에 대해서만 생각한다 할지라도, 우리에게 맡긴 임무를 감당하거나 그 임무를 성취하기 위해서 일해야 할 영역에 효과를 나타내기 위해 가져야 하는 많은 성품상의 특징을 생각할 수 있습니다. 첫째로 겸손, 부지런함, 자제, 인내, 온유, 자기 가정을 잘 다스림, 경건, 그리고 신약성경이 분명하게 언급하는 다른 많은 것들을 필요로 합니다. 두번째 범주 속에서는 양떼들의 본이 되어 치리하며 효과적인 감독 역활을 하는 것을 생각해야 합니다.

그러나 우리가 생각하는 이 본문이 다른 이러한 문제들을 완전히 배제시키는 것은 아니지만 더욱 제한되어 있습니다. 소목자들인 우리의 책임은 일차적으로 우리에게 맡기어진 양들을 먹이는 것이라고 말하고 있

읍니다. 어떻게요? 하나님의 말씀을 가르치고, 나누고, 다른 어떤 방식
으로든지 하나님의 말씀을 전함으로써 입니다. 다른 것으로는 그리스도
인들을 양육할 수 없읍니다. 그러니 우리의 임무는 말과 행실을 통해서
성경을 가르치는 것입니다.

　여기서 우리는 매우 실제적이어야 합니다. 왜냐하면 이 시점의 난제
는 일반적으로 우리가 "무엇을" 해야 하는지 모르는데 있는 것이 아니
라 그 일을 "어떻게" 해야 하는지를 모르는데 있기 때문입니다. 이 영역
에서 우리의 책임을 통제할 원리는 우리 자신이 하나님의 성경을 연구
할 때 주도적인 원리들과 같습니다. 그 원리들 중 다섯 가지를 말씀드립
니다.

　1. 어떤 정해진 시간표에 의해서 성경을 가르쳐야 합니다. 우리 자신
이 하나님의 말씀을 연구할 때도 이 점이 필요합니다. 왜냐하면 이 영역
에서 우리가 바르게 강조하는 것들 중 하나는 " 날마다" 경건생활이 필
요하기 때문입니다. 주님께서 가르치신 기도 속에서 "우리에게 일용할
양식을 주옵시고"라고 기도합니다. 이것이 우리가 매일 먹을 육체적 또
는 영적인 양식을 필요로 하는게 분명하지만, 매일 하나님의 말씀을 먹
을 필요를 배제시키지 않음에 틀림없읍니다. 이 이유 때문에 인기 있는
경건 안내책자는 "매일의 양식"(Daily Bread)이라는 책입니다. 같은
요점을 강조하는 또 다른 안내 책자는 "아침의 만나"(Manna in the
Morning)입니다. 또는 세번째로, "매일의 빛"(Daily Light)이라 하는
것도 있습니다. 우리 각자 개인적으로 하나님의 말씀을 매일 정기적으
로 먹을 필요가 있듯이, 영적 권위의 위치에 있는 사람들도 하나님의 말
씀을 정규적으로 가르치고 전해야 합니다.

　이 일을 위해서 분명한 한 요점은 주일마다 신실하게 가르치는 교회
에서 진행되어 나가는 설교입니다. 그러나 그것은 한 영역에 불과합니
다. 또 다른 영역은 주간의 성경연구나 성경공부반입니다. 이웃들이나
같은 동료직원들끼리 일을 해나가면서 보다 더 작은 공식적 모임으로
이 책임을 행사하기도 합니다. 여기서 말씀드리는 요점은 그 공부가 정
규적이어야 한다는 것입니다. 가끔 증거하는 것 가지고는 성이 찰 수 없
읍니다.

2. 성경을 가르치거나 성경진리를 전달하는 일은 **조직적**(체계적)으로 해야 합니다. 곧 성경을 때때로 중구난방으로 경우에 따라 논평하거나, 관련 없는 교훈을 주는 대신 성경의 한 책이나, 아니면 성경 전체를 어떤 의도적인 계획을 가지고 훑어나가야 합니다. 많은 사람들이 진짜 성경을 공부하고 있지 않습니다. 또 공부하는 법도 모릅니다. 그저 읽을 뿐이지요. 그것도 나쁘지 않습니다. 그것도 놀랍지요. 그러나 그 성경의 대목들을 가르치는 것은 지도자들에게 주어진 특별한 책임영역입니다.

저는 다음과 같은 절차를 제안하고 싶습니다. 첫째, 책 하나를 선정하여(성경의 각 책을 말함 - 역자주) 그것을 주의깊게 네 다섯번 읽습니다. 두번째로, 그 책을 여러 대목으로 구분해 봅니다. 보통 쓰는 당신의 원고내용들을 여러 장으로 나누어 보듯이 말입니다(반드시 우리가 가지고 있는 성경에 표기된 장들로 구분할 필요는 없습니다). 또한 그 장들 안에 여러 구분을 해보고, 문단으로 나누어 봅니다. 세번째로, 이 대목들을 서로 연관시켜 보면서 주요한 주제를 다루는 주요대목이 어느 것인가? 어느 것이 서론이고, 어느 것이 본 주제를 벗어난 삽입적 부분인가? 어느 것이 적용인가?를 알아 봅니다. 그렇게 하면 그 책의 일반적인 윤곽을 알게 될 것입니다. 네번째로, 각 대목을 보다 상세하게 연구해나갑니다. 이 대목의 주요 요점이 무엇인가? 그 말이 누구에게 주어진 것인가? 어떻게 그것을 적용해야 하나? 그 대목에서 나오는 결론들은 무엇인가? 마지막으로 각 어구들과, 열쇠와 같은 어휘들을 연구합니다. 가르치는 모든 상황에서 이러한 연구가 다 가능한 것은 아닐 수도 있습니다. 그러나 최소한 교사는 가르치기 위해서 준비할 때는 반드시 그런 일을 해야 합니다. 다른 사람을 먹이기 위해서 우리가 먼저 먹어야 합니다.

3. 성경은 가능한 포괄적으로 가르쳐야 합니다. 제가 뜻하는 바는, 예언이나 바울 연구나, 노아 홍수의 본질에 대해서 전문가가 되되, 우리의 가르침을 받는 사람들이 역시 알 필요가 있는 더 광범한 영역을 무시하는 식이어서는 안된다는 뜻입니다. 성경은 많은 강조점들을 균형 있게 말하고 있습니다. 기독교는 균형잡힌 것이어야 합니다. 우리가 성경을 포괄적으로 연구하거나 가르치지 않는다면 불균형상태에 빠져 교회가 비뚤어질 것입니다.

4. 기도하면서 성경을 가르쳐야 합니다. 오늘날 미국교회에 있어서 한 가지 부족한 것은 효과적인 성경연구의 좋은 체계입니다. 그러나 그렇기는 하지만, 좋은 체계와 대단히 학문적인 체계를 가지면서도 성경연구를 통해서 하나님께서 우리에게 말씀해 주시기를 구하지 않기 때문에 성경연구의 요점을 놓칠 수 있습니다. 서기관들은 대단한 학자들이었습니다. 그러나 그들은 그들의 방식을 구체화시키는데 있어서 기계적이어서, 성경의 주요한 가르침을 놓쳐 버렸습니다. 그리스도께서 오실 때 그들은 그리스도를 알아 보지 못했습니다.

시편 119편에서 그 시편기자는 우리가 마땅히 가져야 하는 자세를 이렇게 쓰고 있습니다. "주의 종을 후대하여 살게 하소서 그리하시면 주의 말씀을 지키리이다 내 눈을 열어서 주의 법의 기이한 것을 보게 하소서" (17, 18절). 우리가 연구하고 가르칠 때 이러한 기도가 선행되면 어떤 일이 일어날까요? 여러 가지 일들이 일어납니다. 첫째, 우리가 성경을 연구할 때 진정 하나님을 만나고 있는 것이지 단순히 미리 정해진 종교적 의식을 치르고 있지 않다고 생각하게 만듭니다. 둘째로 하나님께서 우리에게 말씀하고 계신 일에 예민해지고, 우리의 삶과 행동을 그에 따라서 바꿀 수 있게 될 것입니다. 세째로, 다른 사람들의 필요에 대해서 인식하게 만들어 효과적으로 다른 사람들을 가르칠 수 있을 것입니다. 양을 먹이라는 그리스도의 주신 사명을 감당할 때, 하나님께서 친히 우리에게 말씀하고 계시며, 우리를 통해서 당신의 백성들에게 말씀하고 계심을 아는 것보다 더 흥미진진한 것이 없다고 저는 생각합니다.

마지막 요점은, 더욱 순종하는 자세로 하나님의 말씀을 연구해야 합니다. 하나님께서 말씀하시면, 목적을 갖고 계십니다. 그는 우리가 그의 말씀에 순종하기를 기대하십니다. 우리가 순종합니까? 그렇다면 우리의 삶과, 우리가 책임 맡고 있는 사람들의 삶이 변화될 것입니다. 우리 교회가 달라지게 될 것이고, 우리 사회도 그러할 것입니다.

설교자들에게 주신 한 말씀

이 모든 것이 아주 광범하게 적용됩니다. 왜냐하면 우리 가운데서 어느 누구에 대해서 어느 정도의 책임을 갖고 있지 않는 사람은 거의 극

소수에 불과하기 때문입니다. 우리는 통상적으로 어떤 방식으로든 보통 작은 목자들입니다. 그러나 설교자들에게 특별히 한 말씀 드리고 싶습니다. 하나님의 말씀을 가르치는 임무는 바로 특별히 그들의 것이기 때문입니다. 목사는 많은 역할들을 합니다. 행정이나, 상담이나, 심방이나, 다른 많은 것들을 해야 합니다. 그러나 목수의 가장 주도적인 책임이 집을 짓는 것이고, 페인트칠하는 사람은 페인트를 칠하는 것이 가장 주도적인 일이듯이, 목회자의 우선적인 책임은 하나님의 말씀을 가르치는 것입니다. 실로 그가 그런 일을 하지 않으면 어떻게 그가 그 양떼들 속에서 이 책임을 함께 나눌 다른 소목자들을 기대할 수 있겠습니까?

오늘날 이 영역에서 하향추세가 드러납니다. 가르침에서 그렇고 일반적으로 설교에서 그렇습니다. 그 이유는 여럿 있습니다. 첫째로 설교하는 일에서 목회사역의 다른 필요한 여러 영역으로 관심이 옮겨 갔습니다. 카운셀링이나 예배의식이나, 작은 소그룹을 운영하는 것이나, 그 밖에 그와 유사한 관심거리들에 시선을 돌립니다. 물론 이러한 것들도 중요합니다. 목사가 해야 할 일들이지요. 그러나 그러한 것들 때문에 목사의 제일차적인 책임을 간과해서는 안됩니다. 하나님의 말씀을 가르치는 책임 말입니다. 더구나 그 둘은 서로 배치되지 않습니다. 하나님의 말씀을 가장 잘 가르칠 때 이런 다른 여러 가지의 관심거리들도 잘 돌볼 수 있습니다. 청교도 시대가 그것을 보여 주는 한 예입니다. 이 시기의 설교자들은 완숙한 강해설교로 유명했습니다. 그들의 설교내용이 어떤 경우에서는 너무 무거워 오늘날 그것을 읽어낼 사람이 별로 없기도 합니다. 그러나 그렇다고 해서 다른 목회 사역을 소홀히했다는 뜻은 아닙니다. 오히려 예배는 강력한 하나님의 임재의식의 특징을 보였고, 그러한 설교를 했고 그러한 예배를 인도했던 사람들은 하나님께서 돌보도록 맡겨주신 사람들의 난제들과 시험거리들과 성장에 대해서 깊은 관심을 가졌습니다.

설교가 하향세를 취하는 두번째 가능한 이유는 오늘날 보통 웅변을 믿지 않는 경향 때문입니다. 우리 시대의 사람들은 교묘하게 다루어지는 것에 민감한 반응을 나타내고 싫어합니다. 설교가 분명히 사람들을 감동시키는 방향으로 나아가니(사람들을 단순히 교훈하는 것이 아님)

이것은 교묘하게 사람들을 다루는 것으로 보여서, 많은 사람들이 설교를 듣지 않으려 한다는 것입니다. 그것이 두번째로 가능한 설명이겠지요.

그러나 그렇게 설명하는 것이 곤란한 것은, 일리가 있기는 하지만 외양적인 일들과 외양적인 상황만 감안하고 설교가 하향세를 취하는 내면적이고 근본적인 원인은 놓쳐버리는데 있습니다. 이 영역에서 해답은 무엇입니까? 하나님의 말씀을 설교하고 가르치는데 있어서 현재의 하향추세는 교회의 신학자들이나 신학교 교수들이나 그들에게 훈련을 받는 목회자들 가운데 성경을 권위 있고 정확무오한 하나님의 말씀으로 믿지 않으려는 선행적 자세에 기인한다고 해야합니다. 아주 간단히 말해서 하나님께로부터 온 분명한 말씀이 있다는 확신을 상실한 것입니다.

여기에서 성경의 무오성과 권위의 문제가 함께 수반됩니다. 성경을 접근하는데 있어서 성경의 정확무오성을 하나의 전제로 하기를 포기하는 사람들이 반드시 성경의 권위에 대한 믿음을 버리는 것은 아니기 때문입니다. 오히려 그들은 자주 성경의 정확무오성을 포기할 바로 그때에 성경의 권위를 가장 큰 소리로 말하기도 합니다. 성경 전체나, 또는 그 성경의 부분에 오류가 없다는 확신을 갖지 않는 이 학자들과 설교자들은 필연적으로 성경의 정확무오성을 주장하는 사람들과 다르게 접근하기 마련입니다. 그들이 입으로 무슨 말을 한다 할지라도 말입니다. 그들의 저작에도 목사가 보는대로 성경이 세상과 인생에 대해서 어떠한 빛을 비출 수 있는가하고 탐구합니다(그 정도로 성경을 탐구합니다). 그러나 그들은 세상과 인생에 대해서 우리가 어떻게 생각해야할지, 그 세상과 인생에 대해서 우리가 던져야 할 질문이 무엇인지를 말해 주고 규정해 주는 틀림없고 압도적인 계시로 성경을 보지 않습니다.

설교자가 알지도 못하는 사이에 참된 권위를 이처럼 상실하는 것보다 더 서글픈 일은 없습니다. 랍비와 한 사제(신부)와 프로테스탄트 목사가 한 자리에 모여 패널 토의를 보도한 것을 보면 그 난제가 발견됩니다. 랍비는 일어나서 "나는 모세의 법에 따라서 말합니다"라고 말했읍니다. 신부는 일어나서 "나는 교회의 전통에 따라서 말합니다." 그러나 목사는 "내가 생각할 때는…"라고 말했읍니다.

성경의 권위와 무오성을 믿고 그 성경을 믿음으로 강해하는 것과, 이러한 믿음을 버리고 성경을 무시하고 확실한 소리를 내지 못하는 것 사이의 관계를 놓칠 수가 없습니다.

마틴 로이드 존즈 박사는 이 관계를 지적하고 있습니다. 그는 설교의 하향추세에 대해서 이렇게 쓰고 있습니다. "저는 설교가 하향추세를 보이는 첫번째 이유로 성경의 권위에 대한 믿음을 상실한 것과, 진리를 믿는 믿음의 감소를 첫번째 자리에 서슴없이 놓겠습니다. 제가 이것을 첫번째 이유로 두는 것은 그것이 주요한 동인이라고 저는 확신하기 때문입니다. 만일 여러분이 권위를 갖고 있지 못하면 잘 말할 수 없고, 설교할 수 없습니다. 위대한 설교는 언제나 위대한 주제에 달려 있습니다. 위대한 테마는 언제나 어떤 영역에서든지 위대한 말을 산출하기 마련입니다. 물론 교회의 영역에서 특별히 그러합니다. 사람들이 성경을 하나님의 권위 있는 말씀으로 믿고, 그 권위에 입각해서 말할 때 대단한 설교를 만나게 됩니다. 그러나 일단 그것이 없어지면 사람들은 사변적으로 나가기 시작하고, 이론화시키고, 가설 등을 내세우고, 그렇게 되면 전해지는 말의 웅변력과 위대함이 여지없이 삭감되고 감퇴되기 시작합니다. 사변과 추측을, 이전시대의 설교가 성경의 위대한 주제들을 다루었던 것과 똑같은 방식으로 다룰 수는 없는 것입니다. 그러나 성경의 위대한 교리들을 믿는 믿음이 사라지고, 설교가 윤리적 강연이나 강화로 바뀌어지며, 도덕적 고양과 사회정치적인 대담으로 탈바꿈하면, 설교가 하향추세를 취하는 건 놀라운 일이 아닙니다. 이 하향추세의 첫째 되고 가장 큰 원인이 그것이라고 저는 주장하는 바입니다."

그래서 저는 설교자들에게 이런 말씀을 드리는 것입니다. 여러분은 무엇보다도 성경을 주의깊고 정규적으로, 조직적으로 가르침으로써 그리스도의 양들을 먹일 임무를 받은 사람들입니다. 그러나 여러분이 성경에 있는 모든 말씀이 온전히 진리라고 확신하지 못하면 그런 일을 하지 못할 것입니다. 그러니 이것을 먼저 정립하십시요. 성경이 전체에 있어서나 그 부분에 있어서 바로 하나님의 말씀입니까? 성경의 각 페이지마다 하나님께서 틀림없이 말씀하셨습니까? 그렇지 않다면 또 다른 일을 찾으십시요. 만일 하나님께서 성경에서 정확무오하게 말씀하셨다면 여러분에게 주어진 모든 힘을다해서 이 말씀을 선포하십시요.

"내 어린 양을 먹이라"

15절과 16절과 17절 사이에 그리스도께서 명하신 말씀이 약간 다르게 표현되어 있습니다. 그것은 "내 양을 먹이라"(두번째 경우와 세번째 경우에)와 "내 어린 양을 먹이라"(첫번째 경우)사이의 차이입니다.

이것이 문체적인 차이에 불과할 수 있음을 저는 인정합니다 — 많은 주석가들이 그렇게 말하지요. 또는 모든 그리스도의 사람들이 어린 아이들이라는 암시일 수도 있지요 — "양들"일 뿐 아니라 "어린 양들"이라는 식으로 말입니다. 그러나 어린이들에 대한 우리 주님의 관심과, 어린이들을 특별히 주의 교양과 훈계로 양육해야 한다는 성경의 가르침을 기억할 때, 예수님께서 분명히 다음과 같이 말씀하신 것이 아닌가 하는 생각이 듭니다. "너희가 내 양을 먹일 때 어린 아이들을 잊지 말라. 사실 어린 아이들로부터 시작하라. 하늘나라가 저희와 같은 자들의 것이기 때문이다." 교회의 가장 훌륭한 목사들이나 장로들은 언제나 이것을 느끼고, 그래서 어린 아이들과 시간을 보냈습니다. 두 경우를 예로 들면, 마틴 루터와 존 웨슬리의 경우입니다. 그 두 사람을 말하는 것은 이러한 관심을 그들만이 기울여서가 아닙니다. 그들이 뛰어난 사람들이었고 바쁜데도 어린 아이들을 무시하지 않았다는 것입니다. 루터가 어떻게 했읍니까? 특별히 어린 아이들을 위해서 소요리문답을 만들었읍니다. 그 소요리문답은 어떤 변증적인 성격을 띤 것이 아니라 복음을 명백하게 드러낸 것입니다. 루터가 한번은, 에라무스에게 한 답변서(노예의지론)와 이 소요리문답은 빼놓고 자기의 모든 저서들이 다 없어져도 자기는 기뻐할 것이라고 말한바 있읍니다. 루터와 같이 어린애들에게 큰 관심을 기울인 웨슬리는 자기에게 가르침을 받는 목회자들에게 충고하였읍니다. (1) 열 어린이가 모이는 모임이 있으면, 적어도 매주 한 시간씩 그들과 만나라. (2) 어떤 가정에서 어린이를 만나거든 꼭 그들에게 이야기를 하라. (3) 그들을 위해서 열심히 기도하라. (4) 집에서 각 부모들을 부지런히 가르치고 강하게 권면하라. (5) 특히 교육에 대해서 설교하라. 그러한 일은 영광스럽지 않습니다. 세상의 주목도 받지 않습니다. 그러나 그것이 그리스도의 명령이요, 이 명령을 준행한 사람들은 "
이 소자 하나"를 섬김으로써 그리스도를 섬겼다는 걸 아는 기쁨을 가질
것입니다.

47

영광에 이르는 길들

"내가 진실로 진실로 네게 이르노니 젊어서는 네가 스스로 띠
띠고 원하는 곳으로 다녔거니와 늙어서는 네 팔을 벌리리니
남이 네게 띠 띠우고 원치 아니하는 곳으로 데려가리라 이 말
씀을 하심은 베드로가 어떠한 죽음으로 하나님께 영광을 돌릴
것을 가리키심이러라 이 말씀을 하시고 베드로에게 이르시되
나를 따르라 하시니 베드로가 돌이켜 예수의 사랑하시는 그
제자가 따르는 것을 보니 그는 만찬석에서 예수의 품에 의지하
여 주여 주를 파는 자가 누구오니이까 묻던 자러라 이에 베드
로가 그를 보고 예수께 여짜오되 주여 이 사람은 어떻게 되겠
삽나이까 예수께서 가라사대 내가 올때까지 그를 머물게 하고
자 할찌라도 네게 무슨 상관이냐 너는 나를 따르라 하시더라
이 말씀이 형제들에게 나가서 그 제자는 죽지 아니하겠다 하였
으나 예수의 말씀은 그가 죽지 않겠다 하신 것이 아니라 내가
올 때까지 그를 머물게 하고자 할찌라도 네게 무슨 상관이냐
하신 것이러라."(요 21:18-23)

베드로와 요한의 삶과 죽음에 대한 그리스도의 말씀을 연구하는 이
강론을 시작하면서, 스위스의 의사 폴 투니어(Paul Tournier)가
사물세계와 사람들의 세계를 구분하면서, 사람들의 세계가 놀라울 정도
로 다양함을 강조했던 것이 생각납니다. 사물의 세계를 볼 때 – 가장 작

은 모래 알갱이와 장미꽃잎으로부터 항성이나 별들에게 이르기까지 — 이 세계의 무한한 다양성에 깊은 인상을 받습니다. 그러나 좀더 숙고해 보면 그 모든 사물에는 주목할만한 동일성이 있음을 발견합니다. 어떤 사물들은 정말 똑같습니다 — 예를 들어서 모래 알갱이나, 자동차나 슈퍼마켓 선반에 있는 청정제 박스나 프리스비 상품들과 같은 공장에서 나온 물건들이 그러합니다. 과학이 밝혀낸 이른바 화학물리법칙을 통해서 드러나는 이면에 숨어 있는 동일성은 더욱 더 의미심장합니다.

사람들의 세계는 그렇지 않습니다. 물론 흔히 같은 패턴을 반복하는 것 같은 것이 있읍니다. 외향적인 사람들이나 내성적인 사람들, 행동적인 사람들이나 게으른 사람들, 정신적으로 건전한 사람들(그것이 무엇이든지)과 정신적으로 다소 불안한 사람들로 나뉘어질 수 있습니다. 그러나 이러한 보편적인 범주를 다룸에 있어서 면밀한 관찰자에게 가장 깊게 느껴지는 것은 그 인격 개인의 독특성입니다. 사람들은 다릅니다. 자기에게 오는 환자들을 재빨리 분류하는 정신의학자는 분명히 잘못된 의사입니다. 아무리 훈련을 받은 사람이라 할지라도 사람들을 마구잡이로 어떤 범주에 집어넣는 것은 지혜롭지 않고 어리석습니다. 더 나아가 사람은 그런 일을 통해서 매우 해를 받습니다. 그렇게 하는 사람은 그 사람들을 비인격적인 세계의 표준에 맞추고, 그 사람들을 비인격화하기 때문입니다.

이처럼 인격세계 내에 무한한 것처럼 보이는 다양성이 존재하는 이 이유는 영적인 것입니다. 그것은 인간을 자기 형상대로 창조하신 하나님의 의도에서 나온 것입니다. 불행히도 이 다양성을 가장 잘 보존하고 발전시키기를 소원해야 하는 교회가 자주 그것을 반대하고, 오히려 옛 틀에 교회에 나오는 사람들을 억지로 끼워 맞추려고 노력하고 있습니다.

베드로와 요한

제가 이러한 관찰을 감안하면서 이 연구를 시작하는 것은, 그리스도께서 베드로와 나눈 대화(요한과 나눈 대화)중 다음 대목이 바로 그 난제와 관련되기 때문입니다. 예수님께서는 베드로에게 다시 사명을 새롭게 하시는 일을 삼중적으로 완성짓고, 예수님을 섬기는 베드로를 위해서 예비된 것이 무엇임을 밝혀 주셨습니다. 예수님께서는 베드로의 젊은 날과 늙을 때 사이를 대조하시는 일로 시작합니다. "내가 진실로 진실로 네게 이르노니 젊어서는 네가 스스로 띠띠고 원하는 곳으로 다녔거니와 늙어서는 네 팔을 벌리리니 남이 네게 띠 띠우고 원치 아니하는 곳으로 데려가리라"(18절). 요한이 지적하듯이, 이것은 베드로가 순교로 죽음을 맞게 되리라는 예언 이상의 일입니다. 그것은 마치 베드로가 전에 자기를 자랑하며 말하던 것과 같이 들립니다. 베드로는 그전의 자랑을 지킬 수 없었는데 그 자랑이 실제로 허락될 것이라고 말씀하시는 것 같습니다(요한복음 13:37에서 "주를 위하여 내 목숨을 버리겠나이다"라 하였음). 베드로가 예수님을 위해서 죽을 것입니다. 그러나 한 순간 그 대화의 흐름은 달라졌습니다.

베드로는 둘러보면서 따르는 요한을 바라보며 그의 천성적인 기질과도 같은 대단한 호기심으로 가득 차서 "주여 이 사람은 어떻게 되겠삽나이까"라고 예수님께 묻습니다(21절).

예수님은 "내가 올 때까지 그를 머물게 하고자 할지라도 네게 무슨 상관이냐 너는 나를 따르라"(22절)고 말씀하십니다.

"요한의 봉사형태는 네 것과 다르다. 그러나 그것은 네가 관심 둘 일이 아니다." 이 사건을 보고 우리가 다른 그리스도인의 소명에 대해서 지나치게 관심을 가져서는 안되고, 과소평가해서도 안되며, 오히려 우리는 우리 자신의 소명을 붙잡고 계속 나가야 한다고 말할 수 있습니다. "남의 하인을 판단하는 너는 누구뇨 그 섰는 것이나 넘어지는 것이 제 주인에게 있으매 저가 세움을 받으리니 이는 저를 세우시는 권능이 주께 있음이니라"(롬 14:4). 또 다른 결론은, 그럼에도 우리가 이 서로간의 차이를 인정하고 그 차이들이 하나님께서 백성들에게 복음 주시기 위해서 주신 것으로 알고 진작시켜야 한다는 것입니다.

젊을 때와 늙을 때

이 본문 속에는 진술이나 함축의 관점에서 볼 때 여러 차이가 있습니다. 첫째는 젊을 때와 늙을 때의 차이가 있습니다. 그리스도께서는 베드로가 젊을 때에는 원하는대로 마음대로 다닐 수 있었지만 늙어서는 자기가 조금도 통제할 수 없는 일들이 일어날 것임을 대조하심으로써 베드로의 경우에 대해서만 말씀하십니다.

젊을 때의 특징들은 무엇입니까? 그 특징 중 하나는 행동을 위한 확신어린 준비입니다. "내가 진실로 진실로 네게 이르노니 젊어서는 네가 스스로 띠띠고 원하는 곳으로 다녔거니와"라는 말씀을 통해서 암시됩니다. 밝은 계획이 세워지고 그 계획을 성취하기 위한 첫번째 단계들이 취해지는 것은 바로 그 젊음의 시절입니다. 젊은 날의 또 다른 특징은 자신감입니다. 이 본문에 대한 가치 있는 설교를 했던 알렉산더 맥클라렌은 이렇게 쓰고 있습니다.

"자신감은 젊은 사람에게 주어진 은사요 청지기 정신이다(모든 은사들이 다 청지기의 임무로 주셨듯이). 어린 시절에는 모두 다 우리가 '하늘에 미칠 탑을' 쌓을 것이라고 공상한다. 우리는 이제 이 시대에 이르렀다. 그것을 이루는 방식을 사람들에게 보여 주겠다. 과거 세대는 실패했으나 우리 세대들은 더 밝은 전망으로 가득 차 있다. 우리 주위에 있는 모든 곳으로 돌진해나가는 젊은 날의 굴레 없는 자기확신 속에는 매우 감동적이고 우리 노인들이 볼 때에는 매우 애처로운 것이 있다. 우리는 장차 올 것이 틀림없는 환멸을 너무나도 잘 알며, 아침 하늘을 덮을 좌절을 너무나도 잘 안다. 우리는 중년의 어두운 체험으로 부터 한 그림자도 아침과 같은 젊은날의 상쾌한 빛깔로 바꾸지 못할 것이다. 금방 '찬란한 비전도 보통날의 빗속으로 사라져 버릴 것이다.' 그러나 지금 현재 이 자만심어린 확신은 여러분 젊은 날이 가질 수 있는 축복 중 하나이다."

여러분도 아다시피 젊은 사람들은 약점이 있습니다. 체험이 모자라고 그래서 흔히 어리석습니다. 그 젊은 사람들은 교훈과 훈련을 받고 도전을 받을 필요가 있습니다. 그러나 그러한 모든 연약 때문에 꿈과 활력이 없으면 우리 모두는 더 궁핍해질 것입니다. 그러므로 교회에 주신 하나님의 은사들을 생각할 때 젊은 사람들의 은사를 잊어서는 안됩니다. 또 그것들을 멸시해도 안됩니다. 젊은 사람들의 어깨를 축 늘어지게 해서도 안됩니다.

이 대조의 또 다른 측면은 늙었을 때 입니다. 주님께서 늙었을 때에

대해서 나타내기 시작하는 요점은, 어떤 일들이 우리의 의향과는 반대
되는 방향으로 일어나고 주어질 것이라는 점입니다. 이 경우에서 예수
님께서는 베드로의 순교, 그것도 십자가에 못박혀 죽는 것을 말씀하시
고 계신 것 같습니다. 베드로는 더 이상 스스로 그러한 일을 선택하지
못합니다. 마치 우리가 질병과, 기회의 한계와, 환멸어린 일들과, 다가오
는 여러 햇동안 우리에게 닥쳐올 다른 난제들을 우리 마음대로 할 수
없는 것처럼 말입니다. 오히려 이러한 것들은 베드로에게 또 우리에게
도 주어집니다. 그것들은 젊은 날의 꿈만큼 교회를 위해서 필요한 것입
니다.

요한이 베드로에 관한 예언을 언급하는 방식이 매우 의미 있는 요점
이 있읍니다. "이 말씀을 하심은 베드로가 어떠한 죽음으로 하나님께 영
광을 돌릴 것을 가리키심이러라"(19절). 요한이 베드로의 젊은 날의 꿈
에 대해서 한 말이 아니라 베드로의 고난에 대해서 한 말이라고 지적하
는 것을 주목해야 합니다. 왜냐하면 "성도들이 하나님을 영화롭게 하는
것은 어떤 활동을 통해서 뿐 아니라 주로 고난을 통해서 이기 때문입니
다"(아더 핑크). 하나님께서 아나니아에게 바울에 대해서 말씀하실 때
"그가 내 이름을 위하여 해를 얼마나 많이 받아야 할 것을 내가 그에게
보이리라"(행 9:16)고 말씀하셨읍니다. 바울이 하나님을 영화롭게 한
것은 그러한 고난 속에서였읍니다. 어떻게요? 예수님께서 고난을 참아
내신 것처럼 고난을 참음으로써 말입니다. 이 때문에 히브리서 기자는
우리더러 이렇게 권고합니다. "믿음의 주요 또 온전케 하시는 이인 예수
를 바라보자 저는 그 앞에 있는 즐거움을 위하여 십자가를 참으사 부끄
러움을 개의치 아니하시더니 하나님 보좌 우편에 앉으셨느니라"(12:2).

젊은 사람과, 장년에 든 사람과, 중년에 든 사람, 더 나이가 든 중년,
노년에 든 사람들 사이의 차이는 하나님께서 주신 것입니다. 우리는 모
든 사람들의 체험을 필요로 하고, 어떤 한 연령층에 속한 패턴을 다른
연령층에 속한 사람들에게 억지로 씌우려 하지 말아야 합니다.

우리의 기질들

사람마다 차이가 나는 두번째 영역은 기질입니다. 팀 라헤이(Tim

LaHaye) 는 그의 책 "The Spirit – controlled Temperament"(성령의 통제를 받는 기질)과 "Transformed Temperaments"(변화된 기질)이라는 책에서 이러한 차이들을 많이 다루었습니다. 이 책들에 대해서 문제들이 제기되었읍니다. 그러나 기본적으로 네 가지의 기질이 있는지 없는지, 또는 네 가지 기질이 있다면 이 네 가지 기질 속에서도 차이가 있는 것이 아닌가하는 의문이 제기되었읍니다. 이 본문에서도 열정의 제자 베드로가 요한과는 분명히 다릅니다.

베드로를 볼 때마다 우리는 행동의 사람으로 그를 봅니다. 말도 제일 먼저 하고 행동도 제일 먼저 합니다 – 그것이 언제나 지혜로운 것은 아니지만 언제나 처음입니다. "너희는 나를 누구라 하느냐?"라고 예수님께서 물으셨을 때 "주는 그리스도시요 살아계신 하나님의 아들이시니이다"(마 16:16)라고 대답한 것도 베드로였읍니다. 예수님께서 잡히실 때 칼을 빼어 대제사장의 종의 귀를 떨어뜨린 사람도 베드로였읍니다(요 18:10). 이 요한복음 21장에서도 그리스도께서 해변가에서 부르실 때 그리스도의 음성을 알아보고 대번에 물로 뛰어들어 예수님께 갔던 사람도 베드로입니다. 베드로는 부단한 행동주의자입니다. 반면에 요한은 거의 말을 하지 않는 사람입니다. 그는 칼도 지니고 있지 않았고 귀도 떨어뜨리지 않았읍니다. 예수님께서 해변에 나타나시고, 베드로가 물로 뛰어내려 예수님을 향하여 헤엄쳐 갈 때, 요한은 배에 남아서 예수님께서 지시한대로 잡은 고기를 육지로 끌고 왔읍니다. 요한은 조용한 사람이요 생각이 깊은 사람이었읍니다. 그러나 예수님께서는 시끄러운 베드로를 위해서 한 자리를 마련해 놓으신 것처럼 요한을 위해서도 한 자리를 마련해 놓으셨읍니다. "내가 올 때까지 그는 머물게 하고자 할지라도 네게 무슨 상관이냐?"(22절)고 말씀하심으로 이 점을 가르치십니다.

섬김의 형태들

이것은 그리스도인들이, 소명, 또는 섬김의 형태에도 차이가 있다는 세번째 영역으로 이끌어 줍니다. 이 문제는 우리의 영적인 은사와 관계 있읍니다.

여기서 유명한 중국의 전도자 워치만 니가 쓴 "What Shall This Man

Do?"(이 사람은 무엇을 할 것인가?)라는 제목의 책을 생각하는데, 그 제목은 이 본문에서 취한 것입니다. 니는 하나님의 소명이 언제나 독특하다고 논증하는 일로부터 시작하는데 잘한 일입니다. 다시 말하면 그것이 단순히 보편적인 것이 아니라는 말입니다. 어떤 한 개인에게 그 소명이 주어지고, 어떤 특별한 섬김을 요구한다는 의미에서 그것은 언제나 개인적입니다. 니는 이렇게 씁니다. "하나님께서 나나 귀하에게 목회 사역을 맡긴다면, 그를 섬길 때 우리를 함께 싸잡아 몰아넣지는 아니하시고, 오히려 언제나 우리 각 사람을 통해서 하나님의 목적을 성취하기 위해 한정된 일을 이루어나간다… 하나님은 하나님께서 정해 놓으신 영역에서 하나님을 섬기라고 요구하신다. 그리스도의 충만의 어떤 특별한 국면을 사람들에게 맡기든지, 아니면 하나님의 계획과 어떤 관련을 가진 특별한 일을 맡기든지 하신다. 적어도 어느 정도는 모든 목회사역이 그런 의미에서 각각 그 나름의 특수성을 가져야 한다."

더구나 니가 계속 지적해나가듯이, 사역자들도 다양하니 하나님께 부르심을 받은 그 사역자들의 은사도 다양합니다. 이는 이 요점을 매우 흥미로운 방식으로 입증합니다. 그는 무엇보다 먼저 베드로를 들어서, 사람 낚는 어부라는 어구로서 그의 소명을 조명합니다. 베드로의 소명은 "대단히 많은 사람들을 긴급하게 하나님 나라로 인도하는 것이었다"고 말했읍니다. 다시 말하면 복음전도의 소명을 받았다는 것입니다. 우리처럼 그리스도의 모든 제자들은 다 복음전도의 사명을 받은 것이 사실입니다. 그러나 모든 사람들이 이 은사를 아주 탁월하게 다 받은 것은 아닙니다. 베드로는 받았읍니다. 그러므로 오순절날에 삼천명이나 되는 사람을 인도하여 그리스도를 믿게 하는 데 베드로가 사용됩니다. 그 후에는 베드로의 설교로 오천명이 믿습니다. 의심할 여지 없이 요한도 전도하여 회심자들을 얻었읍니다. 바울도 그랬읍니다. 그러나 베드로처럼 그렇게 수많은 사람을 놀랍게 예수 믿게 한 다른 사람이 누군지 우리는 결코 듣지 못합니다. 어째서 그런가요? 베드로의 소명이 그것이었기 때문입니다.

같은 방식으로 오늘날 복음전도의 은사를 가진 사람들이 있읍니다. 우리는 다 복음을 전해야 합니다. 그러나 분명히 빌리 그래함 같은 사람은 예외적인 정도로 그의 은사를 받았읍니다. 하나님께서 베드로처럼 그 사람도 사용하셨읍니다. 만일 어떤 조직체를 생각한다면 CCC를 들 수 있읍니다. 이 영역에서 매우 강한 힘을 드러냅니다. 그 대학생선교회 는 수십만의 사람들을 동원하여 다른 사람들에게 그리스도에 대해서 말 하게 했읍니다. 빌리 그래함 전도단과 대학생선교회(CCC)가 신학문제 에 관한 한 그렇게 깊지 않을 수도 있고, 정말 그런 것 같습니다. 그러나 그러한 것을 보면서 "그들은 복음을 아주 바르게 나타내지 못한다. 칼빈 주의 원리를 바르게 나타내지 못하고, 4영리는 칼빈주의 5대요강보다 훨씬 못하다"고 말하는 사람들과 저는 같은 생각을 갖고 있지 않습니다. 제가 그 사람들과 공감하지 않는 것은, 개혁자들의 신학이 4영리처럼 표 현하는 그 어느 것보다 탁월하지만 그럼에도 불구하고 하나님께서는 이 사영리를 넓게 사용하셔서, 그 사영리를 통해서 많은 사람들을 그리스 도인 되게 하셨기 때문입니다. 이들은 모든 사람들이 기뻐해야 하는 복 음전도의 대단한 사역자들입니다.

두번째로, 니는 바울에게 시선을 돌리면서 그 사람의 소명은 "천막깁 는"것이라고 하였읍니다. 그가 말하는 의도는, 세우거나 하나님의 교회 를 질서지우는 일을 뜻합니다. "베드로는 일을 시작했다면 바울은 건설 하는 일을 했다. 하나님께서는 바울에게 특별한 방식으로 하나님의 교 회를 세우는 일을 맡기셨다. 다른 말로 해서 사람들에게 그리스도의 충 만을 나타내는 일, 하나님께서 그리스도 안에 있는 사람들을 위해서 생 각하고 계셨던 이른바 그 그리스도인들을 '하나로' 묶는 일을 맡기셨다 는 것이다. 바울은 그 모든 것의 위대함 속에서 하늘의 실체를 어렴풋이 보았고, 그래서 그의 사명은 모인 하나님의 사람들을 그 실체에 따라 함 께 세우는 것이었다."

오늘날도 이러한 사역에 부르심을 받은 사람들이 있읍니다. 복음전도 에 대해서 논의할 때 저는 대학생선교회에 대해서 말했읍니다. 여기서 우리는 I.V.C.F(국제기독학생연맹)을 말할 수도 있읍니다. 기독교 교육 과 기독교적 인물을 세우는데 강한 선교회입니다. 다시 이 말은 대학생 선교회가 제자훈련을 하는데 아무런 관심이 없다는 뜻은 아닙니다. 또 한 국제기독학생연맹이 복음을 전하는데 관심이 없다는 소리도 아닙니

다. 복음 전하는데 관심이 있읍니다. 그러나 국제기독학생연맹의 독특한
사역은 그리스도인들의 습관과 성품을 발전시키되 그 고장에 맞는 특유
의 작은 성경연구 그룹을 통해서 그런 일을 하며, 그 연맹에서 발행하는
다른 데서 할 수 없을 정도의 출판사역을 통한 학문적인 방식으로 현재
의 난제를 다루고 있다는 것입니다. 오늘날 교회를 살펴 볼 때 정말 문
자 그대로 그 국제기독학생연맹에서 훈련을 받고 아주 주요한 위치에
있는 지도자들이 수천이나 됩니다. 교회들도 역시 마찬가지입니다. 복음
전도의 은사를 받은 교회들이 있읍니다. 또는 세우는 은사를 받은 교회
들도 있지요. 제가 섬기는 필라델피아의 제십장로교회도 그 중 하나입
니다. 우리는 필라델피아에서 말하기를, 어떤 사람들은 산파들이라고 말
합니다. 그들은 어린 아이들을 세상으로 내놓읍니다. 제십장로교회와 같
은 다른 교회들은 소아과 의사와 같읍니다. 그 교회들은 어린 아이들을
양육합니다.

끝으로, 니는 사도요한을 보고는 "그물을 수선하는 자"로 특징짓습니
다. 요한이 예수님의 부르심을 받아 처음 성경에 그러한 배경으로 모습
을 드러냅니다(마 4:21). 베드로와 바울이 자기들에게 주어진 일을 마
치고 하늘로 간 뒤 오랫동안 행해진 요한의 특수한 임무는 찢어진 것을
회복하는 일이었다는 말씀입니다. "복음서나 요한서신이나 요한계시록
어디에서 보든지 요한을 특징짓는 것은 하나님의 백성들을 마땅히 있어
야 할 자리로 되돌려 주는데 관심을 기울인 것이다" 요한의 사역을 묘
사하는 가장 훌륭한 방식이 아닐 수도 있다는 생각이 듭니다. 그러나 그
가 오늘날 많은 사람들이 행하는 것처럼 회복의 일을 했다는 것은 사실
입니다. 오늘 현대에 있어서 프란시스 쉐퍼 박사에 의해서 세워진 스위
스의 라브리 회(L'Abri Fellowship)나 서부펜실베니아에 있는 라이고
니에르 골짜기 연구센타(Ligonier Valley Study Center), 인도의 뉴
델리의 트래시 코뮤니티(Traci Community)와 같은 연구센타가 이러
한 범주에 든다고 생각합니다.

"나를 따르라"

여기 간단한 결론이 있읍니다. 이러한 구분을 해보는 것이 유익함을

말씀드렸읍니다 – 젊은 날의 유익과 나이 많이 들었을 때의 유익, 행동
주의자들과 사상가들, 복음전도자들과 회복자들, 세우는 자들을 서로 구
분해보는 것의 유익입니다. 그러나 정직하게 말해서 각 경우마다 난제
들이 있음을 지적해야 합니다. 젊은 사람들은 너무 강한 자만심으로 어
리석게 될 위험이 있읍니다. 노인들은 자기 자신의 일에만 관심을 가져
이기주의적으로 되기 쉽습니다. 행동주의자들의 약점은 더 늦은 걸음으
로 움직이는 다른 사람들을 감안하지 않는 것입니다. 사상가는 게을러
질 수 있읍니다. 복음전도자는 피상적이 될 수 있읍니다. 세우는 자나
회복자는 자기보다 못하다 생각하는 사람들을 비평하는 잘못을 범할 수
있읍니다. 제가 이것을 말씀드리는 것은 나이의 유익이나 기질과 그 소
명나름의 이점들이 죄로 말미암아 쉽게 손상될 수 있음을 알리기 위해
서입니다.

그러나 해결책이 있읍니다. 예수님께서 베드로에게 "나를 따르라"(요
한에게도 그런 말씀을 하셨을 것임)고 말씀하실 때 예수님은 해결책을
제시하신 것입니다. 어찌해서 그것이 해결책입니까? 첫째로 만일 우리
가 예수님을 진실로 따른다면 우리의 눈은 예수님을 바라볼 것이고 우
리는 예수님을 섬김의 표준으로 삼을 것이며, 우리 자신의 불완전한 섬
김의 형태를 표준으로 삼지 않을 것입니다. 만일 우리 자신을 바라본다
면 사람들이 우리의 표준을 따라서 오기를 바랄 것이고, 그렇지 못하면
그 사람들을 우리 보다 못한 사람으로 판단하게 될 것입니다. 만일 예수
님을 바라보면, 예수님이 우리와 그 사람들의 표준이 되고, 주님께서 따
로 떨어지고 싶은 충동을 허락하지 아니하시고 오히려 여러분을 함께
인도하실 것입니다. 한번은 제가 어떤 다른 사람을 따라 거리를 걷고 있
었읍니다. 아마 베드로가 예수님을 따라가다가 예수님에게서 시선을 돌
려 요한의 행하는 것을 본 것처럼 다른 데를 바라보았읍니다. 나는 그만
전화대를 들이받고 말았읍니다. 만일 우리가 예수님에게서 시선을 떼면
어떤 기둥을 들이받게 될 것입니다.

둘째로 예수님께 시선을 고정시키면 예수님께 대한 것을 알 뿐 아니
라 또 우리 자신에 대한 것도 알 것입니다. 우리 자신에 대해서 살펴 보
면, 우리는 아무리 잘해도 "무익한 종"임을 알게 될 것입니다. 자랑할만

한 여지나, 거만하게 자기 자신을 충분하다고 내세울만한 여지가 하나
도 없을 것입니다. 우리는 부적합하고 합당치 못합니다. 우리는 정말 그
리스도를 필요로 합니다… 주님 자신의 인격을 가장 우선적으로 필요로
하고, 또한 우리 서로 간에 역사하시는 그리스도의 역사를 필요로 합니
다.

48

그리스도의 마지막 말씀

"예수께서 가라사대 내가 올 때까지 그를 머물게 하고자 할찌
라도 네게 무슨 상관이냐 너는 나를 따르라 하시더라"(요 21:
22)

그리스도께서 승천하시기 전에 하신 마지막 말씀은 사도행전 초두에
누가가 기록하였읍니다. 그 말씀은 성령을 통한 권능의 약속과, 복
음을 가지고 온 세상에 나가라는 명령을 내용으로 합니다. 그러나 요한
복음에 기록된 그리스도의 마지막 말씀은 그것이 아닙니다. 요한이 이
다른 요점에 대한 그리스도의 교훈을 알지 못했다는 뜻은 아닙니다. 제
4복음서는 그 다른 어느 복음서보다 성령에 관한 더 많은 교훈을 내포
하고 있읍니다. 또 위대한 사명을 기록하고도 있읍니다("아버지께서 나
를 보내신 것 같이 나도 너희를 보내노라", 20:21). 오히려 요한복음이
끝나면서 그리스도께서 제자정신을 촉구하신 걸 요한은 강조하고 싶었
읍니다. 요한복음에 나타난 그리스도의 마지막 말씀은 "너는 나를 따르
라"입니다.

결정적으로 이 말씀은 요한복음에서 그리스도의 처음 말씀과 거의 방
불합니다. 안드레와 이름이 밝혀지지 않는 제자가 세례 요한의 지시대
로 예수님을 따른 에피소드와 관련하여 그리스도께서 하신 말씀을 요한

이 처음 인용했는데, 예수님께서 그들에게 하신 첫번째 말씀은 "너희가 무엇을 구하느냐"(1:38)입니다. 그러나 밤을 어디서 보내시려느냐고 그 제자들이 묻자, 예수님은 위대한 초청의 여러 말씀 중 첫번째에 해당하는 "와 보라"(39절)라고 대답하십니다. 이 말씀은 제자가 되라는 초청의 말씀입니다. 그러나 이 점을 놓치지 않기 위해서 빌립을 부르실 때 하신 말씀은 문자 그대로 "나를 좇으라"(43절)는 말씀임을 잊어서는 안 됩니다.

정말 진정한 의미에서 요한복음에서 그리스도께서 첫번째로 하신 말씀과 마지막으로 하신 말씀은, "나를 좇으라"입니다. 이 말씀은 기독교는 그리스도 자체임을 생각나게 합니다. 그리스도를 어떤 추상적인 의미로 믿는 것이 아니라 다른 모든 것을 등지고 그리스도를 따른다는 의미에서 그리스도를 믿는 것입니다.

자기 부인

그리스도의 마지막 일곱 말씀 중 이 마지막 말씀이, 우리가 알게 되겠지만, 순종하기가 어려울지 모릅니다. 그러나 예수께서 친히 그 말씀 해석을 다른 곳에서 하신다는 이유 하나만으로도 이 말씀을 해석하기가 어렵지는 않습니다. 열쇠와 같은 대목은 누가복음 9:23-25(막 8:34-37에서는 병행구)입니다. 여기서 예수님께서는 "아무든지 나를 따라오려거든 자기를 부인하고 날마다 제 십자가를 지고 나를 좇을 것이니라 누구든지 제 목숨을 구원코자하면 잃을 것이요 누구든지 나를 위하여 제 목숨을 잃으면 구원하리라 사람이 만일 온천하를 얻고도 자기를 잃든지 빼앗기든지 하면 무엇이 유익하리요."

요한복음 21:19, 22와 같이 이 말씀도 예수님을 따르라는 초청의 말씀입니다. 그러나 요한복음에 나오는 말씀과는 달리 그처럼 예수님의 제자가 된다는 것이 무엇을 뜻하는지 설명해 줍니다. 특별히 이 말씀은 제자정신이 뜻하는 바를 가르치고 있습니다. (1) 자기 부인, (2) 그리스도를 섬기기 위해서 십자가를 지는 것을 가르쳐 주고 있습니다.

첫번째 요점인 자기 부인은 참된 그리스도인이라면 어느 누구든지 이해하기가 어렵지 않습니다. 왜냐하면 기독교가 거기서부터 출발하기 때문입니다. 그리스도인이 된다는 것은 자신의 인간적 노력으로 하나님을 기쁘시게 하려는 시도나 노력을 뒤에 던져버리고 대신 우리 구원을 위해서 하나님께서 그리스도 안에서 행하신 일을 믿음으로 받아들이는 것을 뜻합니다. 우리는 우리 자신을 구원할 수 없습니다. 그리스도인이 된다는 것은 공로를 기초하여 하나님께로부터 어떤 것을 얻어내려는 옛날의 쓸모없는 노력을 부인하는 것을 뜻하는 것입니다. 그러한 노력들에 대해서 아니라고 말함으로써 구원을 하나님의 값없는 선물로 받아들일수 있음을 뜻하는 것입니다. 기독교는 자기 부인으로부터 시작합니다. 그러므로 어떤 의미에서 그리스도인의 삶은 단순히 우리가 시작한 길을 계속 진행하는 것이 아닙니다. 자신을 등지고 예수님을 좇는 것입니다.

그러나 제가 이미 지적한 바와 같이 이것이 그리 쉽다는 것을 뜻하는 것은 아닙니다. 우리를 둘러 싸고 있는 세상은 어느 것에 대하여도 "아니요"라고 말하지 않습니다. 우리가 가진 모든 소원이나 변덕에 대해서 "예"라고 말하는 것이 우리에게도 좋고 다른 사람들에게도 좋다고 세상은 말합니다(그들이 알기에 우리가 멋진 사람들이 될 것이기 때문입니다). 또 경제를 위해서도 그것이 좋다고 말합니다(세상은 자기 열심을 통해서 번영한다고 생각하기 때문입니다). 그러한 문화 속에서 예수님의 말씀은 비현실적이고 가혹해 보입니다. 가혹해 보이지 않는다 할지라도 프란시스 쉐퍼가 "참된 영성"에 대해서 연구한 그의 책에서 지적하듯이 "우리는 그 말씀에 진정한 귀를 기울이려들지 않습니다."

그리스도의 제자가 되기 위해서 자기 자신을 부인한다는 것은 무엇을 뜻합니까? 첫째로 그것은 우리가 죄를 거부해야 한다는 것을 뜻합니다. 다시 말하면 죄를 회개하고 그리스도께서 우리 앞에 놓으신 거룩한 길로 행하려고 결심해야 합니다. 존 스타트는 이러한 삶의 첫단계에 대해서 이렇게 씁니다. "어떠한 처지에서도 죄를 거부하는 것이 무시될 수 없다. 회개와 믿음은 함께 간다. 죄를 버리지 않고 그리스도를 따를 수 없다. 더구나 회개는 나쁘다고 생각되는 모든 사상과 말과 행실과 습관에서 단호하게 돌아서는 것이다. 가책을 느끼는 것이나, 하나님께 일종의 변명을 늘어놓는 것만으로 충분하지 못하다. 근본적으로 회개는 정서나 말의 문제가 아니다. 그것은 행동의 변화를 가져오는, 이른바 죄에 대한 믿음과 태도의 내적 변화이다. 여기에는 타협이란 있을 수 없다. 우리의 삶 속에 있는 죄 가운데 그 어느 것도 버리지 않아도 될만한 것이 없다. 죄 가운데서 우리를 건져달라고 하나님께 울부짖을 때 우리는 '기꺼이' 죄를 버려야 한다."

그저 보편적인 거부를 뜻하지 않습니다. 그것은 생각나는 죄마다 다 버리는 것을 뜻합니다. 하나님께서 자신에 대해서 계시하신 말씀에 위배되는 것은 무엇이든지 거부하는 것입니다. 다시 말하면 성경에 위배되는 것은 어느 것이든지 버립니다. 죄를 거부하는지 테스트할 수 있는 한 범주가 있는데 그것은 십계명입니다. 제일계명은 "내 앞에 다른 신을 두지 말라"(출 20:3)는 말씀입니다. 여기에 명백한 부정이 있습니다. 우리 삶 속에 하나님을 바른 위치에 서게 하지 못하는 어느 것이든지 반대해야 한다고 말합니다. 실제적인 우상입니까? 우상에 대해서 우리는 "아니요"라고 말해야 합니다. 그것은 태우거나 멸해야 합니다. 많은 고대인들이 복음에 반응을 나타낼 때 그렇게 했습니다. 그것이 돈입니까? 돈을 제거해야 합니다. 부자로 그리스도를 멀리하는 것보다 가난한 채로 그리스도를 가까이 따르는 것이 훨씬 낫기 때문입니다. 돈이 반드시 삶 속에서 하나님의 자리를 빼앗는 것만은 아닙니다. 헌신적이고 대단한 영적 깊이를 가진 그리스도인이면서 동시에 부자일 수 있습니다. 그러나 돈이 신이 될 때 우리는 그 돈에 대해서 "아니요" 해야 합니다. 어떤 다른사람이 하나님의 자리를 차지합니까? 그것이 사업입니까? 야심입니까? 어린이들입니까? 명성입니까? 성취욕입니까? 그것이 무엇이든지간에 우리를 그리스도에게서 멀리 이격시키는 것이라면 "아니요"라고 말해야 합니다.

각 계명에 우리 자신을 비추어 시험해야 합니다. "너는 살인하지 말라." 이 말씀은 다른 사람의 생명을 없애고 싶거나 아니면 다른 사람의 평판을 중상모략하고 싶은 어떤 소원에 대해서도 "아니요"라고 말해야 한다는 걸 뜻합니다. "간음을 행하지 말라" 이것은 다른 사람의 아내나, 다른 사람의 남편을 취하고 싶은 어떠한 소원에 대해서도 "아니요"라고 말해야 한다는 것입니다. "도적질하지 말라." 다른 사람의 소유에 손을 대고 싶은 소원에 대해서 아니라고 말해야 합니다. 만일 우리가 이러한 시점들에서 아니라고 말하지 않는다면 그리스도의 부활이 생명의 새로 움 속에서 살아가고 있다고 뽐낼 수가 없습니다. 실로 우리는 전혀 그리 스도의 생명을 영위하고 있는 것이 아닙니다.

자기 부인이 함축하는 두번째 요점은 우리의 삶을 위해 하나님의 뜻 이 아닌 것은 무엇이든지 거부하는 것입니다. 이것은 죄에 대한 앞의 요 점과 관계를 가집니다. 죄는 하나님의 뜻이 아니기 때문에 버려야 합니 다. 그러나 성경의 도덕적 조항에 위배되지 않는 것들이 있습니다. 그럼 에도 불구하고 우리 개인을 향한 하나님의 뜻이 아니기 때문에 버려야 하는 것이 있습니다. 그래야만 우리가 우리를 향하신 하나님 뜻을 행할 수 있습니다. 예를 들어서 결혼이라는 것은 잘못된 것이 아닙니다. 반면 에 결혼은 하나님께서 세우신 제도요, 그의 축복입니다. 그러나 결혼하 는 것이 하나님께서 여러분을 향한 뜻이 아닐 수 있습니다. 그런 경우라 면, 결혼에 대해서 의도적이고 의식적으로 아니라고 말해야 합니다. 어 떤 직업에 대해서도 마찬가지입니다. 하나님께서 각 사람을 위한 계획 이 있습니다. 우리의 임무는 그것을 발견하고 그 계획을 성취하는 것입 니다. 여러분이 그리스도인이 될 때 이미 하나님께서 여러분을 위해서 생각하고 계셨던 일을 하고 있을 수도 있습니다. 그런 경우면 계속 기쁨 으로 해야 할 것입니다. 그러나 하나님께서 하는 일을 바꾸시기를 원하 실 수도 있습니다. 특별한 기독교적인 일이나 다른 직업에 대한 소명을 주실 수도 있습니다. 그런 경우라면 기꺼이 순종할 채비를 차려야 합니 다.

우리 삶을 위한 하나님의 뜻이 아닐 수 있는 경우에서는 우리의 소유 에 대해서 특별한 강조점을 두어야 합니다. 두 가지 이유에서 그러합니 다. 첫째로 예수님은 당신을 따르기를 원한다고 말하는 사람들을 다룰 때 특별히 소유를 사랑하는 것을 경고하셨기 때문입니다. 둘째로 소유 를 사랑하는 것은 오늘날의 풍요로운 그리스도인들에게 특별한 함정이 기 때문입니다.

한번은 부장 청년 관원이 예수님께 나와서 영생을 얻으려면 어떻게 해야 하느냐고 물었습니다. 예수님께서 십계명을 지키라고 말씀하셨습니 다. 사람이 십계명을 완전히 지켜서 영생을 얻으리라는 가능성이 있어서가 아니라, 그 이야기를 계속 살펴 보면 알 수 있듯이 그의 궁핍을 깨닫게 하기 위함이었읍니다. 젊은 사람은 분명히 매우 자만심에 가득 한 사람이었읍니다. 예수께서 그에게 십계명을 들려준 뒤에도 ─ "살인 하지 말라, 도적질하지 말라, 거짓 증거하지 말라, 네 부모를 공경하라, 네 이웃을 네 몸 같이 사랑하라"─ 그 사람은 무식하게 "이 모든 것을 내가 지켰사오니 아직도 무엇이 부족하니이까"라고 대답했읍니다. 주님 께서는 그에게 있어서 어느 것보다 더 큰 죄를 지적해 주셨읍니다 ─ 재물을 사랑하는 죄입니다. "네가 온전하고자 할찐대 가서 네 소유를 팔아 가난한 자를 주라 그리하면 하늘에서 보화가 네게 있으리라"(마 19:16-26; 막 10:17-27; 눅 18:18-27).

재물을 소유하는 것은 그 자체로 나쁘지 않다는 의미에서 결혼이나 직업과 같은 범주에 속합니다. 실로 재물이 하나님께서 우리더러 바르게 사용하라고 주신 선물일 수도 있읍니다. 그런데도 그 소유 자체는 잘못이 아니지만 미국 그리스도인들에겐 특별한 덫이 되고 있읍니다. 왜냐하면 다른 사람의 궁핍에 대해서 눈을 감고 우리 시간만 즐기고, 자기 충족감이나 이기주의에 쉽게 빠지게 하기 때문입니다. 엄청난 은사를 가진 그리스도인들을 저는 알고 있읍니다. 그러나 자기들의 소유를 경영하고 즐기는 일에만 사로잡혀 있어서 기독교적인 사역에는 아무 소용이 없읍니다. 하나님께서 여러분에게 무엇을 위해서 소유를 주셨읍니까? 다른 사람들은 죽어가는데 여러분 스스로 도취된 상태에서 살라고 그렇게 잘 살게 하셨읍니까? 어떤 것에 대해서도 아무 걱정 없이 살라고 그렇게 부자로 만드셨읍니까?

미국인들이여, 부끄러운 일입니다! 이 세상에 어느 나라 사람보다도 더 많은 것을 가지고 있읍니다. 그러나 그 많은 재물을 가지고 있음에도 우리가 더 긍휼어린 사람이 되지 못했읍니다. 오히려 더 욕심을 부리는 사람이 되었읍니다. 그리스도께서 여기 계시다면 무어라고 말씀하셨을까요? 우리 모두에게 "네가 온전하고자 할찐대 가서 네 소유를 팔아 가난한 자들을 주라 그리하면 보화가 네게 있으리라 그리고 와서 나를 좇으라"고 하셨을 것입니다.

십자가를 지는 일

주님께서 당신을 따르는 의미에 대해서 설명하는 두번째 어구는 "날마다 십자가를 지고" 입니다. 이 어구는 두 가지 요점을 함축합니다. 만일 우리가 예수님 때에 살아서 십자가를 지고 가는 사람을 보면, 그 사람이 흉악한 범죄자로 낙인찍혀져서 처형장으로 가고 있는 중이구나 생각했을 것입니다. 십자가는 그것을 상징했습니다. 나를 따르는 자들은 자기 십자가를 지고 따르라고 말씀하셨을 때, 예수님께서는 죽기까지 나를 따르라고 말씀하신 것이고, 처형을 당하는 시점에 이르기까지 자신을 부인해야 함을 말씀하신 것입니다. 이런 의미에서 "네 십자가를 지고"라는 어구는 "자신을 부인하고"라는 어구를 더 심화시켜 주는 것입니다.

이 어구가 함축하는 두번째 진리는 방식은 다르지만 앞의 진술보다 더한 것을 함축합니다. 자신을 부인하는 것은 소극적인 것입니다. 이 어구는 자기 부정에 대한 적극적인 대안을 함축합니다. 자신을 부인하는 걸 포함하여 하나님의 뜻을 전심으로 받아들이는 것입니다.

이 시점에서 저는 엘리자벧 엘리옷(Elisabeth Elliot)의 글을 통해서 대단히 큰 도움을 받았습니다. 그녀는 이렇게 쓰고 있습니다. "십자가를 지는 것에 대해서 가르칠 때 많은 넌센스가 있다고 생각한다. 예를 들어서 사람들이 어깨를 으쓱하면서 '나는 이게 내 십자가로 생각해'라고 말할 때, 십자가는 피할 수 없는 어떤 처지라고 생각한다. 그러나 그 십자가는 '피할 수' 있다. 그래서 예수님께서 여기에서 말씀하시는 것은 예수님께서 요구하시는 것이 무엇이든 자원하는 심정으로 적극적으로 받아들이는 것을 뜻한다고 생각한다. 그것은 노예적인 자세가 아니다. 또 어떤 손을 떼는 것이 아니다. 운명주의나 체념도 아니다. 매우 적극적인 자원하는 의지의 행동이요, 하나님께 "예"하는 일이다. 다른 말로 해서 하나님께 대해 예라고 말할 수 있기 위해 우리 자신에 대해서 아니오라고 말해야 한다. 이것이 우리 삶을 위한 주도적인 테마여야 한다. '그러하외다 주여 제가 무엇을 하길 원하시나이까?' 우리가 피할 수 없는 유의 일들이 있다. 어려움, 맹목, 술고래 남편, 고집센 십대 아이들, 그밖에 다른 어느 한계(우리 모두는 하나님을 영화롭게 하도록 우리 나름의 특별한 한계들을 갖고 있다) 등 말이다. 그러나 우리가 이빨을 갈면서 삶을 영위해나갈 수도 있고, 주먹을 움겨 쥐고서 나갈 수도 있고, 하나님께 '좋아 하나님이 그걸 원하시면 하지요'라고 말하면서도 즐겁고 자원하는 심정으로 복종하며 '주여 주님을 위해서 이걸 행하기를 저는 기뻐합니다'라고 말하지 않을 수도 있다."

하나님의 뜻은 슬픈 것이 아닙니다. 성경은 하나님의 뜻이 지혜의 길이라고 말하며 "그 길은 즐거운 길이요 그 첩경은 다 평강이니라"(잠 3:17)라고 말합니다. 그러나 때로 그것이 우리에게 슬퍼 보입니다. 그 시점에 우리는 분명히 "슬퍼" 보이는 하나님의 뜻을 기쁘게 믿음으로 받아들이는 삶을 살아야 합니다. 엘리옷은 이렇게 결론을 내립니다. "매일 십자가를 지되, 우리가 미워하고 있는 일을 하듯이 하지 말고 하나님께서 그것을 우리에게 요구하시니 우리가 기꺼이 해야겠다는 마음을 가지고 하라."

"나를 따르라"

우리는 이제 "나를 따르라"고 시작한 어구에 도달하게 되었읍니다. 우리는 이러한 질문을 던집니다: 예수님께서 이 명령을 내리실 때 서론 격으로 말씀하신 자기 부인과 십자가를 지는 것을 어떻게 배우는가? 그를 따르고, 그를 부단히 주목하면 됩니다. 그것을 어찌 보면 순환논법 같습니까? 그렇게 보이지요. 그러나 사실은 논리가 진전되고 있읍니다. 예수님을 따르기 위해서 자신을 부인하고 십자가를 져야 합니다. 그러나 예수님을 따름으로써 그러한 것을 배웁니다. 우리가 예수님을 따르는 것을 배우는 것은 점차 점진적으로 계속 제자훈련을 통했으며, 예수님을 따름으로써 배워야 합니다.

모든 일에 있어서 예수님이 우리의 최고의 본이 아니시라면 무엇이겠읍니까? 사람이 되셔서 우리 구원을 위해서 죽으시려고 하늘 영광마저 사양하신 그분으로부터 자기 부인을 배우지 않으면 어디에서 배울 수 있읍니까?(빌 2:5-11). 히브리서 기자는, 믿음의 영웅들에 대해서 기록한 11장이 끝나고 즉각적으로 다음과 같이 말할 때 그 점을 포착한 것입니다. "이러므로 구름 같이 둘러 선 허다한 증인들이 우리에게 있으니 모든 무거운 것과 얽매이기 쉬운 죄를 벗어버리고 인내로써 우리 앞에 당한 경주를 경주하여 믿음의 주요 또 온전케 하시는 이인 예수를 바라보자. 저는 그 앞에 있는 즐거움을 위하여 십자가를 참으사 부끄러움을 개의치 아니하시더니 하나님 보좌 우편에 앉으셨느니라"(히 12:1, 2).

그분은 우리의 완전한 본이십니다. 자기 부인의 본이시요 십자가를 지는 본이십니다 — 예수님은 "마지못해" 하나님의 뜻을 따르려고 희미하게 결심하신 것이 아니라 기쁨으로 그 일을 하려고 하신 분입니다. 그리스도께서 "앞에 있는 즐거움을 위하여" 십자가를 참으셨습니다.

제자들이 그 당시 그것을 이해하지 못했다 할지라도 예수님은 또한 다른 일을 하셨습니다. 부활에 대해서 말씀하심으로써 그리스도의 제자가 되는 것이 우리의 사역에 대하여 고통이 되고 때로는 고통스러운 죽음을 뜻하기도 하지만 그것이 금생과 내생에 있어서 충분한 삶을 누리는 방식이라고 가르치신 것입니다. 신약 전체를 통해서 이 점을 발견합니다. 바울은 로마서에서 "만일 우리가 그의 죽으심을 본받아 연합한 자가 되었으면 또한 그의 부활을 본받아 연합한 자가 되리라"(롬 6:5). 우리는 자신을 부인해야 합니다. 그러나 그리스도에 대해서 살 수 있도록 하기 위해서 그래야 합니다. "죄의 몸이 멸하여 다시는 우리가 죄에게 종노릇하지 않기 위해"(6절) 죽어야 합니다. 갈라디아서에서도 같은 것이 나타납니다. "내가 그리스도와 함께 십자가에 못박혔나니 그런즉 이제는 내가 산 것이 아니요 오직 내 안에 그리스도께서 사신 것이라 이제 내가 육체 가운데 사는 것은 나를 사랑하사 나를 위하여 자기 몸을 버리신 하나님의 아들을 믿는 믿음 안에서 사는 것이라"(갈 2:20). 성경적인 일의 구조에서 보면 죽음 다음에 언제나 생명이 따라옵니다. 십자가에 못박히신 다음에 부활이 옵니다. 이것은 정말 흥미진진한 것이고, 우리는 그 때문에 예수님을 따르려고 애를 씁니다.

우리 자신의 삶을 계속 영위하려는 노력을 포기하거나, 우리에게 그처럼 가치 있고 정말 불가분해적인 것을 포기할 때, 바로 그때 그리스도인이 된 참된 기쁨을 갑자기 발견하게 되고, 눌리는 데서 벗어난 자유로운 삶으로 들어가 어떻게 그런 것이 우리를 지금까지 억누를 수 있었는지 이해하기 조차 어렵게 됩니다.

이것이 바로 기쁨이 없는 그리스도인과 기쁨이 있는 그리스도인, 패배한 그리스도인과 승리한 그리스도인 사이의 가장 우선적인 차이입니다. 기쁨이 없는 그리스도인은 어떤 일반적인 의미에서 예수님을 따를 수 있읍니다. 마지못해 그리스도 안에서 죽을 수도 있읍니다. 그러나 분명히 그 사람은 이러한 진리를 실제로 알지 못한 것입니다. 반면에 기쁨에 찬 그리스도인은 하나님께서 자기에게 무엇을 나누어 주셨든지 만족을 발견하고, 진실로 만족해 합니다. 왜냐하면 하나님의 임재와 생명의 풍성함을 막는 그 어느 것에 대하여도 아니라고 말하기 때문입니다.

49

기록되어야 할 것

"이 일을 증거하고 이 일을 기록한 제자가 이 사람이라 우리는
그의 증거가 참인줄 아노라 예수의 행하신 일이 이 외에도 많
으니 만일 낱낱이 기록된다면 이 세상이라도 이 기록된 책을
두기에 부족할 줄 아노라"(요 21:24, 25)

이제 이 강론을 끝으로 요한복음 강해는 마치게 됩니다. 사람들이 제
게 자주 물었던 질문을 이 시점에서 생각합니다. 제가 요한복음을
연구하고 강해하느라 여러 해를 보낸 것을 안 사람들은 "이렇게 요한복
음 설교를 책으로 써낸 후에 요한복음에 대해서 새롭게 말할 것을 목사
님은 어떻게 발견하십니까?" 저는 어떤 의미에서 그 질문을 이해합니다.
왜냐하면 저는 확실히 많은 주제들을 다루었고, 이 책을 연구하는 동안
많은 노선의 사상을 파헤쳤기 때문입니다. 그러나 또 다른 의미에서 저
는 그 질문을 전혀 이해할 수 없습니다. 왜냐하면 성경의 어느 책을 연
구한다 할지라도 본문을 이해하고 강해하기를 추구하면 할수록 그 본문
이 정말 무궁무진하다는 걸 더 느끼기 때문입니다.

제가 요한복음을 연구하기 시작한 것은 스위스에서 대학원 과정을 공
부하는 동안이었습니다. 그때 저는 요한복음에 대한 주요한 주석이라면
거의 다 읽어 보았고, 제 연구와 관련되는 특별한 주제들이나 난제들에

대한 다른 연구 논문들 수백편을 탐사해 보았습니다. 저는 8년 이상 필라델피아의 제십장로교회의 주일 아침 예배에 요한복음을 가지고 설교했습니다. 그 결과 270편의 설교를 했고 책으로 2,000페이지(영어)에 가까운 분량을 설교했습니다. 타이프 원고지로는 2,700페이지에 달합니다. 그리고 다섯권으로 그 강해서가 선을 보였습니다. 그러나 제가 그 요한복음 전체를 다 카바한 것이 아닙니다. 이제 처음 시작한 것이 아닌가 하는 생각이 들고, 다시 요한복음을 처음 강해했던 것보다 더 많은 것을 배울 수 있겠다는 생각이 듭니다 - 그처럼 하나님의 말씀은 무한합니다.

요한복음을 어느 정도 깊이 있게 가르치려고 노력하다 보니 마지막 구절들 다시 말하면 이 시간의 본문 말씀을 이해하기 위한 특별한 조망을 얻게 되었고, 그것은 더 나아가 요한복음 강해를 끝내는 제게 용기를 주었습니다. 이 본문 말씀은 요한복음 기자가 누구인지를 밝히고 자기가 쓴 것이 가치 있음을 선언하는 최종적인 인증입니다. 또 흥미있는 한 부연의 말이 있습니다. "예수의 행하신 일이 이 외에도 많으니 만일 낱낱이 기록된다면 이 세상이라도 이 기록한 책을 두기에 부족할 줄 아노라." 이 구절을 쓴 저자는 예수님에 대해서 쓰여질 수 있는 것이 너무 엄청나다는 걸 느꼈고, 저자는 매우 작은 부분 밖에는 기록하지 못했음을 알고 있습니다. 그러나 그것이면 충분합니다 - 우리는 이 구절에서 그러한 어조를 지각합니다 - 그리고 이 책을 쓴 저자도 만족합니다.

요한복음의 완벽성

저는 또 다른 것을 느낍니다. 요한복음의 재료들을 마무리지으면서 만족하게 생각하는 저자의 태도에서 표현된 그 책의 완전성, 또는 총체성입니다. 이 책은 예수님으로부터 시작합니다. "태초에 말씀이 계시니라 이 말씀이 하나님과 함께 계셨으니"(1:1). 그리고 예수님으로 책을 끝마칩니다 - "예수의 행하신 일이 이외에도 많으니"(21:25). 요한복음이 시작될 때 인상깊은 증언, 세례요한의 증언이 나타납니다 - "내가 전에 말하기를 내 뒤에 오시는 이가 나보다 앞선 것은 나보다 먼저 계심이니라 한 것이 이 사람을 가리킴이라 하니라 우리가 다 그의 충만한

데서 받으니 은혜 위에 은혜러라"(1:15, 16). 그리고 이 복음서를 쓴 세 베대의 아들, 요한에 관한 동등하게 인상깊은 증언으로 이 요한복음이 끝마쳐집니다 — "이 일을 증거하고 이 일을 증거한 제자가 이 사람이라 우리는 그의 증거가 참인줄 아노라"(21:24).

24절의 "우리"라는 복수에 대해서 생각하는 방식이 여럿 있읍니다. 어떤 사람들, 보수적인 학자들 거의 대다수가 이인칭대명사는 저자가 자신을 간접적으로 칭한 것에 불과하다고 생각합니다. 어떤 사람들은 요한의 증언을 참되다고 인정하는 어떤 공식적인 그리스도인 집단을 가리키고 있는 걸로 봅니다.

여기에 문제가 된 것은 사실상 그리 큰 것은 아닙니다. 그러나 두번째 관점이 제일 좋습니다. 그 말이 복음서기자에게서 나왔다고 생각할 수도 있지요. 그러나 개연성이 없어 보입니다. 만일 복음서기자가 이 구절들을 직접 썼다고 생각한다면, 복음서기자가 자기가 바로 사랑하시는 제자임을 밝히고 있는 셈입니다. 사실은 복음서를 써내려 오면서 지금까지 그렇게 하는 걸 피해왔읍니다. 이때까지 이 복음서를 쓴 저자를 익명으로 해두는데 굉장한 관심을 기울였읍니다. 더구나 24절 종반절의 복수 1인칭대명사는 19:35에서 자신을 가리킬 때 나타내는 방식과 다릅니다. 19:35는 사랑하시는 제자의 증거를 가리키면서 그것이 믿을만함을 확인한다는 의미에서 여기 마지막 결론구절과 같습니다. 그러나 거기서는 자신이 "이를 본 자"라고 지칭하고 있읍니다. 그러므로 그 사람은 믿을만한 증거를 한 것입니다. 이 마지막 구절들에는 저자나 저자들, 또는 증인을 구별하고 있읍니다. "'우리'는 '그의' 증거가 참인줄 아노라."

이 사실들을 종합하면, 24절의 "우리"가 어떤 공식적인 집단을 지칭하는 인칭대명사로 이해해야 함을 어렴풋이 알게 됩니다 — 그 집단은 아마 요한이 섬겼던 교회나, 교회들을 가리킬 것임 — 그래서 그 집단은 이 요한복음이 사랑하시는 제자가 쓴 것임을 밝힐 수 있고, 묘사된 사건들을 전부 목격하지는 않았다 할지라도 많은 것들을 목격하여 저자의 성품과, 그의 증거의 진정한 신뢰성을 인증할 수 있는 집단이었읍니다.

신실한 증거

이 마지막 구절들을 누가 썼느냐는 문제는 큰 것이 아니라고 말씀드렸습니다. 그러나 그렇다고 해서 그 구절을 쓴 자가 누구냐는 문제를 놓고 생각하는 그 구절들 자체로부터는 아무 것도 배울 것이 없다는 뜻은 아닙니다. 오히려 기독교 교리는 단순한 바람직한 생각이나 사변이라는 견고하지 못한 기초 위에 서 있지 않고, 그리스도의 생애를 목격한 사람들이 관찰하고 진짜임을 증언한 사실들에 기초함을, 그 구절들은 가르치고 있읍니다. 이 기초에 대해서 세 가지 요점을 말합니다.

첫째 나사렛 예수의 삶과 교훈을 기록한 사람들(이 경우에는 사랑하시는 제자인 요한)이 '그들이 묘사한 사건들을 직접 목격한' 자들이라고 확인합니다. 24절의 첫번째 어구는, 요한복음 저자가 바로 앞에 나오는 구절 속에서 갈릴리에서 주님과 함께 있었던 것으로 알려진 그 사랑하시는 제자임을 밝힘으로써 그 점을 지적하고 있읍니다.

이 점은 대단히 중요합니다. 예를 들어서 범죄를 심문하는 재판을 할 때 사실을 입증하는 그 어느 시도에 있어서도 중요할 것입니다. 그러한 심문과정에서 소문으로 들은 사람이 아니라 눈으로 직접 목격한 사람의 증언으로 사실이 확증되어야 합니다. 이것에 덧붙여서, 사실의 문제는 기독교를 위해서 특히 중요합니다. 다른 세계 어느 종교 보다도 더 중요합니다. 다른 종교에서는 보통 종교를 세운 설립자의 사상들입니다. 그러나 기독교에서는 그것이 사실이냐가 문제인 것입니다. 이 책에 선언된대로 예수님은 그런 분인가? 예수님께서 그러한 일을 했다고 이 책에 보도하고 있는데 정말 그렇게 하셨는가? 예수님이 가르쳤다고 주장되는 바로 그것을 예수님은 가르치셨는가? 예수님은 실제로 죽은 자 가운데서 부활하셨는가? 다른 종교들은 어떤 개념들만 가지고도 명맥을 유지할 수 있읍니다. 그러나 예수님이 하나님의 아들이 아니시고, 그래서 하나님의 권위를 가지고 말씀하지 못하신다면, 예수님의 생각들은 다른 어느 선생의 생각만큼 확실성이 없음을 그리스도인들은 기꺼이 고백할 것입니다. 사실 예수님께서 자신이 하나님이시라고 주장하셨고, 그래서 이 시점에서 의도적으로 오도하였거나 정말 지독하게 실수를 한 셈이기 때문에 더 나쁘다고 인정할 수 밖에 없읍니다. "그리스도께서 다시 사신 것이 없으면 너희 믿음도 헛되다"(고전 15:17)고 그리스도인들은 고백합니다.

반면에 만일 이러한 것들이 사실이라면, 예수님은 마땅히 충성을 드려야 할 분이고, 마땅히 충성을 요구할 만한 분입니다. 그리고 그를 무시하는 것은 최고로 어리석고 심지어 하나님을 대적하여 배역하는 셈이 됩니다. 더구나 다른 방도로는 구원이 없습니다. "다른 이로서는 구원을 얻을 수 없나니 천하인간에 구원을 얻을만한 다른 이름을 우리에게 주신 일이 없음이니라"(행 4:12). 우리가 어떻게 이 사실들을 확증합니까? 성경이 답변합니다. 특별히 그러한 증거를 하도록 지명받은 그리스도의 대변자들의 목격 증인을 통해서입니다. 이 사람들은 사도들이요, 이 제4복음서의 저자도 그 중 한 사람입니다.

그러한 증언의 중요성에 대해서 요한만큼 잘 아는 사람도 없었습니다. 왜냐하면 아시아의 교회들에게 보내는 그의 첫번째 서신에서 사도들의 증언이 어떠해야 함을 분명히 강조하고 있기 때문입니다. "태초부터 있는 생명의 말씀에 관하여는 우리가 들은 바요 눈으로 본 바요 주목하고 우리 손으로 만진 바라 이 생명이 나타내신 바 된지라 이 영원한 생명을 우리가 보았고 증거하여 너희에게 전하노니 우리는 아버지와 함께 계시다가 우리에게 나타내신바 된 자니라 우리가 보고 들은 바를 너희에게도 전함은 너희로 우리와 사귐이 있게 하려 함이니 우리의 사귐은 아버지와 그 아들 예수 그리스도와 함께 함이라"(요일 1:1-3).

어째서 요한은 그러한 증거에 특별한 관심을 기울이고 있습니까? 그가 신약기자들 중 마지막에 속해 있으며, 그러므로 그리스도의 삶을 직접 눈으로 목격한 사람들의 증언에 친숙하지 않은 세대에게 편지를 쓰고 있다는 사실 속에서 그 대답을 발견해야 합니다. 바울이 편지를 쓸 때 부활하신 그리스도를 본 "오백 명"을 언급하면서 말하며 "그 중에 지금까지 태반이나 살아있고"(고전 15:6)라 말할 수 있었습니다. 그러나 요한은 그렇게 할 수 없었습니다. 그 기간 동안 그 사람들이 죽었고, 그래서 요한은 이 목격 증언을 기독교의 기초로 강조할 필요성이 있음을 발견한 것입니다. 그밖에도, 요한이 글을 썼던 1세기의 마지막 때에 영지주의(Gnosticism)의 한 형태가 노골적으로 사도적인 교회에 침투하기 시작했습니다. 영지주의는 역사적인 사실들을 종교적 신앙의 기초로 생각할 필요성을 부인했읍니다. 실로, 영지주의는 믿음을 역사의 사실들보다 우월하게 생각했고, 그 사실들을 영화(靈化)시켜 버렸읍니다. 이것은 참된 믿음에 하나의 위협이었읍니다.

그래서 다른 제자들보다도 요한은 기독교의 역사적 기초들을 강조하는데 관심을 가졌읍니다. 우리는 그 문제를 이렇게 요약할 수 있읍니다. "불신세계는 예수님의 종교적인 주장들과 그 제자들의 종교적인 주장들에 대한 증거를 요구했다. 기독교 내에서 일어나는 비밀종교를 향한 이탈은 믿음의 역사적인 근거들을 반복함으로써 즉각적인 교정을 요구했다"(본 저자의 "Witness And Revelation in the Gospel of John〈요한복음에 나타난 증거와 계시〉에서). 그러한 욕구에 부응하여 요한은 기독교의 역사적 주장들을 확증짓는데 있어서 목격증언의 역할을 강조했읍니다.

둘째로, 요한복음의 결론 구절을 쓴 사람들(그들이 누구이든지간에)은 '요한복음 저자'는 그가 묘사한 사건을 직접 목격하였을 뿐 아니라 '이것들을 직접 기록한' 사람임을 확증합니다. 그 책의 저자가 직접 그 책을 썼다고 말하는 것은 일종의 자명한 이치처럼 보입니다. 그렇지요. 그러나 과거와 현재 모두 성경을 비평하는 어떤 관점들에 비추어 볼 때 그것을 강조하는 것은 어리석지 않습니다.

신약을 연구하면서 깊이 들어가 볼 기회를 갖지 못한 사람들은 학자들의 많은 부류들이 신약의 말씀들이 목격자들의 증언을 토대로 하고 있음을 인정할 때 어느 정도의 마지못해 하는 것이 있음을 눈치채지 못할 수도 있읍니다. 많은 사람들이 볼 때 여러 문건들과 비성경적인 통신증거들의 흐름이 기독교에 대한 역사적 기초에 해당하는 것을 믿도록 합니다 ― 비록 그들이 그런 증거가 전혀 없었으면 하고 바라고 있음을 누구나 느낄 수 있지만 말입니다. 그러나 어떤 사람들은 그것을 전적으로 부정하고, 어떤 사람들은 근본적으로 부정합니다. 독일의 루돌프 불트만(Rudolf Bultmann)은 가장 놀라운 실례입니다. 불트만과 그 학파가 신약의 재료들을 볼 때 어떤 의미에서든지 목격자의 증인의 작품으로 보이지 않습니다. 오히려 불트만은, 어떤 기간 동안 그리스도의 이야기가 교회 안에서 유포되었고, 그 기간 동안에 교회가 당장 필요로 하는 것 때문에 그러한 이야기들이 형성되었고 채색되었으며(심지어 고안되었으며), 예수의 의미에 대한 "성령의 인도를 받은" 이해를 교회가 갖게 되었다고 주장합니다. 그러므로 사도들이 의심할 여지 없이 초기단계에 영향력을 행사하기는 했지만 신약성경이 사도들의 산물이 아니라 교회의 산물이라는 것입니다. 이러한 기초에 입각해서 불트만은 예수님에 대한 역사적인 어떤 정보를 가질 수 없다고 주장하면서, 그가 존재한 것만 확인할 수 있다고 말합니다.

요한복음 21:24를 기록한 사람들이 물론 그걸 쓰면서 불트만을 생각하고 있었던 것이 아니지요. 성령의 인도를 따라서 그들은 불트만의 불신앙과 그와 유사한 생각을 하는 다른 학자들에게 직접 대놓고 말하고 있읍니다. 이 구절들은 목격자가 "이것들을 썼다"고 말합니다. 그렇지요? 그들은 신실하게 말하고 있지요? 그렇다면 – 이 구절들을 쓴 저자들이 어째서 거짓말을 하겠읍니까? – 우리는 이 요한복음(다른 복음서들도) 속에서 성령의 인도를 받은 예수님의 동료들이 예수님에 대해서 우리에게 무얼 알릴 필요가 있다고 생각했는지 그 정확한 진상을 파악하게 됩니다. 그러므로 우리가 이 말씀을 읽을 때 정말 그러하였고, 그 말씀들이 묘사하는대로 예수님은 진정 그러하신 분이었다는 확신을 가질 수 있다는 결론이 나옵니다.

이 저자들은 세번째 일을 확인합니다. 요한복음서 기자는 그리스도 공생애 기간 동안의 사건들을 목격한 사람이었다고 그들은 말했읍니다. 또한 그 저자가 이 요한복음을 썼으며, 다시 말하면 이 이야기를 입으로 전하고 다른 사람이 받아쓰게 한 것이 아니라고 덧붙이고 있읍니다. 정확하게 썼든 그렇지 않든 저자 자신이 직접 이 내용을 썼다고 말합니다. 그러나 그렇게 말한 다음에 그들은 덧붙이기를, 이를 기록한 자가 진실하다고 부연합니다. 그들이 특별하게 강조하는 말은 "그의 증거가 참인 줄 아노라"입니다.

어째서 이 진술을 덧붙일 필요가 있었겠읍니까? 이런 이유에서입니다. 어떤 사람이 예수님의 생애를 목격하고서 예수님의 생애에 대한 한 복음서를 앉아서 기록하면서, 어떤 이유에서든지 자기가 직접 목격한 것 말고 다른 것을 쓰려고 결심할 수도 있었다는 것입니다 – 우리는 논증

을 위해서 이렇게 말하고 있읍니다. 그 사람이 예수님을 미워해서 예수
님의 이름에 먹칠을 할 이야기를 고안할 수도 있읍니다. 계시문학 가운
데 어떤 것은 그렇게 했읍니다. 또 예수님을 합당한 것 이상으로 찬양하
고는, 인격적인 손상을 주겠다 생각되는 것을 제거하고 대신 예수님의
이미지를 선양할만한 이야기들이나 교훈들을 만들어낼 수도 있읍니다.
이론적으로 그러한 일이 가능합니다. 그러나 이 마지막 구절들을 쓴 사
람들은 그렇지 않다고 선언합니다. 오히려 요한은 정직한 사람이라고
말합니다. 그리고 그의 말이 믿을만하며, 요한의 가르침을 자기들이 입
증해보건대(다른 목격자의 증인이나 개인적인 조사를 통해서 어떤 방법
으로든지 입증해보니) 절대적으로 진리임을 발견하였다고 말하고 있읍
니다.

우리도 같은 것을 말할 수 있읍니까? 우리는 그들처럼 그리스도의 생
애의 사실들을 입증할 수 있는 위치에 있지 않습니다. 그 사건들이 일어
나고 난 뒤 2,000년 후에 살고 있읍니다. 그러나 이러한 목격자들 중 많
은 사람들이 피로써 그 증거를 인쳤음을 주목할 수 있읍니다. 그들은 이
때문에 순교의 죽음을 당했읍니다. 그들이 속임수로 알고 있는 것 때문
에 목숨을 버리겠읍니까? 시시한 것 때문에 고난을 받았겠읍니까? 그러
한 질문을 던져 보면 대답은 자명합니다. 물론 그렇지 않지요! 순전한
사람들이 있다면 바로 이 사람들입니다. 역사 속에 일어난 일련의 사건
들중에서 잔인할 정도로 입증된 것이 있다면 이 사건들입니다.

여러분은 그 사건들을 믿읍니까? 아니 믿겠읍니까? 요한 스스로 자기
의 쓴 것에 대해서 말한 것을 우리는 상기합니다. "오직 이것을 기록함
은 너희로 예수께서 하나님의 아들 그리스도이심을 믿게 하려 함이요
또 너희로 믿고 그 이름을 힘입어 생명을 얻게 하려 함이니라"(20:31).

또 하나의 요점

20:31의 말씀은 요한복음의 진정한 극치입니다. 그럼에도 불구하고
제가 이 강해를 끝내면서 언급해야 할 한 가지가 더 있읍니다. 요한복음
의 마지막 구절을 읽으면서 그것을 쓴 사람들이 이제 과거가 된 많은
일들을 예수님이 하셨다고 말하는 것 같음을 주목하게 됩니다. 그러므

로 그리스도의 생애는 끝났다는 식으로 해석하고픈 생각이 들 수도 있음을 지적하는 바입니다. 그러나 이 논리보다 더 모순되는 것은 있을 수 없습니다. 오히려 이 마지막 장 전체(승천으로 끝나지 아니하는)는 살아계신 그리스도께서 당신의 교회의 계속되는 생명 속에서 그 백성들과 끊임없는 교제를 나누고 계심을 보여 주기 위한 것입니다.

그리스도께서 백성들과 연합하기 때문에 ─ "나는 포도나무요 너희는 가지니… 나를 떠나서는 너희가 아무 것도 할 수 없다"(요 15:5) ─ 어떤 의미에서 그리스도의 생명과 그리스도의 행사는 끝나지 않고, 우리로 선한 뜻을 두고 그 깊으신 뜻을 행하도록 감동하심으로써 교회 안에서 계속되는 것입니다. 저는 이 점을 흥미로운 방식으로 보고 있습니다. 이 복음서가 "예수의 행하신 일"(과거시제)을 언급하면서 끝내지만, 이 책 바로 다음에 있는 책(사도행전) 첫 구절이 "예수의 행하시며 가르치시기를 시작하심부터 그의 택하신 사도들에게 성령으로 명하시고 승천하신 날까지의 일을 기록하였노라"고 말하고 있습니다(행 1:1, 2). 이것은 무슨 뜻입니까? 이렇게 표현할 수 있을지 몰라도, 어떤 의미에서 예수님의 생각은 그것이 아무리 중요하고 독특하다 할지라도 시작에 불과하며, 그의 구속받은 무리들의 삶과 행실과 말과 가르침 속에서 계속 구현돼야 한다는 뜻입니다.

여러분이 그리스도를 구주로 믿는다면 그 공동체의 한 일원입니다. 만일 여러분이 거듭났다면 그 교회의 지체입니다. 여러분은 그리스도의 일을 계속합니까? 그의 생명이 여러분 속에서 작용하고 있읍니까? 우리가 이 세상에 있는 동안 주 예수 그리스도의 지상 생애에 대해서 우리가 알게 될 모든 것은 이미 다 쓰여졌읍니다. 더 이상 쓸 것이 없습니다. 마태복음 마가복음 누가복음 요한복음이 있습니다. 신약서신들 가운데 여기저기 그 생애에 대한 기록이 간헐적으로 언급됩니다. 그러나 그리스도의 일은 그럼에도 불구하고 계속됩니다. 그 일을 위한 통로가 되는 독특한 의무를 여러분이 가지고 있습니다.

예수님께서 말씀하셨읍니다. "내가 진실로 진실로 너희에게 이르노니 나를 믿는 자는 나의 하는 일을 저도 할 것이요 이보다 큰 것도 하리니 이는 내가 아버지께로 감이니라"(요 14:12).

예수님은 이 말씀을 "진실로 진실로" 또는 "아멘 아멘"이라는 말로
시작하십니다. 그것은 "참으로 참으로" 또는 "내가 너희에게 말하려는
것이 정말 그러하다"는 뜻입니다. 예수님께서는 자주 중요한 말씀들을
그런 식으로 시작하셨읍니다. 우리 편에서도 역시 "아멘"합니다. 그러나
우리의 "아멘"은 그러한 말씀의 끝에 오는 것이 상례입니다. 그럼으로
써 우리는 그의 증거를 온전히 받아들임을 인정합니다. 복음서 끝에도
그러합니다. "아멘"은 이 복음서가 끝나는 방식입니다. 그 말은 "이것들
은 진리이다. 이제 '아멘'이라고 말하는 사람은 그것들에 삶을 걸어 놓은
자다"는 뜻입니다. 여러분이 그런 경우입니까?

우리 모두 그러한 사람일 수 있도록 하나님께서 허락하시기를 바라고,
하나님께 영광을 돌릴찌니이다. 아멘, 아멘.

역자후기

모든 영광을 주 예수 그리스도의 이름으로 하나님 아버지께 돌리나이다.

어느 일이든지 마음먹은 일은 완성지었을 때는 그 나름의 기쁨이 있음을 우리는 알고 있습니다. 우리가 비록 죄로 인해 연약한 자들이기는 하지만 하나님의 형상으로 지음을 받았다는 것이 그런 면에서도 드러납니다. 그런 점에서 하나님을 닮은 것이 분명합니다. 창세기에서 하나님의 창조사역을 특징짓는 것은 "보시기에 좋았더라", "보시기에 심히 좋았더라"라는 하나님의 감성을 표현하는 어구일 것입니다. 하나님께서는 당신이 계획하시고 당신이 이루신 것을 보시고 만족해하시면서 보시기에 "심히" 좋아하셨습니다. 부족한 종도 이 강해서를 처음 번역하기 시작하여 이제 이 5권에서 본 강해서를 다 번역하고 나니 나름의 기쁨이 있습니다.

그러나 하나님께서 창조하신 후 '보시기에 좋았더라'라고 하신 것과, 우리가 한 일을 보고 느끼는 기쁨 사이에는 그 차원과 그 넓이와 길이에 있어서 다를 수 밖에 없습니다. 하나님은 완전하신 분이시기 때문에 완전하지 않게 일을 마치는 것이 없기때문입니다. 그러므로 하나님은 결코 후회하시는 분이 아니십니다. 성품의 특성에 있어서도 그러하지만 그가 하신 일에 대해서도 결코 후회할 하등의 요건이 없는 것입니다. 그러나 우리는 어떤 일을 끝내 놓는 기쁨도 있지만 아울러 그 일이 완전치 못해서 뒤돌아 보고 후회어린 마음을 가질 경우가 있습니다. 부족한 종이 이 강해서를 번역한 것도 사실은 그런 차원에서 후회스러운 점이 없지 않아 있습니다. 일을 마쳐놓고 보니 한편으로는 기쁘고 감사하면서도 부족한 부분이 없지 않았나 생각하며 더 완벽을 기할 수 없었을까 하는 아쉬움이 있습니다.

그러나 하나님께서는 자비하시고 긍휼이 풍성하사 저희의 연약을 감추시고 당신의 놀라우신 진리와 영광을 나타내시는 줄 믿습니다. 우리는 이 강해서를 통해서 다시 한번 하나님이 얼마나 영광스러우신 분이며 우리 예수 그리스도의 구속이 얼마나 완벽하며 하나님의 성령께서 그 구속의 역사를 적용하실 때에 얼마나 지혜로우시고 정확하신가를 깨닫게 되었습니다. 우리는 성경말씀이 하나님의 말씀이라고 늘 믿고 있고 그렇게 고백을 하지만 얼마나 우리가 우리의 강단에서나 우리의 삶 속에서 그 말씀을 높이는지 생각해 볼 때 심히 부끄러운 마음입니다. 우리는 이 강해서를 통해서 하나님의 말씀인 성경의 권위가 어떠하며, 또한 이 성경이 얼마나 간절한 믿음과 경외하는 심정을 가지고 연구되어야 할 책인가를 발견하게 되었습니다. 이 강해서가 처음 제십장로교회 회중들에게 설교될 때 매주일 오전 대예배 시간에 8년 동안 연속적으로 전해졌다는 사실을 보고 우리는 다시 한번 큰 도전과 각성을 받게 됩니다. 우리가 하나님의 말씀을 다루는 것이 얼마나 피상적이고 얼마나 무성의하고 얼마나 태만합니까? 그러나 저자는 하나님의 말씀이 어떻게 다루어져야 하는지 그것을 우리에게 모범적으로 보여 주었습니다. 그리고 저자가 하나님의 성령의 인도를 따라서 파헤쳐가는 그 모든 굽이굽이마다를 통해서 우리는 하나님의 성경의 깊은 샘물을 퍼마실 수 있었습니다.

우리는 이 요한복음의 쓰여진 목적, 곧 "너희로 예수께서 하나님의 아들 그리스도이심을 믿게 하려 함이요 또 너희로 믿고 그 이름을 힘입어 생명을 얻게 하려 함이니라"는 말씀을 생각하면서, 이 요한복음을 읽고 강해하고 믿을 때에 정말 사람들이 하나님께서 주시는 생명과 영생을 얻게 된다는 확신을 새롭게 하는 것입니다. 옛 종교개혁자들이 그 어두운 "교권 만능시대"의 도도한 흐름을 거스려 "성경으로 돌아가야 한다"는 광야의 외침 같은 소리를 했던 것을 다시 한번 상기하게 됩니다. 우리는 부단히 하나님의 말씀인 성경으로 돌아가 그 성경이 말하는 것이 무엇인가, 그 성경이 지시하는 것이 무엇인가, 성경이 가르치는 것이 무엇인가를 발견해야 합니다. 아니 하나님의 성령께서 성경을 통해서 우리에게 말씀하시게 해야 합니다. 이것이 바로 말씀을 들고 선 사역자

뿐만 아니라 모든 우리 성도들 각자에게 주어진 거룩한 소명입니다. 설교자는 강단에서, 성도들은 회중석에서 함께 성경을 높이고 받쳐 들 때 그리고 그 하나님의 말씀 앞에 복종하고 경외하는 심정으로 무릎을 꿇고 가슴을 숙일 때 비로소 거기에서 하나님의 놀라우신 부흥의 역사가 일어나게 될 것입니다. 물론 그러한 순종과 경외함과 믿음의 놀라운 역사를 먼저 시작하시는 이는 하나님의 성령이십니다. 그러므로 우리는 그 일을 위해서 부단히 기도해야 할 것입니다.

우리는 성경으로 돌아가야 합니다. 그래서 마틴 로이드 존즈나 제임스 보이스나 존 맥아더나 또는 아더 핑크나 그밖의 말씀을 사랑하는 수많은 종들이 보여 주는 말씀사역을 본받고, 그리스도 이후 지금까지 하나님의 말씀을 높였던 수많은 교회사에 나타난 종들의 사역을 깊이 연구해야 할 것입니다. 그러나 여기에서 우리가 한 가지 더 주목해야 하는 것은 그것이 지적인 호기심의 자극을 충족시키기 위한 것이 아니라 하나님 앞에 진정 바로 서기 위해서, 하나님이 의도하신 성도, 하나님이 의도하신 교회가 되기 위한 것이어야 합니다.

"내 눈을 열어서 주의 법의 귀한 것을 보게 하소서" "재물을 즐거워함 같이 주의 증거의 도를 즐거워하게 하소서" "주께서 내 마음을 넓히시오면 내가 주의 계명의 길로 달려가리이다"(시 119편에서). 아멘, 아멘!

∠ 예배와 삶의 일치

복음에는 하나님의 의가 나타나서
믿음으로 믿음에 이르게 하나니; 기록된바,
"오직 의인은 **믿음**으로 말미암아 살리라" 함과 같으니라.

로마서 1:17

요한복음 강해 5

초판 1쇄 인쇄 : 2017년 10월 20일
초판 1쇄 발행 : 2017년 11월 15일

저자 : 제임스 몽고메리 보이스
역자 : 서문 강
발행인 : 이원우 / 발행처 : 쉴만한물가
주소 : (10881)경기도 파주시 문발로 123 파주출판문화정보산업단지
전화 : (031)992-8692 / 팩스 : (031)955-4433
Email : vsbook@hanmail.net
등록번호 : 제18-99호
공급처 : 솔라피데출판유통
전화 : (031)992-8691 / 팩스 : (031)955-4433

Copyright ⓒ 2017Quiet Waters Communications
Printed in Korea
값 18,000 원
ISBN 978-89-90072-18-4 04230(제5권)
ISBN 978-89-90072-13-9 04230(전5권)